Flucht, Transit, Asyl

Ursula Bitzegeio · Frank Decker · Sandra Fischer
Thorsten Stolzenberg (Hg.)

Flucht, Transit, Asyl

Interdisziplinäre Perspektiven auf ein europäisches Versprechen

Bibliografische Information der Deutschen Bibliothek

Die Deutsche Bibliothek verzeichnet
diese Publikation in der Deutschen Nationalbibliografie;
detaillierte bibliografische Daten sind im Internet
unter *http://dnb.dnb.de* abrufbar.

ISBN 978-3-8012-4242-8

© 2018 by
Verlag J. H. W. Dietz Nachf. GmbH
Dreizehnmorgenweg 24, 53175 Bonn

Umschlaggestaltung: Jens Vogelsang, Aachen

Satz:
Kempken DTP-Service | Satztechnik · Druckvorstufe · Mediengestaltung, Marburg

Druck und Verarbeitung: CPI books, Leck

Alle Rechte vorbehalten
Printed in Germany 2018

Besuchen Sie uns im Internet: *www.dietz-verlag.de*

Inhaltsverzeichnis

Martin Schulz
Vorwort 11

Ursula Bitzegeio · Frank Decker · Sandra Fischer · Thorsten Stolzenberg
Transit, Flucht und Asyl. Ein Plädoyer für definitorische Klarheit
und Zukunftsperspektiven durch Dialog 15

Internationale Entwürfe für eine nachhaltige Einwanderungspolitik

Sir Paul Collier
Asylpolitik neu denken. Vorschläge für ein gescheitertes System 35

Galya Ruffer
Sichere Flucht fördern, Brücken zur Heimat bauen.
Erfahrungen und Ideen 44

Thomas Meyer im Gespräch mit Julian Nida-Rümelin
Über Grenzen denken 57

Europäische Einwanderungsdiskurse zwischen Solidarität und integrationspolitischer Überdehnung

Sybille Reinke de Buitrago
Raum, Grenzen, Identität und Diskurs
in der europäischen Migrations- und Flüchtlingspolitik 67

Lisa Peyer
Von »Migrationswellen« und »Flüchtlingsströmen«.
Eine kognitionswissenschaftliche Perspektive auf den
Zusammenhang von Sprache und Politik 89

Christiane Suchanek
Fluchtursachenbekämpfung. Konzepte, Wahrnehmungen
und Realitäten – Ein Begriff macht Karriere 111

Grenzen, Transit und europäische Transitpolitiken

Vinzenz Kratzer
Konzept und Entwicklung der europäischen Transitlandpolitik 133

Yasemin Bekyol
Frauen in Flüchtlingsunterkünften.
Zwischen europäischer Gesetzgebung und nationaler Praxis 150

Susanne Mantel
Aufnehmen, ohne die Einreise zu erlauben?
Eine moralphilosophische Perspektive 164

Nationale Strategien und transnationale Aushandlungsprozesse

Mahir Tokatlı
Die Rolle der Türkei in der Flüchtlingsbewegung.
Teil der Lösung oder Teil des Problems? 179

Hanne Schneider
Externe EU-Migrationspolitik in der Ukraine.
»Safe Neighbourhoods« in Krisenzeiten? 198

Timo Karl
»Bottom-up«-Ansatz statt »Top-down«-Kategorisierung.
Die Integration umweltbedingter Personenbewegung
in die Struktur des Paris-Abkommens 218

Urbane Ökonomien und kommunalpolitische Lösungsansätze

Ernst Mönnich
Migration. Globale Ursachen, europäische Herausforderungen,
nationale und regionale ökonomische Auswirkungen 234

Maike Dymarz · Susanne Kubiak · Mona Wallraff
Die lokale Integration von Geflüchteten im »Pfad der Integration«.
Potenziale und Anforderungen in der Stadt Dortmund 254

Laura Wallner
Die Einführung von Diversitätsstrategien in Kommunen
als Perspektive für die Integrationspolitik 273

Martin Mertens
Die Kommune als Ort der gelebten Integration.
Ein kurzer Bericht aus der Praxis in der
Gemeinde Rommerskirchen 290

Integration durch Teilhabe

Norbert Frieters-Reermann
Bildungsteilhabe von Geflüchteten 296

Jürgen Mittag
Notbehelf oder Integrationsmotor? Potenziale und Grenzen
des Sports im Rahmen der Flüchtlingspolitik 312

Diana Carolina Tobo
Alte Stolpersteine bei der politischen Teilhabe
der Neuankömmlinge 345

Politische Bildung. Aktuelle empirische und didaktische Konzeptionen

Inken Heldt
»Selbst Schuld«.
Was Diskriminierung subjektiv plausibel macht –
Ein Blick aus dem Alltag 359

Clemens Stolzenberg
Politische Bildung im Social Web im Kontext von Flucht und Asyl.
Zielgruppenspezifische Formatentwicklung im Praxisprojekt
»Refugee Eleven« 375

Anja Besand
Von Sachsen lernen.
Oder wie angemessene »Bearbeitungsstrategien« auf
rechtspopulistische Bewegungen aussehen könnten 394

Rechtspopulistische Angstsemantiken und mögliche Begegnungsstrategien

Frank Decker
Rechtspopulismus und Rechtsextremismus
als Herausforderungen der Demokratie in der Bundesrepublik 410

Volker Best
Eine Prämie wider den Populismus.
Vorschlag einer Obergrenze für populistische Politikbeeinflussung
durch Reform der Verhältniswahlsysteme 426

Ali Can
Wie Integration gelingen kann. Ein autobiografischer Essay
aus der Praxis der »Hotline für besorgte Bürger« 442

Anhang

Abkürzungen 455
Autorinnen und Autoren 459

Martin Schulz

Vorwort

Die Welt ist aus den Fugen geraten. Globale Krisen zwingen immer mehr Menschen, ihre Heimat zu verlassen. Ende 2016 waren es erschütternde 65,6 Millionen Menschen – die Hälfte von ihnen Kinder. Zusammengefasst entspräche das etwa der Bevölkerung Frankreichs, die um ihr Leben rennt, Sicherheit sucht und eine Perspektive für ein menschenwürdiges Leben braucht.

Lange haben wir in Deutschland wenig mitbekommen von den Tragödien, von der Verzweiflung, vom Leid. Die Bürgerkriege, Kriege und Umweltkatastrophen waren für uns entfernte Themen in Nachrichtensendungen. Die sogenannte Dublin-Verordnung erklärte zudem den europäischen Flüchtlingsschutz in erster Linie zu einer Angelegenheit der Mitgliedsstaaten mit Außengrenzen. Vor allem für Griechenland und Italien. Mittlerweile sind die Inseln Lesbos und Lampedusa zu Symbolen eines Europa geworden, das mit der Herausforderung großer Mengen Schutzsuchender überfordert ist.

2015 änderte sich die Lage in Deutschland schlagartig. »Einbruch der Wirklichkeit« nannte Navid Kermani seinen preisgekrönten Bericht vom Flüchtlingstreck nach Europa. Auch bei uns rächte sich die fehlende ehrliche und konstruktive Debatte – stattdessen nationalstaatliches Kleinklein, opportunistische Politik und ein brutal offenbar werdender Mangel an humanitärer Verantwortung und Solidarität. Das ist der Europäischen Union, einer Wertegemeinschaft, einer Friedensnobelpreisträgerin, nicht würdig! Anstatt Probleme gemeinsam zu lösen, wurden sie entweder ausgesessen oder abgeschoben. Die wenigen Staaten, die bereit waren, Flüchtlinge aufzunehmen, wie auch Deutschland, waren mit der Situation überlastet. Die wenn auch nur zeitweilige Überforderung des Staates, ein kolportierter Kontrollverlust, macht Menschen Angst. Auf diesem Nährboden, dem Eindruck einer Verweigerung der politischen Debatte um eines der zentralsten Themen unseres Jahrhunderts und der Überforderung staatlicher Strukturen, konnten in Deutschland ultrarechte Strömungen wieder an Kraft gewinnen.

Diese Gruppen, die mittlerweile auch den Einzug in den Bundestag geschafft haben, bieten keine Lösungen. Ihre Politik der Abschottung, Spaltung und Hetze verschlimmert die Probleme sogar. Denn Menschen, die in Syrien, im Irak oder in Afghanistan vor Bomben, Folter und Mord fliehen, werden weiterhin versuchen, Sicherheit und ein friedliches Leben für sich und ihre Kinder zu finden. Menschen, die aufgrund von Dürren und Unwettern ihre Lebensgrundlage verloren haben, werden weiterhin den oft lebensgefährlichen Weg nach Europa beschreiten. Deutschland und Europa können nicht so tun, als gingen uns diese Entwicklungen nichts an. Menschen, die schutzbedürftig sind, müssen diesen Schutz auch künftig in Deutschland und Europa finden können. Das ist eine humanitäre und rechtliche Verpflichtung, der wir uns gewachsen zeigen müssen.

Die Anziehungskraft der Lösungen dieser populistischen Parteien liegt in ihrer suggerierten Einfachheit: Es sind Lösungen, die leicht umsetzbar erscheinen und die vermeintlich in der Souveränität von nationalstaatlicher Gewalt liegen. Nachhaltige Lösungen sind jedoch weitaus komplexer. Sie betreffen die Adressierung der Fluchtursachen in erster Linie: die Lösung von Konflikten, die Bekämpfung des Klimawandels, den Kampf gegen terroristische Organisationen und eine Entwicklungskooperation auf Augenhöhe. Kurzum: Internationale Phänomene wie Flucht und Vertreibung können wir nicht national behandeln, das geht nur international.

Die effektive Adressierung der weltweiten Fluchtursachen ist eine langwierige Frage. Deutschland muss sie mit viel mehr Energie angehen. Unser Land kann das, und wir müssen endlich unserer Verantwortung gerecht werden – unseren internationalen Partnern gegenüber, aber vor allem, weil wir es unseren Bürgerinnen und Bürgern schulden. Kurzfristig müssen wir es schaffen, in Europa zu pragmatischen Lösungen zu kommen. Um aus einem System der Hoffnungslosigkeit ein System der Hoffnung auf gerechten Zugang zu machen, muss die Europäische Union ein legales Asyl- und Einwanderungssystem mit verbindlichen Verteilungsmechanismen für Schutzsuchende vereinbaren. Deutschland braucht ein modernes Einwanderungsrecht, zu dem der neue europäische Rahmen dann komplementär wirkt.

Wir dürfen nicht länger die Augen vor der Realität verschließen. Komplexe Herausforderungen erfordern tiefgründige Analysen und adäquate Antworten. Verstetigte Fachdialoge auf ziviler, politischer und wissenschaftlicher Ebene müssen helfen, diese Antworten zu finden.

Die Friedrich-Ebert-Stiftung bietet mit dem vorliegenden Sammelband einen solchen Kommunikationsraum an. Er führt interdisziplinär die Einschätzungen internationaler Forschung mit den Ideen etablierter und junger Expertinnen und Experten zusammen und stellt Lösungsansätze der kommunalpolitischen Praxis vor. Große gesellschaftliche Fragen müssen breit diskutiert werden. Dazu leistet dieser Band einen hervorragenden Beitrag.

Ich wünsche Ihnen gute Lektüre und viel Inspiration!

Herzliche Grüße,
Martin Schulz
Vorsitzender der Sozialdemokratischen Partei Deutschlands

Ursula Bitzegeio · Frank Decker · Sandra Fischer · Thorsten Stolzenberg

Transit, Flucht und Asyl. Ein Plädoyer für definitorische Klarheit und Zukunftsperspektiven durch Dialog

Spätestens seit der Zuspitzung der sogenannten Flüchtlingskrise ab Mitte 2015 halten die Auseinandersetzungen um Transit, Asyl und Migration die europäische Politik in Atem. Während konsensuelle Lösungen in der EU in vielen Politikfeldern, nicht zuletzt auf dem ökonomischen Gebiet, möglich sind, tun sich in der Flüchtlingsfrage tiefe Gräben auf.[1] Die politische Auseinandersetzung wird dabei nicht nur von Sachzwängen bestimmt; insbesondere die 2016 vorgebrachten islamkritischen Argumente der ungarischen Regierung gegen die Aufnahme von Flüchtenden in Europa weisen auf große weltanschauliche Unterschiede hin, die in der spezifischen Auslegung von Fragen des Asyl- und Völkerrechts von Bedeutung sind. Gleichzeitig entbrennt eine Debatte über Einwanderung allgemein und die Möglichkeiten und Grenzen der Integration von Menschen außereuropäischer Herkunft im Besonderen. In diesem Zusammenhang treten auch die »Schattenseiten«

---

1 Vgl. die Beiträge in Bundeszentrale für politische Bildung, in: APuZ 63 (2013) 47 und 65 (2015) 25 sowie die einführenden Beiträge in: Henkel/Hoppe (2015).

der bis dato überwiegend »negativen« Logik des europäischen Einigungsprozesses, der sich vor allem auf die Beseitigung von Marktbarrieren konzentriert hat, sichtbarer hervor. Wird der Austausch von Waren und Geldströmen zunehmend auf europäischer Ebene geregelt, bleiben die »sozialen und kulturellen Nebenfolgen« nach wie vor den Nationalstaaten überlassen. Außen- und sicherheitspolitisch zeigte sich dies darin, dass 2015 die Sicherung der EU-Außengrenzen von der Gemeinschaft ebenso wenig gewährleistet werden konnte wie eine »faire Verteilung« der Schutzsuchenden auf die Mitgliedsstaaten, die einige Länder sogar grundsätzlich verweigerten und bis heute verweigern.[2] Dies hat in den europäischen Öffentlichkeiten ein diffuses und heterogenes Bild der Deutung von Grund-, Menschen- und Freiheitsrechten zu Tage gefördert, umrahmt von Verteilungs- und Machtkämpfen.[3] Besonders der Aufstieg rechtskonservativer, rechtspopulistischer und rechtsextremer Kräfte – ablesbar an den jüngsten Wahlergebnissen in Großbritannien, den Niederlanden, Frankreich, Deutschland und Österreich – weist auf die Virulenz der politischen und gesellschaftlichen Debatten um Grenzregime, Fluchtursachen, Asylpolitiken, Einwanderung und Integration hin.[4] Tatsächlich kritische Momente im Umgang mit den durch den Zuwanderungsdruck entstehenden gesellschaftlichen, politischen und administrativen Herausforderungen sind von medial inszenierten apokalyptischen Vorannahmen vielfach stark überformt. Die Metapher »das Boot ist voll«, die mit jeder Asyl- und Integrationsdebatte in Deutschland Renaissancen erlebt, zeugt hiervon. Gleichzeitig wird mit Blick auf Integrationsfragen »emotional und intensiv« und ohne eine »kluge Politik der Differenz« immer wieder über das Vorhandensein von »Parallelgesellschaften« und der Notwendigkeit einer integrierenden »Leitkultur« gestritten.[5] Um Antworten auf und Lösungen für die sogenannte europäische »Flüchtlingskrise« zu finden, ist es sinnvoll,

---

2   Jüngst zu sehen an dem Widerstand Ungarns, das EuGH-Urteil vom 6.9.2017 anzuerkennen, welches die Rechtmäßigkeit der im September 2015 vereinbarten Umverteilungsquote der EU-Innenminister zur Verteilung Geflüchteter bestätigte. Nur einer von Ungarns Mitklägern, die Slowakei, hat sich bereit erklärt, dem Urteil Folge zu leisten.
3   Rüttgers/Decker (2017), S. 11.
4   Vgl. zum Beispiel Geiges/Marg/Walter (2015); Küpper/Rees/Zick (2016), El-Tayeb (2016) sowie die Beiträge in Heinz/Kluge (2012) und Decker/Henningsen/Jakobsen (2015).
5   Schiffbauer (2008), S. 8 ff. Vgl. außerdem Nassehi (2017).

Diskurse in den europäischen Öffentlichkeiten um Einwanderung, Grund- und Menschenrechte sowie die Organisation vor allem lokaler politischer Praxen durch regelmäßige Wortmeldungen aus der aktuellen gesellschaftswissenschaftlichen Forschung konstruktiv zu unterstützen. Eben dies war das Ziel einer von der Friedrich-Ebert-Stiftung in Zusammenarbeit mit dem Institut für Politische Wissenschaft und Soziologie der Universität Bonn durchgeführten internationalen Fachtagung, die vom 21. bis 23. September 2016 in Bonn Vertreter des wissenschaftlichen Nachwuchses, der etablierten Forschung und politische Akteure der kommunalen Praxis zusammengeführt hat, um die Herausforderungen der Flucht- und Migrationspolitik und mögliche Lösungsstrategien zu erörtern. Die wichtigsten Ergebnisse der Tagung sind zusammen mit weiteren zusätzlich eingeworbenen Beiträgen in diesem Band vereint.

Zur Einschätzung der gegenwärtigen Situation

Mit den inzwischen legendären und durch unterschiedliche Bedeutungen aufgeladenen Worten der Bundeskanzlerin Angela Merkel »Wir schaffen das!« wurden im September 2015 die »Grenzen geöffnet«, um Geflüchteten, die in Ungarn »gestrandet« waren, die Weiter- bzw. Einreise nach Deutschland zu gewähren.[6] Dass 2015 zum »Jahr der Flüchtlinge« werden würde, wie es in einer von der Amadeu Antonio Stiftung und Pro Asyl herausgegebenen Publikation heißt, war zu diesem Zeitpunkt noch nicht vorauszusehen.[7]

2015 und 2016 wurden in der Bundesrepublik 442.000 bzw. 722.200 Erstanträge auf Asyl gestellt – so viel wie nie zuvor. 2015 stellten Schutzsuchende aus den Kriegsgebieten in Syrien knapp 159.000 Erstanträge, gefolgt von 54.000 Antragstellern aus Albanien, 33.000 aus dem Kosovo und gut 31.000 aus Afghanistan.[8] Nach der im Oktober 2015 von der Bundesregierung vorgenommenen Einstufung von Albanien und dem Kosovo als si-

---

6 Auf der Bundespressekonferenz am 31.8.2015 sagte die Bundeskanzlerin wörtlich: »Deutschland ist ein starkes Land. Das Motiv, mit dem wir an diese Dinge herangehen, muss sein: Wir haben so vieles geschafft – wir schaffen das!«
7 Amadeu Antonio Stiftung/Förderverein PRO ASYL e. V. (2016), S. 2.
8 Vgl. BAMF (2016), S. 18-20.

chere Herkunftsstaaten blieb Syrien 2016 mit 266.000 Anträgen weiter das Hauptherkunftsland, gefolgt von Afghanistan mit gut 127.000 und dem Irak mit gut 96.000 Erstanträgen.[9] Allerdings gibt die Zahl der Erst- und auch Folgeanträge nur bedingt wieder, wie viele Menschen tatsächlich in den letzten beiden Jahren in Deutschland Asyl gesucht haben. Der große Andrang von Schutzsuchenden im Herbst 2015 überlastete die Behörden bei der Erfassung und Bearbeitung der Anträge so stark, dass nicht alle Schutzsuchenden sofort einen Asylantrag stellen konnten.[10] Als aussagekräftigere Quelle gilt daher das EASY-System, das die Erstverteilung der Flüchtenden auf die einzelnen Bundesländer digital erfasst. Laut dieser Quelle waren 2015 knapp 1,1 Millionen Menschen und 2016 nochmals rund 280.000 Personen nach Deutschland geflohen.[11]

Blickt man über die deutschen Grenzen hinaus auf die anderen Mitgliedsstaaten der Europäischen Union, ist auch dort die Zahl der Asylanträge deutlich angestiegen. 2015 wurden die meisten Anträge in Deutschland, Ungarn, Schweden, Österreich, Italien und Frankreich gestellt.[12] Die Schließung der »Balkan-Route« und der auf Betreiben der Bundeskanzlerin ausgehandelte »Flüchtlings-Deal« mit dem türkischen Präsidenten Recep Tayyip Erdoğan, aber auch die restriktivere Aufnahmepraxis Schwedens führten 2016 zu einer Verschiebung: Deutschland blieb weiter das bevorzugte Ziel der Geflüchteten, jetzt aber folgten Italien und Frankreich noch vor Griechenland, Österreich und dem Vereinigten Königreich.[13]

Die starke Zunahme von Asylanträgen traf die Bundesrepublik 2015 und 2016 einerseits zwar unvorbereitet und löste deshalb eine heftige gesellschaftliche und politische Diskussion aus. Andererseits konnte das Land aber auch auf vielfältige Vorerfahrungen mit Flucht, Asyl und Einwanderung

---

9   Vgl. ebd.
10 Vgl. BAMF (2016), S. 10. Rückstände bei der Bearbeitung von Asylanträgen durch das Bundesamt für Migration und Flüchtlinge stehen allerdings schon seit Jahren in der Kritik. Vgl. Luft (2016), S. 94-96.
11 Allerdings ist auch diese Zahl empirisch vage, da es einerseits zu einer Reihe von Doppel- und Fehlregistrierungen gekommen sein könnte und andererseits Geflüchtete sich zwar in Deutschland registrieren lassen, möglicherweise aber nur durchreisen, um anschließend in ein anderes europäisches Land weiterzuziehen.
12 Vgl. BAMF (2016), S. 29.
13 Vgl. BAMF (2017), S. 29.

seit der Zeit nach dem Zweiten Weltkrieg zurückblicken. Ging es in der unmittelbaren Nachkriegszeit zunächst um die Aufnahme und Eingliederung der aus den verlorenen Ostgebieten geflüchteten und vertriebenen Deutschen, so kam es im Zuge des Wirtschaftswunders bereits in den 1950er- und 1960er-Jahren zu einer ersten Welle der Arbeitsmigration – diese »Gastarbeiter«, die aus Italien, Griechenland, Jugoslawien und der Türkei kamen, waren aus ökonomischen Gründen notwendig und deshalb politisch ausdrücklich erwünscht.[14] Auch die seit 1988 zu Hunderttausenden insbesondere aus der Sowjetunion ankommenden Aussiedler waren der zu dieser Zeit regierenden CDU/CSU und FDP-Koalition unter Bundeskanzler Helmut Kohl wegen ihrer deutschen Wurzeln willkommen.[15] Das Ende des Kalten Krieges und der Wegfall des »Eisernen Vorhangs« führten zu Beginn der 1990er-Jahre zu starken Wanderungsbewegungen aus dem Osten. Diese erreichten in Deutschland 1992 ihren Höhepunkt mit knapp 440.000 Asylanträgen,[16] was heftige innenpolitische Kontroversen auslöste und eine erste Einschränkung des bis dahin unbegrenzten deutschen Asylrechts nach sich zog – durch Einführung der bis heute gültigen Drittstaatenregelung und der Möglichkeit, diese zu »sicheren Herkunftsländern« zu erklären.[17] Wenige Jahre später kam es zu weiteren Fluchtbewegungen besonders aus Bosnien-Herzegowina und dem Kosovo als Folge des Zerfalls Jugoslawiens und der dortigen Bürgerkriege.[18]

Die Dimension und Tragweite der derzeitigen »Flüchtlingskrise« erscheint allerdings ungleich größer als die Fluchtbewegungen der frühen und mittleren 1990er-Jahre. Der Grund dafür liegt erstens in der spezifischen Situation der aktuellen Bürger- und Stellvertreterkriege und damit den veränderten »Fluchtursachen«. Zwar suchen die meisten Flüchtenden als sogenannte

---

14 Die Gewerkschaften standen der Anwerbung ausländischer Arbeitskräfte zuerst skeptisch gegenüber, befürchteten sie doch eine Konkurrenz für ihre eigene Klientel. Vgl. Dickel (2002), S. 228 f.; Hansen (2003), S. 25 f.
15 Anders sah das in Teilen der sozialdemokratischen Opposition aus. So stimmte der von der SPD dominierte Bundesrat 1992 einer Verschärfung des Asylrechts nur zu, nachdem sich die Regierungskoalition im Gegenzug auf eine Begrenzung des Aussiedlerzuzugs verpflichtet hatte. Vgl. Panagiotidis (2014).
16 Vgl. BAMF (2017), S. 10 f.
17 Vgl. dazu ausführlich Dickel (2002), S. 285-306 und die Beiträge in Luft/Schimany (2014).
18 Vgl. Luft (2016), S. 9.

Binnenflüchtlinge Schutz innerhalb ihrer eigenen Länder. Ein weiterer großer Teil flieht in die Anrainer- bzw. Nachbarstaaten, sodass die meisten Fluchtbewegungen regional aufgefangen werden.[19] Dennoch haben die Kriege im Nahen Osten, der in weiten Teilen gescheiterte »Arabische Frühling« und der damit einhergehende Staatszerfall namentlich in Libyen die Fluchtbewegungen an die Grenzen Europas getragen.[20] Dabei sieht sich die »westliche« Welt nicht nur mit Kriegsflüchtlingen konfrontiert; auch öffentlich und medial als »Wirtschaftsflüchtlinge«[21] eingestufte Menschen aus Afrika streben vermehrt nach Europa, weil sie sich dort ein besseres Leben versprechen. Beiden Gruppen ist gemeinsam, dass sie überwiegend aus islamischen Ländern stammen.[22]

Zweitens treffen diese mehrheitlich muslimischen Geflüchteten in Westeuropa auf Aufnahmegesellschaften, in denen die Möglichkeiten und Grenzen von Integration und Teilhabe mit der kulturellen und Religionszugehörigkeit in Zusammenhang gebracht werden; solche nationalen »Werte- und Kulturdebatten« sind in der Regel stark aufgeladen und nehmen nicht selten demagogische Auswüchse an.[23] Dabei sind tatsächliche und empfundene Integrationsprobleme muslimischer Migrantinnen und Migranten je nach Land verschieden gelagert, unterscheiden sich doch postkoloniale Staaten wie Frankreich oder Belgien von Ländern wie Deutschland, in dem vor allem die Unionsparteien bis in die späten 1990er-Jahre an der Vorstellung festhielten, kein Einwanderungsland zu sein.[24]

Die gesellschaftliche oder auch öffentliche Skepsis und die mediale Problematisierung von Stufen und Qualitäten von »Integration« umkreisen zwei weitere Aspekte. Der eine kumuliert um »terroristische« Szenarien, da der islamistische Terrorismus mittlerweile nicht mehr nur in weit von Euro-

---

19 Vgl. ebd., S. 13.
20 Vgl. ebd., S. 9.
21 Zur negativen Konnotation dieses Begriffs vgl. Bade (2015), S. 6 f.
22 2015 gaben 73,1 % der Erstantragsteller als Religionszugehörigkeit den Islam an; 2016 waren es 75,9 %. Vgl. BAMF (2016), S. 25; BAMF (2017), S. 25.
23 Man denke im deutschen Fall nur an die Debatte um das 2010 erschienene Buch »Deutschland schafft sich ab« des früheren Berliner Finanzsenators Thilo Sarrazin, in dem die Integration der überwiegend türkischstämmigen Zuwanderer in der Bundesrepublik als vollständige Misserfolgsgeschichte beschrieben wird.
24 Vgl. Bendel (2017), S. 5; Dickel (2002), S. 225.

pa entfernten Weltregionen stattfindet. Die Anschläge in Paris, Nizza, Würzburg, Ansbach, Berlin, London, Manchester und Madrid verdeutlichen, dass der global agierende islamistische Terrorismus »vor unserer Haustür« angekommen ist. Der andere Aspekt dreht sich um die empfundene und tatsächliche Ablehnung säkularer Gesellschafts- und Lebensentwürfe einzelner Muslime in Deutschland, deren Rückbesinnung auf religiös geprägte Werte und Traditionen als Gefahr für die freiheitliche Grundordnung und als Einfallstor für Rekrutierungsbemühungen von Islamisten wahrgenommen werden.[25]

Drittens lösen diese beiden Entwicklungen gemäß der Unterscheidung, die der Politikwissenschaftler Herfried Münkler getroffen hat, nicht Furcht, sondern Ängste in Teilen der Aufnahmegesellschaften aus. Während »objektbezogene« Furcht »eine Vorstellung davon impliziert, womit man es zu tun hat und worin die Ursachen der Furcht bestehen«, sei Angst »eine fluide Disposition, die entweder keine genauen Ursachen anzugeben vermag oder bei der die ängstigenden Ursachen ständig wechseln«. Dementsprechend lasse sich »Furcht […] mit Wissen, Aufklärung und konkreten Maßnahmen bearbeiten; Angst nicht«.[26]

Verstärkt durch das Gefühl von Teilen der Bevölkerung, zu den »Verlierern der Globalisierung« zu gehören, einer diffusen Angst vor »Überfremdung« und dem Verlust der nationalen Identität sowie einem zunehmenden Europaskeptizismus, sind fremdenfeindliche und islamophobe Reaktionen heute in vielen Aufnahmegesellschaften zu finden. In Deutschland äußerte sich dies zunächst in hasserfüllten Demonstrationen von Pegida und brennenden Erstaufnahmeeinrichtungen für Geflüchtete im Sommer 2015, die Erinnerungen an ähnliche Ausschreitungen gegen Asylbewerber in den 1990er-Jahren weckten; gleichzeitig gelang es mit der AfD einer »einwanderungskritischen« rechtspopulistischen Partei, sich im Parteiensystem dauerhaft festzusetzen, was bis dahin noch keiner vergleichbaren Gruppierung gelungen war.[27] Die Bundesrepublik findet damit Anschluss an die europäische Normalität. Gruppierungen wie der Front National in Frankreich, die »Partei

---

25 Vgl. Luft (2016), S. 109 f.
26 Münkler (2016), S. 7 f.
27 Vgl. Amadeu Antonio Stiftung/Förderverein PRO ASYL e. V. (2016), S. 2 f.; Becher/Begass/Kraft (2015); Decker (2015), S. 27-32; Geiges/Marg/Walter (2015); Zick/Küpper (2015).

für die Freiheit« in den Niederlanden und »Recht und Gerechtigkeit« in Polen, die für ein kulturell homogenes Identitätsverständnis und die Rückbesinnung auf den Nationalstaat stehen, gehören heute überall zur Grundausstattung der Parteiensysteme.[28] Damit ist eine vierte veränderte Rahmenbedingung angesprochen: die Entsolidarisierung innerhalb der Europäischen Union, die in der Euro- und Griechenlandkrise sichtbar wurde und im EU-Referendum der Briten 2016 ihren vorläufigen Höhepunkt erreichte. In der »Asyl- und Flüchtlingspolitik« hatte sich der Mangel an gegenseitiger Rücksichtnahme und Hilfsbereitschaft schon im Oktober 2013 mit voller Wucht gezeigt, als vor der italienischen Insel Lampedusa schätzungsweise 350 Schutzsuchende ertranken. Zwar versprachen sämtliche europäische Regierungschefs – auch Angela Merkel – Italien mit der Herausforderung der Geflüchteten, die über das Mittelmeer kommen, nicht alleine zu lassen. Letztendlich gibt es aber bis heute keine funktionierende gemeinsame Sicherung der europäischen Außengrenzen, geschweige denn eine faire Verteilung der Geflüchteten innerhalb der Union.[29]

Plädoyer für den interdisziplinären Dialog

Während die Friedens- und Konfliktforschung Flucht und Menschenrechte überwiegend im Kontext weltweiter Ressourcenkonkurrenz thematisiert und hierauf aufbauend kritische Bewertungen europäischer Grenzregime vornimmt,[30] befassen sich die Sozialwissenschaften stärker mit den sozialen Folgen der Migration in den Lebenswelten der Einwanderer und der aufnehmenden Mehrheitsgesellschaft.[31] In der Politikwissenschaft, im Völkerrecht, aber zunehmend auch in den Wirtschaftswissenschaften werden derzeit einerseits europäische Sicherheits-, Grenz- und Asylpolitiken, andererseits die gesellschaftlichen und parteipolitischen Begleiterscheinungen

---

28 Vgl. Decker/Henningsen/Jakobsen (2015); Hillebrand (2015).
29 Vgl. Börzel (2017).
30 Vgl. zum Beispiel Grenz/Lehmann/Keßler (2015), Richter (2015) und die Beiträge in Bierdel/Lakitsch (2014).
31 Vgl. zum Beispiel Biakowski/Halotta/Schöne (2016), Treibel-Illian (2011), Walter/Menz/De Carlo (2006) sowie Herwartz-Emden (2003).

der Zuwanderung in den Blick genommen.[32] Historische und kulturwissenschaftliche Deutungsangebote von Flucht, Vertreibung und Transit im Spiegel von Globalisierung in Europa runden das Bild ab.[33] Jede dieser Fachrichtungen ist von mehreren Motiven bzw. Kernfragen geleitet:
1. Welche Rolle spielen Menschenrechte und humanitäre Hilfe für die Aufnahme von Geflüchteten?
2. In welchem Maße sind die westlichen Gesellschaften aus demografischen Gründen auf Zuwanderung angewiesen?
3. Inwiefern fallen Aspekte wie Kulturalität, Herkunft, Sozialisation und Generation ins Gewicht?
4. Inwiefern ist der aktuelle Aufschwung rechter Denkschulen und rechtspopulistischer Kräfte mit der »krisenhaften« Situation in den europäischen Aufnahmegesellschaften verknüpft?

Die Korrespondenz der Fragestellungen mit der aktuellen politischen Polarisierung liegt auf der Hand: Das »Wir schaffen das!« der Kanzlerin wird als »Parole des humanitären Affekts« gewertet, die keine »Zuwanderungsgrenzen« kennt. Hierzu passen Vorschläge zur geregelten Zuwanderung nach arbeitsmarktpolitischen Bedarfen, wie sie jüngst von Herfried und Marina Münkler in ihrem Buch »Die neuen Deutschen« formuliert worden sind. Sie erscheinen als eine ökonomische und aus US-amerikanischen Konzepten inspirierte Antwort auf demografische Probleme wie dem vielfach befürchteten Fachkräftemangel.[34] Im Gegensatz dazu kann Vertreterinnen und Vertretern rechter Denkschulen vor dem Hintergrund einer europäischen Kulturapokalypse die »Eingangsschleuse« vor allem für muslimische Migrantinnen und Migranten nicht eng genug sein.[35] Auch der Migrations- und Asylforschung ist eine derartige gesellschaftspolitische Exponierung nicht fremd.[36] Von Überlegungen über die universale Bedeutung von Rassismus in Deutschland – gedacht als »interkulturelle«[37] oder bereits »postmigranti-

---

32 Vgl. zum Beispiel Meier-Braun (2015), Collier (2014) und in der Partizipationsforschung Schuhler (2017).
33 Vgl. zum Beispiel Bade (2004).
34 Münkler/Münkler (2016).
35 Vgl. Häusler/Küpper/Zick (2016).
36 Bade (1999).
37 Terkessidis (2010).

sche Gesellschaft«,[38] hin zur »Karriere und Funktion abschätziger Begriffe in der deutschen Asylpolitik«,[39] über »Wege zur fairen Lastenverteilung der Flüchtlingspolitik der Europäischen Union« bis hin zum Appell »Menschenrechte wahren!« – weisen alleine schon die Titel der Bücher und Aufsätze auf ein vielschichtiges »kritisch-politisches« Angebot an die interessierte Öffentlichkeit hin.[40]

Für Christina Rogers haben sich im Zusammenhang mit den »anhaltenden« europäischen »Migrationsbewegungen« in den Diskursräumen einige »Schlagworte« wie »Flüchtlingskrise«, »Willkommenskultur« und die »ewige Rede« von den »besorgten« Bürgerinnen und Bürgern »verselbständigt« und als »reproduzierbar« erwiesen. Mit Blick auf politische Implikationen seien sie »semantisch« variabel. Insbesondere sei der Begriff »Flüchtlingskrise« in hohem Maße irreführend, da er »verschleiere«, wer von der Krise betroffen sei. Er verneine Momente der freiwilligen Entscheidung, die Menschen dazu bewegt, ihr Land zu verlassen und löse damit die »rechtliche Kategorie des ›Flüchtlings‹« und die »viktimisierende Konnotation« von »displaced persons« auf: »Im affektpolitischen Sinn hängt die Rede von Flüchtlingskrise an einem Sicherheitspositiv – denn aus Krisenszenarien wie Katastrophen und Ausnahmezuständen lassen sich immer politische ad hoc Entscheidungen fällen, die wieder Ordnung, Sicherheit und Normalität herstellen sollen, nicht zuletzt mittels Überwachung, Kontrolle und restriktiven Maßnahmen«.[41]

Der Ruf nach definitorischer und semantischer Genauigkeit ist vor allem aus sozial- und politikwissenschaftlicher Sicht gut begründet. Andererseits sollte Forschung aber auch in lebensweltlichen Kontexten stattfinden; sie ist »aufgerufen«, in den gesellschaftspolitischen Dialog einzutreten, wenn die praktische Umsetzung wissenschaftlicher Erkenntnisse zur Bewältigung anstehender Probleme oder zur Schadensbegrenzung beitragen kann. Dies schließt laut Klaus Bade sowohl »die Bereitschaft zur direkten oder indirekten Praxis und Politikberatung« als auch die »kritische Politikbegleitung über Öffentlichkeit« mit ein.[42] Um die Wirkung von Lösungsansätzen aus der

---

38 Yildiz/Hill (2015); Aced/Düzyol/Rüzgar (2014); Stickler (2014).
39 Bade (2015).
40 Zur »kritisch-politischen« Forschung vgl. Grebing (1984).
41 Rogers (2017), S. 71.
42 Bade (1999), S. 107 ff.

Wissenschaft zu erhöhen, bietet es sich manchmal an, auf überkomplexe Begriffe zugunsten eines pragmatischen Sprachgebrauchs zu verzichten. Für die wissenschaftlich-akademische Bearbeitung der mit Flucht und Migration verbundenen komplexen Probleme empfiehlt sich ein multi- und interdisziplinärer Absatz, der sozial-, politik-, geschichts-, kultur-, rechts- und wirtschaftswissenschaftliche Kompetenzen zusammenführt. Nur so – durch eine Dekonstruktion kultureller Stereotypen, eine Überprüfung bisheriger Gesellschaftsentwürfe oder eine Neuformulierung von Gerechtigkeits- und Verteilungskonzepten – lassen sich die Möglichkeiten und Grenzen der Politik auf diesem Gebiet verstehen und Perspektiven für bessere »Krisenbewältigungen« gewinnen.

Plädoyer für den internationalen Dialog

Neben dem interdisziplinären Dialog verlangt die Globalität der Themen Transit, Flucht und Asyl auch das Gespräch mit der internationalen Wissenschaftsgemeinde. Hier hat sich vor allem der britische Entwicklungsökonom Sir Paul Collier mit seiner kritischen Haltung zum derzeitigen Migrationsregime exponiert.[43] Collier erforscht seit mehreren Jahren die »unterste Milliarde« der Weltbevölkerung und blickt mit Sorge auf den wachsenden Zuwanderungsdruck aus Afrika.[44] Die Politik der »offenen Tür« motiviere gut ausgebildete Menschen, auf einer gefährlichen Überfahrt nach Europa ihr Leben zu riskieren. Die Wanderbewegungen von Süden nach Westen und Norden wirke dabei wie ein »Aderlass von Fachkräften« in den ärmsten Ländern der Welt. Deren ökonomische und politische Weiterentwicklung werde so verhindert. Der Westen entziehe durch falsche Anreize der »untersten Milliarde« genau die soziale Vielfalt, die man sich in Europa von Zuwanderern verspreche. Auch hätten Studien zeigen können, dass trotz besserer finanzieller Ausstattung die Lebenszufriedenheit von Einwanderern aus Afrika nicht signifikant höher sei als die der Zurückgebliebenen. Collier plädiert deshalb

---

43 Collier (2014).
44 Vgl. Collier/Hoeffler (2013); Collier (2007).

für eine Begrenzung der Zuwanderung.[45] Seine ökonomische Argumentation lässt den individuellen Blick auf Fluchtursachen, Fluchttypen oder verschiedene Begründungen für politisches Asyl bisweilen vermissen. Dennoch bietet sie einen wertvollen Ansatz, um Schwachstellen und Selbstgerechtigkeiten der europäischen Migrationspolitik kritisch zu hinterfragen. Eine alternative Deutung mit festem Blick auf die Integration geflüchteter Menschen in die europäischen Aufnahmegesellschaften bieten die noch unveröffentlichten Überlegungen der amerikanischen Rechtswissenschaftlerin Galya Ruffer. Sie fragt nach Potenzialen, die die Aufnahme von Migrantinnen und Migranten jenseits humanitärer Beweggründe birgt und wie politischer Wille (*local goodwill*) zur Akzeptanz von dauerhaftem »Resettlement« generiert werden kann. Ausgehend von einer zeitgeschichtlichen Betrachtung und anhand eines europäisch-amerikanischen Vergleichs legt sie ihr Augenmerk dabei einerseits auf klassische Konzepte des Empowerments und der Zivilgesellschaft. Um in den Genuss der Vorteile von Einwanderung zu kommen und um den globalen Verantwortungen in Kriegs- und Krisenregionen gerecht zu werden, müsse Europa in der internationalen Zusammenarbeit und in grenzüberschreitenden Absprachen vor allem an einem gemeinsamen politischen Rahmen zur Stärkung der NGO-Arbeit arbeiten. Gleichzeitig müssten die Aufnahmegesellschaften zivile Kräfte und lokale Freiwilligenarbeit in großem Umfang finanziell stärken, um die Solidarität mit den Geflüchteten zu fördern.[46] Die Vorschläge erscheinen zunächst pragmatisch. Tatsächlich lässt sich für Deutschland feststellen, dass gezielte Maßnahmen zur Stärkung ehrenamtlicher Arbeit in der Flüchtlingshilfe auf der kommunalen Ebene die gesellschaftliche Akzeptanz der Migranten vielfach erhöht haben.[47] Fraglich bleibt allerdings, ob eine entsprechende Synchronisierung der Flucht-, Asyl- und Integrationspolitiken in einer schwächer werdenden EU reale Aussichten auf Umsetzung hat, zumal sich einige Länder der Aufnahme von Flüchtlingen prinzipiell verweigern.

---

45 Collier (2014); vgl. außerdem seinen Beitrag in diesem Band (➡ S. 35 ff.).
46 Vgl. ihren Beitrag in diesem Band (➡ S. 44 ff.).
47 Daphi (2016).

Plädoyer für den Dialog mit der Praxis

Die in diesem Band dokumentierte wissenschaftliche Fachtagung sucht zugleich den Dialog mit der Praxis – und zwar auf drei Ebenen bzw. in drei Bereichen: der sozialen Arbeit, der kommunalen Verwaltung und der Politik. Im Rahmen einer öffentlichen Abendveranstaltung diskutierten der Bezirksamtsleiter von Hamburg-Eimsbüttel, Torsten Sevecke (SPD), die Dezernentin für Sicherheit und Ordnung, Bürgerdienste und Soziales und Generation der Stadt Königswinter, Heike Jüngling (parteilos), sowie der Bürgermeister der Stadt Rommerskirchen, Martin Mertens (SPD), über kommunale Herausforderungen und Gestaltungsmöglichkeiten der Flüchtlingspolitik im Rückblick auf die vermeintliche »Willkommenskultur« der Jahre 2015 und 2016.

Vorangestellt wurde dem Podium ein Vortrag Seveckes über den Fall der Hamburger Sophienterrasse. Ein Verwaltungsgebäude im gehobenen Stadtteil Harvestehude des Bezirks Hamburg-Eimsbüttel sollte Ende 2015 zur Unterkunft für über 200 Geflüchtete werden, doch Anwohner wehrten sich gegen das Vorhaben. Die anfängliche Reibung zwischen der städtischen und kommunalen Vision einer gleichmäßigen Verteilung Geflüchteter auf Hamburgs Wohnviertel auf der einen Seite und den Anwohnern der Sophienterrasse auf der anderen Seite schlug bundesweite Wellen. Der begleitende emotionale mediale Diskurs löste auch in anderen Regionen Widerstand unter Anwohnern aus, die sich gegen ähnliche Vorhaben wehrten. Nach zwei für die Stadt ernüchternden Gerichtsprozessen, einem breiten Bürgerdialog und einem neuen Bebauungsplan konnten Anfang 2016 die ersten der knapp 200 Geflüchteten in die Unterkunft einziehen.[48] Die Kritik riss aber auch später nicht ab, nachdem bekannt wurde, dass die Anwohner sich mit ihrem Anliegen, ausschließlich Bürgerkriegsflüchtlinge und Familien in ihrem Wohnviertel unterzubringen, durchgesetzt hatten.[49]

Dass sich ein solcher Fall auch für eine praxisorientierte wissenschaftliche Untersuchung eignet, zeigt die Studie des Soziologen Jürgen Friedrichs (Universität Köln), der in einer Umfrage die Befindlichkeit der Anwohner ein Jahr nach Eröffnung der Unterkunft überprüft hat. Fast Dreiviertel (73,4 %)

---

48 Vgl. zum Beispiel Woldin (2016).
49 Vgl. zum Beispiel Kempkens (2016).

zeigten sich positiv eingestellt. Die hohe Akzeptanz Geflüchteter aus Kriegsgebieten (62,8 %) im Vergleich zur geringen Akzeptanz von »Wirtschaftsflüchtlingen« (8,7 %) spiegelt aber die weiter bestehenden Vorbehalte gegenüber den Letzteren wider.[50] Neben Hamburg-Eimsbüttel lassen sich auch anhand anderer Fallbeispiele kommunale Strategien von Integration durch Teilhabe und Vielfalt sowie zivilgesellschaftliche Bewegungen identifizieren, die als Gegenstand politik- und sozialwissenschaftlicher Analysen dienen können oder für die politische Didaktik relevant sind.

In der sich derzeit rasant ändernden Wissenschaftslandschaft gewinnen im Rahmen der Migrationsforschung auch die Kultur- und Religionswissenschaften zunehmend an Bedeutung. Ihre Impulse sensibilisieren für den Umgang mit interkulturellen Diversitäten, sollten jedoch gleichzeitig den Dialog um Themen wie »Leitkultur« und »Parallelgesellschaften« nicht scheuen.[51] Auszuloten wäre zum Beispiel, ob ein inklusiver, am Nationalen festgemachter Leitkultur-Begriff, wie er der Neuen Rechten und Teilen der Konservativen vorschwebt, Ängsten der Eingesessenen vor einem Ausverkauf der deutschen Kultur begegnen und/oder neu Ankommenden den Zugang zur Integration erleichtern könnte. Oder entzieht er sich jeglicher Definition und ist sogar gänzlich zum Scheitern verurteilt, wie es die Integrationsbeauftragte der Bundesregierung Aydan Özoğuz[52] und der Philosoph Jürgen Habermas[53] behauptet haben? In diesem Falle bedürfte es entsprechender Gegendiskurse und neuer Begriffsangebote (etwa dem von Özoğuz ins Spiel gebrachten »Gesellschaftsvertrag«), damit Kultur nicht zu einem rechten Kampfbegriff verkommt.

---

50 Friedrichs/Leßke/Schwarzenberg (2017), S. 39 f.
51 Entsprechende Debatten konnten unter anderem um Thomas de Maizières (CDU) Zehn-Punkte-Katalog im Bild-am-Sonntag-Interview (v. 30.4.2017) beobachtet werden.
52 Özoğuz (2017).
53 Habermas (2017). Zur wissenschaftlichen und politischen Bedeutung von »umkämpften Begriffen« siehe Flümann (2016).

Zum Aufbau des Bandes

Auf der Basis der vorgestellten Dialogebenen verfolgt der Band die verschiedenen politischen, gesellschaftlichen und sprachlichen Dimensionen von Flucht, Transit und Asyl und erstreckt sich auf deren unterschiedliche Betrachtungsebenen, die immer wieder neu in Dialog zueinander treten. So lässt sich die politische Dimension in internationale, nationale und kommunale Handlungsebenen aufschlüsseln, schaffen nationale Politiken doch kommunale Praxen und provozieren internationale Entwicklungen nationale Positionen – und umgekehrt. Gesellschaft wird in ihrer Gesamtheit betrachtet, schließt also den Blick auf Gruppen und Individuen gleichermaßen ein. Sprache manifestiert sich innerhalb öffentlicher und politischer Diskursräume; sie stellt »Wahrheiten« infrage oder schafft neue. All diese Bereiche lassen sich gleich mehrfach unter den vorgestellten Dialogebenen – interdisziplinär, international, praxisbezogen – subsumieren und überbrücken damit nicht nur einzelne Wissenschaftsdisziplinen und nationale Räume, sondern beschreiben auch Wechselwirkungen zwischen wissenschaftlicher Theorie und politischer Praxis. Immer wieder verortet sich der Band auf einem dreidimensionalen Spektrum zwischen Theorie/Hypothese, Praxisbericht und Praxisorientiertheit. Dadurch soll definitorische Klarheit geschaffen werden, wo mediale Auseinandersetzung in den vergangenen Jahren zur Verunklarung beigetragen hat. Und es sollen konkrete Handlungsempfehlungen und Denkanstöße für Wissenschaft, Gesellschaft und Politik gegeben werden.

Die Beiträge setzen sich auf der Grundlage unterschiedlicher fachlicher und fachübergreifender Perspektiven indirekt wie direkt zueinander in Bezug oder entspringen aus im Kern interdisziplinären Wissenschaftsfeldern wie der Migrationsforschung (*Interdisziplinärer Dialog*). Paul Colliers volkswirtschaftlicher Blick ermöglicht eine weltpolitische Betrachtung jenseits nationaler und regionaler Grenzen und mahnt, globale ökonomische und historische Interdependenzen nicht aus dem Blick zu verlieren. Julian Nida-Rümelin denkt im Dialog mit Thomas Meyer Grenzen philosophisch neu, während Susanne Mantel die Potenziale und Limitierungen von Asylpolitik moralphilosophisch auf den Prüfstand stellt. Sprache und Grenzen von Sprache kommt dabei eine besondere Bedeutung zu und so setzen sich Sybille Reinke de Buitrago, Lisa Peyer und Christiane Suchanek mit Begriffen wie »Flüchtlingswelle« und »Fluchtursachenbekämpfung« und Prozessen des *Othering* diskursiv auseinander. Vinzenz Kratzer, Frank Decker und Timo Karl bemühen sich um definitorische Klarheit politischer und politikwissenschaftlicher Begriffe und Phänomene, indem sie einerseits verschiedene Quellen und Spielarten von Migration, andererseits die unterschiedlichen Erscheinungsformen des rechten Protestes gegen die Zuwanderung in den Blick nehmen. Mit Letzteren befasst sich auch Anja Besand – aus der Perspektive der Politikdidaktik. Analysen und Projekte der politischen Bildung finden sich zugleich in den Beiträgen Inken Heldts, die in einer eigenen qualitativen Jugendstudie die neoliberale Durchdringung jugendlicher Welt(sicht)en nachzeichnet – und zeigt, wie dabei Erfolg und Leistung scheinbar untrennbar mit basalen Menschenrechten verknüpft werden –, sowie in der Darstellung Clemens Stolzenbergs, der aus den Erfahrungen eines Social-Media-Projektes über Flucht und Sport berichtet. Sport ist auch für Jürgen Mittag ein teilhabeorientierter Integrationsmotor, für den sich eine politikwissenschaftliche Analyse anbietet. Dieser partizipatorische Ansatz findet seinen Ausdruck ebenfalls in den Überlegungen zu formaler und non-formaler Bildungsteilhabe und dem Ausräumen von Integrationshindernissen von Norbert Frieters-Reermann und Diana Carolina Tobo. Zugleich befasst sich der Band eingehend mit den Realitäten, Potenzialen und Spannungen zwischen den nationalen und internationalen Dialogebenen (*Internationaler Dialog*). Dabei zeigt sich, dass selten ein Fokus allein global, regional, oder national trägt. Vielmehr entstehen durch den stetigen Perspektivwechsel Verknüpfungen, die oftmals über Grenzen – nicht nur physisch geografisch, sondern auch mental assoziativ – hinaustragen. Ähnlich Colliers globalem Blick betont Galya Ruffer die Bedeutung internationaler Verflechtungen und fordert einzelne Nationen sowie die internationale Gemeinschaft gleichermaßen zum Bauen von Brücken in die Heimat Geflüchteter auf. Nur so ließen sich langfristige Strategien der Post-Konflikt-Vermeidung umsetzen und neue potenzielle Fluchtursachen im Ansatz eindämmen. Mit der zunehmend bedeutsamen Fluchtursache Klima und Umwelt und deren Folgen für die internationale Gemeinschaft befasst sich Timo Karl; auch in Ernst Mönnichs Beitrag geht es um die Analyse von Fluchtursachen und ihrer ökonomischen Auswirkungen auf die nationale und regionale Ebene. Mahir Tokatlı und Hanne Schneider nehmen wiederum ausgewählte zwischenstaatliche Beziehungen in den Blick; ihre Aufsätze befassen sich mit dem Verhältnis der Ukraine und der Türkei zu Europa bzw. zur Europäischen Union. Last but not least finden sich in vielen Beiträgen praxisorientierte oder -bezogene Ansätze (*Dialog mit der Praxis*). Yasemin Bekyol überprüft an Fallbeispielen, wie die europäischen und internationalen Vorgaben zur Flüchtlingsunterbringung auf nationaler bzw. kommunaler Ebene umgesetzt werden. Ihr Hauptaugenmerk gilt dabei der Unterbringung von Frauen, womit sie eine Brücke zu Laura Wallners Beitrag schlägt, die die sich verändernden Anforderungen, Möglichkeiten und Grenzen von *Diversity-Management*-Strategien kommunaler Verwaltungen im Umgang mit migrierten und geflüchteten Menschen untersucht. Überhaupt erweist sich die kommunale Praxis als wichtige Integrationsstütze, wie Maike Dymarz, Susanne Kubiak und Mona Wallraff am Beispiel Dortmunds aufzeigen. Martin Mertens' Einblicke in die Integrationserfolge der Stadt Rommerskirchen geben ebenfalls Anlass zum Optimismus für die Erfolgschancen einer integrierenden und zugleich pluralistischen Migrationspolitik. Stets muss sich eine solche gelebte Integrationskultur jedoch zugleich den Ängsten der institutionell wie gesellschaftlich »Abgehängten« stellen – sowie den »Angstmachern« auf der politischen Unternehmerseite, die mit diesen Ängsten populistische Stimmungsmache betreiben. Eine institutionelle Strategie gegen Letztere bietet Volker Bests Modell eines reformierten Verhältniswahlsystems, das eine Rückverlagerung des Parteienwettbewerbs vom rechten Rand in die politische Mitte anstrebt. Der Band schließt mit einem autobiografischen Essay. Hierin berichtet der Publizist und Gründer der »Hotline für besorgte Bürger« Ali Can über seine eigenen Erfahrungen als Migrant in Deutschland und seine alltäglichen Begegnungen mit Stereotypisierung und Skepsis. Er zeigt individuelle und psychologische Ansatzpunkte auf, um der Vielfalt einer Einwanderungsgesellschaft gerecht zu werden.

Anmerkungen zum Sprachgebrauch

Die Herausgeberinnen und Herausgeber sind sich der wissenschaftlichen und gesellschaftspolitischen Bedeutung geschlechtergerechter Sprache bewusst. Der Umgang mit den zahlreichen Schreibvariationen hat in den verschiedenen wissenschaftlichen Disziplinen unterschiedliche Tradition, und nicht immer trägt eine bestimmte Schreibweise zum inhaltlichen oder sprachlichen Verständnis bzw. Lesefluss bei. Aus diesem Grund haben wir den Autorinnen und Autoren die Entscheidung bezüglich ihrer präferierten Schreibweise selbst überlassen; wir möchten jedoch darauf hinweisen, dass bei allen Varianten stets eine geschlechterdiversifizierte Lesart intendiert und/oder möglich ist.[54]

Sprache prägt unsere Wahrnehmung der Welt; ist sie auch im Diskurs über Menschen – insbesondere Menschen mit erhöhtem Schutzbedarf – von Bedeutung. In der Regel ist aus diesem Grund zur Vermeidung des Diminutivs »Flüchtling« meist von »Flüchtenden/Geflüchteten« oder »flüchtenden/ geflüchteten Menschen« und »Menschen auf der Flucht« die Rede. Es ist jedoch nicht die Intention der Autorinnen und Autoren oder der Herausgeber, isoliert künstliche Sprachräume zu schaffen. Im allgemeinen Sprachgebrauch etablierte Wortzusammensetzungen wie »Flüchtlingsunterkunft« wurden als solche belassen. Nicht immer einheitlich ist der Umgang mit Suggestivbegriffen wie »Flüchtlingskrise«, »Flüchtlingswelle«, »Flüchtlingsströme« etc., weil die wortinhärenten Suggestionen »Überforderung« oder »Katastrophe« von den Autorinnen und Autoren als Forschungsgegenstand in der Regel mitgedacht und zugleich kritisch hinterfragt werden.

Literatur

Aced, Miriam/Tamer Düzyol/Arif Rüzgar/Christian Schaft (2014): Migration, Asyl und (Post-)Migrantische Lebenswelten in Deutschland. Bestandsaufnahme und Perspektiven migrationspolitischer Praktiken, Berlin.

Amadeu Antonio Stiftung/Förderverein PRO ASYL e. V. (2016): Neue Nachbarn. Vom Willkommen zum Ankommen, 2. Aufl., Berlin/Frankfurt a. M.

Bade, Klaus J. (1999): Migrationsforschung und Gesellschaftspolitik im »doppelten Dialog«, in: Profile der Wissenschaft. 25 Jahre Universität Osnabrück, hg. v. Rainer Künzel et al., Osnabrück, S. 107-121.

Bade, Klaus J. (2004): Sozialhistorische Migrationsforschung, Göttingen.

Bade, Klaus J. (2015): Zur Karriere und Funktion abschätziger Begriffe in der deutschen Asylpolitik. Essay, in: APuZ 65 (2015) 25, S. 3-8.

Becher, Philip/Christian Begass/Josef Kraft (2015): Der Aufstand des Abendlandes. AfD, Pediga & Co. Vom Salon auf die Straße, Köln.

---

54 Das generische Maskulinum (»Migranten«) deckt nicht nur die männlichen, sondern mindestens auch die weiblichen Mitglieder dieser Gruppe mit ab (»Migrantinnen und Migranten«). Binnen-I (»MigrantInnen«), Gender-Schrägstrich (»Migrant/innen«), Gender-Gap (»Migrant_innen«), und Gender-Sternchen (»Migrant*innen«) sind gleich zu lesen.

Bendel, Petra (2017): Alter Wein in neuen Schläuchen? Integrationskonzepte vor der Bundestagswahl, in: APuZ 67 (2017) 27-29, S. 4-9.

Biakowski, André/Martin Halotta/Thilo Schöne (Hg.) (2016): Zwischen Kommen und Bleiben. Ein gesellschaftlicher Querschnitt zur Flüchtlingspolitik, Berlin.

Bierdel, Elias/Maximilian Lakitsch (Hg.) (2014): Flucht und Migration. Von Grenzen, Ängsten und Zukunftschancen, Wien.

Börzel, Tanja (2017): Grenzenloses Europa und die Grenzen Europas, in: Jürgen Rüttgers/Frank Decker (Hg.): Europas Ende, Europas Anfang. Neue Perspektiven für die Europäische Union, Frankfurt a. M./New York, S. 77-88.

Bundesamt für Migration und Flüchtlinge (2016): Das Bundesamt in Zahlen 2015 – Asyl, Migration und Integration, Nürnberg.

Bundesamt für Migration und Flüchtlinge (2017): Das Bundesamt in Zahlen 2016. – Asyl, Migration und Integration, Nürnberg.

Collier, Paul (2007): The Bottom Billion: Why the Poorest Countries Are Failing and What Can Be Done about It, Oxford.

Collier, Paul (2014): Exodus. Warum wir Einwanderung neu regeln müssen, Berlin (engl. Exodus. Immigration and Mulitculturalism in the 21st Century, London 2013).

Collier, Paul/Anke Hoeffler (2013): An Empirical Analysis of Global Migration, unveröffentlichtes Manuskript, Centre of the Study of African Economies, Oxford.

Daphi, Priska (2016): Engagement für Flüchtlinge, in: APuZ 66 (2016) 14-15, S. 35-39.

Decker, Frank (2015): AfD, Pegida und die Verschiebung der parteipolitischen Mitte, in: APuZ 65 (2015) 40, S. 27-32.

Decker, Frank/Bernd Henningsen/Kjetil Jakobsen (Hg.) (2015): Rechtspopulismus und Rechtsextremismus in Europa. Die Herausforderung der Zivilgesellschaft durch alte Ideologien und neue Medien, Baden-Baden.

Dickel, Doris (2002): Einwanderungs- und Asylpolitik der Vereinigten Staaten von Amerika, Frankreichs und der Bundesrepublik Deutschland. Eine vergleichende Studie der 1980er und 1990er Jahre, Opladen.

El Tayeb, Fatima (2016): Rassismus, Fremdheit und die Mitte der Gesellschaft, in: APuZ 66 (2016) 14-15, S. 15-21.

Flümann, Gereon (Hg.) (2016): Umkämpfte Begriffe. Deutung zwischen Demokratie und Extremismus, bpb Schriftenreihe Bd. 10024, Bonn.

Friedrichs, Jürgen/Felix Leßke/Vera Schwarzenberg (2017): Sozialräumliche Integration von Flüchtlingen. Das Beispiel Hamburg-Harvestehude, in: APuZ 67 (2017) 27-29, S. 34-40.

Geiges, Lars/Stine Marg/Franz Walter (2015): Pegida. Die schmutzige Seite der Zivilgesellschaft?, Bielefeld.

Grebing, Helga (1984): Geschichte der Arbeiterbewegung – eine wissenschaftliche Disziplin?, in: Mündliche Geschichte und Arbeiterbewegung, hg. v. Gerhard Botz/Josef Weidenholzer, Wien, S. 3-22.

Grenz, Wolfgang/Julian Lehmann/Stefan Keßler (2015): Schiffbruch. Das Versagen der europäischen Flüchtlingspolitik, München.

Habermas, Jürgen (2017): Keine Muslima muss Herrn de Maizière die Hand geben, in: Rheinische Post v. 3.5.2017.

Hansen, Randall (2003): Migration to Europe since 1945: Its History and its Lessons, in: The Political Quarterly 74 (2003) s1, S. 25-38.

Häusler, Alexander/Beate Küpper/Andreas Zick (2016): Die Neue Rechte und die Vorbereitung neurechter Einstellungen in der Bevölkerung, in: Gespaltene Mitte – Feindselige Zustände. Rechtsextreme Einstellungen in Deutschland 2016, hg. f. d. Friedrich-Ebert-Stiftung v. Ralf Melzer, Bonn, S. 143-165.

Heinz, Andreas/Ulrike Kluge (Hg.) (2012): Einwanderung. Bedrohung oder Zukunft? Mythen und Fakten zur Integration, Frankfurt a. M.

Henkel, Felix/Bert Hoppe (Hg.) (2015): Flucht und Migration. Debattenbeiträge aus den Ländern des Westbalkans, Berlin.

Herwartz-Emden, Leonie (Hg.) (2003): Einwandererfamilien. Geschlechterverhältnisse, Erziehung und Akkulturation, 2. Aufl., Göttingen.
Hillebrand, Ernst (Hg.) (2015): Rechtspopulismus in Europa. Gefahr für die Demokratie?, Bonn.
Kempkens, Sebastian (2016): Die Flüchtlingsfarce von Harvestehude, in: Die Zeit 40 (2016).
Küpper, Beate/Rees Jonas/Andreas Zick (2016): Geflüchtete in der Zerreißprobe. Meinungen über Flüchtlinge in der Mehrheitsbevölkerung, in: Gespaltene Mitte – Feindselige Zustände. Rechtsextreme Einstellungen in Deutschland 2016, hg. f. d. Friedrich-Ebert-Stiftung v. Ralf Melzer, Bonn, S. 83-108.
Luft, Stefan (2016): Die Flüchtlingskrise. Ursache, Konflikte, Folgen, München.
Luft, Stefan/Peter Schimany (Hg.) (2014): 20 Jahre Asylkompromiss. Bilanz und Perspektiven, Bielefeld.
Meier-Braun, Karl-Heinz (2015): Einwanderung und Asyl. Wichtige Fragen, Bonn.
Münkler, Marina/Herfried Münkler (2016): Die neuen Deutschen. Ein Land seiner Zukunft, Berlin.
Münkler, Herfried (2016): Die Mitte und die Flüchtlingskrise, in: APuZ 66 (2016) 14-15, S. 3-8.
Nassehi, Armin (2017): Leitkulturdebatte. Im Wiederholungszwang, in: Zeit-Online, www.zeit.de v. 3.5.2017.
Özoğuz, Aydan (2017): Leitkultur verkommt zum Klischee des Deutschseins, in: Tagesspiegel v. 14.5.2017.
Panagiotidis, Jannis (2014): Kein fairer Tausch. Zur Bedeutung der Reform der Aussiedlerpolitik im Kontext des Asylkompromisses, in: 20 Jahre Asylkompromiss. Bilanz und Perspektiven, hg. v. Stefan Luft/Peter Schimany, Bielefeld, S. 105-126.
Richter, Michael (2015): Fluchtpunkt Europa. Unsere humanitäre Verantwortung, Bonn.
Rogers, Christina (2017): Von Vietnam zum Sommer der Migration. Eine Kontextualisierung deutscher »Willkommenskultur«, in: Vietnamesisch-Deutsche Wirklichkeit = Migration im Fokus, Bd. 3, hg. v. Bengü Kocatürk-Schuster/Arnd Kolb/Than Long/Günther Schultze/Sascha Wölck, Köln/Bonn, S. 70-77.
Rüttgers, Jürgen/Frank Decker (2017): Was ist in Europa?, in: Europas Ende, Europas Anfang: Neue Perspektiven für die Europäische Union, hg. v. dens., Frankfurt a. M., S. 11-14.
Sarrazin, Thilo (2010): Deutschland schafft sich ab. Wie wir unser Land aufs Spiel setzen, Berlin.
Schiffbauer, Werner (2008): Parallelgesellschaften. Wie viel Wertekonsens braucht unsere Gesellschaft? Für eine kluge Politik der Differenz, Bielefeld.
Schuhler, Conrad (2017): Die grosse Flucht. Ursachen, Hintergründe, Konsequenzen, 2. Aufl., Köln.
Stickler, Matthias (Hg.) (2014): Jenseits von Aufrechnung und Verdrängung. Neue Forschungen zu Flucht, Vertreibung und Vertriebenenintegration, Stuttgart.
Terkessidis, Mark (2010): Interkultur, Bonn.
Treibel-Illian, Anette (2011): Migration in der modernen Gesellschaft. Soziale Folgen von Einwanderung, Gastarbeit und Flucht, 4. Aufl., Weinheim/München.
Walter, Anne/Margarete Menz/Sabina De Carlo (Hg.) (2006): Grenzen der Gesellschaft? Migration und sozialkultureller Wandel in der Zuwanderungsregion Europa, Göttingen.
Woldin, Philipp (2016): Die ersten Flüchtlinge ziehen ins Nobelviertel, in: Welt-Online, www.welt.de v. 27.7.2016.
Yildiz, Erol/Marc Hill (Hg.) (2015): Nach der Migration. Postmigrantische Perspektiven jenseits der Parallelgesellschaften, Bielefeld.
Zick, Andreas/Beate Küpper (2015), Wut, Verachtung, Abwertung. Rechtspopulismus in Deutschland, hg. f. d. Friedrich-Ebert-Stiftung v. Ralf Melzer und Dieter Molthagen, Bonn.

Internationale Entwürfe für eine nachhaltige Einwanderungspolitik

Paul Collier[1]

Asylpolitik neu denken.
Vorschläge für ein gescheitertes System

Bevor ich meinen ökonomischen Blick auf die aktuelle Flucht- und Migrationsthematik werfe, erlauben Sie mir ein paar Worte über meinen Vater Karl Hellenschmidt jr.,[2] der mich in zweierlei Hinsicht prägte. Er verließ die Schule mit nicht einmal zwölf Jahren (genauso wie meine Mutter) und entsprechend war ihr beider Leben von großer Frustration und mangelnden Lebenschancen geprägt. In dieser Umgebung wuchs ich auf. Zugleich war mein Vater ein bemerkenswert kluger Mann – von ihm lernte ich das Denken. Mit dieser Fähigkeit genoss ich eine außerordentlich gute Ausbildung und doch waren es insbesondere mein Vater und seine Unterweisung, welche mich nachhaltig beeinflussten.

Mein Lebenswerk fand maßgeblich in Gesellschaften statt, in denen ich meinen Vater und meine Mutter millionenfach wiedersah – Menschen, für die

---

1 Vortrag v. 21.9.2016 in Bonn. Transkribiert, übersetzt, bearbeitet und in den Fußnoten ergänzt von Thorsten Stolzenberg.
2 Paul Colliers Großvater Karl Hellenschmidt war Anfang des 20. Jahrhunderts von Deutschland nach England ausgewandert. Sein Sohn Karl Hellenschmidt jr., eines von sechs Kindern, nahm vor dem Zweiten Weltkrieg den Namen Charles Collier an. Vgl. Paul Collier (2014), S. 9 f.

die Chancen der modernen Welt unerreichbar blieben und die somit unnötig frustrierte Leben führten. Nahezu mein gesamtes Berufsleben habe ich damit zugebracht, Chancen zu schaffen, wo Frustration herrscht, doch glaube ich nicht, dass wir im Falle der Zuwanderung den richtigen Weg eingeschlagen haben, und hoffe, Sie von dieser These ein Stück weit überzeugen zu können.

Ich bin Koautor des Buches »Refuge. Transforming a Broken Refugee System«,[3] welches die existierenden Strukturen der Flucht- und Asylpolitik anklagt – eines maroden, katastrophal gescheiterten Systems. Dieses Scheitern begründet sich in zwei Umständen. Zum einen ist es das Ergebnis einer seit 70 Jahren unverändert bestehenden Struktur, die in ihrer gegenwärtigen Architektur nicht mehr reformierbar ist. Verstärkt durch einen politischen Populismus – Entscheidungen, die kurz und bestenfalls mittelfristig wirksam scheinen, aber beim ersten Auftreten unerwarteter Konsequenzen aufgegeben oder ins Gegenteil verkehrt werden – taumelt dieses System seit Jahren zwischen zwei Welten hin und her: dem herzlosen Kopf, grausam, unachtsam gegenüber dem humanitär Gebotenen, und dem kopflosen Herz, emotional, bar jeglicher Rationalität.

Flucht ist keine Migration

Den entscheidenden Punkt, den ich für die folgende Argumentation und knappe Analyse dieses gescheiterten Systems deutlich machen möchte, ist der folgende: Flüchtende sind keine Migranten. Wir müssen uns vergegenwärtigen, dass eine gewaltige Anzahl von Menschen, nämlich mindestens eine Milliarde weltweit, den mehr oder minder ausgeprägten Wunsch hegen, auszuwandern, also gerne in einem anderen Land als dem eigenen leben würden. Daneben gibt es etwa 20 Millionen Menschen, die sich auf der Flucht befinden.[4] Der Versuch, das Verlangen von einer Milliarde Menschen nach Migration zu befriedigen, ist von vornherein zum Scheitern verurteilt; unse-

---

3   Alexander Betts/Paul Collier (2017): Refuge. Transforming a Broken Refugee System, London. Der Titel der zeitgleich erschienenen deutschsprachigen Ausgabe lautet: Gestrandet. Warum unsere Flüchtlingspolitik allen schadet – und was jetzt zu tun ist, Berlin 2017.
4   Laut dem UNHCR-Jahresbericht 2017 waren Ende 2016 etwa 65,6 Millionen Menschen auf der Flucht. 22,5 Millionen – in etwa die hier genannte Zahl – haben ihr Heimatland ganz

rer Pflicht den Flüchtenden gegenüber nachzukommen, ist hingegen absolut möglich.

Anders als Migranten verlassen Flüchtende ihre Heimat nicht freiwillig. Sie tun es aus Gründen höherer Gewalt, angetrieben von Furcht vor Krieg, Unterdrückung oder Hungersnöten. Dagegen gehen Migranten aus freien Stücken, sie werden angetrieben von Hoffnung, nicht von Angst. Der Flüchtende strebt nach der Wiederherstellung der Normalität; der Migrant hofft auf ein neues Leben. Während Flüchtende nach Zufluchtshäfen suchen, also Orten, die sicher sind, suchen die Migranten Honigtöpfe, das heißt Orte, in denen es sich gut leben lässt. Zwischen beiden gibt es keine Überschneidung. Jedes der zehn wichtigsten Zufluchtsländer, darunter Pakistan und der Iran,[5] ist heute ein Land der Auswanderung, in dem Flüchtende eintreffen und aus dem Migranten weggehen.

Unsere Verantwortung gegenüber diesen beiden Gruppen ist also völlig konträr. Die Pflicht gegenüber Flüchtenden besteht darin, sie aus der Gefahr zu retten und ihnen die Möglichkeit zu eröffnen, wieder ein halbwegs normales Leben zu führen. Haben wir auch den Migranten gegenüber eine Pflicht? Ein Recht auf Auswanderung kann und sollte es nicht geben – weder rechtlich noch moralisch. Es gibt allerdings eine Pflicht, gegen die Ursachen von Migrationsbewegungen aus sehr armen Ländern etwas zu unternehmen. Was diese Menschen treibt, ist häufig die totale Hoffnungslosigkeit. Doch besteht die Lösung nicht darin, das Land zu verlassen; vielmehr müssen wir die Hoffnung in diese Gesellschaften zurückbringen.

Aus meiner Arbeit weiß ich, wie schwierig dies ist. Nehmen wir ein Beispiel wie Mali, welches bis zu den Tumulten in Libyen auf gutem Weg war, bis achthundert bewaffnete Männer, beauftragte Söldner Gaddafis, ins Land kamen.[6] Weil die in das Land fließenden Entwicklungshilfeleistungen und

---

verlassen. Weitere 40,3 Millionen Menschen sind innerhalb ihres Heimatlandes geflohen; die übrigen 2,8 Millionen werden zu den Asylsuchenden gezählt.
5   Ende 2016 war die Türkei mit 2,9 Millionen aufgenommenen Geflüchteten zum dritten Mal in Folge das bedeutendste Zufluchtsland weltweit – gefolgt von Pakistan (1,4 Millionen), dem Libanon (eine Million) und dem Iran (knapp eine Million).
6   Anfang 2012 rebellierte die Gruppe der Tuareg in Nordmali gemeinsam mit bewaffneten Söldnern Gaddafis und Islamisten des Libyen-Krieges, um Azawad als unabhängige Region gegen die malische Regierung zu schützen. In der Folge kam es gegen Präsident Amadou Toumani Touré zu einem Militärputsch. Bis zur Wahl Ibrahim Boubacar Keïtas 2013 am-

Spendengelder nicht für die Rüstung verwendet werden durften, blieb Mali vollkommen schutzlos. Auch die in Stuttgart zum Schutz afrikanischer Staaten und Bürger stationierten US-Soldaten der Einrichtung AFRICOM schritten nicht ein.[7] Wir versagen in unserer Verpflichtung, Hoffnung in die ärmsten Länder zu bringen, doch müssen wir uns auch klarmachen, dass Auswanderung nicht die Lösung sein kann.

Das Scheitern zweier Institutionen

Wir haben zwei Institutionen, die unseren Umgang mit flüchtenden und asylsuchenden Menschen maßgeblich bestimmen, und ich halte sie beide für hoffnungslos zum Scheitern verurteilt: den Hohen Flüchtlingskommissar der Vereinten Nationen (UNHCR) und die Genfer Flüchtlingskonvention. Der UNHCR ist ein rein humanitäres Amt, jedoch ist die zentrale Herausforderung in der Flucht- und Asylpolitik wirtschaftlich und nicht humanitär. Der UNHCR befindet sich noch heute in einer Welt der späten 1940er-Jahre, als Schutz und Nahrung Priorität hatten.

In meiner Familie gibt es ein Dokument über die deutsche Fluchtbewegung nach Ende des Zweiten Weltkriegs, in dem es um verzweifelte Lebenslagen von Millionen von Deutschen geht – Flüchtende, die aus den östlichen Gebieten geflohen oder von dort vertrieben waren; ihre Hauptsorge waren Essen und ein Dach über dem Kopf. Dies stellt sich heute anders dar: Der durchschnittliche Geflüchtete ist bereits seit vielen Jahren auf der Flucht und strebt in erster Linie nach Wiederherstellung von Autonomie und Würde. Dazu gehört insbesondere die Möglichkeit, sich den eigenen Lebensunterhalt zu verdienen. So gesehen ist der UNHR für die meisten Flüchtenden aus Syrien völlig irrelevant, denn nur ein geringer Anteil von diesen sucht in den Lagern Zuflucht. Der überwiegende Teil, etwa 80 %, geht direkt in die Städte, um illegal zu arbeiten. Diese Flüchtenden verzichten auf Nahrung und Unterkunft in den

---

tierte eine Übergangsregierung des Militärs. Ein Eingreifen der französischen Truppen konnte den Vormarsch der Rebellen eingrenzen, der territoriale Konflikt im Norden Malis jedoch dauert bis heute an.

7 »Africa Command« (AFRICOM) ist eine territoriale militärische Kommandoeinheit, die während der Präsidentschaft George W. Bushs 2007 begründet wurde.

Lagern, und nutzen stattdessen die Möglichkeit, sich ihren Lebensunterhalt selbst zu verdienen, und vermutlich würden wir alle es ihnen gleichtun.

Als humanitäre Einrichtung hat der UNHCR wie viele große Bürokratien heute unüberschaubare Ausmaße angenommen und operiert vermehrt im Sinne einer Notfall- oder Katastrophenhilfe. Diese kurzfristige humanitäre Notfallversorgung kann den längerfristigen wirtschaftlichen Bedürfnissen der Flüchtenden jedoch nicht gerecht werden; dem UNHCR mangelt es leider an Kapazitäten, um in diesem Sinne strategisch über die Fluchtfrage nachzudenken.

Mit noch größeren Widersprüchen sehen wir uns bei der Genfer Flüchtlingskonvention konfrontiert. Sie ist ein historisches Relikt, eine Reaktion auf die Expansionspolitik der Sowjetunion zu Beginn des Kalten Krieges. Nachdem der Eiserne Vorhang Europa 1948 in zwei Machtsphären geteilt hatte, beschlossen die USA, Geflüchtete aus Osteuropa nicht mehr in diese Länder zurückzuführen, um sie vor Verfolgung und Unterdrückung durch die kommunistischen Machthaber zu schützen. Die Flüchtlingskonvention war also einem ganz spezifischen historischen Kontext geschuldet – es ging um Verfolgung und es ging um Osteuropa. Dies hielt Europa freilich nicht davon ab, das Dokument später für universell gültig zu erklären – ein typischer Akt des Eurozentrismus.[8] Wie wenig universell die Konvention tatsächlich ist, lässt sich allein daran ablesen, dass sie von keinem einzigen der zehn größten Aufnahmeländer unterzeichnet wurde.[9] Damit ist sie für unsere heutige Lage von Flucht und Asyl irrelevant. Nach Inkrafttreten der Konvention haben Juristen ihren Wortlaut immer wieder neu gedehnt und nach den Gegebenheiten der jeweiligen Situation und des jeweiligen Landes interpretiert, bis der heutige Flickenteppich daraus geworden ist. Dies kann kaum Grundlage für eine zielführende Flucht- und Asylpolitik sein.

---

8   Die 1951 beschlossene und 1954 in Kraft getretene Genfer Flüchtlingskonvention bezog sich zunächst vor allem auf Verfolgte innerhalb des kommunistischen Machtbereichs und galt grundsätzlich nur für jene, die vor dem 1.1.1951 geflohen waren. Mit dem Protokoll von 1967 wurde diese zeitliche und räumliche Eingrenzung aufgehoben.

9   Ähnliches gilt für die bloße Mitgliedschaft. Unter den sechs größten Zufluchtsstaaten – Türkei, Pakistan, Libanon, Iran, Uganda und Äthiopien – gehören drei (Türkei, Iran und Uganda) zu den Mitgliedsstaaten der Konvention und drei (Pakistan, Libanon und Äthiopien) nicht. Und selbst die Türkei erkennt die räumliche und zeitliche Ausweitung der Konvention durch das Protokoll von 1967 nicht an.

Arbeit, wo Arbeit gebraucht wird

Die Hauptaufgabe liegt in der Schaffung von Arbeitsplätzen, wo diese benötigt werden. Anstatt die Geflüchteten nach Europa zu bringen, sollten sie in näher gelegenen Zufluchtshäfen ihren Lebensunterhalt bestreiten. Dies hat gleich zwei Vorteile: Zunächst sind die Wege dahin kurz und weniger gefährlich. Flucht ist keine Wahl und nur eingeschränkt planbar; es ist ein Fliehen vor unsicheren Orten, Massengewalt und Mangel. Die wenigsten Flüchtenden, unter denen sich auch Alte, Frauen und Kinder befinden, sind in der Lage, lange Strecken zurückzulegen. Sie verbleiben als Binnengeflüchtete innerhalb der Grenzen des Herkunftslandes. Nur die, die es über die Grenze schaffen, nehmen wir überhaupt als Flüchtende wahr. Ihnen müssen wir vor Ort Beschäftigungsmöglichkeiten bieten.

Der zweite Vorteil bezieht sich auf das Bestreben von Geflüchteten, in ihre Heimat zurückzukehren, sobald der Konflikt vorüber ist. Auch wenn es uns manchmal scheinen mag, als würden die Konflikte niemals enden, enden sie irgendwann. Deshalb müssen wir uns auf die Zeit nach der Beendigung eines Konflikts vorbereiten. Die Geflüchteten tun dies gewiss – zumindest gedanklich. Sie möchten in ihre Heimat zurückkehren. Und das ist für sie einfacher, wenn ihr Zufluchtsort möglichst nahe bei ihrem Herkunftsland liegt. Doch haben wir gerade diese regionalen Zufluchtshäfen massiv vernachlässigt.

Im syrischen Fall wurden seit 2011 etwa zehn Millionen Menschen – gut die Hälfte der syrischen Bevölkerung – vertrieben. Etwa die Hälfte von ihnen schaffte es in der Türkei, nach Jordanien oder den Libanon und blieben dort.[10] Von der internationalen Gemeinschaft wurde dies zunächst weitgehend ignoriert und die drei Staaten mit dem Problem allein lassen. Jordanien, das mich als Experten konsultiert hatte, befand sich zum Beispiel in einer verzweifelten Situation, weil seine Staatsverschuldung aufgrund der immen-

---

10 Aufgrund der kriegerischen Auseinandersetzung sind keine genaueren Zahlen vorhanden. Im März 2017 belief sich die Zahl der Geflüchteten aus Syrien, die in der Türkei, dem Libanon, Jordanien, dem Irak und Ägypten registriert waren, laut Angaben des UNHCR auf gut fünf Millionen.

sen Ausgaben für die Geflüchteten regelrecht explodiert war. Deutschland hatte seine Hilfszahlungen unterdessen halbiert.[11]

Niemand muss in ein Boot steigen und sein Leben aufs Spiel setzen. Anstatt Flüchtende zu uns zu bringen, müssen wir die Lage in den Zufluchtshäfen verbessern – dort wo die meisten von ihnen ohnehin längst leben und arbeiten wollen. Es ist viel einfacher, Arbeit für Geflüchtete in den Zufluchtshäfen zu organisieren als in einem hoch entwickelten Industrieland wie Deutschland, dessen Arbeitskräftebedarf von den meist unterdurchschnittlich qualifizierten Geflüchteten nicht abgedeckt werden kann. Die hohe Arbeitsproduktivität in der Bundesrepublik basiert auf einem hohen Qualifikationsniveau und langen Ausbildungszeiten, was an den wirklichen Bedürfnissen eines Geflüchteten vorbeigeht. Diese brauchen sofort einen Job für die nächsten Jahre – bevor sie in ihre Heimatländer zurückgehen – und keine Deutschkurse und fachspezifische Lehrgänge, die sie auf ein dauerhaftes Leben in der Fremde vorbereiten.

In einer Umfrage wurden die 30 führenden deutschen DAX-Unternehmen im Juni 2016 nach der Zahl der Arbeitsplätze gefragt, die sie in Deutschland für Geflüchtete schaffen könnten. Tatsächlich hatte die Deutsche Post bis dahin 50 und die übrigen 29 Unternehmen zusammen ganze vier Stellen bereitgehalten.[12] Dieselben deutschen Unternehmen haben in den letzten zwei Jahrzehnten Tausende und Hunderttausende Jobs zuerst nach Polen und später in die Türkei ausgelagert. Wenn sie Arbeitsplätze für türkische Staatsbürger in der Türkei schaffen können, warum ist das nicht auch für syrische Geflüchtete in der Türkei oder in Jordanien möglich? Dafür müssen

---

11 Paul Collier und sein Kollege Alexander Betts machten sich im April 2015 vor Ort einen Eindruck von der Situation im Libanon. Zu diesem Zeitpunkt befand sich das Welternährungsprogramm (World Food Programme, WFP) bereits in massiver Geldnot und war auf die Aufstockung der mitgliedsstaatlichen Beiträge angewiesen, die jedoch in der ersten Jahreshälfte 2015 von den EU-Staaten weiter zurückgefahren wurden. Bis Ende 2015 erhöhte Deutschland dann seine Finanzierung auf insgesamt 329 Millionen US-Dollar – 28 Millionen mehr als im Vorjahr –, im Jahr 2016 sogar auf 885 Millionen. Die jordanische Staatsverschuldung stieg von 2011 bis 2015 von 70 auf über 90 % des Bruttoinlandsprodukts an, wobei sich ein ausschließlicher Zusammenhang mit der Situation der Geflüchteten allerdings schwer nachweisen lässt.

12 Gleichzeitig wurden etwa 2.700 zusätzliche Praktikumsplätze und 300 Ausbildungsplätze geschaffen, die jedoch nur teilweise besetzt werden konnten. Vgl. FAZ v. 4.7.2016.

wir die Politik aus den Gerichtssälen rausholen und in die Vorstandsetagen tragen.

Vorausschauende Strategien für die Zeit nach dem Konflikt

Lassen Sie mich abschließend über eine unglückliche Nebenwirkung der aktuellen Flucht- und Asylpolitik sprechen. Krisengebiete erholen sich in der Zeit nach dem Konflikt nur langsam, insbesondere, wenn wirtschaftliche Strukturen wie im syrischen Falle nahezu vollständig zerschlagen wurden. Problematisch und langwierig gestaltet sich dabei nicht so sehr der physische Wiederaufbau, sondern der Wiederaufbau dieser zerstörten Strukturen. Mit Letzterem können wir jedoch schon vor Ende des Konfliktes beginnen. Wenn wir Arbeitsplätze für Geflüchtete in Zufluchtshäfen schaffen, sollten wir dort ebenso Unternehmen etablieren, die nach Ende des Konflikts nach Syrien weiterziehen. Die Rahmenbedingungen der modernen Privatwirtschaft erlauben, dass ein Unternehmen erfolgreich in Jordanien tätig sein und zu einem späteren Zeitpunkt vollständig oder mit einem Teil seiner Belegschaft nach Syrien umsiedeln kann. Wenn wir mit einer solchen Planung in den Zufluchtshäfen jetzt beginnen, lässt sich dem Risiko einer fortgesetzten politischen und wirtschaftlichen Instabilität vorbeugen. Erfahrungsgemäß ist die Gefahr eines erneuten Ausbruchs der Konflikte in solchen Gesellschaften hoch. Die Erholung der Wirtschaft könnte insofern einen wichtigen Beitrag zur regionalen Friedenssicherung leisten.

Ohne es zu wollen, ist Deutschland für eine sehr ausgewählte Gruppe von Flüchtenden attraktiv geworden. Dadurch hat die Bundesrepublik Geflüchtete, die sich längst in Zufluchtshäfen befanden, faktisch zu Migranten gemacht. Doch wurden sie nicht alle zu Migranten, sondern nur diejenigen, die in der Lage waren, die Reise zu bewältigen, und diejenigen, die am stärksten von einer verheißungsvollen Aussicht auf ein zukünftiges Leben in Deutschland angezogen wurden.[13]

---

13 Laut einer qualitativen und quantitativen Umfragereihe des Instituts für Arbeitsmarkt- und Berufsforschung (IAB), des Bundesamtes für Migration und Flüchtlinge (BAMF) und des Deutschen Instituts für Wirtschaftsforschung (DIW) für die Jahre 2013 bis 2016 wählte etwa die Hälfte der befragten Geflüchteten Deutschland bereits vor oder zu Beginn der Flucht

Verlässliche und präzise Zahlen sind derzeit nicht verfügbar, aber ein überdurchschnittlich hoher Anteil der syrischen Bevölkerung in Hochschulausbildung oder mit Hochschulabschluss befindet sich derzeit in Deutschland.[14] Das ist potenziell verheerend für eine nachhaltige Wirtschafts- und Friedenssicherung in der Zeit nach dem Konflikt in Syrien, die unter anderem auf den erfolgreichen Wiederaufbau der Verwaltung, der Unternehmensstrukturen und des Steuersystems angewiesen ist. Dafür bedarf es Hochschulabsolventen, an denen es in all diesen Gesellschaften mangelt. Deutschland ist darum bemüht, syrische Geflüchtete im eigenen Land zu integrieren, ihnen die Sprache beizubringen, eine Zukunft zu ermöglichen, sie dezentral unterzubringen – kurz, sie zu Deutschen zu machen. Aus einer nationalen Perspektive mag dies erstrebenswert sein. Doch verzögert die Bundesrepublik damit den Wiederaufbau in der Bürgerkriegsregion und gefährdet so ungewollt deren friedliche Entwicklung und Stabilität. Diesen Albtraum müssen wir verhindern.

---

als Zielland – die andere Hälfte entschied sich erst während der Flucht dazu. Als wichtigster Grund wurde dabei nicht die wirtschaftlichen oder wohlfahrtsstaatliche Situation Deutschlands, sondern die Achtung der Menschenrechte genannt. Vgl. Institut für Arbeitsmarkt- und Berufsforschung: Geflüchtete Menschen in Deutschland – eine qualitative Befragung, Nürnberg: Institut für Arbeitsmarkt- und Berufsforschung (IAB-Forschungsbericht 9 (2016)).

14 Nach Angaben des Bundesamtes für Migration und Flüchtlinge haben seit 2011 mehr als eine halbe Million Menschen aus Syrien Antrag auf Asyl in Deutschland gestellt; das sind etwa 10 % der aus Syrien Geflüchteten. Der Anteil der Hochschulabsolventen ist dabei mit fast 21 % (2016) bzw. 27 % (2015) höher als deren Anteil an der Gesamtbevölkerung Syriens, der bei etwa 15 bis 20 % liegt. Zahlen aus Österreich ergeben ein ähnliches Bild. Verglichen mit den unmittelbaren Nachbarstaaten Syriens und gemessen an der jeweiligen Zahl der Geflüchteten dürften sich damit überdurchschnittlich viele (aber nicht zwangsläufig mehr) syrische Hochschulabsolventen heute in Europa befinden.

Galya Ben-Arieh Ruffer

Sichere Flucht fördern, Brücken zur Heimat bauen. Erfahrungen und Ideen

In nationalen politischen Diskursen werden Menschen auf der Flucht derzeit oft mit dem Begriff MigrantInnen bezeichnet und ihre Problemlagen mit gängigen Einwanderungspolitiken bearbeitet. Oft bleibt außer Acht, dass Flüchtlingspolitik humanitär motiviert ist und sich auf Grundlage der Menschenrechts- und Flüchtlingskonventionen konstituiert. Die Entscheidung Flüchtender, aus Angst vor Gewalt und Verfolgung die eigene Heimat zu verlassen und die eigene Familie zu entwurzeln, führt zu existenziellen Reflexionen mit weitreichenden und unabsehbaren Folgen. Fluchtleben sind komplex, einzelne Flüchtende oder Familien auf der Flucht haben für ihre Überlebensstrategien wichtige ökonomische Entscheidungen zu treffen. Flüchtende haben zahlreiche Gründe für ihre Entscheidung zur Flucht oder den Fluchtort – kurz, Flüchtende sind Menschen, die versuchen zu überleben, während sie die Komplexitäten des Lebens bewältigen. Völkerrechtlich ist die Anerkennung dieser zwingenden Umstände unbestritten, die Übersetzung in nationales Recht fällt jedoch unterschiedlich aus.

Die hier vorgestellten Ansätze und migrationspolitischen Vorschläge sind von zahlreichen Überlebensgeschichten von Geflüchteten motiviert. Aus ihren Erzählungen wurde die Idee geboren, ein Forschungsprogramm zum Thema »Umsiedlung« von Menschen aus Kriegs- und Krisengebieten ins Leben zu rufen, um herauszufinden, wie das Potenzial einer »Umsiedlung« im Sinne internationaler Solidarität und besserer Lastenverteilung genutzt werden könnte. Dieser Beitrag fußt auf Überlegungen der Autorin im Rahmen einer Podiumsdiskussion mit Paul Collier und Frank Decker. Er ist ein Plädoyer für ganzheitliche Ansätze, in denen die nationalen Flucht- und Asylpolitiken der westlichen Demokratien besser mit der Wiederaufbaupolitik in Post-Konflikten verbunden werden können. Bevor Ideen für eine ganzheitliche Flüchtlingspolitik entwickelt werden können, müssen Wissenschaft und Politik den Blick auf drei zentrale Problemstellungen richten, die bislang in voneinander getrennten Diskursräumen verhandelt werden.

Um diese Probleme zu illustrieren, lohnt sich ein Blick in die US-amerikanische Gesellschaft, deren Geschichte und Kultur in besonderer Weise auf Einwanderung, Be- und Umsiedlung fußt. Auch eignet sich die US-amerikanische Migrationspolitik als Referenzrahmen besonders gut, da die sogenannten »Umsiedlungsprogramme« der Vereinigten Staaten für circa 90 % weltweiter Umsiedlung von Relevanz sind. Und schließlich sind die USA als starker politischer Akteur in Kriegs- und Krisengebieten auch außen- und sicherheitspolitisch mit weltweiten Migrationsbewegungen, ihren Ursachen und den aus ihnen resultierenden Folgeproblemen befasst. Zugleich ist die zunehmende Stereotypisierung geflüchteter Menschen, die derzeit in der US-amerikanischen Gesellschaft auch vor dem Hintergrund von 9/11 in den politischen Arenen besonders stark zugenommen hat, auch in der Bundesrepublik Deutschland in prägnanten Politikdiskursen zu finden.

Zeit, Raum und Mobilität als Indikatoren gelungener oder misslungener Flüchtlingspolitik

Richtet die Forschung den Blick auf die Lebenswelt umgesiedelter Fluchtfamilien in den USA, wird schnell deutlich, dass sich die meisten Geflüchteten auch nach einem Jahrzehnt Aufenthalt in den Vereinigten Staaten in einem Kreislauf der Armut befinden – und dies, obwohl Umsiedlung ein traditionelles und in den Regierungsinstitutionen stets verhandeltes Themenfeld der US-amerikanischen Politik ist. Indiziert wird der Armutskreislauf durch die Umsiedlungsprogramme selbst. Ihre Intention ist stets eine schnelle Arbeitsmarkteingliederung, um eine rasche Selbstversorgung zu gewährleisten. Die hieraus entwickelten Maßnahmen führen dazu, dass geflüchtete Familien in den Vereinigten Staaten aufgrund geringer Sprachkenntnisse ohne Vorbildung schlecht bezahlte Arbeit annehmen müssen, um vor allem für hohe Wohnkosten aufzukommen. Die meisten von ihnen müssen zeitgleich mit mehreren Beschäftigungsverhältnissen jonglieren, um ihre Lebenshaltungskosten zu decken. Die Programme zielen in der Regel auf die rasche Vermittlung eines »Hauptverdieners« in einen niedrigschwelligen Arbeitsmarkt. Berufliche Vorkenntnisse und Kompetenzen werden kaum geprüft. Berufsausbildungen und Weiterbildungen über Sprachkurse hinaus sind nicht vorgesehen. Dabei wird vollständig versäumt, Geflüchtete als Teil von familiären Einheiten zu behandeln. Dies birgt das Risiko, geflüchtete Familien langfristig in Abhängigkeit von Sozialleistungen zu bringen.

Einer Längsschnittstudie zu umgesiedelten Geflüchteten in Colorado zufolge erfüllen die Programme zwar das Ziel, Frühbeschäftigung zu organisieren, jedoch verdienen 60,7 % der Familien nach fünf Jahren Aufenthalt in den Vereinigten Staaten nicht ausreichend, um zu überleben.[1]

Unzureichender Wiederaufbau in Post-Konflikten

Der zweite Problemkreis speist sich aus den amerikanischen Maßnahmen zum Wiederaufbau von Gesellschaften in Post-Konflikten und kann insbesondere am Beispiel Afghanistan ausbuchstabiert werden. Die USA haben sich hier finanziell in einigen Wiederaufbauinitiativen, vor allem auch im Bildungsbereich, engagiert, um ökonomische Folgen des Krieges abzuschwächen. Einem Regierungsbericht zufolge haben die USA mehr Geld für den Wiederaufbau in Afghanistan ausgegeben als für den Wiederaufbau in Europa nach dem Zweiten Weltkrieg. Seit dem Bilanzjahr 2002 hat der Kongress etwa 113,1 Milliarden Dollar bereitgestellt.

---

1   Colorado Department of Human Services (2016).

Viele junge Afghanen verlassen dennoch aufgrund der fortwährenden Instabilität und Unsicherheit ihre Heimat und bilden mittlerweile die zweitgrößte Flüchtlingspopulation der Welt. Nicht selten sind diese Geflüchteten mit just den Fähigkeiten ausgestattet, die für den Wiederaufbau staatlicher Institutionen oder zur Stärkung der afghanischen Privatwirtschaft nötig und geeignet wären. Dass Afghanistan dadurch Potenziale, Kapazitäten und emanzipatorische Fähigkeiten verliert, sorgt nicht nur in den wissenschaftlichen und öffentlichen Diskursen der USA für große Bedenken.[2] Die Entwicklungen in Afghanistan können beispielhaft für weitere Länder im Mittleren und Nahen Osten und Afrika stehen, wie dem Irak, dem Südsudan und wahrscheinlich zukünftig auch Syrien – die in Kreisläufen von Krieg und Post-Konflikten gefangen sind und weitere Flüchtende hervorbringen, selbst wenn seitens der westlichen Welt Milliarden für militärische Hilfe und den Wiederaufbau investiert werden.[3]

Die Skepsis gegenüber den Fluchtschicksalen

Die dritte Problemlage ist eine kulturelle, die vermehrt nicht nur in den USA in die politischen Arenen einzieht. Bemerkt werden kann eine zunehmende Stereotypisierung von Fluchtursachen und Fluchtschicksalen und fluchtmigrantischer Lebenswelten, sichtbar gemacht in der Identifizierung sogenannter Wirtschafts- oder »falscher« Flüchtlinge. Diese speziellen Narrative gingen zunächst in den Diskursräumen und Feuilletons der Bundesrepublik Deutschland um. Eine Schlagzeile der deutschen Zeitung Die Welt lautete zum Beispiel: »Asylberechtigte kehren zu Urlaubszwecken vorübergehend in jenes Land zurück, aus dem sie offiziell geflüchtet sind.«[4] Dem Artikel zufolge seien solche Reisen bei Geflüchteten aus Syrien, Afghanistan und dem Libanon besonders »beliebt«. Die deutsche Gesetzgebung erlaube Arbeitslosen, das Land für 21 Tage innerhalb eines Jahres zu verlassen. Gleichzeitig verlören Geflüchtete laut EU-Verordnung ihren Flüchtlingsstatus bei Reisen

---

2 Vgl. unter anderem den Beitrag von Paul Collier in diesem Band (➟ S. 35 ff.).
3 UNHCR (2017), S. 17.
4 Bewarder/Schiltz (2016).

in die Länder, in denen sie mutmaßlich verfolgt werden, da davon auszugehen sei, dass sie in ihrer Heimat keiner Gefahr mehr ausgesetzt seien.[5] Ähnliche Sichtweisen und Stereotypen verbreiten sich aber auch in den USA und anderen Aufnahme- oder Einwanderungsgesellschaften. Die Narrative vermitteln den Eindruck, dass Geflüchtete, die ihr Herkunftsland besuchen, offensichtlich keinen Bedrohungen mehr ausgesetzt und in diesem Sinne nicht schutzbedürftig und damit aufenthaltsberechtigt seien. In einer Welt, in der der Flüchtlingsstatus zunehmend für Menschen gewährt wird, die vor Bürgerkrieg, Konflikten und Gewalt fliehen, könnten in der Post-Situation die Flexibilität, die Heimat zu besuchen, durch die Flucht- und Asylpolitik im Sinne eines individuellen Wissens- und Erfahrungstransfers künftig eher gefördert und nicht verhindert werden. Eine solche andere Sichtweise wird jedoch nicht reflektiert.

Zwei zentrale Punkte oder denkbare Visionen bringen diese Perspektiven zum Ausdruck: Erstens gibt es viel Raum für Innovationen bei der Verknüpfung nationaler Flucht-, Asyl- und Umsiedlungspolitiken mit den Anliegen des Wiederaufbaus in Post-Konflikten und zweitens müssen wir die Potenziale von Geflüchteten besser nutzen, damit sie in verschiedenen Situationen und Kontexten zu ihrem eigenen Lebensunterhalt beitragen können.

Deutlich wird, dass es der internationalen Herangehensweise an die Problemlagen von Fluchtmigration an Koordination zwischen den nationalen Praxen und Praktiken mangelt. Diese entwickeln zwar räumlich Integrationsstrategien nach innen und Wiederherstellungsstrategien für Post-Konflikte, begreifen jedoch Geflüchtete nicht als produktiven Teil von Konflikt-

---

5   Ein Jahr später wurde der Diskurs erneut belebt, als die Heilbronner Stimme und der Mannheimer Morgen Mitte August 2017 von mindestens 100 Geflüchteten schreiben, die »familiär, geschäftlich oder mit Urlaubsabsichten« begründet in ihr Heimatland gereist sind. Die beiden Zeitungen berufen sich dabei auf eine Erhebung des baden-württembergischen Innenministeriums, die auf eine Anfrage der AfD-Landtagsfraktion zurückgeht. Das Innenministerium in Stuttgart sieht für eine Reise mit Urlaubsabsichten jedoch keine Belege und weist die Behauptung zurück. Warum Geflüchtete in ihre Heimat reisen, werde nicht abgefragt. Unabhängig davon, dass umgekehrt gewichtige Gründe für eine Reise vorliegen könnten, sind anerkannte Asylberechtigte, Geflüchtete oder subsidiär Schutzberechtigte nach europäischem Recht zu Auslandsreisen berechtigt. Auch Reisen in den Verfolgerstaat sind kein Grund für ein automatisches Erlöschen des Schutzstatus, der nur im Einzelfall aberkannt werden kann (Reimann 2017). Anm. d. Hg.

management und Wiederaufbauprozessen in den Kriegs- und Krisenregionen. Wir brauchen mit Blick auf Raum, Zeit und Mobilität ganzheitliche Ansätze, wenn wir die langwierigen Fluchtphänomene und laufenden wie fortdauernd fluchtgenerierenden Krisen angehen möchten. Wir brauchen auch eine ganzheitliche Vision nationaler Fluchtpolitiken, die es Flüchtlingen ermöglicht, einen Beitrag zur Weiterentwicklung der Aufnahmegesellschaften zu leisten und gleichzeitig »Brücken nach Hause« zu bauen.

Die Vision der Chancen-, Potenzial- und Brückenstrategie

Viele Befunde, die den Anregungen hier zugrunde liegen, decken sich mit denen Paul Colliers, so zum Beispiel die Grundannahme, dass »Vertriebene« »keine Migranten« sein wollen: »Sie werden dazu gezwungen, ihre Häuser zu verlassen und sich in Sicherheit zu bringen. Ihre Priorität ist es, ein normales Leben wiederherzustellen.«[6] Die meisten Syrer, mit denen die Autorin im Rahmen von qualitativen Interviews gesprochen hat, hegen den starken Wunsch, nach Hause zurückzukehren. Aktuelle Flucht- und Asylpolitik verhindert jedoch eine Möglichkeit der Rückkehr in die Heimat auf zwei Arten: durch kurzsichtige nationale Integrationsprogramme und durch die zunehmende Gewährung eines temporären Flüchtlingsstatus anstelle einer dauerhaften Aufenthaltsgenehmigung oder der Staatsbürgerschaft. Collier spricht von einer Notwendigkeit, Umsiedlung und Post-Konflikt-Erholung zu verbinden. Zusammen mit Alexander Betts entwickelt er Ideen für Zufluchtsbeschäftigungsstellen in Jordanien: »Die Auflösung dieser Tragödie der Vertreibung besteht darin, dass die EU jetzt mit der Post-Konflikt-Konjunkturerholung beginnt. Sollte Syrien dem üblichen Konfliktverlauf folgen, werden Teile des Landes in den nächsten Jahren in den Frieden zurückkehren. Aber Frieden in Post-Konflikten ist oft nicht gesichert: Eine Wiederherstellung des Arbeitsmarkts [würde] sich stabilisierend auswirken.«[7]

---

6 Collier (2015). Alle wörtlichen Zitate sind diesem Artikel entnommen. Für alle übrigen Referenzen der folgenden zwei Absätze siehe auch Beitrag von Paul Collier in diesem Band (➡ S. 35 ff.).
7 Ebd.

Colliers Hoffnung auf eine Erholung Syriens in der Nachkriegszeit gründet auf speziellen Wirtschaftszonen in den Nachbarländern. Ein solches »spezielles« Projekt liegt bereits nur zehn Minuten von Za'atari entfernt in einem nahezu leeren, komplett mit Infrastruktur ausgestatteten Industriegebiet. Obgleich potenziell ein Zufluchtshafen für syrische Unternehmen, die nicht mehr in ihrer Heimat arbeiten können, als auch ein möglicher Weg für globale Unternehmen, Arbeitsplätze auch für Jordanier auszubauen, funktioniert das Projekt jedoch noch nicht wie vorgesehen. 650.000 syrische Geflüchtete sind in dem Königreich registriert, aber nur wenige haben eine gesetzliche Arbeitserlaubnis. Viele gehen der »Schwarzarbeit« nach und riskieren damit eine Abschiebung und einen Verzicht auf möglichen Rechtsschutz. Oft erscheinen diese »informellen« Jobs der Schattenwirtschaft »attraktiver« und werden besser bezahlt als die, die in der neuen Wirtschaftszone angeboten werden. Ein anderes Problem ist die vorrangige Beschäftigung von Jordaniern vor Syrern in der Zone, obwohl die Abmachung von der Geschäftsführung ursprünglich begrüßt wurde. Eine Bevorzugung von Geflüchteten gegenüber Einheimischen fühle sich nicht »gerecht« an. Gleichzeitig jedoch gestaltet sich die Aussicht, syrischen Flüchtlingen zu helfen, für Investoren vielversprechend. Insbesondere weil zu hoffen ist, dass jene Unternehmen nach Rückkehr des Friedens in Syrien mit ihren syrischen Arbeitskräften zurückkehren könnten, während sie in Jordanien mit ihren jordanischen Arbeitskräften weiter erfolgreich operieren. Auch ich denke, Arbeitsplätze für Geflüchtete in Syriens Nachbarländern zu schaffen, wäre eine effektive Herangehensweise. Das Hauptproblem – nämlich die Missachtung der Rechte von Geflüchteten im Nahen Osten – bleibt dabei jedoch unberücksichtigt.[8]

Die Kernidee jedoch lässt sich gut mit meinen eigenen Ideen über die Anforderungen an die westliche Welt verbinden. Flucht- und Asylpolitik muss in den westlichen Ländern ähnliche Innovationen schaffen, um den Geflüchteten die Möglichkeit zur Arbeit aus der Ferne zu bieten und, während sie im Exil sind, einen Beitrag zum Wiederaufbau ihrer Heimatländer zu leisten. Es gibt zwei Wege, auf denen diese Idee funktionieren kann: Einer bestünde darin, Geflüchteten in den Gastländern Fernarbeit zu ermöglichen.

---

8   Vgl. ebd.

So treten sie nicht in einen unerwünschten Wettbewerb mit den örtlichen Arbeitskräften und können sich dennoch ihren Lebensunterhalt verdienen. Alternativ könnte man auf Partnerschaften mit dem privaten Wirtschaftssektor zur ökonomischen Revitalisierung in kleinen und mittleren Städten zurückgreifen. Diese würden dazu beizutragen, Wohlwollen gegenüber Umsiedlung zu fördern und Geflüchteten zu ermöglichen, aus Armutszyklen auszubrechen und einen Beitrag in ihrem Heimatland zu leisten. Als ich im Rahmen meiner Forschungen in Atlanta die Vorsteher von Flüchtlingsgemeinden besuchte, erfuhr ich, dass die örtliche somalische Gemeinde genug Geld erwirtschaftet hatte, um eine neue Schule in ihrer Heimatstadt in Somalia aufzubauen. Jedoch war es ihnen aufgrund der Antiterrorgesetze in den USA nicht erlaubt, die Mittel direkt weiterzuleiten.[9] In den Gesprächen wurde ein Teil des unerschlossenen Potenzials von planvoller Selbstorganisation deutlich, welches für gesellschaftliche und soziale Belange und Probleme für übergesiedelte und in Post-Konflikten zurückgebliebene Menschen sowohl in den Gastgeber- als auch den Herkunftsländern genutzt werden könnte. Naheliegend und vergleichsweise »einfach« zu organisieren wären insbesondere für die USA auch strukturelle Veränderungen materieller Programme für Geflüchtete. Wie zu Beginn bemerkt, liegt die offenkundigste Barriere für Aufstiegschancen von Geflüchteten in den ersten Jahren in den hohen Wohnkosten. Durch eine effektivere Partnerschaft mit der Privatwirtschaft könnten wir subventionierte Wohnungen anbieten, um Geflüchteten den Zugang zu besseren Arbeitsplätzen zu ermöglichen, damit sie zur ökonomischen Revitalisierung sowohl vor Ort als auch in ihrer Heimat beitragen können.

---

9 Teilergebnis eines Projektes zu »Long-Term Refugee Resettlement in the United States. An Analysis of the Impact of Resettlement and the Lived Experiences of Refugees in Eight Resettlement Communities«, zusammen mit Jessica Darrow, work in progress.

Umsiedlung und Wiederaufbau in Post-Konflikten als Aufgabe ganzheitlicher Integration

Während es eine ganze Reihe Integrationsstudien gibt,[10] fehlen solche über den Zusammenhang zwischen Umsiedlung und Wiederaufbau in Post-Konflikten. Die auf Integration gerichtete Forschungsagenda ist geprägt von nationalen Praktiken, die auf die Integration von Zuwanderern und Geflüchteten ausgerichtet sind. Zwar ist Integration ein wichtiges Ziel, aber ein auf Integration beschränkter Fokus ist eine verpasste Gelegenheit, weitergehende politische Ziele zur Beendigung von Konfliktzyklen zu verfolgen. Die Kriegs- und Bürgerkriegsforschung hat ermittelt, dass die durchschnittliche Vertreibung in Konflikten siebzehn Jahre andauert.[11] Militärische Interventionen kosten viel Geld. Es muss bei der nationalen Aufnahme- und Integrationspolitik auch um die Stabilität in der Welt gehen. Der aktuelle Kontext fordert der Umsiedlungspolitik die gleichzeitige Reaktion auf eine größere Anzahl von kleineren Krisen sowie einigen große Krisen wie Syrien ab. Jede einzelne dieser Krisen weist signifikante und verschiedenartige Notwendigkeiten und damit auch politische Herausforderungen auf. Gemeinsam produzieren sie eine vielfältige Flüchtlingsbevölkerung, deren Aufnahme und Integration beträchtliche Mittel erfordert.

Eine Umsiedlungs- und Asylpolitik, die Geflüchteten Wege eröffnet, mit ihren Heimatländern in Verbindung zu bleiben und dort einen Beitrag zu leisten, würde sich mit den heutigen Realitäten von Fluchtmigration besser vertragen. Resettlement-Programme stehen für die Grundsätze internationaler Zusammenarbeit und Aufgabenteilung, auf dem das internationale Schutzsystem für Geflüchtete beruht.[12] Auch lindert sie die Belastungen für Erstaufnahmeländer und ermutigt sie, ihre Grenzen für neu ankommende Geflüchtete offenzuhalten. Aber wie wir Umsiedlung derzeit verstehen, wird durch die historisch kontextuelle Vorstellung von Umsiedlung während des Kalten Krieges verfälscht und nicht den gegenwärtigen Strukturen und lang-

---

10 Zu verweisen wäre hier unter anderem auf Studien US-amerikanischer Thinktanks wie des Center for American Progess (vgl. Kallick/Mathema 2016) und des Migration Policy Institute (vgl. Capps/Newland 2015).
11 UNHCR (2006).
12 Vgl. UN-Menschenrechtskonvention von 1951 und Protokoll von 1967 (zum Beispiel UNCR 2010).

fristigen Bedürfnissen von Geflüchteten und ihren oftmals zurückgelassenen Familien angepasst. Im politischen Kontext des Kalten Krieges wurde Integration von Geflüchteten ausschließlich als deren einseitige Integration in westliche Gesellschaft und Kultur verstanden. Es gab keinen Platz für ein Integrationskonzept, das soziale oder ökonomische Brücken nach Hause baute.

Während die Umsiedlungspraktiken der Vereinigten Staaten und anderer westlicher Länder weiterhin von einem Umsiedlungsprozess als Einbahnstraße ausgehen, suchen Flüchtlinge häufig nach flexibleren Lösungen, durch die sie nach Hause zurückkehren und ihre Herkunftsländer wiederaufbauen können. Wir brauchen politische Strategien und Programme, die umgesiedelte Geflüchtete bei Bedarf Optionen der Heimkehr ermöglichen und gleichzeitig Ausbildungschancen bieten. Oft wird der Erfolg von Umsiedlungspolitik anhand kurzfristiger Ergebnisse in den Bereichen Selbstständigkeit und Spracherwerb im Gastland gemessen, doch vorausdenkende Strategien betrachten die langfristige Teilhabe von Geflüchteten sowohl in ihren Gast- als auch Heimatländern.[13]

Als dieser Vorschlag in einem Diskussionsforum kurz vor dem Treffen der Generalversammlung der Vereinten Nationen und dem der Staats- und Regierungschefs zum Thema Flucht und Asyl im September 2016 geäußert wurde,[14] kam die Frage auf, wie Geflüchteten, die bleiben wollten, eine Rückführung aufgedrängt werden könne? Umgekehrt wurde die Frage gestellt, warum wir in Deutschland oder den USA eine einseitige Umsiedlung und Integration fordern, wenn Flüchtlinge eigentlich eine Brücke nach Hause wollen? Die meisten Syrer, mit denen im Zuge der Vorbereitung der Studien gesprochen worden ist, kommentierten die Probleme des eigenen Landes

---

13 Ähnliches gilt für Deutschland und Europa, wo Spracherwerb und ökonomische Leistungsfähigkeit zu Messfaktoren von Integrationserfolgen werden (vgl. unter anderem OECD 2016). Entsprechend dominiert im Rückkehrschluss auch jener Diskurs über die Integrierbarkeit gemessen an schulischem Ausbildungsstand von Geflüchteten den öffentlichen Raum. Bis zu Veröffentlichung der IAB-BAMF-SOEP-Studie im September 2017 fehlte es jedoch an einer statistischen Grundlage für eine entsprechende reflektierte und nachhaltige Debatte in Deutschland. Vgl. hierzu Brücker/Rother/Schupp (2017). Anm. d. Red.
14 Ruffer selbst brachte als Expertin diesen Vorschlag ein, die qualitativen Interviews der Autorin mit Geflüchteten stehen kurz vor der Veröffentlichung.

nur »vorsichtig«, um ihre Optionen für eine mögliche Rückkehr nicht zu beschränken.

Sobald Geflüchtete Asyl erhalten und durch das aufnehmende Land gezwungen sind, sich bestimmten Maßnahmen der Integration zu fügen, können politische, gesellschaftliche und soziale Schwierigkeiten entstehen, sollten sie versuchen, in ihr Herkunftsland zurückzukehren. So sind sie zum Beispiel für einige Zeit fern ihrer Heimat, haben inzwischen oft Kinder, die vielleicht ihre Herkunftssprache nur unzureichend sprechen, und entfernen sich dadurch von dem Teil ihrer Familie, der im Zuge der Flucht zurückgeblieben ist.

Zwar gibt es keine offiziellen Studien, jedoch legen Fallberichte nahe, nationalstaatliche Anerkennung wie in Form einer Staatsbürgerschaft sei am ehesten geeignet, ehemaligen Geflüchteten die Möglichkeit zu gewähren, Verbindung mit und aktive Mitwirkung in ihrer Heimat zu ermöglichen. Wir sind derzeit bemüht, eine offizielle Studie durchzuführen.[15] Es ist wichtig, sich systematisch mit Fragen auseinanderzusetzen, wie: Wovon hängt das zivile, soziale oder wirtschaftliche Engagement eines Geflüchteten in seinem Herkunftsland während eines laufenden Konflikts ab? Versetzt der Erwerb der Staatsbürgerschaft im neuen Land einen Geflüchteten eher in die Lage, nach Hause zu reisen, während sich das Herkunftsland noch im Konflikt befindet, und wenn ja, auf welche Weise? Wenn jedoch aus der Forschung die Notwendigkeit für Staatsbürgerschaften als Bestandteil einer neuen Vision von Geflüchteten für die Mitwirkung beim Wiederaufbau ihrer Heimatländer hervorgehoben wird, reagiert das US-Außenministerium restriktiv. Wir müssten Umsiedlung als »temporären Schutzstatus« anpreisen, damit sie sich besser an Regierungen »verkaufen« ließe. Es scheint, als durchdenke keine Regierung die Möglichkeit, Geflüchtete erstrebten eine Staatsbürgerschaft im Gastland, damit sie in ihre Heimat reisen könnten. Auch die Idee, konsularischen Schutz auf Geflüchtete auszuweiten, um einen sicheren Besuch ihrer Heimat zu ermöglichen, würde gewohnte Rechtspraxis und Narrative von Staatsbürgerschaft paradigmatisch so stark verändern, dass auch diese Konzeptionen wenig bis gar kein Gehör findet. Allerdings konnten

---

15 Siehe die oben erwähnte Forschung mit Jessica Darrow zum Themenkomplex »Long-Term Refugee Resettlement«.

Forschungen der Autorin in Ostafrika zeigen, dass Geflüchtete aus der Region Nordkivu – in der kongolesisches Kinyarwanda gesprochen wird –, die im Jahr 1997 nach Ruanda flohen, trotz ethnischer Verfolgung und isoliertem Lagerleben, regelmäßig in ihr Heimatland zurückreisen.[16] Zwar ist dieses nach wie vor das Epizentrum der Konflikte, sie versuchen jedoch, ihre Beziehungen dorthin aufrechtzuerhalten. Ich gebe zu bedenken, dass Katy Long in ihrer Arbeit The Huddled Masses dokumentiert hat, es gebe einen Anstieg »käuflicher Staatsbürgerschaft« für die Reichen der Welt.[17] Warum also sollte man nicht die Logik von »Staatsbürgerschaft als Investitionsmöglichkeit« auf den Wiederaufbau in Post-Konflikten ausweiten?

Abschließend sei bemerkt, dass die grundlegende Frage eigentlich darin besteht, wie wir dem mangelnden politischen Willen zur Beantwortung der Flucht- und Asylkrise begegnen. Als ForscherInnen müssen wir eine bessere Antwort finden – eine Antwort auf die grundsätzliche Frage, was nationale Flucht- und Asylpolitik als Teil eines Leitmodells des Schutzes für Geflüchtete und der breiteren Belange für Stabilität in der Welt zu bieten hat. Das beinhaltet die Entwicklung und den Wiederaufbau nach dem Konflikt. Daher ist fraglich, wie »temporärer Schutz« diesen Anforderungen gerecht wird. Und würde die Ausweitung der Staatsbürgerschaft Besserung bringen? Wir brauchen ein besseres Verständnis dafür, was Flucht- und Asylpolitik über den humanitären Nutzen hinaus erreichen soll. Dient Flucht- und Asylpolitik strategischen Zwecken? Wie stimmt sie mit öffentlichen Werten überein?

Während unsere Auffassung von Menschenwürde humanitäre Reaktionen auf die Fluchtkrise hervorrief, mache ich Vorschläge, die sich aus den Ideen von Selbstbestimmung und Gerechtigkeit speisen – wo Handlungsfähigkeit darin besteht, dass sie frei ist. Mit anderen Worten: Flucht- und Asylpolitik sollte zu einer umfassenderen Vorstellung von Freiheit beitragen.

---

16 Vgl. Ruffer (2014).
17 Long (2015).

Literatur

Bewarder, Manuel/Christoph Schiltz (2016): Flüchtlinge machen Urlaub, wo sie angeblich verfolgt werden, Welt-Online, www.welt.de v. 11.9.2016.

Brücker, Herbert/Nina Rother/Jürgen Schupp (2017): IAB-BAMF-SOEP-Befragung von Geflüchteten 2016, Berlin.

Capps, Randy/Kathleen Newland (2015): The Integration Outcomes of U. S. Refugees. Successes and Challenges, Washington D. C.

Collier, Paul (2015): Beyond the Boat People: Europe's Moral Duties to Refugees, Social Europe, www.socialeurope.eu v. 15.7.2015.

Colorado Department of Human Services (Hg.) (2016): The Refugee Integration Survey and Evaluation (RISE). Year Five: Final Report. A Study of Refugee Integration in Colorado. Bericht des Colorado Department of Human Services, Denver.

Kallick, David Dyssegaard/Sivla Mathema (2016): Refugee Integration in the United States, New York.

Long, Katy (2015): The Huddled Masses: Immigration and Inequality, North Charleston.

OECD (Hg.) (2016): How are Refugees Faring on the Labour Market in Europe? A First Evaluation Based on the 2014 EU Labour Force Survey Ad Hoc Module, Paris.

Reimann, Anna (2017): Innenministerium hat keine Belege für Erholungsreisen von Flüchtlinge, Spiegel-Online, www.spiegel.de v. 18.8.2017.

Ruffer, Galya (2005): The Cosmopolitics of Asylum Seekers in the European Union, New Political Science 27 (3), S. 345-66.

Ruffer, Galya (2011): Pushed Beyond Recognition? The Liberality of Family Reunification Policies in the EU, Journal of Ethnic Migration Studies 37 (6), S. 935-51.

Ruffer, Galya (2014): Testimony of Sexual Violence in the DR Congo and the Injustice of Rape: Moral Outrage, Epistemic Injustice and the Failures of Bearing Witness, Oregon Review of International Law 15: 225-70.

Ruffer, Galya/David Jacobson (2003): Courts Across Borders: The Implications of Judicial Agency for Human Rights and Democracy, Human Rights Quarterly 25 (1), S. 74-92.

Ruffer, Galya/Benjamin Lawrence (2015): Adjudicating Refugee and Asylum Status: The Role of Witness, Expertise, and Testimony, Cambridge: Cambridge University Press.

UNHCR (Hg.) (2006): Portracted Refugee Situations: The Search for Practical Solutions, in: The State of the World's Refugees 2006: Human Displacement in the New Millennium, hg. v. UNHCR, Oxford, S. 105-197

UNHCR (Hg.) (2010): Convention and Protocol Relating to the Status of Refugees, Geneva.

UNHCR (Hg.) (2017): Global Trends. Forced Displacement 2016, Geneva.

Thomas Meyer im Gespräch mit Julian Nida-Rümelin

Über Grenzen denken[1]

Der Philosoph Julian Nida-Rümelin hat vor Kurzem in der Edition Körber sein neues Buch »Über Grenzen denken. Eine Ethik der Migration« vorgelegt. Hoffnungslosigkeit, Hunger, Unterdrückung und Krieg treiben weltweit Millionen von Menschen in die Flucht. Aber ist eine Politik der offenen Grenzen die richtige Antwort? Diese Ansicht hat viele Fürsprecher. Julian Nida-Rümelin gehört nicht dazu. Er ist überzeugt, dass offene Grenzen das Elend nicht mildern, die Herkunftsregionen aber weiter schwächen würden. Er plädiert für eine funktionierende Staatlichkeit.

Thomas Meyer (NG|FH) In der aktuellen philosophischen und politischen Debatte rund um das Thema Flucht wird meist zwischen kosmopolitischen und kommunitaristischen Ansätzen unterschieden. Sie sprechen in Ihrem neuen Buch von liberalistischen und kommunitaristischen Ansätzen und konstatieren, dass dieser Gegensatz überzogen oder zumindest etwas einseitig zugespitzt sei.

---

1   Zuerst veröffentlicht in: Neue Gesellschaft/Frankfurter Hefte (2017) 9, S. 51-57; vgl. auch: Nida-Rümelin, Julian (2017): Über Grenzen denken. Eine Ethik der Migration, Hamburg.

Julian Nida-Rümelin Diese Gegenüberstellung ist in der Tat manchmal irreführend. Ein Beispiel ist Michael Walzer, der als einer der bedeutendsten Kommunitaristen gilt. Er vertritt antiuniversalistische, auch zum Teil antiberalistische Positionen, macht aber immer deutlich, dass dies nicht als Alternative zur liberal geprägten Ordnung gedacht sei, sondern lediglich als Korrektiv. Wir dürften (bei ihm geht es zunächst einmal nicht um Migration) zum Beispiel die Mobilität nicht auf die Spitze treiben: Wenn Menschen permanent umziehen müssen, entsteht keine Solidarität in der Nachbarschaft; wenn Menschen permanent ihre Weltanschauung, Glaubensgemeinschaft etc. ändern, entstehen auch keine gemeinsamen praktischen Erfahrungen durch die Zugehörigkeit zu solchen Gemeinschaften. Meine Position ist insofern kosmopolitisch, als dass mir die globale Gerechtigkeitsfrage zentral zu sein scheint, da man ohne eine Gerechtigkeitsperspektive nicht zu Fragen der internationalen Politik Stellung nehmen kann. Die Interessen einer Nation, einer Bürgerschaft oder auch einer Region reichen auf keinen Fall aus, um solche Fragen zu beantworten, aber – und das ist der Unterschied zu manch anderen Kosmopoliten oder Liberalen – wir müssen berücksichtigen, dass die Menschen ihr Leben als Mitglieder von Staaten, von institutionell verfassten Solidargemeinschafen – dazu gehört der Sozialstaat in den entwickelten sozialen Demokratien –, aber auch als Mitglieder von kulturellen Gemeinschaften organisieren. Und dies darf sich in einem globalen Markt der individuellen Rechte nicht alles auflösen oder irrelevant werden.

Thomas Meyer (NG|FH) Beim Gebrauch dieser Begriffe gibt es oft ein Missverständnis. Kann man nicht auch einen liberalen Kommunitarismus vertreten, der überschaubare Gemeinschaften und eine übereinstimmende Zivil- oder politische Kultur braucht, aber keine ethnische oder religiöse Identität? Letzteres ist doch im Begriff des Kommunitarismus nicht notwendigerweise angelegt.

Julian Nida-Rümelin Ich sehe den Kommunitarismus etwas kritischer. Er war von Beginn an gegen eine universalistische Ethik gerichtet und vertritt bis heute die zentrale These, dass die moralische Identität einer Person durch seine Zugehörigkeit zu Gemeinschaften entsteht. Laut Michael Sandel gibt es »no unencumbered selves«, keine nicht eingebetteten Selbste. Das ist ein schiefes Bild. Als Individuen navigieren wir gewissermaßen zwischen unterschiedlichen Gemeinschaftszugehörigkeiten, dabei müssen wir sehen, dass wir unsere Identität wahren, den Erwartungen der jeweiligen Gemeinschaft unter Umständen auch entgegentreten müssen. Dazu gehört Zivilcourage und die liberal und sozial verfasste Gesellschaft sollte sicherstellen, dass die Individuen das auch können, dass sie nicht unter den Gemeinschaftsdruck und in Abhängigkeit geraten. Gerade angesichts eines wiedererstarkten Fundamentalismus ist das sehr aktuell.

Thomas Meyer (NG|FH) Wenn eine Gesellschaft als liberale, rechtsstaatliche und soziale Demokratie funktionieren soll, ist es dann nicht wichtig, großes Augenmerk auf den Erhalt und die Stärkung einer allen gemeinsamen Sozial- und Zivilkultur zu richten? Der britische Migrationsforscher Paul Collier hat ja darauf hingewiesen, dass dies dann nicht gewährleistet werden kann, wenn von außen zu schnell zu viele Menschen aus Gesellschaften hinzukommen, in denen sich die entsprechenden Zivilkulturen nicht ausbilden konnten – was übrigens mit der Frage der unterschiedlichen Religionszugehörigkeiten gar nichts zu tun hat.

Julian Nida-Rümelin Wir alle haben ein Interesse an einer funktionierenden Staatlichkeit, die aber durch die zum großen Teil nicht gesteuerte Globalisierung unter Druck geraten ist. Staaten, vor allem kleine Staaten, definieren sich zunehmend als Standort und stehen in Standortkonkurrenz zu anderen Staaten – Stichwort Sozialdumping. Die Liberalisierung der Weltmärkte, der Handelsbeziehungen, der Güter-, Finanz- und Arbeitsmärkte gerät dadurch in Konflikt mit organisierter Staatlichkeit und das ist nicht im gemeinsamen Interesse der Weltgesellschaft. Zusammenfassend kann man sagen, dass – in guter sozialdemokratischer Tradition – Solidarität vor Mobilität steht, während Liberale und Libertäre eher dazu tendieren, Mobilität vor Solidarität zu setzen. Sozialstaatlichkeit ist in der Regel über einen sehr langen Zeitraum gewachsen. Im Fall der deutschen Nationenwerdung war der Weg mühsam und erst sehr spät hat sich in Deutschland eine nationale Bürgerschaft konstituiert. Das war nicht 1871 mit dem sogenannten Zweiten Reich bzw. Otto von Bismarcks preußisch beherrschtem Deutschen Reich, sondern eher mit der Reichsversicherungsordnung von 1911 und was darauf folgte, in Abwehr der Sozialisten aber auch zur Bändigung des Kapitalismus. Das heißt, die Bürgerschaft hatte auf einmal etwas Gemeinsames, eine Bindung an den Staat, eine damals noch minimale organisierte Sozialstaatlichkeit, die es galt zu gestalten. Es entstand das Gefühl, nicht nur Objekt zu sein, zum Beispiel von Marktprozessen, und durch politische Kämpfe und Auseinandersetzungen Sozialrechte erarbeiten und erkämpfen zu können, die dann diese Solidargemeinschaft zusammenhalten. Wenn nun der Zu- und Austritt aus diesen Solidargemeinschaften beliebig geöffnet wird, dann sind sie in der Form auch normativ nicht aufrechtzuerhalten, weil die normative Grundlage immer die der Kooperation sein muss. Ich leiste meinen Beitrag wie alle anderen auch, damit, wenn jemand Hilfe nötig hat, dieser auch Hilfe bekommen kann.

Thomas Meyer (NG|FH) In unserer heutigen globalen vernetzten Welt gibt es die Position, die Öffnung der Grenzen, ein kosmopolitisches Bürgerrecht und das Recht sich niederlassen zu können, wo man will, zu verlangen.

Julian Nida-Rümelin Also das Recht, den eigenen Staat verlassen zu können, wurde schon von Immanuel Kant in *Zum ewigen Frieden* von 1795 postuliert. Und er hat das mit einem Welthospitalitätsrecht verbunden, also gewissermaßen der Pflicht für andere Staaten, den heimatlos Gewordenen einen Gaststatus einzuräumen, ohne da ins Detail zu gehen. Der Denkfehler, der nun häufig erfolgt, ist, dass ein Recht, einen Staat zu verlassen, zugleich die Pflicht für andere Staaten beinhaltet, die betreffenden Personen aufzunehmen. Das ist nicht zu Ende gedacht. Das Recht auf etwas beinhaltet noch nicht die korrespondierende Pflicht dazu. Mein Recht zu heiraten, wen ich will, korrespondiert nicht mit der Pflicht aller mich zu heiraten, wenn ich das will. Ich glaube grundsätzlich, dass es zu den kollektiven Rechten einer Bürgerschaft gehört, über die Veränderung ihrer Zusammensetzung zu entscheiden, also über Aufnahmen, jedenfalls *im Prinzip*, zu entscheiden. Ein Staat kann dann natürlich – auch wieder gestützt auf letztendlich demokratische Entscheidungen – bestimmte Bereiche ausnehmen. Das tut Deutschland in zwei Formen: zum einen mit dem Artikel 16, nach dem das individuelle Recht auf Asyl die kollektiven Entscheidungsmöglichkeiten massiv einschränkt. Über den Umfang und die Details der Ausgestaltung gibt es naturgemäß Streit. Von diesen beiden Formen der Migration, Asyl und Flüchtlingsstatus, müssen wir vor allem den Blick auf die Migration richten, die sich in Europa besonders aus dem subsaharischen Afrika speist, wo sich Menschen aus völlig legitimen, nachvollziehbaren Gründen ein besseres Leben außerhalb ihres Landes, besonders in den Reichtumsregionen Europas, erhoffen und sie keine andere Chance sehen, um einen Aufenthaltsstatus in Europa zu bekommen. Denn Deutschland ist offiziell kein Zuwanderungsland und Europa verfügt über keine geregelte Zuwanderung. Die Vorstellung aber, dass wir mit der Öffnung der Grenzen einen wesentlichen Beitrag zur Milderung des Weltelends leisten könnten, ist eine Illusion. Zum einen deshalb, weil die Menschen, die zu den Ärmsten der Welt gehören, etwa im subsaharischen Afrika, angesichts der für sie hohen Kosten, gar nicht kommen werden. Zweitens schließen die Quantitäten auch aus, dass man auf diese Weise einen wesentlichen Beitrag zur Milderung des Weltelends leisten kann, weil nur etwa 800 Millionen in den Reichtumsregionen leben und es Milliarden von Menschen wirklich elend geht. Es ist ein Skandal, dass die Weltgesellschaft, die nur 0,5 % des Sozialproduktes aufwenden müsste, um alle Menschen über zwei US-Dollar Kaufkraft am Tag zu heben, das noch nicht zustande gebracht hat.

Thomas Meyer (NG|FH) Sie haben verschiedene Postulate zur Migrationspolitik formuliert. Eines davon lautet, migrationspolitische Entscheidungen müssen mit dem kollektiven Selbstbestimmungsrecht der jeweiligen Bürgerschaft verträglich und möglichst inklusiv sein. Welche Art von Mitwirkung der Bürgerschaft wäre nach Ihrer Vorstellung im Umfeld der großen Zuwanderung 2015 erforderlich gewesen?

Julian Nida-Rümelin In diesem Fall sind mehrere politische Pflichten nicht erfüllt worden. Ich sage das nicht gerne, weil die Motive nachvollziehbar sind, denn es ging ja um Hilfe gegenüber Tausenden von Menschen, die in Ungarn gestrandet waren und schlecht behandelt wurden. Da gab es dringenden Handlungsbedarf. Aber in einem größeren demokratischen Zusammenhang gesehen, ist diese Entscheidung aus zwei Gründen nicht legitim zustande gekommen. Erstens kann man eine solche Entscheidung, die Grenzen zu öffnen, vielleicht für ein paar Tage oder auch für zwei Wochen treffen. Wenn aber gesagt wird, dass sich im 21. Jahrhundert Grenzen nicht mehr sichern lassen und nichts dagegen unternommen werden kann, dann kann dies nicht ohne Befassung des Parlamentes, ohne eine öffentliche Debatte erfolgen. In diesem Fall war schon Monate zuvor absehbar, was auf uns zukommt, weil die finanziellen Mittel in den Flüchtlingslagern nicht ausreichten, um dort für anständige Lebensverhältnisse zu sorgen. Die Regierung wurde gewarnt, man hätte Monate für eine öffentliche Debatte und die Befassung des Parlamentes Zeit gehabt. Zweitens sind wir in einen europäischen Rahmen eingebunden, in dem einzelne Länder nicht solche weitreichenden Entscheidungen für ganz Europa treffen können. Der Öffnungsentscheidung hätte eine europäische Meinungsbildung vorausgehen müssen, und sei es nur in Form einer Ad-hoc-Telefonkonferenz der Regierungschefs der EU-Mitgliedsländer. Beides ist nicht erfolgt und der Unmut, der dann in der Bevölkerung entstanden ist, hängt auch mit diesem undemokratischen Vorgehen zusammen.

Thomas Meyer (NG|FH) Muss jetzt also eine gründliche Diskussion nachgeholt werden, im Parlament und in der Gesellschaft hierzulande, aber auch in Europa?

Julian Nida-Rümelin In der Tat hätte man nach Auslaufen der sogenannten Gastarbeiteranwerbung in Deutschland, abgestimmt in der Europäischen Union, eine politisch gesteuerte Zuwanderungspolitik entwickeln müssen. Nach Auffassung der Konservativen war es der Bevölkerung nicht zumutbar, Deutschland zu einem Einwanderungsland zu erklären, obwohl es das de facto schon längst ist. Denn durch politische Entscheidungen hatten wir viele Jahre lang über den Artikel 16 des Grundgesetzes sozusagen eine dysfunktionale Einwanderung mit entsprechend merkwürdigen Folgen: eine niedrige Anerkennungsquote, trotzdem so gut wie keine Abschiebungen, massiv sinkende Beschäftigungsquoten bei den Einwanderern ab Ende der 1970er-Jahre. Eine Regelung wäre jetzt dringend erforderlich, nach Kriterien, die nicht nur die Interessen des aufnehmenden Landes und der Migranten berücksichtigen, sondern vor allem auch die der Herkunftsregionen. Es kann ja nicht sein, dass wir hier eine schlechte Qualifizierungspolitik betreiben, weswegen zum Beispiel Krankenschwestern und Altenpfleger fehlen, während manche afrikanische Staaten große Anstrengungen unternehmen, um auszubilden und dann zusehen müssen, wie die Besten ihr Land in Richtung Europa verlassen. Wir müssen also auch die Herkunftsregionen im Blick haben, Kompensationszahlungen leisten. Gillian Brock von der Auckland University hat dazu konkrete Modelle vorgelegt. In Zukunft müssen wir Einwanderung politisch vernünftig steuern und nicht abwarten, wer aus welchen Regionen mit welchen Qualifikationen und unter welchen – meist schrecklichen – Bedingungen nach Europa kommt.

Thomas Meyer (NG|FH) Sie sprechen in dem Zusammenhang davon, dass bei der Armutsmigration ein Dilemma, ein Konflikt zwischen zwei verschiedenen Gleichheitsprinzipien entsteht. Welche sind das genau und worin besteht der Konflikt?

Julian Nida-Rümelin Alle Menschen, die sich auf einem Staatsgebiet aufhalten, haben ein Recht auf Gleichbehandlung. Verfassungsgerichtsurteile haben dafür gesorgt, dass zum Beispiel die Sozialleistungen nicht beliebig differenzierbar sind. Auf der anderen Seite haben wir auch Gleichbehandlungsverpflichtungen ethischer, politischer und völkerrechtlicher Art. Hier gehen die Meinungen auseinander. Ich bin der Auffassung, dass wir sie angesichts der gewachsenen Kooperation auch weltweit haben. Und natürlich haben diejenigen in erster Linie unsere Hilfe nötig, denen es am schlechtesten geht. Diejenigen aber, die zu uns kommen, gehören in den Herkunftsregionen nicht zu den Elendesten, sondern meist zur dortigen Mittelschicht. Ich rede nicht von Bürgerkriegs- und Kriegsflüchtlingen, sondern von denjenigen, die in Erwartung eines besseren Lebens nach Europa kommen. Anstatt die Ressourcen auf die Hilfe vor Ort zu konzentrieren, verwenden wir ein Übermaß an Solidaritätsressourcen mit sehr hohen Kosten – die EU rechnet mit 250.000 Euro Integrationskosten pro Einwanderer –, während wir denjenigen, die von weniger als 1,25 US-Dollar Kaufkraft am Tag leben müssen, und das sind immerhin mehr als eine Milliarde Menschen, die kalte Schulter zeigen.

Thomas Meyer (NG|FH) Sie sprechen davon – im Anschluss an John Rawls – dass sich die Gerechtigkeitsbegriffe, mit denen wir hantieren, primär auf Systeme der Kooperation beziehen, zwischen Menschen oder Gesellschaften. Könnten Sie diesen Begriff der Kooperation einmal erläutern? Sind angesichts der weltweit gewachsenen, globalen Kooperation Grenzziehungen überhaupt noch gerechtfertigt?

Julian Nida-Rümelin Der Kooperationsbegriff ist für meine praktische Philosophie insgesamt von ganz zentraler Bedeutung. Das hängt zunächst einmal gar nicht mit Rawls zusammen, sondern auch mit rationalitätstheoretischen Überlegungen, an denen ich lange gearbeitet habe. Das ganze Buch ist gewissermaßen nur in diesem größeren Zusammenhang zu sehen, nämlich Kooperation als etwas zu betrachten, was auf der einen Seite die Interessen der beteiligten Individuen respektiert und auf der anderen Seite aber auch bereit ist, die eigenen Interessen hintanzustellen, um eine kooperative Praxis zu etablieren. Mir scheint, Demokratie sollte man als ein Kooperationsgefüge verstehen. Nicht so sehr die Mehrheitsregel steht im Vordergrund, sondern die Bereitschaft, sich gemeinsam ein Institutionengefüge zu geben, innerhalb dessen man kooperieren kann und die Interessen aller gewahrt sind. Mit Kooperation setzen wir uns sowohl von denen ab, die sagen, das Beste sei der globale Markt, die Leute optimierten ihre Interessen und alles würde gut, als auch gegenüber denjenigen, die die Kollektive als das Entscheidende betrachten. Nein, es sind die Individuen, aber Individuen, die miteinander kooperieren.

Thomas Meyer (NG|FH) Umfasst der Kooperationsbegriff auch das System der gesellschaftlichen Arbeitsteilung?

Julian Nida-Rümelin Ja. Und man legt die Axt an dieses normative Fundament, wenn man diese Form der Kooperation über Erwerbsarbeit oder jedenfalls die Bereitschaft zur Erwerbsarbeit, nicht entsprechend gewichtet. Ich nenne hier nur das Stichwort bedingungsloses Grundeinkommen. Erwerbsarbeit bestimmt die soziale Identität von Individuen, die produktive Rolle, die sie in der Gemeinschaft spielen, auch unabhängig von Gehaltsfragen. Dass wir gut leben können und dann jeweils individuell darüber entscheiden, unter welchen politischen Rahmenbedingungen die Verteilung der Früchte der Kooperation tatsächlich erfolgt – das ist doch die Idee der

Demokratie. Und diese Idee – das ist der bereits angesprochene Streitpunkt –, ist graduell auszuweiten, über den Nationalstaat hinaus. Die Europäische Union ist ein weit gediehenes Projekt einer solchen Zusammenarbeit jenseits der Nationalstaaten und ich bin der Auffassung, dass es dringend erforderlich ist, dass wir auch globale Institutionen haben, demokratisch legitimiert und kontrolliert, die ergänzend zu dem, was die Nationalstaaten oder Staatenverbünde leisten, Solidarität im Weltmaßstab organisieren.

Thomas Meyer (NG|FH) Aber das kann – wenn ich Sie richtig verstehe – eine abgestufte Solidarität sein?

Julian Nida-Rümelin Genau. Ganz konkret: Die Krise der EU kann man nicht dadurch beheben, dass man ein umfassendes soziales Sicherungssystem einführt, welches alle Unterschiede der kulturellen Traditionen, der Formen, in der Solidarität organisiert ist, auch des erreichten Produktivitätsniveaus einebnet. Das würden die Menschen nicht akzeptieren. Aber ergänzend muss es eine soziale Komponente der europäischen Integration und der Globalisierung geben.

Thomas Meyer (NG|FH) In Ihrem Buch schreiben Sie: »[O]hne Grenzen gibt es keine individuelle, kollektive, staatliche Selbstbestimmung und keine individuelle, kollektive oder staatliche Verantwortung, dann lösen sich die Strukturen der Verantwortungszuschreibungen und der Akteure auf«. Das schließt ein, dass Grenzen unter Umständen auch verteidigt werden müssten.

Julian Nida-Rümelin Auf eine Sache möchte ich hinweisen, die oft unter den Tisch zu fallen scheint: Wenn Menschen zu uns kommen, dann kommen sie, entgegen der Propaganda von rechts, in der Regel nicht, um sich in die sozialen Sicherungssysteme zu begeben. Das tun sie oft de facto mangels Arbeitsmöglichkeit. Ihr Ziel aber ist, den Betrag an Geld, den sie aufgebracht haben, um hierher zu kommen, zurückzuzahlen und zu ihren Familien in relativem Wohlstand zurückzukehren. Aus Scham kehren viele gegenwärtig aber nicht zurück, weil sie merken, dass sie das nicht leisten können. Sie kommen also hierher, um zu arbeiten. Sie können aber hier nur arbeiten, wenn sie eine Aufenthaltsgenehmigung, eine Adresse und Papiere haben. Wenn ein Staat funktioniert, geht es nicht ohne all das. In den USA wird gerätselt, ob elf oder vielleicht 24 Millionen Menschen ohne Papiere im Land sind. Diesen Zustand kann, darf und wird man in Europa nicht zulassen. Funktionierende Staatlichkeit bedeutet auch, dass Menschen, die hier leben, registriert und gemeldet sind. Wenn das der Fall ist, dann kann auch geklärt werden, ob es einen Asylanspruch gibt, ob ihr Aufenthalt durch die Genfer Flüchtlingskonvention oder durch andere Kriterien gerechtfertigt ist. Wenn das nicht der Fall ist, dann müssen zügig, und nicht erst nach Jahren, wenn die Kinder schon in der Schule sind und fließend Deutsch können und es eine familiäre Katastrophe wäre, auch Abschiebungen als letztes Mittel möglich sein.

Thomas Meyer (NG|FH) Und im Zweifelsfall werden dann doch sehr strikte Grenzkontrollen durchgeführt?

Julian Nida-Rümelin Grenzkontrollen halte ich nicht für das Entscheidende. Eine funktionierende Staatlichkeit, das heißt unter anderem eine kohärente und zügige Verwaltungs- und Rechtspraxis, legale Arbeitsverhältnisse und Bekämpfung der Schwarzarbeit, all das ist weit wichtiger.

Europäische Einwanderungsdiskurse zwischen Solidarität und integrationspolitischer Überdehnung

Sybille Reinke de Buitrago

Raum, Grenzen, Identität und Diskurs in der europäischen Migrations- und Flüchtlingspolitik

Die Welt sieht sich heute mit neuen Bewegungen aus Flucht, Flüchtenden und Asylsuchenden konfrontiert. Bei Betrachtung der betroffenen geografischen Schauplätze wird deutlich, dass es sich nicht nur um ein lokales, sondern globales Phänomen handelt. Nicht nur bewegt sich eine enorme Zahl von Menschen in Richtung der nördlichen und oftmals wirtschaftlich besser situierten Staaten bzw. versucht diese zu erreichen, sondern es kommt auch innerhalb von Konfliktstaaten zu Vertreibungen. Der Hohe Kommissar der Vereinten Nationen für Flüchtlinge (UNHCR) schätzt die weltweite Zahl von Flüchtenden auf ungefähr 60 Millionen Ende 2015 und auf 65 Millionen zur Jahresmitte 2016.[1] Nimmt man Migrationsbewegungen hinzu, sind beinahe alle Kontinente in irgendeiner Hinsicht von einer großen Zahl von Menschen auf Wanderschaft betroffen. Es findet sich eine Vielzahl an Interpretationen, Behauptungen und Forderungen als Reaktionen auf diese Entwicklungen. Im Hinblick auf Europa haben die Nachrichtenmedien mit ihrer Berichterstattung einen großen Beitrag zum Eindruck der erhöhten Dring-

---

1   UNHCR (2016).

lichkeit geleistet, aber sie haben auch die Bedenken vieler europäischer Bürger verstärkt, die sich um ihre nationale Identität sorgen. Es haben sich unzählige Personen gefunden, die auf unterschiedliche Weise Hilfe leisten. Aber auch Maßnahmen für eine Zuwanderungsbegrenzung von Migranten und Flüchtenden nach Europa wurden verstärkt. Im Diskurs und in Bezug auf Handlungs- und politische Maßnahmen im Umgang mit der Migrations- und Fluchtkrise finden sich unterschiedliche Konstruktionen dieser Problematik. Dem liegen auch die unterschiedlichen Betrachtungsweisen demokratischer Normen und Menschenrechte zugrunde, die sich auf unterschiedliche politische Kulturen und demokratische und politische Sozialisationen – auch innerhalb der EU – zurückführen lassen. Darüber hinaus können, wie die Brexit-Debatte und das Referendum von 2016 gezeigt haben, Themen politisiert und für verschiedene politische Ziele (missbräuchlich) eingesetzt werden. Daher werden Fluchtkrise und Migrationsbewegungen auf unterschiedliche, deutlich abgrenzbare Weisen gedeutet und umgedeutet. Dies führt innerhalb Europas zu unterschiedlichen Reaktionen.

Die unterschiedlichen Konstruktionen richten die Aufmerksamkeit auf oftmals nicht zur Kenntnis genommene, verhaltensmotivierende Aspekte, nämlich Vorstellungen von Raum und Grenzen sowie Gefühle von Zugehörigkeit und nationaler Identität. Sie zeigen auch, inwiefern sich diese Konstruktionen als Reaktionen auf die Entwicklungen von Migration und Flucht verändern oder bereits verändert haben. Diskursive Konstruktionen und Deutungen von Raum, Grenzen und Identität, wie auch deren Bedrohung durch einen Außenseiter oder fremden Anderen, haben einen großen Einfluss auf unser Verhalten. Wie Eva Herrschinger und Judith Renner darlegen, üben Diskurse einen wesentlichen Einfluss auf die Herstellung von Deutungszusammenhängen und – auch auf internationaler Ebene – auf unsere soziale Realität aus.[2] Dementsprechend müssen wir nicht nur mit den unterschiedlichen Konstruktionen der Fluchtkrise umgehen, sondern auch, den bestehenden Bedenken innerhalb der europäischen Bevölkerungen Beachtung schenken. Aufgrund des Einflusses tiefenpsychologischer Prozesse auf Interpretationen und Verhalten müssen wir uns den unterschiedlichen Debatten und ihren Deutungen der Raum-, Grenzen- und Identitätsaspekte widmen.

---

2   Herschinger/Renner (2014).

Dabei ist ein kritisches Auge bei der Reflexion der vielfältigen Konstruktionen von Diskursen nützlich.

Dieser Beitrag nimmt räumliche Konstruktionen, nationale Identität und deren Verknüpfung mit Flucht- und Migrationspolitik in den Blick. Er kombiniert die Erkenntnisse der Kritischen Geopolitik, der Interkulturellen Studien und der Diskursforschung und nutzt somit das Potenzial der Grenzstudien aus kritischer Perspektive. Er kann daher Aufschluss über die Grundlagen der aktuellen Flucht- und Asylpolitik in den europäischen Staaten geben. Zu Beginn werden die angewandten Konzepte skizziert, die Bedeutungskonstruktionen in den EU-Staaten und ihren Zusammenhang mit politischen Grundsätzen veranschaulicht sowie abschließend Möglichkeiten des Voranschreitens aufgezeigt.

Raum, Identität und Diskurs

Raum und räumliche Konstruktionen, wie zum Beispiel nationale Grenzen, erfüllen – sogar in einer globalisierten Welt – wichtige Funktionen: Raum wird politisch geteilt und geschaffen; er ist eine wichtige staatliche Ressource und aufgrund dessen innerhalb internationaler Beziehungen oftmals umkämpft. Stuart Croft, Henk van Houtum und Ton van Naerssen betonen den hohen Wert des Raums und den Einfluss räumlicher Konstruktionen auf der internationalen Bühne. Raum kann geordnet, institutionalisiert und reguliert werden und somit auch einschließen und ausgrenzen.[3]

Eine zentrale räumliche Konstruktion ist die (nationale) Grenze. Als soziale und politische Konstruktion werden Grenzen inszeniert und erfahren; sie werden in verschiedenen Grenzschutzpraktiken ausgeführt. In ihren unterschiedlichen Graden der Durchlässigkeit und der aufgewandten Kontrolle trennen Grenzen mehr oder weniger stark das Innere vom Äußeren – ebenso abhängig von der (gefühlten) Bedrohung des Äußeren für das Innere. Ein Hauptaugenmerk der akademischen Debatte in Bezug auf Grenzen liegt ebenso auf der Bedrohung von Sicherheit und deren Darstellung, der politischen Verknüpfung mit Fragen nationaler Identitäten sowie geostrate-

---

3   Croft (2012); Houtum/Naerssen (2002).

gischen Handlungen.[4] Auch können wir verschiedene Ordnungs- und Abgrenzungsprozesse feststellen, gedacht als beschreibende Prozesse, mit denen Subjekte und Identitäten, Normen und Materielles (neu) geordnet werden und Raum sozial, politisch und geostrategisch erzeugt und mit Bedeutung erfüllt wird.

Es werden Dichotomien und Grenzen zwischen dem Selbst und dem Anderen und somit auch zwischen unterschiedlichen normativen Ordnungen geschaffen – bestimmte Dinge werden getrennt und andere verbunden.[5]

Durch historische und zeitliche Dimensionen umgeben, umschließen und verbinden Grenzen und prägen Zugehörigkeits- und Identitätsgefühle. Aber sie differenzieren auch und teilen das Innere vom Äußeren sowie unterschiedliche soziale und politische Ordnungen. Grenzen können dem Selbst im Gegenüber mit einem als bedrohlich wahrgenommenen Äußeren neue Sicherheit geben, aber sie können auch ein sicherer Begegnungsort für das äußere Andere sein. Die Grenzen innerhalb des Schengen-Raums der EU unterscheiden sich von anderen nationalen Grenzen, da sie von denjenigen im Innern leicht überschritten werden können. Sie haben in gewissem Maße an Trenn- und Abgrenzungskraft verloren, insbesondere da das Prinzip der Freizügigkeit die Mobilität von EU-Bürgern fördert. Grenzen sind Bedeutungsträger dafür, wer wir sind, welchen Gruppen wir angehören und welchen Normen wir folgen müssen. Andererseits waren Grenzen auch immer Begegnungsorte, an denen unterschiedlichste Menschen und normative Ordnungen aufeinandertreffen.

Grenzen werden typischerweise durch verschiedene (Kontroll-)Praktiken geschützt. Der Geflüchteten-Krise und den erhöhten Zuwanderungsbewegungen nach Europa wurden mit neuen und manchmal hitzigen Debatten sowie neuen politischen Maßnahmen zur Stärkung von Grenzen begegnet. An einer Reihe von EU-Schengen-Grenzen sind Visakontrollen vorübergehend wieder eingeführt und das Schengen-Abkommen stark infrage gestellt worden. Diese Entwicklungen fordern eine neue Betrachtung des Konzepts nationaler Grenzen und ihrer heutigen Bedeutung für uns.

---

4   Agnew/Muscarà (2012), S. 11 und S. 28-29.
5   Soja (2005), S. 33; Houtum/Naerssen (2002), S. 125 ff.

Wie bereits dargelegt, steht nationale Identität im Zusammenhang mit Raum und Grenzen; Identität wird immer zusammen mit und gegenüber einem äußeren Anderen konstruiert. Sie unterscheidet somit zwischen Selbst und Anderem und erzeugt ein Zugehörigkeitsgefühl, eine Dynamik, die sich auch in Staaten wiederfindet. Anthony Smith verweist auf die Konstituierung (nationaler) Identität in Unterscheidung zu etwas Anderem – was auch zur Ausgrenzung dieses Anderen führen kann – und auf die betroffene soziale und politische Gemeinschaft in einem abgegrenzten Gebiet, auf Institutionen mit bestimmten Rechten und Pflichten sowie ein gemeinsames Narrativ des Selbst.[6] Wird sie durch diskursive und politische Grenzen instrumentalisiert und übertrieben, kann die Unterscheidung Selbst–Anderes auch Prozesse des »Othering« anstoßen, die wiederum mit Abgrenzungs- und Ordnungsprozessen verknüpft sein können.[7]

Selbst und Anderes und deren Verhältnis zueinander können auf unterschiedliche Weise definiert werden. Dieser Beitrag argumentiert, dass Selbst und Anderes auch über die normalen Prozesse der Konstituierung von Identität hinaus gegebenenfalls zu streng voneinander unterschieden werden. Die erzeugten Dichotomien und Hierarchien gewinnen in einem solchen Fall an Intensität; das bereits positiv dargestellte Selbst wird zum essenziell Guten – das bereits negativ dargestellte Andere wird zum essenziell Schlechten. Wir können dies die Essenzialisierung von Selbst und Anderem nennen. Tatsächlich werden Selbst und Anderes, aber auch ihre Beziehungen zueinander, neu konstituiert. Die Essenzialisierung kann auch als eine Form der Vereinfachung verstanden werden, aber betont mehr das Wesen von Dingen oder Lebewesen.

Nationale Identität dient als wichtige bindende Kraft innerhalb von Gesellschaft. Da sie sich gegenüber einem Äußeren, einem Anderen, konstituiert, hat es aller Voraussicht nach Auswirkungen auf nationale Identität, wenn eine große Zahl Flüchtender und Migranten innerhalb eines derart kurzen Zeitraums, der für eine Gewöhnung oder Umstellung wenig Zeit erlaubt, in ein Land einreisen. Darüber hinaus können Gefühle nationaler Identität jedoch für verschiedene politische Ziele benutzt und auch instrumentalisiert

---

6 Smith (1991), S. 9 ff.
7 Houtum (2010).

werden. Sowohl die natürliche Reaktion von Identität auf ein Anderes als auch die aktive Instrumentalisierung von Identitätsgefühlen verweisen auf die Notwendigkeit, die nationale Identität vor dem Hintergrund der aktuellen Entwicklungen zu betrachten.

Diskurs schließlich spielt eine wichtige Rolle in unserer Wahrnehmung der Welt und wie wir dementsprechend handeln. Diskurs und diskursive Darstellungen haben wesentliche Auswirkungen auf Verhalten und politische Leitlinien. Jedoch ist Diskurs, wenn auch in einer sehr komplexen und nicht einfach steuerbaren Weise, ebenso ein Konstrukt. Wenn sich politische Akteure äußern und Wahrheitsansprüche erheben, sollte der Art und Weise dieser Äußerung ebenso Beachtung geschenkt werden. Diskurs kann bindend oder trennend wirken. Er kann motivieren und überzeugen oder Ansichten verändern und er kann helfen, Abgrenzungs-, Ordnungs- und Othering-Prozesse zu schaffen oder zu beenden.[8]

Eine Befassung mit Diskurs sollte sich sowohl der Rolle der Medien und von Emotionen widmen. Die Medien können als aktiver Akteur im öffentlichen Diskurs betrachtet werden. Bei der aktuellen Geflüchteten-Krise als auch in den migrationspolitischen Diskussionen nahmen die Medien in der Tat eine sehr aktive Rolle ein. Allerdings gehen Medienberichte bei der Themenwahl selektiv vor – sie konzentrieren sich auf bestimmte Aspekte und ignorieren andere. Aufgrund der zeitlichen und räumlichen Beschränkung stellen Medienberichte eine bestimmte Perspektive dar. Stuart Combs, Robert Entman und Tilman Sutter haben daher auf die Deutung von Ereignissen und Problemen mithilfe von Spekulation und Dramatisierung hingewiesen.[9] Wenn Medienberichte täglich Bilder langer Wanderzüge von Geflüchteten zeigen, von in Booten ankommenden Geflüchteten oder gekenterten Booten, von Bedingungen in offiziellen und inoffiziellen Unterkünften, von Geflüchteten, die die EU-Außengrenze und die eigne nationale Grenze überschreiten wollen, kann dies in Öffentlichkeiten für Unruhen sorgen und Politiker unter Handlungsdruck setzen.

Darüber hinaus sind Emotionen in politischen Prozessen sowie für die Wahl der politischen Maßnahmen als Reaktion auf Entwicklungen bedeut-

---

8 Houtum/Naerssen (2002).
9 Combs (2013), S. 169-170; Entman (2010); Sutter (2010), S. 34 und S. 44.

sam. Wie zuvor erläutert, rufen Medienbilder verschiedenartige Emotionen hervor. Wenn gesellschaftliche Akteure und Politiker reagieren, können sie die Interpretation der Situation und der politischen Erfordernisse zusätzlich emotional aufladen und somit ihrer Aussage mehr Kraft verleihen. Emotionen können auch für die Verschleierung politischer Ziele benutzt werden. Jonathan Haidt und Karin Fierke betrachten Emotionen jedoch als ein notwendiges und beständiges Element (nationaler) Identitätsdefinition, von Zugehörigkeitsgefühlen, sozialen und politischen Handlungsweisen und Entscheidungsfindungen.[10] Es erscheint daher sinnvoll, sich auch mit den zum Ausdruck gebrachten Emotionen zu befassen.

Die vielfältigen Deutungskonstruktionen und deren Auswirkung

Europäische Gesellschaften und Regierungen haben auf unterschiedliche Weise auf die Fluchtkrise und angestiegenen Migrationsbewegungen reagiert. Mit der Zunahme von Terroranschlägen in europäischen Staaten ist die Migrations- und Fluchtpolitik in beinahe allen europäischen Ländern verschärft worden. Welche Richtung diese Reaktionen auch einschlagen, nationale Grenzen haben in Europa und innerhalb der EU, auch innerhalb des Schengen-Raums, wieder einen Bedeutungszuwachs erfahren; nationale Grenzen erhalten wieder mehr Wertschätzung – und werden stärker verteidigt. Wie bereits festgestellt, sind Grenzen Gebiets- und Zugehörigkeitsmarker und daher mit der nationalen Identität und den Gefühlen von Menschen für ihren Staat und ihre Gesellschaft gegenüber anderen verknüpft. Wie anhand von europäischen Beispielen deutlich, können Gefühle nationaler Identität für politische Ziele instrumentalisiert werden; es ist jedoch wahrscheinlich, dass nationale Identität als verbindende Kraft innerhalb einer Gesellschaft ebenso durch die großen Flucht- und Migrationsbewegungen beeinträchtigt wird.

---

10 Haidt (2013); Fierke (2012), S. 93.

Geflüchtete und Migranten. Eine Übersicht über europäische Debatten

Anne Hammerstad und Jef Huysmans haben bereits dargelegt, dass gewisse Darstellungen Geflüchteter, Asylsuchender und Migranten deren Demonstration und Konstruktion als mögliche Sicherheitsbedrohung für Europa zum Ausdruck bringen.[11] Abhängig davon, wie Migranten und Geflüchtete diskursiv konstruiert werden, können auf diese Weise unterschiedliche politische Absichten bedient werden: Konstruktionen von Risiko oder Bedrohung dienen einer Politik, die – aus welchem Grund auch immer – eine Reduzierung der ins Land kommenden Ausländer anstrebt. Demgegenüber können neutralere und positivere Konstruktionen der Verbesserung von Integrations- und Inklusionsanstrengungen dienen und den gesellschaftlichen Zusammenhalt fördern.

Deutschland hat bis Mitte 2016 im Rahmen des Dublin-Abkommens mehr als jeder andere europäische Staat Geflüchtete ins Land gelassen und im ersten Quartal 2016 zum ersten Mal mehr Geflüchtete von anderen EU-Ländern aufgenommen als dorthin gesandt,[12] was sich in unterschiedlichen medialen Diskursen niedergeschlagen hat. In einige Länder, Griechenland zum Beispiel, können Geflüchtete aufgrund fehlender humanitärer und rechtlicher Standards nicht zurückgesandt werden. Einige deutsche Politiker haben daher die EU-Kommission aufgefordert, eine Umsetzung von Standards in allen EU-Staaten zu gewährleisten. Da immer mehr Geflüchtete vorhaben, speziell in Deutschland Asyl zu beantragen, wird inzwischen auch von deutscher Seite öffentlich erklärt, dass Geflüchtete nicht in dem Land ihrer Wahl Asyl beantragen können, sondern dies in ihrem EU-Eintrittsland tun müssen. Außerdem wird weiterhin debattiert, ob diejenigen EU-Länder, die keine Geflüchteten akzeptieren oder zurücknehmen, zur Entlastung derjenigen Staaten, die dies tun, Ausgleichszahlungen leisten müssen. Da die Zahl der Geflüchteten im Sommer 2016 im Vergleich zum Sommer 2015 deutlich abnahm, wurden im politischen Diskurs seltener Fragen nach der Lastenverteilung geäußert.

---
11 Hammerstad (2014); Huysmans (2000).
12 BAMF (2016); Eurostat (2016).

Es mag wenig überraschend erscheinen, dass sich mit der ansteigenden Zahl der Zufluchtsuchenden in Europa und den verschiedenen darin beinhalteten Push- und Pull-Faktoren und ihren unterschiedlichen Beurteilungen die Ansichten im Hinblick auf Geflüchtete und Migranten verändern. Während wir in Deutschland beispielsweise im Sommer und noch im Herbst 2015 – trotz bereits damals vorherrschender unterschiedlicher Ansichten – eine international gelobte »Willkommenskultur« beobachten konnten, spricht eine Studie der Universität Bielefeld und der Stiftung Mercator vom Sommer 2016 von deren starker Schwächung und sogar ihrem Ende.[13] Der Studie zufolge betrachten die meisten Deutschen weiterhin Integration zwar positiv, haben jedoch auch starke Vorbehalte gegenüber den einzelnen Schritten zum Erreichen von Integration. Migranten und Geflüchteten wird die Hauptverantwortung zugesprochen, sich zu integrieren – gleichzeitig wird diskutiert, in welchem Maße sie sich schlicht anpassen oder assimilieren sollten. Eine Mehrheit der Deutschen lehnt nun auch die Integration zusätzlicher Neuankömmlinge ab. Die Zahl derjenigen, die den Verlust deutscher Werte fürchten und deren Schutz fordern, derjenigen, die eine erhöhte Bedrohung durch Terroranschläge fürchten und derjenigen, die die Rückkehr der Geflüchteten bei einer Verbesserung der Situation im Heimatland fordern, hat zugenommen.

Zugleich haben deutsche Entscheidungsträger auf unterschiedliche Weise auf die Krise reagiert. Die zuletzt in Kraft getretenen Gesetze und Vorschriften erlauben es den Asylsuchenden in Deutschland schneller eine Beschäftigung aufzunehmen, innerhalb Deutschlands mobiler zu sein, viel leichter medizinische und psychologische Versorgung zu erhalten und die deutsche Sprache schneller zu erlernen. Insgesamt werden denjenigen Asylsuchenden mit guten Chancen auf eine Gewährung ihres Asylantrags mehr Mittel für die erfolgreiche Integration zur Verfügung gestellt, während umgekehrt von ihnen verlangt wird, dem mit ernsthafter Anstrengung nachzukommen. Noch dazu sind die benötigten Informationen hinsichtlich Integration leichter verfügbar geworden. Für diejenigen ohne gute Aussichten auf Asyl wurde die Rückführung in ihr Heimatland erleichtert, obwohl es in vielen Fällen zahlreiche Gründe gibt, dies nicht umzusetzen. Zusätzlich hat

---

13 Zick/Preuß (2016).

Deutschland zur Reduzierung des Gesamtzustroms von Geflüchteten eine Reihe an Ländern zu sicheren Herkunftsländern erklärt, darunter Albanien, Bosnien-Herzegowina, das Kosovo, Mazedonien, Montenegro und Serbien. Die fortlaufenden Versuche, auch Algerien, Marokko und Tunesien zu sicheren Herkunftsländern zu erklären, bleiben umstritten. Insgesamt wurden Koordinierung und Austausch auf den internationalen und nationalen/lokalen Ebenen erhöht. Kritiker der Einstufung der oben genannten Länder als sicher verweisen auf fortdauernde Menschenrechtsverletzungen.[14] Trotz Forderungen von Menschenrechtsorganisationen nach einer offeneren Migrations- und Flüchtlingspolitik nahm Deutschlands Politik zwei Richtungen: die Beförderung der Integration derjenigen mit guten Chancen auf Asyl auf der einen Seite und die Reduzierung der Gesamtzahl an Asylsuchenden auf der anderen.

In Europa bestehen auch konkrete Bedenken in Bezug auf Geflüchtete und/oder Migranten. Einige davon gründen auf Ängsten vor dem Islam und vor islamischen Werten, wie sie überwiegend christlich geprägte europäische Länder zu überwältigen oder dort zunehmend an Einfluss zu gewinnen drohen. Dänemark gehört zum Beispiel zu den Ländern, in denen die Gesellschaft den wachsenden Einfluss islamischer Werte auf Kosten liberaler dänischer Werte und dänischer Kultur fürchtet – Ängste, die zu einem Aufstieg rechtspopulistischer Parteien im Land und zu einer signifikanten Verschärfung der Asylpolitik geführt haben.[15]

Laut einer Studie des *Pew Research Centers* vom Juli 2016 denkt eine große Mehrheit der Europäer, dass sich Muslime im Allgemeinen nicht in die Gesellschaft ihrer neuen Heimat integrieren wollen, sondern lieber abgrenzen möchten, obwohl diese Ansicht in den meisten Umfrageländern zurückgegangen ist.[16] Dargestellt werden wachsende Bedenken, dass mit den meist muslimischen Geflüchteten, die in Europa ankommen, die Gefahr von Terroranschlägen zunimmt – so die Ansicht einer Mehrheit in acht von zehn europäischen Ländern. Dabei gibt es keinen klaren Zusammenhang zwischen Geflüchteten-Krise und Terrorgefahr. Zwar können wir die Möglichkeit einer

---

14 Amnesty International (2016); Augustin (2016); Biermann/Faigle (2016).
15 Bigalke (2016).
16 Simmons/Stokes/Wike (2016).

Einreise von Terroristen und einer Radikalisierung von Geflüchteten nicht gänzlich abtun, doch sprechen wir von unwesentlichen Zahlen. Die Darstellung von Geflüchteten als potenzielle Terroristen und somit als potenzielle Gefahr für europäische Gesellschaften und deren Bürger ist jedoch wirkmächtig, Angst und Unbehagen unter den Bürgern zu erzeugen und dadurch Zurückweisung von Asylsuchenden zu fördern. Insbesondere nationalistische und/oder populistische Bewegungen können durch die Instrumentalisierung solcher Verbindungen Zuspruch in der Bevölkerung gewinnen, wie an den Beispielen populistischer Parteien in Österreich, Dänemark, Frankreich und Deutschland zu sehen ist. Auch die Brexit-Bewegung in Großbritannien hat sich sehr an einer Darstellung von Geflüchteten und Migranten als Bedrohung beteiligt.

Andere Bedenken sind wirtschaftlicher Natur: Ein großer Teil der europäischen Bevölkerung sieht Geflüchtete als wirtschaftliche Belastung und fürchtet, sie würden Arbeitsplätze und Sozialleistungen auf Kosten der einheimischen Bevölkerung besetzen bzw. in Anspruch nehmen.[17] Antworten und politische Begegnungen darauf jedoch fallen recht unterschiedlich aus. Als diskutiert wurde, ob Asylsuchenden – um Integration zu erleichtern – der Zugang zum europäischen Arbeitsmarkt gewährt werden sollte oder nicht, hat Österreich etwa diesen Gedanken mit der Befürchtung zurückgewiesen, damit zusätzlichen Anreiz für eine Einreise Geflüchteter und Migranten nach Europa und Österreich zu schaffen und so heimische Arbeitsmärkte zu überlasten.[18] Auch die Brexit-Bewegung Großbritanniens hat bestehende Ängste vor Migranten geschürt und vermeintliche Gefahren für die einheimischen Arbeitsplätze und des Lohndumpings betont. Wie an späterer Stelle erläutert, werden derart negative Auswirkungen von anderen Ländern jedoch bestritten.

Radikalere Reaktionen gegenüber Geflüchteten und im weiteren Sinne Migranten konnten zum Beispiel in Ungarn beobachtet werden. Wie Human Rights Watch berichtete, hätten die ungarischen Behörden zum wiederholten Male exzessive Gewalt angewandt, um die Asylsuchenden hinter die serbische Grenze zurückzudrängen. Das ungarische Parlament verabschie-

---

17 Ebd.
18 Europe Online Magazine (2016).

dete Juli 2016 ein Gesetz, das es den Behörden erlaubt, Geflüchtete bis zu acht Kilometer im Inneren des ungarischen Territoriums festzunehmen und nach Serbien abzuschieben.[19]

Die Reaktionen auf Geflüchtete werden, wie bereits festgestellt, auch durch das Aufkommen terroristischer Anschläge beeinflusst. Nach den Terroranschlägen in Paris im November 2015 forderte der französische Premierminister Valls von der Sozialistischen Partei (Parti Socialiste, PS), ein Ende der Einreise (einer so großen Zahl) Geflüchteter nach Europa und warnte vor dem Ende der EU.[20] Frankreich strebt die Einrichtung sogenannter Hotspots in Ländern, die auf Transitrouten für Flüchtende liegen – darunter die Türkei – sowie eine Stärkung der EU-Außengrenzen an. Im Gegensatz zu politischen Strategien in Deutschland etwa konzentrieren sich die Maßnahmen sehr viel weniger auf Inklusion. Die Terroranschläge in Paris und später Nizza zählen zu den mutmaßlichen Motoren der französischen Position, aber ebenso der vom Front National ausgeübte Druck und dessen Furcht vor Stimmeinbußen auf den damaligen Präsidenten Hollandes.[21]

Während sich der Mainstream-Politdiskurs auf die Integration von Geflüchteten konzentrierte, haben die Anschläge im Sommer 2016 auch in Deutschland zunehmend Forderungen nach mehr Sicherheit laut werden lassen. Die Ereignisse warfen auch ein kritischeres Licht auf jene, die nach Deutschland kamen und kommen. Mit leicht ansteigender Tendenz wurden im öffentlichen Diskurs mehr Risiken konstruiert, die mit muslimischen Geflüchteten in Verbindung gesetzt werden. Zugleich wurde oftmals vor einem Generalverdacht aller muslimischer Geflüchteter und Migranten als potenzielle Terroristen gewarnt und verstärkt Forderungen nach einer besseren

---

19 Human Rights Watch (2016).
20 Zeit-Online (2016b).
21 Der vorliegende Beitrag wurde vor den Präsidentschafts- und Parlamentswahlen in Frankreich verfasst. Bei der Präsidentschaftswahl vom 23.4. (erster Wahlgang) bzw. 7.5.2017 (zweiter Wahlgang) fiel der für die PS angetretene Hamon mit 6,4 % der Stimmen hinter den Kandidaten Emmanuel Macron (La République en Marche!, LREM) und Marine Le Pen (Front National, FN) weit ab. Macron wurde nach der Stichwahl im zweiten Wahlgang mit fast zwei Dritteln der Stimmen vor Marine Le Pen zum neuen französischen Staatspräsidenten gewählt. Bei der Parlamentswahl am 11. und 18.6.2017 erreichte Macrons neugegründete LREM aus dem Stand mehr als ein Viertel der Stimmen. Der FN blieb konstant bei etwa 13 %. Die PS verlor fast 22 Prozentpunkte und kam auf insgesamt 7,5 %. Anm. d. Hg.

Integration laut. In gewisser Hinsicht ähnelt der deutsche öffentliche Diskurs dem US-amerikanischen in den Jahren nach dem 11. September 2001 – mit beidem, dem Ruf nach mehr Sicherheit und dem Ruf, man solle nicht überreagieren. Ende Juli 2016 warnte Europol auf Grundlage der Zahlen von Rückkehrern aus den syrischen und irakischen Kampfgebieten, es befänden sich Hunderte potenzieller Terroristen in Europa. Der Anschlag vom Berliner Weihnachtsmarkt im Dezember 2016 durch einen aus Tunesien stammenden Täter hat das Unsicherheitsgefühl weiter verstärkt.

Bei dem Versuch, Ströme flüchtender Menschen nach Europa und die damit zusammenhängenden Aktivitäten von Menschenschmugglern zu kontrollieren, hat sich die EU auf die Schaffung einer neuen gemeinsamen Außengrenze und eine auf der Grenzschutzagentur Frontex basierende Küstenschutzagentur verständigt. Innerhalb weniger Tage solle Personal entsandt werden – auch gegen den ausdrücklichen Willen jener EU-Staaten, die sich ihren Grenzkontrollpflichten entziehen. Dies wiederum steht dem Prinzip der Souveränität der einzelnen Mitgliedsstaaten entgegen und kann daher in der Praxis kaum erfolgreich sein, weswegen zusätzlich die Option einer zeitweisen Wiedereinführung von Grenzkontrollen innerhalb des Schengen-Raums existiert. Kritiker solcher Maßnahmen sehen Schengen in Gefahr. Wenn jedoch die neue Agentur Erfolg hat, werden die seit der Geflüchteten-Krise eingeführten Grenzkontrollen innerhalb des Schengen-Raums aufgehoben. Die Agentur hat außerdem die Aufgabe, die Rückführung derjenigen Geflüchteten durchzuführen, die kein Asyl erhalten.[22] Auch lässt sich stärkere Abstimmung unter einigen EU-Ländern feststellen. Österreich zum Beispiel hat Slowenien und Kroatien zur besseren Kontrolle der Schengen-Außengrenze seine Expertise angeboten. Die damalige österreichische Innenministerin Mikl-Leitner[23] erklärte ihren Versuch, den Zustrom von Geflüchteten nach Österreich zu reduzieren: »An der Außengrenze entscheidet sich, ob wir geordnete Verhältnisse haben in Europa, oder nicht.« In verstärkter Zusammenarbeit und Abstimmung mit den deutschen Grenzbehörden hat Österreich die Kontrollen an seinen Grenzen vorübergehend wiedereingeführt und die Anzahl an Geflüchteten und Migranten reduziert, denen das Land

---

22 Euractiv (2016).
23 Mikl-Leitner (2015).

Einreise und Transit gewährt. Zudem unterstützt es die europäischen Anstrengungen für die Einrichtung von See-Hotspots zur Kontrolle und Registrierung oder Rückführung von Geflüchteten und Migranten, die bereits auf Booten unterwegs sind. Das EURINT-Netzwerk strebt eine Zusammenarbeit mit Drittstaatenregierungen an. Ziel ist eine höhere Verlässlichkeit migrantischer Ausweisdokumente, um höhere Rückführungszahlen zu ermöglichen.[24]

Zahlreiche Maßnahmen wurden intiniiert, um der Motivation Flüchtender und Migranten für eine Reise nach Europa entgegenzuwirken. Österreich startete in Afghanistan eine Informationskampagne zur Vermittlung der verschärften österreichischen Asylpolitik. Offiziell diente die Kampagne dem Zweck, die von Menschenhändlern genährten, falschen und irreführenden Hoffnungen von Flüchtenden und Migranten zu zerstreuen, und richtete sich ebenso an Migranten anderer Staaten wie das Kosovo.[25] Seit Mai 2016 ist Österreich auch Heim eines in Wien ansässigen neuen internationalen Amtes für Ermittlungen gegen Menschenschmuggler von Geflüchteten und Migranten – mit dem Ziel, politische Maßnahmen gegen Menschenhandel zu koordinieren. Auch Dänemark reagierte mit einer erschwerten Einreise für Asylsuchende, indem es Anreize verringerte und Sanktionen für mangelnde Integrationsbemühungen verstärkte. Im Sommer 2015 setzte eine Diskussion über den Einsatz von Werbung in den Zeitungen der Flucht- und Transitländer ein – Werbung, die zum Ziel hat, auf die deutlich erschwerte Einreise von Flüchtenden und Migranten nach Dänemark und beispielsweise die Kürzung von Sozialleistungen hinzuweisen –,[26] während zivilgesellschaftliche Akteure eine dänische Willkommenskultur propagierten und mit einer entsprechenden Gegendarstellung konterten. Dennoch hat die dänische Regierung die Genfer Flüchtlingskonvention grundsätzlich infrage gestellt und zeitweise – sogar unter Einsatz von Soldaten zur Unterstützung des Grenzschutzes – Pässe an der Grenze zu Deutschland kontrolliert. Auch Deutschland reagierte mit einer vermehrten organisierten Rückführung Ge-

---

24 EURINT (European Integrated Return Management) ist als partnerschaftliche Initiative von 21 europäischen Migrations- und Rückkehrorganisationen sowie Frontex auf dem Gebiet der (hauptsächlich nicht freiwilligen) Flüchtlings- und Migrantenrückführung aktiv.
25 BMI (2016).
26 Schmiester (2015).

flüchteter, nämlich in Form von Plänen zur Einrichtung von auch durch den Bund geförderten Ausreisezentren.

Auf der anderen Seite sind die strukturellen Schwachstellen sowie der Reformbedarf für eine funktionalere europäische Flucht- und Asylpolitik sichtbarer geworden.[27] Von der Europäischen Kommission vorgeschlagene Reformen in diese Richtung beziehen sich auf eine größere Standardisierung der Asyl- und Umsiedlungsverfahren. Doch muss mehr getan werden in Bezug auf die Umsetzung grundlegender Standards in den Aufnahmeländern, aber auch bezüglich der Ungerechtigkeit des Dublin-Abkommens, das den Ländern die größte Last aufbürdet, in denen Geflüchtete zuerst ankommen. Migranten sollten zudem spüren, dass sie zum Bleiben willkommen sind. Und die Integrationsmaßnahmen in vielen europäischen Ländern müssen erheblich verbessert werden. Zugleich bedürfen die Vereinbarung und Umsetzung von EU-Verordnungen der Unterstützung der Mitgliedsstaaten, deren Ansichten zu Geflüchteten und Migranten sowie ihrer eigenen Rolle im Umgang mit der Geflüchteten-Krise sich zum Teil drastisch unterscheiden.

Geflüchteten und Migranten werden oft durch Negativzuschreibungen – als »Belastung«, »Risiko« oder »Bedrohung« für Gesellschaften – konstruiert; auch positive Konstruktionen existieren, wenn auch deutlich seltener. Letztere betonen den Zufluss neuer Ideen, das Potenzial für Innovation und wirtschaftliches Wachstum, die Schaffung von Katalysatorprozessen zur Generierung gesamtgesellschaftlichen Wohls, die Besetzung benötigter aber unbeliebter Stellen am Arbeitsmarkt sowie die Unterstützung der staatlichen Rentensysteme.[28] Es lässt sich argumentieren, dass im Falle erfolgreicher Integration die heute aufzuwendenden Kosten unter den zu erwartenden Gewinnen liegen werden. »The Economist« hingegen geht von einem geringeren Nutzen aus und weist darauf hin, dass es einige Zeit in Anspruch nehmen werde, bevor sich ein solcher Nutzen überhaupt zeige.[29] In einigen europäischen Ländern können diese positiven Konstruktionen – so mag man argumentieren – mit Initiativen zur Förderung von Integration verknüpft werden, darunter unter anderem ein erleichterter Zugang zum Arbeitsmarkt.

---

27 Garavoglia (2016).
28 Vgl. Zeit-Online (2016a), (2014); Travis (2016); Heckel (2015); Jacquin (2015).
29 The Economist (2016).

Allerdings werden derartige positive Konstruktionen von negativen Konstruktionen überschattet, auch wenn sich dies zwischen den europäischen Staaten unterscheiden mag. Ebenso fraglich ist, inwiefern der Durchschnitt der Bevölkerung dem propagierten Nutzen von Migration tatsächlich Glauben schenkt; zuverlässige Studien zu solchen Vorstellungen fehlen weiterhin. Geflüchtete und Migranten als bedrohliche Außenseiter zu konstruieren – als den EU-Bürgern, den Rechteinhabern, den Insidern dichotom entgegenstehend – kann die Schaffung von Barrieren zwischen Selbst und Anderem sowie eine harte oder gar inhumane Politik zum Schutz des Selbst begünstigen.

Grenzkontrollpraktiken

Das Schengener Abkommen der EU hat die Bedeutung nationaler Grenzen innerhalb von Schengen reduziert und parallel dazu die Bedeutung der Außengrenzen des Schengen-Raumes erhöht – zumal in Zeiten hohen Zustroms nach Europa. Vor dem Beginn der Geflüchteten-Krise 2014/2015 wurden diese Außengrenzen teilweise überwacht; auf dem Höhepunkt der Krise im Sommer 2015 hat ihre Bedeutung – insbesondere in ihrer Funktion, Menschen fernzuhalten – enorm zugenommen, weswegen sie wieder stärker geschützt werden. Wie Roderick Parkes anführt,[30] hat die Europäische Union Kooperationsabkommen mit Nachbarstaaten geschlossen, um die funktionelle Integration in ihrer Nachbarschaft zu fördern – das Ziel war die Überwindung territorialer Teilung. Doch um dies tatsächlich zu erreichen, muss die EU in ihren Bemühungen der Förderung von »good governance« erfolgreich sein; und es darf keine derart starken Zuwanderungs- und Zufluchtsströme wie in den letzten Jahren geben. Auch gab es Rufe nach einer temporären Aussetzung von Schengen. Judy Dempsey sieht Schengen gar im Scheitern begriffen, da sich einige der Mitgliedsstaaten nicht an Vereinbarungen hielten.[31] Auch das Schengener Informationssystem bleibe demnach hinter den Erwartungen zurück, da Erfassung und Austausch von Informationen durch die nationalen Grenzschutz- und Justizbehörden bei Weitem

---

30 Parkes (2015).
31 Dempsey (2016).

nicht ausreichten; unzureichende Kontrolle an den EU-Außengrenzen generiere zugleich Sicherheitsrisiken für Europa. Darüber hinaus haben Mitgliedsstaaten Grenzschutzbehörden wie Frontex eingeschränkt. Somit sind die Mitgliedsstaaten bislang auch an Schengens erweitertem Ziel zur Förderung einer gemeinsamen EU-Migrationspolitik gescheitert.

Aktuelle Veränderungen in der EU-Grenzschutzpraxis sehen die Auslagerung bestimmter Aufgaben und Verantwortlichkeiten vor. Dabei lässt sich ein Trend der Externalisierung/Extraterritorialisierung erkennen, indem Teile der EU-Grenzkontrollen und -Rechtsprechung an Akteure außerhalb der EU-Grenzen und -Souveränität delegiert werden, auch an Nicht-EU-Staaten. In Wirklichkeit verlagert dieser Trend die EU-Grenzen in Nicht-EU-Gebiete, nämlich in Nicht-EU-Staaten, die die EU-Grenzschutzaufgaben übernehmen.[32] Andreas Müller zufolge hat die EU inzwischen eine exterritoriale Zuwanderungskontrolle eingeführt, welche die EU-Nachbarn in Teile der EU-Gemeinschaftspolitik miteinbezieht.[33] Kritiker wenden ein, die EU habe auf diese Weise die Migrationsverordnungen verändert und Migrationspolitik als Ausdruck von Sicherheitspolitik gedeutet, um Geflüchtete und Migranten aus Europa fernzuhalten. Auch profitierten Waffenhersteller und Sicherheits- und Überwachungsdienstleistungsanbieter von der Fluchtkrise bzw. der europäischen Antwort an den Grenzen und konnten Rüstungskonzerne gesteigerte Umsätze und Gewinne auf dem Aktienmarkt verzeichnen.[34] Insgesamt scheinen die EU und ihre Mitgliedsstaaten derzeit weder über die Instrumente noch über Einvernehmen zu verfügen, um die Fluchtkrise effektiv und human anzugehen. Während der aktuelle Zustrom zu groß sein mag und nicht bewältigbar scheint, war die EU bislang ebenso wenig in der Lage, eine gemeinsame Basis zu legen, dem angemessen zu begegnen. Zusätzlich verweisen die Externalisierungs-/Extraterritorialisierungspraktiken auf die Problematik räumlicher Konstruktionen von sich verschiebender EU-Grenzzuständigkeit und physischer Präsenz jenseits des EU-Gebietes. Vermutlich sind jene unmenschlichen Akte, die an den Grenzen zu beobachten waren, eine Folge der Verschiebung und/oder Aufweichung der Zuständigkeiten der Grenzverwaltung.

---

32 Casas-Cortes/Cobarrubias/Pickles (2014); Mountz/Lloyd (2014); Red Cross EU Office (2013).
33 Müller (2014), S. 50.
34 Evangelischer Entwicklungsdienst (2016); Loewenstein (2016).

Zukünftige Maßnahmen

Dieser Beitrag hat die Rolle von Raum/Grenzen, nationaler Identität und Diskurs in der Geflüchteten-Krise und Migrations- und Fluchtpolitik mit speziellem Fokus auf Europa hervorgehoben. Er hat somit sowohl Möglichkeit als auch die Realität multipler Konstruktionen der gegenwärtigen Krise veranschaulicht, die mit unterschiedlichen politischen Antworten verknüpft sind. Auf dieser Grundlage ist eine Reihe von Schlussfolgerungen möglich.

Wenn nationale Identität gegenüber einem äußeren Anderen konstituiert wird, welche Bedeutung haben Migrationszustrom und Geflüchteten-Krise für die Gefühle nationaler Identität? Die aktuellen Entwicklungen werden, insbesondere sollten sie andauern, zu einer Neudefinition von Selbst und Anderem führen – auf der Ebene Europas gegenüber Nichteuropa und auf der Ebene individueller europäischer/EU-Staaten gegenüber Neuankömmlingen. Ungeachtet seiner Ausprägung mag das gefühlte europäische Selbst verwässert sein – derzeit zugunsten multipler nationaler Ausprägungen des Selbst, später jedoch vielleicht zugunsten einer Stärkung gegenüber oder entgegen einem Nichteuropa. Bedeutende Teile der europäischen Bevölkerungen scheinen sich ihrer nationalen Identität unwohl und unsicher zu fühlen; oftmals wird eine Aushöhlung nationaler Identität und nationaler Kultur befürchtet.

Solche Ängste haben in der Entstehung verschiedener Bewegungen und politischer Parteien in ganz Europa Ausdruck gefunden, die für sich beanspruchen, ihren Staat und ihre Gesellschaft vor einem bedrohlichen Äußeren zu schützen. Dies hat sich auch im Jahr 2017 bei den Wahlen in Frankreich, den Niederlanden, Deutschland und Österreich niedergeschlagen.

Festzuhalten ist, dass sowohl Anschauungen von einer »Identität in Gefahr« als auch politische Gegenreaktionen Grenzziehungs-, Othering- und Ausschließungsprozesse gegenüber all denjenigen fördern können, die als Bedrohung jener Identität gesehen werden. Politische und mediale Diskussionen über Migranten und Geflüchtete sollten ohne eine Darstellung des Anderen als Bedrohung des Selbst geführt werden. Bemerkenswerterweise haben wir auch Bewegungen, die Inklusion fördern. Auch diese Bemühungen wirken sich auf nationale Identität aus, können diese ausweiten und weltoffener machen. Eine wachsende gesellschaftliche Spaltung zwischen den

Befürwortern und Gegnern von Integration wäre eine problematische Entwicklung. In dem Fall wäre wichtig, dass sich Politik an alle Bevölkerungsmitglieder eines Staates richtet und ein ernsthafter Dialog über die vielfachen Sorgen und Bedürfnisse der einheimischen Bevölkerungsteile eines Staates und der Geflüchteten geführt wird.

Neudefinitionen nationaler Identität werden mit einem neuen Prozess der Integration und Ausgrenzung einhergehen. Die Ausgeschlossenen werden zu multiplen Anderen, die als mehr oder weniger bedrohlich für das Selbst wahrgenommen werden. Gleichzeitig werden jene, die von außerhalb Europas einreisen dürfen, ebenso einen Prozess der Identitätsanpassung durchlaufen, dessen Ausprägungen sich irgendwo zwischen Anpassung an die Kultur der neuen Heimat, Assimilation oder Integration, Zurückweisung der Kultur der neuen Heimat und Stärkung der ursprünglichen Identität bewegt. Wie von anderer Seite bereits dargelegt, verlangt Integration eine Neugestaltung von Identität und ist üblicherweise eine fordernde Erfahrung. Integration ist auch aufgrund von Widrigkeiten bei der Beschäftigungssuche und dem Erreichen eines guten Lebensstandards eine schwierige Aufgabe.[35]

Auch Extraterritorialisierungs- und Externalisierungspraktiken der EU-Grenzkontrolle würden nationale Identität antasten, nämlich durch eine Institutionalisierung der Neudefinitionen von Selbst und Anderem und durch eine Verknüpfung jedes Einzelnen davon mit unterschiedlichen Vorschriften. Für diejenigen, die Europa erreichen möchten, wird die auf andere Orte in der EU-Nachbarschaft verlegte EU-Grenzkontrolle wahrscheinlich Unklarheit in Bezug auf die geltenden Regeln schaffen. Abhängig von der Art des Umgangs mit der Geflüchteten-Krise seitens der EU und EU-Staaten werden Ausgrenzungs- und Othering-Prozesse vorangetrieben. Die EU sollte sich bewusst sein, dass es sich in der Tat um eine gemeinschaftliche Herausforderung handelt, welche nicht ignoriert werden darf. Vielleicht bedarf es auch eines globalen Ansatzes mit globalen Vereinbarungen. Solange Grenzkontrollen für einzelne Staaten und die EU notwendig sind, sollte es Ziel sein, menschlich dabei vorzugehen – und jenseits von Grenzkontrollen und Integration muss auch die Verbesserung der Bedingungen in den Heimatländern der Geflüchteten ernsthaft in Angriff genommen werden. Hinsicht-

---

35   La Barbara (2015); OECD/EU (2015); Golden/Lanza (2013).

lich der Integration von Migranten und Geflüchteten muss Europa einen funktionierenden Mechanismus der Kostenaufteilung entwickeln. Dies ist eine Aufgabe aller gesellschaftlichen Akteure und erfordert innovative und flexible Herangehensweisen.

Literatur

John, Agnew/Luca Muscarà (2012): Making Political Geography, Lanham, MD.
Amnesty International (2016): Offener Brief anlässlich der Abstimmung im Bundesrat am 17. Juni: Algerien, Marokko und Tunesien sind keine sicheren Herkunftsstaaten«, in: Amnesty International, www.amnesty.de v. 13.7.2016.
Augustin, Kerstin/Kai Biermann/Philip Faigle (2016): Bamf widerspricht Bundesregierung, in: Zeit-Online, www.zeit.de v. 30.10.2016.
Bigalke, Silke (2016): Aufruf zur Gewalt, in: Süddeutsche Zeitung, www.sueddeutsche.de v. 3.3.2016.
Bundesamt für Migration und Flüchtlinge (Hg.) (2016): Aktuelle Zahlen zu Asyl. Ausgabe Juli 2016, Berlin.
Bundesministerium des Innern (2016): Asyl- und Fremdenwesen: Innenministerium startet Informations-Offensive in Afghanistan; BMI Österreich, www.bmi.gv.at v. 1.3.2016.
Casas-Cortes, Maribel/Sebastian Cobarrubias/John Pickles (2014): »Good Neighbours Make Good Fences«: Seahorse Operations, Border Externalization and Extra-Territoriality, in: European Urban and Regional Studies 23 (2016) 3, S. 1-21.
Combs, Cindy C. (2013): Terrorism in the Twenty-first Century, Boston.
Croft, Stuart (2012): Constructing Ontological Insecurity. The Insecuritization of Britain's Muslims, in: Contemporary Security Policy 33 (2012) 2, S. 219-235.
Dempsey, Judy (2016): Suspend Schengen to Rescue Europe, in: Carnegie Europe, www.carnegieeurope.eu v. 3.3.2016.
Entman, Robert (2010): Media Framing Biases and Political Power: Explaining Slant in News of Campaign 2008, in: Journalism 11 (2010) 4, S. 389-408.
Euractiv (2016): EU beschließt neue Behörde für den Grenzschutz, in: Euractiv, www.euractiv.de v. 23.7.2016.
Europe Online Magazine (2016): Austria Rejects EU Proposal on Jobs for Asylum Seekers, in: Europe Online Magazine, en.europeonline-magazine.eu v. 15.7.2016.
Eurostat (2016): Number of First Time Asylum Seekers Slightly up to Almost 306.000 in the Second Quarter of 2016, Luxemburg.
Evangelischer Entwicklungsdienst (2016): Aus den Augen, aus dem Sinn: Externalisierung und Regionalisierung von Migrations- und Flüchtlingspolitik. Hintergrundpapier, Evangelischer Entwicklungsdienst, www.medico.de v. 5.4.2016.
Fierke, Karin (2012): Political Self-Sacrifice: Agency, Body and Emotion in International Relations, Cambridge.
Garavoglia, Matteo (2016): After the Emergency: What European Migration Policy will Eventually Look Like, Brookings, www.brookings.edu/blogs v. 28.7.2016.
Golden, Anne/Elizabeth Lanza (2013): Metaphors of Culture: Identity Construction in Migrants' Narrative Discourse, in: Intercultural Pragmatics 10 (2013) 2, S. 295-314.
Haidt, Jonathan (2013): The Righteous Mind. Why Good People are Divided by Politics and Religion, New York.
Hammerstad, Anne (2014): The securitization of forced migration, in: The Oxford Handbook of Refugee & Forced Migration Studies, hg. v. Elena Fiddian-Qasmiyeh et al., Oxford, S. 265-277.

Heckel, Margaret (2015): Migration schafft Innovation, in: Deutschlandradio Kultur, www.deutschlandradiokultur.de v. 28.7.2016.
Herschinger, Eva/Judith Renner (2014): Einleitung: Diskursforschung in den Internationalen Beziehungen, in: Diskursforschung in den Internationalen Beziehungen, hg. v. Eva Herschinger/Judith Renner, Baden-Baden, S. 9-35.
Houtum, Henk van (2010): Human Blacklisting: The Global Apartheid of the EU's External Border Regime, in: Environment and Planning D: Society and Space 28 (2010), S. 957-976.
Houtum, Henk van/Ton van Naerssen (2002): Bordering, Ordering and Othering, in: Tijdschrift voor Economische en Sociale Geografie 93 (2002) 2, S. 125-36.
Human Rights Watch (2016): Hungary: Migrants abused at the border, Human Rights Watch, www.hrw.org/news v. 13.7.2016.
Huysmans, Jef (2000): The European Union and the Securitization of Migration, in: Journal of Common Market Studies 38 (2000) 5, S. 751-777.
Jacquin, Jean-Baptiste (2015): Les migrants, une chance pour l'économie européenne, in: Le Monde, www.lemonde.fr/economie/article/2015/09/02/ v. 28.7.2016.
La Barbara, Maria Caterina (Hg.) (2015): Identity and Migration in Europe: Multidisciplinary perspectives, in: International Perspectives on Migration 13 (2015).
Loewenstein, Antony (2016): Who Profits as the EU Militarises its Borders?, in: The National, www.thenational.ae/opinion/comment v. 2.8.2016.
Mikl-Leitner, Johanna (2015): Grenzschutz: Österreich unterstützt Slowenien an Schengener Außengrenze, www.bmi.gv.at v. 26.7.2016.
Mountz, Alice/Jenna M. Loyd (2014): Constructing the Mediterranean Region: Obscuring Violence in the Bordering of Europe's Migration Crises', in: ACME: An International E-Journal for Critical Geographies 13 (2014) 2, S. 173-195.
Müller, Andreas (2014): Governing Mobility Beyond the State. Centre, Periphery and the EU's External Borders, Houndmills.
OECD/EU (2015): Indicators of Immigrant Integration 2015. Settling In, OECD Paris, www.oecd.org, 20.4.2016.
Parkes, Roderick (2015): 20 years on: Rethinking Schengen, Issue Brief 36 EUISS, www.iss.europa.eu/ v. 23.2.2016.
Preuß, Madlen/Andreas Zick (2016): Zu Gleich: Zugehörigkeit und (Un)Gleichwertigkeit. Ein Zwischenbericht, Universität Bielefeld & Mercator Stiftung, www.uni-bielefeld.de v. 12.7.2016.
Red Cross EU Office (2013): Shifting Borders: Externalizing Migrant Vulnerabilities and Rights?, in: Red Cross, redcross.eu/en/upload v 26.6.2016.
Smith, Anthony D. (1991): National Identity, London.
Schmiester, Carsten (2015): Dänemark will Asylbewerber medial abschrecken, in: Deutschlandfunk, www.deutschlandfunk.de v. 27.7.2016.
Simmons, Katie/Bruce Stokes/Richard Wike (2016): Europeans Fear Wave of Refugees Will Mean More Terrorism, Fewer Jobs, in: Pew Research Center, www.pewglobal.org v. 14.7.2016.
Soja, Edward W. (2005): Borders Unbound. Globalization, Regionalism, and the Postmetropolitan Transition, in: Bordering space, hg. v. Henk van Houtum/Olivier Kramsch/Wolfgang Zierhofer, Aldershot/Burlington, S. 33-46.
Sutter, Tilmann (2010): Medienanalyse und Medienkritik. Forschungsfelder einer konstruktiven Soziologie der Medien, Wiesbaden.
The Economist (2016): The Economic Impact of Refugees. For Good or Ill, www.economist.com/news v. 21.7.2016.
Travis, Alan (2016): Mass EU Migration into Britain is actually Good News for UK Economy, The Guardian, www.theguardian.com/uk-news v. 28.7.2016.
UNHCR (2016): Global Forced Displacement Hits Record High, www.unhcr.org/news v. 12.7.2016.

UNHCR (2015): 2015 Likely to break Records for Forced Displacement – study, UNHCR, www.unhcr.org v. 14.4.2016.
Zeit-Online (2016a): Flüchtlinge bringen mehr Wirtschaftswachstum, Zeit-Online, www.zeit.de/wirtschaft v. 21.7.2016.
Zeit-Online (2016b): Widersprechende Angaben zu Valls' Aussage über Aufnahmestopp, Zeit-Online, www.zeit.de/politik/ausland v. 21.7.2016.
Zeit-Online (2014): Zuwanderung entlastet deutschen Sozialstaat, Zeit-Online, www.zeit.de/wirtschaft v. 21.7.2016.

Lisa Peyer

Von »Migrationswellen« und »Flüchtlingsströmen«. Eine kognitionswissenschaftliche Perspektive auf den Zusammenhang von Sprache und Politik

Mit Blick auf die Praxis unserer politischen Kommunikation stellt die Kognitionsforscherin Elisabeth Wehling fest: »Unsere Demokratie hinkt der kognitiv-neuronalen Aufklärung hinterher«.[1] Damit bezieht sich Wehling vor allem auf Erkenntnisse, die im Rahmen der Forschung zum »Political Framing« erzielt worden sind. Diesem Ansatz folgend, sind es weniger Fakten und Informationen, die unser politisches Denken bestimmen, sondern so bezeichnete »Frames«, unbewusste kognitive Deutungsschemata, die durch Sprache und Emotionen aktiviert werden. Folglich sollten sich Politiker und Politikerinnen sehr genau überlegen, ob sie etwa die Rede von der »Flüchtlingsflut« übernehmen wollen. Derartige Metaphern aktivieren nämlich – im Übrigen auch dann, wenn sie als Negation konstruiert sind – »Deep Seated Frames«, also tief verankerte Deutungsmuster, »die unser

---

1 Wehling (2016), S. 17.

generelles Verständnis von der Welt strukturieren [...] und die für uns schlicht ›wahr‹ sind«.²

In Zeiten des erstarkenden Rechtspopulismus in Großbritannien, Deutschland, Frankreich und den Niederlanden scheint es daher notwendig, dass sich die Politikwissenschaft stärker den semantischen Diskursen widmet und fragt, welche Emotionen und Frames in den öffentlichen Diskursen angesprochen werden. Der vorliegende Aufsatz will dazu einen Beitrag leisten und aufzeigen, welche Perspektiven die Framing-Forschung für das Themenfeld Flucht und Asyl liefern kann. Ungeachtet ihrer paradigmatischen, theoretischen und definitorischen Ausdifferenzierung eint ihre Vertreterinnen und Vertreter ein gemeinsames Forschungsinteresse und mit ihm eine gemeinsame Grundannahme. Über alle Disziplingrenzen hinweg nimmt sie nicht nur Ereignisse in den Blick, die die politische Agenda bestimmen, sondern stellt die Frage, wie politische Sachverhalte, Probleme und Lösungsansätze kommuniziert werden. Die zugrunde liegende Prämisse der Framing-Forschung lautet, dass es weniger die Fakten und Informationen sind, die politische Diskurse und Einstellungen prägen, sondern die Frames, in die politische Themen eingebettet sind. Damit räumen ihre Vertreterinnen und Vertreter der sprachlichen Kontextualisierung von politischen Problemen und deren Lösungsansätzen einen immensen Einfluss auf unser politisches Denken und Handeln ein. Die Framing-Forschung geht daher der Frage nach, welche Blickwinkel und Argumente hervorgehoben und welche vernachlässigt werden; und damit auch der Frage, welche Perspektiven sich in öffentlichen Diskursen letztlich durchsetzen. Durch die Brille der Framing-Forschung stellt die Öffentlichkeit insofern eine Arena dar, in der die politischen Kommunikatoren um die Deutungshoheit ihrer Perspektiven kämpfen (müssen), sich mithin in andauernden »framing wars« befinden.³

Im Folgenden wird zunächst nachvollzogen, wie die europäischen Medien über das Thema Flucht und Asyl berichten. In einem zweiten Schritt werden die grundlegenden Paradigmen und Perspektiven der unterschiedlichen Framing-Ansätze vorgestellt. Anschließend geht der Beitrag auf die Erkenntnisse der kognitionswissenschaftlichen Forschung über die menschliche

---
2   Lakoff/Wehling (2008), S. 73.
3   Vgl. D'Angelo (2002); Entman (1993); Matthes (2014) sowie Reese (2007).

Informationsverarbeitung ein und verdeutlicht den Zusammenhang von Sprache und politischer Urteilsbildung an zwei Beispielen aus dem obengenannten Themenfeld. Abschließend wird entlang der Wahl- und Einstellungsforschung danach gefragt, an welchen Stellen die verstärkte theoretische und methodische Integration der kognitionswissenschaftlichen Framing-Forschung in die Politikwissenschaft lohnenswert sein könnte.

Flucht und Asyl in der Berichterstattung europäischer Medien

Das Themenfeld Flucht und Asyl stellt spätestens seit 2014 eines der bestimmenden Themen bei allen europäischen Wahlen dar und bildet den zentralen argumentativen Bezugspunkt der rechtspopulistischen Parteien und Bewegungen in Europa. Die Frage nach dem Framing der aktuellen Flüchtlingsbewegungen trifft daher nicht nur auf politikpraktisches, sondern auch auf wissenschaftliches Interesse. In Zeiten einer überwiegend medial vermittelten Realität gilt es,[4] der Presseberichterstattung mit Blick auf die folgenden Fragen und Probleme besondere Aufmerksamkeit zu schenken:

Diskutieren die journalistischen Informationsangebote die Ereignisse aus der Perspektive der Zuwanderer oder aus dem Blickwinkel der einheimischen Bevölkerungen?

Steht angesichts einer humanitären Krise die Notwendigkeit von internationaler Solidarität im Zentrum der Berichterstattung oder thematisiert sie Zuwanderung aus individueller oder nationalstaatlicher Perspektive?

Erfolgt eine Perspektivübernahme im Sinne der Fluchtursachen, der Angst vor Tod und Verfolgung in den Heimatländern der Zuwanderer oder betonen die journalistischen Informationsangebote potenzielle kulturelle und politische Risiken für die Einwanderungsländer?

---

4 Vgl. Sarcinelli (1998).

Wird Zuwanderung insgesamt als kulturelle Bereicherung oder als Bedrohung diskutiert?

Aufschluss über die mediale Darstellung der Flüchtlingsbewegungen gab jüngst eine vergleichend angelegte Studie der Cardiff University über die Berichterstattung der europäischen Leitmedien.[5] Unter den Erkenntniszielen der Studie finden sich zwei Forschungsperspektiven, die für die Framing-Forschung von besonderer Relevanz sind.

Zum einen die Frage nach dem »Labeling« der Flüchtlinge in der europäischen Presse. Zum anderen die nach der thematischen Kontextualisierung der Flüchtlingsbewegungen (»range of themes in coverage«).

In Bezug auf beide Fragen, so zeigte die Forschungsgruppe, ließen sich im Beobachtungszeitraum von 2014 bis 2015 deutliche Unterschiede in den fünf untersuchten europäischen Mitgliedsstaaten feststellen:

So wurden zum Beispiel in der Presseberichterstattung in Deutschland (91,0 %) und Schweden (75,3 %) mit überwiegender Mehrheit die Begriffe »Flüchtling« (*flykting*) oder »Asylsuchende(r)« (*asylskokande*) genutzt. Im Gegensatz dazu gebrauchten die spanischen Medien »Flüchtling« (*refugiado*) eher selten (12,5 %), stattdessen war in 67,1 % der Fälle von »Immigranten« (*immigrantes*) die Rede. In Italien (35,8 %) und noch stärker in Großbritannien (54,2 %) war wiederum der dominanteste Begriff der des »Migranten« (*migrant/migrante*).[6] Zwar ist die von den Autorinnen und Autoren der Studie erfolgte Zuschreibung der Konnotationen einzelner Begrifflichkeiten durchaus diskussionsbedürftig. Denn ob, wie von ihnen angenommen, im deutschen Sprachgebrauch die Begriffe »Migrant«, »Einwanderer(in)«, »Ausländer« oder »Zuwanderer(in)« sowohl neutral als auch negativ belegt sein können, während der Begriff »Flüchtling(e) immer auf eine neutrale bzw. positive Konnotation[7] verweist, bedarf in jedem Fall einer gesonderten sprach- und kultur-

---

5 Berry et al. (2015). Die Auswahl der Zeitungen erfolgte nach dem Prinzip der Reichweite. Deutschland: BILD, Süddeutsche Zeitung und Die Welt; Italien: Il Corriere della Sera, La Repubblica und La Stampa; Spanien: El País, El Mundo und ABC; Schweden: Dagens Nyheter, Aftonbladet und Sydsvenska Dagbladet; Großbritannien: The Sun, The Daily Mail, The Daily Mirror, The Daily Telegraph und The Guardian.
6 Vgl. Berry et al. (2015), S. 7 f.
7 Vgl. ebd., S. 115.

wissenschaftlich informierten Analyse. Gleichwohl liefern die Ergebnisse der Studie erste Indizien dafür, dass bereits in der Darstellung der Fluchtakteure unterschiedliche Konnotationen zum Ausdruck kommen können, und sensibilisieren insofern für die generelle Bedeutung des Labelings – auch und gerade im Themenfeld Flucht und Asyl.

In Bezug auf die thematische Kontextualisierung der Flüchtlingsbewegungen tritt die politische Standortgebundenheit der europäischen Presse noch deutlicher zutage. So identifizierten die Autorinnen und Autoren der Studie signifikante Unterschiede in der Presseberichterstattung der fünf untersuchten Mitgliedsstaaten. Resümierend halten sie fest, dass Deutschland »has been the most welcoming EU state to refugees«, gemeinsam mit Schweden, »its press coverage demonstrated both a generally liberal, supportive attitude towards newcomers«.[8] Die mit Abstand »aggressivste« Presseberichterstattung beobachteten sie in Großbritannien, wenn auch innerhalb seiner Zeitungslandschaft in hohem Maße gespalten. So war etwa die Diskussion von Flüchtlingen und Migranten als kultureller Bedrohung bzw. Gefahr für den gesellschaftlichen Zusammenhalt in der Medienlandschaft Großbritanniens häufiger anzufinden (10,8 %) als in Schweden (8,2 %), Italien (8,1 %), Spanien (7,4 %) oder Deutschland (5,3 %). Und tendenziell verknüpfte die britische Presse die Flüchtlingsbewegungen auch öfter mit dem Thema Kriminalität (8,2 %) als die Medien in den anderen Mitgliedsstaaten (Italien 4,3 %, Deutschland 3,7 %, Schweden 2,6 %, Spanien 1,7 %). 18,3 % der britischen Zeitungsartikel diskutierten das Thema Flüchtlinge zudem im Zusammenhang mit einer möglichen Bedrohung für den Wohlfahrtsstaat bzw. das Gesundheitssystem – eine deutlich höhere Anzahl als in Schweden (11,4 %), Deutschland (7,9 %), Italien (7,3 %) oder Spanien (6,7 %).[9] Dies stellt auch insofern ein bemerkenswertes Ergebnis dar, als mit Spanien und Italien zwei europäische Mitgliedsstaaten in das Sample der Studie aufgenommen worden waren, die zentrale Eintrittsländer für Flüchtlinge in die EU darstellten und damit weitaus stärkeren politischen, finanziellen und administrativen Herausforderungen ausgesetzt waren als Großbritannien. Im Übrigen lässt sich am Beispiel des negativen Frames »Threat to Welfare/Benefits/Resources«

---

8   Ebd., S. 259.
9   Vgl. ebd., S. 8.

besonders gut die Spaltung der britischen Presse nachvollziehen, denn während zum Beispiel The Guardian die Flüchtlinge und Migranten nur in 8,7 % seiner Artikel als ein Risiko für den Wohlfahrtsstaat darstellte und damit nah am europäischen Durschnitt lag (8,9 %), besprach die Daily Mail in 41,9 % ihrer Artikel diese als ökonomische Bedrohung.[10]

Aus Sicht der Framing-Forschung sind all diese unterschiedlichen Frames nun keineswegs nur harmlose sprachliche Varianten. Vielmehr kann es sich bei ihnen um ernst zu nehmende Prädikatoren unserer politischen Urteilsbildung handeln. So verweist sie unter anderem auf das empirisch nachgewiesene *Phenomenon of Equivalency* – dem Einfluss von »different but logically equivalent messages when the same information is presented in terms of »›losses‹ or ›gains‹«.[11]

Paradigmen und Perspektiven der Framing-Forschung

Den theoretischen und methodischen Ertrag der verschiedenen Framing-Ansätze heute erschöpfend abbilden zu wollen, stellt längst ein »hoffnungsloses« Unterfangen dar.[12] Hier werden deshalb die paradigmatische Verortung sowie die unterschiedlichen Perspektiven innerhalb der Framing-Forschung herausgearbeitet. Es soll gezeigt werden, an welchen Stellen die Framing-Forschung bisher noch ungehobenes Potenzial für die Politikwissenschaft im Allgemeinen und das Themenfeld Flucht und Asyl im Besonderen bereithält.

D'Angelo identifiziert drei grundlegende paradigmatische Blickwinkel in der Framing-Forschung:

---

10 Vgl. ebd., S. 39.
11 Druckmann (2001), S. 228. Zu dem oben genannten Phänomen und damit dem »Urknall« der Framing-Forschung siehe Tsersky/Kahnemann (1981).
12 Folgt man Matthes (2014), S. 24-35, kann man den Durchbruch der Framing-Forschung auf die 1980er-Jahre datieren – und dies in drei wissenschaftlichen Disziplinen zugleich, der Soziologie, der Psychologie und der Kommunikationswissenschaft. Inzwischen finden wir in den unterschiedlichsten Disziplinen Bezüge zu den Begriffen Frame, Frames oder Framing – sei es in den Wirtschaftswissenschaften, der Neurobiologie oder etwa der kognitiven Linguistik.

1. eine kritische,
2. eine konstruktivistische und
3. eine kognitive Perspektive.[13]

Alle drei Paradigmen liefern sehr unterschiedliche Antworten auf die Frage, wer oder was den entscheidenden Faktor im Prozess der Frameproduktion darstellt.

Innerhalb des *kritischen Paradigmas* werden Frames in erster Linie als das Resultat der Informationsverarbeitung von Journalistinnen und Journalisten verstanden. Forschungsleitende Grundannahme ist hier, dass jene Frames, die die Nachrichten und die öffentliche Berichterstattung beherrschen, auch den Diskurs des Publikums dominieren. Dementsprechend verstehen die Vertreter dieses Paradigmas Framing als einen von politischen und journalistischen Eliten dominierten und damit hegemonialen Prozess. Aus einer solchen Perspektive lässt sich Framing in der Regel als eine strategische oder zumindest intentionale Handlung definieren:

> »to frame is to select some aspects of percieved reality and make them more salient in a communicating text, in such a way as to promote a particular problem definition, causal interpretation, moral evaluation and/or treatment recommendation for the item described.«[14]

Auch innerhalb des *konstruktivistischen Paradigmas* liegt der Fokus primär auf den Interaktionsprozessen zwischen Medien und Öffentlichkeit. Die Machtposition der Journalistinnen und Journalisten und Massenmedien wird hier jedoch deutlich differenzierter modelliert. So betonen die Vertreterinnen und Vertreter dieses Paradigmas, dass dem Publikum auch nach den journalistischen Selektionsprozessen noch immer ein breites Spektrum an Standpunkten, und damit Frames, zur Auswahl steht. Zwar können Journalistinnen und Journalisten die Bandbreite der Informationen limitieren, zunächst einmal liefern sie jedoch nur »Interpretive Packages«.[15] Zudem widersprechen die Vertreterinnen und Vertreter des konstruktivistischen

---

13 Vgl. D'Angelo (2002), S. 875-879.
14 Entman (1993), S. 52.
15 D'Angelo (2002), S. 877.

Paradigmas der Annahme, dass die Öffentlichkeit die Frames der Massenmedien »sklavisch« übernimmt. Denn journalistische Informationsangebote treffen stets auch auf individuelles Vorwissen und eine je individuelle politische Sozialisation, welche auf die Framerezeption einwirken. In einem solchen Verständnis wird Framing primär als ein sozialer Prozess ausbuchstabiert: »Frames are organizing principles that are socially shared and persistent over time, that work symbolically to meaningfully structure the social world.«[16]

Welche Deutungen der Realität, also welche Frames, sich im öffentlichen Diskurs letztlich durchsetzen, hängt nach konstruktivistischer Perspektive also von dem komplexen Zusammenspiel aus journalistischen Informationsangeboten, individuellen Einstellungen und sozialen Interaktionsprozessen ab.

Im Gegensatz dazu richtet die Framing-Forschung im Rahmen des *kognitiven Paradigmas* ihre Scheinwerfer auf die Prozesse der individuellen Informationsverarbeitung und erforscht die Entstehung und Wirkung von Frames auf neuronaler bzw. psychologischer Ebene. Hier wird besonders deutlich, wie wenig konzeptuelle Einigkeit in Bezug auf den Begriff Frame besteht. In einer kognitionswissenschaftlichen Lesart wird er nämlich als ein neuronaler Vorgang definiert: »Frames are cognitive configurations that structure our world knowlegde and make sense of information.«[17]

Kommt es zur Informationsverarbeitung oder zu Entscheidungsprozessen, greifen Individuen hiernach also stets auf bereits vorhandenes Wissen in Form schematisch angeordneter neuronaler Strukturen zurück. Während die sozialwissenschaftliche Framing-Forschung den Vorgang der mentalen Informationsverarbeitung und -integration zumeist ausspart, öffnen die kognitionswissenschaftlichen Ansätze damit also die »Black Box« des menschlichen Gehirns.[18]

Nun ist die Trennung in diese drei Paradigmen freilich idealtypischer Natur.[19] So nimmt der überwiegende Anteil der jüngeren Framing-Studien Bezug auf die Annahmen unterschiedlicher Paradigmen und versucht, zu-

---

16 Reese (2001), S. 11.
17 Lakoff/Wehling (2016), S. 77.
18 Vgl. Graber (2005), S. 485.
19 Vgl. D'Angelo (2002), S. 878.

mindest in Bezug auf ihre jeweils theoretische Architektur, synergetisch zu arbeiten. Empirisch ist ein solches Vorgehen jedoch höchst voraussetzungsvoll, da es ein komplexes Mehrebenendesign erfordert. Scheufele beobachtet verschiedene »Branchen« der empirischen Framing-Ansätze, die sich in ihren Forschungsperspektiven deutlich voneinander unterscheiden. Hiernach können Studien, die mit dem Framing-Ansatz arbeiten, einerseits hinsichtlich ihrer Untersuchungsebene klassifiziert werden – je nachdem, ob sie

1. auf das politische System und seine Akteure,
2. auf das Mediensystem und seine Akteure oder
3. auf Rezipienten und die Öffentlichkeit fokussieren.

Andererseits unterscheidet Scheufele auf vertikaler Ebene, auf welcher konzeptuellen Ebene Frames untersucht werden – ob sie

1. als kognitive Strukturen und Prozesse,
2. als Prozesse öffentlicher Diskurse oder
3. als Produkte von Diskursen (Zeitungsartikel, Pressemitteilungen etc.) erforscht werden (siehe Abb. 1).

Levels	System areas (selection)		
	Politicians / Political system	Journalists / Media system	Recipients / Society
Level of cognition	1	4	7
Level of discourse		5	8
Level of discourse product	3	6	9

Note: Shading indicates, which level or area is under study by which approach.
  Communicator approach – cognition studies
  Communicator approach – coverage studies
  Public discourse approach / social movement approach
  Media effects approach

Abb. 1: Perspectives of framing approach, Quelle: Scheufele (2004), S. 402.

Zwar existieren mittlerweile vereinzelt auch theoretische Modelle, die versuchen, den Prozess der Entstehung, Rezeption und des Wandels von Frames auf der Ebene der politischen Akteure, der Medienberichterstattung und der Öffentlichkeit in seiner Gesamtheit abzubilden.[20] Mit Blick auf das Gros der theoretischen Ansätze der Framing-Forschung beklagt Scheufele jedoch: »studies of framing effects are insufficiently concerned with the more recent psychological constructs and theories«.[21]

Empirisch warten die komplexeren und multiparadigmatischen Modelle des Framing-Prozesses noch immer auf eine entsprechende Operationalisierung. In einer metawissenschaftlichen Studie über methodische Zugänge der Framing-Forschung in der letzten Dekade klassifizierte Borah die Werkzeuge der Framing-Forschung in »soziologische« Methoden (Diskurs-, Inhalts- und Textanalysen) und »psychologische« Zugänge (Rezeptionsstudien, experimentelle Designs, Surveydesigns). Zwar ließen sich laut ihrer Studie in jüngerer Zeit durchaus anspruchsvollere Methodensets finden, in denen Umfragedaten mit Inhalts- oder Diskursanalysen trianguliert werden, zusammenfassend kommt Borah jedoch zu dem Ergebnis, »that framing research in the past decade has concentrated more on the sociological aspects by examining message design«.[22]

Nun hat die zunehmende Ausdifferenzierung der Framing-Forschung ganz unterschiedliche Reaktionen hervorgerufen. Als einer ihrer prominentesten Vertreter beklagt beispielsweise Entman die konzeptuelle Verengung der verschiedenen Framing-Ansätze und -Disziplinen und plädiert stattdessen für ein »more precise and universal understanding«.[23] Andere Autor(inn)en – so auch die dieses Beitrags – betonen hingegen das Potenzial des Framing-Ansatzes als wissenschaftlichem Brückenkonzept, »that bridges parts of the field that need to be in touch with each other: quantitative and qualitative, empirical and interpretive, psychological and sociological, and academic and professional«.[24]

---

20 Vgl. D'Angelo (2002) und Reese (2007).
21 Scheufele (2004), S. 428.
22 Borah (2011), S. 255.
23 Entman (1993), S. 52.
24 Reese (2007), S. 148.

Framing und Informationsverarbeitung aus kognitionswissenschaftlicher Perspektive

Wenden wir uns der kognitionswissenschaftlichen Perspektive der Framing-Forschung zu, so müssen wir uns zunächst mit einer basalen Frage auseinandersetzen: Wie verarbeitet unser Gedächtnis (politische) Informationen? Kognitionswissenschaftliche Modelle konzeptualisieren das menschliche Gedächtnis als ein assoziatives Netzwerk, das Informationen, Erfahrungen und Einstellungen in Form von »Knoten« abspeichert.[25] Diese Knoten können untereinander verlinkt sein und »Schaltkreise« bilden, die hier als Schemata bezeichnet werden.[26] Kommt es zur Verarbeitung neuer Informationen, so aktiviert das menschliche Gedächtnis stets Vorwissen in Form dieser »semantic nodal structures arrayed schematically in memory«.[27] Kognitive Informationsverarbeitungsmodelle gehen davon aus, dass das menschliche Denken einen dualen Prozess darstellt, der aus bewussten und unbewussten Anteilen besteht. Weil das Kurzzeitgedächtnis nur eine sehr geringe Anzahl von Informationen gleichzeitig verarbeiten kann, sind dem bewussten Anteil jedoch klare Grenzen gesetzt. Stellen wir uns die Informationsverarbeitung als eine Abfolge vor, dann gehen kognitive Prozessmodelle davon aus, dass der überwiegende Teil des Weges von der Informationsaufnahme und -verarbeitung, hin zur endgültigen Beurteilung der eingegangenen Information automatisiert und unterhalb unserer Wahrnehmungsgrenze erfolgt. So legen Studien, die den Zusammenhang von bewusstem und unbewusstem Denken erforschen, nahe, dass wir 70 % bis 98 % unserer Entscheidungen unbewusst treffen.[28]

---

25 Die Kürze der folgenden Skizze soll nicht darüber hinwegtäuschen, dass sich hinter diesen Prozessen komplexere Abläufe verbergen, die in detaillierten und mitunter divergierenden Ansätzen und Modellen besprochen werden. Die Autorin orientiert sich im Folgenden an Meffert (2015), der diesbezüglich ein- und weiterführend empfohlen wird.
26 Viele Autorinnen und Autoren definieren kognitive Frames durch eine Gleichsetzung mit »Schemata«. Scheufele (2004, S. 403) kritisiert diese Definitionen, weil sie den Frame-Begriff obsolet mache. Aus Gründen der Verständlichkeit wird im Folgenden der Begriff des Schemas verwendet – nicht zuletzt, weil sich der ambigue Frame-Begriff sowohl auf die Deutungsrahmen eines sprachlichen Ausdrucks beziehen kann als auch auf die kognitiven Frames im Zuge des Informationsverarbeitungsprozesses.
27 D'Angelo (2002), S. 875.
28 Vgl. Wehling (2016), S. 48; Mikfeld/Turowski (2014), S. 20.

Damit negieren kognitive Prozessmodelle zwar nicht gänzlich, dass die menschliche Informationsverarbeitung bis zu einem gewissen Grad gesteuert und kontrolliert ablaufen kann. Insbesondere bei der alltäglichen Informationsaufnahme und -verarbeitung automatisiert das menschliche Gedächtnis diesen Vorgang jedoch und verlagert ihn – nicht zuletzt aus Effizienzgründen – ins Unbewusste. Wie wir uns zu einem (politischen) Thema positionieren, ist insofern immer von internen und externen Faktoren abhängig: zum einen von unserem individuellen Vorwissen, unseren gespeicherten (politischen) Einstellungen und Identitäten, die individuelle kognitive Schemata ausgeprägt haben.[29] Zum anderen sind es die eingehenden Informationen – vor allem aber deren Framing –, die einen entscheidenden Einfluss auf unser Denken nehmen, da diese doch überhaupt erst bestimmen, welche Knoten aktiviert bzw. welche Schemata stimuliert und welche unter Umständen vernachlässigt werden. Zwar sind Menschen keinesfalls nur passive oder unbewusste Informationsempfänger. Eingedenk der erwähnten Tatsache, dass die weiterführende Informationsverarbeitung weitgehend automatisiert abläuft, misst die kognitionswissenschaftliche Framing-Forschung dem Vorgang der Aktivierung unser Knoten und Schemata durch externes Framing aber große Bedeutung bei. Hinzu kommt, dass Informationen keineswegs gleichrangig aufgenommen und verarbeitet werden. So wird einigen Informationen eine höhere Valenz zugewiesen als anderen. In diesem Zusammenhang sollen zwei Aspekte noch einmal eingehender betrachtet werden:
1. die grundsätzliche Bedeutung von Emotionen bei der Informationsverarbeitung und
2. der Zusammenhang von Sprache und Metaphern.

Gerade in Bezug auf die politische Urteilsbildung hat die Politikwissenschaft lange Zeit auf der strikten Trennung von Ratio und Emotio beharrt – vor allem unter Berufung auf Descartes. Zwar finden sich inzwischen vereinzelt Ansätze eines cognitive turns, insgesamt aber sitzt das Verständnis tief, dass gerade politisches Handeln vernunftgeleitet sei und auch sein soll: »It is probably fair to say that political scientists have always looked at emotions with some suspicion. Politics is supposed to be about rational choices and voting is no

---

29 Vgl. Meffert (2015), S. 86.

exception.«[30] Aus einer kognitionswissenschaftlich aufgeklärten Position kann der Dualismus allerdings nicht länger aufrecht gehalten werden. Stattdessen müssen kognitive und emotionale Informationsverarbeitung als ein Zusammenspiel begriffen werden; sie sind untrennbar miteinander verbunden und können allenfalls zu analytischen Zwecken getrennt werden. So zeigen Studien zu politischen Informationsverarbeitungs- und Entscheidungsprozessen, dass es Menschen prinzipiell leichter fällt, emotional erregende Nachrichten zu speichern und später wieder abzurufen, als solche, die emotional neutral formuliert waren.[31] Grund dafür ist, dass Emotionen insofern eine Schlüsselrolle zukommt, als sie bei der unbewussten und automatisiert ablaufenden Informationsverarbeitung klar priorisiert werden und sie damit den weiteren Fortgang der Informationsintegration in bereits existierende mentale Strukturen maßgeblich beeinflussen. Positive Emotionen evozieren zum Beispiel Offenheit gegenüber neuen Informationen und initiieren heuristische Entscheidungsprozesse. Negative Emotionen wie Angst führen zu einer gesteigerten Aufmerksamkeit, die wiederum in eine erhöhte Bereitschaft mündet, neue Informationen zu suchen und aufzunehmen. Wut indes provoziert auf neuronaler Ebene defensive Reaktionen, sodass bereits vorhandene Standpunkte und Einstellungen geschützt werden.[32]

Beiträge der kognitiven Linguistik, genauer gesagt die Forschung im Rahmen der Conceptual Metaphor Theory, betonen einen weiteren Aspekt: unser Denken in Metaphern. Die zugrunde liegende Annahme dieser Theorie ist es, dass das menschliche Gehirn neue Informationen und abstrakte Ideen mit bereits existierenden körperlichen und sinnlichen Erfahrungen verknüpft, um sie »greifbar« zu machen. Die kognitive Linguistik spricht in diesem Zusammenhang von »konzeptuellen Metaphern«, die im Gegensatz zu konventionellen jedoch nicht auf sprachliche Ausdrücke verweisen, sondern auf in unserem Gehirn etablierte Denkstrukturen. Nicht unmittelbar erfahrbare Ideen und Konzepte, wie sie in der politischen Sprache besonders häufig anzutreffen sind (Demokratie, Solidarität, Freiheit, Integration usw.), werden demnach vom Gehirn metaphorisch übertragen (metaphoric mapping), um

---

30 Steenbergen (2010), S. 13.
31 Vgl. Marcus/MacKuen (1993); Marcus/MacKuen/Neumann (2000).
32 Vgl. Meffert (2015), S. 95.

ihnen diejenige »neuronale Sinnhaftigkeit zu verleihen, die ihnen von Natur aus nicht vergönnt ist«.[33] Zwar ist dieses »Metaphoric Mapping«, also die Zuordnung sprachlicher Ausdrücke zu konzeptuellen Metaphern, ein lebenslanger, individueller und kulturell geprägter Prozess. Konzeptuelle Metaphern so wie ihre neuronalen Verknüpfungen – und dies ist für die Framing-Forschung von entscheidender Bedeutung – sind aber auf Dauer angelegte Denkstrukturen, manifestieren sich also umso stärker, desto häufiger sie genutzt werden.

Beispiel 1 Der Frame »Flüchtlinge als Wassermasse«
In der Berichterstattung deutschsprachiger Medien in den Jahren 2014 und 2015 stellte Wehling die Allgegenwärtigkeit von sprachlichen Metaphern und Frames fest, die die Flüchtlingsbewegungen als Wassermassen konzeptualisieren.[34] So sei in der deutschen Presseberichterstattung häufig von der »Flüchtlingswelle«, »Flüchtlingsflut« oder dem »Flüchtlings-Tsunami« die Rede gewesen. Nach Wehling teilen all diese Begriffe den »frame-semantischen Aspekt« der Naturgewalt bzw. -katastrophe. Der Frame, der durch diese miteinander verwandten Begriffe aktiviert werde, so merkt Wehling an, rufe gleichermaßen eindrückliche wie bedrohliche Bilder in unserem Gehirn hervor. Eine Welle, eine Flut oder gar ein Tsunami haben gemeinsam, dass sie über etwas, in diesem Falle »uns« oder »Deutschland«, hereinbrechen. Flüchtlinge werden hier also in einen Zusammenhang mit Begriffen gebracht, die kollektiv mit dem Gefühl der Ohnmacht verbunden sind. Buchstabiert man die diesen Bildern innewohnende Rollenverteilung aus, so stellen die Bürgerinnen und Bürger Deutschlands die Opfer dar, die von der (Wasser-)Masse der Flüchtlinge überrollt werden. Gemeinsam ist diesen Metaphern zudem, dass sie keinerlei semantische Anknüpfungspunkte für eine Empathie mit den individuellen Flüchtlingsschicksalen bieten. Ähnlich verhält es sich laut Wehling mit dem Begriff des »Flüchtlingsstroms«, suggeriert dieser doch einen permanenten, nicht abreißenden Zufluss fremder Menschen und verhindert damit ebenfalls eine Perspektivübernahme der einzelnen Geflüchtete und ihrer jeweils individuellen Notlage. Problematisch sind all die verwendeten Metaphern nun nicht allein aufgrund der negativen Frames,

---

33 Wehling (2016), S. 73.
34 Zum Folgenden vgl. ebd., S. 167-176.

die sie aktivieren. Da sie durch ihre massenmediale Vermittlung eine besondere Prominenz erfahren, finden sie auch während unseres unbewussten kognitiven Urteils- und Entscheidungsprozesses deutlich mehr Berücksichtigung. Frames hingegen, die im öffentlichen oder interpersonalen Diskurs nicht angesprochen worden sind, so die Annahme der Kognitionswissenschaft, sind auch nicht Bestandteil unseres Entscheidungsprozesses, weil die dazugehören Schemata nur schwach ausgeprägt sind.

Beispiel 2 Der Frame »Nation als Gefäß«
Die Funktionsweise konzeptueller Metaphern verdeutlicht Wehling anhand der Renaissance eines sprachlichen Bildes, das bereits in den Debatten um die deutsche Einwanderungspolitik der 1990er-Jahre einen prominenten Stellenwert eingenommen hat – der Aussage »Das Boot ist voll!«[35] Aus kognitionswissenschaftlicher Perspektive verbirgt sich hinter diesem Bild die Metapher der Nation als Boot und damit das Konzept der Nation als Gefäß. Die »Nation« gehört zu jenen abstrakten Ideen, die für unser Gehirn nicht ohne Weiteres »denkbar« sind und damit einer physischen Entsprechung bedürfen. Die sprachliche Aktivierung des Konzepts der Nation als einem Gefäß bleibt im menschlichen Gehirn jedoch nicht folgenlos; und erst recht nicht die Analogie zu einem Boot. Wehling verweist hier auf ein Phänomen, das in der Kognitionswissenschaft als *image schematic cognition* bekannt ist. Es beschreibt einen Teilaspekt der Informationsverarbeitung, bei dem die bildhaften Eigenschaften des betreffenden Objekts mit einbezogen werden. Rufen wir uns das Bild eines Bootes vor Augen, so können wir erahnen, welche Informationen unser Gehirn unbewusst und automatisiert in die Beurteilung der Flüchtlingsbewegungen einbezieht. Abgesehen davon, dass ein »Boot« eben kein »Schiff« oder »Dampfer« ist, deren räumliche Kapazitäten bedeutend größer sind, liegt jedweder Konzeptualisierung der Nation als einem Gefäß – die Kognitionswissenschaft spricht von Containerschema – eine wesentliche implizite Aussage zugrunde: »Die Nutzung des Containerschemas als metaphorische Quelldomäne für Nationen führt uns zu der Schlussfolgerung, dass das Fassungsvermögen einer Nation begrenzt

---

35 Vgl. nachfolgend ebd., S. 168-173.

ist.«[36] Im Übrigen geht die Kognitionsforschung auch davon aus, dass solche sprachlichen Metaphern die ihnen zugrunde liegenden Konzepte auch dann aktivieren und bildlich simulieren, wenn sie grammatikalisch als Negation formuliert werden. Will sich ein Politiker oder eine Politikerin von der Position abgrenzen, dass wir in Deutschland keine Ressourcen mehr haben, um Flüchtlinge aufzunehmen, so sollte er demnach die Formulierung »Das Boot ist nicht voll« vermeiden. Unwillentlich aktiviert er oder sie damit bei seinem Publikum das Konzept der Nation als einem (begrenzten) Raum, denn eine derartige »Frame-Negierung«, das Nichtdenken eines sprachlich aktivierten Frames, ist unserem Gehirn nicht möglich.[37] Inwieweit das bloße »Denken« eines Frames tatsächlich Einfluss auf das Entscheidungsverhalten nimmt, bleibt indes empirisch zu prüfen. Eine aktuelle Studie über den »framing effect of negation frames« liefert jedenfalls Indizien dafür, dass ein sprachlich negierter Frame zumindest auf der Ebene der Einstellungen Einfluss nimmt, auch wenn er nicht zu einer signifikanten Veränderung des Entscheidungsverhaltens selbst führt.[38] Einbezogen werden muss überdies, dass die einzelnen konzeptuellen Metaphern nicht isoliert voneinander existieren und immer auch Teil einer komplexeren Metaphorik sind, in der verschiedene Erfahrungen miteinander verknüpft werden. So »entstehen Vernetzungen und Überlagerungen der verschiedenen Metapherntypen, Inklusionsverhältnisse und komplexe Interdependenzen, die eine Einordnung sprachlicher Instanzen in verschiedene Metapherntypen erschwert«.[39]

Fazit: Potenziale und Herausforderungen für die Wahl- und Einstellungsforschung

Abschließend gilt es zu fragen, an welcher Stelle der Framing-Ansatz sein Potenzial als Brückenkonzept für die Politikwissenschaft und die Wahl- respektive auch die Einstellungsforschung entfalten kann. Dafür seien drei klassische Modelle dieser Disziplinen auf ihre Anschlussfähigkeit hin befragt:

---

36 Ebd., S. 173.
37 Vgl. ebd., S. 52-56.
38 Vgl. Yao et al. (2017).
39 Baldauf (1997), S. 245.

Zu dem von Anthony Downs geprägten »Rational-Choice«-Modell[40] existieren aus einer kognitionswissenschaftlich informierten Perspektive sicherlich die wenigsten Anknüpfungspunkte. Im Mittelpunkt dieses Modells steht der gut informierte Wähler, dessen Wahlentscheidung als ein rationaler und bewusster Abwägungsprozess konzipiert wird. Selbst wenn man die strittige Prämisse der Informiertheit von Wähler(inne)n außen vorlässt, so bleibt die Vorstellung der politischen Urteils- und Entscheidungsfindung als einem bewussten Prozess in vielerlei Hinsicht problematisch. Dabei beziehen sich die Einwände weniger auf den angenommenen Modus der Berechnung von Gewinnen und Verlusten; das menschliche Gehirn »kalkuliert« tatsächlich unentwegt. Eingedenk der Wirkmächtigkeit von Emotionen und der Automatisierung der Informationsverarbeitung bleibt es jedoch fraglich, inwiefern dieser Prozess als vernunftgeleitet und rational gesteuert angesehen werden kann. So waren etwa die Probanden einer Studie von Ballew und Todorov in der Lage, die Sieger einer Gouverneurswahl mit einer Trefferquote von 70 % richtig vorherzusagen, nachdem ihnen die Porträts der Kandidat(inn)en gerade einmal für eine Zehntelsekunde gezeigt worden waren.[41]

Zwei weitere klassische Wahlmodelle weisen indes bereits einige Anknüpfungspunkte an psychologische Theorien auf: der soziologische Ansatz der Columbia School sowie das »Michigan-Modell« der Ann Arbor School. Der soziologische Ansatz der Gruppe um Lazarsfeld und Berelson identifiziert die sozialstrukturelle Gruppenzugehörigkeit der Wähler und Wählerinnen als die entscheidende Variable im politischen Entscheidungsprozess.[42] Seiner Grundannahme folgend, tendieren Menschen derselben sozialen Gruppe zu ähnlichen Wahlentscheidungen, sei es infolge kommunikativer Prozesse, eines sozialen Konformitätsdrucks oder des Bedürfnisses nach dem Abbau (kognitiver) Dissonanzen.[43] Diese Wirkmächtigkeit sozialer Prägungen spielt im Ann-Arbor-Modell ebenfalls eine entscheidende Rolle. Dieses Modell buchstabiert den sozialen Prozess der Wahlentscheidung jedoch deutlich mehrdimensionaler aus. In seinem Mittelpunkt stehen drei

---

40 Vgl. Downs (1968).
41 Vgl. Ballew/Todorow (2007).
42 Vgl. Berelson/Lazarsfeld/McPhee (1966); Berelson/Lazarsfeld/Gaudet (1968).
43 Vgl. Huber/Steinbrecher (2015), S. 109. Für eine ausführlichere Besprechung der drei Wahlmodelle aus psychologischer Perspektive sowie begleitende empirische Befunde vgl. ebd.

Faktoren, die als entscheidend für die Erklärung des Wahlverhaltens angesehen werden: die Parteienidentifikation, die Beurteilung der politischen Kandidatinnen und Kandidaten sowie die Themenorientierung.[44] Unter Hinzuziehung einer temporalen Dimension modelliert der Ansatz der Ann Arbor School das Wahlverhalten als einen Kausalitätstrichter (funnel of causality), an dessen Anfang drei Merkmale stehen: soziologische Eigenschaften, sozialer Status und familiäres Umfeld. Diese drei Merkmale werden wiederum als maßgebend für die individuelle Parteienidentifikation geltend gemacht. Diese wirkt damit als langfristigster und stabilster Einfluss, weil sie der kurzfristigen Bewertung von Kandidatinnen und Kandidaten und Themen bei einer Wahl zeitlich stets vorgelagert ist.

Beide Modelle haben jedoch seit längerer Zeit Teile ihrer Erklärungskraft eingebüßt – nicht zuletzt, weil sie von einer relativen Stabilität des Wahlverhaltens ausgehen. Tief greifende gesellschaftliche Wandlungsprozesse haben aber nicht nur zu einer Erosion der traditionellen Wählermilieus geführt, sondern auch zu einer Diversifikation individueller Gruppenzugehörigkeit. Das in westlichen Demokratien seit Langem zu beobachtende volatile Wahlverhalten stellt die klassischen Modelle deshalb vor die Herausforderung, andere Einflussfaktoren zu identifizieren bzw. alte neu zu bewerten. Unter Rückgriff auf die kognitionswissenschaftliche Framing-Forschung könnte diesbezüglich also zum Beispiel danach gefragt werden, ob die kurzfristigen Einflüsse in einem Wahlkampf, etwa das (strategische) Framing politischer Akteure, nicht doch mehr Wirkungen zeigen, als bisher angenommen oder aber erforscht werden, unter welchen Bedingungen diese Einflüsse steigen bzw. sinken.[45] In diesem Zusammenhang könnte auch das Zusammenspiel lang- und kurzfristiger Einflüsse neu ausgelotet werden. So ist etwa die Annahme, dass sich die emotionalen Bindungen an Parteien auf die Rezeption politischer Informationen auswirken, der Politikwissenschaft keineswegs unbekannt. Weshalb diese aber als Wahrnehmungsfilter bei der Informationsaufnahme fungieren, kann letztlich erst unter Bezugnahme auf die kognitionswissenschaftliche Forschung erklärt werden.[46] Der Annahme

---

44 Vgl. Campbell et al. (1966).
45 Vgl. Iyengar/Simon (2000).
46 Vgl. Cohen (2003).

folgend, dass sich Erfahrungen und Einstellungen in langfristigen internalen Schemata und Heuristiken manifestieren, haben verschiedene US-amerikanische Studien jedenfalls ernst zu nehmende Indizien dafür gefunden, dass sich nicht nur die politischen Positionen, sondern auch die Gehirne liberal und konservativ orientierter Wähler und Wählerinnen auf struktureller und funktionaler Ebene unterscheiden.[47]

Weiterhin lassen sich die komplexen Kausalitäten der politischen Urteilsbildung mit den überwiegend analytischen und befragenden politikwissenschaftlichen Methoden nur teilweise ergründen. Ob etwa bei der Beurteilung der Einwanderungspolitik humanitäre Aspekte im Vordergrund stehen oder die jeweils nationalen Sicherheitsaspekte dominieren, können wir mit politikwissenschaftlichen Werkzeugen zwar deskriptiv beschreiben. Einer Antwort auf die Frage nach den eigentlichen – den Befragten in ihrer Selbstauskunft also nicht direkt zugänglichen – Urteilsbegründungen kommen wir ohne tiefer gehende Kenntnisse der kognitiven und emotionalen Prozesse und ohne die Anerkennung des Unbewussten in der Informationsverarbeitung jedoch nicht näher. Mit der Integration neurowissenschaftlicher Methoden würde sich das Repertoire der Sozialwissenschaften insofern erheblich erweitern, als bildgebende Verfahren bereits heute dazu in der Lage sind, das menschliche Gehirn auf zwei Ebenen darzustellen: einerseits mit kartografischen Verfahren, die Erkenntnisse über die strukturelle Zusammensetzung des Gehirns liefern und andererseits mit Messmethoden, die die Konnektivität und damit die funktionale Wechselwirkung der Hirnregionen untereinander aufzeigen können. Selbst im Vergleich zu zunehmend häufiger zum Einsatz gebrachten psychologischen und experimentellen Testverfahren »haben die bildgebenden Verfahren gegenüber Fragebögen etc. den einzigartigen Vorteil, objektiver und reliabler zu sein und dabei die zugrunde liegenden mentalen Prozesse in nahezu Echtzeit zu visualisieren«.[48] Die Aneignung von Basiswissen über die zerebralen Strukturen des menschlichen Gehirns und die grundlegenden Prozesse der Informationsverarbeitung erscheinen daher also sowohl von theoretischer als auch methodischer Warte aus für die Politikwissenschaft lohnenswert.

---

47 Vgl. unter anderem Jost et al. (2003); Kaplan/Freedman/Iacoboni (2007); Amodio et al. (2007).
48 Prell/Prell (2015), S. 208.

»If the most interesting happens at the edge of disciplines – and in the center of political debates – then framing certainly has the potential to bring disciplinary perspectives together«.[49]

Eine komplementäre Framing-Forschung stellt entsprechend nicht nur ein geeignetes Werkzeug dar, um für die verschiedenen medialen und politischen Arenen in westlichen Demokratien zu sensibilisieren, sondern sie könnte auch praxeologische Konzepte hervorbringen. Vor dem Hintergrund der humanitären Dramatik und der komplexen politischen Herausforderungen, die aus derzeitigen Kriegen und Flüchtlingsbewegungen entstehen, weist die Framing-Forschung nochmal in aller Deutlichkeit auf die besondere Bedeutung des Framings in den Äußerungen und Bewertungen politischer Verantwortungsträgerinnen und -träger hin. In Europa hat nicht zuletzt das Brexit-Votum gezeigt, welche Wirkmächtigkeit politisches Framing bei Wahlen und Referenden haben kann. Mithilfe einer disziplinübergreifenden Framing-Forschung könnten wir unser immer noch lückenhaftes Wissen über die komplexen Zusammenhänge zwischen den medialen und politischen Diskursen und der individuellen politischen Urteilsbildung entscheidend erweitern – und damit letztlich auch solche Deutungen fördern, die den weltweiten humanitären Problemlagen angemessen sind.

Literatur

Amodio, David et al. (2007): Neurocognitive Correlates of Liberalism and Conservatism, in: Nature Neuroscience 10 (2007) 10, S. 1246-1247.

Baldauf, Christa (1997): Metapher und Kognition. Grundlagen einer neuen Theorie der Alltagsmetapher, Frankfurt a. M.

Ballew, Charles/Alexander Todorov (2007): Predicting Political Elections from Rapid and Unreflective Face Judgments, in: Proceedings of the National Academy of Science 104 (2007) 46, S. 17948-17953.

Berelson, Bernard/Hazel Gaudet/Paul Lazarsfeld (1968): The People's Choice: How Voters Makes up His Mind in a Presidential Campaign, 3. ed., New York.

Berelson, Bernard/Paul Larzarsfeld/William McPhee (1966): Voting: A Study of Opinion Formation in a Presidential Campaign, Chicago.

Berry, Mike et al. (2015): Press Coverage of the Refugee and Migrant Crisis in the EU: A Content Analysis of Five European Countries, Wales.

---

49 Reese (2007), S. 148.

Borah, Porismita (2011): Conceptional Issues in Framing Theory. A Systematic Examination of a Decade's Literature, in: Journal of Communication 61 (2011) 2, S. 246-263.

Campbell, Angus et al. (1966): The American Voter, 4. printing., New York.

Cohen, Geoffrey (2003): Party Over Policy. The Dominating Impact of Group Influence on Political Beliefs, in: Journal of Personality and Social Psychology 85 (2003) 5, S. 808-822.

D'Angelo, Paul (2002): News Framing as a Multiparadigmatic Research Program. A Response to Entman, in: Journal of Communication 52 (2002) 4, S. 870-888.

Downs, Anthony (1968): Ökonomische Theorie der Demokratie, Tübingen.

Druckman, James (2001): The Implications of Framing Effects for Citizen Competence. Political Behavior 23 (2001) 3, S. 225-256.

Entman, Robert M. (1993): Framing: Toward Clarification of a Fractured Paradigm, in: Journal of Communication 43 (1993) 4, S. 51-58.

Freedman, Joshua/Marco Iacoboni/Jonas Kaplan (2007): Us Versus Them: Political Attidudes and Party Affiliation Influence Neuroal Response to Faces of Presidential Candidates, in: Neuropsychologia 45 (2011) 1, S. 55-64.

Graber, Doris (2005): Political Communication Faces the 21st Century, in: Journal of Communication 55 (2005) 3, S. 479-507.

Huber, Sascha/Markus Steinbrecher (2015): Wahlverhalten und politische Einstellung, in: Politische Psychologie. Handbuch für Studium und Wissenschaft, hg. v. Sonja Zmerli/Ofer Feldman, Baden-Baden, S. 105-122.

Iygenar, Shanto/Adam Simon (2000): New Perspectives and Evidence on Political Communication and Campaign Effects, Annual Review of Psychology 51 (2000) 1, S. 149-169.

Jost, John et al. (2003): Political Conservatism as Motivated Social Cognition, in: Psychological Bulletin 129 (2003) 3, S. 339-375.

Kahneman, Daniel/Amos Tversky (1981): The Framing of Decisions and the Psychology of Choice, in: Science (1982) 211, S. 453-458.

Lakoff, George/Elisabeth Wehling (2008): Auf leisen Sohlen ins Gehirn. Politische Sprache und ihre heimliche Macht, Heidelberg.

Lakoff, George/Elisabeth Wehling (2016): Your Brain's Politics. How the Science of Mind Explains the Political Divide, Exeter.

MacKuen, Michael/George Marcus (1993): Anxiety, Enthusiasm, and the Vote. The Emotional Underpinings of Learning and Involment During Presidential Campaigns, in: American Political Science Review 87 (1993) 3, S. 672-685.

MacKuen, Michael/George Marcus/Russel Neumann (2000): Affective Intelligence and Political Judgement, Chicago.

Matthes, Jörg (2014): Framing, Baden-Baden.

Meffert, Michael (2015): Informationsverarbeitung und Entscheidungsfindung, in: Politische Psychologie. Handbuch für Studium und Wissenschaft, hg. v. Sonja Zmerli/Ofer Feldman, Baden-Baden, S. 85-104.

Mikfeld, Benjamin/Jan Turowski (2014): Sprache. Macht. Denken – Eine Einführung, in: Sprache. Macht. Denken – Politische Diskurse verstehen und führen, hg. v. Denkwerk Demokratie, Frankfurt a. M., S. 15-48.

Prell, Dorothea/Tino Prell (2015): Neuropolitics. Möglichkeiten und Grenzen bildgebender Verfahren für die Analyse der politischen Einstellungen und des Wahlverhaltens, in: Politische Psychologie, PVS-Sonderheft 2015, hg. v. Thorsten Faas/Cornelia Frank/Harald Schoen, Baden-Baden, S. 191-216.

Reese, Stephen (2001): Framing Public Life: A Bridging Model for Media Research, in: Framing Public Life. Perspectives on Media and Our Understanding of the Social World Reese, hg. v. Oscar Gandy/August Grant/Stephen Reese, Mahwah/New York, S. 7-31.

Reese, Stephen (2007): A Framing Project: A Bridging Model for Media Research Revisited, in: Journal of Communication (2007) 57, S. 148-154.

Sarcinelli, Ulrich (1998): Parteien und Politikvermittlung. Von der Parteien- zur Mediendemokratie?, in: Politikvermittlung und Demokratie in der Mediengesellschaft. Beiträge zur politischen Kommunikationskultur, hg. v. ders., Opladen, S. 273-296.

Scheufele, Bertram (2004): Framing-Effects Appraoch. A Theoretical and Methodological Critique, in: Communications (2004) 29, S. 401-428.

Steenbergen, Marco (2010): The New Political Psychology of Voting, in: Information – Wahrnehmung – Emotion. Politische Psychologie in der Wahl- und Einstellungsforschung, hg. v. Kai Arzheimer/Thorsten Faas/Sigrid Roßdeutscher, Wiesbaden, S. 13-31.

Wehling, Elisabeth (2016): Politisches Framing. Wie eine Nation sich ihr Denken einredet – und daraus Politik macht, Köln.

Yao, Shuguang et al. (2017): The Framing Effect of Negation Frames, in: Journal of Risk Research (2017) 20, S. 1-9.

Christiane Suchanek

Fluchtursachenbekämpfung. Konzepte, Wahrnehmungen und Realitäten – Ein Begriff macht Karriere

Fluchtursachenbekämpfung ist zu einem Schlüsselbegriff geworden, der sich vermehrt in der medialen Berichterstattung und im öffentlichen Diskurs äußert. Nicht zuletzt dadurch wurde er regelrecht zur neuen Leitplanke der deutschen Entwicklungs- und Außenpolitik erhoben.[1] Sowohl in den politischen und öffentlichen Arenen scheint seine Verhandlung zwischen einem gewissen Aktionismus und Visionismus zu pendeln. Sucht man nach aktuellen wissenschaftlichen Auseinandersetzungen zu diesem Themenfeld, so findet sich Weniges. Der Mangel an wissenschaftlichen Studien über die Bekämpfung von Fluchtursachen scheint dabei wohl seiner »Neuheit« – gedacht als Summe aktueller Implizierungen, Kontexte und Diskursräume – geschuldet, denn erst mit dem Einsetzen der großen kriegs- und krisenbedingten Wanderbewegungen seit 2011 machte der Terminus »Fluchtursa-

---

1 Vgl. Angenendt/Koch (2016), S. 41.

chenbekämpfung« als politisches Schlagwort Karriere.² Dieser Beitrag erörtert die Frage, welche Narrative, Semantiken und politischen Aufladungen die Konstruktion des Begriffes im Spiegel aktueller Problemlagen umfasst, und wie sich seine Verhandlung in politische Konzepte übersetzt. Der Aufsatz kombiniert juristische, wissenschaftliche, politische und gesellschaftliche Perspektiven auf den Begriff als erste systematische Auswertung der Implikationen und Folgen des Diskurses. Um die Konstruktion auf einer normativen und politischen Ebene zu erfassen, werden zunächst die juristisch in Deutschland anerkannten Fluchtgründe wissenschaftlichen Konzepten aus der Migrationsforschung gegenübergestellt, um im nächsten Schritt die politischen Forderungen und Initiativen zur Fluchtursachenbekämpfung zu reflektieren. Nach der Begriffseinordnung und Analyse der politischen Konzepte werden zentrale Programme der Bundesregierung betrachtet.

Ferner hat die Debatte über eine angemessene Flüchtlingspolitik und damit auch Fluchtursachenbekämpfung die Gesellschaft polarisiert und damit auch die politische Agenda beeinflusst. Insofern muss in einem weiteren Analyseschritt die Wahrnehmung der Gesellschaft zur Politik der Fluchtursachenbekämpfung betrachtet werden. Da es eigens zu diesem Thema ebenfalls noch keine empirischen oder qualitativen Erkenntnisse gibt, berichtet der Aufsatz aus einer kleinen Vorstudie, die in Form einer knappen Onlineumfrage durchgeführt wurde. Abschließend resümiert der Aufsatz in einer kritischen Bestandsaufnahme die untersuchten Perspektiven und politische Implementierung der Fluchtursachenbekämpfung.

»Fluchtursachenbekämpfung«. Eine begriffliche Einordnung

Flucht und Migration im deutschen Gesetz

Zur Untersuchung der Semantiken von Fluchtursachenbekämpfung muss zwischen Flucht- und Migrationsmotiven und somit zwischen Flucht und Migration selbst unterschieden werden. Im legalen Kontext definieren der

---

2 Allgemein als »Flüchtlingskrise« bezeichnet, obgleich der Begriff den vielfältigen Flucht- und Migrationsgründen nicht gerecht wird.

Artikel 16 a des Grundgesetzes (GG) in Verbindung mit dem Asylgesetz (AsylG) und der Genfer Konvention von 1951 (GFK) mit ihrem Zusatzprotokoll von1967 den Flüchtlingsstatus in Deutschland.

Nach Artikel 16 a Absatz 1 GG hat der Schutz politisch Verfolgter Verfassungsrang. Der Schutzauftrag wird in § 1 Absatz 1 AsylG aufgegriffen und mit dem Definitionsbereich der Genfer Flüchtlingskonvention erweitert. In diesem Sinne erläutert § 3 AsylG die Eigenschaften eines »Ausländers«, um in der Bundesrepublik Deutschland als Flüchtling anerkannt zu werden. Diese umfassen die begründete Furcht vor Verfolgung aufgrund von Rasse, Religion, Nationalität, politischen Ansichten oder sozialer Zugehörigkeit.[3] Obwohl nicht unmittelbar im Gesetz enthalten, bezieht sich der Schutzauftrag laut des BAMF auch auf die sexuelle Orientierung einer Person.[4]

Ein Flüchtling befindet sich nach deutschem Asylgesetz außerhalb des eigenen Herkunftslands, weil er den staatlichen Schutz nicht in Anspruch nehmen kann oder nicht will, etwa, da vom Staat selbst die Verfolgung ausgeht. Binnenvertriebene, die in ihrem Herkunftsland verbleiben, fallen somit nicht unter den Geltungsbereich des Gesetzes. Sie werden bei Programmen zur Fluchtursachenbekämpfung neuestens oft mitberücksichtigt, weil sie rund zwei Drittel der globalen Geflüchteten im Jahr 2014 ausmachten.[5] In dieser juristischen Grundlage wird der Begriff Migration und damit der des_ der Migrant_in gar nicht ausbuchstabiert, auch nicht für die der Flucht inhärenten Transits von Regional- und Landesgrenzen. Der Gesetzgeber regelt die Migration oder Wanderbewegung selbst hier nicht, sondern fixiert die im Asylgesetz als Flüchtling bezeichnete Person durch den Status.

Nicht als Flüchtling, doch als schützenswert erachtet das Asylgesetz Menschen, die unter subsidiären Schutz fallen. Besteht ein begründeter Verdacht, dass diese Personen in ihrem Herkunftsland von der Todesstrafe, Folter oder anderen ernsthaften Menschenrechtsverletzungen bedroht sind, werden sie nicht aus Deutschland ausgewiesen. Sie erhalten nicht den gleichen legalen Status wie Flüchtlinge. Der Unterschied geht aus der individuellen Bedrohung eines subsidiär Schutzberechtigten gegenüber der

---
3   Im Sinne von schwerwiegenden zu befürchtenden Menschenrechtsverletzungen und fehlendem staatlichen Schutz vor diesen.
4   Vgl. BAMF (2016a): Flüchtlingsschutz, www. bamf.de/DE/Fluechtlingsschutz v. 6.8.2016.
5   Vgl. Schraven et al. (2015), S. 2.

Verfolgungslage bei Flüchtlingen hervor. Die Grenze zwischen den Rechtsstellungen bleibt dagegen unklar.[6]

Lediglich ein erster Ansatz zur Abgrenzung von Flüchtlingen und Migranten lässt sich aus dem Asylgesetz erkennen: Ausländer, die »nur aus wirtschaftlichen Gründen oder um einer allgemeinen Notsituation zu entgehen« Zuflucht suchen,[7] werden nicht als Flüchtlinge anerkannt. Dieser Anhaltspunkt ist jedoch bereits das Ende der legalen Definition des Migranten.

Flucht und Migration in der Wissenschaft

In Ermangelung einer legalen Begriffsbestimmung wird »Migration« und »Migrant_in« oft aus dem wissenschaftlichen Diskurs abgeleitet. Häufig wird die Bezeichnung des Migranten als Sammelbegriff für alle Personen verwendet, die aus verschiedensten Gründen ihren Lebensmittelpunkt in ein anderes Land verlegen.[8] Flucht ist folglich eine Unterkategorie der Migration. Entsprechendes ist im Migrationsbericht 2014 des BAMF am Begriff der »Fluchtmigration« abzulesen. Der Bericht belegt, dass selbst Behörden die Vokabeln nicht konsequent unterscheiden, Ausländer verschiedenster Migrationskategorien zusammenfassen und statistisch nicht akkurat differenzieren.[9] Zur Abgrenzung der Begriffe dient die planmäßige Suche nach Verbesserung der sozioökonomischen Lebensumstände außerhalb des Herkunftslandes als Alleinstellungsmerkmal von Migration. Die Nichtanerkennung wirtschaftlicher Fluchtursachen zeigt sich anhand der Bezeichnung des »Wirtschaftsflüchtlings«, welche die Zwangslage dieser Personengruppe abwertet.[10]

Laut Migrationsforschung bewegen Push- bzw. Druckfaktoren und Pull- bzw. Sogfaktoren Menschen zur Migration. Dabei sind Push-Faktoren all jene Einflussgrößen, welche Menschen zur Emigration aus ihrem Heimatland drängen. Pull-Faktoren dagegen reizen Personen zur Wahl eines bestimmten

---

6   Vgl. Hippler (2016), S. 33.
7   § 30 Absatz 2 AsylG.
8   Vgl. Gertheiss/Mannitz (2016), S. 49.
9   Vgl. BAMF (2016b): Migrationsbericht des Bundesamtes für Migration und Flüchtlinge. Migrationsbericht 2014. Berlin/Nürnberg, S. 10-12 und S. 15-16.
10 Vgl. Grävingholt et al. (2015), S. 2.

Ziellandes. Sie steigern die Attraktivität der Immigration in ein Land. So gehören zu den Druckfaktoren etwa Kriege, Umweltkatastrophen oder eine schlechte Wirtschaftslage im Herkunftsland; zu den Sogfaktoren politische Freiheiten, Religionsfreiheit, familiäre Netzwerke oder gute wirtschaftliche Aussichten.[11] Bezogen auf Flucht teilen sich Schub- und Sogfaktoren in zwei Kategorien: in akute und strukturelle Fluchtursachen. Unter strukturelle Fluchtursachen wird eine Vielzahl an politischen, ökonomischen, ökologischen und sozialen Faktoren zusammengefasst wie Armut, Diskriminierung oder schlechte Regierungsführung. Zu akuten Fluchtursachen zählen etwa bewaffnete Konflikte, Gewaltausbrüche oder Menschenrechtsverletzungen.[12] Migrationsstudien zeigen, dass Migrations- und Fluchtursachen oftmals ineinandergreifen und schwer trennbar sind. Flucht geht jedoch stets mit Gewalt und Zwang einher.[13] Demnach wird Flucht im Gegensatz zur Migration überwiegend durch Push-Faktoren ausgelöst, oder wie Franz Nuscheler es ausdrückt: »Der Flüchtling flieht vor etwas«.[14] Problematisch bleibt die definitorische Unschärfe der Vokabeln im juristischen und wissenschaftlichen Dialog. Der Gewaltfaktor kennzeichnet zwar die Flucht, doch ist keine objektive Schwelle zwischen Freiwilligkeit und Zwang einer Migration festgelegt. Der Übergang zwischen den Begriffen bleibt fließend und so vom Ermessenspielraum der jeweiligen Behörden oder Forscher abhängig.[15]

Chancen und Risiken eines prominenten Leitworts

Die Dominanz des Flüchtlingsthemas rückte den Begriff der Fluchtursachenbekämpfung in den Vordergrund. Vor 2013 existierte der Ausdruck quasi nicht. Stattdessen wurde beispielsweise von »Prävention und Problembearbeitung« gesprochen.[16] Heute stellt sie eine Priorität deutscher Migrationspolitik dar – feststellbar am Internetauftritt der Bundesregierung. Eine Bekämpfung von

---

11 Vgl. Han (2005), S. 15-16.
12 Vgl. Angenendt/Koch (2016), S. 42.
13 Vgl. Gertheiss/Mannitz (2016), S. 49.
14 Vgl. Nuscheler (2004), S. 107.
15 Vgl. Han (2005), S. 14.
16 Nuscheler (2004), S. 107.

Fluchtursachen soll die Zahl der Flüchtlinge reduzieren, wozu die Bundesrepublik in der Legislaturperiode von 2013 bis 2017 über 12 Milliarden Euro investiere.[17] Auf internationaler Ebene bestätigte die Koalitionsregierung diese Priorisierung etwa auf dem G-7-Gipfel in Japan im Mai 2016. Hier wurden Konfliktprävention, Stabilisierung von Krisenregionen und Armutsbekämpfung als Kernbestandteile der Fluchtursachenbekämpfung benannt.[18] Obgleich wirtschaftliche Gründe nicht zu Asyl in Deutschland berechtigen, fördert die Bundesregierung somit explizit Armutsbekämpfung unter dem Stichwort Fluchtursachenbekämpfung. Auch ein Programm von Europäischer und Afrikanischer Union wird unterstützt, um »Fluchtursachen wie Armut und Arbeitslosigkeit zu bekämpfen«.[19] So bilden ökonomische Motive zur Flucht – nicht Migration – einen zentralen Punkt in politischen Programmen, werden jedoch als legaler Einwanderungsgrund oft nicht akzeptiert.[20] Nuscheler erklärt dies mit dem verzerrten Bild einer Masseneinwanderung der Armen aus dem globalen Süden und daraus erwachsenden Ängsten vor Wohlstandsverlusten in der Gesellschaft.[21] Dagegen verblieben im Jahr 2014 fast neun von zehn Flüchtlingen (86 %) in Entwicklungsländern.[22] Jegliche Politik unter dem Schlagwort der Fluchtursachenbekämpfung läuft so Gefahr, zur Migrationsabwehrmaßnahme degradiert zu werden.

Ein prominenter Begriff bietet die Chance, dass mehr Gelder zur Finanzierung von Programmen der Entwicklungspolitik und humanitären Hilfe bereitgestellt werden.[23] Das Credo findet sich in einem Zitat von Bundesentwicklungsminister Gerd Müller wieder: »Fluchtursachen bekämpfen heißt in Entwicklung investieren.«[24] Zudem beflügelte die Aufmerksamkeit für das

---

17 Vgl. Die Bundesregierung (2016a): Flucht und Asyl. Fakten und Hintergründe, Fragen und Antworten, www.bundesregierung.de/Webs/Breg v. 12.8.2016.
18 Vgl. Die Bundesregierung (2016b): G7-Gipfel in Japan. Wirtschaft stärken, Fluchtursachen beseitigen, www.bundesregierung.de/Content/DE/Reiseberichte v. 27.5.2016.
19 Die Bundesregierung (2016a).
20 Vgl. Hippler (2016), S. 33.
21 Nuscheler (2004), S. 13-14 und S. 21-22.
22 Vgl. Grävingholt et al. (2015), S. 2.
23 Vgl. Angenendt/Koch (2016), S. 41 und S. 44.
24 BMZ (2016b), Perspektiven für Flüchtlinge schaffen. Fluchtursachen bekämpfen, Aufnahmeregionen stabilisieren, Flüchtlinge unterstützen, www.bmz.de/de/mediathek/publikationen v. Januar 2016.

Thema die Migrationsforschung und politische Reformen, darunter die des Asylgesetzes im Oktober 2015. Allerdings birgt gerade die Prominenz eines politischen Themas Risiken. Zum einen bezüglich der Vernachlässigung schon länger existierender, aber medial in den Hintergrund gerückter Krisen. Zum anderen wegen der Vernachlässigung der aktuell hoch beachteten Konfliktregionen wie Syrien, sobald das gesellschaftliche Interesse abflaut.[25] Hier drohen langfristigen Programme zur strukturellen Bekämpfung der Fluchtursachen durch kurzfristige Projekte ersetzt zu werden.[26]

Dabei lassen sich akute, durch Gewalteskalationen ausgelöste Fluchtbewegungen nicht wie strukturelle Fluchtursachen bearbeiten. Kurzfristig ermöglicht humanitäre Hilfe Binnenflucht oder die menschenwürdige Unterbringung von Flüchtlingen in Nachbarländern. Solche Maßnahmen müssen mit mittel- und langfristigen Programmen verbunden werden, um nicht den Grundstein für zukünftige Konflikte und somit Fluchtbewegungen zu legen. Dies erfordert eine längerfristige Finanzierung, die Schaffung von Perspektiven für Flüchtlinge (zum Beispiel durch Bildungs- und Arbeitsmöglichkeiten), Reintegrationsprogramme sowie die Zusammenarbeit mit der lokalen Bevölkerung.[27]

Mit der Verzahnung von kurz- und langfristigen Anforderungen geht jedoch das Risiko unzureichender Kooperation zwischen den jeweils zuständigen Behörden einher – hier in erster Linie zwischen dem Auswärtigen Amt (AA) und dem Bundesministerium für wirtschaftliche Zusammenarbeit und Entwicklung (BMZ). Seit der Ressortvereinbarung im November 2011 ist das Auswärtige Amt für die humanitäre Hilfe und das BMZ für Entwicklungszusammenarbeit zuständig.[28] Eine offizielle Gemeinschaftsevaluation der Ministerien aus dem Jahr 2011 deckte auf, dass der Übergang zwischen der Nothilfe des Auswärtigem Amtes und der langfristigen Entwicklungszusammenarbeit des BMZ aufgrund unzureichenden Schnittstellenmanagements

---

25 Vgl. Grävingholt et al. (2015), S. 3.
26 Vgl. Angenendt/Koch (2016), S. 44.
27 Vgl. Grävingholt et al. (2015), S. 2-3.
28 Vgl. BMZ (2013): Gemeinsame AA-BMZ-Pressemitteilung zum »Welttag der Humanitären Hilfe«, www.bmz.de/de/presse/aktuelleMeldungen/archiv/2013 v. 19.8.2013.

mangelhaft ist.[29] Seit dem Kabinettsbeschluss vom 7. Oktober 2015 liegt die Bearbeitung von Fluchtursachen in gemeinsamer Verantwortung von BMZ und Auswärtigem Amt zur Verbesserung der ressortübergreifenden Koordinierung. Im Monat darauf forderte die Fraktion Bündnis 90/Die Grünen Maßnahmen zur besseren interministeriellen Abstimmung für kohärente und effiziente deutsche Außen- und Entwicklungspolitik.[30] Der Bundestag lehnte das Gesuch am 12. Mai 2016 ab.[31]

Hervorzuheben ist die wissenschaftliche Einschätzung, dass die Bekämpfung von Fluchtursachen kurz- und mittelfristig kaum eine Reduzierung von Flüchtlingszahlen bewirkt. In der Regel löst ein komplexes Zusammenwirken diverser Faktoren große Fluchtbewegungen aus, sodass es keine Modelllösung zur Bekämpfung der Auslöser gibt.[32] Dies ist Politik und Gesellschaft vor Augen zu führen, um Frust gegenüber vermeintlicher Wirkungslosigkeit von Entwicklungsprogrammen entgegenzuwirken und ein Bewusstsein für die Notwendigkeit langfristiger Ansätze zu schaffen.

»Fluchtursachenbekämpfung«. Ein politisches Konzept

Summa summarum ist »Fluchtursachenbekämpfung« kein wissenschaftlich eindeutiger Begriff. Er umfasst akute und strukturelle Fluchtauslöser, von denen einige rechtlich nicht anerkannt sowie wissenschaftlich umstritten sind, wie ökonomische und ökologische Fluchtursachen unter den Stichwörtern »Armutsmigration« oder »Klimaflucht«. Gleichzeitig werden diese Motive für politische Maßnahmen – sowohl positiv für Entwicklungsprogramme als auch gesellschaftlich-agitatorisch – aktiv genutzt und bedürfen klärender Debatten.

---

29 Vgl. BMZ (2011): Gemeinschaftsevaluierung. Die deutsche humanitäre Hilfe im Ausland. Kurzfassung der Evaluierung, Berlin/Bonn, S. 8-9.
30 Deutscher Bundestag (24.11.2015): Drucksache 18/6772. Interministerielle Zusammenarbeit bei der Bewältigung der Fluchtkrise, (BT-Drs. 18/6772).
31 Vgl. Deutscher Bundestag (2016a): Amtliches Protokoll. 170. Sitzung des Deutschen Bundestages am Donnerstag, dem 12. Mai 2016, Berlin.
32 Vgl. Angenendt/Koch (2016), S. 44; Schraven et al. (2015), S. 2.

Die Finanzmittelmobilisierung unter dem Schlagwort signalisiert das beträchtliche Legitimationspotenzial der Vokabel für entwicklungspolitische Programme. Dies birgt Risiken wie Enttäuschung durch Ausbleiben kurzfristiger Erfolge, damit einhergehender Abkehr von vielversprechenden Langzeitmaßnahmen oder Degradierung zur Migrationsabwehr.[33] Insgesamt stellt die Fluchtursachenbekämpfung ein politisches und kein wissenschaftliches Konzept dar, welches als legitimatorisches Leitwort eine Vielzahl von Maßnahmen und Akteuren in einem multidimensionalen, multikausalen Politikbereich umfasst.

Fluchtursachenbekämpfung in der Politik
Introvertierte versus extrovertierte Parteipräferenzen
Eine Analyse der Debatten im Deutschen Bundestag dient als Ausgangspunkt zur Differenzierung und Kategorisierung unterschiedlicher Narrative, Semantiken und Handlungspräferenzen, welche sich auch in der Umsetzung der Politik durch die Ministerien widerspiegeln. Die parlamentarische Debatte über angemessene Politik unter dem Primat der Fluchtursachenbekämpfung erlebte zwischen November 2015 und Juni 2016 ein Hoch mit zahlreichen Anträgen aller Fraktionen im Bundestag.

Der Antrag der Grünen vom November 2015 (BT-Drs. 18/6772) forderte die Verbesserung der interministeriellen Zusammenarbeit zur Bearbeitung der »Flüchtlingslage«. Ein weiterer Antrag der Fraktion vom Dezember (BT-Drs. 18/7046) beschäftigte sich dann mit der Differenzierung verschiedener Fluchtursachen und bemängelte ihre unzureichende Berücksichtigung. Titel und Inhalt von »Fluchtursachen statt Flüchtlinge bekämpfen« kritisierten frühere Maßnahmen, wie die European Union Naval Force – Mediterranean (EUNAVFOR MED) gegen Schleusernetzwerke und unterstellten ihnen eine bloße (Im-)Migrationsabwehr. Die Fraktion verlangte Selbstreflexion und Umdenken der Bundesregierung sowie der EU in fünf Politikbereichen zur nachhaltigen Reduzierung von Flucht: zivile Krisenprävention und Rüstungsexporte in Konfliktregionen, die Unterstützung von autoritären Regimen, der eigenen Wirtschaftspolitik, Klima- und Umweltschutz und Reformen zur

---
33 Vgl. Angenendt/Koch (2016), S. 41.

legalen Migration. Die Fraktion Die Linke legte ebenfalls im Dezember 2015 den Antrag »Fluchtursachen bekämpfen« vor (BT-Drs. 18/7039). Die Vorlage weist ähnliche Punkte wie die der Grünen auf, wie die Mitverantwortung der europäischen Staaten an der Flüchtlingslage und forderte politische Kursänderungen in fünf Bereichen: Regime-Change und Interventionspolitik, Rüstungsexporte, Handelspolitik, umweltschädliche Energie- und Ressourcenpolitik sowie Migrations- und Rückführungspolitik. Die Forderungen der Linken übersteigen die der Grünen. Beispielsweise pochen sie auf den sofortigen Stopp aller deutschen Rüstungsexporte. Beide Anträge der Opposition wurden vom Auswärtigen Ausschuss abgelehnt.[34] Fluchtursachenbekämpfung wurde von beiden Fraktionen als politischer Kampfbegriff im Sinne der oppositionellen Rolle verwandt, die außen- und sicherheitspolitische Entscheidungen, welche augenscheinlich nationalen Interessen Vorrang einräumen, grundsätzlich auf den Prüfstand stellte. Hierbei werde ein Ausgleich zwischen nationalen bzw. europäischen Interessen und den empfohlenen Politikwechseln im Konzept der Fluchtursachenbekämpfung vernachlässigt, erkenntlich an mangelnden Umsetzungsplänen der angeregten Maßnahmen.

Gegen die Stimmen der Opposition wurde der Antrag (BT-Drs. 18/8393) der Koalitionsfraktionen CDU/CSU und SPD vom Mai 2016 hingegen angenommen.[35] Die Vorlage konzentriert sich auf Maßnahmen zur Stabilisierung der Krisenregion um Libyen und Syrien und damit verbundene Fluchtursachenbearbeitung. Akzentuiert wurden finanzielle Anreize zur Schaffung von Bildungseinrichtungen, Infrastrukturprojekten, Beschäftigungsprogrammen und multilateralen Kooperationen. Die Regierungsparteien unterstreichen multilaterales Engagement zur zivilen Krisenprävention und politischen Konfliktlösung. Zudem soll die entwicklungspolitische Fluchtursachenbekämpfung stärker mit Außen- und Sicherheitspolitik verbunden werden. Was dies jedoch genau impliziert, wurde nicht näher erläutert. Die Opposition stimmte gegen den Antrag, da er zentrale Fluchtursachen gerade bezüglich der eigenen »Verantwortung« vernachlässige. Sicherlich vereinfacht diese

---

34 Vgl. Deutscher Bundestag (3.2.2016): Drucksache 18/7446. Beschlussempfehlung und Bericht des Auswärtigen Ausschusses (3. Ausschuss), (BT-Drs. 18/7446).
35 Vgl. Deutscher Bundestag (2016b): Dissens über Fluchtursachenbekämpfung, www.bundestag.de/presse/hib v. 22.6.2016.

Begründung die Komplexität des Verantwortungsrahmens, der ausgehandelt werden sollte.

Fasst man die Parteipräferenzen zur Fluchtursachenbekämpfung zusammen, so betonen Bündnis 90/Die Grünen und die Linke die Verantwortung des auswärtigen Handelns Deutschlands und fordern Selbstreflexion sowie Politikwechsel. Dahingegen heben CDU/CSU und SPD bi- und multilaterale Instrumente zur Verbesserung der Situation in Konflikt- und Aufnahmeländern hervor. Die Opposition vertritt quasi einen introvertierten (nach innen gerichteten) Ansatz zur Fluchtursachenbekämpfung, während die Regierungsparteien eine extrovertierte (nach außen gerichtete) Strategie verfolgen. Hieraus ergibt sich der Dissens zwischen Regierung und Opposition. Es gilt allerdings zu beachten, dass die Oppositionsparteien nicht die Regierungsverantwortung tragen. Sie können den Regierungskurs offen kritisieren und ihrer Alternativfunktion entsprechend abweichende Politikkonzepte vorstellen.

Der Multi-Level-Ansatz der Bundesbehörden

Je nach Interpretation lässt sich eine Vielzahl unterschiedlichster Projekte der Fluchtursachenbekämpfung zuordnen. Unter dem Begriff könnten alle Maßnahmen zur Bekämpfung von Armut, zivile Krisenprävention oder jegliche Finanzierung internationaler Hilfswerke subsumiert werden. Hier unterscheidet das BMZ zwischen den Aktionsfeldern »Fluchtursachen bekämpfen«, »Aufnahmeregionen stabilisieren« und »Flüchtlinge unterstützen«. Im erstgenannten Feld stellt das Ministerium zwei Beispiele vor: Ägypten und Afghanistan.[36] Beide handeln von Programmen im Arbeitsmarktbereich. Es bleibt jedoch unklar, welche Durchführungsorganisationen die Projekte umsetzen und wo genau welche Schritte unternommen wurden.

Die Bundesregierung förderte mit der Sonderinitiative »Fluchtursachen bekämpfen – Flüchtlinge reintegrieren« in den Jahren 2014 und 2015 Projekte in Höhe von mehr als 330 Millionen Euro.[37] Eine Übersicht der Zuwendungen wurde erst im Juli 2016 auf eine Kleine Anfrage der Fraktion Die Linke veröffentlicht.[38] Diese listet 82 Programme und Projekte in mehr

---

36 Vgl. BMZ (2016b), S. 16-21.
37 Vgl. Die Bundesregierung (2016a).
38 Vgl. Deutscher Bundestag (5.5.2016): Drucksache 18/9246, insbes. S. 12-22.

als 20 Ländern von über 39 beteiligten Organisationen auf. Regionale Schwerpunkte wurden auf Programme mit einem Bezug zu Syrien und syrischen Flüchtlingen (mehr als 18 Programme), zur Zentralafrikanischen Republik (11), zum Irak und Südsudan (jeweils 9) und ihrer Nachbarländer gelegt. Als einziger südamerikanischer Fokus wurden sechs Vorhaben in Kolumbien unterstützt. Während die Wissenschaft dem Begriff der »Klimaflucht« kritisch gegenübersteht, ergreift die Politik bereits Maßnahmen.[39] So wurden der Kreditanstalt für Wiederaufbau und der Gesellschaft für Internationale Zusammenarbeit (GIZ) im Rahmen der Initiative über 16,7 Millionen Euro zur Unterstützung von Klimaflüchtlingen und klimawandelbedingter Binnenwanderung in Bangladesch zugesprochen.[40]

Die Programme der Initiative fallen sowohl in die Ressortzuständigkeit des BMZ als auch des Auswärtigem Amtes. Die Maßnahmen lassen sich grob in drei Zielkategorien einteilen: bezogen auf Flüchtende, die Aufnahme- oder Krisenregionen betreffend sowie auf Forschung und Politikberatung. Die folgende Abbildung fasst das breite Spektrum der Förderungsthemen der Sonderinitiative zusammen (➡ Abb. 1, S. 123).

Die Transparenz der Liste bleibt eingeschränkt, da Organisationen wie die KfW Gelder zugesagt wurden. Diese fördern ihrerseits Organisationen, welche die Aufstellung nicht erfasst. Die Problematik, keinen lückenlosen Überblick über die Partnerorganisationen und Projekte erstellen zu können, ist nicht neu: Bereits die Gemeinschaftsevaluierung aus dem Jahr 2011 stellte dies bezüglich der humanitären Hilfe des Auswärtigem Amtes fest.[41]

Entsprechend problematisch ist die Systematisierung der Instrumente des Auswärtigen Amtes zur Bearbeitung von Fluchtursachen. So präsentiert das Auswärtige Amt im Gegensatz zum BMZ keine eigene Informationsseite über Fluchtursachenbekämpfung, sondern informiert über das Gesamtengagement unter dem Stichwort »Flüchtlingskrise«. Es werden diverse Ansätze deutscher Außenpolitik vorgestellt, wie Krisenprävention und -management, humanitäre Hilfe, Zusammenarbeit mit internationalen Organisationen

---

39 Vgl. Fröhlich (2016), S. 90.
40 Vgl. BT-Drs. 18/9246, S. 12 und S. 17.
41 Vgl. BMZ (2011), S. 9.

Themenschwerpunkte geförderter Projekte der Sonderinitiative "Fluchtursachen bekämpfen - Flüchtlinge reintegrieren"		
Flüchtlinge & Binnenflüchtlinge	**Aufnahme- & Krisengegionen**	**Forschung & Politikberatung**
• Grundversorgung (medizinisch, sanitär, Lebensmittel) • Lebensbedingungen in Flüchtlingslagern • Rückkehr und Integration • Bildung und Arbeitsmarkt • Frauen und Kinder • Klimaflüchtlinge • Psychologische Hilfe	• Infrastruktur (Energie, sanitär, Lebensmittel) • Wiederaufbau • Dialog zwischen Flüchtlingen und Einheimischen • Konfliktprävention • Konfliktbearbeitung und Frieden • Flüchtlingsrechte und Migrationspolitik	• Förderung von Flüchtlings- und Migrationsforschung • Förderung von Friedens- und Konfliktforschung • Erarbeitung von Handlungsoptionen

Abb. 1: Förderungsthemen der Sonderinitiative, Quelle: Eigene Darstellung der BT-Drs. 18/9246, S. 12-22.

sowie Aufklärungsarbeit über deutsche Migrationspolitik.[42] Krisenprävention wird implizit gleichgesetzt mit Fluchtursachenprävention. Hierzu nennt das Auswärtige Amt das Polizeiprogramm Afrika sowie die Förderung von gesellschaftlichen Dialog- und Versöhnungsprozessen in Mali. Beide Projekte wurden in Zusammenarbeit mit der GIZ durchgeführt und auf den jeweiligen Internetseiten mit positiven Ergebnissen präsentiert.[43] Eine Einschätzung ihrer tatsächlichen Wirksamkeit ist nicht möglich, da keine detaillierten Informationen oder gar Evaluationen veröffentlicht wurden.

Die Umsetzung der Fluchtursachenbekämpfung im BMZ und im Auswärtigen Amt zeichnet sich insgesamt durch einen Multi-Level-Ansatz aus.

---

42 Vgl. Auswärtiges Amt (2016): Flüchtlingskrise – das leistet die deutsche Außenpolitik, www.auswaertiges-amt.de/DE/Aussenpolitik/GlobaleFragen v. 13.7.2016.
43 Vgl. Auswärtiges Amt (2015a): Polizeiprogramm Afrika, www.auswaertiges-amt.de/DE/Aussenpolitik/Friedenspolitik/Krisenpraevention v. 2.9.2015; Auswärtiges Amt (2015 b): Versöhnungsprozess in Mali, www.auswaertiges-amt.de/DE/Aussenpolitik/Friedenspolitik/Krisenpraevention v. 2.9.2015.

Sie sind also auf vielfältigen gesellschaftlichen und politischen Ebenen aktiv. Hierdurch ist das Gesamtengagement der beiden Ministerien zur Reduzierung von Fluchtauslösern kaum systematisch zu erfassen. Sie betreuen, koordinieren und fördern Dutzende Projekte, Programme und Organisationen, welche oft nicht direkt mit Fluchtursachenbekämpfung verbunden werden. Je nach Interpretationsweite des Konzeptes besitzen sie aber sehr wohl einen Einfluss auf die Motive von Flucht und Migration. Bei dem BMZ und dem Auswärtigem Amt handelt es sich lediglich um zwei Hauptakteure der Bundespolitik in diesem Bereich. Es muss beachtet werden, dass auch andere Bundesbehörden wie etwa die Ministerien für Wirtschaft, Verteidigung oder Landwirtschaft nicht nur einen Einfluss auf die Politik zur Fluchtursachenbekämpfung haben, sondern je nach Konzeptdefinition auch auf die Fluchtauslöser selbst.

Umfrage zur Wahrnehmung der Politik der Bundesregierung

Ausgangspunkt, Konzeption und Methodik

In einer Demokratie wie Deutschland beziehen das Parlament und die Regierung ihre Entscheidungsbefugnisse aus Legitimierung durch das Wahlvolk. Von Bedeutung ist somit die gesellschaftliche Wahrnehmung der Politik. Bis dato gibt es keine öffentliche Statistik, die sich explizit mit der gesellschaftlichen Perzeption der Politik der Fluchtursachenbekämpfung beschäftigt.[44] Daher wurde ein Fragebogen konzipiert, der grundlegende Sichtweisen hierzu sondiert. Insgesamt nahmen 120 Personen an der Umfrage teil. Zwar reicht das nicht aus für repräsentative, also auf die gesamte deutsche Bevölkerung übertragbare Ergebnisse, jedoch war dies nicht das Ziel der Befragung. Sie soll ein erstes Meinungsbild der Bevölkerung erfassen und somit als Grundlage für zukünftige Untersuchungen dienen. Der Fragebogen umfasst nur neun Fragen, die in weniger als fünf Minuten beantwortet werden konn-

---

44 Stand Juli (2017).

ten, ohne Anspruch auf Vollständigkeit in diesem komplexen Themenfeld. Die Onlineumfrage stellt somit eine Art Pretest dar.[45]

Im ersten Teil des Fragebogens (Frage 1-4) wurden die Teilnehmer gebeten, anzukreuzen, inwiefern sie einer bestimmten Aussage zustimmen. In dieser Studie wurden zwei Kontrollfragen zu Geschlecht (Frage 7) und Alter (Frage 8) gestellt, um zwei wesentliche Merkmale der Befragten für die Bewertung der Ergebnisse zu erfassen. Zukünftig können Kontrollfragen wie Bildung, parteipolitischer Präferenz oder Einkommen eingebunden werden. Nach den ersten vier geschlossenen Fragen, welche die Teilnehmer an das Thema Fluchtursachenbekämpfung heranführten, wurden zwei Multiple-Choice-Fragen gestellt. Die Standardisierung der Antworten erleichterte die Auswertung, wobei eine offene Kategorie qualitative Inputs lieferte. So konnten zusätzliche Angaben gesammelt und ausgewertet werden. Sie werden durch die offene Abschlussfrage nach weiteren Anmerkungen ergänzt. Dieser Mixed-Methods-Ansatz aus qualitativen und quantitativen Fragen erlaubt es, statistische Ergebnisse in Verbindung mit der bisherigen Analyse zu setzen und Ansätze für zukünftige Studien zu generieren.

Zentrale Studienergebnisse

Die erste Frage zielt auf die Definition des Begriffes. Obgleich Fluchtursachenbekämpfung diverse Implikationen enthält, gaben bei der Umfrage über 72 % an, dass es sich um einen verständlichen Begriff handelt. Dagegen befanden nur rund 28 % den Begriff als weniger bis nicht verständlich. Während also die Vokabel in der politischen und wissenschaftlichen Debatte ein hohes Streitpotenzial aufweist, wird sie im Alltagsgebrauch eher als klarer Begriff perzipiert.

Im Jahr 2014 beschloss die Große Koalition die Sonderinitiative und etablierte die Bekämpfung von Fluchtursachen als neues Aktionsfeld im BMZ. Trotzdem empfinden über 88 % der Befragten das Engagement der Bundesregierung zur Fluchtursachenbekämpfung als eher nicht bis gar nicht ausreichend. Gleichzeitig stimmen fast 92 % der Studienteilnehmer zu, dass

---

45 Konzeption, Methodik und Ergebnisse können bei der Autorin bei Bedarf angefragt werden.

die Regierungskoalition mehr zur Bekämpfung von Fluchtauslösern unternehmen sollte. Diese Werte signalisieren ein hohes Legitimationspotenzial für Politiken unter dem Leitwort.

Frage 2
Die Bundesregierung unternimmt momentan genug zur Bekämpfung von Fluchtursachen.

Frage 3
Die Bundesregierung sollte mehr zur Bekämpfung von Fluchtursachen unternehmen.

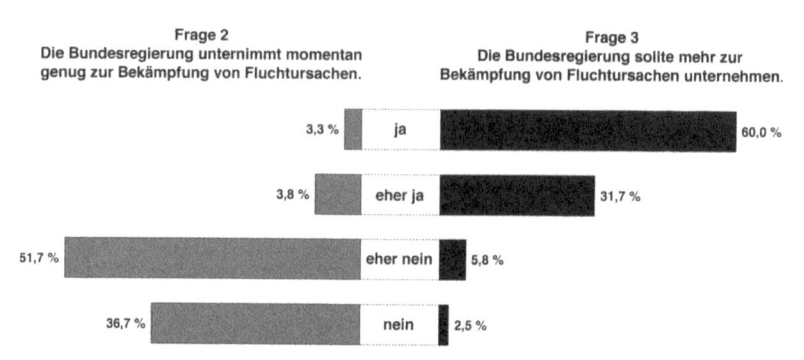

Frage 2		Frage 3
3,3 %	ja	60,0 %
3,8 %	eher ja	31,7 %
51,7 %	eher nein	5,8 %
36,7 %	nein	2,5 %

Abb. 2: Einschätzung des Engagements der Bundesregierung zur Fluchtursachenbekämpfung, Quelle: Eigene Darstellung der Studienergebnisse.

Allerdings geht das Legitimationspotenzial für verschiedene Politiken auseinander. Über 70 % der Umfrageteilnehmer lehnten den häufigeren Einsatz von Bodentruppen zur Bekämpfung von Fluchtursachen ab. Hingegen gaben über zwei Drittel an, dass Deutschland in Zukunft öfter humanitäre und unterstützende Militäreinsätze wie Friedensmissionen oder Wiederaufbauhilfen der Bundeswehr einsetzen sollte. Gleichwohl waren noch fast 17 % für häufigere robuste Militäreinsätze. Diese Fragestellung diente auch zur Überprüfung einer Umfrage des ARD-DeutschlandTrends vom Dezember 2015, bei dem sich 58 % der Befragten für den militärischen Beistand Deutschlands gegen den Islamischen Staat in Syrien aussprachen, jedoch nur 22 % für den Einsatz von Bodentruppen.[46]

Die fünfte Frage bezog sich auf die Wahrnehmung der aktuellen Politikausrichtung zur Reduzierung von Fluchtursachen. Ihr wird Frage sechs gegenübergestellt mit Wünschen zur zukünftigen Politik. Bei Frage fünf gaben über 77 % der Befragten an, dass sich Deutschland zurzeit bei der Bekämpfung von Fluchtursachen besonders auf Geldzahlungen an andere Regie-

---

46 Vgl. Ehni (2015).

rungen konzentriert. Gerade einmal 10 % wünschen sich dies für die Zukunft. Dahingegen meinten fast 35 %, dass die Förderung von Nichtregierungsorganisationen (NROs) in Krisengebieten derzeit einen Schwerpunkt des Engagements darstellt. Fast 54 % begrüßten eine Ausdehnung dieser Politik in der Zukunft. Am stärksten wurden humanitäre und unterstützende Militäreinsätze mit fast 69 % für die zukünftige Fluchtursachenbekämpfung befürwortet.

Mittel zur Fluchtursachenbekämpfung

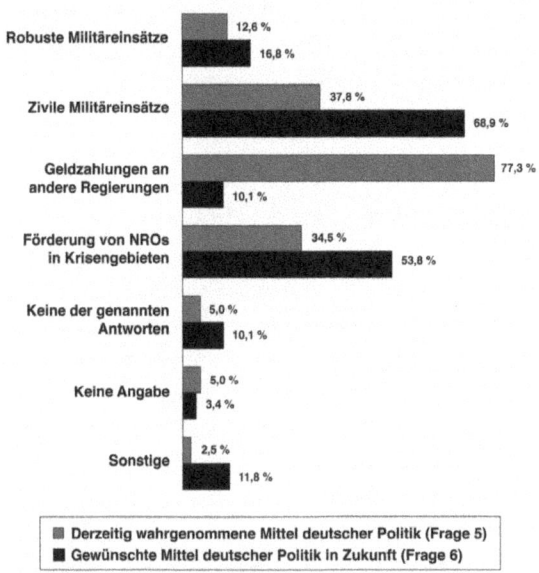

Mittel	Derzeitig wahrgenommen	Gewünscht
Robuste Militäreinsätze	12,6 %	16,8 %
Zivile Militäreinsätze	37,8 %	68,9 %
Geldzahlungen an andere Regierungen	77,3 %	10,1 %
Förderung von NROs in Krisengebieten	34,5 %	53,8 %
Keine der genannten Antworten	5,0 %	10,1 %
Keine Angabe	5,0 %	3,4 %
Sonstige	2,5 %	11,8 %

■ Derzeitig wahrgenommene Mittel deutscher Politik (Frage 5)
■ Gewünschte Mittel deutscher Politik in Zukunft (Frage 6)

Abb. 3: Mittel zur Fluchtursachenbekämpfung, Quelle: Eigene Darstellung der Studienergebnisse.

In der offenen Kategorie zur aktuellen Politik wurde kritisiert, dass die Regierung derzeit keine wirkungsvolle Politik zur Reduktion der Fluchtursachenbekämpfung betreibt. Bei der Frage nach gewünschter Politikausrichtung in der Zukunft und weiteren Anmerkungen nutzten die Befragten die Chance für einen qualitativen Input. Am häufigsten genannt wurde der Wunsch nach mehr entwicklungsfördernden Maßnahmen wie Investitionen in die Bildung, Zivilgesellschaft oder lokale Wirtschaft der betroffenen Regionen sowie stärkere Konzentration auf Krisenprävention. Kritik wurde an der aktuellen Waffenexportpolitik, an (militärischen) Interventionen in anderen Ländern sowie der aktuellen Wirtschaftspolitik und dem EU-Türkei-Abkommen vom März 2016 geäußert. Bezüglich der aktuellen Migrationspolitik gab es sowohl Forderungen nach liberaleren Reformansätzen als auch nach einer restriktiveren Einwanderungspolitik und sogar Migrationsabwehr. Dieser Gegensatz spiegelt die gespaltene gesellschaftliche Debatte zum Umgang mit der »Flüchtlingskrise« wider.[47] So wünschten sich Befragte mehr und transparentere Kommunikation mit der Bevölkerung sowie eine stärkere Beachtung möglicher Klimaflucht. Damit reflektieren die qualitativen Inputs sowohl die Positionen im parteipolitischen Dissens als auch Kritikpunkte aus der Wissenschaft.[48]

Ein Plädoyer für die Aufarbeitung der Lücken

Der Schlüsselbegriff »Fluchtursachenbekämpfung« hat mit Beginn der sogenannten »Flüchtlingskrise« eine neue politische, mediale und öffentliche Karriere begonnen. Spätestens mit der Sonderinitiative »Fluchtursachen bekämpfen – Flüchtlinge reintegrieren« im Jahr 2014 erhob ihn die Bundesregierung zu einem zentralen Aktionsfeld der Entwicklungszusammenarbeit. Die Untersuchung ergab, dass der Ausdruck »Fluchtursachen« nicht konsequent trennscharf zu Migrationsgründen genutzt wird. Dies resultiert aus der vagen gesetzlichen Schwelle zwischen Flucht und Migration.[49] Zudem werden gewöhnlich wirtschaftliche Motive der Migration, nicht der Flucht, zugeordnet und juristisch sogar als Fluchtmotiv ausgeschlossen. Gleichwohl wirbt die Große Koalition öffentlich für Armutsbekämpfung als Fluchtursachenbekämpfung. Dieses Paradoxon verlangt der Klärung, um die globalen Zusammenhänge von Armut, Krieg und Flucht aufzuarbeiten und populistischen Ausdrücken wie »Asylmissbrauch« vorzubeugen, welche Personen,

---
47 Vgl. Däuble (2016).
48 Vgl. Deutscher Bundestag (2016b); Heinemann-Grüder (2016), S. 65.
49 Vgl. Hippler (2016), S. 33.

die aus wirtschaftlicher Not heraus migrieren, diskreditieren und kriminalisieren.[50]

Die Analyse der Fraktionsanträge ergründete ein divergierendes Verständnis bezüglich einer adäquaten Politik zur Bearbeitung von Fluchtursachen. Die konträren Interpretationen resultieren bereits aus den unklaren Grenzen der Begriffe. Die Vokabel »Fluchtursachenbekämpfung«, ihre Semantiken und die entsprechend notwendig erachteten Maßnahmen erwachsen hiermit zu einem politischen Streitthema. Der daraus folgende Dissens zwischen den Fraktionen lässt sich auf die präferierte Handlungsrichtung (introvertiert versus extrovertiert) zurückführen. Diese Positionen sind jedoch nicht so unvereinbar wie die Debatte suggeriert, sondern ergänzen einander zur nachhaltigen Fluchtursachenbekämpfung. Problematisch ist, dass die Wirksamkeit der praktischen Politik nur sporadisch evaluiert wird. Die Tauglichkeit von Politikvorschlägen lässt sich so kaum einschätzen. Fluchtursachenbekämpfung fällt in die geteilte Verantwortung des BMZ und des Auswärtigen Amtes. Sie erfordert daher besonderes Schnittstellenmanagement. Allerdings bemängelt die letzte Gesamtevaluierung der interministeriellen Zusammenarbeit aus dem Jahr 2011 die unzureichende Koordination zwischen den Häusern.[51] Die aktuelle Situation lässt sich von außen nicht beurteilen, da bisher keine neue Gemeinschaftsevaluierung publiziert wurde. Zwar verzeichnete das Deutsche Evaluierungsinstitut der Entwicklungszusammenarbeit (DEval) eine allgemeine Verbesserung der Evaluierungspraxis, jedoch mangelt es weiterhin an Transparenz – gerade für die Öffentlichkeit.[52]

Die Analyse legt nahe, dass unter dem Label »Fluchtursachenbekämpfung« zusätzliches Kapital für entwicklungspolitische Projekte bereitgestellt werden kann. Ein Schwerpunkt der Sonderinitiative zur Fluchtursachenbekämpfung liegt auf dem medienwirksamen Thema Syrien mit einem Gesamtvolumen von fast einem Drittel der gesamten Fördersumme. Insofern besteht ein Ungleichgewicht der Aufmerksamkeit zu älteren Krisen, jedoch sind sie nicht vollkommen in Vergessenheit geraten. Trotz dieser Fördersumme bleibt Deutschland hinter seinem Ziel zurück, 0,7 % der öffentlichen

---
50 Vgl. Gertheiss/Mannitz (2016), S. 49; Diaby (2015).
51 Vgl. BMZ (2011), S. 8-9.
52 Vgl. Lücking/Freund/Bettighofer (2015), S. 54-55.

Ausgaben für Entwicklungszusammenarbeit gemessen am Bruttonationaleinkommen bereitzustellen. Kritik wurde zuletzt an der Neuberechnung der ODA-Quote (Official Development Assistance) geäußert: Durch die stärkere Einberechnung der Flüchtlingshilfe wurde diese Quote von 0,42 im Jahr 2014 auf 0,52 im Jahr 2015 statistisch erhöht. Allerdings wird bezweifelt, dass entsprechend höhere Beträge in Entwicklungsprojekte in den Partnerländern fließen.[53]

Die Sonderinitiative umfasst vielfältige Themenbereiche: sowohl kurzfristige Hilfsmaßnahmen als auch langfristige strukturelle Entwicklungsförderung. Dies widerspricht zunächst der Annahme, dass vermehrt kurzfristige Projekte zur Eindämmung akuter Wanderungsbewegungen gefördert werden. Jedoch ist derzeit die tatsächliche Beständigkeit der Projekte oder ihre Erfolgsquote noch nicht absehbar. So ist gerade im Fall der Sonderinitiative mit mehr als 82 Programmen und einem Budget in Höhe mehrerer hundert Millionen Euro eine Evaluierung erforderlich, um »Best Practices« zu identifizieren, transparentere Entscheidungsprozesse zu gewährleisten und zukünftige Aktionen an empirischen Befunden auszurichten.

Bislang wurde keine Umfrage speziell zu Fluchtursachenbekämpfung veröffentlicht, wobei die dadurch gewonnenen Erkenntnisse gerade für die Politik wegweisend sein könnten. Die hier präsentierte Onlineumfrage bietet Anhaltspunkte zur Wahrnehmung der Politik unter dem Leitwort Fluchtursachenbekämpfung in der Gesellschaft. Die Mehrheit der Befragten begrüßt ein stärkeres Engagement der Bundesregierung zur Reduzierung von Fluchtfaktoren. Dementsprechend besitzt der Begriff ein hohes Potenzial zur Legitimierung von Projekten und Finanzmitteln gegenüber der Öffentlichkeit. Die Wahrnehmung von Geldzahlungen an andere Regierungen als Schwerpunkt deutscher Außenpolitik in Kombination mit der Einschätzung, dass Deutschland zurzeit nicht genug zur Fluchtursachenbekämpfung unternimmt, kann sich auf das Ansehen der Bundesregierung auswirken. Diesem würde etwa eine transparentere Kommunikation entgegenwirken. Zudem offenbart sich die Spaltung der Gesellschaft und Politik bezüglich der aktuellen Migrationspolitik im Allgemeinen und den Maßnahmen zur Fluchtursachenreduktion im Speziellen. Daneben zeigen die Ergebnisse der offenen Kategorien der

---

53 Vgl. Lodde (2016).

Umfrage, dass Fluchtursachenbekämpfung in Verbindung mit Migrationsabwehr gebracht wird. Daher muss in und durch Wissenschaft, Politik und Gesellschaft ein Bewusstsein geschaffen werden, dass Fluchtursachenbekämpfung kein Modebegriff zur Reduzierung von Flüchtlingszahlen darstellt, sondern eine langfristige Aufgabe zur nachhaltigen Stabilisierung und Entwicklung aktueller Krisenländer.[54] Dies erfordert nicht nur Informationskampagnen, sondern öffentlich-partizipative Diskussionsforen, in denen Wissenschaft, Politik und Gesellschaft sachlich Argumente austauschen sowie Sorgen, Probleme und Lösungsansätze erörtern. Durch fehlende Erkenntnisse über die Wirksamkeit von Maßnahmen zur Reduzierung von Fluchtauslösern aufgrund mangelnder Evaluierungen bzw. Transparenz ist eine solche Debatte zu dem Thema kaum möglich. Ohne Selbstreflexion und die Anknüpfung von politischen Initiativen an empirische Ergebnisse läuft die Politik unter dem Schlagwort der Fluchtursachenbekämpfung daher tatsächlich Gefahr, zu einem »inhaltsleeren Mantra« zu verkommen.[55]

Literatur

Angenendt, Steffen/Anne Koch (2016): Fluchtursachenbekämpfung. Ein entwicklungspolitisches Mantra ohne Inhalt?, in: Ausblick 2016. Begriffe Und Realitäten Internationaler Politik (Januar 2016), S. 41-44.
Bettighofer, Simon/Simon Freund/Kim Lücking (2015): Evaluierungspraxis in der deutschen Entwicklungszusammenarbeit. Umsetzungsmonitoring der letzten Systemprüfung, hg. v. Deutsches Evaluierungsinstitut der Entwicklungszusammenarbeit (DEval), Bonn.
Däuble, Helmut (2016): Flüchtlingsdebatte: Ein Graben durch Deutschland, Spiegel-Online v. 31.1.2016.
Diaby, Karamba (2015): Asylmissbrauch gibt es nicht, in: Zeit-Online v. 10.8.2015.
Ehni, Ellen (2015): ARD-DeutschlandTrend. Mehrheit für Syrien-Einsatz, Tagesschau-Online v. 4.12.2015.
Fröhlich, Christian (2016): Menschliche Mobilität im Kontext ökologischer und politischer Krisen. Das Beispiel Syrien, in: Friedensgutachten 2016, hg. v. Margret Johannsen et al., Berlin, S. 89-100.
Gertheiss, Svenja/Sabine Mannitz (2016): Flucht, Asyl, Migration, Einwanderung: Begriffsverwirrung und politische Defizite, in: Friedensgutachten 2016, hg. v. Margret Johannsen et al., Berlin, S. 46-58.
Han, Petrus (2005): Soziologie der Migration. Erklärungsmodelle, Fakten, Politische Konsequenzen, Perspektiven, Stuttgart.
Heinemann-Grüder, Andreas (2016): Fluchtsache Interventionismus, in: Friedensgutachten 2016 Friedensgutachten 2016, hg. v. Margret Johannsen et al., Berlin, S. 59-70.
Hippler, Jochen (2016): Flucht und Fluchtursachen, in: Friedensgutachten 2016, hg. v. Margret Johannsen et al., Berlin, S. 32-45.

---

54 Vgl. Hippler (2016), S. 44.
55 Angenendt/Koch (2016), S. 41.

Lodde, Eva (2016): Deutschland ändert Berechnung. Flüchtlingshilfen als Entwicklungshilfe?, Tagesschau-Online v. 4.4.2016.
Nuscheler, Franz (2004): Internationale Migration. Flucht und Asyl, 2. Aufl., Wiesbaden.
Schraven, Benjamin et al. (2015): Was kann Entwicklungspolitik zur Bekämpfung von Fluchtursachen beitragen? Analysen und Stellungnahmen 14, Bonn.

Grenzen, Transit und europäische Transitpolitiken

Vinzenz Kratzer

Konzept und Entwicklung der europäischen Transitlandpolitik

Transit ist ein Konzept, das im aktuellen politischen und wissenschaftlichen Migrationsdiskurs im europäischen Kontext eine immer wichtigere Position einnimmt. Es befindet sich am Kreuzungspunkt zweier Politikfelder, nämlich der EU-Nachbarschaftspolitik und der illegalen Migration. Darin sind viele Elemente enthalten, die den öffentlichen Diskurs über Migration prägen, etwa die diskursive Nähe zu Armut und Illegalität, das Bild der Elendsflüchtlinge auf Booten, das menschliche Leid und die Todesgefahr sowie die Ausbeutung der illegalen Migranten durch Schmuggler. Eine Publikation eines Beratungsinstituts für Migrationspolitik umreißt diesen Komplex folgendermaßen:

> »Eine steigende Anzahl an Menschen riskiert ihr Leben beim Versuch, Europa an Bord eines überfüllten Bootes zu erreichen. […] Viele unglückliche Migranten haben ihr Leben in der Straße von Gibraltar, dem atlantischen Ozean vor den kanarischen Inseln, in der Ägäis und vor den Küsten Siziliens verloren, als sie auf der Flucht vor extremer Armut, sozialen Härten, Diskriminierung oder auch nur auf der Suche nach einem besseren Leben waren.

Darüber hinaus müssen sich Migranten oft mit skrupellosen Schmugglern einlassen oder sie fallen gnadenlosen Schleusern in die Hände. Das alles sind große Herausforderungen für die Regierungen sowohl nördlich als auch südlich des Mittelmeers, sowohl, was die Kontrolle und das Verhindern illegaler Migration betrifft, als auch die Bekämpfung von Schmuggel und Schleusung im Allgemeinen.«[1]

Hier sind es vor allem die nordafrikanischen Anrainerstaaten des Mittelmeers, die eine zentrale Position in der EU-Transitlandpolitik einnehmen. Sie erscheinen manchmal als Partner in Kooperationsprojekten, manchmal als Schuldige, die für Fehlschläge im Kampf gegen die illegale Migration verantwortlich gemacht werden.

Im folgenden Text werden das Konzept und die Entwicklung des Transitbegriffs im Kontext der EU-Außenpolitik am Beispiel Nordafrikas skizziert. Dies ist zunächst ein etwas schwieriges Unterfangen, da es wie für viele andere Begriffe aus dem Grenzbereich zwischen Politik und Wissenschaft für Transitmigration kein allgemein akzeptiertes Verständnis gibt. Einträge zu diesem Terminus fehlen in den einschlägigen migrationsspezifischen Glossaren.[2] Offenkundig wird der Begriff »Transit«, anders als beispielsweise »Flucht« oder »Flüchtling«, in den Diskursen als selbsterklärend eingeschätzt, obgleich der Begriff als definitorische Kategorie für Migration ausbuchstabiert und mitgedacht wird. Jedoch ist jede Art von Kategorisierung zumindest in der Forschung auch eine implizite Theoretisierung – deshalb soll hier versucht werden, das allgemeine Verständnis von Transit mit einer entsprechenden theoretischen Basis zu verknüpfen, um so definitorische Klarheit zu fördern.

Dafür wird die Kategorie »Transit« hier zunächst historisiert, und die Entwicklung der Transit(land)politik der Europäischen Union in den letzten 20 Jahren nachgezeichnet. Darauf aufbauend werden einige theoretische Bezugspunkte gängiger politischer Konzepte aus der Migrationsforschung diskutiert. Zum Abschluss werden die Auswirkungen der Europäischen Transitlandpolitik dargestellt und kritisch bewertet.

---

1 Simon (2006), S. 28, eigene Übersetzung.
2 Vgl. zum Beispiel Cassarino/Fargues (2006).

EU-Transit(land)politik

Im politischen und im europarechtlichen Verständnis wurde Transit zunächst mit zwei Dimensionen verbunden, der Grenzüberschreitung und der Durchwanderung eines Landes, um zum Beispiel mit einem Asylbegehren in die Europäische Union zu gelangen. Aus diesem einfachen Verständnis heraus wurde bereits Ende der 1990er-Jahre die sogenannte EU-Transitlandpolitik entwickelt. Ihre Anfänge können auf den Vertrag von Amsterdam zurückgeführt werden, der die Migrationspolitik in den Kanon der gemeinsamen Politikfelder aufgenommen hat.[3] Hintergrund war das Inkrafttreten des Schengener Abkommens, dessen Liberalisierung des Reise- und Güterverkehrs innerhalb des Schengen-Raums mit einer besser geschützten gemeinsamen Außengrenze »erkauft« wurde. Die Vorhaben wurden 1999 beim Gipfeltreffen im finnischen Tampere konkretisiert und in vier Aufgabenbereiche untergliedert:
1. Partnerschaft mit den Transitländern,
2. Vereinheitlichung der Asylverfahren,
3. Verbesserung der Rechtsstellung von Drittstaatsangehörigen und
4. Bekämpfung der illegalen Einwanderung.[4]

Grundsätzlich liegt dieser Politik ein Ausgleichsgedanke zugrunde, der Kontroll- und Überwachungsmaßnahmen (gegen irreguläre Migration) mit Liberalisierung und Verbesserung von Rechtsschutz (vor allem Visafreiheit und EU-weiter Flüchtlingsschutz) aufwiegen soll. In der Folgezeit bildete sich aber eine politische Teilblockade der Migrationspolitik heraus, die im Prinzip bis heute anhält. Vor allem im Bereich der Migrations- und Asylpolitik sind die Interessen der einzelnen EU-Staaten zu unterschiedlich für eine gemeinschaftliche Politik. Periodisch wiederkehrende Konfliktpunkte sind unter anderem die Schaffung einheitlicher Rechtsstandards für Drittstaatsangehörige und Flüchtlinge sowie bei Visavergaben.[5] Wegen dieser langdauernden politischen Blockade rückten von den vier Aufgaben vor allem die Kooperationsvereinbarungen mit Transitstaaten sowie die Bekämpfung der

---

3 Im Vertrag von Maastricht 1993 wurden entsprechende Politikfelder als intergouvernementale Themen genannt, aber noch nicht als gemeinsames Politikfeld definiert.
4 Turner et al. (2006), S. 69.
5 Bendel (2017), S. 6.

illegalen Migration als kleinster gemeinsamer Nenner zwischen den Mitgliedsstaaten in den Fokus der Aushandlungen.

In Abwesenheit eines tragfähigen Konsenses wurde die Migrationspolitik zunächst durch die Europäische Kommission auf administrativ-technischer Ebene in Form einzelner Projekte und Programme entwickelt, eine pragmatische Strategie, die auch in anderen europäischen Politikfeldern Anwendung findet. Dazu gehören Kooperationsprojekte mit Transitstaaten, die den Aufbau von Grenzschutz- und Verwaltungsstrukturen sowie die Bekämpfung illegaler Migration beinhalten.[6] 2005 nahm die EU-Grenzschutzagentur Frontex auf Grundlage eines Ratsbeschlusses seine Arbeit auf. Ihr Mandat dient der Unterstützung von Mitgliedsstaaten und der Bereitstellung von Expertisen und kann auch als eine technisch-administrative Kompromisslösung gelesen werden, da an Frontex zunächst ausdrücklich keine hoheitlichen Aufgaben der Mitgliedsstaaten abgegeben wurden.[7] In Einklang mit der Betonung der Bekämpfung der illegalen Migration hat Frontex bis heute vor allem den Auftrag, Daten und Analysen bereitzustellen und größere Operationen, an denen mehrere Mitgliedsstaaten beteiligt sind, zu koordinieren.

Im Zentrum der Europäischen Transitlandpolitik steht seit 2011 der »Gesamtansatz zur Migration und Mobilität (GAMM)«. Dieses Dokument ist von zentraler Bedeutung, da seit dessen Vorlage »kein relevantes Dokument zur EU-Migrationspolitik erschienen [ist], das nicht ausdrücklich Bezug auf ihn nehmen würde«.[8] Im Gesamtansatz werden die Instrumente, Ziele und Verantwortlichkeiten der Transitlandpolitik unter diesem Begriff erstmals konkretisiert.[9] Ein Beispiel dafür sind Mobilitätspartnerschaften, die als »das innovativste und flexibelste Instrument« der Transitlandpolitik gelten.[10] Formal sind diese Partnerschaften zunächst nichts weiter als bilaterale Verhandlungen, die von der Kommission koordiniert werden. Hierfür existiert ein Maßnahmenkatalog, der mögliche Themen der Verhandlungen auflistet, an erster Stelle Rücknahmeabkommen gegen Visaerleichterungen, aber auch Themen der Entwicklungs-, Handels- oder Kulturpolitik, die sich nicht

---

6 International Centre for Migration Policy Development (2012), S. 27.
7 Bundesregierung (2007), S. 1.
8 Angenendt (2012), S. 13.
9 Vgl. International Centre for Migration Policy Development (2012), S. 288.
10 Europäische Kommission (2016).

unmittelbar aus der Steuerung von Migration ableiten. Solche bilateralen Verträge existieren seit längerer Zeit zwischen einzelnen Mitgliedsstaaten der EU und Transitländern. In der Tat dienen diese bestehenden Verträge oft als Grundlage für die neuen Verhandlungen im Rahmen der Mobilitätspartnerschaften, die von der Kommission geleitet werden.[11] Neu ist dabei, dass diese Maßnahmen vorrangig Elemente aus Innen- und Entwicklungspolitik miteinander verknüpfen, dass also etwa Rücknahmeabkommen gleichzeitig mit Visaerleichterungen verhandelt werden. Die Unverbindlichkeit des Rahmens garantiert eine gewisse Flexibilität, sodass einzelne Punkte relativ unabhängig voneinander verhandelt werden können. Das bedeutet etwa, dass Kompromisse nicht automatisch durch Schwierigkeiten gefährdet werden. Darüber hinaus können sich einzelne Mitgliedsstaaten je nach Interessenlage an einzelnen Mobilitätspartnerschaften (oder auch nur an einzelnen Unterprogrammen) beteiligen. Kommen die Verhandlungen zum Abschluss, werden sie in Form von bilateralen Verträgen zwischen dem Transitland und den unterzeichnenden Mitgliedsstaaten in geltendes Recht überführt, sind also nicht Teil des klassischen EU-Rechts. Trotz der Würdigung durch die Kommission liefen die Mobilitätspartnerschaften in der Praxis zunächst nur schleppend an, bis heute konnten Abkommen mit Kap Verde, Aserbaidschan, Belarus, Armenien, Georgien, Jordanien, Moldau, Tunesien und Marokko geschlossen werden; Deutschland ist dabei an fast allen Partnerschaften beteiligt (Ausnahme: Kap Verde und Aserbaidschan). Aktuell laufen Verhandlungen mit fünf weiteren afrikanischen Staaten (Senegal, Mali, Niger, Nigeria und Äthiopien).[12] Einige dieser Partnerschaften gelten zwar formal als abgeschlossen, enthalten bisher aber keine Rücknahmeabkommen, die weithin als das Herzstück der Transitlandpolitik gelten.[13]

Mit der Zeit etabliert sich ein Trend der Entgrenzung der Transitlandpolitik, die über die ursprünglichen Bereiche der gemeinsamen Außenpolitik beziehungsweise des Schengener Abkommens hinauswächst. Ein Beispiel dafür ist die Verschränkung von Außen- und Innenpolitik, wie das »vierstufige Grenzschutzmodell« zeigt. Es wurde 2008 von den Innenministern der

---

11 Mainwaring (2012), S. 448 f.
12 Europäische Kommission (2016).
13 Bendel (2017), S. 17.

EU beschlossen und beschreibt klassische Aufgaben des Grenzschutzes, wie das Kontrollieren von Personen und Güterverkehr oder die Bewachung der Grenze zwischen Grenzübergängen. Dazu kommen Maßnahmen und Instrumente, die Entsende- und Transitländer betreffen (Stufe 1), sowie Kooperationen beim Grenzschutz mit den unmittelbar angrenzenden Nachbarländern (Stufe 2). Polizeiaufgaben mit Migrationsbezug im Schengen-Raum werden ebenso in diesem Modell der Grenzüberwachung integriert.[14] Die Transitlandpolitik wird also mit der Zeit nicht mehr ausschließlich als Bestandteil der EU-Außen- und Nachbarschaftspolitik wahrgenommen, sondern als Teil der gemeinsamen Sicherheitspolitik verstanden.[15]

Die Entwicklung der Transitlandpolitik zeigt also eine gewisse Vergemeinschaftung, die zunächst vor allem die technische Zusammenarbeit zwischen den Mitgliedsstaaten der EU und den Transitländern umfasst, und schrittweise unterschiedliche Politikbereiche miteinander integriert. In diesem Zusammenhang wird das Grundkonzept einer integrierten Migrationspolitik, welche die Öffnung neuer legaler Zugangswege und die Steuerung von Migration sowie die Kontrolle der irregulären Migration beinhaltet, immer wieder bekräftigt. Die tatsächliche Umsetzung ist allerdings recht selektiv. Von den ursprünglich anvisierten Bereichen wurden bisher vor allem Aspekte der Sicherheits- und Kontrollpolitik realisiert. Ähnliche Tendenzen kann man an der Bedeutung der Grenzschutzagentur Frontex ablesen: Deren Budget hatte sich seit ihrer Gründung innerhalb der letzten zehn Jahre mehr als verzehnfacht; mittlerweile hat die Grenzschutzagentur auch weitreichende Befugnisse erhalten, die beispielsweise Einsätze auch ohne Zustimmung des betroffenen Mitgliedsstaates erlauben.

Begriffsentwicklung und empirische Grundlagen

Die Entwicklung des Transitbegriffs in der wissenschaftlichen Diskussion ist mit der politischen Debatte um EU-Transitlandpolitik eng verknüpft und einer ähnlichen Unschärfe unterworfen. Es ist allerdings möglich, einige

---
14 Rat der Europäischen Union (2008), S. 13 ff.
15 Bendel (2017), S. 7.

Eigenschaften des Begriffs zu identifizieren und diese an theoretische Diskussionen in der Migrationsforschung anzuknüpfen. Die Anfänge der Debatte um Transit (oder ebenfalls verwendet »Transitmigration«) zu Beginn der 1990er-Jahre können als Phänomen der »neuen Wanderungen«[16] aufgefasst werden. Sie stand unter dem Eindruck des Endes der Ost-West-Blockkonfrontation, der Diversifizierung von Migrationsbewegungen im Zuge der Globalisierung sowie verschiedener Kriegsschauplätze in der Nachbarschaft Westeuropas. Die Internationale Organisation für Migration (IOM) veröffentlichte etwa eine Serie von Artikeln, die vor Gefahren des Transits (der Transitmigration) in Mittel- und Osteuropa sowie der Türkei warnten. Verstanden wurde Transit als eine Migrationsbewegung größeren Umfangs, die sich über große Distanzen und mehrere Landesgrenzen hinweg erstreckte; die Länder zwischen den Entsende- und Zielländern wurden so als Transitländer bezeichnet. Mittlerweile sind fast alle Nachbarländer der EU als Transitländer in diesem Sinne identifiziert worden, niemals jedoch EU-Mitgliedsstaaten selbst, auch wenn sich innerhalb der EU teilweise umfangreiche Wanderungen vollzogen haben und vollziehen.[17] Tatsächlich nahmen Ende der 1990er-Jahre sowohl die Vereinten Nationen als auch die EU das Thema Transit in die politische Agenda auf, jedoch ohne eine gemeinsame politische oder juristische Definition des Begriffs zu entwickeln. Düvell konstatiert, dass eine der ältesten Definitionen von »Transitmigration« 1993 von der UN geliefert worden sei, aufgefasst als »Migration in ein Land [...], mit der Absicht einer Weiterreise in ein anderes Zielland«. Diese prägnante und kurze UN-Definition habe aber dennoch keine Deutungshoheit erlangt. Im Gegenteil: Institutionen wie die Interparlamentarische Union agieren auf der Grundlage einer anderen Definition, schreiben dieser aber ebenfalls eine universelle Akzeptanz in der UN zu. Hier werden »Transitmigranten [...] definiert als Ausländer, die in einem Land für eine gewisse Weile bleiben, während sie versuchen, permanent in ein anderes Land auszuwandern«. Düvell weist darauf hin, dass die einzige »Quelle« für diese »angebliche allgemeine Akzeptanz eine Publikation der IOM sei.[18]

---

16 Collyer et al. (2012), S. 407.
17 Düvell (2012), S. 417 f.
18 Düvell (2012), S. 419, eigene Übersetzung.

In Abwesenheit einer allgemeingültigen Definition kristallisieren sich aber einige Eigenschaften von Transit und Transitmigration heraus, die politische und öffentliche Diskurse besonders prägen: zum einen die Absicht und der Plan der Migrierenden, in ein anderes Land weiterzureisen und zum anderen die daraus resultierende Kurzzeitigkeit des Aufenthalts im Transitland selbst. Beide Dimensionen sind durchaus brauchbar und werden auch hier weiterverwendet. Eine weitere oft genannte Dimension ist die Nähe von Transit und Transitmigration zu klandestiner Migration: Der Europarat schreibt etwa, dass »die zwei Haupteigenschaften von Transitmigration [...] deren illegitime Natur sowie komplexe kriminelle Operationen [sind]«.[19] Alle drei Dimensionen sind durchaus wichtig, um Transit konzeptuell von anderen Migrationsformen abzutrennen.

1. Die Kurzzeitigkeit des Aufenthalts dient in diesem Zusammenhang als Kriterium zur Unterscheidung der Transitmigration von permanenter Siedlungsmigration;
2. Der Plan der Weiterreise ist ein wichtiges Abgrenzungsmerkmal zu anderen Formen des kurzzeitigen Aufenthalts, etwa Pendel- oder Saisonmigration.
3. Und mit Blick auf Legalität und Risiko des Transits steht das Konzept für eine prekäre Migrationsform, deren Eigenschaften – kurzzeitiger Aufenthalt in einem Drittstaat, in der Regel Illegalität sowie gefährliche, oft von Schleusern organisierte Transporte – in das Transitlandkonzept der EU-Politik gut passt.

Versucht man das Konzept mithilfe empirischer Daten zu überprüfen, werden schnell dessen Stärken und Schwächen sichtbar. Die EU-Grenzschutzagentur Frontex sammelt auch Daten zu illegalen Grenzübertritten, aufgegriffenen Drittstaatsangehörigen ohne Aufenthaltstitel, verhafteten Schleusern sowie weitere Datensätze zum Thema Grenzübertritte und migrationsbedingte Illegalität.[20] Auf den ersten Blick scheinen die Zahlen von Frontex die drei definitorischen Dimensionen des Transitlandkonzepts zu bestätigen: An allen Hauptrouten irregulärer Migration sind in jüngster Zeit hauptsächlich Angehörige von weit entfernten Staaten (mitunter also Transitmigrierende)

---

19 Collyer/de Haas (2012), S. 471.
20 Alle Zahlen aus Frontex (2017), S. 46 ff.

aufgegriffen worden. 2016 waren dies vermehrt Staatsangehörige Syriens und Afghanistans an der östlichen Mittelmeerroute zwischen der Türkei und Griechenland, während die zentrale Mittelmeerroute zwischen Libyen und Italien oft von Staatsangehörigen Eritreas oder Nigerias genutzt wurde.

Dem steht entgegen, dass fast alle Studien, die in den Nachbarländern der EU zu Migration durchgeführt worden sind, feststellen, dass die meisten Migrationsbewegungen in ihrem Charakter regional, zirkulär und nicht auf eine dauerhafte Auswanderung nach Europa gerichtet sind.[21] Beispielsweise schätzt die IOM, dass nur etwa 15 % der subsaharischen Migrantinnen und Migranten in Nordafrika nach Europa ausreisen wollen, wobei nicht alle dieses Ziel auch tatsächlich erreichen.[22] Auch das BAMF geht davon aus, dass, obwohl »zwischen Afrika und besonders der EU ein [...] entsprechend großes Migrationspotenzial existiert [...], Migration vor allem innerhalb Afrikas stattfindet«.[23] Typischerweise sind es vor allem arbeitsintensive, saisonabhängige Wirtschaftssektoren wie Landwirtschaft, Tourismus oder Petroindustrie (in Libyen), die vor allem Arbeitsmigrantinnen und -migranten anziehen und eine regionale Zirkulation von Arbeitskräften hervorrufen. Auch erzwungene Migration folgt diesem regionalen Muster: Entgegen der weitverbreiteten Annahme der Massenflucht nach Europa gelangt tatsächlich nur ein Bruchteil der Flüchtlinge aus Kriegs- und Krisengebieten in die EU. Dies trifft selbst dann zu, wenn sich diese Krisen in der unmittelbaren Nachbarschaft abspielen: Von den etwa 630.000 Ausländern in Libyen, die im Zuge der Unruhen und des Bürgerkriegs 2011 das Land verließen, gelangten etwa 40.000 (also gut sechs %) über Sizilien in die Europäische Union. Die übrigen kehrten etwa zu gleichen Teilen in ihre Heimatländer zurück oder fanden Zuflucht in unmittelbarer Nähe der Kriegsregionen.[24]

Es gibt also Hinweise auf gewisse Fehlwahrnehmungen auf konzeptueller Ebene, die von der Frontex-Risikoanalyse nicht sichtbar gemacht werden. Dies betrifft an erster Stelle die Annahme, dass Transitmigration in der Regel Europa zum Ziel hat. Dies verweist auf ein klassisches Analysewerkzeug der Migrationsforschung, die Push- und Pull-Faktoren, die oft zur Erklärung von

---

21 BAMF (2011), S. 118.
22 BMBF, zit. n. Marfaing (2011), S. 66.
23 Schmidt (2011), S. 44.
24 Pastore (2011), S. 2 f. Zahlen nach IOM.

»Migrationsströmen« eingesetzt werden. Das Begriffspaar geht ursprünglich auf eine Analyse von Binnenwanderungen in den 1970er-Jahren in den USA zurück, in der makroökonomische Variablen als Erklärung für Wanderungen zwischen einzelnen Regionen dienten.[25] Typische Push-Faktoren sind etwa Arbeitslosigkeit, niedrige Löhne, Armut oder politische Instabilität, die mit den korrespondierenden Pull-Faktoren Länder oder ganze Regionen in Entsende- und Empfängerländer (bzw. Regionen) abgrenzen. Zusammen mit der Rational-Choice-Theorie, nach der betroffene Individuen Migrationsentscheidungen in Form eines persönlichen Kalküls der Nutzenmaximierung treffen, bildet der Push-Pull-Ansatz die Basis der Mainstream-Migrationsforschung. Aus beiden Theoremen wird ein fast schon selbstverständliches Erklärungsmodell für Wanderungen konstruiert. Massey et al. bemerken, dass »zeitweise […] Forscher [es] als ausreichend empfunden [hätten], die ökonomischen und demografischen Unterschiede zwischen zwei Regionen aufzuzählen, um daraus quasi unvermeidliche Migration abzuleiten«.[26]

Es zeigt sich, dass die drei Dimensionen Kurzzeitigkeit, Illegalität und Plan der Weiterreise die Abgrenzung von anderen Migrationsformen mitdenken, jedoch keine definitorische Klarheit herbeiführen. Es gibt keine weitere Spezifizierung des Faktors Zeit, also was genau »kurzzeitiger Aufenthalt« bedeutet, und ab welcher Dauer die Transitmigration in eine permanente Migration überführt wird. Zeit und Dauer können auch kaum abstrakt festgelegt werden, da sie zu sehr von den individuellen Gegebenheiten der Migrierenden abhängt. Der Plan der Weiterreise ist ein ebenso unsicheres Kriterium – bei vielen Migrationsprojekten steht kein definiertes Ziel von Beginn an fest, darüber hinaus kann es ebenso wenig sicher erfasst werden. Das endgültige Ziel der Migration kann oft auch nicht genau bestimmt werden, es wird hinlänglich angenommen, dass sich dieses in Europa befindet.

Als Antwort auf diese konzeptionellen Unschärfen von Transit und Transitmigration werden weitere Begriffe wie Migrationsdruck oder Migrationspotenzial in den wissenschaftlich-politischen Diskurs eingebracht. Diese Begriffe bezeichnen potenzielle Migrationspläne, die möglicherweise in der Zukunft durchgeführt werden. Dieses Potenzial ist zweifach unsicher. Es

---

25 BAMF (2011), S. 25 f.
26 Massey et al. (1998), S. 9.

bezieht sich erstens auf eine unbestimmte Zukunft und entzieht sich zweitens einer empirischen Überprüfung, da es definitionsgemäß nie vollständig realisiert werden kann.[27] Somit wird eine genaue zeitliche und räumliche Definition von Transitmigration vermieden und durch einen axiomatischen Begriff ersetzt, der sich letzten Endes wieder nur auf eine Disparität von Push- und Pull-Faktoren stützt und daraus den unvermeidlichen Migrationsdruck ableitet. Ein Beispiel für dessen praktische Anwendung bietet Frontex, in dessen Risikoanalysemodell die Anwesenheit von Ausländerinnen und Ausländern in einem Land als Risikofaktor gewertet wird, weil sich diese als Transitmigrierende entpuppen könnten.[28]

Zusammenfassend kann festgehalten werden, dass Transit und Transitmigration als wissenschaftliche Konzepte mit einigen Problemen behaftet sind, die immer dann auftreten, wenn rigide Kategorien an fluide Phänomene angelegt werden. Es gibt zwar tatsächlich Transitmigrantinnen und -migranten im Sinne der Definition, die sich also mit dem festen Ziel der Migration nach Europa auf den Weg machen, dabei mehrere Landesgrenzen überwinden und eventuell ein Leben in Illegalität in Kauf nehmen. Es wäre jedoch ein Fehler pauschal anzunehmen, dass alle (oder auch nur eine Mehrheit) der Migrierenden in einem gegebenen Nachbarland der EU dieser Kategorie angehört. Transitmigration im engen Sinne der Definition ist in einen weiten Kontext verschiedenster freiwilliger und unfreiwilliger Migrationsbewegungen eingebettet. In diesem fluiden Gesamtbild ist sie also weder konzeptuell noch empirisch mit den vorhandenen Daten eindeutig zu fassen, was für eine rationale Gestaltung von politischen Maßnahmen wichtig wäre. Zusätzlich zu konzeptionellen Problemen gibt es Schwierigkeiten auf technischer Ebene, die bei jeder Untersuchung von grenzüberschreitenden, atypischen Phänomenen zu beobachten sind. Die Datenbasis für Transitmigration ist relativ schwach, da das Phänomen größtenteils unter dem »Radar« von Staaten abläuft. Teilweise beruht das auf der Tatsache, dass für Migration in vielen Staaten keine oder nur unzureichend ausgebaute Überwachungsmechanismen vorhanden sind. Teilweise ist das Fehlen von aussagekräftigen Daten darauf zurückzuführen, dass viele Migrantinnen

---

27   BAMF (2011), S. 24.
28   Frontex (2012), S. 20.

und Migranten aus Angst vor eventuellen Nachteilen ihre Bewegungen vor der staatlichen Registrierung verbergen.

Dennoch entwickelt das Konzept trotz – oder genau wegen – seiner Uneindeutigkeit eine gewisse politische Wirkmächtigkeit – in Form eines vagen, als Bedrohung wahrgenommenen Potenzials, das als Legitimierung der europäischen Abschottungspolitik und entsprechender politischer Maßnahmen in den Nachbarländern dient.

Politische Wirkungen des Konzepts Transitmigration

Die Konsequenzen der europäischen Transitlandpolitik können aus vielen Blickwinkeln diskutiert und teils zu Recht kritisiert werden; an dieser Stelle würde eine vollständige Darstellung dieser Diskussion zu weit gehen. In der Literatur werden dabei gerne an erster Stelle die vielen Todesopfer sowie das offenkundige »Versagen« beim Verhindern illegaler Migration genannt.[29]

Die Umsetzung der EU-Transitlandpolitik steht auch hier beispielhaft, da sie mit ihrer Betonung und Priorisierung von Sicherheit- und Grenzschutz eben teilweise auf das Konzept von Transit als Bedrohung zurückgeführt werden kann. Dies hat einerseits eine diskursive Komponente in Form eines Narrativs, um Abschottung zu begründen. Andererseits gibt es auch gewisse strukturelle Gegebenheiten oder auch ökonomische Interessenlagen, die eine Favorisierung des Konzepts manifestieren. Offensichtlich wird dies auch in der Zuteilung von Finanzmitteln aus dem »Fonds für Auswärtige Grenzen«:[30] Zuwendungen des Fonds werden teilweise auf Grundlage des Frontex-Risikobewertungsmodells ausgeschüttet. Hier kann ein gefährdeter Grenzabschnitt deutlich mehr Mittel aus dem Fonds erhalten als ein nicht gefährdeter Grenzabschnitt. Mithin werden also Anreize geschaffen, die Gefahren, die von Transitmigration ausgehen, zu betonen und entsprechende Abschottungsmaßnahmen zu finanzieren.

Die wirklich gravierenden Auswirkungen der Transitlandpolitik sind aber nicht in der EU zu beobachten, sondern werden von den Transitstaaten be-

---

29 Vgl. im Überblick Bendel (2017).
30 Rat der Europäischen Union/Europäisches Parlament (2007).

ziehungsweise von den Migrierenden getragen. Dies betrifft zum einen den Kampf gegen Schmuggler und die organisierte Kriminalität und damit die prominenteste Dimension transitpolitischer Aushandlungen. Sie spielte von Beginn an eine zentrale Rolle bei der Begründung der Betonung grenzpolizeilicher Überwachung. Nach Lesart der Frontex-Risikoanalyse scheint dabei die organisierte Kriminalität stark an Bedeutung gewonnen zu haben: Sowohl an den Mittelmeerrouten als auch an der Landgrenze zur Türkei werden professioneller organisierte Taktiken zur Überwindung der Grenze registriert. Darüber hinaus sieht es Frontex als wahrscheinlich an, dass Migrantinnen und Migranten öfter als früher untertauchen und versteckte Migrationsrouten bevorzugen.[31] Der Hauptgrund hierfür liegt in der zunehmenden Befestigung der europäischen Außengrenze, die ohne logistische und technische Hilfsmittel an vielen Stellen nicht mehr überwunden werden kann. Entgegen dem Kalkül der EU führt dies offensichtlich nicht zu einer Einschränkung der irregulären Migration insgesamt, sondern treibt deren Preis in die Höhe, was letztlich der organisierten Kriminalität in die Hände spielt. Mithin werden die Bedingungen für das Entstehen und die Operation großer Schmugglernetzwerke erst durch die Politik der EU geschaffen. Bei der Verhinderung von grenzüberschreitender Kriminalität mag dies noch ein legitimierbares Mittel zum Zweck sein. Die Abschottung trifft aber auch auf Geflüchtete mit legitimen Schutzansprüchen zu, die genauso wie alle anderen irregulären Migrierenden am Überschreiten der Grenze gehindert und so dazu gezwungen werden, mithilfe von Menschenschmugglern die immer besser bewachte Grenze zu überwinden. Letztlich führt der höhere Verfolgungsdruck zu einem Abtauchen der Menschen in ein Leben der Illegalität, was wiederum das Risiko der wirtschaftlichen Ausbeutung und gesellschaftlichen Marginalisierung weiter erhöht. Neben den Migrantinnen und Migranten sind die Transitländer die Leidtragenden dieser Politik, da die Schmuggler hauptsächlich auf deren Staatsgebiet operieren.

Eine weitere negative Wirkung derzeitiger EU-Transit(land)politik ist die Störung von existierenden regionalen Migrationssystemen, die gerade in Nord- und Westafrika eine herausragende wirtschaftliche Rolle spielen. Studien in Westafrika konnten zeigen, dass insbesondere der Aufbau von

---

31 Frontex (2017), S. 20.

Grenzkontroll- und Überwachungsmaßnahmen ökonomische Weiterentwicklung verhindert. Marfaing stellt heraus, dass die Unterstützung der EU zur Förderung von »Maßnahmen der Migrationskontrolle in den nord- und westafrikanischen Regionen« und der damit transferierte Diskurs über Illegalität zur »Stigmatisierung von Migranten« beiträgt. Unter Beteiligung von Frontex reichten die Maßnahmen von Straßenkontrollen bis zu Massenverhaftungen durch die Polizei, vornehmlich, um »illegale Migranten zu stoppen«. Sie stellt fest, dass die Staatsgrenzen, die innerhalb Westafrikas »für Arbeitsmigranten und Händler bisher relativ durchlässig« waren, »hierdurch schwerer überschreitbar« geworden seien.[32]

An diesem Beispiel wird die mehrdimensionale Widersprüchlichkeit der Transitlandpolitik sichtbar: Regionale Mobilität wird innerhalb der Grenzen Europas als ein wichtiger Wachstumsfaktor betrachtet, außerhalb der Grenzen Europas jedoch als Risiko, das zu höherer illegaler Migration führen könnte. Frontex nennt regionale Mobilität (gemessen an der Anzahl ausländischer Arbeitnehmerinnen und Arbeitnehmern und der regionalen Mobilität der Arbeiterschaft) explizit einen Risikofaktor für irregulären Transit gemäß der Annahme, dass das ultimative Ziel der meisten Arbeitsmigrantinnen und Arbeitsmigranten die Wanderung nach Europa sei.[33] Dieser Widerspruch übersetzt sich in konfligierende Fördermaßnahmen zwischen Entwicklungspolitik, die die Bedingungen für diese regionale Mobilität verbessern, und innen- und sicherheitspolitischen Maßnahmen, die diese regionale Migration möglichst erschweren sollen.

Fazit

Der Blick auf das Transit(land)verständnis der EU, so wie es sich in den letzten Jahren entwickelt hat, kann gewisse Verbindungen zwischen einem Analysekonzept, seinen Wirkungen und der Umsetzung bestimmter politischer Forderungen sichtbar machen. Dies lässt sich gut am Beispiel des Risikoanalysemodells von Frontex ausführen, das in prägnanter Art und Weise die

---

32 Marfaing (2011), S. 80.
33 Frontex (2012), S. 47.

Rezeption von Transit und Transitmigration durch die Europäische Union zusammenfasst: Durch einige Kernvariablen (an erster Stelle die Anzahl der illegalen Grenzübertritte) erscheint Transit(migration) als Gefahr für die innere Sicherheit und Ordnung, etwa aufgrund der Nähe zu organisierter Kriminalität, welche es a priori zu bekämpft gilt. Dabei werden gewisse Stärken und Schwächen von staatlich induzierten wissenschaftlichen Analysekonzepten sichtbar. Eine große Stärke ist die Operationalisierung eines gebräuchlichen, jedoch oft unklaren Terminus, der dadurch erst eine gewisse Konkretisierung erfährt. Dies macht das Problem mithilfe von Indikatoren quantifizierbar, wie etwa die Anzahl der irregulären Grenzübertritte, die Anzahl der festgenommenen Schleuser, das Auffinden gefälschter Pässe oder die Anzahl der erfolgreichen Rückschiebungen. All dies erleichtert die Steuerung des Politikkomplexes. Die politischen Maßnahmen werden darauf ausgerichtet, manche Kennziffern zu senken (die Anzahl der klandestinen Grenzübertritte), andere zu erhöhen (die Anzahl der erfolgreichen Abschiebungen). Das Eintreten oder Ausbleiben dieser Änderungen sind gleichzeitig wichtige Faktoren bei der Bewertung des Erfolgs der politischen Maßnahmen. Auf diskursiver Ebene ist die Verbindung zwischen Konzept und politischer Umsetzung ein wichtiger Baustein bei der Legitimierung von politischen Lösungen. Er wird als eine starke Fundierung der Politik in wissenschaftlichen Konzepten verstanden und suggeriert eine hohe inhaltliche Qualität der getroffenen Entscheidungen. Wie die Analyse gezeigt hat, kann eine solche Verbindung zwischen wissenschaftlichen Konzepten und politischen Maßnahmen jedenfalls bei den wichtigsten EU-Transit(land)politiken konstruiert werden.

Die Verengung auf wenige Kennziffern ist gleichzeitig eine große Schwäche des Konzepts, insbesondere wenn der entsprechende theoretische Unterbau fehlerhaft ist. Für solche Fehlwahrnehmungen sprechen einige empirische Hinweise, vor allem die Tatsache, dass ein Großteil der Migrationen entgegen dem Push-Pull-Modell regional und zirkulär verläuft. Wenn die Transitländer in den Fokus der Analyse rücken, wird deutlich, dass die Konzentration auf einige wenige Dimensionen und Faktoren insgesamt im politischen Diskurs zu einer Überschätzung von Transitmigration führen kann, was wiederum nicht intendierte Nebeneffekte wie die Störung regionaler Migrationssysteme hervorruft.

Diese Hinweise scheinen jedoch nicht zu einer Weiterentwicklung des Transitbegriffs auf wissenschaftlicher Ebene zu führen, obwohl dazu gewisse Überlegungen existieren, die etwa die Aufgabe starrer Kategorisierungen vorschlagen.[34] Stattdessen wird Transit(migration) zu potenzieller Migration umgedeutet, die durch Kontrolle und Abschottung verhindert werden muss. Damit wird eine unüberprüfbare und nicht widerlegbare Position eingenommen, in der Transit als Projektionsfläche einer zukünftigen vagen Bedrohung erscheint.

Negative Effekte dieser Politik werden in jüngster Zeit jedoch durchaus von der Europäischen Kommission in Blick genommen. In diesem Zusammenhang werden Stimmen laut, die an ältere Konzepte der 1990er-Jahre anknüpfen. In der neuesten Version der Mobilitätspartnerschaften (seit Juni 2016) wird ein Schwerpunkt auf Migrations- und Fluchtursachenbekämpfung gelegt.[35] Der Erfolg dieser Idee ist allerdings recht unwahrscheinlich und ebenfalls diskursiv aufgeladen, wie der Artikel von Christiane Suchanek in diesem Band zeigt (➠ S. 111 ff.), solange die zugrunde liegenden politischen Blockaden nicht aufgelöst werden. Im Gegenteil: Gewisse Nationalisierungstendenzen und rechtspopulistische Erfolge in einigen EU-Mitgliedsstaaten lassen eine Verstärkung von Schutz- und Abwehrnarrativen im Transitdiskurs erwarten.[36] Die Ergebnisse des Treffens der Staats- und Regierungschefs auf Malta im Februar 2017 weisen entsprechend eher in die gewohnte Richtung der Transitlandpolitik: Bestandteile der Beschlüsse sind Maßnahmen wie die Aufrüstung der libyschen Küstenwache, der Bekämpfung von Schleusern sowie die geplante Einrichtung von Flüchtlingslagern in Nordafrika. Für eine progressive Transitlandpolitik scheint es derzeit jedenfalls keine politische Mehrheit zu geben.

Literatur

Angenendt, Steffen (2012): Migration, Mobilität und Entwicklung. EU-Mobilitätspartnerschaften als Instrument der Entwicklungszusammenarbeit, SWP-Studie, Berlin.

---

34 Siehe hierzu Collyer/de Haas (2012).
35 Europäische Kommission (2016).
36 Vgl. Bendel (2017), S. 6.

Bendel, Petra (2017): EU-Flüchtlingspolitik in der Krise. Blockaden, Entscheidungen, Lösungen, in: politik für europa (2017).
Bundesamt für Migration und Flüchtlinge (BAMF) (2011): Vor den Toren Europas? Das Potenzial der Migration aus Afrika, Nürnberg.
Bundesregierung (2007): Europäische Grenzschutzagentur FRONTEX. Antwort der Bundesregierung auf die Kleine Anfrage der Abgeordneten Hartfrid Wolff (Rems-Murr), Gisela Piltz, Jens Ackermann, weiterer Abgeordneter und der Fraktion der FDP, BT-Drs. 16/4902, Berlin.
Cassarino, Jean-Pierre/Philippe Fargues (2006): Policy Responses in MENA Countries of Transit for Migrants: An Analytical Framework for Policy-Making, in: Ninna Nyberg Sørensen (Hg.): Mediterranean Transit Migration, Kopenhagen, S. 101-108.
Collyer, Michael/Hein de Haas (2012): Developing Dynamic Categorisations of Transit Migration, in: Population, Space and Place 18 (2012) 4, S. 468-481.
Collyer, Michael/Franck Düvell/Hein de Haas (2012): Critical Approaches to Transit Migration, in: Population, Space and Place 18 (2012) 4, S. 407-414.
Düvell, Franck (2012): Transit Migration. A Blurred and Politicised Concept, in: Population, Space and Place 18 (2012) 4, S. 415-427.
Europäische Kommission (2016): Migration Partnership Framework, Brüssel.
Frontex (2012): Common Integrated Risk Analysis Model. A Comprehensive Update, Warschau.
Frontex (2017): Risk Analysis for 2017, Warschau.
International Centre for Migration Policy Development (Hg.) (2012): Migration Legislation, Institutions and Policies in the Euromed Region 2008–2011, o. O.
Mainwaring, Cetta (2012): In the Face of Revolution: The Libyan Civil War and Migration Politics in Southern Europe, in: The EU and Political Change in Neighbouring Regions. Lessons for EU's Interaction with The Southern Mediterranean, hg. v. Stephen Calleya/Derek Lutterbeck/Monika Wohlfeld et al., Malta, S. 431-451.
Marfaing, Laurence (2011): Wechselwirkungen zwischen der Migrationspolitik der Europäischen Union und Migrationsstrategien in Westafrika, in: Potenziale der Migration zwischen Afrika und Deutschland, hg. v. Tatjane Baraulina/Axel Kreienbrink/Andrea Riester, Nürnberg, S. 63-89.
Massey, Douglas et al. (Hg.) (1998): Worlds in Motion. Understanding International Migration at the End of the Millennium, Oxford.
Pastore, Ferrucio (2011): The Migration Impact of North African Revolutions and What It Reveals About Europe, in: EuroMesco Policy Brief (2011) 6.
Rat der Europäischen Union (2008): Updated Schengen Catalogue on External Borders Control, Return and readmission, (15250/2/08), Brüssel.
Rat der Europäischen Union/Europäisches Parlament (2007): Decision 574_2007 EC Establishing the External Borders Fund for The Period 2007 to 2013 as Part of the General Program »Solidarity and Management of Migration Flows«, in: Official Journal of the European Union, (L 144/23), Brüssel.
Schmidt, Susanne (2011): Qualitative Einschätzung potenzieller Migration aus Afrika nach Europa aufgrund interkontinentaler Entwicklungsdifferenzen, in: Potenziale der Migration zwischen Afrika und Deutschland, hg. v. Tatjane Baraulina/Axel Kreienbrink/Andrea Riester, Nürnberg. S. 24-62.
Simon, Julien (2006): Irregular Transit Migration in The Mediterranean. Facts, Figures and Insights, in: Mediterranean Transit Migration, hg. v. Ninna Nyberg Sørensen, Kopenhagen, S. 25-66.
Munive Rincon, Jairo/Ninna Nyberg Sørensen/Simon Turner (2006): European Attitudes and Policies towards the Migration-Development Issue, in: Mediterranean Transit Migration, hg. v. Ninna Nyberg Sørensen, Kopenhagen, S. 69-100.

Yasemin Bekyol

Frauen in Flüchtlingsunterkünften. Zwischen europäischer Gesetzgebung und nationaler Praxis

Im Jahr 2015 stieg die Zahl der Personen, die internationalen Schutz in den Mitgliedsstaaten der Europäischen Union (EU) und assoziierten Schengen-Ländern beantragten, exponentiell an. Asylsuchende flohen vor Konflikten, regionaler Instabilität und Menschenrechtsverletzungen, einschließlich geschlechtsbezogener und struktureller Gewalt gegenüber Frauen und Kindern.[1] Sie fanden sich in einer überforderten EU wieder, der es nicht gelang, ihren Ruf als Vertreterin der Menschenrechte aufrechtzuerhalten. Auch in den Wintermonaten 2015–2016 sank die Zahl Schutzsuchender an Europas Grenzen trotz des rauen Seegangs weniger als erwartet. Zusätzlich waren unter den Neuankömmlingen Anfang 2016 circa 55 % Frauen und Kinder im Gegensatz zu circa 30 % in 2015.[2] Dies lag vor allem an der Befürchtung, dass der Familiennachzug weiter verschärft und der Zugang zu

---

1 Shreeves (2016).
2 Vgl. UNHCR (2017): Refugees/Migrants Emergency Response – Mediterranean, www.data.unhcr.org/.

Europa erschwert werden würde. Mit dem sogenannten EU-Türkei-Deal im März 2016 bestätigte sich diese Befürchtung und die Anzahl Schutzsuchender in Europa sank.

Die meisten Asylbewerber[3] erfahren oder erleben Gewalt bevor oder während ihrer Flucht. Laut des Berichts des Hohen Flüchtlingskommissars der Vereinten Nationen (UNHCR),[4] des Bevölkerungsfonds der Vereinten Nationen (UNFPA) und der Women's Refugee Commission sind Erpressung, Ausbeutung, sexuelle und geschlechtsbezogene Gewalt durch Menschenhändler, Schlepper und kriminelle Banden sowie durch Sicherheitspersonal in Flüchtlingsunterkünften Gefahren, von denen während der Flucht und bei Ankunft berichtet wurde. Insbesondere Frauen sind Diskriminierung ausgesetzt und benötigen besonderen Schutz, da es für sie schwieriger ist, ihre Menschenrechte auszuüben.[5] Sie sind von häuslicher und geschlechtsbezogener Gewalt durch ihre Familien oder Gemeinschaften betroffen, wie zum Beispiel Zwangsheirat, Verbrechen im Namen der Ehre und weibliche Genitalverstümmelung. Sie erfahren auch strukturelle Gewalt, durchleiden systematische Vergewaltigungen als Kriegsstrategie, sind Opfer von Menschenhandel und Zwangsprostitution, durch Fremde, wie beispielsweise Schmuggler, Grenzpersonal und Mitarbeiter von Aufnahmeeinrichtungen.[6] Deshalb benötigen Frauen ein Maximum an objektiver Sicherheit in ihrer Unterbringung innerhalb der EU. Nur so können eine emotionale Fortsetzung der Fluchtgeschichte und eine direkte Fortsetzung ihrer Leidenserfahrungen verhindert werden.[7]

Die Gewährleistung von Schutz vor Verfolgung und die Einhaltung von Menschenrechten sind in internationalem und europäischem Recht prinzi-

---

3   Zur Vereinfachung wurde auf eine Doppelbezeichnung verzichtet. Grundsätzlich bezieht sich bei allen personenbezogenen Bezeichnungen die gewählte Form gleichermaßen auf Angehörige beider Geschlechter.
4   Vgl. UNHCR (2017): Refugees/Migrants Emergency Response – Mediterranean, www.data.unhcr.org/mediterranean/regional.php.
5   UNHCR/UNFPA/Women's Refugee Commission (2015): Protection Risks for Women and Girls in the European Refugee and Migrant Crisis: Greece and the Former Yugoslav Republic of Macedonia. Initial Assessment Report, www. reliefweb.int.
6   UNHCR (2014): Syrian Refugee Women Fight for Survival as They Head Families Alone, www.unhcr.org/news.html.
7   Soyer (2015), S. 4.

piell gegeben. Dennoch führt ein Mangel an Daten,[8] das Fehlen von sicheren und legalen Zugangswegen und das Fehlen einer effizienten Verteilung innerhalb Europas sowohl zu einer Verhinderung der Gewährleistung von Schutz und somit der Einhaltung von Menschenrechten als auch zu einer abnehmenden Solidarität zwischen Mitgliedsstaaten in der EU.

Dieser Beitrag stützt sich auf die bereits veröffentlichte Auftragsstudie von Yasemin Bekyol und Petra Bendel für die Fachabteilung Bürgerrechte und konstitutionelle Angelegenheiten des Europäischen Parlaments auf Anfrage des Ausschusses für die Rechte der Frau und die Gleichstellung der Geschlechter.[9] Untersucht wurde die Umsetzung der Aufnahmerichtlinie (2013/33/EU) unter Berücksichtigung der »Istanbul-Konvention« mit Blick auf die Situation von weiblichen Flüchtlingen und Asylbewerbern in Europa. Die Analyse wurde durch die Fallstudien München und Brüssel ergänzt.

Die Studie stützte sich auf qualitative Forschungsmethoden. Nach einer einleitenden Recherche und Auswertung fachlicher als auch rechtlicher Literatur wurde partizipative Forschung auf Grundlage von 20 ausführlichen leitfadengestützten Hintergrundgesprächen mit ausgewählten Schlüsselakteuren und Experten aus München und Brüssel, die im Asylbereich tätig sind, durchgeführt.[10] Des Weiteren bildeten 32 exemplarische Interviews mit weiblichen Flüchtlingen und Asylbewerbern einen wichtigen Bestandteil der Studie.[11] Die Befragten befanden sich zum Zeitpunkt der Studie (Anfang 2016)

---

8 Der Mangel an Daten herrscht, da Asylsuchende während ihrer Flucht Vorfälle nicht melden, weil sie eine Verhinderung der Weiterreise fürchten und da es im Zielland kaum Erhebungen von geschlechterdifferenzierten Daten und eine Analyse von tatsächlichen Bedarfen gibt.
9 Vgl. Bekyol/Bendel (2016).
10 Dazu gehörten Vertreter des Bayerischen Flüchtlingsrats, des Bayerischen Staatsministeriums für Arbeit und Soziales, Familie und Integration, von Caritas Alveni, Caritas München, Condrobs e. V., IMMA e. V., JADWIGA e. V.; Refugio München e. V., SOLWODI München e. V. und Terre des Femmes München e. V. in München. In Brüssel wurden Vertreter von Fedasil, Vluechtelingenwerk Vlaanderen, Ciré, Asmodee Antwerpen, Caritas Louvrange, Solentra und Gams befragt.
11 Die teilstandardisierten Interviewleitfäden beinhalteten insgesamt 50 Fragen zur Person, zur aktuellen Lebenssituation sowie zum Befinden und zu den Bedürfnissen zu den Themenbereichen Unterbringung, Bildung, Arbeit, Gesundheitsversorgung, Asylantrag und Information (zum Beispiel: Was gefällt Ihnen (nicht) an der jetzigen Unterkunft? Wo sehen Sie Verbesserungsmöglichkeiten? oder Wie sehen Sie Ihre beruflichen Chancen in Deutschland/Belgien? Gibt es spezifische Angebote für Frauen in oder außerhalb der Unterkunft?). Offene Fragen in jedem Themenbereich sowie ein abschließender zusätz-

in einer zentralen Gemeinschaftsunterkunft in Brüssel, in einer dezentralen Notunterkunft in München, in einer spezialisierten Unterkunft für schutzbedürftige weibliche Flüchtlinge in München und zwei weiteren spezialisierten Unterkünften in Belgien. Es wurde versucht, eine offene Gesprächsatmosphäre zu schaffen, zum Beispiel durch gleichgeschlechtliche Interviewer und Gespräche in Muttersprache. Je nach Präferenz wurden Einzelgespräche geführt oder Fokusgruppen befragt. Da die Befragungen im Beisein anderer Asylbewerber, Dolmetscher und teilweise im Beisein von Sozialarbeitern stattfanden, ist eine soziale Erwünschtheit der Antworten allerdings nicht ganz auszuschließen.

Rechtliche Rahmenbedingung zur Aufnahme

Auf internationaler Ebene ist die Genfer Flüchtlingskonvention (GFK)[12] von zentraler Bedeutung für den Flüchtlingsschutz. Sie wurde im Juli 1951 verabschiedet und galt zunächst für europäische Flüchtlinge. 1967 wurde sie mit dem Protokoll um den geografischen Geltungsbereich erweitert. Bisher wurde sie von 147 Staaten unterzeichnet. Sie benennt unter anderem die Rechte und Verpflichtungen eines Flüchtlings und definiert einen Flüchtling als »Person, die sich außerhalb des Landes befindet, dessen Staatsangehörigkeit sie besitzt oder in dem sie ihren ständigen Wohnsitz hat, und die wegen ihrer Rasse, Religion, Nationalität, Zugehörigkeit zu einer bestimmten sozialen Gruppe oder wegen ihrer politischen Überzeugung eine wohlbegründete Furcht vor Verfolgung hat und Schutz dieses Landes nicht in Anspruch nehmen kann oder wegen dieser Furcht vor Verfolgung nicht dorthin zurückkehren kann.«[13]

---

licher Abschnitt mit offenen Fragen ermöglichten den Befragten freies Erzählen ohne die Vergleichbarkeit der Antworten zu vermindern (zum Beispiel: Haben Sie als Frau spezielle Bedürfnisse/Schwierigkeiten, die sich von Männern unterscheiden? Welche? Und: Wie könnte man diese erfüllen/lösen?).

12 UNHCR (2010): Abkommen und Protokoll über die Rechtsstellung der Flüchtlinge, 1951. Vgl. http://www.unhcr.org/.
13 Ebd. GFK: Art. 1.

Obwohl geschlechtsbezogene Gründe nicht ausdrücklich vorgesehen waren, werden sie nach derzeitiger Auslegung ebenfalls berücksichtigt. Dieser Wandel lässt sich durch die These feministischer Forschung der 1980er-Jahre begründen, die voraussetzte, dass auch das Private politisch ist. So wurde berücksichtigt, dass nicht nur öffentliche Akteure Flüchtlingsschutz bedürfen, sondern Verfolgung auch durch Familien- oder Gemeindemitglieder stattfinden kann. Daher stellen geschlechtsbezogene Gewalt, häusliche Gewalt und weibliche Genitalverstümmelung, aber auch Zwangsrekrutierungen Asylgründe dar und werden als Teil der Definition in der »Zugehörigkeit zu einer bestimmten sozialen Gruppe« interpretiert.[14]

Die Istanbul-Konvention des Europarats zur Verhütung und Bekämpfung von Gewalt gegen Frauen und häuslicher Gewalt ist ein weiteres Instrument auf internationaler Ebene.[15] Sie wurde 2011 verabschiedet und trat im August 2014 in Kraft. Bisher wurde sie von 42 Staaten unterschrieben und durch 22 ratifiziert, einschließlich Belgiens im Jahr 2016.[16] In Deutschland wurde die Ratifizierung im April 2017 eingeleitet.[17] Die Konvention gilt als erstes rechtsverbindliches Instrument zum Schutz von Frauen vor jeglicher Form von Gewalt und bietet ein breites Spektrum an Instrumenten, um Opfer zu schützen und Täter strafrechtlich zu verfolgen. Außerdem befasst sie sich mit der grenzüberschreitenden Dimension geschlechtsbezogener Gewalt und beinhaltet Maßnahmen für Asylsuchende. Beispielsweise bestätigt sie den Grundsatz der Nichtzurückweisung[18] für Opfer geschlechtsbezogener Gewalt. Zusätzlich veröffentlichte der Europarat eine Entschließung und Empfehlung in Bezug auf geschlechtsspezifische Asylverfahren.[19] Obwohl

---

14 Wessels (2017).
15 Europarat (2011): Übereinkommen des Europarats zur Verhütung und Bekämpfung von Gewalt gegen Frauen und häuslicher Gewalt, in: Istanbul-Konvention, www.coe.int/en/web/istanbul-convention/.
16 Europarat (2016): Unterschriften und Ratifikationsstand zu Vertrag 2010, www.coe.int/de/web/conventions.
17 Vgl. BMFSGJ (2017), Der Schutz von Frauen wird in Deutschland gestärkt, www.bmfsfj.de v. 8.3.2017.
18 GFK, Art. 33: »Keiner der vertragschließenden Staaten wird einen Flüchtling auf irgendeine Weise über die Grenzen von Gebieten ausweisen oder zurückweisen, in denen sein Leben oder seine Freiheit […] bedroht sein würde.«
19 Europarat (2010): Entschließung 1763 – The Right to Conscientious Objection in Lawful Medical Care, www.assembly.coe.int/nw/ v. 7.10.2010.

der Europarat betont, dass Opfer geschlechtsspezifischer Gewalt überwiegend Frauen und Mädchen sind und ferner darlegt, dass dies zu einem grundsätzlichen Problem der Diskriminierung und Ungleichheit gehört, wird hervorgehoben, dass genannte Schutzmaßnahmen auch für betroffene Männer gelten. Eine kohärente und EU-weite Bekämpfung von geschlechtsbezogener Gewalt gegen Frauen und die Gleichstellung der Geschlechter ist auch vonseiten der Kommission erwünscht. Daher wurde eine Roadmap zu dem Thema vorgeschlagen.[20] Hierzu gehört auch, dass die Konvention im Juni 2016 durch die EU-Kommission unterzeichnet wurde, um ein politisches Signal an die Mitgliedsstaaten zu senden und ihre weitere Implementierung zu unterstützen.[21]

Das Gemeinsame Europäische Asylsystem ist auf der EU-Ebene bedeutend. Es wurde Mitte 2013 angenommen und umfasst zwei Verordnungen sowie fünf Richtlinien. Das GEAS legt die Verantwortlichkeiten für Asylanträge fest[22] und stellt die Verantwortlichkeiten oder mögliche Gefahrenabwehr und Strafverfolgung durch einen Abgleich von Fingerabdruckdaten sicher.[23] Darüber hinaus legt das GEAS in Richtlinien harmonisierte und einheitliche Standards fest, die innerhalb der EU-Mitgliedsstaaten gelten. Dazu gehören unter anderem Normen und Verfahren für die Anerkennung sowie Zuerkennung von Personen mit Anspruch auf internationalen Schutz,[24] die Definition der Anwendungsbereiche,[25] Normen und Verfahren der Rückführung[26] sowie Normen für die Aufnahme von Personen, die internationalen Schutz beantragen.[27] Während Verordnungen direkt gültig sind, müssen Richtlinien bis zu einem festgelegten Zeitpunkt in nationale Gesetzgebungen umgesetzt werden.

---

20 Vgl. Europäische Kommission (2015): (A possible) EU Accession to The Council of Europe Convention on Preventing and Combating Violence Against Women and Domestic Violence (Istanbul Convention), in: Roadmap der Europäischen Kommission, www.ec.europa.eu/smart-regulation/roadmaps.
21 Europarat (2017): EU unterzeichnet Europaratskonvention zur Verhütung und Bekämpfung von Gewalt gegen Frauen, www.coe.int/de/web/portal.
22 Dublin-III-Verordnung (EU) Nr. 604/2013, ABl. L 180 v. 29.6.2013, S. 31-59.
23 EURODAC-Verordnung: (EU) Nr. 603/2013, ABl. L 180 v. 29.6.2013, S. 1-30.
24 Richtlinie 2013/32/EU, ABl. L 180 v. 29.6.2013, S. 60-95.
25 Richtlinie 2011/51/EU Richtlinie 2011/51/EU, ABl. L 132 v. 19.5.2011, S. 1-4.
26 Richtlinie 2008/115/EG, ABl. L 348 v. 24.12.2008, S. 98-107.
27 Richtlinie 2013/33/EU, ABl. L 180 v. 29.6.2013, S. 96-116.

Die überarbeitete Aufnahmerichtlinie (2013/33/EU) sollte bis Juli 2015 innerhalb der nationalen Gesetzgebungen der Mitgliedsstaaten umgesetzt sein. Sie stellt den Zugang zu Unterkunft, Verpflegung, medizinischer Versorgung und psychologischer Betreuung sicher. Im Gegensatz zu der vorherigen Richtlinie (2003/9/EG) benennt sie auch Vorschriften für die Inhaftnahme und bietet bessere Standards für vulnerable Personen, einschließlich (unbegleiteter) Minderjähriger. So heißt es nach Artikel 21 und 22, dass Mitgliedsstaaten dazu verpflichtet sind, »in dem einzelstaatlichen Recht zur Umsetzung dieser Richtlinie die spezielle Situation von schutzbedürftigen Personen wie Minderjährigen, unbegleiteten Minderjährigen, Behinderten, älteren Menschen, Schwangeren, Alleinerziehenden mit minderjährigen Kindern, Opfern des Menschenhandels, Personen mit schweren körperlichen Erkrankungen, Personen mit psychischen Störungen und Personen, die Folter, Vergewaltigung oder sonstige schwere Formen psychischer, physischer oder sexueller Gewalt erlitten haben, wie zum Beispiel Opfer der Verstümmelung weiblicher Genitalien« zu berücksichtigen und zu beurteilen, ob der Antragsteller »ein Antragsteller mit besonderen Bedürfnissen bei der Aufnahme ist« und diese »innerhalb einer angemessenen Frist nach Eingang eines Antrags auf internationalen Schutz in die Wege [zu leiten] und […] in die bestehenden einzelstaatlichen Verfahren [einzubeziehen]. Die Mitgliedsstaaten sorgen nach Maßgabe dieser Richtlinie dafür, dass derartigen besonderen Bedürfnissen bei der Aufnahme auch dann Rechnung getragen wird, wenn sie erst in einer späteren Phase des Asylverfahrens zutage treten.« Trotz Verbesserungen bietet auch diese überarbeitete Richtlinie den Mitgliedsstaaten Interpretations- und Handlungsspielraum. Da der Aufbau von Aufnahmesystemen die größte Herausforderung für den Flüchtlingsschutz darstellt und auf eine effiziente Ressourcenverwaltung und administrative Flexibilität angewiesen ist, wurde die mangelhafte Umsetzung dieser Standards deutlich, als 2015 die Zahl der Schutzsuchenden stark anstieg.

Die Sicherstellung angemessener Mindeststandards innerhalb der EU muss gewährleistet sein, um Unterschiede zwischen Mitgliedsstaaten, aber auch regionale und kommunale Unterschiede, abzuschaffen und eine europaweite humane Unterbringung zu ermöglichen. Im September 2015 leitete die Kommission Vertragsverletzungsverfahren mit Mahnschreiben gegen

19 Mitgliedsstaaten ein,[28] darunter auch Belgien und Deutschland, da sie die Aufnahmerichtlinie (2013/33/EU) nicht rechtzeitig in nationales Recht umgesetzt hatten.[29] Anfang 2016 wurde der nächste Schritt des Vertragsverletzungsverfahrens gegen neun Mitgliedsstaaten, einschließlich Deutschlands, eingeleitet, welche eine begründete Stellungnahme zur fehlenden Implementierung forderte.[30] Das GEAS und vor allem die Aufnahmerichtlinie (2013/33/EU) bieten einen ersten Schritt für menschenwürdige Unterbringungsstandards unter Berücksichtigung vulnerabler Personengruppen und führten aufgrund der Vertragsverletzungsverfahren zu einem größeren Problembewusstsein in Politik, Medien und Verwaltung. Am Beispiel der Fallstudien München und Brüssel ließ sich feststellen, dass die Aufnahmerichtlinie (2013/33/EU) dennoch einen Interpretationsspielraum offenlässt. Ihre bisherige Implementierung weist insbesondere für vulnerable Personengruppen noch große Defizite auf.

Die Aufnahmebedingungen in München und Brüssel

Vereinfacht lässt sich feststellen, dass Belgien und Deutschland föderale politische Systeme haben, in denen die Zuständigkeit für Asylverfahren und Verteilung der Asylbewerber im Kompetenzbereich des Zentralstaates liegen. Die Verantwortung zur Aufnahme und Unterbringung wird auf Bundes-, Landes- und regionale Ebene, in Deutschland zusätzlich auf die kommunale Ebene verteilt. Während in Belgien die Erstregistrierung zeitgleich zur Asylantragsstellung innerhalb der ersten acht Arbeitstage in Brüssel stattfindet, werden Asylbewerber in Deutschland zunächst von der Grenzbehörde durch das EASY-System[31] registriert und einer Erstaufnahmeeinrichtung

---

28 Österreich, Belgien, Bulgarien, Zypern, die Tschechische Republik, Deutschland, Estland, Griechenland, Spanien, Frankreich, Ungarn, Litauen, Luxemburg, Lettland, Malta, Polen, Rumänien, Schweden und Slowenien.
29 Europäische Kommission (2015).
30 Europäische Kommission (2016): Umsetzung des Gemeinsamen Europäischen Asylsystems: EU-Kommission geht in neun Fällen zur nächsten Verfahrensstufe über, Brüssel, Pressemitteilung v. 10.2.2016, http://europa.eu/rapid/.
31 EASY (Erstverteilung der Asylbegehrenden) ist ein Softwaresystem, mit dem Asylsuchende an der Grenze registriert werden und danach nach dem Königsteiner Schlüssel – einem

zugewiesen, in welcher sie erst im Anschluss einen Termin für die Asylantragsstellung erhalten. Während im Jahr 2015 35.476 Asylanträge in Belgien gestellt wurden, waren es in Deutschland 476.649.[32] Allerdings ist zu berücksichtigen, dass in Deutschland eine erhebliche Diskrepanz zwischen der Zahl der Asylanträge und der Zahl der registrierten Grenzübergänge besteht. So kommt es, dass 1.091.894 Asylsuchende in Deutschland durch das EASY-System registriert wurden,[33] die zum Zeitpunkt der Studie noch keinen Asylantrag stellen konnten, doppelt registriert wurden oder nicht in Deutschland geblieben sind. Auch in Belgien gab es bis zu zehn Tage Verzögerungen bei der Registrierung, was zu einer Überlastung der Übergangsunterkünfte in Brüssel führte.[34] Beide Länder führten daher Maßnahmen für eine differenzierte Behandlung unterschiedlicher Asylsuchender nach der jeweiligen Bleibeperspektive mit beschleunigten Verfahren ein.

Während in Belgien zwischen staatlich betriebenen Einrichtungen und den regional betriebenen Unterbringungen (Region Flandern, Region Wallonien und Region Brüssel-Hauptstadt) unterschieden wird, liegt in Deutschland die Verantwortung der Ausführung der bundesrechtlichen Vorschriften der Aufnahme und Unterbringung bei Ländern und Kommunen, in Bayern kommen zusätzlich die Bezirke hinzu. Die Aufteilung dieser Verantwortlichkeiten führt zu einem relativ großen Handlungsspielraum auf jeder Ebene. Im Gegensatz zu anderen Bundesländern dürfen Asylbewerber in Bayern, außer in Ausnahmefällen, nicht in eine andere Stadt oder Privatwohnungen ziehen, ohne Anspruch auf materielle Leistungen zu verlieren. Auch in Belgien verlieren Asylbewerber den Anspruch auf materielle Leistungen, falls sie sich für eine private Unterbringung entscheiden; dies gefährdet jedoch nicht die medizinische Versorgung.[35] Zum Zeitpunkt der Studie wurden im Großraum München über 50 Aufnahmeeinrichtungen betrieben, während Belgien insgesamt über 65 Aufnahmeeinrichtungen verfügte. Insgesamt wurden in

---

jährlich auf Basis der Steuereinnahmen und der Bevölkerungszahl der einzelnen Bundesländer berechneten Verteilungsschlüssel – in entsprechende Erstunterkünfte verteilt werden.
32 Mouzourakis/Taylor (2016), S. 14 f.
33 Turi (2016).
34 EMN (2015), S. 11. und Kalkmann (2015), S. 51 ff.
35 EMN (2015), S. 11 und Müller (2013), S. 11 f.

München 7.303 Asylbewerber (Stand: Dezember 2015) und in Brüssel 2.214 Asylbewerber (Stand: April 2016) untergebracht. In beiden Ländern lag der Anteil erwachsener Frauen unter den Schutzsuchenden bei circa 20 %.[36]

Ergebnisse der Studie

Nach Auswertung der einschlägigen und partizipativen Forschung ließ sich feststellen, dass sich trotz Unterschieden bei Strukturen, Gesetzgebungen und der Praxis der Aufnahme und Unterbringung, die Missstände und Empfehlungen der Befragten in beiden Fallstudien überraschend ähnlich waren.

Ergebnis 1 Die steigende Anzahl Asylsuchender in Europa bewirkte eine Verschiebung des Fokus' von einer (qualitativen) menschenwürdigen Aufnahme zu einer (quantitativen) Massenunterbringung.

Dieser Krisenmodus darf nicht zur Normalität werden und die Rückbesinnung auf die menschenwürdige Unterbringung ist zwingend notwendig, um eine Fortführung der Fluchtgeschichte und ein erhöhtes Gewaltrisiko in Unterkünften zu verhindern. Dies ist jedoch nicht auf fehlende politische Maßnahmen und Rechte zurückzuführen, sondern auf die fehlende Implementierung existierender Rechtsgrundlagen.

Ergebnis 2 Die Qualität und Art der Unterbringung ist entscheidend für die Stabilität und Integration. Während Befragte in spezialisierten Aufnahmeeinrichtungen für vulnerable Asylbewerberinnen, trotz ihrer Traumatisierungen, einen besonders stark ausgeprägten Wunsch nach Selbstverwirklichung hatten, waren Asylbewerberinnen in größeren Gemeinschaftsunterkünften primär mit Grundbedürfnissen beschäftigt, beispielsweise mit unzureichenden sanitären Anlagen oder der Zurückweisung der gelieferten Mahlzeiten.

Isoliert gelegene und überfüllte Unterkünfte, geprägt von mangelnder Privatsphäre und forcierter Passivität für einen unbestimmten Zeitraum sind ein Nährboden für Frustration und erhöhen nicht nur das direkte Gewaltpotenzial durch ungenügende Schutzverhältnisse, sondern führen auch zu einer emotionalen Fortsetzung der Fluchtgeschichte. Insbesondere für Frauen können hierdurch bereits erlebte Traumata verbunden mit der Über-

---

36 Schön/Simeth (2016) und Hendrickx (2016).

zahl männlicher Flüchtlinge indirekt Erinnerungen hervorrufen, die ein konstantes Gefühl der Angst und erhöhten Stress auslösen. Des Weiteren können diese Frauen auch direkt von Gewalt oder von Belästigung durch Mitarbeiter oder Mitbewohner betroffen sein.

Generell sollten kleinere Unterbringungsformen vorgezogen werden, da diese die Stabilität und Integration positiv beeinflussen. Des Weiteren sollten die Gegebenheiten in Erst-, Gemeinschafts-, Transit- und Notunterkünften insofern verbessert werden, als abschließbare und separate Schlafplätze für Frauen, Männer und Familien in gemischten Unterkünften die Regel sind. Zusätzlich sollten abschließbare, getrennte und gut erreichbare Sanitäranlagen gegeben sein. Unterkünfte sollten geschützte und getrennte Rückzugsräume schaffen, die ein frühzeitiges Angebot an mehrsprachigen Informationen zu Rechten und Selbstbestimmung anbieten, und auch Kochmöglichkeiten sowie Kinderbetreuungsmöglichkeiten bereithalten. Abgesehen davon sollte eine mehrsprachige Onlineplattform erstellt werden, die den Bedürfnissen weiblicher Asylsuchender gerecht wird.

Auf Wunsch sollten Frauen die Option erhalten, separate Unterkünfte für allein reisende beziehungsweise alleinstehende geflüchtete Frauen und ihre Kinder aufsuchen zu dürfen. Nichtsdestotrotz wurde von den Befragten darauf hingewiesen, dass nicht Männer das Problem seien, sondern der Mangel an Privatsphäre.[37]

Außerdem sollte ein Konzept für den Schutz von Asylbewerbern vor Gewalt in Massenunterkünften entwickelt werden. Selbstbestimmung sollte der gezwungenen Passivität entgegenwirken und als Prävention durch Aktivitäten wie beispielsweise Kochen oder Sport gefördert werden. Zusätzlich sollten Schutzräume geschaffen werden, um im Falle der Gewaltausübung Betroffene von Tätern räumlich trennen zu können. Transparente, standardisierte und klar strukturierte Verfahren bei Gewalt, einschließlich Beschwerdemanagement und monatlichem Monitoring auf der europäischen Ebene sollten eingeführt werden, um Daten zu erfassen und Instrumente zu entwickeln, die Gewalt vorbeugen und vor Gewalt schützen. Des Weiteren sollten Ombudsmänner und -frauen in jeder Gemeinde beziehungsweise Region zugänglich

---

37 Interview (2016), Nr. 1-5.

sein, um mögliche Fälle von Belästigung oder versuchter Erpressung durch andere Asylbewerber und Mitarbeiter unabhängig melden zu können.

Ergebnis 3 Das Personal in Aufnahmeeinrichtungen, insbesondere das Sicherheitspersonal, sollte aus weiblichen und männlichen Mitarbeitern zusammengesetzt sein. Die Mitarbeiter sollten durch Schulungen zur geschlechtsspezifischen Gewalt, zur Vielfalt von sexuellen Identitäten und zur besonderen Situation von Frauen und ihren Kindern unterstützt werden.

Neben einer generellen Überprüfung des Personals zu ihren Einstellungen gegenüber Flüchtlingen sollten Wissen und Sensibilität durch spezifische Schulungen zu asylpolitischen Fragen und Gendersensibilität, einschließlich der Themen sexuelle Gewalt, Menschenhandel und weibliche Genitalverstümmelung sowie interkulturelle Kompetenz gefördert werden. Insbesondere bis zur Implementierung der Aufnahmerichtlinie mit adäquaten Schutzmaßnahmen sollte eine langfristige Kooperation mit Experten, nicht staatlichen Organisationen und Vereinen geschaffen werden, die zu Themen wie Berufschancen, Gesundheitsversorgung, Rechte und Selbstverteidigung und Umgang mit gewalttätigen und sexuellen Übergriffen beraten und weiterbilden können.

Ergebnis 4 Die Identifikation von Vulnerabilität ist als staatliche Aufgabe in der Aufnahmerichtlinie definiert. Dennoch besteht weder in Brüssel noch in München ein funktionierendes Verfahren. Allerdings ist eine standardisierte Beurteilung schwierig, da Vulnerabilität nicht innerhalb kürzester Zeit festgestellt werden kann.

Obwohl die Frage der Vulnerabilitäten durch die Neufassung der Aufnahmerichtlinie (2013/33/EU) stärker ins Bewusstsein gerückt ist und als Instrument begrüßt wurde, ist eine Einführung schneller Screeningverfahren durch Experten infrage gestellt worden. Die Feststellung besonderer Schutzbedürftigkeit setzt Zeit und Vertrauen voraus, und erfahrungsgemäß führen standardisierte Verfahren einerseits zu einer »Unter-Zuweisung« schutzbedürftiger Asylbewerber in entsprechende Aufnahmeeinrichtungen, da nur offensichtliche Vulnerabilitäten (zum Beispiel Schwangerschaft) beurteilt werden. Andererseits führen sie auch zu einer »Über-Zuweisung«, wenn Symptome auf traumatischen Umständen und nicht auf Traumatisierung beruhen.

Ergebnis 5 Zur Asylverfahrensrichtlinie (2013/32/EU): Alleinreisenden Frauen wurden für die persönliche Anhörung Interviewerinnen angeboten.

Dennoch mussten detaillierte Informationen traumatischer Erlebnisse nacherzählt werden.

Bezüglich des Asylverfahrens ließ sich allerdings erkennen, dass geschlechtsspezifische Aspekte und Schutzbedürftigkeit insoweit berücksichtigt wurden, als die Anhörung mit weiblichen Gesprächspartnern, wenn gewünscht, ermöglicht war. Jedoch wurden die Schwierigkeit vom Zugang zu gleichgeschlechtlichen Dolmetschern und ein entsprechendes Bewusstsein für die Sensibilität und Komplexität der Anträge infrage gestellt. Des Weiteren wurde kritisiert, dass detaillierte Angaben über traumatische Erfahrungen wiedergegeben werden müssen und dass Frauen Asylverfahren nicht unabhängig von ihren Ehemännern abschließen können. Auch beschleunigte Verfahren sollten geschlechtsspezifische Ansätze verfolgen, insbesondere im Falle von Flüchtlingen aus sicheren Drittstaaten, sicheren Herkunftsstaaten sowie bei Folgeanträgen.

Ergebnis 6 Es sollte ein europäisches Rückverfolgungssystem in Verbindung mit einer Rechtsberatung für Familien eingerichtet werden, die auf dem Weg nach Europa getrennt wurden.

Zudem sollte ein europäisches Rückverfolgungssystem mit einer Rechtsberatung für Betroffene geschaffen werden, um die Stabilität von Asylsuchenden zu erzielen. Dies ist ausschlaggebend für die zukünftige Integration.

Fazit

Zur Umsetzung der oben genannten Empfehlungen ist eine stärkere Koordination der EU und ein intensiverer Dialog zwischen ihren Mitgliedsstaaten erwünscht. Statt neuer oder überarbeiteter Rechtsgrundlagen der Kommission sollten bereits bestehende Instrumente gefördert werden. So sollte laut Experten künftig ein Bottom-up-Ansatz gewählt werden, in dem ein Netzwerk von bestehenden Best-Practice-Beispielen innerhalb der EU etabliert und finanziell unterstützt werden sollte. Außerdem sollten Fokusgruppen in verschiedenen Mitgliedsstaaten die Zusammenarbeit und das Vertrauen in die Umsetzung des GEAS stärken. Ein Diskurs von Chancen der Aufnahme sollte von Medien, Politik und Verwaltung aufrechterhalten werden, der derzeitige Diskussionen von Krisen und Risiken ersetzt. Insgesamt muss die

Europäische Union ihre Stärke als Vorbild und als Vertreter der Menschenrechte wiederfinden, um Antworten auf die Krise der Solidarität zu geben und um menschenwürdige Standards und den Schutz vulnerabler Personen sicherzustellen.

Literatur

Bekyol, Yasmin/Petra Bendel (2016): Die Aufnahme von weiblichen Flüchtlingen und Asylbewerbern in der EU – Fallstudie Belgien und Deutschland. Studie für die Fachabteilung C: Bürgerrechte und konstitutionelle Angelegenheiten des Europäischen Parlaments, beauftragt durch den Ausschuss für die Rechte der Frau und die Gleichstellung der Geschlechter, www.europarl.europa.eu/supporting-analyses.

Europäisches Migrationsnetzwerk (EMN) (2015): Annual Report on Asylum and Migration Policy in Belgium, EMN Annual Policy Reports, www.emnbelgium.be/publication-type/emn-reports-studies/.

Hendrickx, M. im Interview mit Yasemin Bekyol (2016): EU-Studie Aufnahme von weiblichen Flüchtlingen, Fedasil.

Kalkmann, Michael (2015): Country Report: Germany. Asylum Information Database, in: ECRE, www.asylumineurope.org/reports.

Mouzourakis, Minos/Amanda Taylor (2016): Wrong Counts and Closing Doors: The Reception of Refugees and Asylum Seekers in Europe. Asylum Information Database, in: ECRE, a. a. O.

Müller, Andreas (2013): Die Organisation der Aufnahme und Unterbringung von Asylbewerbern in Deutschland, Working Paper Nr. 55 der Forschungsgruppe des Bundesamts für Migration und Flüchtlinge, Nürnberg.

Schön, Markus/Angelika Simeth (2016): Tischvorlage, München, hg. v. Landeshauptstadt München, Sozialreferat, München.

Shreeves, Rosamund (2016): Gender Aspects of Migration and Asylum in the EU: An Overview Briefing. Wissenschaftlicher Dienst des Europäischen Parlaments, unter www.europarl.europa.eu/thinktank.

Soyer, Jürgen (2015): Gendersensible Arbeit: Mehr Schutz für Flüchtlingsfrauen in Unterkünften, in: Refugio München Report 48.

Turi, Eugen (2016): Tischvorlage. Asyl – Die politische Herausforderung des 21. Jahrhunderts, hg. v. Bayrisches Staatsministerium für Arbeit und Soziales, Familie und Integration, München.

Wessels, Janna (2017): Hat der Flüchtling ein Geschlecht? Feministische Einflüsse auf das Flüchtlingsrecht, Netzwerk Flüchtlingsforschung, www.fluechtlingsforschung.net/blog/.

Susanne Mantel

Aufnehmen, ohne die Einreise zu erlauben? Eine moralphilosophische Perspektive[1]

Die europäische »Flüchtlingskrise« – die tatsächliche oder gefühlte Überforderung durch die Aufnahme Hunderttausender flüchtender Menschen – stellt gegenwärtig alle europäischen Staaten und Gesellschaften vor eine moralphilosophische Herkulesaufgabe. Dieser Beitrag argumentiert, dass der deutsche Staat seinen moralischen Aufnahmepflichten gegenüber Flüchtenden während des Höhepunkts dieser Krise (2015) entgegen gefühlten Wahrnehmungen nicht ausreichend gerecht wurde,[2] weil moralische Pflichten auch gegenüber (noch) fernen Flüchtenden bestehen, die in der öffentlichen Diskussion kaum beachtet werden, und denen selbst die deutsche Aufnahmepraxis nicht gerecht wurde.

---

1 Mein Dank für kritische Kommentare gilt den Teilnehmern des Saarbrücker Kolloquiums für Praktische Philosophie, der VI. Tagung für Praktische Philosophie in Salzburg, der interdisziplinären Tagung »Flucht, Transit und Asyl« in Bonn sowie meines Seminars »Philosophisches Argumentieren in der Flüchtlingsdebatte«.
2 Mit Bezugnahme auf das Jahr 2015, in dem sich Deutschland aus Sicht vieler Deutscher am stärksten für Flüchtende engagierte. Im Jahr 2016 gingen die Flüchtlingszahlen aufgrund des Abkommen mit der Türkei stark zurück.

Zu leicht wird außer Acht gelassen, dass eine Aufnahme in Deutschland für viele prinzipiell asylberechtigte Menschen eine illegale, menschenunwürdige, lebensgefährliche Reise zur praktischen Voraussetzung macht, die besonders Frauen und Kinder abschreckt, und den Ärmsten und Kränksten oftmals nicht offensteht. Wenn jede weite Reise notwendigerweise lebensgefährlich und menschenunwürdig wäre, dann stellt diese Kausalität eine grausame, aber nicht abwendbare Bedingung von Transit und Flucht dar. Tatsächlich aber handelt es sich vielmehr um eine politische Entscheidung: Flüchtende kommen nur deshalb im Mittelmeer ums Leben, da europäische Staaten ihnen die sichere Einreise verwehren.

Der Bundesgrenzschutz erlaubt zwar den Eintritt in das Staatsgebiet, sobald Flüchtende es geschafft haben, die deutsche Grenze zu erreichen. Doch die Einreise im wörtlichen Sinne – die Reise nämlich, die diesem Eintritt vorausgeht – wird in den meisten Fällen weder von Auslandsvertretungen noch von deutschen Ausländerbehörden gestattet. Eine Flugreise wäre nicht nur sicherer, sondern für viele Flüchtende auch deutlich günstiger als die Überfahrt im Schlauchboot eines Schleppers. Doch ist ihnen eine solche Option verwehrt, solange deutsche Auslandsvertretungen keine Visa ausstellen.[3] Durch die Verweigerung sicherer Einreisewege hält man Schutzbedürftige auf Distanz. Die Aufnahme von Flüchtenden setzt daher zumeist voraus, dass diese ihr Leben zunächst riskieren, um es zu retten. Wir – der deutsche Staat und die deutsche Aufnahmegesellschaft – haben es infolgedessen nur noch mit den Überlebenden derjenigen zu tun, die mutig oder verzweifelt genug waren.

Sichere Einreise zu erlauben, würde unter den herrschenden Visabestimmungen erfordern, humanitäre Visa für Flüchtende in geografischer Ferne auszustellen. Diese Forderung mag vielen Europäern abwegig erscheinen. Wer möchte angesichts der vielen kommenden Flüchtenden die Nutzung sicherer Einreisewege erlauben, auf denen vielleicht noch deutlich mehr Menschen kämen? Würden gar alle Flüchtenden weltweit zu uns kommen? Müssen wir nicht eine gewisse Auswahl treffen?

---

3   Zur Visumvoraussetzung gehört meist, dass im Aufnahmeland bereits andere Familienangehörige gemeldet sind, was die Mehrzahl Schutzbedürftiger ausschließt. Zudem befördern Fluggesellschaften Flüchtende ohne Visum nicht, da sie im Rückführungsfall haften. Der Familienzuzug wurde 2016 teilweise ausgesetzt.

Jedoch kann es keine vertretbare Alternative sein, die Auswahl der Aufzunehmenden dem Lebensroulette »Mittelmeer« zu überlassen und Flüchtende der Lebensgefahr auszusetzen. Stattdessen darf eine Begrenzung der Flüchtlingsaufnahme nur nach Kriterien erfolgen, die moralisch gerechtfertigt werden können. Diesen moralischen Kriterien folgend ist es möglich, Höchst- und Mindestgrenzen für humanitäre Visa zu ermitteln und durch Beleuchtung der Vorteile einer solchen Visumvergabe gegenüber Einwänden zu rechtfertigen.

Das Argument für humanitäre Visa

In der politischen Philosophie bestehen Kontroversen darüber, ob Staaten Einwanderungswillige ausschließen dürfen. Haben Staaten moralisch betrachtet das Recht, selbst zu entscheiden, wen sie aufnehmen? Dürfen sie ähnlich einem Gentlemen's Club über die Mitgliedschaft entscheiden,[4] oder dürfen sie Nichtbürger exkludieren, weil Staat in gewissem Sinne Eigentum der Bürger ist?[5] Dürfen sie es, um die Integrität ihrer Kultur zu schützen?[6] Einige glauben, dass all diese Ansätze zum Scheitern verurteilt sind und dass es (außer zum Beispiel in akuten Notsituationen) keine moralische Rechtfertigung für staatliche Exklusion gibt.[7]

Die hier angeführten Überlegungen sind von dieser Debatte weitgehend unabhängig, da sie sich allein auf Schutzbedürftige beziehen – Menschen, deren Leben oder basale Grundrechte bedroht sind. Angesichts der Tatsache, dass Schutzbedürftige sich durch existenzielle Bedrohungen gezwungen sehen, selbst unzumutbare Fluchtwege zu beschreiten (wohingegen andere Migranten diese riskanten Fluchtwege allenfalls in Kauf nehmen, um

---

4 Wellman (2008).
5 Pevnick (2011).
6 Walzer (1983).
7 Carens (1987); Cole (2011); Cassee (2016). Carens (1987) argumentiert, dass ein restriktives System der Staatsbürgerschaft ähnlich einer mittelalterlichen Ständegesellschaft die Chancen auf ein gutes Leben auf eine nicht zu rechtfertigende Weise an die Abstammung von Menschen knüpft. Siehe auch das Gespräch mit Julian Nida-Rümelin in diesem Band (➡ S. 57 ff.).

karge Lebensumstände zu verbessern), erscheint es am dringlichsten, unsere Pflichten dieser Gruppe gegenüber zu untersuchen.

Selbst die Verfechter des Rechts auf Exklusion erkennen überwiegend an, dass schutzbedürftigen Flüchtenden geholfen werden muss – zumindest, indem man sie an der Grenze aufnimmt –[8], während die Verfechter offener Grenzen der Aufnahme Flüchtender im Konfliktfall oft sogar Priorität gegenüber der allgemeinen Einwanderungsfreiheit zugestehen. Folglich ist von dem weitgehenden Grundkonsens auszugehen, dass wir im Sinne der Menschlichkeit verpflichtet sind, schutzbedürftige Menschen an unserer Grenze aufzunehmen (wenigstens, wenn wir ihnen nicht anders helfen und solange uns die Aufnahme nicht überfordert).

Schutzbedürftigen gegenüber haben wir eine moralische Pflicht zur Hilfeleistung in einer akuten Gefahrensituation. Wenn Leib und Leben bedroht sind oder elementare Grundrechte vorenthalten werden, dann ist – nach unserem Verständnis – jeder verpflichtet, einzuschreiten.[9] Jeder, der dafür nicht sein eigenes Leben aufs Spiel setzen oder seine Grundrechte opfern muss, sollte helfen, wenn er kann – selbst, wenn dies zu einer persönlichen Belastung wird.

Oft kann Schutzbedürftigen vor Ort geholfen werden – im Fall von Hungersnöten zum Beispiel oft die effektivste Hilfe. Doch manchen Schutzbedürftigen kann nur, oder wenigstens am unmittelbarsten, durch die Aufnahme in ein sichere(re)s Land geholfen werden – etwa jenen, die vor Krieg und Verfolgung fliehen.[10] Aus der Hilfspflicht ihnen gegenüber resultiert also eine Aufnahmepflicht.

Viele Pflichten gelten womöglich nur gegenüber den eigenen Mitbürgern: die Pflicht, Steuern zu zahlen oder die Pflicht, sich an gewisse landestypische

---

8 Dies trifft auf Pevnick und Walzer zu sowie auf Blake (2013), S. 125. Manche Autoren räumen hierbei Staaten einigen Spielraum ein, zum Beispiel Miller (2005), S. 61–62. Nur Wellman nimmt an, Staaten könnten allen Schutzbedürftigen ohne Aufnahme helfen.
9 Diese Überlegungen sind nicht juristischer, sondern moralischer Natur. Der Begriff der unterlassenen Hilfeleistung betrifft nicht die Aufnahme von Flüchtenden. Es lässt sich jedoch argumentieren, dass eine dieser juristischen Pflicht analoge *moralische* Pflicht eines Staates besteht, Schutzbedürftige aufzunehmen (zum Beispiel Kuosmanen 2012).
10 Es ist umstritten, ob andere Fluchtursachen ebenfalls eine Aufnahme erfordern und ob der Flüchtlingsbegriff an politische Verfolgung gekoppelt sein sollte. Vgl. Shacknove (1985); Schlothfeld (2012); Lister (2013); Gibney (2015).

Grundregeln zu halten. Im Gegensatz dazu gelten Hilfspflichten in Gefahrensituationen unabhängig von Staatsbürgerschaft. Jeder Mensch hat die gleiche Pflicht zur Nothilfe, und zwar gegenüber jedem anderen. Man darf Hilfe nicht verweigern, nur weil der Ertrinkende einer anderen Nationalität angehört.

Genauso ist die räumliche Entfernung zwischen Hilfsbedürftigem und Helfer aus moralischer Sicht bedeutungslos.[11] Es geht um Handlungsmöglichkeiten, die trotz der Distanz bestehen. Nehmen wir an, jemand finge den Funkspruch eines Fischers auf, der in Seenot ist und ohne Hilfe zu ertrinken droht. Auch wenn sich der Hilfsbedürftige in weiter Ferne befindet, wäre der Hörer des Funkspruchs verpflichtet, zu helfen, wenn er ihn trotz der Distanz retten kann (indem er zum Beispiel einen Rettungsdienst informiert). Wenn eine Hilfeleistung möglich ist, scheint der ferne Helfer genauso zur Hilfe verpflichtet zu sein, wie jemand, der sich in der unmittelbaren Nähe des Ertrinkenden befindet.

Mit dem Beginn des Zeitalters globaler medialer Kommunikationskanäle und internationaler Finanzströme sind unsere Handlungsspielräume bezüglich ferner Personen beträchtlich gewachsen. Der Philosoph Peter Singer[12] bezieht diese Überlegung auf unsere Pflicht, Hungernden durch Geldtransfers zu helfen. Dies wäre gleichermaßen auf unsere Aufnahmepflicht zu beziehen.

Wie jede Hilfspflicht in einer Gefahrensituation besteht unsere Aufnahmepflicht also prinzipiell auch gegenüber fernen Schutzbedürftigen. Es fragt sich jedoch, ob wir überhaupt die Handlungsmöglichkeit haben, sie aufzunehmen. Einem Schutzbedürftigen, der an unserer Grenze steht, müssen wir die Einreise erlauben. Können wir dasselbe auch gegenüber fernen Personen tun? Fernen Personen wird heutzutage die Einreiseerlaubnis in Form eines Visums erteilt. In konsequenter Fortsetzung der bisherigen Argumentationskette ergibt sich für die Aufnahme entfernter Schutzbedürftiger:

Wenn ein Schutzbedürftiger an unserer Grenze steht, sind wir verpflichtet, ihm die Einreise zu erlauben (wenigstens, sofern wir dem Betreffenden nicht

---

11 Eine berühmte Verteidigung dieser These findet sich in Singer (1972). Es gibt selbstverständlich auch Einwände, welche mich jedoch nicht überzeugen (Mantel Ms.).
12 Singer (1972).

anders helfen können oder wollen, und sofern uns diese Hilfspflicht nicht überfordert). Dies ist eine Pflicht zur Nothilfe. Pflichten zur Nothilfe gelten auch gegenüber fernen Personen, sofern Handlungsmöglichkeiten bestehen. Es besteht die Möglichkeit, fernen Schutzbedürftigen die Einreise zu erlauben. Also sind wir verpflichtet, dies zu tun, zum Beispiel durch Ausstellen eines Visums (wenigstens, sofern wir ihnen nicht anders helfen können oder wollen, und sofern uns diese Hilfspflicht nicht überfordert). Sofern das Menschenrecht auf Asyl bzw. das in der Genfer Flüchtlingskonvention verbriefte Recht moralisch bindend ist und wir nahe Schutzbedürftige in der Regel aufnehmen müssen,[13] haben wir auch eine moralische Aufnahmepflicht gegenüber einem fernen Schutzbedürftigen, der vor Ort bei einer Auslandsvertretung oder mithilfe moderner Kommunikationsmittel um Aufnahme bittet. Die Verweigerung der Einreiseerlaubnis ist eine Aufnahmeverweigerung.

Wir sind verpflichtet, auch fernen Schutzbedürftigen die Einreise zu erlauben. Und wer Einreise (wenigstens einer gewissen Anzahl an Flüchtenden) erlaubt, muss dies auch möglichst auf zumutbare Weise tun.

Begrenzungen der Visumvergabe

Staaten sind also unabhängig von ihrer Entfernung zu Flüchtenden für die Aufnahme aller Schutzbedürftigen weltweit (mit-)verantwortlich. Außerdem sind sie verpflichtet, Flüchtende auf gefahrlosen Wegen ohne zusätzliche Hürden oder Abschreckungen einreisen zu lassen. Deutschland darf also nicht nur auf die Flüchtenden an der Grenze blicken, sondern hat wie alle anderen Staaten auch die moralische Pflicht, Flüchtende aus allen Teilen der Welt sicher einzulassen. Wir müssten Schutzbedürftigen erlauben, bei einer deutschen Auslandsvertretung oder im Fall räumlicher und physischer Hürden über moderne Kommunikationsmittel (vielleicht sogar bei einer zentralen deutschen Behörde) einen begründeten Visumantrag zu stellen. Daraufhin sollte ein humanitäres Visum ausgestellt werden, falls eine Aufnahme erforderlich scheint. Da ein einzelner Staat von diesen Pflichten

---

13 Der Unterschied zwischen Asylrecht und subsidiärem Schutz nach der Genfer Flüchtlingskonvention macht für die hier aufgeführte Argumentation keinen Unterschied.

überfordert würde, wäre es nötig, dass sich möglichst viele Länder auf das Ausstellen humanitärer Visa verständigten, nicht zuletzt, da sie die gleichen Hilfspflichten tragen. Gemeinsam wäre es möglich, alle Flüchtenden weltweit auf sicheren Wegen aufzunehmen. Derzeit scheint ein solcher internationaler Konsens jedoch nicht absehbar. Dies ändert zwar nichts an der Argumentation, dass jeder Staat zur Bereitstellung legaler Wege verpflichtet ist. Es wirft aber schwierige Fragen darüber auf, wie viele Flüchtende ein einzelner Staat im Alleingang aufzunehmen verpflichtet ist. In diesem Zusammenhang gilt es, sich einer moralisch begründeten Höchstgrenze und einer moralisch begründeten Mindestgrenze zu nähern. Ein aufnehmender Staat kann an seine Belastungsgrenze stoßen, über die hinaus keine moralische Aufnahmepflicht mehr gegeben ist. Diese mag für Deutschland noch in weiter Ferne liegen, denn es darf nicht vergessen werden, dass es um den Schutz von Menschenleben und -rechten geht. Dieser Schutz hat moralische Priorität gegenüber dem Schutz von Annehmlichkeiten. Die Nachbarstaaten Syriens sind der Belastungsgrenze sicherlich näher als Deutschland, weshalb sie vielleicht stärker entlastet werden sollten. Die moralisch begründete Höchstgrenze kann entweder an einem späteren oder einem früheren Punkt angesetzt werden. Sie liegt spätestens da, wo weitere Einreisen den Zusammenbruch eines Staates und damit den Schutz vieler Staatsbürger gefährden würden. Ziehen wir erneut das Beispiel des Ertrinkenden heran: Spätestens, wenn ein Helfer so erschöpft ist, dass er selbst zu ertrinken droht, falls er noch mehr Menschen rettet, ist er nicht mehr verpflichtet zu helfen.

Es ist umstritten, ob auch andere Opfer moralisch (un)zumutbar sind. Deontologische Ethiker könnten zugestehen, dass ein Helfer zum Beispiel moralisch nicht verpflichtet ist, ein Bein zu opfern, wenn ein Ertrinkender nur dadurch gerettet werden kann. Konsequenzialisten machen solch ein Zugeständnis nicht, wenigstens nicht auf der Ebene der Moral. Sie können allenfalls befürworten, politisch eine Begrenzung von (legalen) Hilfspflichten einzuführen, wenn dies langfristig die besten Konsequenzen hat – wenn es zum Beispiel nötig ist, damit überhaupt geholfen wird. Für das Ausloten einer frühen Belastungsgrenze bietet sich am ehesten der deontologische Argumentationsweg mit seiner niedrigen Belastungstoleranz an. Wenn die Aufnahme von Flüchtenden zum Beispiel dramatisch die Lebensverhältnisse der aufnehmenden Bevölkerung verschlechtert, könnte dies also deontologisch betrachtet bereits unzumutbar sein. Die Grenze der Zumutbarkeit müsste sorgfältig ausgelotet werden. Auch der deontologischen Moral zufolge sind Helfer durchaus zu erheblichen Opfern verpflichtet (womöglich zum Beispiel einen Ertrinkenden zu retten, selbst wenn man gefeuert wird, falls man dadurch zu spät am Arbeitsplatz erscheint).

Hilfspflichten haben somit eine Höchstgrenze, entweder eine späte durch die Existenzgefährdung eines Staates, oder eine etwas frühere durch die Erbringung unzumutbarer Opfer. Über diese Grenze hinaus sind Staaten nicht verpflichtet, Hilfsbedürftige aufzunehmen. Die tatsächliche Aufnahmepraxis Deutschlands ist derzeit selbst von einer früheren moralischen Höchstgrenze weit entfernt.[14]

Sollte man humanitäre Visa bis zum Erreichen dieser Unzumutbarkeitsgrenze ausstellen? Im Kontext der derzeitigen politischen Diskussion mag dies utopisch erscheinen. Das gilt selbst dann, wenn man von einer Überforderungsgrenze vor einem drohenden staatlichen Zusammenbruch ausgeht – etwa bei einer drastischen Verschlechterung der Lebensqualität der Staatsbürger. Daher scheint es für den politischen Prozess hin zu einer moralisch gebotenen Flüchtlingspolitik dienlicher, eine andere Grenze in Betracht zu ziehen, nämlich eine moralische Mindestgrenze. Eine moralische absolute Mindestgrenze könnte bei dem Anteil liegen, der auf einen Staat entfiele, wenn eine gerechte internationale Verteilung Flüchtender stattfände, und er müsste sich an der Einwohnerzahl und dem Wohlstand eines Staates orientieren.[15]

Nun könnte man behaupten, beim fairen Anteil endeten die Aufnahmepflichten eines Staates, denn für andere Flüchtende seien andere Staaten zuständig. In der idealen Theorie mag das zwar stimmen (sofern es in dieser überhaupt Flüchtende gibt), entspricht jedoch kaum der Realität. Wenn Flüchtende von moralisch zuständigen Staaten abgewiesen werden, lässt

---

14 Für die von der CSU geführte Obergrenzen-Debatte gibt es demnach keine moralische Grundlage. Derzeit ist der Lebensstandard in Deutschland unvermindert hoch. Wer auch ohne langfristige Überforderung für eine Obergrenze plädiert, ist vermutlich eher an der Vermeidung moralisch zumutbarer Kosten interessiert.
15 Schuck/Gibney (2015). Dies gilt nicht, sofern der faire Anteil über der zuvor beschriebenen Höchstgrenze liegt (was nur bei extrem hohen weltweiten Flüchtlingszahlen eintreten kann).

sich dies mit einer Hilfssituation vergleichen, in der zehn Menschen zehn Ertrinkenden gegenüberstehen, aber nur zwei helfen. Diese sollten möglichst viele Menschen retten, ohne sich selbst zu überfordern. Wenn andere nicht helfen, scheint also nicht der faire Anteil, sondern erst die Überforderungsgrenze relevant. Vieles spricht dafür, dies auch für die Flüchtlingsaufnahme anzunehmen.[16] Dieser Konflikt wird auch durch die folgenden zwei Argumente deutlich.

Zum einen bringt eine internationale Quotierung zusätzliche moralische Probleme mit sich. Egal wie hoch Deutschlands Mindestanteil an humanitären Visa ist, es würden wahrscheinlich mehr Anträge gestellt, als die Quote erlaubt. Man müsste also unter Schutzbedürftigen eine Auswahl treffen, und manche trotz ihrer Schutzbedürftigkeit abweisen. Das erscheint hart, wäre aber noch immer besser, als niemandem eine gefahrlose Einreise zu erlauben. Entscheidend ist, dass die Auswahlkriterien moralisch zu rechtfertigen sind. Es wäre möglich, das Los entscheiden zu lassen, oder unter den Schutzbedürftigsten diejenigen auszuwählen, die noch bedürftiger und verletzlicher erscheinen als andere. Keinesfalls kann als Kriterium die Nützlichkeit eines Flüchtenden für das Aufnahmeland, etwa in Form von Bildung, herangezogen werden.[17]

Zum anderen stellt sich die Frage, welche Konsequenzen sich für Flüchtende ergeben, die ohne Visum an unsere Grenze kommen, falls der postulierte »faire Anteil« durch Vergabe von Visa bereits aufgenommen wurde. Nun könnte der Gedanke aufkommen, diese seien abzuweisen. Ein solches Verhalten wäre jedoch fatal, da sich sonst auch die Nachbarstaaten von Krisenländern auf die bloße Aufnahme ihres fairen Anteils beschränken könnten. Viele Flüchtende könnten das Krisenland dann gar nicht verlassen.[18]

---

16 Kuosmanen (2012).
17 Die moralischen Kriterien für eine Auswahl können an dieser Stelle nicht weiter untersucht werden. Doch es dürfte klar sein, dass jedes weitgehend nachvollziehbare Kriterium ein Fortschritt wäre. Auch wenn unsere Gesetzgebung kein Auswahlkriterium formuliert, führt die Auslegungspraxis faktisch zu einer Auswahl durch das Mittelmeer und seine Hürden und Gefahren, die eindeutig problematischer als jedes moralische Kriterium ist.
18 Viele Flüchtende, die die eigene Staatsgrenze überwinden können (also keine Binnenflüchtlinge bleiben), suchen (zunächst) in Nachbarstaaten Zuflucht. Diese Option bliebe ihnen in der geschilderten Konstellation verwehrt. Doch selbst, wenn Sie Nachbarstaaten

Die Suche nach einer Mindestbelastbarkeitsgrenze kann also nur der Versuch einer Kompromissfindung für einen politischen Prozess hin zur Schaffung ausreichender Voraussetzungen (wie international verbindliche bi- und multilaterale Abkommen) sein. Auf Grundlage der bisherigen Argumentation besteht eine moralische Aufnahmepflicht demnach eher bis zur Überforderungsgrenze, das heißt, Länder müssten Schutzbedürftige an ihren Grenzen auch dann aufnehmen, wenn ihr fairer Anteil bereits erreicht, ihre Überforderungsgrenze jedoch noch nicht erreicht ist. Solange es jedoch praktisch unrealistisch scheint, humanitäre Visa bis zur Überforderungsgrenze auszustellen, ist geboten, mindestens unserem fairen Anteil an Flüchtenden humanitäre Visa auszustellen.

Einwände

Der Vorschlag, humanitäre Visa mindestens für den fairen Anteil von Flüchtenden auszustellen, ist gegen einige mögliche Einwände zu verteidigen, die ein kritischer Leser hegen könnte.

Könnte der deutsche Staat seine Pflicht umgehen, indem er überdurchschnittlich viele Flüchtende an der Grenze oder aus anderen europäischen Ländern aufnimmt? Die Pflicht, humanitäre Visa auszustellen, behält aus moralischer Sicht trotz der Aufnahme Flüchtender an der Grenze ihre Geltung, wenn es doch bedeutet, dass die meisten zunächst ihr Leben im Mittelmeer riskieren mussten.[19] Dadurch würde sich das Verhältnis erneut in Richtung heutiger Praxis verschieben, also den Ärmsten und Schwächsten, die das Mittelmeer nicht mithilfe von Schleppern überqueren können, überproportional die Chance zur Einreise nehmen und selbst denjenigen, die zunächst kein Visum erhalten und erst an der Grenze aufgenommen werden, eine unzumutbare Einreise auferlegt.[20]

---

nur für den Transit nutzen wollten, könnten sie diese Möglichkeit aufgrund zu erwartender strengerer Grenzschutzpraktiken vermutlich nicht mehr (oder erschwert) wahrnehmen.

19 Für Nachbarstaaten von Krisenländern gilt das nicht: Die Reise ins Nachbarland ist mit oder ohne Visum vermutlich gleich gefährlich.

20 Dies gilt selbst für manche, die nicht erst an der Grenze aufgenommen wurden, sondern zum Beispiel im September 2015 aus Budapest. Viele von ihnen mussten zuvor ihr Leben riskieren.

Herrscht nicht noch immer keine Chancengleichheit, wenn nur eine Quote entfernter Flüchtender einreisen darf? Wenn Flüchtende an der Grenze weiterhin in unbegrenzter Anzahl einreisen dürfen, haben es diejenigen leichter, die sich Schlepper leisten können. Dies ist idealtypisch nicht gänzlich zufriedenstellend, doch solange eine unbegrenzte Ausstellung humanitärer Visa unrealistisch erscheint, bleibt dies die beste Lösung.[21] Die Chancen unterschiedlicher Schutzbedürftiger würden dadurch nicht gleich, aber weniger ungleich.

Was ist mit jenen, die selbst die legale Reise zu uns nicht finanzieren können? Sie hätten auch durch humanitäre Visa keine gleichen Chancen. Hilfspflichten ihnen gegenüber sprächen nicht nur dafür, humanitäre Visa auszustellen, sondern auch dafür, ihnen den Flug zu finanzieren. Auch hier gilt: Völlige Chancengleichheit schaffen humanitäre Visa nicht – dazu müssten sie durch andere Maßnahmen ergänzt werden.

Kann nicht manchmal ein Schutzbedürftiger die Einreise gar nicht erst beantragen, etwa in bestimmten Regionen eines Kriegsgebiets, oder falls er nicht über die nötigen Kommunikationsmittel verfügt? Das ist in der Tat möglich, es stellt jedoch womöglich weniger ein Problem des hier vorgestellten Vorschlags dar, sondern kennzeichnet vielmehr den Punkt, an dem unsere modernen Handlungsmöglichkeiten und somit unsere Aufnahmepflichten, selbst in einer globalisierten Welt, enden.

Ist nicht immer zuerst der Nachbarstaat eines Krisenlandes für eine Aufnahme verantwortlich? Wenn Hilfspflichten unabhängig von räumlicher Distanz sind, scheint dies nicht zu gelten. Der Nachbarstaat hat die Fluchtursachen nicht verschuldet. Alle Staaten können Hilfe leisten, also stehen sie alle in der gleichen Pflicht.[22] Es wäre sogar gefährlich, die Aufnahme allein den Nachbarstaaten zu überlassen. Sie drohen schon jetzt unter dem Flüchtlingsandrang zu kollabieren. Wenn ein Land wie der Libanon mit vier Millionen Einwohnern unter der Last von einer Million Flüchtenden zusammenbrechen sollte, führt dies zu einer weiteren Verschärfung der Lage in der

---

21 Wenn eine internationale Verteilung möglich wäre, könnte es sinnvoll sein, auch nahe Flüchtende auf demselben Weg zentral zu verteilen, um keine Ungleichbehandlung vorzunehmen.
22 Daher führt das Dublin-Verfahren meines Erachtens zu Ungerechtigkeit zwischen den Aufnahmeländern.

Region – und potenziell zu noch mehr Flüchtenden. Selbst wenn ein Flüchtender ein Flüchtlingslager erreicht hat, besteht oft noch eine Aufnahmepflicht: zum einen aus Fairness gegenüber den Nachbarstaaten von Kriegsgebieten, zum anderen, weil Flüchtende in vielen Lagern nicht ausreichend geschützt sind. Im Libanon und in Jordanien erhalten Flüchtende oft keine finanzielle Unterstützung und die Hilfen des Flüchtlingshilfswerks der Vereinen Nationen reichen nicht, um sie zu ernähren. Sie sind vom Hungertod bedroht, sobald ihre Ersparnisse aufgebraucht sind. Wir sind verpflichtet, auch sie aufzunehmen, wenn wir die Situation vor Ort nicht verbessern.[23]

Praktische Vorteile

Die moralische Argumentation für Visa fragt nicht danach, ob wir zusätzliche Vorteile dadurch hätten. Sie erwächst aus der Schutzbedürftigkeit von Flüchtenden. Dennoch haben Visa viele praktische Vorteile. Humanitäre Visa könnten zu einer größeren Akzeptanz von Flüchtenden in der Bevölkerung beitragen. Durch die Legalisierung der Reise würde das Bild des Flüchtlings als Kriminellen nicht zusätzlich oder weiter heraufbeschworen. Die Ankunft von Flüchtenden gleicht weniger einer Invasion, wenn sie nicht chaotisch erfolgt. Dies könnte rechten Stimmungsmachern ein Stück weit den Wind aus den Segeln nehmen. Wenn wir Flüchtende schon auf ihrer Reise erniedrigenden Bedingungen aussetzen, implizieren wir damit, sie hätten kein Recht, sich auf den Weg zu uns zu machen. Stattdessen würde die Ermöglichung der legalen Einreise signalisieren, wie selbstverständlich eine solche Reise ist: Schutzsuchende wollen ihr Leben retten oder ihre Grundrechte wahrnehmen – so wie auch wir, wären wir in ihrer Situation. Kein anderes Anliegen könnte legitimer sein als dieses; keines ist einer liberalen Weltauffassung nach berechtigter und schützenswerter.

Darüber hinaus gibt es handfeste organisatorische Vorteile. Gemeinden könnten sich Tage oder Wochen im Voraus auf legal Einreisende einstellen, denn ihre Ankunft wäre durch einen Antrag angekündigt und so planbar.

---

23 Vgl. unter anderem Schlothfeld (2012); siehe auch den Beitrag von Paul Collier in diesem Band (➔ S. 35 ff.).

Die Geschäfte der Schlepper nähmen ab. Da legale Wege sicherer sind, dürften die allermeisten Flüchtenden eine legale Migration anstreben. Flüchtende, die Ersparnisse haben, könnten sie im Aufnahmeland in einen Neuanfang investieren, statt für Schlepper astronomische Summen auszugeben.

Transitländer würden durch reguläre Reisen in erheblichem Umfang entlastet, da Reisen mit dem Flugzeug oder der Bahn weniger Zwischenstopps erfordern. So hätten andere Länder mehr Kapazitäten für die Flüchtenden, die bleiben und integriert werden müssen.

Unter den Einreisenden wären vermutlich mehr Kinder und Frauen. Sie müssten nun nicht mehr zurückgelassen werden, bis ein legaler Familiennachzug vielleicht möglich ist. Auch schwierige Familienzusammenführungen wären seltener nötig.

Humanitäre Visa würden zudem den Anteil Flüchtender verringern, deren Bleibeantrag aussichtslos ist. Bei einer Ablehnung des Visums würde ihnen bereits im Heimatland die Aussichtslosigkeit ihrer Aufnahmegesuche attestiert. Eine illegale Reise ergäbe dann kaum noch Sinn. Insgesamt würden die Kosten dennoch steigen, weil sicherlich insgesamt mehr Bleibeberechtigte kommen würden. Aber wenn darunter prozentual weniger aussichtslose Fälle sind, würden die vorhandenen Ressourcen sinnvoller verteilt. Aufwändige Abschiebungen würden von vornherein vermieden. Finanzielle Mittel würden zu einem höheren Prozentsatz auf Menschen verwendet, die wirklich Hilfe brauchen, und Plätze in Aufnahmestellen würden effizienter genutzt.

Diese unvollständige Liste zeigt, dass das Ausstellen von Visa nicht nur moralisch richtig ist, sondern auch für alle Beteiligten von Vorteil sein kann. Das einzige Problem für Aufnahmeländer besteht darin, dass insgesamt mehr Einreisen zu erwarten wären. Wir sind allerdings zur Aufnahme deutlich mehr Flüchtender moralisch verpflichtet, solange sie uns nicht überfordert.

Fazit

Obwohl Deutschland im Vergleich zu anderen Industrieländern im Jahr 2015 viele Flüchtende aufgenommen hat, gehen die hier beschriebenen Pflichten über das Geleistete hinaus. Aufnahmestaaten sind nicht nur verpflichtet, Flüchtende an der Grenze aufzunehmen, sondern sie dürfen ihnen keine lebensgefährliche Reise auferlegen. Folglich müssen sie mindestens ihrem gerechten Anteil der weltweit Flüchtenden eine gefahrlose Einreise zugestehen.

Doch wenn es falsch ist, entfernten Schutzbedürftigen eine sichere Reise zu verwehren, wo ist die moralische Empörung? Zum einen fehlt sie aus Gewohnheit – wir sind mit der jetzigen Praxis vertraut bzw. in diese hineingewachsen – und durch den internationalen Vergleich – wir glauben, andere Staaten würden ihren moralischen Pflichten noch weniger gerecht. Wichtiger ist jedoch, dass nicht nur unsere Praxis, sondern auch unser intuitives moralisches Empfinden einen Unterschied zwischen räumlich nahen und fernen Personen macht, der sich moralisch nicht vollständig rechtfertigen lässt.[24] Moralischer Fortschritt bestand schon immer in der Überwindung moralisch irrelevanter Unterschiede. Unsere Tendenz, räumlich nähere Personen stärker zu berücksichtigen, muss genauso überwunden werden wie die Tendenz, nur Menschen der gleichen Hautfarbe oder Religion als gleichberechtigt zu betrachten. Der Verstand muss uns daran erinnern, dass räumliche Distanz als solche einen Schutzanspruch nicht mindert. Wenn unser Verstand dafür zu träge ist, benachteiligen wir ferne Schutzbedürftige. Sie müssen uns (bisher) im wahrsten Sinne des Wortes erst nahekommen, damit wir unsere moralischen Pflichten ihnen gegenüber erkennen. Dieser Beitrag versucht, dem entgegenzuwirken.

Literatur

Blake, Michael (2013): Immigration, Jurisdiction, and Exclusion, in: Philosophy and Public Affairs 41 (2013) 2, S. 103-130.
Carens, Joseph (1987): Aliens and Citizens. The Case for Open Borders, in: The Review of Politics 49 (1987) 2, S. 251-273.
Cassee, Andreas (2016): Globale Bewegungsfreiheit. Ein philosophisches Plädoyer für offene Grenzen, Berlin.
Cole, Phillip (2011): Open Borders: An Ethical Defence, in: Debating the Ethics of Immigration. Is There a Right to Exclude?, hg. v. Christopher H. Wellman/Phillip Cole, Oxford: Oxford University Press, S. 159-314.
Cullity, Garrett (2004): The Moral Demands of Affluence, Oxford.

---

24 Für diese Einschätzung vgl. zum Beispiel Cullity (2004).

Gibney, Matthew J. (2015): Refugees and Justice between States, in: European Journal of Political Theory 14 (2015) 4, S. 448-463.
Kuosmanen, Jaakko (2012): Global Protection of the Right to Asylum and Partial Compliance. Global Justice, in: Theory Practice Rhetoric (2012) 5, S. 47-55.
Lister, Matthew J. (2013): Who are Refugees?, in: Law and Philosophy (2013) 32, S. 645-671.
Mantel, Susanne (Ms.): The Dangerous Journey towards Help.
Miller, David (2005): Immigration. The Case for Limits, in: Contemporary Debates in Applied Ethics, hg. v. Andrew I. Cohen/Christopher H. Wellman, Malden Mass., S. 193-206.
Pevnick, Ryan (2011): Immigration and the Constraints of Justice. Between Open Borders and Absolute Sovereignty, Cambridge.
Schlothfeldt, Stephan (2012): Dürfen Notleidende an den Grenzen wohlhabender Länder abgewiesen werden?, in: Migration und Ethik, hg. v. Anna Goppel/Andreas Cassee, Münster i. Westf., S. 199-209.
Schuck, Peter. H. (1997): Refugee Burden-Sharing. A Modest Proposal, Faculty Scholarship Series, Yale Law School, Paper 1694.
Shacknove, Andrew E. (1985): Who Is a Refugee?, in: Ethics (1985) 95, S. 274-284.
Singer, Peter (1972): Famine, Affluence, and Morality, in: Philosophy and Public Affairs 1 (1972) 3, S. 229-243.
Walzer, Michael (1983): Spheres of Justice. A Defense of Pluralism and Equality, New York.
Wellman, Christopher H. (2008): Immigration and Freedom of Association, in: Ethics (2008) 119, S. 109-141.

Nationale Strategien und transnationale Aushandlungsprozesse

Mahir Tokatlı

Die Rolle der Türkei in der Flüchtlingsbewegung. Teil der Lösung oder Teil des Problems?

Laut Schätzungen des Flüchtlingswerks der Vereinten Nation (UNHCR) befinden sich derzeit mehr als 11 Millionen Syrer auf der Flucht,[1] von denen knapp fünf Millionen Zuflucht in den Nachbarländern suchen.[2] Dieser Beitrag befasst sich mit der Flüchtlingsbewegung aus Syrien über die Türkei infolge des syrischen Bürgerkriegs und geht der Frage nach, ob die Türkische Republik ein Teil der Lösung derzeitiger humanitärer Problemlagen und Katastrophen sein kann oder vielmehr als ein Teil des Problems betrachtet werden muss.

Aus den Nachwehen des Arabischen Frühlings entstanden 2011 in Syrien zahlreiche Proteste, die den Sturz des Diktators Baschar al-Assad, zumindest aber eine Einführung demokratischer Reformen forderten. Dieser erstickte jegliche Proteste schnell und auf brutale Art und Weise. Wenngleich die Europäische Union (EU) von diesem Krieg und seinen Folgen zunächst nicht

---

1   Der besseren Lesbarkeit wegen wird bei personenbezogenen Substantiven die maskuline Form gewählt. Diese versteht sich als geschlechtsneutral und schließt Frauen explizit mit ein.
2   UNHCR (2017): 6 Jahre Krieg – UNHCR warnt: Syrien am Scheideweg, www.unhcr.de/home/artikel v. 12.3.2017.

unmittelbar betroffen war, so waren es die direkten Anrainerstaaten wie die Türkei. Ankara musste in dieser humanitären Tragödie zwangsläufig unterschiedliche Rollen einnehmen. Allein wegen der geografischen Nähe und der geteilten gemeinsamen Außengrenze ist die Türkei das größte Aufnahmeland syrischer Geflüchteter. Bis heute wird die Anzahl auf rund 2,9 Millionen Syrer geschätzt.[3] Dieser Tatsache ist es geschuldet, dass in der Türkei über den Krieg und die Folgen zeitlich viel früher diskutiert worden ist als in den öffentlichen und politischen Räumen Mitteleuropas. Hier sind eingehendere Diskurse über die Situationen in Syrien und die Auswirkungen von Kriegsvertreibung erst 2015 mit zunehmender Fluchtbewegung und damit im Zuge unmittelbarer Betroffenheit festzustellen.

Die Rolle der Türkei beschränkt sich allerdings nicht ausschließlich auf die Aufnahme der Geflüchteten. Mit der Zeit wurde deutlich, dass diese aus unterschiedlichen Gründen nicht in der Türkei bleiben wollen. Stattdessen hoffen sie darauf nach Europa zu gelangen, was die Türkei als direktes Nachbarland dreier EU-Mitgliedsstaaten, nämlich Zypern, Griechenland und Bulgarien, zu einem Transitland macht.

Eine weitere Rolle, die der Türkei insbesondere von der deutschen Bundesregierung angetragen worden ist, ist die des »Türstehers«,[4] der die Migrationsbewegungen Geflüchteter in die EU begrenzen oder gar aufhalten soll. Im sogenannten »Flüchtlingsdeal« offenbarte sich für die Türkei einmal mehr die besonders starke politische Bedeutung der EU-Beitrittskandidatur, während er in Deutschland die innenpolitische Abkehr der »Wir schaffen das!«-Parole durch die Hintertür bedeutete. Aufgrund einer starken rechtspopulistischen Stimmung in Europa – wie sie sich in Deutschland beispielsweise in der Alternative für Deutschland (AfD) und in Teilen der Christlich-Sozialen Union (CSU) manifestierte – und der Tatsache, dass die EU-Mitgliedsstaaten nicht in der Lage waren und sind, einen gemeinsamen Plan bei der Verteilung Geflüchteter zu erstellen, gewinnen bis heute die »Dienste« Ankaras an Bedeutung. Mit dem Abkommen zwischen der EU und der Türkei sollte der »illegalen« Migration Einhalt geboten werden. Was jedoch

---

3   Für Zahlen rund um die Auswirkungen des Kriegs sei die Datenbank der UNHCR empfohlen: www.data.unhcr.org/syrianrefugees/regional.php.
4   Tokatlı (2016).

dieses medial oft als »schmutziger Deal« bezeichnete Abkommen missachtet, ist die – vielleicht problematischste – vierte Rolle der Türkei in diesem Konflikt: die Rolle der Kriegspartei.

Auf diese Rolle wird der vorliegende Beitrag näher eingehen und versuchen darzulegen, warum der Partner der EU vornehmlich gar nicht die friedliche Beilegung des Kriegs auf die außenpolitische Agenda setzt, sondern vom Krieg in Syrien in gewissem Sinne profitiert und versucht seine außenpolitischen Ambitionen an den Außengrenzen zu realisieren.

Gleichzeitig wird die außenpolitische Strategie der Türkei offengelegt, die auf zwei historisch gewachsenen Grundfesten türkischer Handlungsmaxime fußt und aus denen heraus sich spezifische außenpolitische Dogmen entwickelt haben. Diese Prioritäten der Türkei führen zu einer Verschleppung und Nichtlösung der zentralen Ursache der Flüchtlingsbewegung – nämlich der Fortführung des Kriegs. Folglich argumentiert dieser Beitrag, dass das Abkommen mit der Türkei das Problem nicht an der Wurzel packt und packen kann. Stattdessen eröffnet es der Türkei die Möglichkeit, ihre eigenen regionalen Ordnungsvorstellungen durchzusetzen, in deren Rahmen sie an einem Fortbestand des Kriegs und der Fluchtbewegung interessiert ist.

Außenpolitische Dogmen der Türkei

Teilursächlich für den Kriegsausbruch und insbesondere für die Verhinderung einer friedlichen Beilegung des Kriegs ist zum einen der unbedingte Wille der türkischen Regierung, den Sturz des syrischen Diktators Assad herbeizuführen. Zum anderen verbietet die türkische Staatsräson die Etablierung eines kurdischen Staates in den kurdischen Gebieten jenseits ihrer Außengrenze, deren Einwohner in Teilen der Kurdischen Arbeiterpartei (Partiya Karkerên Kurdistanê, PKK) nahestehen.

Sturz Assads als »Conditio sine qua non«

Die türkisch-syrischen Beziehungen galten über Jahrzehnte hinweg als angespannt. Teilweise reichen die Belastungen bis weit in die Geschichte des

Osmanischen Reichs zurück.[5] Freilich kann dies hier nicht in Gänze erörtert werden, wohl aber sei angemerkt, dass die Beziehungen beider Staaten zum Ende des 20. Jahrhunderts hauptsächlich wegen des syrischen Umgangs mit der PKK negativer Natur waren. Die Gewährung politischen Asyls und die Nichtauslieferung ihres Vorsitzenden,[6] Abdullah Öcalan, führten zu ernsthaften Verstimmungen, auch weil die PKK Mitte der 1980er-Jahre von syrischem Boden aus ihre bewaffneten Aktionen gegen die Türkei durchführte.[7]

Ein »Turning-Point« im Verhältnis beider Staaten lässt sich mit der Ernennung Ahmet Davutoğlus zum türkischen Außenminister 2009 verzeichnen. Der Professor für Internationale Beziehungen versuchte im Amt, die türkische Außenpolitik mit einem Rekurs auf das Osmanische Reich politisch neu zu konzipieren. Bereits 2001 legte er dar, dass die Türkei mit ihrer Fixierung auf die westliche Welt das Erbe des Osmanischen Reichs sowohl im Nahen und Mittleren Osten als auch in Zentralasien und im Kaukasus vernachlässigt habe und ihr somit viele Machtoptionen verschlossen seien. Eine neue »strategische Tiefe« sollte der Türkei genau diese Optionen wiedereröffnen und die Basis für einen Aufstieg zum regionalen Hegemon bilden. Das zentrale Element jenes Konzepts ist eine »Null-Probleme-Politik« mit allen direkten Nachbarn; Ziel sollte sein, jegliche Konflikte »ad acta« zu legen und freundschaftliche Kontakte aufzubauen.[8] Neben dem »osmanischen Erbe«, ging es den Protagonisten zugleich um realpolitische Motive, wie die Schaffung von Absatzmärkten, aber auch den Zugang zu Energieressourcen wie Erdgas und Erdöl, die in der Türkei nicht vorhanden sind. Nach dem Zerfall der Sowjetunion und dem damit verbundenen Ende der bipolaren Weltordnung »muss die Türkei in der Region nicht mehr lediglich als Mitglied der

---

5   Vgl. zum Beispiel Hinnebusch/Tür (2013).
6   Aufgrund der historisch bedingt schwierigen Beziehungen beider Länder, die sich in den 1960er-Jahren zusätzlich wegen der Nutzung von Wasserressourcen am Euphrat und Tigris verschärften, waren für die syrische Regierung Organisationen, die sich gegen den türkischen Staat stellten, wie die PKK, aber auch ASALA (Armenian Secret Army for the Liberation of Armenia) willkommen. Dies beruhte jedoch auf Gegenseitigkeit, denn die Türkei nahm in den 1980er-Jahren syrische Oppositionelle aus den Reihen der Muslimbrüder auf. Vgl. hierzu Altunışık/Tür (2006), S. 229-248.
7   Aras (2012), S. 42 f.
8   Vgl. Davutoğlu (2001).

NATO auftreten, sondern muss als regionaler Akteur mit eigenen nationalen Interessen handeln.«[9]

Dieser Versuch einer konfliktneutralen Beziehung zu allen Nachbarstaaten, auch zum Intimfeind Syrien, wurde durch eine scheinbare Nähe beider Regierungschefs Erdoğan und Assad öffentlichkeitswirksam inszeniert.[10] Doch die guten Beziehungen währten nicht allzu lange und spätestens im Verlauf des Arabischen Frühlings kam es zu einem Bruch.[11] Der türkische Ministerpräsident Erdoğan folgte seinem Instinkt und wich von der außenpolitischen Strategie ab, als er öffentlich den Sturz Assads forderte. Der Arabische Frühling und der damit verbundene Drang der verschiedenen Gesellschaften, sich vom Joch ihrer autoritären Herrscher zu befreien, schwappte 2011 nach Syrien über und Teile der syrischen Gesellschaft verfolgten das Ziel, den langjährigen Machthaber zu stürzen. Dieser reagierte auf anhaltende Forderungen nach mehr Demokratie wenig kompromissbereit und schlug die Proteste mit unbotmäßiger Härte und Brutalität nieder.[12] Für westliche Regierungen war Assad mittlerweile kaum noch tragbar, was Äußerungen des damaligen US-Präsidenten Barak Obama nahelegten, der einen freiwilligen Rücktritt Assads als einzig vernünftige Option ins Spiel brachte.[13] In diesem Zusammenhang bezog Erdoğan öffentlich Stellung zugunsten der Protestierenden und betrachtete diesen Zustand als »Window of Opportunity«, um eine Führungsrolle in der sunnitisch-muslimischen Welt einzunehmen. Neben der Debatte um ein mögliches »Role-Model« seiner Partei für Gerechtigkeit und Entwicklung (Adalet ve Kalkınma Partisi, AKP) für islamische Parteien und der damit verbundenen vermeintlichen Harmonie zwischen Islam und Demokratie,[14] intendierte die AKP seit geraumer Zeit, das vornehmlich negative Image der Türkei in der islamischen Welt aufzubessern. Als besonders anschauliche Beispiele dienen hierfür die offen antisemitische »One-Minute«-Rede Erdoğans in Davos 2009, die offensive Verteidigung des international per Strafbefehl

---

9   Davutoğlu (2001), S. 398 (Übersetzung des Verfassers).
10 Eine Entspannung lässt sich auch in der gegenseitigen Aufhebung der Visapflicht feststellen.
11 Jaeger/Tophoven (2013), S. 27.
12 Asseburg (2013), S. 12.
13 White House (2012): Statement by the President on Syria, Onlineversion v. 4.2.2012.
14 TESEV (2011), S. 12.

gesuchten sudanesischen Diktators Omar al-Bashir mit der Aussage, Muslime seien nicht in der Lage, einen Völkermord zu begehen, und schließlich die Tatsache, dass Khalid Meschal, Vorsitzender der radikalislamistischen und immanent antisemitischen HAMAS, seit 2012 immer wieder als Ehrengast auf AKP-Parteitagen eingeladen wird.[15]

In diesem Zusammenhang bot Assads alawitische Herkunft für den damaligen türkischen Ministerpräsidenten eine Angriffsfläche, um sich als Führer der sunnitischen Welt zu exponieren. Obgleich konfessionelle Aspekte in der syrischen Protestbewegung kaum herausgestellt worden sind, bleiben sie bis heute ein wichtiger Faktor für die Motivation der sunnitischen Opposition, um sich gegen die als korrupt geltende alawitische »Herrscher-Clique« zu wappnen.[16] Auf der Konfessionsklaviatur spielte Erdoğan virtuos und wertete das rücksichtslose Vorgehen Assads als mit dem Islam unvereinbar und warf – auf die alawitische Konfession Assads rekurrierend –[17] seinem Kontrahenten unislamisches Handeln vor.[18]

Diesen Führungsanspruch für sich reklamierend, wurde der Sturz Assads zum außenpolitischen Dogma der Türkei, zur Conditio sine qua non, wodurch die in ihren Kinderschuhen steckenden freundschaftlichen Beziehungen mit Syrien in ihr absolutes Gegenteil verkehrt wurden.

Nachdem die türkische Regierung verbal eine klare Position bezogen hatte, ließ die Implementierung nicht lange auf sich warten: Sie unterstützte tatkräftig – logistisch und finanziell – radikalislamische Oppositionsgruppen, die Assad stürzen wollten; dies diente eher einer Realisierung der eigenen außenpolitischen Vorstellung, nämlich der Stärkung der ihm ideologisch nahestehenden syrischen Muslimbrüder, als dem Gesamtinteresse einer friedlichen Beilegung des Kriegs in Syrien.

Spätestens mit der journalistischen Enthüllung der Waffenlieferung des türkischen Geheimdienstes an radikalislamische Gruppen in Syrien durch die Zeitung »Cumhuriyet« und den beiden Journalisten Can Dündar und

---

15 Vgl. Tokatlı (2015), S. 179 f.
16 Teilweise hat der religiöse Aspekt die ursprünglichen Motive in den Hintergrund gedrängt; siehe hierzu: Becker (2015), S. 483-493.
17 Hiermit spielt er auf den innerislamischen Konflikt zwischen Sunniten und Schiiten an. Die Alawiten lassen sich in das Spektrum der Schiiten einordnen.
18 Taşpınar (2012), S. 137 f.

Erdem Gül ist deutlich geworden, dass aus den anfänglichen Gerüchten – trotz zahlreicher Dementis – belastbare Tatsachen geworden sind. Die Reaktion der türkischen Regierung, die den beiden Journalisten mit juristischen Konsequenzen drohte, zeigt, wie dünnhäutig sie auf dieses Thema reagierte. Sie ist aber ebenfalls als ein Indiz für den Wahrheitsgehalt dieser Meldung zu werten. Entlarvend ist hier die Anklageschrift, die beiden Journalisten unter anderem Geheimnisverrat vorwirft. Schließlich wurden sie wegen »Veröffentlichung geheimer Dokumente« für schuldig befunden und zu jeweils mehr als fünf Jahren Haft verurteilt.[19]

Ebenso wie diese Journalisten gehen auch Wissenschaftler und Kenner der Region davon aus, dass die Türkei Waffen an radikalislamistische Kräfte geliefert hat und die islamistisch-syrische Militärallianz Dschaisch al-Fatah nicht nur von Saudi-Arabien, sondern auch von der Türkei finanziert worden ist.[20] Die proaktive Unterstützung radikaler islamischer Milizen ist nicht neu, in der Vergangenheit zeigte die türkische Regierung bereits keinerlei Berührungsängste mit Gruppen islamistischer Ideologie, wie beispielsweise in Kobanê 2014, wo Kurden im Kampf gegen den IS isoliert wurden, während für die islamistischen Kämpfer die Grenzen frei passierbar waren.[21]

Kurzum: Die jahrzehntelangen schlechten Beziehungen mit Syrien wurden im Rahmen der strategisch neu ausgerichteten Außenpolitik sichtlich verbessert. Mit dem Überschwappen des arabischen Frühlings nach Syrien sah Erdoğan ein »Window of Opportunity«, um den syrischen Oppositionellen (vor allem die Muslimbrüder) an die Macht zu helfen, indem er die Absetzung Assads zur Conditio sine qua non seiner Außenpolitik erhob. Folglich galt es islamistische Milizen in Syrien zu unterstützen, deren Ziel es war Assad zu beseitigen. Dieser Politik liegt die Logik zugrunde, seinen eigenen Führungsanspruch in der sunnitisch-muslimischen Welt zu untermauern und den ideologisch nahestehenden Muslimbrüdern in Syrien den Weg an die Macht zu ebnen.

---

19 BBC (2016): Turkey Jails Cumhuriyet Journalists Can Dundar and Erdem Gul, in: BBC-Online v. 6.5.2016, www.bbc.com/news/world-europe.
20 Ignatious, David (2015): A New Cooperation on Syria, in: The Washington Post-Online v. 12.5.2015.
21 Çiviroğlu, Mutlu (2014): Turkey's Passive-aggressive Inaction in Kobani is Anti-Kurd, Anti-peace Politics. And it's Dangerous, in: The Guardian-Online v. 14.10.2014.

Kurdophobie und die Türkei als Kriegspartei im Syrienkonflikt

Dies leitet über zum zweiten außenpolitischen Dogma der türkischen Staatsräson, keinen kurdischen Staat an der Landesgrenze zuzulassen.[22] Diesem liegt die spezifisch türkische Angst zugrunde, ein unabhängiges »Kurdistan« könne zu einer Teilung des Staates und der Nation führen. Ebenjene propagierte doppelte Unteilbarkeit bildet das essenzielle Element des sakrosankten türkischen Staates und des ausgeprägten Nationalismus. »Kurdophobie« als Strategie sieht die innen- wie außenpolitische Bekämpfung derjenigen Kurden vor,[23] die der Gefährdung der Eintracht bezichtigt werden.[24] Diese Maxime basiert auf einer fortwährenden staatlichen Leugnung der kurdischen Existenz auf türkischem Boden, sowohl in der Gegenwart als auch in der Vergangenheit.[25]

Ins Visier der türkischen Regierung geraten in erster Linie diejenigen, die ihre kurdische Identität losgelöst von der muslimischen betrachten und folglich ein von der Religion emanzipiertes Identitätsbild besitzen. Vereinfacht gesagt nimmt die AKP-Regierung eine Unterscheidung in »gute« und »schlechte« Kurden vor; diejenigen, die sich assimilieren und die, die sich dem verweigern.[26] Innenpolitisch ist dies das Leitmotiv der AKP und sie »kümmert« sich speziell um diejenigen Kurden, die sich selber als konservativ und religiös begreifen, ohne die türkische Hegemonie über die kurdische Identität anzuzweifeln oder infrage zu stellen.[27] Aus der Perspektive der AKP und anderer nationalistisch gesinnter Gruppen ist das Gegenteil bei all denjenigen der Fall,[28] die mit der demokratischen Partei der Völker (Halkların Demokratik

---

22 Hiermit ist nicht nur der klassische Nationalstaat gemeint, sondern auch die Form einer kurdischen Selbstverwaltung. Diese doppelte Bedeutung gilt für weitere Stellen im Text.
23 Mit dem Begriff »Kurdophobie« als außenpolitische Handlungsmaxime beschäftigt sich allen voran meine Kollegin Rosa Burç. Die nachfolgenden Ausführungen rekurrieren größtenteils auf noch unveröffentlichten Fachgesprächen mit dem Autor. Vgl. Burç, Rosa (2016): Erdoğan's Plan for the Kurds. Destroy, Rebuild, Pacify, in: TeleSUR-Online v. 3.3.2016.
24 Als neue Literatur zu dieser Thematik sei beispielhaft empfohlen Shareef/Stansfield (2017).
25 Yeğen (1999), S. 555 f.
26 Vgl. Açar (2016), S. 189.
27 Vgl. Açar (2016), S. 189.
28 Die HDP ist ein Linksbündnis, das in der Tradition der kurdischen Parteien steht.

Partisi, HDP) sympathisieren.[29] Das Ziel dieser »anderen Kurden« sei es, »fromme[n] Muslime zu Marxisten und Atheisten zu erziehen«.[30] Die Instrumentalisierung des Islams als Bollwerk gegen den Sozialismus und Kommunismus der »Gottlosen« ist in der Türkei kein neues Phänomen, sondern wurde insbesondere zu Zeiten des Kalten Krieges angewandt. Auch die türkisch-islamische Synthese (TiS)[31] – exemplifiziert in der Ideologie der rechtsradikalen Nationalistischen Aktionspartei (Milliyetçi Hareket Partisi, MHP) und ihren paramilitärischen Anhängern – basiert auf der Prämisse des Antikommunismus. Spätestens mit dem neokemalistischen Putsch des Militärs am 12. September 1980 galt die türkisch-islamische Synthese als inoffizielle Staatsideologie und Religion fungierte von da an als gesellschaftlicher Kitt, obwohl der politische Islam weiterhin argwöhnisch betrachtet wurde.

Der türkischen Staatsräson folgend, könnte aus der Umstrukturierung Syriens ein kurdisch dominierter Staat resultieren und wäre damit ein »Worst-Case«-Szenario für die AKP. Deutlich wird dies auch in der Verweigerung von Verhandlungen mit der Partei der Demokratischen Union (Partiya Yekitîya Demokrat, PYD), dem quasi syrisch-kurdischen Ableger der PKK, der ebenfalls Akteur in Syrien ist und für eine Selbstverwaltung kämpft.[32] Die »Nicht-Einladung« zur Friedenskonferenz in Istanbul basiert auf dem Postulat, die PYD mit der PKK und folglich mit Terrorismus gleichzusetzen. Entstünde ein zusammenhängendes Kurdistan oder eine kurdische Selbstverwaltung in Syrien, dann drohe auch die staatliche und nationale Einheit in der Türkei, so zumindest aus der türkischen Perspektive, zu zerfallen. Zudem wider-

---

29 Während noch bis Februar 2015 seitens der Regierung sowohl mit der PKK als auch mit der HDP verhandelt wurde, wandelte sich dies seit dem klaren und deutlichen »Nein« des Kovorsitzenden der HDP, Selahattin Demirtaş, zu den Plänen Erdoğans bezüglich der Umgestaltung des türkischen Regierungssystems zu einer Präsidialdiktatur. Die Worte »Wir werden nicht zulassen, dass du Präsident wirst« trugen zu seiner Popularität bei und waren mitverantwortlich für das gute Abschneiden der HDP bei der Parlamentswahl im Juni 2015.
30 So zum Beispiel der türkische Außenminister Mevlüt Çavuşoğlu, Cumhuriyet-Online (2015), www.cumhuriyet.com.tr/haber/turkiye.
31 Die TiS stellt den türkisch-völkischen Nationalismus als untrennbare Einheit mit dem Islam dar. Dieser Symbiose liegen zwei Grundgedanken zugrunde: (1) der Islam sei die einzige Bedingung, Türke zu werden und Türke zu bleiben; (2) sobald die Türken den Islam als ihren Glauben angenommen haben, stiegen sie direkt als Führer der islamischen Welt auf. Vgl. hierzu Şen (2010), S. 61 ff.
32 Vgl. Açar (2016), 190 f.

spricht die PYD dem anderen außenpolitischen Dogma, da sie nicht primär den Sturz Assads befürwortet, sondern zunächst schlicht für eigene Autonomie und Demokratisierung kämpft,[33] sich somit von den islamistischen Milizen distanziert.[34]

An dem Beispiel Kobanê lässt sich die von Kurdophobie getragene türkische Politik veranschaulichen. Während der Westen mit den Volksbefreiungseinheiten (Yekîneyên Parastina Gel/Jin, YPG/J), dem bewaffneten Arm der PYD, kooperierte, galt die türkische Unterstützung islamistischen Kräften. Zwar führte diese umstrittene Partnerwahl zu einer internationalen Isolierung der Türkei,[35] doch änderte dies nichts an der prioritären Bekämpfung – sowohl auf diplomatischen als auch militärischen Wegen – der PYD,[36] während islamistische Milizen in der Türkei und an der Grenze weitgehend »in Ruhe« gelassen und nicht aktiv bekämpft wurden.

Mit dem Sieg über den IS in Minbij kam die YPG/J ihrem strategischen Ziel nahe, beide kurdischen Kantone Efrîn und Kobanê zu verbinden. Vom Westen unterstützt, errangen die multinational und -konfessionell aufgestellten Demokratischen Kräfte Syriens (Syrian Democratic Forces, SDF) Sieg um Sieg und obschon der SDF ein »gemischter Haufen«[37] ist, wird er deutlich von der YPG/J geprägt.[38] Die SDF kontrollierten weite Teile unmittelbar an der türkischen Staatsgrenze, woraufhin die Türkei sich provoziert sah und das türkische Militär in einer fragwürdigen Allianz mit radikalislamistischen Gruppen und schweren Waffen in Minbij einmarschierte und die SFD zurückdrängte.[39] Immer wieder betont die türkische Regierung, die Operation Schutzschild Euphrat diene dem Kampf gegen jeglichen Terrorismus, doch

---

33 Nähere und detaillierte Information zum »Modell Rojava« als Projekt einer radikal demokratischen Selbstverwaltung bieten: Schmidinger (2017); Ayboğa/Flach/Knapp (2016).
34 Lawson (2014), S. 1351-1365.
35 Seufert (2017), S. 3.
36 Zum einen verfolgt die Türkei die Strategie einer Gleichsetzung der PYD mit islamistischen Terrororganisationen wie dem IS. Zum anderen gab es zahlreiche militärische Operationen gegen Stellungen der YPG/J.
37 Neben den kurdischen YPG/J sind kurdisch-turkmenische, sunnitisch-arabische und assyrisch-aramäische Einheiten Teil dieser Koalition.
38 Gunter (2016), S. 127.
39 Vgl. Schmidinger (2016), S. 25-28.

scheint sie ausschließlich gegen die Kurden und nicht gegen die IS-Terroreinheiten gerichtet gewesen zu sein.[40]

Die Dynamik des Kriegs führte aus türkischer Sicht zu einem Dilemma: Während sich das erste Dogma durchaus auf einer Linie mit den Forderungen des Westens befindet, stand und steht bis heute das zweite Dogma den Interessen des Westens diametral entgegen. Für die USA sind die Kurden im Kampf gegen Islamisten als Bodentruppen wichtig. Hinzu kommt, dass mit Russland und dem Iran zwei Regionalmächte sich für den Erhalt Assads einsetzen.

In dieser Problemlage zeigt sich deutlich, dass territoriale Hegemonialbestrebungen, die ein gewisses Einverständnis mit den internationalen Verhandlungspartnern voraussetzen und die kurdophobe Handlungsmaxime zum Erhalt der Staatsräson in Grenz-, Sicherheits- und Strategiefragen nicht vereinbar sind. Es bedurfte einer Entscheidung, welchem der beiden Ziele eine höhere Priorität eingeräumt werden sollte. Zügig wurde ersichtlich, dass die Türkei ihrer Urangst der »Unteilbarkeit der türkischen Nation und Staatlichkeit« nachgab und diese durch eine zusammenhängende kurdische Territorialeinheit als so stark gefährdet betrachtete, dass sie das erste außenpolitische Dogma zugunsten des zweiten aufgab.[41] Folglich galt Assad wieder als Verhandlungspartner, während mit der Operation Schutzschild Euphrat der wichtigste Verbündete des Westens im Kampf gegen den IS, nämlich die kurdisch geprägte Miliz, militärisch geschwächt wurde. Erst das diplomatische Einschreiten der USA beendete die Kampfhandlungen zwischen der Türkei und dem SDF.[42] Dieser radikale außenpolitische Kurswechsel zeigt deutlich, dass die Durchsetzung der eigenen außenpolitischen Ambitionen für die türkische Regierung bedeutsamer erscheint, als die Befriedung des blutigen Krieges und die Eindämmung der Flüchtlingsbewegung. Der Sturz Assads und das Nichtzulassen eines emanzipierten kurdisch geprägten Staates an den Außengrenzen sind wichtiger als das Wachsen einer islamistischen Bedrohung, die leichtfertig in Kauf genommen wird. So sehr, dass

---

40 Christoph Sydow (2016): Der IS ist der Vorwand, die Kurden sind das Ziel, in: Spiegel-Online v. 3.8.2016.
41 Vgl. Schmidinger (2016), S. 27.
42 Ebd.

die Türkei islamistischen Gruppen finanzielle und logistische Unterstützung zugutekommen lässt, um eigene ordnungspolitische Ziele zu realisieren.

Schließlich führte die türkische Haltung zu einer Verschleppung der Friedensverhandlungen in Syrien und somit zu einer Fortsetzung des Krieges, was wiederum die Situation der Flüchtlinge in der Türkei verschärfte. Die humanitäre Lage der Flüchtlinge in der Türkei ist besorgniserregend, weshalb viele von ihnen in die EU weiterziehen wollen, was wiederum rechtspopulistische und -extreme Parteien und Ressentiments in Europa stärkt.

In dieser misslichen Lage für die europäischen Staaten droht Erdoğan den Europäern damit, die Grenzen zu öffnen. Bildlich spricht er davon, eigenhändig den Bus voll mit Geflüchteten an die bulgarische Grenze zu fahren, woraus ersichtlich wird, dass es ihm nicht darum geht, aus altruistischen Gründen Syrer in der Türkei aufzunehmen, sondern sie aus politischen Gründen als »Faustpfand« zu benutzen. Laut Günter Seufert rechnete Ankara diesbezüglich »mit einem baldigen Sieg der Rebellen und dem anschließenden Ende des Kriegs. [...] und auf der Ebene der Bevölkerung [sollte] die großzügige Aufnahme der Flüchtlinge sicherstellen, dass die Türkei nach dem Krieg zur bestimmenden Macht im neuen Syrien werde«.[43]

Der EU-Türkei-Deal

Trotz der die Flüchtlingsbewegung beschleunigenden Haltung der Türkei kam es zu einer europäisch-türkischen Zusammenarbeit, manifestiert in dem Abkommen zwischen der Türkei und den Staats- und Regierungschefs der EU –, wobei hier insbesondere die deutsche Bundeskanzlerin als treibende Kraft galt. Das anfänglich noch als »Aktionsplan zur Begrenzung der Zuwanderung über die Türkei« betitelte EU-Türkei-Abkommen vom 18. März 2016 muss unter diversen Aspekten die verschiedenen Rollen der Türkei betreffend betrachtet werden.

Eine Analyse erfordert zunächst die Motivlage der Partner, die wiederum sehr unterschiedlich gelagert ist. In erster Linie ging es der Bundesregierung in den Verhandlungen darum, den Zustrom Geflüchteter nach Deutschland

---

43 Vgl. Seufert (2015), S. 6.

aufzuhalten. Wenngleich Bundeskanzlerin Angela Merkel zunächst eine unbegrenzte Aufnahme von Kriegsgeflüchteten aus humanitären Gründen innenpolitisch zur Richtlinie erklärte und für eine Kultur des Willkommens warb, blies ihr innenpolitisch ein »kräftiger Wind« entgegen. Sowohl medial als auch von politisch Verbündeten wie der Schwesterpartei CSU; aber auch innerhalb ihrer eigenen Partei setzte sich eine diffuse Sorge vor finanzieller, sozialer und kultureller Überforderung Deutschlands durch. Der »Merkel-Kurs« in der Flüchtlingspolitik war nicht länger unumstritten, wie dies der Klöckner-Plan als bewusstes Gegenmodell beim Landtagswahlkampf in Rheinland-Pfalz demonstrierte.[44] Schließlich wandelte sich die Stimmung in der Gesellschaft von einer Willkommenskultur weg zu einer allgemeinen Unzufriedenheit. Wie in anderen westeuropäischen Ländern führte dies zu einem politischen Rechtsruck: Dies drückte sich in den zweistelligen Ergebnissen der rechtspopulistischen und bisweilen eindeutig deutsch-völkischen AfD in fünf Landtagswahlen 2016 aus, die sich mit dem Flüchtlingsthema gegenüber ihrer anfänglichen Rolle als »Euro(pa)-kritische« Partei neu positionierte. Diese nur in Ansätzen skizzierten Gründe erklären das Bedürfnis Merkels nach einer Kurskorrektur, um die Flüchtlingsbewegung zu begrenzen.

Nachdem die Balkanroute geschlossen wurde, galt es, den Weg über das Mittelmeer zu blockieren. Freilich bedurfte es hierbei der Kooperation mit der Türkei als wichtigstes Transitland. Die Idee war, dass Ankara den Grenzschutz aktiviert und keine »illegale« Überführung erlaubt. Im Gegenzug sollte es für die Türkei Visaliberalisierungen geben und die EU-Beitrittsgespräche forciert werden. Da vermutet worden ist, dass die Geflüchteten aufgrund der größtenteils katastrophalen humanitären Lage im Aufnahmeland die Türkei wieder verlassen,[45] bekam der Verhandlungspartner drei Milliarden Euro zur nachhaltigen Verbesserung dauerhafter Unterbringung und

---

44 Der von der CDU-Spitzenkandidatin Julia Klöckner entworfene Plan erhob entgegen der Linie der Bundesregierung den Anspruch, eine Reduzierung der »Flüchtlingszahlen« im Rahmen von innenpolitischen Maßnahmen zu gewährleisten. Begründet wurde diese bewusste Alternative zu Merkels Politik mit den bürokratischen Hürden auf europäischer Ebene, die diesen Prozess erheblich verlangsamen würden.

45 Schätzungsweise 76 % der geflüchteten Syrer leben nicht in Aufnahmelagern, sondern in Großstädten – meistens auf der Straße –, wo sie unterschiedlichen Schwierigkeiten wie Rassismus, Arbeits- und Perspektivlosigkeit ausgesetzt sind und keinen oder nur mangelhaften Zugang zum Gesundheits- und Bildungssystem haben. Vgl. Kirişci (2014), S. 15 ff.

Versorgung von Flüchtlingen zugesprochen. Kernpunkt jedoch war die Verpflichtung Ankaras, »illegal« in die EU geflüchtete Menschen »wieder« aufzunehmen, um diesen zu verdeutlichen, dass ein »illegaler« Übergang keinerlei Nutzen hat. Im Gegenzug oder im Austausch werde die EU für einen rückgeführten »illegalen« EU-Flüchtling dann einen Asylsuchenden aus Syrien – jedoch maximal 72.000 – aufnehmen, die sogenannte 1:1-Regel.

Mehrere wichtige Elemente vereint das Abkommen mit dem Ziel, die Flüchtlingsbewegung in die EU aufzuhalten, ohne den Kern des Problems zu treffen. Sowohl die Türkei als auch Griechenland verpflichten sich, intensiveren Grenzschutz zu betreiben, um den Übergang zu erschweren. Falls ein Übergang dennoch gelingen sollte, kommt das Rücknahmeabkommen zum Tragen und die Geflüchteten werden wieder in die Türkei abgeschoben. Dies soll vor der »illegalen« Flucht abschrecken. Maßgeblich für die Union sei es, den Schleusern somit das Handwerk zu legen.

Die Politik der schnellen Lösung aus innenpolitischen Rücksichtnahmen auf rechtspopulistische »Scharfmacher« oder diffusen wirtschaftlichen Abstiegs- und Überfremdungsängsten schien dabei das Primat oder eben das Dogma der EU-Politik zu sein. Eine friedliche Beilegung des Kriegs hätte hingegen letztlich den Schleusern komplett den Markt für ihre illegalen »Dienste« entzogen. Schließlich geht es auch beim projektorientierten Zuschuss darum, die Situation in der Türkei derart zu verbessern, dass die Geflüchteten, statt nach Europa aufzubrechen, sich mit ihrer Situation in der Türkei »arrangieren«. Um in simplifizierenden Bildern zu sprechen, hat die EU mit der Türkei einen Türsteher installiert, der auf verschiedene Weise die Flüchtlingsbewegung nach Europa stoppen soll, ohne jedoch Überlegungen anzustellen, die Gründe der Flucht nachhaltig zu beseitigen.

Mehr als ein Jahr nach der Implementierung des Deals kann eine Zwischenbilanz gezogen werden, die aus der Perspektive der EU – insbesondere Deutschlands – positiv zu bewerten ist, da die Flucht über das Mittelmeer begrenzt wurde. Staat 1.740 kamen nur noch 90 Menschen pro Tag über die Türkei auf den griechischen Inseln an, wie die Europäische Kommission berichtet.[46] Relativierend wirkt der Umstand einer nicht unendlichen Zahl

---

46 European Commission (2016): Fact Sheet. Implementing the EU-Turkey Statement – Questions and Answers v. 8.12.2016.

an Geflüchteten. Daher ist es wenig verwunderlich, dass die Bewegung zu einer bestimmten Zeit ihren Höhepunkt erreicht und anschließend zu sinken beginnt. Neben diesem je nach eingenommener Perspektive positivem Output des Deals verbleiben jedoch überwiegend problematische Aspekte, die in drei Teilbereiche unterschieden werden können.

Zunächst wird deutlich, dass es den EU-Mitgliedsstaaten nicht nur einer gemeinsamen Asylpolitik mangelt, sondern insbesondere an der Bereitschaft, solidarisch die aufkommenden »Lasten« zu verteilen.[47] Die knapp 500 Millionen Menschen beheimatende Union ist lediglich bereit, 72.000 Syrer auf legalem Weg aufzunehmen, ohne eine Verteilung von vornherein vorzunehmen. Es drängt sich der Verdacht auf, dass diese »De-facto-Obergrenze« so niedrig angesetzt wurde,[48] um antizipativ diejenigen wenigen Länder, die bereit sind, Geflüchtete aufzunehmen, nicht in innenpolitische Schwierigkeiten zu bringen. Dies könnte auch als »Einknicken« gegenüber dem Druck der Visegrád-Staaten und ihrem kategorischen »Nein« verstanden werden.[49] Das Ausbleiben EU-weiter Solidarität trifft Griechenland ganz besonders hart, das mit der institutionellen Bewältigung großer Zahlen Geflüchteter mehr oder weniger alleine gelassen wird. Von den 100 Juristen, die die Mitgliedsstaaten im Zuge des Abkommens 2015 zur Unterstützung der griechischen Verwaltung versprochen hatten, sind bisher lediglich 35 vor Ort, um die anfallenden bürokratischen Aufgaben zu begleiten.[50]

Damit verbunden werden die Geflüchteten auf den griechischen Inseln in einer humanitär fragwürdigen Situation belassen, da sie aus zweierlei Gründen die Inseln nicht verlassen dürfen: Zum einen befürchtet die EU, dass für einmal auf dem griechischen Festland Angekommene der Weg nach Kerneuropa einfacher zu bestreiten sei und zum anderen verkündete Partner Erdoğan, jene Geflüchteten, die das Festland betreten, aus dem Rücknahmeabkommen auszuschließen.

---

47 In der Regel wird im Zusammenhang mit Geflüchteten von anfallenden Lasten gesprochen, wohingegen die sich bietenden Chancen weitgehend ignoriert werden.
48 Johannsen et al. (2016), S. 25.
49 Vgl. Lang (2015).
50 Interview mit Gerald Knaus: EU sollte Flüchtlinge direkt aus Aleppo holen, in: Die Welt v. 29.12.2016.

Schließlich konnte Erdoğan nach und nach sein autokratisches Regime mit diesem Deal absichern. Da er in einer viel günstigeren Verhandlungsposition war als die EU, musste diese ihm weit entgegenkommen.[51] Inwieweit die EU im Zuge dieser Verhandlungen Ankara »hofierte«, kann an zwei Beispielen veranschaulicht werden: Erstens der Entscheidung der EU-Kommission, einen Türkei-kritischen Fortschrittsbericht, in dem unter anderem die Aushöhlung der Rechtsstaatlichkeit angeprangert wurde, »verspätet« zu veröffentlichen. Zeitlich wäre dieser Bericht für Erdoğan äußerst problematisch gewesen, da sich dieser im Oktober im Wahlkampf für die vorgezogenen Neuwahlen am 01. November 2015 befand. Zweitens stärkte der Besuch Angela Merkels und der Beginn der Verhandlungen mit der EU die innenpolitische Position des türkischen Staatspräsidenten und sorgte wahrscheinlich für eine günstigere Ausgangslage der AKP bei den anstehenden Parlamentswahlen.[52]

Diese Asymmetrien nutzte die Türkei in den Verhandlungen mit der EU aus und forderte zunächst mehr finanzielle Mittel als die anfangs bewilligten drei Milliarden Euro. Zusätzlich wird an den immer wiederkehrenden Drohungen, den »Deal« platzen zu lassen, deutlich, dass die türkische Regierung den Absprachen nur einen eingeschränkten Wert für die eigene Außenpolitik zuschreibt und ein geringeres Interesse an der tatsächlichen Umsetzung des Abkommens hat als die Union. Ein geringeres Interesse bedeutet jedoch nicht gar kein Interesse, das lässt sich an den letztlich nie erfüllten Drohungen ablesen. Machtpolitisch betrachtet verwundert die weitgehende Duldung eines autokratischen Regimes durch europäische Staaten nicht, weil der Autokrat des Transitlands für geschlossene Grenzen sorgt und folglich die Kernforderung Europas erfüllt, jedoch gleicht die Position Europas der eines Bittstellers und der Deal führt zu einer Stärkung der türkischen Autokratie nach innen.

Diese Diskrepanz zwischen moralischen Werten und tatsächlichen Handlungswegen in der europäischen Politik wird oftmals als realpolitisch notwendig bezeichnet, verkennt jedoch die tatsächliche Auswirkung auf den Krieg, der so konserviert wird. Es bleibt eine Frage der Zeit oder der Bedürfnisse der Türkei – diktiert durch Erdoğan – bis sich die Herausforderung

---

51 Krumm (2015), S. 31.
52 Vgl. Öniş (2016), 151 f.

erneut stellt. Bedauerlich ist, dass bei dem Versuch, durch den Türkei-Deal die Flüchtlingsbewegung zu limitieren, kurzfristige Interessen dominieren und sich an dem »Basisproblem« nichts ändert, sondern dieses lediglich temporär verlagert wird. Der Bürgerkrieg in Syrien geht weiter – weniger »trotz« als vielmehr »wegen« der Türkei.

Die Türkei. Mehr Teil des Problems, als Teil der Lösung

Das Problem der Flüchtlingsbewegung, das sich der Europäischen Union stellt, ist ein spezifisches und selbstreferenzielles, denn es geht ihr nicht darum, die eigentliche Fluchtursache mit allen internationalen politischen, strategischen und diplomatischen Mitteln nachhaltig zu beheben, sondern darum, die eigenen Mitgliedsstaaten vor einem Zustrom von Flüchtlingen zu schützen. Es galt prioritär, »rechte« Stimmungen in den Bevölkerungen sowie antieuropäische Bewegungen, wie sie sich etwa im »Brexit« Großbritanniens manifestieren, klein zu halten. Eine kurzfristige und schnell umsetzbare Lösung sollte die Schließung der Grenzen nach Europa erbringen. Hierfür benötigte die EU eine Partnerin, die sie in der türkischen Regierung fand und die bereit war, als wichtigstes Transitland den von der Union geforderten Beitrag zu leisten.

Die Interessenlage in der Türkei ist wiederum anders. Sie hat tatsächlich ein Interesse an der Befriedung des Konflikts, jedoch nur nach eigenen Vorstellungen, indem sie dortige regionale Gegebenheiten ignoriert, um das eigene Ordnungsmodell durchzusetzen.

Dieser Wunsch ging so weit, dass die Türkei zusätzlich zu ihrer Rolle als Aufnahmeland aktiv in den Bürgerkrieg eingriff und folglich die Rolle als Kriegspartei einnahm. Diese Rolle füllte sie nicht nur indirekt aus – durch finanzielle und logistische Hilfe an islamistische Rebellen – sondern aktiv, wie der Einmarsch türkischer Truppen in Minbij darlegt. Zwar folgte der militärische Vorstoß unter dem Deckmantel des Kampfs gegen Terrorismus, doch ist zu erkennen, dass es der Türkei primär darum ging, ihrer Staatsräson folgend eine PYD-geführte zusammenhängende kurdische Selbstverwaltung zu verhindern. Jenes Gebiet wurde in eine »Pufferzone« umfunktioniert, in die Geflüchtete abgeschoben werden – auch diejenigen, die zuvor infolge des 1:1-Abkommens aus der Union in die Türkei kamen. Zahlreiche Fälle hat die Menschenrechtsorganisation Amnesty International dokumentieren können.[53]

Insofern scheint die Friedensnobelpreisträgerin EU ihre moralische Verantwortung zu vergessen und mit dem Autokraten Erdoğan einen diabolischen Partner gefunden zu haben, der es ermöglicht, kurzfristig die Flüchtlingsbewegung nach Europa einzudämmen, diese jedoch nicht insgesamt aufzuhalten, da dies nicht im übergeordneten Interesse der Türkei liegt. Ihre außenpolitische Handlungsmaxime liegt darin, einen kurdischen Staat zu verhindern – dafür ist sie bereit, sich von ihren westlichen NATO-Partnern und demokratischen Prinzipien zu entfernen und mit islamistischen Akteuren zu paktieren.

Der mehr als mangelhafte Umgang mit der Flüchtlingsbewegung unter den Mitgliedsstaaten führt zu einer Schwächung der Union, noch gravierender wird sich jedoch der »schmutzige Deal« mit der Türkei auswirken, da er die einzige Machtressource der EU, nämlich die Softpower ad absurdum führt und die Union zu einem Bittsteller bei einem Autokraten degradiert. Die anhaltenden bilateralen Konflikte zwischen der Türkei und Deutschland, seien es satirische Gedichte, die Inhaftierung deutscher oder deutsch-türkischer Journalisten und Menschenrechtler wie zum Beispiel Deniz Yücel, Meşale Topu oder Peter Steudtner[54] sowie die Auftrittsverbote türkischer Regierungspolitiker auf deutschem Boden und die damit einhergehenden abstrusen Nazivergleiche regierender türkischer Politiker, dokumentieren eine komplizierte und fragile Partnerschaft.

Literatur

Açar, Onur (2016): The Deadlock of Justice and Development Party's Recognition Politics, in: Political Culture of Turkey in the Rule of the AKP. Change and Continuity, hg. v. Ayhan Bilgin/Armağan Öztürk, Baden-Baden, S. 161-200.
Altunışık, Meliha Benli/Özlem Tür (2006): From Distant Neighbors to Partners? Changing Syrian-Turkish Relations, in: Security Dialogue (2006) 37, S. 229-248.

---

53 Vgl. Amnesty International (2016).
54 Steudtner wurde nach Vermittlung von Altbundeskanzler Gerhard Schröder im Oktober 2017 aus der Haft entlassen.

Amnesty International (2016): Turkey. Illegal Mass Returns of Syrian Refugees Expose Fatal Flaws in EU-Turkey Deal.
Aras, Damla (2012): The Syrian Uprising. Turkish-Syrian Relations Go Downhill, in: Middle East Quarterly 19 (2012) 2, S. 41-50.
Asseburg, Muriel (2013): Syrien: ziviler Protest, Aufstand, Bürgerkrieg und Zukunftsaussichten, in: APuZ 63 (2013) 8, S. 11-17.
Ayboğa, Ercan/Anja Flach/Michael Knapp (2016): Revolution in Rojava. Frauenbewegung und Kommunalismus zwischen Krieg und Embargo, 3. Aufl., Hamburg.
Becker, Petra (2015): Syrien. Ein Sunna-Schia-Konflikt, in: Zeitschrift für Außen- und Sicherheitspolitik 8 (2015) 4, S. 483-493.
Davutoğlu, Ahmet (2001): Stratejik Derinlik. Türkiye'nin Uluslararası Konumu, Istanbul.
Gunter, Michael (2016): Erdoğan and the Decline of Turkey, in: Middle East Policy 23 (2016) 4, S. 123-135.
Hinnebusch, Raymond/Özlem Tür (2013): Turkey-Syria Relation. Between Enmity and Amity, London.
Jaeger, Kinan/Rolf Tophoven (2013): Syrien. Internationale Akteure, Interessen, Konfliktlinien, in: APuZ 63 (2013) 8, S. 23-30.
Johannsen, Margret et al. (2016): Europa in der Zerreißprobe, in: Friedensgutachten 2016, hg. v. dens., Berlin, S. 20-31.
Kirişci, Kemal (2014): Syrian Refugees and Turkey's Challenges. Going Beyond Hospitality, Brookings Institute, Washington D. C.
Krumm, Thomas (2015): The EU-Turkey Refugee Deal of Autumn 2015 as A Two-Level Game, in: Alternatives: Turkish Journal of International Relations 14 (2015) 4, S. 21-36.
Lang, Kai-Olaf (2015): Rückzug aus der Solidarität? Die Visegrád-Länder und ihre Reserviertheit in der Flüchtlingspolitik, Berlin.
Lawson, Fred H. (2014): Syria's Mutating Civil War and its Impact on Turkey, Iraq and Iran, in: International Affairs 90 (2014) 6, S. 1351-1365.
Öniş, Ziya (2016): Turkey's Two Elections. The AKP Comes Back, in: Journal of Democracy 27 (2016) 2, S. 141-154.
Schmidinger, Thomas (2016): Syrien: Kurden im Zangengriff, in: Blätter für deutsche und internationale Politik 61 (2016) 10, S. 25-28.
Schmidinger, Thomas (2017): Krieg und Revolution in Syrisch-Kurdistan. Analysen und Stimmen aus Rojava, 4. Aufl., Wien.
Şen, Mustafa (2010): Transformation of Turkish Islamism and the Rise of the Justice and Development Party, in: Turkish Studies 11 (2010) 1, S. 59-84.
Seufert, Günter (2015): Die Türkei als Partner der EU in der Flüchtlingskrise, in: SWP-Aktuell (2015) 98.
Seufert, Günter (2017): Noch mehr Distanz zum Westen, in: SWP-Aktuell (2017) 6.
Shareef, Mohammed/Gareth Stansfield (Hg.) (2017): The Kurdish Question Revisited. London.
Taşpınar, Ömer (2012): Turkey's Strategic Vision and Syria, in: The Washington Quarterly 35 (2012) 3, S. 127-140.
Tokatlı, Mahir (2015): Zur führungscharismatischen Inszenierung des »Großen Meisters«. Recep Tayyip Erdoğan und sein Charisma, in: Die Neue Türkei. Eine grundlegende Einführung in die Innen- und Außenpolitik unter Recep Tayyip Erdoğan, hg. v. Yunus Yoldaş/Burak Gümüş/Wolfgang Gieler, Frankfurt a. M., S. 159-189.
Tokatlı, Mahir (2016): Schmutziges Geschäft. Die Türkei als europäischer Türsteher, in: IPG-Journal, www.ipg-journal.de/kommentar/artikel/schmutziges-geschaeft.
Turkish Economic and Social Studies Foundation (TESEV) (2011): The Perception of Turkey in the Middle East 2010, Istanbul.
Yeğen, Mesut (1999): The Kurdish Question in Turkish State Discourse, in: Journal of Contemporary History 34 (1999) 4, S. 555-568.

Hanne Schneider

Externe EU-Migrationspolitik in der Ukraine. »Safe Neighbourhoods« in Krisenzeiten?

Europäische Migrationsregime im Spiegel der Ukraine

Das Thema Migration, inbegriffen Diskurse um Flucht und Asyl, bestimmt nicht nur die Politik innerhalb der Grenzen der Europäischen Union. Politische und soziale Konflikte, zum Beispiel um die Grenzsicherung im Mittelmeer, zeigen tagesaktuell auf, wie die Europäische Union Migrationspolitik über ihre Außengrenzen hinaus betreibt. In den letzten Jahren rückten in diesem Kontext auch die Beziehungen zu den Nachbarstaaten in den Fokus der Öffentlichkeit – insbesondere durch die ansteigende Zahl von Flüchtlingen in der EU. Im Jahr 2016 lässt sich als prominentestes Beispiel das EU-Türkei-Rücknahmeabkommen benennen, das politische Brisanz erlangte. Seither ist die Türkei als sicheres Drittland Partner in der Rückführung von Migrant_innen. Die Türkei soll im Gegenzug möglichst bald Visafreiheit für Reisende und ebenso finanzielle Unterstützung zur Unterbringung der Migrant_innen erhalten.[1] Auch mit anderen Drittstaaten, nicht zuletzt in

---

1   Vgl. EU-Türkei-Statement des Europäischen Rates v. 18.3.2016.

Nordafrika, werden und wurden Partnerschaftsabkommen geschlossen, insbesondere zum Ziel des Abbaus des Migrationsdrucks in die EU.[2] Diese Prinzipien finden seit Jahren auch an weniger medial prominenten Grenzverläufen im Osten Anwendung. Der folgende Beitrag[3] stellt hierfür eines der größten direkt angrenzenden Nachbarländer der EU mit hoher migrationspolitischer Relevanz in den Fokus: die Ukraine. Die postsowjetische Transformation und Annäherung im Rahmen eines Assoziierungsprozesses in Richtung EU sind seit 2014 jedoch vom Krieg im Osten des Landes überschattet. So wurde spätestens mit der »Ukraine-Krise« die Zielsetzung einer »Safe Neighbourhood«,[4] die angrenzende »sichere« Nachbarschaft im Osten der Europäischen Union, herausgefordert. Die »Östliche Partnerschaft«, zu welcher auch die Ukraine gehört, stellt dabei ein wichtiges Handlungsfeld dar und ist Teil der Europäischen Nachbarschaftspolitik.[5] Seit mehr als zehn Jahren führt die Europäische Union auch zu migrationspolitischen Themen Verhandlungen mit dem Land.

Galt die Ukraine im vergangenen Jahrzehnt insbesondere als Transitland für Migrant_innen, so entstanden durch den Krieg neue migrationsrelevante Herausforderungen, zum Beispiel durch mehr als eine Million Binnenvertriebene, aber auch mehreren zehntausend Kriegsflüchtlingen, die in der EU Asyl suchen.

Die EU-Migrationspolitik soll in dieser Darstellung als die Gesamtheit von EU-Strukturen, Politiken und Prozessen im Migrationsregime verstanden

---

2   Vgl. zum Beispiel Kunz et al. (2011).
3   Hierfür wurden Primärdokumente der Beziehungen der EU und Ukraine inhaltsanalytisch untersucht und anschließend leitfadengestützte Interviews mit verschiedenen Akteuren der Migrations-Governance in Kiew erhoben (unter anderem Internationale Organisation für Migration, ukrainisches Parlament und Nichtregierungsorganisationen). Die Analyse wurde im Rahmen der Abschlussarbeit im Masterprogramm des Instituts für Migrationsforschung und Interkulturelle Studien (IMIS, Universität Osnabrück) im Frühjahr 2016 durchgeführt.
4   Geiger (2014).
5   Die Europäische Nachbarschaftspolitik (ENP) bietet seit 2004 die Möglichkeit politischer und wirtschaftlicher Zusammenarbeit mit Nachbarländern, denen jedoch nicht direkt eine Mitgliedschaftsperspektive gegeben wird. Die Ukraine ist Teil der »Östlichen Partnerschaft«, die sechs postsowjetischen Ländern die Möglichkeit zur politischen Assoziierung mit der EU im Rahmen der ENP bietet (Armenien, Aserbaidschan, Belarus, Georgien, Moldawien, Ukraine).

werden,⁶ um Migration in verschiedenen Formen politisch zu regulieren. Dabei ist davon auszugehen, dass dies im komplexen Mehrebenenentscheidungssystem stattfindet, was es erschwert, von »der einen« einheitlichen und kohärenten EU-Migrationspolitik zu sprechen. Migrationspolitik ist somit kein klar abgrenzbares Politikfeld, sondern umfasst vielfältige Implikationen. Migration stellt mit ihren Querschnittbezügen demnach Fragen an die modernen Arbeitsgesellschaften, mithin Fragen nach Globalisierung, Mobilität, Arbeit und Verteilung sowie normative Fragen nach Asylpraktiken und Menschenrechten, die politisch verhandelt werden müssen und an dieser Stelle auch nur in Teilen skizziert werden können.

Für eine innovative politikwissenschaftliche Erfassung der Migrationssemantik selbst wie auch der Querschnittsbezüge ist somit eine Governance-Perspektive hilfreich. Hier können neben Policies insbesondere die Steuerungsmechanismen, Praktiken und Akteure identifiziert werden – etwa das direkte Handeln der EU in der Ukraine. Zur Analyse der Aktivitäten und Aushandlungen zwischen der Europäischen Union und der Ukraine im Speziellen empfiehlt es sich an dieser Stelle, auf das Konzept der »externen Governance der EU« zu verweisen, da es politische Prozesse in Ländern in den Blick nimmt, die anders als in der Europäisierungsforschung, keine explizite Beitrittsperspektive haben.⁷

Der Beitrag geht so zunächst auf die externe Dimension von Migrationspolitik der Europäischen Union und die migrationspolitische Relevanz der Ukraine für die EU ein. Dann werden die drei derzeit wichtigsten Wirkungsbereiche der EU diskutiert: der Dualismus von Visafreiheit und sicherheitspolitische Reformen, die Übertragung von EU-Aufgaben an internationale Organisationen sowie die Veränderungen der EU-Ukraine-Politik durch die »Ukraine-Krise«.

---

6   Das Ordnungs- und Regelungssystem mit Akteuren, Politiken und Verknüpfungen, in welchem Migration stattfindet.
7   Vgl. Boswell (2003); Lavenex (2011); Lavenex/Schimmelfennig (2010); Simonis (2011).

Migrationspolitisches Handeln der Europäischen Union in Drittstaaten

Die normativen Grundlagen für das Handeln der Europäischen Union finden sich im Gesamtansatz für Migration und Mobilität (GAMM) von 2011, welcher der EU-Kommission seit der ersten Fassung von 2005 als außenpolitische Leitlinie im Sinne eines kohärenten Ansatzes für das vielschichtige Themenfeld Migration dient. Dabei werden Migrations- und andere Mobilitätsfragen, wie zum Beispiel Visaangelegenheiten, erstmals deutlich miteinander verknüpft. Dementsprechend definiert die Europäische Kommission die Prioritätenfelder in vier Punkten:

> »(1) Organisation und Erleichterung der legalen Migration und Mobilität
> (2) Verhinderung und Eindämmung der irregulären Migration und des Menschenhandels
> (3) Förderung des internationalen Schutzes und der externen Dimension der Asylpolitik
> (4) Maximierung der Auswirkungen von Migration und Mobilität auf die Entwicklung«[8]

Die Aufgaben selbst und ihre Priorisierung gehen von einem grundsätzlich positiven und zukunftsgerichteten Verständnis von Migration aus, das »allen betroffenen Ländern zum Vorteil« gereichen sollte. Die Strategie sieht dabei eine Bekämpfung irregulärer Migration bei gleichzeitiger Förderung legaler Migration vor.[9] Dabei verbindet der GAMM-Ansatz in besonderem Maße die Handlungsfelder Asylpolitik, Visapolitik, Veränderung der Arbeitsmobilität, demografischer Wandel sowie Aspekte der Entwicklungszusammenarbeit mit dem Ziel, die »Chancen einer gut gesteuerten Migration« für die Gesellschaften der Europäischen Union zu nutzen«.[10] Der Gesamtansatz gilt als Grundlage für weltweite Kooperationen, doch »erste Priorität sollte die EU-Nachbarschaft sein, namentlich der südliche Mittelmeerraum und die Region

---

8   Europäische Kommission (2014), S. 7 f.
9   Ebd.
10 Gesamtansatz für Migration und Mobilität, SEK (2011) 1353, S. 3.

der Östlichen Partnerschaft (EaP)«,[11] zu welcher auch die Ukraine gehört. Das größte und bevölkerungsreichste Land der Prioritätenregion Osteuropa verdient somit eine besondere Beachtung.

Die EU bietet hierfür in ihrem Gesamtansatz verschiedene Instrumente für die Kooperation an. Die Bandbreite reicht von sogenannten Mobilitätspartnerschaften oder Regionalen Schutzprogrammen (RPP) zur Stärkung der Asylsysteme bis hin zum Dialog über Arbeitsmobilität, Visafragen oder die Umsetzung von EU-Gesetzgebung im Bereich der Rückkehrpolitik. In diesem Rahmen entsteht, je nach Drittstaat, ein Mix aus rechtlichen bindenden (»Hard-Law«) und nicht bindenden (»Soft-Law«) Instrumenten, die in der Governance von Migration genutzt werden.[12]

Als zentrale Instrumente fungieren die Mobilitätspartnerschaften und die sogenannten Visumdialoge in Verbindung mit Rücknahmeabkommen,[13] die jeweils bilateral verhandelt werden. Die Mobilitätspartnerschaften haben zum Ziel, zwischenstaatliche Möglichkeiten für Arbeitsvisa zu schaffen, die Visadialoge hingegen forcieren als Endergebnis ausschließlich eine visumfreie Einreise zu touristischen Zwecken. Die Europäische Kommission betont hierbei, dass den Partnerschaften ein »leistungsbezogener Ansatz ›more for more‹ mit Konditionalitätselement« zugrunde liege,[14] der Anreize für die Übernahme von EU-Normen biete und den Werteexport in die Nachbarschaft vorantreiben solle. Beispielsweise sollen die Drittländer für das Angebot von Mobilitäts- oder Visaabkommen ein Rücknahmeabkommen mit der EU abschließen, um irregulär Beschäftigte oder irregulär eingereiste Migrant_innen wieder aufzunehmen.

An dieser Stelle sei auf die weiterhin starke Rolle der Migrationsstaaten in der EU-Migrationspolitik hinzuweisen, die einen gesamtheitlichen Ansatz erschwert: Trotz Europäisierung vieler migrationspolitischer Themen liegt

---

11 Ebd., S. 8.
12 Vgl. Kahl (2007), S. 75.
13 Der Prozess der Visaliberalisierung kann zwar nicht zwangsläufig mit Migration in Verbindung gebracht werden, denn es handelt sich bei diesen Prozessen in den bilateralen Verhandlungen der EU mit Drittstaaten um die Ausstellung von »Short-Stay«-Visa für bis zu drei Monaten, also zumeist touristische Zwecke, und demnach keine explizite Migration, wird aber im Rahmen der Visa-Liberalisierungs-Aktionspläne als Form der Mobilität einbezogen.
14 Europäische Kommission (2014), S. 7 f.

bis heute nach Art. 79 und 80 AEUV das Recht bei den Mitgliedsstaaten zu bestimmen, wie viele Drittstaatsangehörige in ihr Hoheitsgebiet einreisen dürfen, um dort Arbeit zu suchen.[15] Die EU hingegen kann Bedingungen für eine Einreise und den Aufenthalt festlegen. Die ausgeführten Maßnahmen werden dabei einerseits durch EU-Organe umgesetzt, etwa die Europäische Kommission durch ihre Vertretung vor Ort, aber auch im Rahmen von bilateralen Verträgen einzelner EU-Staaten mit dem jeweiligen Drittstaat oder aber für die Implementierung an einen Partner vor Ort übertragen. Zumeist füllen diese Funktion Internationale Regierungsorganisationen oder Nichtregierungsorganisationen aus.[16]

In der Umsetzung trifft der Kohärenzanspruch jedoch auf Kritik: Denn obwohl der GAMM-Ansatz sich »migrationsfreundlich« bezüglich legaler Migration, etwa Arbeitsmigration in die EU, präsentiert, weist auch er einen deutlichen Schwerpunkt auf der Vermeidung von Migration auf: »[I]t does not break with the long standing focus of the EU's policy on the fight against irregular migration, but seeks to provide new leverage in dealing with questions of readmission and migration control in and by sending countries.«[17]

So zeigt sich beispielsweise ein Widerspruch zwischen Werteexport (zum Beispiel der asylpolitischen Standards) auf der einen und einem Element, das Sicherheit erbringt (zum Beispiel Ausbau der Grenzsicherung), auf der anderen Seite. Des Weiteren bleiben für Drittstaaten nur bedingte Verhandlungsspielräume innerhalb der strategischen Leitlinien in der GAMM, etwa durch die Kopplung des Rücknahmeabkommens an den Visadialog.

Für zeitgenössische Kritiker spiegelt sich hier die Diskrepanz zwischen dem Anspruch einer ausgewogenen Migrationspolitik und tatsächlichen politischen Instrumenten in Bezug auf Förderung von Migration in besonderem Maße wider. Angenendt konstatiert hierzu: »Von den Partnerländern wurde erwartet, irreguläre Migration in die EU zu unterbinden und irreguläre Zuwanderer zurückzunehmen. Wie sich diese migrationspolitische Kooperation auf die Entwicklung der Partnerländer auswirkte, interessierte in

---

15 Vertrag über die Arbeitsweise der Europäischen Union.
16 Vgl. Geiger/Pécoud (2010).
17 Lavenex/Stucky (2011), S. 117 f.

der EU kaum, und es wurden – von wenigen Ausnahmen abgesehen – auch keine legalen Zuwanderungsmöglichkeiten eröffnet.«[18]

Ungeachtet der fehlenden legalen Zuwanderungswege reichen für Kahl sogar Optionen wie die Visafreiheit als Anreiz aus, um Veränderungen von Rechtsnormen und Angleichung an EU-Standards in verschiedenen Politikfeldern zu forcieren. Somit könnte bereits eine demokratische und stabile Nachbarschaft geschaffen werden. Die Kontrollstandards der Union müssten auch im nationalen Grenzraum der Drittstaaten eingeführt werden.[19]

Ein weiteres Charakteristikum der Migrations-Governance stellt, wie zuvor bereits angesprochen, die Auslagerung der Politiken an andere Organisationen dar. Sie setzen Programme, Förderlinien oder Praxisprojekte vor Ort um. Diese Zusammenarbeit garantiert der Europäischen Kommission, eine gewisse Stabilität in fragilen politischen Systemen zu erhalten. Sie produzieren durch die relativ hohe personelle und finanzielle Ausstattung Berichte, Monitoring und Statistiken für ihre Mitgliedsstaaten oder aber explizit für die Europäische Union. Insbesondere die Forschung in Bezug auf Migrationsmanagement hinterfragt diese starke Position:[20] Die Organisationen fungieren für die Europäische Union als externalisierte Policymaker, die jedoch nur noch bedingt im Einflussbereich der Auftraggeber liegen. Ein weiterer Kritikpunkt liegt in der Gestaltung politischer Diskurse durch die Organisationen selbst, die zumeist eine eigene politische Agenda verfolgen, wie Migration gesteuert werden sollte.

Transit, Arbeitsmigration, Binnenflucht: Migrationspolitische Relevanz der Ukraine

Wie oben bereits dargelegt, stellt die Östliche Partnerschaft in der migrationspolitischen strategischen Ausrichtung eine Priorität dar. Eine wichtige, wenngleich in der Öffentlichkeit kaum präsente Rolle spielt in dieser Prioritätenregion das zweitgrößte Binnenland Europas. Die Ukraine ist direkter Nach-

---

18 Angenendt (2012), S. 11.
19 Vgl. Kahl (2007), S. 75.
20 Vgl. Geiger/Pécoud (2010).

barstaat und teilt ihre Außengrenze mit den EU-Mitgliedern Polen, der Slowakei, Ungarn und Rumänien. Mit mehr als 40 Millionen Einwohnern bietet sie überdies auch selbst ein beachtliches »Migrationspotenzial« – die Internationale Organisation für Migration schätzte 2011 die Zahl der Ukrainer_innen, die aufgrund von Arbeitsmigration, Studierendenmobilität oder Familienzusammenführung im Ausland leben, auf etwa 6,5 Millionen. Weiterhin ist die Ukraine nicht nur als Sendeland von Migrant_innen relevant, sondern auch als Transit- und Aufnahmeland. Insbesondere die temporäre Transitmigration fordert die EU durch ihre häufig irregulären Formen unter anderem beim Grenzmanagement heraus. Da wenig belastbares empirisches Material über die Migrationsbewegungen innerhalb und durch ukrainisches Staatsgebiet vorliegt, werden die daraus resultierenden Probleme auf der Grundlage der allgemeinen politischen Situation und der Rechtslage in der Ukraine konstruiert. Dabei werden stets strukturelle Defizite benannt, wie etwa die unsichere Rechtslage für Asylbewerber_innen. Da die Ukraine zudem in den vergangenen Jahren wenig Schutz und Versorgung für Flüchtlinge bot, begriffen viele Migrant_innen das Land nur als Zwischenstation.[21] Aufgrund der »Ukraine-Krise« und insbesondere durch den Krieg im Osten des Landes entstanden seit 2014 neue zusätzliche Migrations- und Fluchtbewegungen inner- und außerhalb des Landes. Mehrere Millionen Ukrainer_innen sind betroffen. Laut Statistiken des UN-Flüchtlingshilfswerks waren 2016 rund 1,3 Millionen Binnenflüchtlinge (Internally Displaced People, IDPs) registriert sowie etwa 1,5 Millionen Personen, die ins Ausland fliehen mussten, zum größten Teil nach Russland.

Seit 2014 wuchs die Bedeutung der Ukraine für die EU in der ENP beträchtlich: Aus den offensichtlichen humanitären und grenzstrategischen Gründen, aber auch im Rahmen von Außen-, Friedens- und Sicherheitspolitik im Kräfte- und Handlungsfeld russischer Machtbereiche, ist sie als nachbarschaftlicher Partner zentral geworden.[22] Aktuell ist die Rolle der Ukraine nicht nur als Zwischenregion von NATO und Russland sicherheitspolitischen

---

21 Die Ukraine zählte 2016 lediglich 6.900 Asylanträge; insgesamt leben etwa 3.000 anerkannte Flüchtlinge im Land (Zahlen des UNHCR Kiew (2016)).
22 Vgl. Wolczuk (2016), S. 69 f.

Diskussionen ausgesetzt, sondern auch durch die risikoreiche Situation des Krieges im Osten des Landes.

EU-Governance von Migration in der Ukraine

Die Anfänge der postsowjetischen politischen Annäherung zwischen der EU und der Ukraine datieren auf Mitte der 1990er-Jahre mit dem Partnerschafts- und Kooperationsabkommen. Seither haben sich die Beziehungen verstetigt: Die Ukraine ist inzwischen Teil der Östlichen Partnerschaft, die seit mehr als zehn Jahren Strategien für angrenzende Länder bieten soll, eine EU-Mitgliedschaft jedoch nicht direkt in Aussicht stellt. Auch Migrationsfragen spielen seither eine Rolle, wenngleich sie nicht explizit im Fokus der politischen Beziehungen stehen: Nur in fünf von knapp 30 bilateralen Verträgen zwischen der EU und der Ukraine finden sich Themenbezüge zu Migration, diese stellen jedoch wichtige Bestandteile der Beziehungen beider Verhandlungspartner dar. Sie enthalten weniger verbindliche Vereinbarungen, sondern stellen zentrale Schlüsselmomente der formalisierten Zusammenarbeit dar und somit auch das Bekenntnis zur Kooperation (➠ Abb. 1, S. 208).[23] Analog zum Credo einer »sicheren Nachbarschaft« spielen EU-innenpolitische Belange (zum Beispiel durch verstärkte Sicherung der Außengrenze) auch in der Kooperation nach außen mit der Ukraine eine große Rolle, ebenso wie der Export demokratischer EU-Normen. Das große Ziel, eine Integration der Ukraine in Richtung EU, unterstützt aktuell eine Mehrheit der Bevölkerung – auch nach dem Beginn der konfliktären Situation in der Ostukraine (rund 47 % sprechen sich für eine Annäherung an die EU aus, nur 12 % für eine Hinwendung zu Russland).[24]

Zu Beginn der formalisierten Zusammenarbeit erfolgte 2001 mit dem EU-Aktionsplan für Justiz und Inneres die Verabredung zur gemeinsamen Zusammenarbeit, unter anderem in Fragen zu »Migration und Asyl« und »Grenzverwaltung und Visa«. 2008 wurde ein Rücknahmeabkommen be-

---

23 Insbesondere in Bezug auf die postsowjetische Annäherung der Ukraine an die Europäische Union.
24 Vgl. Forschungsstelle Osteuropa (2015), S. 12 ff.

schlossen, das die Grundlage für den Visa-Liberalisierungs-Aktionsplan (VLAP) als Rahmenprogramm für die Implementierung der Visafreiheit für Ukrainer_innen im Jahr 2010 bildete und eine Reihe von Reformpaketen in der nationalen Politik anstieß. In diesem Zusammenhang sind insbesondere die umfassende Rechtsangleichung und Implementierung politischer Programme des Grenzmanagements, der Dokumentensicherheit, einer Anpassung des Asylsystems an internationale humanitäre Standards oder Maßnahmen der Korruptionsbekämpfung sowie Veränderungen im Justizsystem zu nennen. Voraussetzung hierfür war, dass irregulär in die EU eingereiste Ukrainer_innen, Staatenlose oder Drittstaatsangehörige in die Ukraine zurückgeführt werden können. Der Visadialog wurde seit 2011 regelmäßig durch die EU einem Monitoring unterzogen, um die Fortschritte in der Ukraine zu messen. Die Regierungen der Ukraine hielten stets am Ziel der Visafreiheit fest, trotz umfangreicher Reformvorgaben.

Auch das politisch brisante Assoziierungsabkommen[25] enthält zahlreiche Referenzen zur migrationspolitischen Zusammenarbeit, das aber im Wesentlichen nur eine Zusammenfassung bisheriger Regelungen darstellte. Gleichwohl erweitert es die Kooperation mit der gemeinsamen Freihandelszone, die im Rahmen des Abkommens seit 1.1.2016 in Kraft getreten ist. Erleichterte wirtschaftliche Zusammenarbeit kann zukünftig überdies neue Ansprüche an gegenseitige Mobilität stellen.

Auffällig an der gemeinsamen Migrationspolitik ist überdies, dass eines der wichtigsten Instrumente, das der Union zur Verfügung steht, die Mobilitätspartnerschaft, in der Ukraine bislang nicht vollständig zum Tragen kam: Die Ukraine verhandelte 2011 ein solches Abkommen, aber durch die geringen Angebote legaler Zuwanderungsmöglichkeiten für Ukrainer_innen wurde kein Ergebnis in den Verhandlungen erzielt. Es fehlte zum Einem das Interesse der EU-Mitgliedsstaaten an spezifischen Arbeitsmarktzugängen für Ukrainer_innen, aber auch die ukrainische Regierung drängte zu dieser Zeit nicht darauf, denn das Land war ohnehin von deutlicher Abwanderung Erwerbstätiger betroffen:[26] Stattdessen nahm der Visaliberalisierungsprozess

---

25 Die Nichtunterzeichnung des Assoziierungsabkommens seitens der ukrainischen Regierung unter Präsident Viktor Janukovyč galt unter anderem als Auslöser für die Proteste auf dem Maidan-Platz in Kiew im Jahr 2013.
26 Vgl. Carrera/Guild/Parkin (2014), S. 1.

in Kombination mit einem Rücknahmeabkommen die Rolle als treibende Kraft für Reformen ein und wurde zum »Zugpferd« in den Verhandlungen mit der Europäischen Union.

1994
- **Partnerschafts- und Kooperationsabkommen (PCA)**
  (1.1.1998 in Kraft, bilaterales Abkommen)
  Migrationspolitik nicht explizit verankert, lediglich Ziel der Zusammenarbeit zur Kontrolle "illegaler Immigration" sowie bei Abschiebungen (Art. 27)

2001
- **EU-Aktionsplan für den Bereich Justiz und Inneres in der Ukraine**
  (gültig bis 2008, Überarbeitung 2007)
  erstes ausdrückliches Bekenntnis zur Zusammenarbeit in Migrationsfragen (Asyl, Grenzsicherung)

2007
- **Rückübernahmeabkommen**
  (1.1.2008 in Kraft, bilaterales Abkommen)
  Verpflichtung der Ukraine über die Rücknahme von ausgewiesenen Personen (Ukrainer_innen, Asylbewerber_innen, Staatenlose sowie andere Drittstaatsangehörige) aus der EU
- **Abkommen zur Förderung der Visa-Ausstellung**
  (1.1.2008 in Kraft, bilaterales Abkommen)
  Regelungen für Visa-Ausstellung zwischen der EU und Ukraine

2010
- **Visa-Liberalisierungs-Aktionsplan (VLAP)** *(Rahmenprogramm für Implementierung)*
  langfristig angelegter Plan mit Ziel der visumsfreien Einreise für Ukrainer_innen und EU-Bürger_innen; zwingend geknüpft an das Rückübernahmeabkommen sowie weitere Reformpakete in der Ukraine

2012
- **Visa-Abänderungsabkommen** *(bilaterales Abkommen)*
  nach Abschluss der ersten Phase des VLAP, Visa-Erleichterungen für Kurzreisevisa

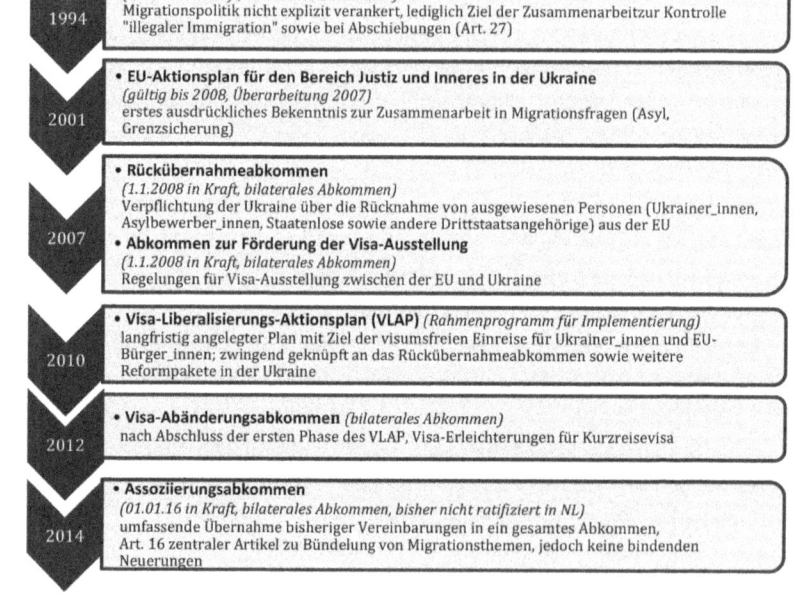

2014
- **Assoziierungsabkommen**
  (01.01.16 in Kraft, bilaterales Abkommen, bisher nicht ratifiziert in NL)
  umfassende Übernahme bisheriger Vereinbarungen in ein gesamtes Abkommen, Art. 16 zentraler Artikel zu Bündelung von Migrationsthemen, jedoch keine bindenden Neuerungen

Abb. 1: Abkommen zwischen der EU und Ukraine mit migrationspolitischer Relevanz, Quelle: Eigene Darstellung nach ausgewerteten Primärdokumenten.

Dabei ist die Zusammenarbeit auf Langfristigkeit und Stabilität angelegt, die im Ergebnis auf die Anpassung der ukrainischen Standards an EU-Normen zielt. Hierfür arbeitet die Europäische Union mithilfe der Vertretung der EU-Kommission in Kiew mit einem umfangreichen Instrumentenmix: Mit rechtlichen Abkommen, Aktionsplänen und stetiger Evaluierung versucht sie eine Kontinuität in der Migrationspolitik zu wahren und gleichwertige Rechtsnormen anhand des Acquis communautaire in der Nachbarschaft zu verankern. Der Schwerpunkt liegt hier jedoch auf den unverbindlichen »Soft-Law«-Vereinbarungen, die keine festen Verbindlichkeiten an beide Parteien richten. So bleiben insbesondere die Fördermittel, Projekte der Europäischen Kommission vor Ort und informelle Kooperationen, die je ad hoc eingesetzt werden können. Diese Maßnahmen können als Wegbereiter für folgende verbindlichere Kooperationen dienen. Dabei zeigt sich im besonderen Maße, dass die Anreize der EU, insbesondere finanzieller Natur, trotz der Unverbindlichkeit zum Fortschreiten der Kooperationen führt, zum Beispiel der Umsetzung eines besseren Grenzmanagements in Zusammenarbeit von EU, ukrainischen und moldawischen Grenzbeamt_innen, das die EU in zwei Programmen zwischen 2011 und 2015 mit insgesamt 80 Millionen Euro finanzierte.

Die Delegation der EU-Kommission stellt dabei den Hauptakteur europäischer Politik dar,[27] vor allem durch die Finanzierung von relevanten Projekten, deren Durchführung sie teilweise an Internationale oder ukrainische Organisationen übergibt – etwa Sicherstellung der Schutzstandards für Asylsuchende (siehe Abschnitt »Externalisierung der Politik durch internationale Organisationen«). Dafür steht die Delegation der EU seit einigen Jahren im Austausch mit verschiedenen Akteuren, insbesondere der Regierung und der Zivilgesellschaft. Beispielhaft sei hier der Eastern Panel on Migration and Asylum zu nennen, ein länderübergreifender und regelmäßiger Expert_innen-Austausch mit den Ländern der Östlichen Partnerschaft seit 2012. Beteiligt sind daran alle wichtigen internationalen und ukrainischen Stakeholder, die auch für die EU Programme im Bereich Migration umsetzen, ebenso wie kleinere Nichtregierungsakteure und themenspezifische Praktiker_innen.

(Visa-)Freiheit gegen (Grenz-)Sicherheit

Als zweiter Themenkomplex migrationspolitischer Aushandlungsprozesse sticht bei der Analyse die Dichotomie von Visafreiheit und Sicherheit hervor. Nach Jahren der Verhandlungen zeigt sich der Visadialog als einzig erfolgreiche Anreizstruktur in migrationspolitischen Belangen der Europäischen Nachbarschaftspolitik. Die Aussicht auf eine Visafreiheit für Ukrainer_innen

---

27 Als Teil des Europäischen Auswärtigen Dienstes (EAD).

war stets das zentrale konditionale Element der Europäischen Union, um Motivation zur Verhandlung zu schaffen.

Die zu Beginn angeführte Kritik an fehlenden legalen Zuwanderungsmechanismen in der EU-Migrationspolitik wird in Bezug auf die Ukraine dabei besonders deutlich. So wurden praktisch jegliche Themen der inneren Sicherheit in den Verhandlungen als obligatorische Bedingung gesetzt, um überhaupt eine mögliche Visafreiheit zu verhandeln. Hierzu gehören beispielsweise die Anforderungen in der Dokumentensicherheit, Vermeidung irregulärer Migration, Reform des Asylsystems, der Ausbau der Grenzsicherung oder auch die Bekämpfung von Korruption. Das Interesse der Ukraine an einer visumfreien Einreise ihrer Bürger_innen ist jedoch so groß,[28] dass hohe innenpolitische Hürden in Kauf genommen wurden: Die Harmonisierung der Gesetzgebung im Rahmen des Visaliberalisierungsprozesses sind umfassend und enthalten zahlreiche Implementierungen von EU-Normen in nationales Recht. Hier sind insbesondere die Reformen im bislang defizitär ausgestalteten Asylrecht des Landes zu nennen, durch welche die nationale Gesetzgebung an die Grundsätze der Genfer Flüchtlingskonvention angepasst wurde. Aber auch die Reform des öffentlichen Sektors – inklusive einer weitreichenden Dezentralisierungsreform – ebenso wie Maßnahmen zur weiteren Eindämmung der hohen Korruption sind zu nennen. Diese Veränderungen wurden trotz »Ukraine-Krise« und andauerndem Kriegszustand in der Ostukraine fortgeführt.[29]

Allein die hohen Visazahlen zeigen die Verbundenheit der Ukrainer_innen zur EU, denn jährlich beantragen mehr als eine Million Ukrainer_innen ein Schengen-Visum, die Ablehnungsquoten sind hierbei gering und verursachen so eine starke Bürokratie bei wenig abgelehnten Fällen. Des Weiteren entstehen für Ukrainer_innen vergleichsweise hohe Kosten pro privaten Kurzaufenthalt, die in vielen Fällen familiär bedingt sind. Dies hängt zum einen mit vielen Ukrainer_innen, die im Ausland leben, zusammen. Die Internationale Organisation für Migration geht von etwa 6,5 Millionen Ukrainer_innen im Ausland aus, also etwa jede_r Siebte. Den größten Anteil der Migra-

---

28 Vgl. Zhyznomirska (2006), S. 45.
29 Siehe hierzu etwa die Dokumentation der Fortschritte in der Evaluation des VLAP: KOM (2015) 905 final.

tion stellen die Arbeitsmigration,[30] Familienzusammenführung sowie die Studierendenmobilität dar. Nach Russland ist besonders die EU Zielland von ukrainischen Migrant_innen.[31] 2015 stieg die Zahl der erteilten Aufenthaltstitel in der EU um fast ein Drittel an, auf 302.000.[32] Diese Zahlen verdeutlichen, wie verbunden viele Familien und Personen mit der EU sind, wie wichtig eine Reisemöglichkeit ohne Visumantrag ist. Zugleich haben die Reisemöglichkeiten für viele Ukrainer einen hohen symbolischen Stellenwert. Nach zwei Jahren, in denen die Ukraine bereits alle formalen Voraussetzungen für eine Liberalisierung erfüllte, wurde schlussendlich im Juni 2017 die Visafreiheit für Ukrainer_innen umgesetzt.

Neben dem Visumdialog bestehen bislang keine Offerten vonseiten der Europäischen Union, um Mobilität oder gar Arbeitsmigration für Ukrainer_innen zu unterstützen. Dabei spielt die Arbeitsmigration für Ukrainer_innen eine besondere Rolle: Das Land profitiert bereits im besonderen Maße von Rücksendungen finanzieller Art (sog. *remittances*), die Arbeitsmigrant_innen in die Ukraine senden. Doch auch wenn die Rolle von Arbeitsmigration (Stichwort »legale Migration«) die erste Priorität im EU-Gesamtansatz für Migration und Mobilität darstellt und sie für Ukrainer_innen hohe Relevanz besitzt, spiegelt sie sich kaum in den Governance-Instrumenten der Europäischen Union im Aushandlungsprozess mit der Ukraine.

Für die Umsetzung der Reformen, die der Visaliberalisierungsprozess der Ukraine abverlangt, engagiert sich die Europäische Union zwar nicht auf partnerschaftlicher Augenhöhe, aber immerhin mit hohen finanziellen Summen – auch um die Ukraine in ihrer Funktion als sicheres Drittland zu erhalten. Die Unterstützung finanziert im besonderen Maße Grenzsicherungsprojekte, zum Beispiel die EUBAM-Grenzsicherungsmission in Moldawien und der Ukraine. Die Grenzsicherungspolitik führt zu einer weniger durchlässigen Transitstrecke für irreguläre Migration, mit grenznahen Aufnahmezentren. Die Umsetzung dieser finanzierten Maßnahmen erfolgt jedoch nicht

---

30 Auch wenn es starke Abweichungen der Einsatzfelder der Arbeitsmigrant_innen gibt, lässt sich zusammenfassen, dass viele Männer im Bauwesen und viele Frauen in haushaltsnahen Dienstleistungen eingesetzt sind.
31 Vgl. Migration Policy Centre (2013).
32 Vgl. Eurostat (2016).

durch die EU selbst, sondern durch andere internationale Organisation oder die ukrainische Regierung.

NGOs und aktive Menschenrechtler_innen beklagen die katastrophalen humanitären Bedingungen der Aufnahmelager. Neben der Grenzsicherung stehen auch die Rückführungspraktiken in der Kritik, da zum Beispiel das Rücknahmeabkommen weit vor der tatsächlichen Anpassung des Asylsystems an EU-rechtliche Normen und menschenrechtliche Standards unterzeichnet wurde.[33] Aus diesen Gründen wird die Ukraine bislang vor allem als »Pufferzone« im Vorfeld der EU beschrieben.[34]

Externalisierung der Politik durch internationale Organisationen

Ein weiteres Merkmal der EU-Migrationspolitik in der Ukraine ist die besonders auffällige Auslagerung von Steuerungskompetenzen an Internationale Regierungsorganisationen (IROs).

Bereits 2007 wies Martin Geiger in einer Untersuchung auf die Rolle von Internationalen Regierungsorganisationen für die Umsetzung von migrationssteuernden Maßnahmen im Auftrag der EU, aber auch von einzelnen Mitgliedsstaaten, hin: »Ihnen ist die Rolle eines ›Agenten zur Produktion einer sicheren Nachbarschaft‹ zugewiesen«.[35] Seit dem Inkrafttreten des Vertrags von Lissabon 2009 existiert zwar eine direkte Vertretung der Europäischen Kommission vor Ort in Kiew und die EU kann erstmals mit einer einheitlichen Rechtspersönlichkeit gegenüber Drittstaaten leichter als Verhandlungspartner auftreten. Die Auslagerung von Projekten an IROs findet aber weiterhin statt, wie exemplarisch an zwei Akteuren aufgezeigt wird: Eine zentrale Position nimmt in dem analysierten Material die Vertretung des Hohen Flüchtlingskommissars der Vereinten Nationen (auch Flüchtlingshilfswerk UNHCR) ein, welcher als Sonderorgan der Vereinten Nationen tätig ist. Dabei

---

33 Vgl. Pro Asyl (2015); Human Rights Watch (2010). Überdies existieren zahlreiche Berichte von Journalist_innen, die über haftähnliche Bedingungen in EU-finanzierten Aufnahmezentren in der Ukraine berichten. Des Weiteren bestätigte auch der UNHCR in Kiew in Medienberichten unerlaubte Abweisungen (sog. *push-backs*) an der EU-Grenze.
34 Rechitsky (2011), S. 15.
35 Geiger (2007), S. 86.

unterstützt der UNHCR in der Ukraine, unter anderem im Auftrag der Europäischen Kommission, die öffentlichen Institutionen und zivilgesellschaftlichen Netzwerke von Nichtregierungsorganisationen (NROs) beim Aufbau eines funktionierenden Asylsystems und berät Schutzsuchende. War der UNHCR bislang für nur wenige tausend Flüchtlinge zuständig, übernimmt er seit 2014 auch die humanitäre Versorgung und Beratung für Hunderttausende Binnenflüchtlinge. Der UNHCR koordiniert in diesem Rahmen zudem den ukrainischen Cluster für Schutzeinrichtungen und Unterkünfte in der Ukraine und steht so im regelmäßigen Austausch mit weiteren IROs.

Als zweiter wichtiger Akteur arbeitet die Internationale Organisation für Migration (IOM) eng mit ukrainischen Behörden zusammen, um die EU-Programme zu implementieren. Neben Projekten zur Rückführung von Migrant_innen koordiniert sie unter anderem die EUBAM-Mission zur Grenzsicherung in Moldawien und der Ukraine. Die IOM wirkte zum Beispiel bei dem Aufbau einer Software zur einheitlichen Registrierung von Binnenflüchtlingen mit, welche von der Europäischen Union finanziert wird. Die grundlegenden Arbeitsbereiche der IOM haben sich bis heute nicht verändert, auch wenn seit Dezember 2014 die Abteilung »Assisting Displaced Persons and Affected Communities« mit inzwischen über 40 zusätzlichen Mitarbeiter_innen allein im Hauptsitz Kiew existiert.

Die Internationalen Regierungsorganisationen verhelfen der EU dazu, lokale Netzwerke und zivilgesellschaftliche Strukturen zu nutzen und mit Expertise ihre Politik umzusetzen. Besonders in der humanitären Krisenlage im Osten der Ukraine waren sie Kooperationspartner für eine schnelle und effektive Hilfe vor Ort und verteilten einen großen Anteil der finanziellen Hilfen der EU von über 300 Millionen Euro bis 2016.

Die Ukraine-Krise. Katalysator und Herausforderung für die Migrationspolitik

Die sogenannte »Ukraine-Krise« seit 2014 hat die Politik der Europäischen Union in der Ukraine vor neue Belastungsproben gestellt. Der Kriegszustand und die Folgen politischer Umbrüche sowie die Neuorganisierung des Staates bilden eine sensible und fragile Gemengelage: Zum einen wird die Zuerkennung der Visafreiheit für Ukrainer_innen zum Politikum bzw. zum symbolischen Akt, insbesondere nach den Pro-EU-Protesten auf dem Maidan 2013: »We should see a result, why we are transforming our countries«, formuliert ein Mitarbeiter des ukrainischen Parlaments in einem Interview in Kiew im März 2016. Die Visafreiheit wird somit als Anerkennung des EU-zugewandten Reformprozesses auf der Basis des EU-Ukraine-Assoziierungsabkommens gesehen.[36]

Doch die »sichere Nachbarschaft«, die der Reformprozess im Visadialog zum Ziel hatte, kann die Ukraine durch den Krieg im Osten des Landes nicht bieten. Neben den Binnenflüchtlingen stellen auch gestiegene Visums- und Asylanträge von Ukrainer_innen in der EU die Frage nach dem sicheren Herkunfts- bzw. Drittstaat erneut, wenngleich die Zahlen bislang für die gesamte EU noch relativ gering sind: 22.415 Personen beantragten 2015 Asyl, etwa 4.600 davon in Deutschland und Italien, sowie 2.300 in Polen.[37] Die Handlungsfelder der EU haben sich von strategischen Verhandlungen über Migrationshilfe hin zur Soforthilfe auf vielen Ebenen verschoben:

Die EU finanziert zu großen Anteilen die humanitäre Versorgung von Binnenflüchtlingen und arbeitet seither verstärkt mit ukrainischen Behörden am Kapazitätsaufbau der Verwaltung, zum Beispiel der neuen Migrationsbehörde, die neben Asylfragen auch das Thema Binnenvertriebene bearbeitet. So hat die unsichere Lage im Land sogar zu einer deutlichen Intensivierung der Beziehungen und des Einflusses der Europäischen Union beigetragen. Hierfür nutzt sie ein Netzwerk von internationalen Organisationen, bindet aber auch vermehrt Nichtregierungsorganisationen ein. Beispielsweise greift die Europäische Kommission auf die Expertise des Vereins »Europe Without Barriers« zurück. Die Organisation führte in den vergangenen Jahren Kampagnen für die Einführung der Visafreiheit durch. Heute untersucht sie mit EU-Fördergeldern die möglichen Motive zur Weitermigration von Binnenflüchtlingen in die EU und erweitert so ihre Felder der Zusammenarbeit mit der Europäischen Kommission. Die Partnerakteure vor Ort übernehmen somit plurale Aufgabenprofile – vom Wissensproduzenten über Fördermittelempfänger bis hin zum ausführenden Organ von EU-Programmen. Diese

---

36 Kappeler (2014), S. 381.
37 Zahlen auf Grundlage von Eurostat (2016).

Ausgestaltung und eigene Interpretation der EU-Ziele werden durch diese Organisation stets mitgeprägt und somit sollte dieses Policymaking nicht unkritisch evaluiert werden.

Migration als zentrales Thema einer asymmetrischen Partnerschaft von EU und Ukraine. Ein Fazit

Die knappen Einblicke in das breite Themenfeld Migrationspolitik zeigen deutlich, dass die Europäische Union sich mit dem Gesamtansatz für Migration und Mobilität ein hohes Ziel gesetzt hat, dem sie allerdings nur teilweise gerecht wird. Einen allumfassenden Migrationsansatz in den Drittstaaten, hier insbesondere der Ukraine, verfehlt sie somit.

Insgesamt überwiegen in der Ukraine deutlich die Steuerungsmechanismen zur Migrationsvermeidung. Im Gegensatz zu einer Reihe an Verpflichtungen, die die Ukraine eingeht, wurden nahezu keine Möglichkeiten für legale Migration in die EU geschaffen. Als Anreiz für Reformen muss deshalb die Visumspolitik dienen, die jedoch nur beschränkt einsetzbar ist und nach ihrer Einführung keine Anreizmöglichkeiten mehr bietet.

Deutlich zeigt sich auch, wie ungleich die sogenannten »Partnerschaften« ausgestaltet werden: Die Europäische Nachbarschaftspolitik setzt den Acquis communautaire als unverhandelbar voraus, um in einen Dialog zu treten. Visafreiheit wird erst gewährt, wenn alle Bedingungen erfüllt sind. Eine Garantie für die Drittstaaten gibt es aber auch dann nicht: Die Visafreiheit für Ukrainer_innen ließ zwei Jahre auf sich warten.

Die EU arbeitet in der Migrations-Governance in der Ukraine mit internationalen Organisationen zusammen und finanziert in vielen Fällen lediglich, anstatt operativ tätig zu werden. Diese Abhängigkeiten können problematisch sein, insbesondere wenn wenige Organisationen eine Reihe an hoch finanzierten Programmen umsetzen (zum Beispiel IOM in der Ukraine). Das etablierte Netz an Kooperationsakteuren, die vor Ort Kontakte und landesspezifische Erfahrung besitzen, zahlt sich aber insbesondere in Krisensituationen aus. Trotz aller Kritik und Schwierigkeiten hat die »Ukraine-Krise« die Beziehungen zwischen der EU und der Ukraine deutlich intensiviert und neue Notwendigkeiten der Zusammenarbeit geschaffen, insbesondere in der humanitären Unterstützung von Binnenflüchtlingen, aber auch im Kapazitätsaufbau der ukrainischen Verwaltung. Durch den Krieg in der Ostukraine, aber auch Menschenrechtsverletzungen in der Konfliktzone sowie offene Fragen zur Zukunft des Landes, bleibt eine sichere Nachbarschaft bzw. der »Ring stabiler Freunde« insbesondere in der Ukraine vorerst eine Utopie.

Insgesamt zeigt das Beispiel der Ukraine, dass die EU langfristig migrationspolitische Perspektiven für Länder entwickeln sollte, die eine klassische »Safe Neighbourhood« kurz- und mittelfristig nicht bieten können, aber über Migrationspotenzial verfügen oder gar eine Landesgrenze mit der EU teilen. Verbindlichkeiten für beide Seiten sowie tatsächliche Anreize in Bezug auf Arbeitsmobilität könnten der Schlüssel sein, das notwendige Interesse zu erzeugen und langfristige Erfolge zu erzielen.

Literatur

Angenendt, Steffen (2012): Migration, Mobilität und Entwicklung. EU-Mobilitätspartnerschaften als Instrument der Entwicklungszusammenarbeit, Berlin.
Boswell, Christina (2003): The »External Dimension« of EU Immigration and Asylum Policy, in: International Affairs 79 (2003) 3, S. 619-638.
Forschungsstelle Osteuropa (2015): Die Ukraine zwischen der EU und Russland, in: Ukraine-Analysen (2015) 151, S. 12-15.
Geiger, Martin (2007): Internationale Regierungsorganisationen und die Steuerung von Migration. Die Ukraine im Vorfeld der Europäischen Union, in: IMIS-Beiträge 32 (2007), S. 61-87.
Geiger, Martin (2011): Europäische Migrationspolitik und Raumproduktion. Internationale Regierungsorganisationen im Management von Migration in Albanien, Bosnien-Herzegowina und der Ukraine, Baden-Baden.
Geiger, Martin/Antoine Pécoud (Hg.) (2010): The politics of international migration management. Houndmills/, New York.
Carrera, Sergio/Elspeth Guild/Joanna Parkin (2014): What Role for Migration Policy in Ukraine Crisis? CEPS Commentary, Brussels.
Harter, Stephanie (2011): Vom Abschluss des Abkommens zur Änderung des Abkommens: Der Visadialog mit der Ukraine findet einen vorläufigen Abschluss, in: Ukraine-Analysen (2013) 118, S. 7-10.
Human Rights Watch (2010): Buffeted in the Borderland. The Treatment of Asylum Seekers and Migrants in Ukraine, New York, in: hrw-report v. 16.12.2010.
Kahl, Martin (2007): Externe Governance der EU. Die Zuweisung von Ordnungsfunktionen an die Nachbarstaaten, in: Die Europäische Union im 21. Jahrhundert. Theorie und Praxis europäischer Außen-, Sicherheits- und Friedenspolitik, hg. v. Hans-Georg Ehrhart/Sabine Jaberg/Bernhard Rinke et al., Wiesbaden, S. 64-76.
Kucharchyk, Jacek/ Agnieszka Łada/Łukasz Wenerski (2015): Ukrainians Look to The West – Policy Assessment and Expectations, hg. v. Instytut Spraw Publicznych/Bertelsmann Stiftung, Warschau.

Lavenex, Sandra (2011): Concentric Circles of Flexible »European« Integration. A Typology of EU External Governance Relations, in: Comparative European Politics 9 (2011) 4-5, S. 372-393.

Lavenex, Sandra/Frank Schimmelfennig (Hg.) (2010): EU External Governance. Projecting EU Rules Beyond Membership, London/New York.

Lavenex, Sandra/Rachel Stucky (2011): »Partnering« for Migration in EU External Relations, in: Multilayered Migration Governance. The Promise of Partnership, hg. v. Rahel Kunz/Sandra Lavenex/Marion Panizzon, London/New York, S. 116-142.

Migration Policy Centre (2013): Migration Profile Ukraine, www.migrationpoli-cycentre.eu/.

Parusel, Bernd (2010): Abschottungs- und Anwerbungsstrategien. EU-Institutionen und Arbeitsmigration, Wiesbaden.

Pro Asyl (2015): Europa finanziert Flüchtlingsgefängnisse in der Ukraine, in: Pro Asyl-Online v. 17.2.2015, www.proasyl.de/news.

Rechitsky, Raphi Konstantin (2011): Gefangen in der Pufferzone. Migration, Flüchtlinge und die Auswirkungen der EU-Außenpolitik, in: Ukraine-Analysen (2011) 92, S. 13-16.

Simonis, Georg/ Helmut Elbers (2011): Türkei und Ukraine ante portas. Wie definiert die Europäische Union ihre Grenzen, in: Externe EU-Governance, hg. v. Georg Simonis, Wiesbaden, S. 163-194.

Speer, Marc (2014): Die IOM in der Ukraine: Wissensproduzentin und Dienstleisterin von Migration Management, in: Grenzregime II. Migration – Kontrolle – Wissen; transnationale Perspektiven, hg. v. Lisa-Marie Heimeshoff/Sabine Hess/Stefanie Kron, Berlin, S. 152-161.

Zhyznomirska, Lyubov (2006): Externalities of the EU Immigration and Asylum Policy. The Case of Ukraine, in: Review of European and Russian Affairs 2 (2006), S. 29-55.

Wolczuk, Kataryna (2016): Ukraine and Europe. Reshuffling The Boundaries of Order, in: Thesis Eleven 136 (2016) 1, S. 54-73.

Timo Karl

»Bottom-up«-Ansatz statt »Top-down«-Kategorisierung. Die Integration umweltbedingter Personenbewegung in die Struktur des Paris-Abkommens

Schwierigkeit der Kategorisierung von umweltbedingter Personenbewegung

Seit dem Beginn der industriellen Revolution haben menschliche Aktivitäten durch den Ausstoß von CO_2 und anderen klimaschädlichen Gasen substanziell zur Veränderung des Klimas beigetragen. Das Verbrennen von fossilen Energien stellt hierbei den wichtigsten Faktor bei der anthropogenen Produktion von Treibhausgasen dar. Die Auswirkungen des Klimawandels erschweren die Nahrungsmittelproduktion und betreffen die Lebensgrundlagen aller Menschen, wenngleich es bei den regionalen Folgen starke Unterschiede gibt. Insbesondere in der Kombination mit fragiler Staatlichkeit führt die stetige Verschlechterung dieser Lebensbedingungen zu Migrations- und Fluchtbewegungen von bisher unbekanntem Ausmaß. Der vorliegende Beitrag beschäftigt sich mit der Schwierigkeit der Kategorisierung dieses Migrations- und Fluchttypus, welcher auf klimawandelbedingten Umweltveränderungen beruht. Aufgrund mangelnder abgrenzender Indikatoren dieses Typus wird hier für einen Verbleib bei dem allgemeinen Oberbegriff »umweltbedingte Personenbewegung« und für eine Abkehr von der weitergehenden Kategorisierungsdebatte plädiert, im Sinne einer Grundüberlegung von McKenzie Funk:

> »Whether we call them ›climate refugees‹, ›environmentally displaced‹, or ›forced climate migrants‹, the people pictured in the following pages are those who haven't waited for jargon to catch up with reality.«[1]

Die Konzentration sollte stattdessen auf einer multilateralen Bearbeitung der Problemstellungen innerhalb des Klimaabkommens von Paris und der übergeordneten Klimarahmenkonvention liegen. Denn letztlich sind es diese Aushandlungen und Abkommen, die eine Entwicklung und Integration von uni- und bilateralen Maßnahmen zur Bekämpfung humanitärer und klimatischer Probleme ermöglichen.

»Umweltbedingte Personenbewegung« ist ein Phänomen der Gegenwart. Unter dem Begriff werden derzeit verschiedene Migrationsformen subsumiert, welche auf Umwelt- und Klimaveränderungen zurückzuführen sind. In der wissenschaftlichen Debatte fällt bereits die Bildung von Subkategorien zu diesem Terminus schwer. Etienne Piquet hält in einer Studie für den UNHCR (United Nations High Commissioner for Refugees) fest, dass es hierzu an abgrenzenden Indikatoren mangelt:

> »There is much vagueness surrounding the concepts employed, the underlying mechanisms involved, the number of persons affected and the geographical zones concerned.«[2]

Wissenschaftlicher Konsens ist jedoch die Prognose, dass die »umweltbedingte Personenbewegung« stark zunimmt, wenn der durch anthropogene Treibhausgase ausgelöste Temperaturanstieg nicht abgemildert wird. Soll-

---

1 Funk (2009), S. 94.
2 Piquet (2016), S. 1.

te der derzeitige weltweite Emissionspfad beibehalten werden, geht der sogenannte Global Risk Report von einem durchschnittlichen globalen Temperaturanstieg von mindestens 2,7 Grad bis zum Ende des Jahrhunderts aus.[3] Selbst wenn das 2-Grad-Ziel eingehalten werden sollte, welches lange Zeit die übergeordnete Verhandlungsmaxime der EU-Staaten in den UN-Klimaverhandlungen war, drohen in vielen Teilen der Welt erhebliche klimabedingte Umweltveränderungen, die bestehende Konflikte verschärfen und hierdurch direkt und indirekt zu Migrationsbewegungen führen werden. Aufgrund der umgangssprachlichen Verwendung des Terminus »Klimaflucht« und der immer wiederkehrenden Frage nach einer möglichen Schaffung eines rechtlichen Fluchtstatus für »Klimaflüchtende«, soll hier auf diese Kategorisierungsform noch einmal spezifisch eingegangen und gezeigt werden, warum die Debatte über diesen Terminus nicht zielführend erscheint. Verwendet wird dieser Begriff hauptsächlich durch NGOs und vulnerable Staaten, um die Dringlichkeit und den Handlungsbedarf zu verdeutlichen. Jedoch handelt es sich bei dem Begriff »Klimaflucht« um eine starke Vereinfachung komplexer Zusammenhänge. Menschen fliehen nicht vor dem Klima. Sie fliehen vor den Herausforderungen besonderer klimatischer und biologischer Bedingungen und damit auch oft als Folge der Auswirkungen des Klimawandels. Als Beispiele seien Dürren und Überschwemmungen und daraus resultierende Konflikte genannt, die jedoch vielfältig und unterschiedlich ausgestaltet sein können. Somit greift der Begriff »Klimaflucht« im Sinne der Wortbedeutung zu kurz.

In der politischen und wissenschaftlichen Debatte ist darüber hinaus der Begriff »klimabedingte Flucht« sehr geläufig. Auch dieser Begriff ist aus verschiedenen Gründen kritisch zu bewerten. So wird der Nachweis einer rein »klimabedingten Flucht« im Einzelfall unmöglich sein, da der Auslöser für Flucht stets eine Verkettung verschiedener Faktoren auf verschiedenen Ebenen ist. Aus diesem Grund wurde der Klimawandel in den USA unter der Regierung von Barack Obama in einem Report des Departments of Defense als »Thread Multiplier« bezeichnet und somit als indirekte Ursache zahlreicher Krisen.[4] Eine Kategorisierung des Fluchttyps entlang der Genfer Flücht-

---

3 Vgl. World Economic Forum (2016), S. 14.
4 Department of Defense of the United States of America (2014), Foreword.

lingskonvention (GFK), deren Anwendung sich bereits bei der Komplexität gegebener Konflikte in der Gegenwart als schwierig erwiesen hat, da individuelle Schicksale nur unzureichend berücksichtigt werden können, erscheint für den Fall der »klimabedingten Flucht« ebenfalls nicht zielführend. Bis zum heutigen Tage orientieren sich weltweit die Politik und Gerichte an dieser Konvention, welche Flüchtende als Personen definieren, die eine individuelle Verfolgung aufgrund von Rasse, Religion, Nationalität, Zugehörigkeit zu einer sozialen Gruppe oder der eigenen politischen Überzeugung nachweisen können.[5]

Hierbei muss stets in Erinnerung bleiben, dass die Formulierung der GFK historisch kontextualisiert werden muss. Die Formulierungen und Kriterien der Konvention sind aus den Erfahrungen des Holocausts und des Zweiten Weltkriegs abgeleitet und sollten zunächst ein Bollwerk gegen Krieg und Verfolgung in den Diktaturen des 20. Jahrhunderts sein: Flüchtende, die ihr Land beispielsweise aufgrund von Dürren und Überschwemmungen und, damit zusammenhängend, dem Entzug der persönlichen Lebensgrundlage, vorübergehend oder endgültig verlassen, wurden und werden nicht mitgedacht. Nach der Definition der GFK sind diese Migrant*innen keine schutzbedürftigen »Flüchtenden«, da eine individuelle Verfolgung mit den in der GFK formulierten Indikatoren nicht nachgewiesen werden kann. Der Versuch, im Einklang mit der Konvention diese neue Gruppe zu kategorisieren, gerät exakt an dieser Stelle an ihre Grenzen. Eine trennscharfe Unterteilung zwischen Geflüchteten aus Gründen des Klimawandels, aus Gründen der gewaltsamen Verfolgung und aus Armutsgründen lässt sich rechtlich und in der politischen Praxis nicht herstellen. Die Kausalitäten überlagern sich gegenseitig.

Im terminologischen Abwägungsprozess erscheint statt des Begriffs der »Klimaflucht«, der von Britta Nümann in die Diskussion eingebrachte Oberbegriff der »umweltbedingten Personenbewegung« daher auch weiterhin als die beste Charakterisierung.[6] Nümanns Vorschlag hingegen, unter diesem Oberbegriff Unterkategorien für »Environmentally Displaced Persons, Environmental Refugees und Environmental Migrants« zu bilden, erbringt

---

5 Vgl. UNHCR (1951), S. 2.
6 Nümann (2014).

ebenfalls nicht wirklich definitorische Klarheit.[7] Eine Unterscheidung der »umweltbedingten Personenbewegung« zwischen Migration auf der Basis von Freiwilligkeit und der »erzwungenen« Flucht bleibt auch hier aufgrund fehlender Indikatoren unscharf. Jetzt schon kann beobachtet werden, dass Menschen ihren Lebensraum in der Regel zu einem Zeitpunkt verlassen, der weit vor seiner klimabedingten Zerstörung liegt. Im Spiegel dieser Zusammenhänge kann die schlichte begriffliche Unterteilung von Personenbewegungen in Migration und Flucht leicht ad absurdum geführt werden. Die existenzielle Not oder Motivation von Menschen, die sich klimabedingt bewegen, lösen in diesen herkömmlichen Konzepten Raum und Zeit auf.

Diese Problematik kann an bestehenden Konflikten der Gegenwart nachgewiesen werden. Der Wirtschaftswissenschaftler Jeffrey D. Sachs zeigte für den Sudan, Somalia, die Elfenbeinküste und Burkina Faso bereits im Jahr 2007 die Zusammenhänge zwischen dem Klimawandel, den sich hieraus ergebenden Schwierigkeiten der Menschen beim Zugang zu Ressourcen und den daraus entstehenden Konflikten auf.[8] Der Nachweis einer individuellen Verfolgung, bei der die GFK greifen würde, ist vielen geflüchteten Personen aus diesen Regionen nicht möglich. In einer Studie des Klimaforschers Colin Kelley wird die jahrelange, dem syrischen Bürgerkrieg vorhergehende Dürre als ein Umweltphänomen beschrieben, welches durch den Klimawandel um zwei- bis dreimal wahrscheinlicher gemacht wurde.[9] Die aus der Dürre entstandene Landflucht in die Städte verschärfte bereits bestehende soziale Spannungen. Die zahlreichen und komplexen Faktoren, die zum Ausbruch dieses Bürgerkriegs geführt haben, sollen durch diese Feststellung keineswegs relativiert oder verharmlost werden. Vielmehr verdeutlichen diese Beispiele, dass die mit dem Klimawandel einhergehenden Umweltveränderungen sich aufgrund ihrer mannigfaltigen Ausprägung einer präzisen Kategorisierung entziehen. Die Grenze zwischen flüchtenden Menschen aus Armutsgründen und flüchtenden Menschen im Sinne der GFK verschwimmt auch deshalb, weil die Vulnerabilität gegenüber den Auswirkungen des Klimawandels und eine fragile Staatlichkeit, global gesehen, Hand in Hand gehen.[10]

---

7   Vgl. ebd., S. 214 f.
8   Vgl. Sachs (2007), S. 43.
9   Vgl. Kelley et al. (2015), S. 1.
10 Vgl. WBGU (2007), S. 43.

Neben der schwierigen rechtlichen Handhabung darf für die politische Praxis auch nicht unerwähnt bleiben, dass der Begriff der »Klimaflucht« oder der durch den Klimawandel induzierten Flucht, als Terminus von zahlreichen politischen Vertreterinnen und Vertretern der vulnerablen Staaten abgelehnt wird, obwohl zunächst das Gegenteil erwartet werden könnte. Ablehnung findet dieser Begriff insbesondere deshalb, weil die Repräsentant*innen befürchten, durch Kategorisierungsdebatten Zeit und Aufmerksamkeit für die notwendigen Präventions- und Anpassungsmaßnahmen zu verlieren.[11] Eine rechtliche Kategorisierung eines wie auch immer definierten »Klimaflüchtenden« kann der Vielschichtigkeit der durch Klimawandel entstehenden Problemlagen nicht gerecht werden und würde einer erneuten Exklusion von Personengruppen Vorschub leisten. Es erscheint daher als ein logischer Schritt, sich vom Kategorisierungsdiskurs abzuwenden und stattdessen zu erörtern, wie sich die Problemlagen aus den Folgen des Klimawandels für besonders vulnerable Menschen bearbeiten und verbessern lassen:

Multilaterale Optionen zur Problematisierung umweltbedingter Personenbewegung

Der Klimawandel stellt eine globale Herausforderung dar. Singulär staatliche Maßnahmen beziehungsweise bilaterale Abkommen einzelner Staaten zur Bekämpfung der Folgen erscheinen mit Blick auf langfristige, nachhaltige Konzepte und erforderliche globale Maßnahmen nicht ausreichend. Dennoch können sie ein wichtiger Bestandteil von politischen Verhandlungen sein, wie an späterer Stelle noch deutlich gemacht werden soll. Steffen Angenendt hat drei multilaterale Handlungsoptionen erarbeitet, die grundlegende politische Orientierung bieten können:

»(1) die Ausweitung des bestehenden völkerrechtlichen Flüchtlingsregimes auf Klimaflüchtlinge, (2) eine neue internationale Vereinbarung zum Schutz von Klimaflüchtlingen einschließlich institutioneller und finanzieller Infrastruktur und (3) eine Debatte über die vorhandenen völker-

---

11 Vgl. Gibson/McNamara (2009), S. 482.

und menschenrechtlichen Schutzstandards und ihre Anwendbarkeit auf Klimaflüchtlinge«.[12]

Angenendt bemerkt zugleich, dass allen Optionen Vor- und Nachteile innewohnen. So stellt die GFK durchaus eine prinzipiell funktionierende Schutzkonvention dar. Eine Ausweitung der GFK hingegen erscheint nicht zweckmäßig, da sie auf dem Ansatz einer individuellen Überprüfung der Schutzbedürftigkeit beruht, welche bereits in der Gegenwart an systematische und strukturelle Grenzen stößt, beispielsweise im Hinblick auf administrative Herausforderungen. Viele Menschen, die vor Umweltveränderungen fliehen, würden auch deshalb von der GFK nicht erfasst, weil sie innerhalb der eigenen Landesgrenzen migrieren. Laut UNHCR waren Ende 2015 von 65,3 Millionen Flüchtenden weltweit 40,8 Millionen Menschen Binnenflüchtlinge.[13]

Eine Debatte über die Integration von »umweltbedingter Personenbewegung« in vorhandene völker- und menschenrechtliche Schutzstandards, wie sie Angenendt in der dritten Option vorschlägt, bietet ebenfalls keine operative Handhabe, um den Schutz der klimawandelinduzierten Migrant*innen und Flüchtenden zu erhöhen. Die Erosion der Staatsbevölkerungszahlen aufgrund des plötzlichen oder sukzessiven Verlusts des Zugangs zu Wasser und zu fruchtbarem Land stellt einen »völkerrechtlichen Präzedenzfall« dar,[14] der mit bestehenden Menschenrechtskonventionen aufgrund mangelnder Abgrenzungsfaktoren nicht beantwortet werden kann. Stattdessen sollten sich die politischen Entscheidungsträger auf die zweite Handlungsoption, eben einer eigenen internationalen Vereinbarung speziell zum Schutz von Personen aus umweltbedingten Bewegungen konzentrieren. Zwar kann Angenendts Argument, dass die Etablierung einer neuen Konvention wahrscheinlich Jahrzehnte dauern wird,[15] nicht entkräftet werden – jedoch ist Ende 2015 mit dem Paris-Abkommen die Ratifizierung eines in diesem Zusammenhang hoch relevanten UN-Abkommens gelungen. Das Paris-Abkommen bietet zahlreiche Anschlussoptionen, um die »umweltbedingte Personenbewegung« zu integrieren.

---

12 Angenendt (2011), S. 190 ff.
13 Vgl. UNHCR (2016), S. 2.
14 Brot für die Welt et al. (2015), S. 17.
15 Vgl. Angenendt (2011), S. 191 f.

Das Paris-Abkommen als »Game-Changer« der multilateralen Handlungsoptionen

Das Paris-Abkommen stellt für die UN-Klimaverhandlungen und für die umweltbedingte Migration aus mehreren Gründen einen »Game-Changer« dar. Auf struktureller Ebene kann argumentiert werden, dass durch das Paris-Abkommen ein »Bottom-up«-Mechanismus innerhalb des UNFCCC-Prozesses verankert wird.[16] Alle vorherigen Bemühungen, einen »Top-down«-Klimavertrag zu beschließen, waren gescheitert und auch im Vorfeld der COP 21 (Conference of the Parties) in Paris zeichnete sich deutlich ab, dass entscheidende Staaten wie die USA einen Vertrag nicht ratifizieren würden.[17] Inhaltlich handelt es sich um einen »Game-Changer«, weil das Paris-Abkommen Emissionsminderungen (Mitigation) und Klimaanpassungsmaßnahmen (Adaptation) für vulnerable Staaten gleichermaßen berücksichtigt. Beide Handlungsstränge werden notwendig sein, um die Auswirkungen des Klimawandels einzudämmen und somit das Ausmaß der umweltbedingten Personenbewegung zumindest etwas einzuschränken. 2018 wird es einen ersten »Global Stocktake« der nationalen Zielsetzungen geben.[18] Bis dahin sollen alle Vertragsparteien bekannt geben, zu welchen Emissionsminderungen und weiteren Zielsetzungen sie bereit sind. In der Konsequenz wird die jahrzehntelange Trennung zwischen Industrie- und Entwicklungsländern wenngleich nicht ganz aufgehoben, so aber doch zumindest relativiert. Zwar basiert auch das Paris-Abkommen auf der »Common But Differentiated Responsibility« der einzelnen Staaten, dennoch bekennen sich die bisherigen Non-Annex-I-Staaten erstmals verbindlich zu ihrer eigenen Verpflichtung,[19] Emissionen zu reduzieren beziehungsweise zu begrenzen.

---

16 Alle Staaten werden völkerrechtlich verpflichtet, einen eigenen nationalen Klimaschutzbeitrag (NDC) zu veröffentlichen und darzulegen, wie dieser erreicht werden soll.
17 Vgl. Dröge (2015), S. 20 f.
18 Name des ersten Überprüfungsprozesses, in welchem geprüft wird, auf welchem Stand sich die Emissionsminderungen der Staaten befinden.
19 Eine Bezeichnung für die Staaten, welche sich im Rahmen der Klimarahmenkonvention nicht zu eigenen Treibhausgasemissionsreduktionen mit dem Basisjahr 1990 verpflichtet haben. In der Regel handelt es sich um die Schwellen- und Entwicklungsländer.

Die vulnerablen Staaten und die Staaten des globalen Südens konnten sich in den Verhandlungen insofern durchsetzen, als das 1,5-Grad-Ziel nicht aus dem Übereinkommen gestrichen wurde. Für die Frage der umweltbedingten Personenbewegung ist das von erheblicher Bedeutung, da ein höherer Temperaturanstieg, wie bereits dargelegt, zu erheblichen klimabedingten Umweltveränderungen in vielen vulnerablen Staaten und zu umfangreichen Migrationsbewegungen führt. Über die Erreichung dieser Ziele ist dadurch freilich noch nichts gesagt. Im Gegenteil: Ohne Forschungssprünge gerade im Bereich umstrittener Technologien, welche der Atmosphäre rückwirkend wieder Emissionen entziehen, werden sie nicht zu erreichen sein.[20]

Absprachen bilateraler und multilateraler Art zur Kooperation und zur gegenseitigen Ambitionssteigerung zwischen einzelnen Staaten oder Staatengruppen sind in der Architektur des Paris-Abkommens institutionell vorgesehen und könnten auch eine Grundlage für Verhandlungen über den weiteren staatlichen Umgang mit »umweltbedingten Personenbewegungen« bieten.[21] Stellvertretend sei auf die mögliche Verknüpfung zwischen denjenigen Staaten auf UN-Ebene verwiesen, welche sich bereits in der Nansen-Initiative zusammengefunden haben. Die Nansen-Initiative ist ein Pilotprojekt von neun Staaten aus dem globalen Norden und Süden.[22] Sie bemüht sich als staatliches »Bottom-up«-Projekt darum, die Schutzstandards für Menschen zu verbessern, die aufgrund von Naturkatastrophen flüchten müssen, und weist die staatlichen Strukturen auf, welche sich auch mit der Neuformulierung des Klimaregimes verknüpfen lassen würden.

Neben dem Emissionsminderungspfad steht der Anpassungsstrang (Adaptation) als zweites gleichberechtigtes Schlüsselelement im Paris-Abkommen. In Anbetracht des bereits sehr hohen Emissionsniveaus stellt dieses Verhandlungsergebnis für die Menschen, welche durch die Umwelt- und Klimaveränderungen bedroht werden, eine wichtige Zäsur dar, da selbst mit einer hoch ambitionierten Emissionsminderungspolitik viele gefährliche Umwelt-

---

20 Vgl. Geden/Schäfer (2016), S. 1.
21 So wie es in Artikel 6, Absatz 1 des Paris-Abkommens festgelegt ist und wie sich auch im Vorfeld der Paris-Verhandlungen bereits am USA-China-Abkommen zeigte. Vgl. Dröge (2015), S. 20.
22 Teilnehmende Staaten sind Australien, Bangladesch, Costa Rica, Deutschland, Kenia, Mexiko, Norwegen, die Philippinen und die Schweiz.

Veränderungen nicht mehr aufgehalten werden können. Besondere Bedeutung für die umweltbedingte Personenbewegung wird im Anpassungsstrang die Festsetzung der »Loss-and-Damage«-Regulierung gewinnen. Zwar konnten die USA durchsetzen, dass aus dem Bekenntnis zu den durch Klimawandel entstehenden Verlusten und Schäden keine finanziellen Reparationsforderungen der vulnerablen Staaten entstehen, doch einmal im Abkommen festgehalten, werden die vulnerablen Staaten diesen Artikel dennoch nutzen können, um Hilfs- oder Ausgleichsleistungen einzufordern. Ausgleichsleistungen müssen in dem Zusammenhang nicht unmittelbar finanzieller Natur sein, denkbar sind auch Forderungen nach Technologietransfer (etwa zum Aufbau eines weniger klimaschädlichen Energiesystems) oder Hilfestellung bei der Erhöhung der eigenen Resilienz gegenüber den Auswirkungen des Klimawandels.

Auch wenn klimabedingte Migration nicht unmittelbar als Terminus in den »Loss-and-Damage«-Artikel aufgenommen wurde, so lässt sich dieser dennoch sehr praktikabel auf diesen Bereich übertragen. Eine Argumentationsgrundlage kann der bevorstehende Verlust der gut ausgebildeten und vermögenden Schichten der betroffenen Gesellschaften sein. Es ist nachweisbar, dass ein Großteil der vom Klimawandel betroffenen Bevölkerungsgruppen unter Immobilität leidet, bzw. dass die Ressourcen dieser Menschen nur für eine vorübergehende Migration innerhalb der betroffenen Regionen ausreichen.[23] Nur in der Kombination aus eigenen Mobilitätsmöglichkeiten und Unumgänglichkeit aufgrund irreversibler Schädigung der Lebensgrundlagen entsteht dauerhafte »umweltbedingte Personenbewegung«. Die Bevölkerungsgruppen, welche vor einer akuten Bedrohungslage flüchten können, stammen in der Regel aus verhältnismäßig finanzstarken bzw. gebildeten Familien. Die Abwanderung dieser Menschen stellt für das Funktionieren der betroffenen Gesellschaften, wie auch schon von Paul Collier in diesem Band vermutet (➞ S. 35 ff.), unter Umständen eine erhebliche Gefährdung dar. Sollte der Emissionsminderungspfad so unambitioniert wie bisher vorangetrieben werden, wird die »umweltbedingte Personenbewegung« als finale Anpassungsmaßnahme weiter an Bedeutung gewinnen.

---

23 Vgl. Hugo (2010), S. 23 f.

Das Prinzip, das hinter »Loss And Damage« steht, ist trotz der damit nicht einhergehenden Zahlungsverpflichtung zumindest indirekt an die bereits zugesagten Klimafinanzierungsmittel gekoppelt, welche die Industrieländer ab 2020 jährlich in Höhe von zunächst 100 Milliarden Dollar an die vulnerablen Staaten zahlen sollen.[24] Zugleich weisen die Finanzierungen noch einige strukturelle Mängel auf. Um die Finanzströme in die richtige Richtung zu lenken, müssen einige Fallstricke klar benannt und in den nächsten Jahren beseitigt werden. Die zugesagte Klimafinanzierung darf beispielsweise aufseiten der Länder des globalen Südens nicht zu einem Wettlauf um Vulnerabilität führen. In den kommenden Klimaverhandlungen sollte daher eine Nachjustierung in sieben Dimensionen vollzogen werden:

1. Es sollte eine hohe Transparenz bei der Länderbewertung, der Mittelvergabe und ein Monitoring der zweckgebundenen Verwendung sichergestellt werden.
2. Es sollten privatwirtschaftliche Investitionen in der staatlichen Klimafinanzierung dann nicht angerechnet werden, wenn sie in absoluten Zahlen zu einer verhältnismäßigen Reduktion im Vergleich zum Status quo führen.
3. Eine staatlich-statistische Beschönigung eines Anstiegs des Emissionspfades sollte seitens der Regierungen nicht als »Klimafinanzierung« angerechnet werden dürfen. Unter anderem durch die bisher bestehenden Anrechnungsmöglichkeiten fließen nur 20 % aller Klimafinanzierungsmittel in die Anpassungsmaßnahmen und 80 % in Klimaschutzmaßnahmen.[25]
4. Zur Prävention von »umweltbedingter Personenbewegung« müssten die beiden Verhandlungsstränge finanziell auf einem hohen Niveau angeglichen werden.
5. Um eine Exklusion einzelner Personengruppen zu vermeiden, wie sie beispielsweise im Falle der Errichtung eines »Climate Refugee Protection and Resettlement Fund« entstehen würde,[26] sollte der Artikel zu »Loss And Damage« an den »Green Climate Fund« gekoppelt werden und auf

---

24 Eine anschließende Fortsetzung der Zahlungen mit einer erhöhten Summe zeichnet sich in den derzeitigen Verhandlungen ab.
25 Vgl. Schwarze (2016).
26 Vgl. Biermann/Boas (2010), S. 83.

die Prävention sowie die strukturelle Hilfe bei umweltbedingter Personenbewegung ausgeweitet werden.
6. Bei Flucht und Migration sollte Vulnerabilität gegenüber dem Klimawandel die Bewertungsgrundlage für die Anwendung des Fonds sein.
7. Die weiterhin bestehende Finanzierungslücke sollte so schnell wie möglich geschlossen werden, um die Glaubwürdigkeit der verhandelnden Industrieländer zu erhöhen. So könnte auch der notwendige Druck auf diejenigen als »Schwellenländer« ausgewiesenen Staaten aufgebaut werden, welche diesen Status seit der Formulierung der Klimarahmenkonvention innehaben, in der Realität jedoch selbst über einen umfangreichen Emissionsausstoß und über finanzielle Mittel verfügen (beispielsweise die Vereinigten Arabischen Emirate oder Katar).

Der Hebemechanismus des Paris-Abkommens als institutionelle »Black Box«

Das Paris-Abkommen wurde, insbesondere nach der vorigen Enttäuschung der COP 15 in Kopenhagen, global als Durchbruch in den internationalen Klimaverhandlungen »gefeiert«. Aufgrund der über Jahrzehnte hinweg andauernden politischen Schwierigkeiten, ein solches Abkommen zu beschließen, geht selbst die Wissenschaft mit Kritik sparsam um. Alejandro Caparros bewertet das Paris-Abkommen dennoch mit Skepsis und legt dar, dass das Abkommen ohne eine ambitionierte, gerechte Ausgestaltung des Hebemechanismus und ohne die Berücksichtigung weitergehender bilateraler und unilateraler Maßnahmen zunächst sogar »ein Schritt zurück« sei.[27] Der hohe Stellenwert gerade auch der unilateralen Maßnahmen kann nach Caparros entlang von Projekten der losen Koalition zwischen Australien, Kanada, Norwegen, Schweden und den USA in den 1970er-Jahren illustriert werden. Dieser Koalition gelang es laut dem Autor beispielhaft, die ökonomische Machbarkeit des sogenannten »Montreal-Protokolls« nachzuweisen.[28]

---

27 Vgl. Caparros (2016), S. 355.
28 Vgl. ebd., S. 354.

Insgesamt stellt das Paris-Abkommen aufgrund seiner institutionellen Ausgestaltung jedoch keinen Endpunkt, sondern einen (Neu-)Beginn dar. Große politische Hoffnungen liegen in der Konzeption eines Hebemechanismus, von dem eine sich selbst verstärkende Dynamik ausgehen soll. Zum jetzigen Zeitpunkt ist eine operative Bewertung des Paris-Abkommens noch nicht möglich. Sie kann erst im Zuge der Nachverhandlungen auf den nächsten COPs und der Bekanntgabe der nationalen Zielsetzungen vorgenommen werden. 2018 wird das Paris-Abkommen beim ersten »Global Stocktake« einer ersten qualitativen Prüfung unterzogen. Diese werden auch für die Frage der »umweltbedingten Personenbewegung« von erheblicher Bedeutung sein. Der »Global Stocktake« wird Antworten auf drei politische Fragestellungen geben, die aus diplomatischer Rücksicht und zur Ermöglichung eines erfolgreichen Abschlusses der Paris-Verhandlungen bislang weitestgehend unbeantwortet geblieben sind:

1. Werden die Emissionsziele der Vertragsstaaten ambitioniert genug sein, damit man sich nicht global gesehen bereits auf einem Pfad des Temperaturanstiegs weit über den zwei Grad befindet?
2. Wie wird eine Vergleichbarkeit der Zielsetzungen erreicht werden?
3. Wie werden die Anpassungsmaßnahmen qualitativ umgesetzt?

Fazit

Die Vielschichtigkeit »umweltbedingter Personenbewegungen« verbietet eine »Top-down«-Kategorisierung und erfordert eine »Bottom-up«-Governance-Struktur. Die UN-Klimaverhandlungen stellen aufgrund der Ausgestaltung des Paris-Abkommens den multilateralen Rahmen mit den meisten Anknüpfungsoptionen das Problem umweltbedingter Migration dar. Der wichtigste Artikel im Paris-Abkommen ist in diesem Zusammenhang jener zu »Loss And Damage«. Da die Industrieländer mit diesem Prinzip ihre historische Hauptverantwortung für den anthropogenen Klimawandel eingestehen, eine hieraus abgeleitete Zahlungsverpflichtung jedoch ablehnen, erscheint es folgerichtig, dass hier eine »Bringschuld in Sachen Resilienz« und ein Transfer von Anpassungstechnologien seitens der Industrieländer an die vulnerablen Staaten verankert wird. Insgesamt wird die Bedeutung von bilateralen Kooperationen zur gezielten Unterstützung von vulnerablen Ländern durch die Industrieländer steigen. Nicht nur, dass sich die Notwendigkeit solcher bilateralen Abkommen im Prozess bis hin zum Paris-Abkommen mehrfach gezeigt hat – bilaterale Vereinbarungen zur gemeinsamen Ambitionssteigerung sind auch deshalb zusätzlich von Nöten, weil das Paris-Abkommen erst 2020 in Kraft tritt.

Der weiterhin steigende globale Emissionsausstoß zeigt, dass Ambitionssteigerungen dringend notwendig sind und dass der Anpassungspfad an Bedeutung gewinnen muss. »Umweltbedingte Personenbewegung« muss als finale Anpassungsmaßnahme seitens der politischen Diplomatie frühzeitig berücksichtigt werden. Eine Verknüpfung des Paris-Abkommens mit der Nansen-Initiative kann der Thematik politisches Gewicht verleihen. Dieses entbindet die emissionsintensiven Staaten nicht von ihren Aufgaben im Bereich der Adaptation, sondern verdeutlicht die Konsequenzen ausbleibenden Handelns. Das Paris-Abkommen kann insbesondere dann Wirkung entfalten, wenn die Maßnahmen durch die Staaten an Auflagen gebunden formuliert werden und Ambitionssteigerungen vorsehen und wenn andere Vertragsstaaten sich ebenfalls zu Maßnahmen bereit erklären. Eine klare Kategorisierung der umweltbedingten Personenbewegung nach dem bisherigen Trennmuster der GFK entfällt hingegen aufgrund fehlender Abgrenzungsindikatoren. Stattdessen kann an alternative nationale Migrationskategorien, beispielsweise in Australien, angeknüpft werden. Australien ermöglicht immerhin eine temporäre Aufnahme, wenn eine Flucht aufgrund tief greifender Gefahren oder aufgrund einer ansonsten höchstwahrscheinlich bevorstehenden Vertreibung stattgefunden hat (ohne zwingenden Bezug zur GFK).[29]

Um die Probleme der »umweltbedingten Personenbewegung« zu bewältigen, wird eine Anknüpfung an solche, mehr individuell ausgestaltete Kategorien nötig sein. Bei der Ausgestaltung der politischen Maßnahmen sind regionale und kulturelle Besonderheiten unbedingt zu berücksichtigen. Besonders vulnerable Gruppen sind in der Regel Frauen und Kinder, aber auch Menschen in der Landwirtschaft, deren Arbeit und Ertrag direkt von den klimatischen Bedingungen abhängig sind. Ein »Disaster Risk Management«

---

29 Vgl. Hugo (2010), S. 34 f.

zugunsten dieser Gruppen muss oftmals viele regionale Barrieren überwinden, um Effektivität zu erlangen; möglich ist dieses nur mit einem »Bottom-up«-Approach.

Im Anschluss an den »Global Stocktake 2018« und der voraussichtlichen Empfehlung der Ambitionssteigerung im Bereich der Emissionsziele, welche durch das UN-Klimasekretariat an die Vertragsstaaten gegeben werden wird, ist 2023 die erste formelle Kontrolle der nationalen und ambitioniert formulierten Zielsetzungen anvisiert. Die nationalen Verhandlungspartner sollen dabei mit einer großen Zielflexibilität ausgestattet werden. Um jedoch den Auswirkungen des Klimawandels sinnvoll und nachhaltig zu begegnen, wird man auf den folgenden Klimakonferenzen nicht umhinkommen, detailliertere strukturelle, finanzielle, ökologische und soziale Verpflichtungen zu formulieren, um Aussagen über den Stand in den Ländern im Anpassungs- und dem Migrationspfad machen zu können.

Es ist jetzt Aufgabe der Unterhändler, die Ausgestaltung des Anpassungsstrangs und die Bedeutung von »Loss And Damage« weiter zu spezifizieren und vor allem auf die Fragestellung der »umweltbedingten Personenbewegungen« anzuwenden. Ebenso muss geklärt werden, welche Anpassungsmaßnahmen zur Erhöhung der Resilienz durch die Industrieländer gefördert werden und für welche Maßnahmen ein Technologietransfer an die vulnerablen Staaten möglich ist. Zur sinnvollen Aufnahme der Anpassungsmaßnahmen in die NDCs (»Nationally Determined Contributions«) der Staaten, welche dann auch vergleichbar sind, sollte eine qualitative Operationalisierung der Zielsetzungen zwischen den Staaten schon vor dem ersten »Global Stocktake 2018« vorgenommen werden.

Literatur

Angenendt, Steffen (2011): Klimaflüchtlinge – ein neues Sicherheitsrisiko?, in: Klimawandel und Sicherheit. Herausforderungen, Reaktionen und Handlungsmöglichkeiten, hg. v. Steffen Angenendt et al., Baden-Baden, S. 177-196.
Biermann, Frank/Ingrid Boas (2010): Preparing for a Warmer World. Towards a Global Governance System to Protect Climate Refugees, in: Global Environmental Politics 10 (2010) 1, S. 60-88.
Brot für die Welt et al. (2015): Klimabedingte Schäden und Verluste. Die politische Herausforderung annehmen und gerecht lösen, Berlin.
Caparrós, Alejandro (2016): The Paris Agreement as a Step Back to Gain Momentum. Lessons from and for Theory, in: Revue d'Économie Politique (2016) 3, S. 347-356.

Department of Defense of the United States of America (2014): Climate Change Adaptation Roadmap, Alexandria.

Dröge, Susanne (2015): Das Pariser Abkommen 2015. Weichenstellung für das Klimaregime, SWP, Berlin.

Funk, McKenzie (2009): Come Hell or High Water, in: World Policy Journal 26 (2009) 2, S. 93-100.

Geden, Oliver/ Stefan Schäfer (2016): »Negative Emissionen« als klimapolitische Herausforderung, Berlin.

Gibson, Chris/ Karen Elizabeth McNamara (2009): »We do not want to leave our land«. Pacific Ambassadors at the United Nations Resist the Category of Climate Refugees, in: Geoforum (2009) 40, S. 475-483.

Hugo, Graeme (2010): Climate Change-Induced Mobility and the Existing Migration Regime in Asia and the Pacific, in: Climate Change and Displacement – Multidisciplinary Perspectives, Portland, S. 9-35.

Kelley, Colin P. et al. (2015): Climate Change in the Fertile Crescent and Implications of the Recent Syrian Drought, in: Proceedings of the National Academy of Sciences (2015) 112, S. 3241-3246.

Nümann, Britta (2014): Umweltflüchtlinge? Umweltbedingte Personenbewegungen im Internationalen Flüchtlingsrecht, Baden-Baden.

Piguet, Etienne (2008): Climate Change and Forced Migration, Policy Development and Evaluation Service of the United Nations High Commissioner for Refugees, Genf.

Sachs, Jeffrey D. (2007): Climate Change Refugees, in: Scientific American 296 (2007) 6, S. 43.

Schwarze, Reimund (2016): Wir gehen in eine ungewisse Zukunft, Helmholtz Gemeinschaft-Online v. 21.11.2016, www.helmholtz.de/erde_und_umwelt.

UNHCR (2016): Global Trends – Forced Displacement in 2015, Genf.

UNHCR (1951): Abkommen über die Rechtsstellung der Flüchtlinge vom 28. Juli 1951 (Genfer Flüchtlingsprotokoll)/Protokoll über die Rechtsstellung der Flüchtlinge vom 31. Januar 1967 (New Yorker Protokoll), Genf/New York.

WBGU (2007): Welt im Wandel. Sicherheitsrisiko Klimawandel, Berlin.

World Economic Forum (2016): The Global Risks Report 2016, 11th Edition, Cologny/Genf.

Urbane Ökonomien und kommunalpolitische Lösungsansätze

Ernst Mönnich

Migration. Globale Ursachen, europäische Herausforderungen, nationale und regionale ökonomische Auswirkungen

Die Herausforderungen der rapide wachsenden Migrationsbewegungen nach Europa, die in den letzten Jahren zu beobachten waren, werden nicht innerhalb eines kurzen Zeitraumes zu bewältigen sein (➡ Abb. 1, S. 235).

Um diese Entwicklung zu erklären, können eine Anzahl von Ursachen unterschieden werden, die sowohl auf der globalen als auch makroregionalen Ebene wirksam sind:

Die erste Kategorie von Gründen sind Bürgerkriege oder internationale militärische Konflikte. Obwohl viele dieser Konflikte oberflächlich von religiösen Divergenzen geprägt scheinen, findet man ökonomisch oder machtpolitisch motivierte Interessen als Basis der Auseinandersetzungen. Abbildung 1 zeigt, dass nach einem 15-jährigen Rückgang (nach dem Ende des Bürgerkriegs im ehemaligen Jugoslawien) die Migration von Flüchtlingen erneut deutlich ansteigt.

Die zweite treibende Kraft für wachsende Migration ist die Knappheit von natürlichen Rohstoffen und früher freien Gütern. Faktoren wie der Mangel an sauberem Wasser, fruchtbarem Land oder Konflikte zwischen traditioneller

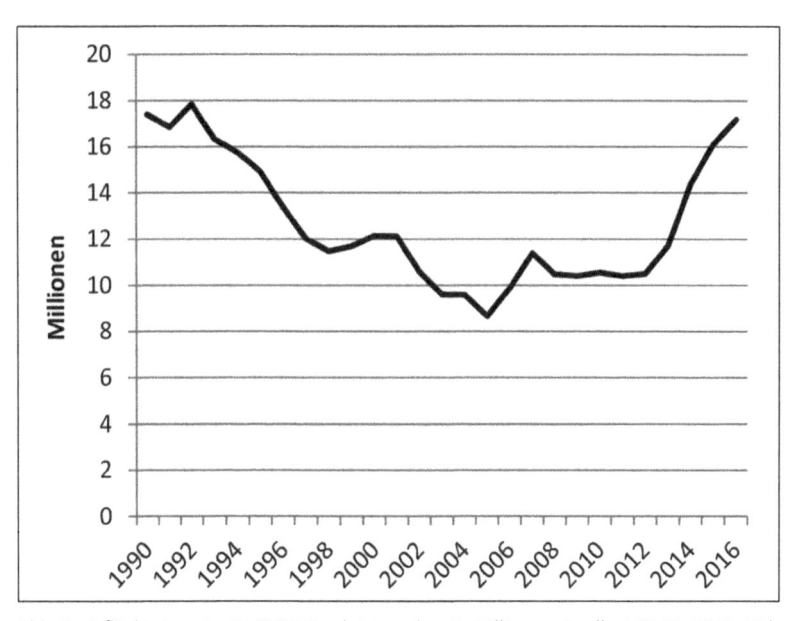

Abb. 1: Geflüchtete unter UNHCR-Mandat. Angaben in Millionen, Quelle: UNHCR 2015, Midyear Trends 2015, www.unhcr.de.

Ressourcennutzung eingeborener Menschen und der Ausbeutung natürlicher Reichtümer durch Dritte vertreiben Menschen aus ländlichen Regionen hin zu den wachsenden Agglomerationen ihrer Länder und auch in die reicheren Länder.[1] Ungeachtet einiger hoffnungsvoller Entwicklungen sogar in afrikanischen Ländern müssen wir feststellen, dass viele dieser Länder immer noch im ersten demografischen Übergang verharren.[2] Diese Phase ist durch hohes Bevölkerungswachstum geprägt, da die Kindersterblichkeit sinkt und die Geburtenrate immer noch hoch bleibt. Wegen der wirtschaftlichen Probleme von Entwicklungsländern entscheiden sich vor allem junge Männer, diese Länder zu verlassen.[3] Wenn sich die Entwicklungschancen in diesen Gebieten darüber hinaus durch den Klimawandel vermindern, wie das in großen Be-

---

1 Vgl. Saunders (2011).
2 Vgl. Swiaczny (2014).
3 Blasberg/Grill/Puhl (2015), S. 108.

reichen Sub-Sahara-Afrikas der Fall ist, werden wir mit multiplen Triebkräften für Migration konfrontiert. Schließlich ist für die Entwicklung auch technischer Fortschritt eine Triebkraft. Der Zugang zu Informationen über das Internet und verbesserte Transportmöglichkeiten bieten Chancen, um nicht nur in unmittelbare Nachbarländer von Krisenregionen auszuwandern.

Abbildung 1 zeigt mit der Wanderung von Flüchtlingen nur einen Teil des globalen Migrationsproblems. Es ist nicht einfach, zwischen denjenigen Flüchtlingen zu unterscheiden, die aus politischen Gründen ihr Heimatland verlassen und Asyl beantragen, sowie denjenigen, die aus anderen Gründen kommen. Diese wachsende Migration ist eine fundamentale Herausforderung für ganz Europa, obwohl sich die Mehrzahl aller Asylbewerber auf Deutschland und wenige kleinere Länder konzentriert, die relativ eben so viel Asylbewerber aufgenommen haben. Die fundamentale Herausforderung der Entwicklung ab 2014 für Europa zeigte sich zunächst im Zusammenbruch des Dublin-Systems als Folge der massiven Anforderungen für die Mittelmeerstaaten (Italien, Griechenland). Seit der temporären Wiedereinführung nationaler Grenzkontrollen und der Schließung der Balkanroute für Flüchtlinge steht auch die Funktionsfähigkeit des Schengen-Vertrages und damit die innereuropäische Freizügigkeit auf Messers Schneide. Ausnahmeregelungen für nationale Grenzkontrollen wurden verlängert. Die meisten EU-Länder ziehen es vor, die externe Grenzkontrolle durch Frontex zu verstärken. Ansonsten hofft man, vom Flüchtlingsstrom möglichst wenig belastet zu werden. Wie die Muster des Dublin-Systems zeigen, versuchten alle nördlichen europäischen Länder, Migrationsprobleme auf Abstand zu halten. Durch die Pflicht zur Aufnahme im ersten, über die Außengrenze betretenen Staat wurden die Pflichten aus Asylverfahren und Genfer Konvention auf die südlichen Grenzstaaten delegiert. Dieses System funktionierte, bis die wachsende Migrationswelle über das destabilisierte Libyen nach Italien drang. Seit diesem Zeitpunkt wurden die Dublin-Regeln missachtet und konnten bis heute nicht wieder reaktiviert werden.

Daher war es ein offensichtlicher Irrtum, die deutsche Grenzöffnung im September 2015 als die Einladung und eigentliche Ursache des Flüchtlingsstroms zu deklarieren, wie dieses aus den Visegrád-Staaten geschah.[4] Die

---

4 Vgl. Szalamacha (2016).

Flüchtlinge waren schon vor Nutzung der Balkanroute über Italien in Europa angekommen und tun das heute wieder. Viele Menschen, einschließlich der Politiker, hoffen, den Status vor der Flüchtlingsbewegung wiederherstellen zu können. Auf die Zahlung von Milliardenbeträgen an die Türkei für eine Grenzschließung konnte man sich ebenso einigen wie auf die Schließung der Balkanroute. Die administrativen Hilfen für Griechenland beim Betrieb von »Hot Spots« blieben demgegenüber defizitär.[5]

Wenn wir auf eigene Erfahrungen, die Erfahrung im NAFTA-Raum sowie die aktuelle Situation im Mittelmeer schauen,[6] wird deutlich, dass diese Hoffnungen Illusionen sind. Migrationsbewegungen mögen auf einer Route reduziert werden können. Die Schleuser werden ihre Aktivitäten fortsetzen und neue Routen finden. Die Fluchtursachen werden durch Grenzschließung nicht bekämpft. Ob die neue US-Regierung unter Donald Trump illegale Migration wirksamer reduzieren kann als die vorherige, bleibt abzuwarten. Die von der EU-Führung vor dem Brexit an die britische Regierung gebotenen Sonderregelungen zeigen, dass es ein ernsthaftes Risiko für die europäische Freiheit der Mobilität gibt. Auf der anderen Seite kann die fundamentale Herausforderung der EU durch die Migration nicht nur als großes politisches Problem von Mehrausgaben, kulturellen Divergenzen, Unterkünften, Bildung und Arbeitsplätzen gesehen werden. Migration kann demgegenüber genauso als eine Chance für wirtschaftliches Wachstum, Ausgleich demografischer Defizite, Gewinnung von Humankapital und Stabilisierung von Sozialsystemen begriffen werden. Dieses sind bedeutende Fragen für alle europäischen Länder, da sie von demografischen Trends in mehr oder weniger gleicher Weise betroffen sind (➡ Abb. 2, S. 238).

Ich will diese Fragestellungen am Beispiel einer deutschen Region erläutern und die Diskussion auf demografische und wirtschaftliche Probleme konzentrieren. Deutschland erlaubt die Analyse der demografischen und ökonomischen Folgen der Migration sowohl auf nationaler als auch regionaler Ebene. Die Gewährung von Menschenrechten für Flüchtlinge ist eher eine verfassungsrechtliche Frage und eine Frage nach der Einhaltung der UN-Charta. Dennoch war die öffentliche Debatte stark auf demografische

---

5 Vgl. Kuster/Tsianos (2016), S. 8.
6 Vgl. Pinzler (1998).

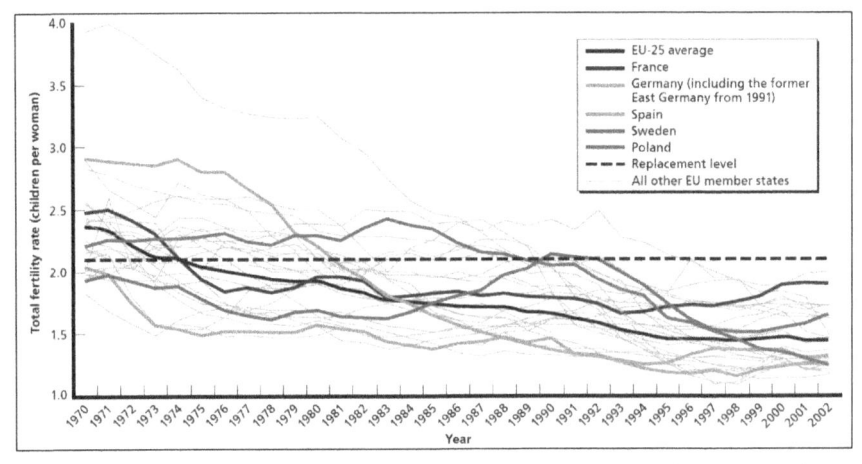

Abb. 2: Total fertility rate (children per woman), Quellen: EUROSTAT, Weltbank; siehe auch Rand Corporation 2016.

und ökonomische Auswirkungen ausgerichtet. Das Ziel dieses Beitrages ist es, zunächst einen kurzen Blick auf die stark divergierenden Erwartungen auf nationaler Ebene zu werfen. Danach soll eine detailliertere Analyse von Verteilungsmustern und wirtschaftlichen Auswirkungen auf regionaler Ebene folgen.

Unsicherheit. Migration und die große Divergenz von Szenarien

Auf der nationalen Ebene ergab sich aus der Debatte eine gravierende Spaltung der Erwartungen zwischen optimistischen und pessimistischen Positionen: Ein mögliches neues Wirtschaftswunder, Stützung der sozialen Sicherungssysteme und Heilmittel für den befürchteten Fachkräftemangel waren die Prophezeiungen der einen Seite. Das Risiko anhaltend hoher öffentlicher Ausgaben für Flüchtlinge, die Schwierigkeiten der Integration in den Arbeitsmarkt und das Erfordernis von Ausnahmen bei den Mindestlöhnen bewegte die Pessimisten. Dieter Zetsche, Vorstandsvorsitzender der Daimler AG war der Erste, der Migration mit Erwartungen einer neuen Ära der Prosperität befrachtete.[7] Diese Hoffnungen mögen nachvollziehbar sein, da die deutsche Industrie bereits seit einem Jahrzehnt das Humankapitalproblem eines vermuteten Mangels an Experten (»War for Talents«) diskutiert und zudem die Wirtschaftskrise von 2008 besser als einige Wettbewerber überstanden hatte. Deutschland war bereits seit den späten 1950er-Jahren ein Einwanderungsland. Langfristprognosen der Bevölkerung zeigen eine deutliche Schrumpfung selbst bei einer Zuwanderung von 200.000 Menschen pro Jahr. Diese Aussicht mag daher eine Bremse für die langfristigen Wachstumserwartungen sein. Im Lichte der verschwindend geringen Einstellungen von Flüchtlingen durch die deutsche Industrie scheint das Argument des Fachkräftemangels wohl von nicht so ernsthafter Bedeutung. Wir wissen, dass Migration in der Regel mit einem wachsenden Bruttoinlandsprodukt (BIP) verbunden ist. Daher argumentierten viele Ökonomen, dass Flüchtlinge nicht als Belastung, sondern als eine Langfristinvestition gesehen werden sollten.[8] Allerdings führt nur eine steigende Produktivität kombiniert mit Migration zu einem steigenden Pro-Kopf-BIP und damit zu wachsendem Wohlstand.

Nicht überraschend finden wir daher auch eine erhebliche Anzahl pessimistischer Experten. Ihr Blick richtet sich auf die öffentlichen Ausgaben für Migranten, die Belastungen für soziale Sicherungssysteme, die Ausbildungsmängel vieler Zuwanderer, den Druck insbesondere auf gering qualifizierte Arbeitskräfte und deren Löhne und daher massive Probleme der Arbeitsmarktintegration.[9] Die letzte Frage scheint die zentrale zu sein: Integration in den Arbeitsmarkt erfordert Sprachkenntnisse und berufliche Bildung und Erfahrung. Nur eine Minderheit der Migranten weist Abschlüsse auf einem höheren Bildungsniveau und Fremdsprachenkenntnisse auf. Aber die meisten von ihnen sind jung und können ausgebildet werden.

Als eine Synthese der divergierenden Positionen hat der Sachverständigenrat zur Begutachtung der gesamtwirtschaftlichen Entwicklung einige grobe Szenarien erstellt und im Folgejahr spezifiziert. Öffentliche Ausgaben für Flüchtlinge würden danach auf zwischen 5,9 und 9,0 Milliarden Euro

---

7   Daimler-Chef Zetsche: Flüchtlinge könnten Wirtschaftswunder bringen, in: FAZ-Online v. 15.9.2015.
8   Vgl. zum Beispiel Hinte/Rinne/Zimmermann (2015).
9   Raffelhüschen/Moog 2016.

in 2015 sowie zwischen 8,3 und 14,3 Milliarden Euro in 2016 steigen.[10] Diese Belastungen werden mit Blick auf die Haushaltslage des Bundes als vertretbar angesehen. Allerdings gibt es die Risiken bürokratischer Prozeduren und der Arbeitsmarktintegration. Daher können die positiven Wirkungen für das Arbeitskräfteangebot und das Wirtschaftswachstum nur geschätzt werden. Letztere Wirkung ergibt sich insbesondere durch den steigenden Bedarf an Wohnungen und an Bildungsangeboten.

Es gibt bis jetzt kein Ende dieser Debatte. Diese kann auch deshalb kaum zu einem Abschluss kommen, weil es keine europäischen Lösungen für Flüchtlingseinwanderung gibt. Ein EU-weiter Ansatz ist aber unverzichtbar, weil es einen hohen externen Migrationsdruck gibt und interne demografische und ökonomische Trends nationenübergreifende Lösungen erfordern.[11]

Treibende Kräfte der demografischen Entwicklung in wachsenden Metropolregionen

Politikerinnen und Politiker versuchen angesichts der Zuwanderung, bürokratische Lösungen einer regional ausgewogenen Lastenverteilung fortzusetzen. Die Verteilung von Flüchtlingen in Deutschland orientiert sich am sog. Königsteiner Schlüssel, der die Verteilung nach Einwohnerzahl und Steuerkraft vorsieht. Wertet man demgegenüber die Verteilungsmuster der letzten Migrationswellen, insbesondere in der ersten Hälfte der 1990er-Jahre, aus, so kommt man zu einem anderen Ergebnis. Die jüngsten Erfahrungen in Deutschland ebenso wie die internationalen Erfahrungen von anderen Einwanderungsländern weisen eindeutig darauf hin, dass Migration nicht zu einer Gleichverteilung der Zuwanderer führt. Einwanderung ist hauptsächlich ein Problem von Metropolregionen. Dieser Teil meiner Analyse wird sich auf die Erfahrungen in der Metropolregion Bremen-Oldenburg, vor allem der Stadtgemeinde Bremen sowie des angrenzenden Umlandes während der letzten Jahrzehnte konzentrieren (➡ Abb. 3, S. 241).

---

10 Sachverständigenrat (2015; 2016).
11 Vgl. Rinne/Zimmermann (2015).

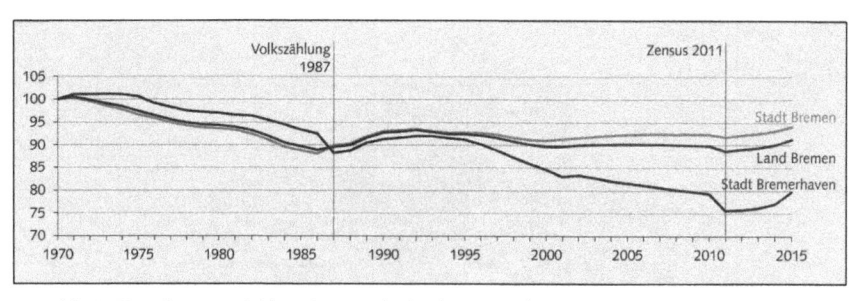

Abb. 3: Einwohnerentwicklung im Bundesland Bremen (1970 = 100), Quelle: Statistisches Landesamt (2016), S. 35.

Das Entwicklungsmuster der Bevölkerung im Bundesland Bremen, ebenso wie das der meisten großen Städte in Deutschland, zeigt einen Rückgang seit den frühen 1970ern. Diese Schrumpfung war etwas weniger ausgeprägt für Bremen und drastischer für die Stadt Bremerhaven. Zeiten vorübergehenden Bevölkerungswachstums sind die Phasen von Migrationswellen, wie zum Beispiel in den frühen 1990er-Jahren. Schaut man auf die langfristige Entwicklung, so hatten in 1985 6,5 % der Einwohner des Bundeslandes einen ausländischen Pass und 14,7 % im Jahre 2014. Diese Zahlen zeigen allerdings nicht das volle Ausmaß von Migration in die Kernstädte, denn viele Migranten aus Osteuropa erhielten unmittelbar eine Einbürgerung bzw. den deutschen Ausweis. In scharfem Kontrast hierzu können wir ein langfristiges Wachstum der Bevölkerung im Speckgürtel Bremens beobachten und einen deutlich geringeren Anteil von Migranten bzw. Bürgern mit einem ausländischen Pass. Zur Präzisierung der Analysebasis müssen wir als Erstes unser Verständnis von Speckgürtel bzw. Stadtumland klären. Die Regionalplanung nutzt häufig die regionale Ausdehnung von Pendelbeziehungen zur Abgrenzung des Stadtumlandes. Aus statistischen Gründen ist meine Definition hier eine simple. Ich nutze zwei Kreise von Umlandgemeinden der Stadt Bremen, um den ersten und zweiten Schritt von Suburbanisierungseffekten zu veranschaulichen (➞ Abb. 4, S. 242). In der Periode vor der letzten Migrationswelle gab es sowohl in den Vorstädten wie auch in der gesamten Region ein kontinuierliches Bevölkerungswachstum (➞ Abb. 5, S. 243).

Abb. 4: Bremen und sein Umland, Quelle: Mönnich, in: Feng/Popescu (2007), S. 280.

Prüft man ergänzend auch die absoluten Zahlen, so zeigt sich, dass die Bevölkerung des Umlandes nun größer ist als im Zentrum.[12] Relativ wächst die Bevölkerung im zweiten Umlandkreis schneller und sie stagnierte in Bremen seit 2005. Die treibenden Kräfte für die Schrumpfung der Zentren innerhalb der Region sind:

Suburbanisierung. Seit dem Beginn der 1970er entschieden sich Familien in wachsender Zahl, nach einer Unterkunft in suburbanen Gemeinden zu suchen. Dieser Trend wurde vor allem durch den steigenden Besitz eines Kraftfahrzeugs begünstigt. Es lässt sich nachweisen, dass der Abwanderungstrend aus den Zentren ungeachtet wieder wachsender Bevölkerung in der

---

12 Vgl. Mönnich (2012).

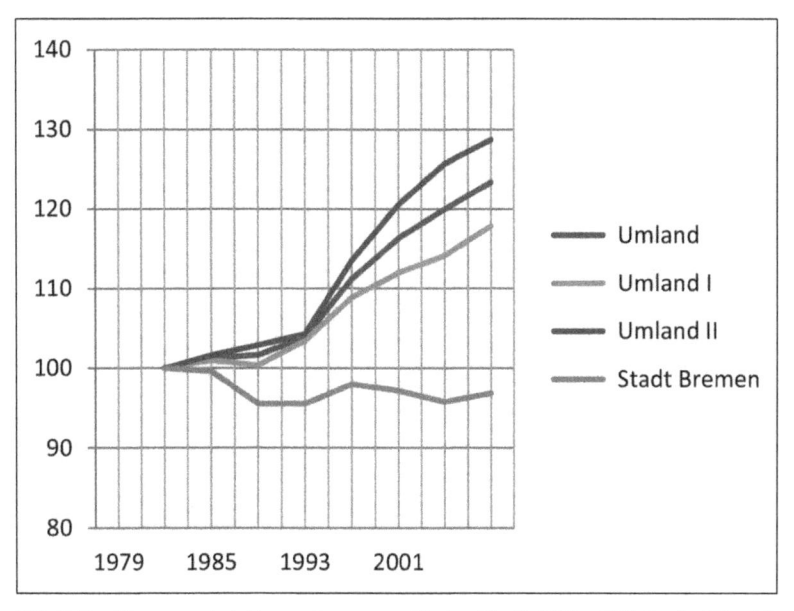

Abb. 5: Bevölkerungsentwicklung – Bremen und Umland (in %, 1979 = 100), Quelle: Mönnich (2007), S. 281.

City ungebrochen ist.[13] So hatte Bremen im Verhältnis zu Niedersachsen in 2014 einen Nettoverlust von 1300 Einwohnern.

Sterberate → *Geburtenrate.* Die bedeutsamste Auswirkung einer alternden Bevölkerung ist die Schrumpfung der Bevölkerung, die durch eine negative natürliche Entwicklung angetrieben wird. Für das Bundesland Bremen ergab sich hieraus ein Rückgang um etwa 2000 Einwohner pro Jahr während des letzten Jahrzehnts.[14]

Der Rückgang der Bevölkerung im Kern von Metropolregionen wird allerdings durch die folgenden drei Einflussfaktoren gebremst werden:

Wandel der Familienstrukturen. Steigende Zahlen von Singles, Patchworkfamilien und anderen Formen sozialer Diversität haben einen Einfluss auf die Attraktivität des städtischen Lebens. Wenn also die hergebrachte Normal-

---

13 Statistisches Landesamt (2015), S. 49.
14 Ebd., S. 46.

familie nicht mehr der dominante Haushaltstyp ist, gibt es einen Rückgang der Suburbanisierung.

Studierende. Universitätsstädte wie Bremen profitieren von einer weitgehend konstanten Zuwanderung neuer junger Einwohner aus der Region oder dem ganzen Land. Mehr als 35.000 Studierende im Bundesland Bremen bewirken daher einen wesentlichen Beitrag zur Stabilisierung der Bevölkerung. Von Bedeutung für die künftige Entwicklung wird aber vor allem sein, ob es Bremen auch gelingt, die Studienabsolventen für einen Wohnsitz in der Stadt zu halten.

Zuwanderung. Schließlich ist die Frage der Migration von ganz entscheidender Bedeutung für den Anstieg in der Stadtbevölkerung in den letzten Jahren. Wenn wir die Entwicklung der letzten Jahrzehnte auswerten, ist Migration die wichtigste volatile Determinante der demografischen Entwicklung.

Innerregionaler Einwohnerwettbewerb

Die wirtschaftliche Bedeutung aller Gebietskörperschaften (Städte, Gemeinden, Landkreise etc.) hängt von der Größe und Entwicklung der Bevölkerungszahl ab. Daher kann ein Einwohnerwettbewerb beobachtet werden. Dieses Faktum erhält in Deutschland ein besonderes Gewicht, da der Umfang und die Verteilung von Steuereinnahmen nicht nur wirtschaftskraftbezogen erfolgen. Insbesondere die Verteilung der Gemeinschaftssteuern und der Länderfinanzausgleich orientieren sich an der Einwohnerzahl.[15] Seit den Steuerreformen der späten 1960er-Jahre erfolgt die Verteilung des Gemeinde- und Länderanteils der Einkommensteuer nach dem Wohnsitz des Einkommensempfängers. Daher ist es vorteilhaft für die Gemeinden, für gut verdienende Einwohner attraktiv zu sein. Die Verteilung der Anteile an der Umsatzsteuer erfolgt nur nach der Einwohnerzahl. Als Ergebnis ist die Summe der Steuereinnahmen einer Gemeinde in starkem Maße von der

---

15 Mönnich (2008), S. 258 ff.

Einwohnerentwicklung abhängig.[16] Allein die Grundsteuern und die Gewerbesteuer als wichtige Einnahmequellen können von den Gemeinden durch Hebesätze eigenständig beeinflusst werden. So ist es nicht erstaunlich, wenn Städte unter Einnahmegesichtspunkten um Einwohner werben. Empirische Untersuchungen für die letzten beiden Dekaden zeigen, dass alle Gemeinden im Untersuchungsgebiet ihre Wohngebiete mit einer deutlich höheren Geschwindigkeit ausweiten, als es die Einwohnerentwicklung (vgl. Abb. 5) erfordern würde. Wieder ist die höchste Steigerungsrate im zweiten Umlandring erkennbar. Wohngebietsausweisungen sind offensichtlich ein wirksames Instrument, wenn man um neue Einwohner werben will. Vor allem junge und gut verdienende Familien sind noch mobil und daran interessiert, ein Haus zu kaufen oder zu bauen. Der zunehmende Wohnflächenbedarf kann partiell auch durch steigenden Wohlstand erklärt werden. So nimmt die Wohnfläche jedes Jahr pro Kopf um etwa 2 % zu. Allerdings ist daneben die Ausweisung neuer Wohngebiete vor allem ein Wettbewerbsinstrument zwischen den Kommunen einer Region. Ländliche Kommunen streben an, Familien mit bezahlbaren Grundstückspreisen anzulocken. Da das Preisniveau für Grundstücke in den Zentren naturgemäß höher liegt, gibt es für diese einen Anreiz, mit Wohnbausubventionen zu kontern. Wenn die Zentren in diesem Wettbewerb um wohlhabende Einwohner nicht gewinnen können, sind Segregationseffekte das Ergebnis. Einwohner mit niedrigerem Einkommen und Bedarf an Sozialtransfers bleiben in den Zentren. Da alle Bevölkerungsprognosen bisher von einer langfristigen Schrumpfung ausgehen, hat dieser Wettbewerb den Charakter eines »Nullsummen« oder »Minussummen Spiels«.

Unglücklicherweise – aus Sicht der Kämmerer – sind neue Einwohner nicht nur eine Quelle von steigenden Einnahmen. Sie verlangen gleichzeitig nach öffentlichen Diensten. Gerade die städtische Bevölkerung ist an ein gehobenes Niveau der Infrastrukturausstattung gewöhnt. Vor allem werden

---

16 Diese Feststellung wird weder durch die Einwohnermultiplikatoren im Länderfinanzausgleich noch durch die komplizierten Verteilungsmechanismen für den kommunalen Finanzausgleich im Grundsatz infrage gestellt. Vor allem der Länderfinanzausgleich verstärkt die Bedeutung der Einwohnerentwicklung für die Finanzkraft. Auch mit der Neuregelung des Finanzausgleichs ab 2020 wird sich an der Bedeutung der Einwohnerentwicklung für die Finanzkraft nichts ändern.

Bildungseinrichtungen und kulturelle Angebote erwartet. Daher fragen neue Einwohner in den Vorstädten auch zusätzliche Leistungen nach und bewirken steigende Ausgaben. Wenn die entsprechenden Einrichtungen in den schrumpfenden Zentren nicht im gleichen Ausmaß Kapazitäten und Kosten reduzieren können, ergeben sich doppelte Infrastrukturen und wegen der steigenden Kosten bei schrumpfender Bevölkerung fiskalische Probleme in der Region. Bereits 2007 illustrieren die Zahlen des kommunalen Schuldenstandes im Verhältnis zu den Einwohnern der Stadt Bremen und des Umlands, dass nur der geografisch »zweite Ring« von Umlandgemeinden keine steigenden Schulden verzeichnen konnte.[17]

Die soziale Spaltung zwischen Stadt und Umland, aber auch in der Stadt selbst spiegelt sich in den Arbeitsmarktdaten. In der Metropolregion liegt die Arbeitslosenquote im Umland der Großstädte deutlich niedriger. In der Stadt Bremen erreicht die Arbeitslosigkeit in Stadtteilen mit Migrantenkonzentration Werte von bis über 30 % der sozialversicherungspflichtig Beschäftigten. Bezieht man die Arbeitslosenquote nur auf sozialversicherungspflichtig Beschäftigte mit ausländischem Pass, so erreicht die Arbeitslosigkeit Werte von bis zu über 40 % (Kommunalverbund Niedersachsen Bremen e. V.). Die Stadt Bremen bietet unverändert mehr Arbeitsplätze. Diese werden wegen der Stadt-Umland-Wanderung zunehmend von Arbeitnehmern besetzt, die ihren Wohnsitz außerhalb haben.[18] Die Region insgesamt wurde mit zunehmendem Pendlerverkehr und einem dafür deutlich steigenden Bedarf an besseren Verkehrsverbindungen konfrontiert.

Verteilung von Migration in Deutschland

Wenn man über die nationale oder regionale Verteilung von Migranten spricht, muss man zur Kenntnis nehmen, dass die Verteilung nicht wirklich geplant oder mit administrativen Instrumenten reguliert werden kann. Die meisten Migrantengruppen haben die Freiheit der Ortswahl, so wie Migranten aus anderen EU-Staaten oder Familienangehörige ausländischer Arbeitnehmer

---

17 Mönnich (2007), S. 282.
18 Vgl. Hotze (2015).

mit einem Wohnsitz und einer Arbeitserlaubnis.[19] Andere, wie zum Beispiel die Asylbewerber, werden die Freiheit der Wohnsitzwahl erhalten, wenn der Aufenthaltsstatus geklärt ist. Diese Freizügigkeit ist aus wirtschaftlicher Sicht vorteilhaft, denn wenn Migranten eine Arbeitserlaubnis haben, sollten sie sich dahin begeben können, wo sie auch eine Arbeit finden können. Daher wird die Erfahrung der letzten Migrationswelle nun gerade noch einmal wiederholt. Die Verteilung der Migranten folgt nicht dem bürokratischen Muster der politischen Regulierung (Königsteiner Schlüssel) und folgt nicht dahin, wo leer stehende Wohnungen bereitstehen. Einige Gemeinden im Osten Deutschlands oder in Niedersachsen, die in den letzten 20 Jahren viele Einwohner verloren haben, hatten Hoffnungen auf eine Revitalisierung. Diese Hoffnungen werden in den meisten Fällen enttäuscht werden. Migranten wandern in die wachsenden Metropolregionen. Als Ergebnis wird das Muster der wachsenden und schrumpfenden Regionen in Deutschland nicht nivelliert, sondern eher noch verstärkt werden.[20] Diese Hypothese kann auch durch die letzten Daten zur Verteilung von Flüchtlingen verifiziert werden (Abb. 6, S. 248).

Die Entwicklungsprognosen zeigen eine Wachstumsperspektive nur für Metropolregionen und dort eine Stagnation der Zentren wegen der begrenzten Wohnungsbaumöglichkeiten. Wird der Versuch gemacht, eine Gleichverteilung von Migranten zu erreichen, so wird das Ergebnis eine höhere Anzahl illegaler Arbeitskräfte und Einwohner in den Metropolregionen sein.[21] Diese Feststellung ist nicht notwendigerweise zugleich eine Kritik an einer planvollen lokalen Verteilung von Migranten innerhalb der Metropolregionen. Schaut man auf die letzten Migrationswellen, so ist bekannt, dass es eine hohe Konzentration von Migranten innerhalb der Zentren gab. Analysiert man dagegen internationale Erfahrungen oder deutsche Erfahrungen aus der Vergangenheit, so kommt man zu dem Ergebnis, dass es verschiedene Entwicklungsmöglichkeiten gibt. Der letzte Teil dieses Beitrages zielt darauf, diese möglichen Entwicklungen und die dafür notwendigen Instrumente darzustellen und zu bewerten.

---

19 Einen Überblick zu allen Arten von Migranten nach und aus Deutschland gibt der Bericht des BAMF (2014). Er zeigt zum Beispiel, dass die größte Gruppe von Migranten, die nach Deutschland wandern, aus Polen kam.
20 BBSR (2015).
21 Vgl. Wermter (2016), S. 46 f.

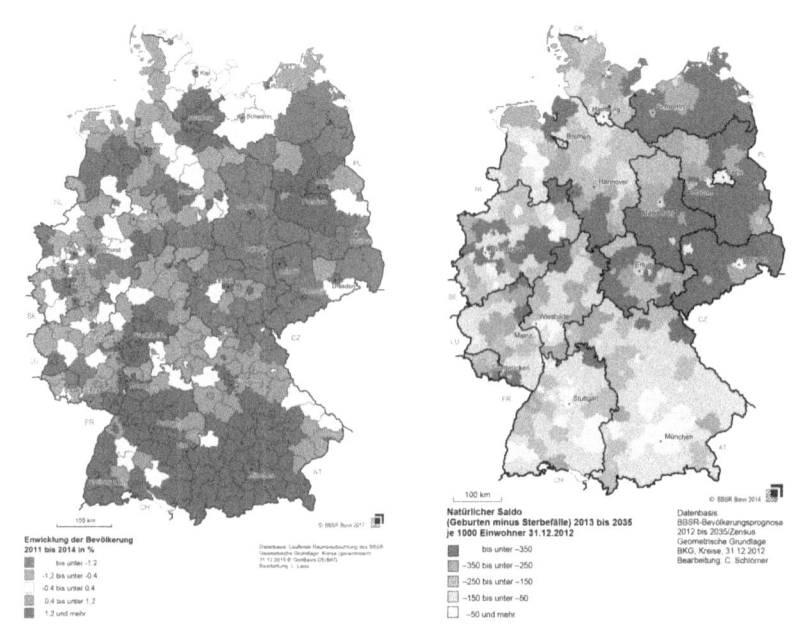

Urbane Ökonomien und kommunalpolitische Lösungsansätze

Abb. 6: Bevölkerungsentwicklung in Deutschland, Quelle: BBSR 2015.

Szenarien für die Metropolregion Bremen-Oldenburg

Seit Beginn der gegenwärtigen Migrationswelle wuchsen die Zentren und Vorstädte in der Metropolregion Bremen-Oldenburg wieder. Diese Entwicklung wird insbesondere in den Umlandstädten anhalten, wie auch Abbildung 6 veranschaulicht.[22] 2013 war der Anteil der Einwohner mit einem ausländischen Pass in Bremen mehr als doppelt so hoch wie der Anteil in den Städten im Umland (12,8 % versus 4,7 %, Kommunalverbund). Der Anteil der Bevölkerung mit ausländischem Pass in der gesamten Metropolregion ist geringfügig höher (6,8 %). Der Durchschnitt wird durch die Großstädte Bremen, Bremerhaven sowie Landkreise wie Vechta angehoben. In diesem Landkreis arbeiten in größerer Anzahl EU-Ausländer in der Nahrungsmittel-

---

22 BBSR (2015).

industrie. Derzeit sind Informationen über die Verteilung von Flüchtlingen in der Region immer noch rar und unzuverlässig. Der höchste Anteil in der Region findet sich mit 7,85 % in Bremerhaven, Bremen folgt mit 3,75 %. Dieser Unterschied kann mit den höheren Wohnungsleerständen erklärt werden. In den umliegenden Landkreisen bewegt sich die Quote von Flüchtlingen an der Bevölkerung nahezu gleich zwischen 2,12 % und 2,14 %.[23] Alle Gemeinden waren zu Beginn mit den Problemen der Registrierung von Flüchtlingen, der Bereitstellung von Notunterkünften und der Integration von jungen Leuten in die Schulen beschäftigt.

Die nächsten Schritte der Lokalpolitik betreffen nun die Beschleunigung von Wohnungsbauprogrammen und die Integration der Flüchtlinge, die in der Region bleiben, in den Arbeitsmarkt. Hierfür sind neben Sprachkenntnissen insbesondere Angebote der beruflichen Bildung erforderlich. Ich will mich hier auf die Wohnungsbauplanung konzentrieren. Ohne jede Strategie wird, wenn wir auf die letzte Migrationswelle schauen, eine Konzentration von Flüchtlingen an Orten stattfinden, wo bereits Familienangehörige und Landsleute leben. Dieses sind die größeren Städte. Wenn die Ansiedlung zu einer hohen Konzentration von Migranten in speziellen Stadtteilen nahe dem Zentrum führt, ist eine Segregation der Bevölkerungsgruppen die Folge.[24] Diese Segregation ist insbesondere dann problematisch, wenn sie die Absorptionsrate der Auslandsgemeinde in die einheimische Bevölkerung negativ beeinflusst.[25]

Diese selbst gesteuerte Entwicklung kann man als Bronx-Szenario bezeichnen. Konzentration von Migranten mit einem geringen Anteil einheimischer Bevölkerung vermindert den Druck auf eine Integration in die Gesellschaft. Zusätzlich steigt das Risiko für Langzeitarbeitslosigkeit in diesen Stadtteilen. Bis zu einer Integration in den Arbeitsmarkt vergehen für Flüchtlinge derzeit mehr als fünf Jahre.[26] Darüber hinaus ergibt sich aus dieser Entwicklung eine verstärkte Suburbanisierung. Die Auswirkungen dieses Szenarios sind eine Verlängerung und Verstärkung der in Abschnitt drei be-

---

23 Die Zeit (2015): Hier wohnen Deutschlands Asylbewerber, in: Zeit-Online v 20.8.2015.
24 Friedrichs (2016), S. 70.
25 Collier (2014), S. 273.
26 Institut für Arbeitsmarkt und Berufsforschung (2016), S. 17.

reits analysierten Entwicklungen. Am Ende stehen problembehaftete Kernstädte und prosperierende Vorstädte.

Die zweite Möglichkeit ist die Konzentration von Migranten und Flüchtlingen in alten oder neu gebauten Wohnblocks am Stadtrand. Wenn diese Gebäude Teil der benachbarten Gemeinden sind, wird das Ergebnis eine prosperierende Kernstadt mit siechenden Vorstädten sein, wie in den Gebieten in der Umgebung von Paris. Wir können dies ein Banlieue-Szenario nennen. Wenn, wie in Bremen, die Problemviertel überwiegend Teil der Stadtgemeinde sind,[27] erhält man vergleichbare wirtschaftliche Folgen einer leidenden Kernstadt. Wird das Szenario mit Privateigentum an den Wohnblöcken kombiniert, kann dieses zu »No-Go-Areas« führen, die am Ende Abriss oder hohe Sanierungskosten für die Stabilisierung des Viertels erfordern.

Da die geschilderten Auswirkungen der beiden Szenarien das Ergebnis von Nullsummenspielen zu sein scheinen, ist es notwendig, bessere Alternativen zu suchen. Diese bessere Alternative kann man Vancouver- oder Ruhr-Szenario nennen. Die zugrunde liegende Idee ist eine multizentrale Region, die sich Chancen und Risiken der Migration teilt. Hierfür erfolgt eine Verteilung des Wohnungsbaus in der Region, bei der hauptsächlich neue Zentren in den Vororten genutzt werden. In Deutschland kennen wir ein derartiges Muster der Regionalentwicklung aus der Entstehung des Ruhrgebiets. Getrieben von der Expansion des Kohlebergbaus und den Stahlwerken, wuchs während der 1960er-Jahre die Bevölkerungszahl auf eine Spitze von über fünf Millionen. Die Migranten kamen seit dem 19. Jahrhundert vorrangig aus Ostdeutschland und aus Polen.[28] Die Migrationsentwicklung wurde vom Arbeitskräftebedarf angetrieben. Siedlungen entstanden insbesondere im unmittelbaren Umfeld der neuen Zechen und Fabriken. Diese Struktur führte später zum ersten Beispiel regionaler Planung in Deutschland.[29] Heutzutage, nach dem Ende des Kohlebergbaus und in Zeiten zyklischer Stahlkrisen, wird das Ruhrgebiet durch Schrumpfungsprozesse und Strukturwandel geprägt. Dennoch lässt sich hier von einem Jahrhundert der Expansion lernen, die nicht auf ein einzelnes Zentrum

---

27 Namentlich sind das Osterholz-Tenever, Oslebshausen, Grohner Dühne.
28 Mönnich (1971), S. 156 ff.
29 Ebd., S. 238 f.

begrenzt war. Wenn wir ein vergleichbares Beispiel zur Analyse suchen, das gegenwärtig noch von rascher Expansion geprägt wird, können wir die Vancouver Metropolitan Region heranziehen. Vancouver liegt an der Westküste Kanadas und ist die erste große Stadt für Migranten aus Asien. Die einheimische (nicht die ursprüngliche) Bevölkerung kam aus Großbritannien, Deutschland und Skandinavien. Bald nach der Gründung im späten 19. Jahrhundert wurde die Region mit ungeplanter Einwanderung aus China konfrontiert. Arbeiter wurden von dort für den transkontinentalen Eisenbahnbau »importiert« und blieben. Die Vancouver Metropolitan Region ist heute ein Konglomerat von mehr als 20 unabhängigen Städten oder Vorstädten und einer Bevölkerung von 2,4 Millionen Einwohnern. Eine weitere Million an Einwanderern wird für die nächsten zwei Jahrzehnte erwartet. Vancouver City ist eine Großstadt mit mehr als 600.000 Einwohnern, aber nur die größte unter gleichen im regionalen Verbund. Wachstumsprojektionen sind von einer engen Verbindung zwischen Einwohnerzahl, der Siedlungsentwicklung und der Planung von Arbeitsplätzen geprägt.[30] Die größten Wachstumsraten werden für die Zentren außerhalb Vancouvers selbst erwartet. Diese Projektion scheint realistisch zu sein, denn die Region hat ein sehr gut ausgebautes öffentliches Verkehrssystem und plant ergänzende Investitionen in schnelle Verkehrsverbindungen zwischen den Zentren der Region (Sky-Train-System).

Fazit

Sowohl die Migration im Allgemeinen als auch die 2015 und 2016 rasch gestiegene Flüchtlingszuwanderung stellen große Herausforderungen für Europa dar. Der kleinste gemeinsame Nenner scheint die Einigung auf striktere Grenzkontrollen zu sein. Migration mag durch diese Kontrollen reduziert werden. Dennoch ist es eine Illusion, an eine Rückkehr zu den vorherigen Migrationszahlen zu glauben. Während die EU um eine gemeinsame Position für die Regulierung der Migration und für eine Lastenverteilung streitet, müssen Probleme der Integration auf lokaler und regionaler Ebene gelöst

---

30 Metro Vancouver (2010), S. 74.

werden. Politische Lösungen hierfür müssen berücksichtigen, dass Migration nicht nur die Frage der Lastenteilung beinhaltet, sondern auch Chancen für demografische Entwicklungen, soziale Sicherungssysteme und Wachstumsperspektiven für unsere Gesellschaft. Die größte Herausforderung auf der regionalen Ebene ist eine gemeinschaftlich abgestimmte Strategie für Wohnungsbau, Arbeitsplätze und Infrastrukturinvestitionen. Statt nur die Auswirkungen einer selbst gesteuerten Entwicklung mit einer Vielzahl von Segregationsproblemen in Kauf zu nehmen, sollten Regionen eine gemeinschaftliche multizentrale Strategie entwickeln. Dieses könnte den Weg zu einem »Win-win«-Szenario für alle Beteiligten bereiten.

Literatur

Blasberg, Marian/Bartholomäus Grill/Jan Puhl (2015): Mali. Bleibt weg, in: Der Spiegel (2015) 48, S. 103-108.
Bundesamt für Migration und Flüchtlinge (BAMF) (2013): Minas, Atlas über Migration, Integration und Asyl, 5. Aufl., Nürnberg.
Bundesamt für Migration und Flüchtlinge (BAMF) (2016): Migrationsbericht 2014, o. O.
Bundesinstitut für Bau-, Stadt- und Raumforschung (BBSR) im Bundesamt für Bauwesen und Raumordnung (BBR) (2015): Die Raumordnungsprognose 2035 nach dem Zensus, Demografieportal, Onlineveröffentlichung, Bonn.
Collier, Paul (2014): Exodus. Warum wir Einwanderung neu regeln müssen, München, dt. Übers. von Exodus. Immigration and Multiculturalism in the 21th Century, London 2013.
Friederichs, Jürgen (2016): Wie sieht die Stadt von morgen aus?, in: Der Spiegel (2016) 5, S. 70.
Hinte, Holger/Ulf Rinne/Klaus F. Zimmermann (2015): Flüchtlinge in Deutschland. Herausforderung und Chancen, in: Wirtschaftsdienst 95 (2015) 11, S. 744-751.
Hotze, Jessica (2015): Das Pendlerverhalten im Lande Bremen, Bremen.
Institut für Arbeitsmarkt und Berufsforschung (2016): Eine vorläufige Bilanz der Fluchtmigration nach Deutschland. Aktuelle Berichte 19 (2016), www.doku.iab.de. Kommunalverbund Niedersachsen Bremen e. V.: Regionalmonitoring auf Gemeindeebene, www.kommunalverbund.de/region-bremen.
Kuster, Brigitta/Vassilis S. Tsianos (2016): »Aus den Augen, aus dem Sinn«. Flüchtlinge und Migranten an den Rändern Europas. Hotspot Lesbos, Berlin.
Metro Vancouver (2010): Regional Growth Strategy, Metro Vancouver 2040. Shaping Our Future, www.metrovancouver.org./services.
Mönnich, Ernst (2007): Einwohnerkonkurrenz bis zum Ruin? Folgen der Suburbanisierung am Beispiel der Region Bremen, in: Infrastrukturprobleme bei Bevölkerungsrückgang, hg. v. Xiao Feng/Alina M. Popescu, Berlin, S. 277-299.
Mönnich, Ernst (2008): Skript Kommunalökonomie, Bremen.
Mönnich, Ernst (2012): Organisationsalternativen für den öffentlichen Personennahverkehr, in: Auf dem Weg zu nachhaltigen städtischen Transportsystemen, hg. v. Hans-Heinrich Bass/Christine Biehler/Ly Huy Tuan, München/Mering, S. 98-113.
Mönnich, Horst (1971): Aufbruch ins Revier, Aufbruch nach Europa. Hoesch 1871–1971, Dortmund.
Pinzler, Petra (1998): Zerbrochene Träume, in: Die Zeit (1998) 21, S. 31-32.

Raffelhüschen, Bernd/Stefan Moog (2016): Zur fiskalischen Dividende der Flüchtlingskrise. Eine Generationenbilanz, in: ifo Schnelldienst (2016) 4, S. 24-29.
Rand Corporation (2016): Population Implosion. Low Fertility and Policy Responses in The European Union, www.rand.org/pubs/research.
Rinne, Ulf/Klaus F. Zimmermann (2015): Zutritt zur Festung Europa? Anforderungen an eine moderne Asyl- und Flüchtlingspolitik, in: Wirtschaftsdienst 95 (2015) 2, S. 114-120.
Sachverständigenrat zur Begutachtung der gesamtwirtschaftlichen Entwicklung (2015): Zukunftsfähigkeit in den Mittelpunkt, Jahresgutachten 2015-16, Wiesbaden.
Sachverständigenrat zur Begutachtung der gesamtwirtschaftlichen Entwicklung (2016): Zeit für Reformen, Jahresgutachten 2016-17, Wiesbaden.
Salamacha, Pawel (2016): Eine Einladung für Migranten, Interview im Handelsblatt v. 22.1.2016.
Saunders, Dough (2011): Arrival City, Toronto.
Statistisches Bundesamt (2015): Bevölkerung Deutschlands bis 2060, Wiesbaden, www.destatis.de/DE/Publikationen.
Statistisches Landesamt der Freien Hansestadt Bremen (2015): Statistisches Jahrbuch 2015, Bremen.
Statistisches Landesamt der Freien Hansestadt Bremen (2016): Statistisches Jahrbuch 2016, Bremen.
Swiaczny, Frank (2014): First and Second Demographic Transistion, in: Bundeszentrale für politische Bildung (bpb) (Hg.): Zuwanderung, Flucht und Asyl: Aktuelle Themen, www.bpb.de/gesellschaft/migration.
UNHCR (2015): Midyear Trends 2015, www.unhcr.de/service.
Wermter, Benedict (2016): Scheinlegal, in: Der Spiegel (2016) 6, S. 46-47.

Maike Dymarz · Susanne Kubiak · Mona Wallraff

Die lokale Integration von Geflüchteten im »Pfad der Integration«. Potenziale und Anforderungen in der Stadt Dortmund

Der Zuzug zahlreicher Geflüchteter im Jahr 2015 hat nicht nur national die Bundesrepublik vor enorme Herausforderungen gestellt. Auch und im besonderen Maße sind Kommunen gefordert: Sie mussten Geflüchtete aufnehmen und unterbringen, lokale Konflikte aushandeln und die Zugewanderten in ihre Gemeinschaften einbinden. Wenngleich die Geflüchteten auf das Bundesgebiet möglichst gleichmäßig verteilt werden, so treffen sie doch in den einzelnen Kommunen auf sehr unterschiedliche lokale Ressourcen, gesellschaftliche Akzeptanz und politischen Willen. Gleichwohl hat das Thema Integration – und insbesondere der Ruf nach einer Integration von Geflüchteten – in der gesamten Bundesrepublik Deutschland einen besonderen Schub erfahren. In diesem Diskurs darf nicht vergessen werden, dass die »Integration der Geflüchteten« nicht auf einen luftleeren Raum, sondern auf bereits seit den 1970er-Jahren bestehende Integrationsbemühungen, Integrationsverständnisse und »Pfade« der kommunalen Integration trifft. Das Gutachten »Gelingende Integration im Quartier«, das für das Ministerium für Bauen, Wohnen, Stadtentwicklung und Verkehr des Landes Nordrhein-

Westfalen 2016 erstellt wurde, hat die konkrete Umsetzung der Integration von Geflüchteten auf kommunaler Ebene in Nordrhein-Westfalen betrachtet. Hierbei zeigen sich die unterschiedlichen Wege und Möglichkeiten des Umgangs mit den Situationen und Problemlagen von Geflüchteten. Insbesondere die Stadt Dortmund steht exemplarisch für die langfristige Genese kommunaler Integrationspolitik und zugleich als Ort vermehrter Fluchtzuwanderung. Als nordrhein-westfälische »Drehscheibe« hat Dortmund im September 2015 eine hohe Intensität der Fluchtzuwanderung erlebt, gleichzeitig besteht Integration aber auch seit Jahren als gelebte Realität in der Stadt.

Unsere Überlegungen basieren auf der Arbeit zu dem Gutachten »Gelingende Integration im Quartier« aus dem Jahr 2016 sowie Gesprächen zur kommunalen Integrationspolitik und dem Masterplan Migration/Integration der Stadt Dortmund, welche 2013, 2015 und 2016 geführt wurden.[1] In beiden Forschungen wurden qualitative Experteninterviews sowohl mit Verantwortlichen der Verwaltung als auch mit zentralen Akteurinnen und Akteuren der Integrationsarbeit geführt. Ergänzt mit politischen Dokumenten wie dem Masterplan Migration/Integration, wurden die Gespräche per MaxQDA ausgewertet und anhand der Fragestellung diskutiert, wie Integration von Geflüchteten vor Ort vor dem Hintergrund bereits bestehender Integrationspolitiken ausgestaltet werden kann. Nachdem in den letzten Jahren zahlreiche Forschungen zur Integration von Geflüchteten vor Ort initiiert wurden,[2] möchten wir mit unserem Ansatz die Perspektive auf die Integration von Geflüchteten im Rahmen von Pfadabhängigkeiten lokaler Integrationstraditionen stärker in den Fokus nehmen. Das politische »Framing« lokaler Integration spielt hierbei eine besondere Rolle,[3] da dies den Möglichkeitsrahmen politischer Handlungen absteckt. Dabei soll das Beispiel aufgrund seiner kommunalen Besonderheiten keine allgemeingültigen Aussagen für die kommunale Integrationspolitik bieten. Vielmehr ist es unser Ziel, zum

---

1 Im Rahmen des Gutachtens wurden über 70 Experteninterviews in acht Kommunen geführt, hiervon sieben in der Stadt Dortmund. Die Interviews zum Masterplan Migration/Integration umfassen insgesamt 29 halb strukturierte Interviews sowie Expertengespräche, von denen fünf Expertengespräche für den vorliegenden Aufsatz tiefer gehend betrachtet wurden.
2 Beispielhaft hierzu Aumüller et al. (2015); Gesemann/Roth (2016).
3 Benford/Snow (2000); Scholten (2016).

Verständnis lokaler Integrationspraktiken beizutragen, ihre Einbettung in Integrationslinien zu skizzieren und Aspekte guter Praktiken herauszuarbeiten. Hierfür wird zunächst der Weg der Integrationspolitik von der nationalen Agenda hin zu einer lokalen Ausgestaltung skizziert, der bis heute die Leitplanken kommunaler Integrationsbemühungen bestimmt. Im Anschluss werden entlang des urbanen Beispiels Dortmund Wechselwirkungen auf kommunaler Ebene untersucht. Hierbei sollen insbesondere die Betrachtungen zum Integrationsfeld Wohnen zeigen, welchen Restriktionen die politische und kommunale Planung unterliegt und wie sich dieses in der lokalen Umsetzung äußert.

Von der Zuwanderung in den Kommunen zur kommunalen Integrationspolitik

Migration und Einwanderung sind entscheidende Merkmale moderner Gesellschaften und nicht erst Phänomene des letzten Jahrzehnts. Insbesondere die Zuwanderung von Gastarbeiterinnen und Gastarbeitern in der zweiten Hälfte des 20. Jahrhunderts hat die westdeutschen Arbeiterregionen einschneidend verändert. Auch die Asylzuwanderung zu Beginn der 1990er-Jahre stellt eine wichtige Zäsur in der Zuwanderungsgeschichte Deutschlands dar und untermalt die zunehmende »Normalität der Migration«. Trotz dieser Fakten spielt die langjährige »Nicht-Akzeptanz« dieser Realität eine bedeutsame Rolle. Obgleich es seit der Nachkriegszeit vereinzelte Versuche gab, die Bundesrepublik Deutschland schon frühzeitig als Einwanderungsland zu etablieren,[4] gelang der Durchbruch erst im Zuge des Regierungswechsels 1998.[5] Die Novellierung des Staatsangehörigkeitsrechts im Jahr 2000[6] war hierbei ein entscheidender Schritt und die diskursive Botschaft dieser No-

---

4 Hillmann (2016), S. 196.
5 Terkessidis (2015), S. 46.
6 Durch die Reform des Staatsangehörigkeitsrechts im Jahre 2000 wurde das Vererbungsprinzip der deutschen Staatsangehörigkeit mit Elementen des Geburtsortsprinzips ergänzt sowie die Vereinfachung einer Anspruchseinbürgerung vorgenommen. Somit wurde es für Migrantinnen und Migranten sowie deren Kinder erleichtert, die deutsche Staatsangehörigkeit zu erhalten. Vgl. hierzu auch Storz/Wilmes (2007).

velle deutlich: Migrantinnen und Migranten sind nicht mehr nur zu Gast in Deutschland, sondern bekommen vielmehr – wenn auch eingeschränkt – die Möglichkeit, Bürgerinnen und Bürger der Bundesrepublik zu werden. Erst diese Akzeptanz hat eine gesteuerte Integrationspolitik als dauerhafte Aufgabe notwendig gemacht, sodass der spätere Bundesinnenminister Wolfgang Schäuble in 2006 feststellte: »Die Zuwanderung ist gar nicht mehr unser Problem; unser Problem ist die Integration«.[7]

Auch auf der landespolitischen Ebene hat Nordrhein-Westfalen erst in den 2000er-Jahren das Thema prominent behandelt. Als erstes und bislang einziges Flächenland wurde 2012 ein Teilhabe- und Integrationsgesetz verabschiedet. Das Gesetz zur Förderung der gesellschaftlichen Teilhabe und Integration in Nordrhein-Westfalen dient als rechtliche Grundlage zur Gestaltung der langfristigen Integrationspolitik.[8] Durch den vermehrten Zuzug von Geflüchteten erlangte das Thema dann nochmals eine neue politische Aufwertung: 2016 wurde im Landtag der nordrhein-westfälische Integrationsplan beschlossen, dessen Leitbild eine weite Definition der Integration unterstreicht. Die im Integrationsplan festgesetzten Handlungsfelder und Maßnahmen beziehen sich vor allem auf die Zuwanderung Geflüchteter. Auch an dieser Stelle wird ein Wandel in der nordrhein-westfälischen Integrationspolitik klar: Wurden zuvor Menschen, die in Nordrhein-Westfalen Zuflucht suchten, hinsichtlich der Anerkennung als Asylsuchende und damit nur als temporäre Zuwanderung betrachtet, wird nun auch die Integration als Thema für die Gruppe der Geflüchteten anerkannt.[9]

Trotz des Booms der Integrationssteuerung der letzten Jahre hat die jahrzehntelange faktische Zuwanderung und ein erst spätes Verständnis von Integration ein Vakuum in den bundesdeutschen Kommunen geschaffen: Auch wenn auf der Bundesebene die Einwanderungsrealität verweigert wurde, so sahen sich doch zahlreiche bundesdeutsche Kommunen genau jener Realität gegenübergestellt, auf die sie unweigerlich reagieren mussten. Hieraus ergab sich ein bundesdeutscher Flickenteppich an unterschiedlichen

---

7 Schäuble (2006), zit. n. Baringhorst et al. (2006), S. 9.
8 www.landtag.nrw.de/Dokumentenservice.
9 Ministerium für Arbeit, Integration und Soziales des Landes Nordrhein-Westfalen (MAIS) (2017): Gelingende Integration von Flüchtlingen – ein 10-Punkte-Integrationsplan für Nordrhein-Westfalen. Vorlage 16/4901 im Landtag Nordrhein-Westfalen, 22. März 2017. Düsseldorf.

Integrationsstrategien und -situationen.[10] Diese kommunal sehr unterschiedlichen Pfade der Integrationspolitik entlang lokaler Gegebenheiten, zivilgesellschaftlichen Netzwerken und auch schlicht dem politischen Willen[11] sind auch heute noch typisch für die bundesdeutsche Integrationslandschaft.[12] Aus dieser Situation hat sich im Laufe der 2000er-Jahre ein weiterer Paradigmenwandel ergeben, der Integration bewusst als Aufgabe der Kommunen festschreibt. »Integration geschieht vor Ort« wurde zur Losung in der Bundesrepublik und versteht Integration als Aufgabe, die dort zu gestalten ist, wo Gesellschaft alltäglich konkret »geschieht«.[13] Zwar sind Kommunen nicht frei von Einflüssen wie Gesetzgebungen, Veränderungen in Diskursen oder der plötzlichen Zuwanderung von Migrantinnen und Migranten –[14] wie die Zuwanderung der Geflüchteten seit 2015 eindrucksvoll zeigt – jedoch sind sie zumindest »Moderatoren der Integrationspolitik« vor Ort,[15] die als Intermediäre zwischen Zivilgesellschaft und übergeordneten politischen Ebenen verhandeln. Ebenfalls landespolitisch wird die Bedeutung der kommunalen Ebene als Handlungsebene durch den bereits angesprochenen Integrationsplan forciert. Hiernach sollen bestehende Maßnahmen zur Integration zunehmend für Asylzuwanderinnen und Asylzuwanderer geöffnet werden. Prominent dafür ist die Öffnung und Stärkung der Angebote der Kommunalen Integrationszentren für Asylbewerberinnen und Asylbewerber.[16] Diese Veränderungen haben dann auch direkte Auswirkungen auf die kommunale Integrationspolitik vor Ort, die die Kommunen anhand der lokalen Gegebenheiten anpassen können.

---

10 Terkessidis (2015), S. 16.
11 Gesemann (2013), S. 52.
12 Bundesministerium für Verkehr, Bau und Stadtentwicklung (BMVBS) (2012): Stand der kommunalen Integrationspolitik in Deutschland, Berlin, S. 146.
13 Die Bundesregierung (2007): Der Nationale Integrationsplan. Neue Wege – neue Chancen, Berlin, S. 109 ff.
14 Veränderungen des bundesdeutschen Diskurses zum Thema Integration sind letztlich Verschiebungen in der Norm- und Themensetzung, die sich beispielhaft in Dokumenten wie dem »Nationalen Integrationsplan« sedimentieren. In diesen werden Leitvorstellungen definiert, die Kommunen einen normativen Rahmen setzen und somit auch für diese wirkmächtig werden.
15 Bommes (2011), S. 224.
16 MAIS (2017).

Eine weitere Stellschraube in der Ausgestaltung unterschiedlicher Politiken bietet der Integrationsbegriff als solcher. Wenngleich von »Integration« als weitverbreiteter Terminus technicus die Rede ist, so darf nicht außer Acht gelassen werden, dass über seine konkreten Inhalte alles andere als Einigkeit herrscht und diese lokal unterschiedlich ausgestaltet werden können. Integration wird nach einer zunächst defizitorientierten Grundausrichtung[17] mittlerweile zunehmend als die Möglichkeit der gesellschaftlichen Teilhabe in ihren unterschiedlichen Bereichen gerahmt.[18] Dass ein solch weites Integrationsverständnis ein wichtiger Teil konkreter politischer Gestaltung darstellt, zeigt das folgende Fallbeispiel.

Dortmunder Migrationsgeschichte und Integrationspolitik

Dortmund ist mit zurzeit 596.575 Einwohnerinnen und Einwohnern eine der größten Städte der Bundesrepublik Deutschland und verzeichnet seit 2010 wieder Bevölkerungsgewinne.[19] Darüber hinaus prognostiziert die Nordrhein-Westfalen-Bank der Stadt bis 2040 ein kontinuierliches Bevölkerungswachstum.[20] Insbesondere nach dem Bevölkerungsrückgang der letzten Jahrzehnte kann diese Prognose als Trendwende verstanden werden, die in erster Linie auf Zuwanderungen zurückzuführen ist. Dabei ist die Stadt Dortmund bereits historisch durch Migration geprägt. Im Zuge der prosperierenden Stahlindustrie kam es früh zu einem Zuzug aus dem Umland, aus Polen und Schlesien,[21] sowie später zu der sogenannten »Gastarbeiterzuwanderung«. Dabei verteilten sich die zugezogenen Arbeiterinnen und Arbeiter nicht gleich-

---

17 Pütz/Rodatz (2013), S. 172.
18 Der Sachverständigenrat deutscher Stiftungen für Integration und Migration versteht Integration als »die möglichst chancengleiche Teilhabe an den zentralen Bereichen des gesellschaftlichen Lebens«, Sachverständigenrat deutscher Stiftungen für Integration und Migration (SVR) (2010): Einwanderungsgesellschaft 2010. Jahresgutachten 2010 mit Integrationsbarometer, Berlin, S. 21.
19 Stand 31.12.2015, Stadt Dortmund (2016): Jahresbericht Statistik 2016. Bevölkerung, Dortmund, S. 10.
20 Nordrhein-Westfalen Bank (2016): Wohnungsmarktbericht Nordrhein-Westfalen 2016, Düsseldorf.
21 Zimmer-Hegmann/Kubiak (2015), S. 12.

mäßig auf das Stadtgebiet, sondern konzentrierten sich im Norden der Kommune. Insbesondere bei der Dortmunder Nordstadt handelt es sich um ein geplantes Arbeiterquartier, in dem sich die Zuwanderinnen und Zuwanderer industrienah ansiedeln sollten.[22] Diese städtebauliche Leitlinie, die ein Zentralisieren der arbeitenden Bevölkerung im Norden Dortmunds vorsah, prägt auch heute noch das Bild der Stadt. Gegenwärtig wird gut jede/r dritte Einwohnerin und Einwohner Dortmunds als »Passausländer/in« oder »Deutsche/r mit Migrationshintergrund« erfasst.[23] Der Anteil an sogenannten Menschen mit Migrationshintergrund ist in der Dortmunder Nordstadt unter allen Stadtteilen mit 70,4 % am höchsten.[24] Die Nordstadt als »Arrival City« stellt oftmals den ersten Ankunftsort für Einwanderinnen und Einwanderer aus dem Ausland dar. Günstige Mieten und vorhandene Netzwerke ziehen als Pull-Faktoren die Zuwanderinnen und Zuwanderer zunächst in diesen Stadtbezirk.[25] Neben der ethnischen Segregation kommt es dabei jedoch auch zu einer Konzentration sozialer Schwierigkeiten. Das Zusammenkommen beider Dimensionen birgt damit unweigerlich die Gefahr,[26] dass Probleme in dem superdiversen Stadtbezirk »ethnisiert« bzw. »kulturalisiert« werden.[27]

Die zentrale Steuerung der »Integration« durch die Stadt Dortmund setzte dabei, im Vergleich zur eigentlichen Zuwanderung, erst spät ein: 2005 wurde die Etablierung des Masterplans Migration/Integration im Rat der Stadt beschlossen und somit eine stadtweite diskursive Rahmung gesetzt. Der Masterplan sollte die Grundlage für die Integrationsarbeit der Stadt Dortmund formulieren, in Zusammenarbeit mit der Zivilgesellschaft entstehen und ein Leitbild für die Stadt Dortmund definieren. In der Definition wird Integration als die »gleichberechtigte Teilhabe von Menschen unterschiedlicher Herkunft

---

22 May (2002), S. 133.
23 Stadt Dortmund (2016), S. 14.
24 Ebd., S. 25.
25 Unter »Ankunftsquartieren« verstehen wir in Anlehnung an den Begriff der »Ankunftsstadt« (»Arrival City«) von Saunders (2011) Quartiere, die traditionell von Zugewanderten als erster Anlaufpunkt in einer Stadt gewählt werden. Diese Quartiere sind in Deutschland zumeist innerstädtisch gelegen und von günstigen Mietpreisen geprägt und bieten aufgrund ihrer (eigen-ethnischen) Infrastruktur und Bevölkerungszusammensetzung wichtige Anknüpfungspunkte für Neuzuwanderer.
26 Vertovec (2007).
27 May (2002).

am gesellschaftlichen, wirtschaftlichen, kulturellen und politischen Leben in Dortmund auf der Grundlage der Werteordnung des Grundgesetzes« gefasst.[28] Auffällig ist, dass keine konkrete Zielgruppe benannt wird und somit einem stärker diversitätsorientierten Integrationsverständnis anstelle einer Differenzierung in Einwanderungs- und Aufnahmegesellschaft gefolgt wird.[29] Die Ausweitung des Integrationsbegriffes abseits von konkreten Zielgruppen hat dabei zwei wichtige Funktionen: Zum einen wird durch den Fokus auf Vielfalt eine ethnokulturelle Ausrichtung diskursiv vermieden und der oftmals kritisierte Appell, Integration sei eine Bringschuld der Migrantinnen und Migranten, umgangen.[30] Zum anderen trägt das Verständnis von Zuwanderung als dauerhafte Aufgabe abseits einzelner »Zuwanderungswellen« zu einer Flexibilisierung der Integration bei. Insbesondere vor dem Hintergrund wechselnder Migrations- und Handlungsschwerpunkte würde eine Engführung des Integrationsframings zu einer Einschränkung der Handlungsbereiche kommunaler Integrationspolitik und einer Erschwerung des Querschnittscharakters lokaler Integrationsarbeit führen.[31] Dieses breite Integrationsverständnis ist jedoch bei Weitem nicht selbstverständlich, da in der deutschen Integrationsdebatte der Fokus lange Zeit auf Migrantinnen und Migranten beschränkt blieb, die dauerhafte Bleibeperspektiven in Deutschland hatten und somit insbesondere Geflüchtete als lediglich temporär Ansässige ausschloss.[32]

Ein wichtiger Aspekt bei der Etablierung einer zentral gesteuerten Integrationspolitik ist zudem die Partizipation der Zivilgesellschaft und der vorhandenen Integrationsakteurinnen und -akteure. Als Reaktion auf die Zuwanderung ist Dortmunds Integrationslandschaft früh geprägt durch die Arbeit der Wohlfahrtsverbände, aber ebenfalls durch ein breites Feld von Gruppen und (Migrantenselbst-)Organisationen, die im Bereich der Integration tätig sind.[33] Insbesondere für Kommunen wie Dortmund mit bereits

---

28 Stadt Dortmund (2006): Masterplan Integration – Ergebnisse der Auftaktveranstaltung am 2. Juni 2006 und weiteres Vorgehen. Drucksache 06129-06 im Rat der Stadt Dortmund, 24.7.2006, S. 2.
29 Zu verschiedenen Integrationsverständnissen: Lanz (2007), S. 365.
30 Zur Kritik an dem Eingliederungsappell der Integrationsdebatte, der Migrantinnen und Migranten als etwas Makelhaftes einordnet: Terkessidis (2015), S. 43.
31 Bundesregierung (2007), S. 33.
32 Lanz (2007), S. 252.
33 Hohage (2013), S. 154; Kosan (2008).

vorhandenen Integrationspfaden ist die Beachtung der zivilgesellschaftlichen Kräfte unumgänglich, wie es die Leiterin des Kommunalen Integrationszentrums beschreibt:

> »[E]s gibt seit 30 oder 40 Jahren Akteure in dieser Stadt, die Integrationsarbeit machen […] und da ist es wichtig diese Leute mit ins Boot zu nehmen, weil Integration, so wie wir es machen, ist nicht nur eine Verwaltungsaufgabe, sondern auch eine verwaltungsexterne Aufgabe.«[34]

Der Einbezug der Zivilgesellschaft ist dabei aus unterschiedlichen Perspektiven zu betrachten. Zum einen zeigt sich hier deutlich der Anspruch, Integration als gesamtgesellschaftliche Aufgabe zu verstehen, wodurch die »Mitnahme« aller Akteurinnen und Akteure einer Kommune im Sinne eines Integrations-Mainstreamings erfolgt.[35] Die Arbeit im gesamtstädtischen Netzwerk ist somit auch eine Form der Responsibilisierung und Aktivierung zivilgesellschaftlicher Akteurinnen und Akteure.[36] Zum anderen zeigt dies aber ebenfalls eine Aufwertung bereits bestehenden Engagements, das vor dem Hintergrund jahrelang bestehender Arbeit nicht außen vor gelassen werden darf und dem Anspruch der Arbeit »auf Augenhöhe« Rechnung trägt. Es wird deutlich, dass anstelle von top-down-initiierten Integrationspolitiken die bereits bekannten eingeschlagenen Pfade der Integration gewahrt bleiben, das spezifische Wissen vor Ort genutzt wird, zeitgleich aber auch die integrationspolitischen Akteurinnen und Akteure in ihrer Bedeutung innerhalb der Kommune besonders aufgewertet werden.

Fluchtzuwanderung nach Dortmund

Vor dem Hintergrund dieser bestehenden »Integrationspraktiken« steht Dortmund seit Mitte des Jahres 2015 wie andere Kommunen auch vor der großen Herausforderung der adäquaten Unterbringung, Versorgung und

---

34 Interview Güntürk (2013).
35 Scholten et al. (2016).
36 Pütz/Rodatz (2013), S. 173.

auch langfristigen Integration einer sehr hohen Anzahl von Geflüchteten: Während im gesamten Jahr 2012 333 Geflüchtete Dortmund kommunal zugewiesen wurden, so waren es im Jahr 2015 bis zu 200 Zuweisungen pro Woche. Dabei war die zunehmende Asylzuwanderung im Jahre 2015 mit sehr geringen Reaktionszeiten zur Vorbereitung und Organisation der Unterbringung verbunden. Gleichzeitig sieht sich die Stadt mit hohen Fluktuationen infolge bundes- und europapolitischer Entscheidungen konfrontiert. Aufgrund der Schließung der Balkanroute und dem EU-Türkei-Abkommen haben sich die Zuwanderungszahlen deutschlandweit extrem reduziert. Aktuell leben knapp 9.000 Geflüchtete in Dortmund.[37]

Hierbei zeigt sich die Integrationsgeschichte Dortmunds als vorteilhaft, da aufgrund dieser langjährig bestehenden Migrations- und Integrationserfahrungen bereits ausgeprägte integrationsbezogene Verwaltungsstrukturen und Kooperationsbeziehungen bestehen, wie beispielsweise das Netzwerk EU-Zuwanderung oder die Expertengruppe zum Masterplan Migration/Integration. Diese Netzwerke haben es ermöglicht, kurzfristig und themenübergreifend das Handeln zwischen Kommune und Zivilgesellschaft zu koordinieren.[38] Aufgrund dieser Strukturen erscheint das Thema »Integration« seit Längerem als kommunaler Konsens. Zudem rückt das Thema durch die Zuwanderung vermehrt in den Fokus der Stadtverwaltung, wie sich an dem Ausdruck der Dortmunder Sozialdezernentin – »Integration wird immer mehr zum Brot- und Butterthema und da gehört es auch hin« – zeigt.[39] Insbesondere vor dem Hintergrund, dass Integration keine kommunale Pflichtaufgabe darstellt, letztlich also als freiwillige Leistung der Kommune begriffen werden kann, ist ihre diskursive Aufwertung als fester Bestandteil des kommunalpolitischen Agenda Settings auch zur Verfestigung im kommunalen Haushalt essenziell.

---

37 Stand Februar 2017, vgl. Stadt Dortmund (2017a): Handlungsfeld Flüchtlinge – Sachstandsbericht – Rückblick 2016/Ausblick. Drucksache 06920-17 im Rat der Stadt Dortmund, 7.2.2017, Dortmund.
38 Expertengruppe zum Masterplan Migration/Integration, vgl. Stadt Dortmund (2013): Masterplan Migration/Integration. Drucksache 09364-13 im Rat der Stadt Dortmund, 6.3.2013.
39 Interview Zoerner (2016).

Gleichzeitig erweist sich das offene Framing des Integrationsverständnisses als politische Leitlinie zur Schaffung dauerhafter Unterstützungsstrukturen als »produktiv«: Entsprechend den Dortmunder Zielsetzungen formuliert die Sozialdezernentin, dass »keine Spezialangebote für Akteursgruppen« geschaffen werden sollen.[40] Durch den Verzicht auf eine Zielgruppe sei es laut eines Mitarbeiters des Kommunalen Integrationszentrums möglich, einerseits eine Politik auf »Augenhöhe« durchzuführen und andererseits Impulse für die breite Gesellschaft nutzbar zu machen.[41] Diesem Ansatz folgend, wurden mit dem Zuzug von Geflüchteten primär keine neuen Strukturen geschaffen, sondern mit Blick auf die veränderten Rahmenbedingungen die bestehenden Akteurskonstellationen, kommunalen Angebote und Programme überprüft und weiterentwickelt. Deren Nutzung ermöglichte auch das schnelle Handeln der Stadt Dortmund durch den Einsatz von zwei Krisenstäben innerhalb der Verwaltung im Jahr 2014.[42] Diese temporären Strukturen haben kurze Entscheidungswege für die ämterübergreifende Zusammenarbeit geschaffen und sie somit deutlich beschleunigt, was insbesondere in den akuten Zuwanderungsspitzen 2015 unumgänglich war.

Abseits der verwaltungsinternen Perspektive spielen die zivilgesellschaftlichen Akteurinnen und Akteure des ehrenamtlichen Engagements eine entscheidende Rolle. Die Migrantenselbstorganisationen innerhalb der Stadt bekommen hier eine besondere Position als Expertinnen und Experten der Zuwanderung. Ihr Know-how wird nicht nur ehrenamtlich genutzt, sondern auch zunehmend institutionalisiert. So wurde der Verbund sozial-kultureller Migrantenvereine Dortmund e. V. als Betreiber zweier Unterbringungseinrichtungen eingesetzt, der diese Aufgabe – seiner jahrelangen Tradition folgend – mit einer stadtteilorientierten Integrationspolitik und diversen Projekten flankiert hat.[43] Es zeigt sich an dieser Stelle, dass die scheinbar klaren Brüche zwischen »Mehrheitsgesellschaft« und vermeintlichen »Minderheiten« verschwimmen und die Migrantinnen und Migranten aus einer passiven Situation der 1970er-Jahre eine zunehmend aktive Rolle innerhalb

---

40 Ebd.
41 Interview Mitarbeiter MIA-DO-KI (2016).
42 Dymarz et al. (2016), S. 49.
43 VMDO e. V. (2017): Leitbild der Flüchtlingsarbeit, www.vmdo.de/fluechtlingsarbeit.

der Stadtgesellschaft einnehmen können.[44] Die Frage »Wer ist denn hier noch Mehrheitsgesellschaft und wer ist Minderheitsgesellschaft?«[45] eines Mitarbeiters des Kommunalen Integrationszentrums verdeutlicht diese Verschiebungen, die neue Windows of Opportunity für Zugehörigkeiten auf der Ebene der Stadtgesellschaft eröffnen. Neben den bereits etablierten Akteurinnen und Akteuren werden Vereine und zahlreiche Ehrenamtliche, die sich während der vermehrten Zuwanderung Geflüchteter formiert haben, in die kommunale Integrationspraxis inkludiert. Die Stadt Dortmund bietet hilfreiche unbürokratische Unterstützungen, wie das Bereitstellen von Räumlichkeiten für Beratungen. Zudem würdigt sie das Ehrenamt durch symbolische Formen der Anerkennung. Die Verleihung des Dortmunder Integrationspreises 2015 an den Verein Ankommen e. V., der sich erst in jenem Jahr gegründet hatte, wird vom Verein als zentraler Aspekt der Wertschätzung durch die Kommune verstanden.[46] Zeitgleich verdeutlicht dies ein Lernen gegenüber vorheriger Zuwanderung: Anders als bis in die 2000er-Jahre, als zivilgesellschaftliche Kräfte sich selber überlassen blieben, kommt es zu einem systematisierten Einbinden der vorhandenen Potenziale in das gesamtstädtische Integrationskonzept.[47]

Gleichwohl zeigt sich in der Betrachtung einzelner Wirkungsfelder kommunaler Integrationspolitik wie Bildung, Arbeitsmarkt oder Wohnungsmarkt, dass die politischen Bemühungen einer offenen Integration in der praktischen Umsetzung an ihre Grenzen stoßen. An dieser Stelle möchten wir beispielhaft die Chancen und Restriktionen kommunaler Integrationspolitik zur Unterbringung und Wohnversorgung aufzeichnen und diskutieren.

Integrationspolitische Aufgabe: Wohnen und Unterbringung

Die unmittelbare Unterbringung und längerfristige wohnräumliche Versorgung von Geflüchteten wird insbesondere in Großstädten als dringendstes

---

44 Zur »Pädagogisierung« der Migrantinnen und Migranten: Römhild (2007), S. 163.
45 Interview Mitarbeiter MIA-DO-KI (2016).
46 www.projekt-ankommen.de.
47 Interview Mitarbeiter MIA-DO-KI (2016).

Handlungsfeld definiert.[48] Fehlende personelle Ressourcen, Planungsunsicherheit, Widerstände aus der Bevölkerung und die Notwendigkeit rasch zu handeln, tragen zu dieser besonderen Herausforderung bei.[49] Dabei erfolgt die Unterbringung durch die Kommunen während des Asylverfahrens vor allem in Gemeinschaftsunterbringungen, obwohl eine dezentrale Unterbringung häufig als integrationsförderlich beschrieben wird. Dies umfasst sowohl die dezentrale Unterbringung in Wohnungen als auch eine möglichst dezentrale Verteilung auf alle Stadtteile. Die Stadt Dortmund verfolgte ursprünglich ein solches dezentrales Konzept zur Unterbringung Geflüchteter. Bei der Auswahl der Standorte für die Unterbringungseinrichtungen, wie sie aktuell in der Abbildung 1 dargestellt sind, wurden neben eigentumsrechtlichen Verfügbarkeiten und baurechtlichen Vorschriften vor allem eine gleichmäßige Verteilung auf alle Stadtteile, die Erreichbarkeit der Nahversorgung und sozialer Infrastrukturen sowie die Anbindung an den ÖPNV berücksichtigt. Ziel war es, Standorte mit besonderen sozialen Herausforderungen, wie die Programmgebiete des Städtebauförderprogramms Soziale Stadt,[50] möglichst auszusparen. Wie bereits bei vorheriger Zuwanderung wirken aber auch hier die beschriebenen Pull-Faktoren eines Zuwanderungsquartiers stärker: Gebiete wie die Dortmunder Nordstadt mit ihren vergleichsweise niedrigen Mieten sind auch für die Geflüchteten diejenigen Standorte, an denen sie bezahlbaren Wohnraum finden, sich niederlassen und Netzwerke aufbauen. Es zeigt sich als Konsequenz, dass trotz der versuchten Vermeidung von Unterbringungseinrichtungen in der Nordstadt, die eigenständige Anmietung von Wohnraum durch Geflüchtete dennoch vornehmlich in der Dortmunder Nordstadt erfolgt und dieser Stadtbezirk trotz allem die höchsten Zahlen an Geflüchteten verzeichnet.[51]

Im Zuge der rückläufigen Zahlen an Geflüchteten hat das Land im Spätsommer 2016 eine strategische Neustrukturierung der Aufnahme von Ge-

---

48 Institut für Demoskopie Allensbach (2016): Situation und Strategien in den Kommunen. Zum Umgang mit der aktuellen Zuwanderung von Asylsuchenden. Allensbach, www.ifd-allensbach.de, S. 18.
49 Ebd.
50 Dymarz et al. (2016), S. 51.
51 Stadt Dortmund (2017b): Flüchtlingsunterkünfte in Dortmund, www.dortmund.de/de/leben_in_dortmund, S. 12 ff.

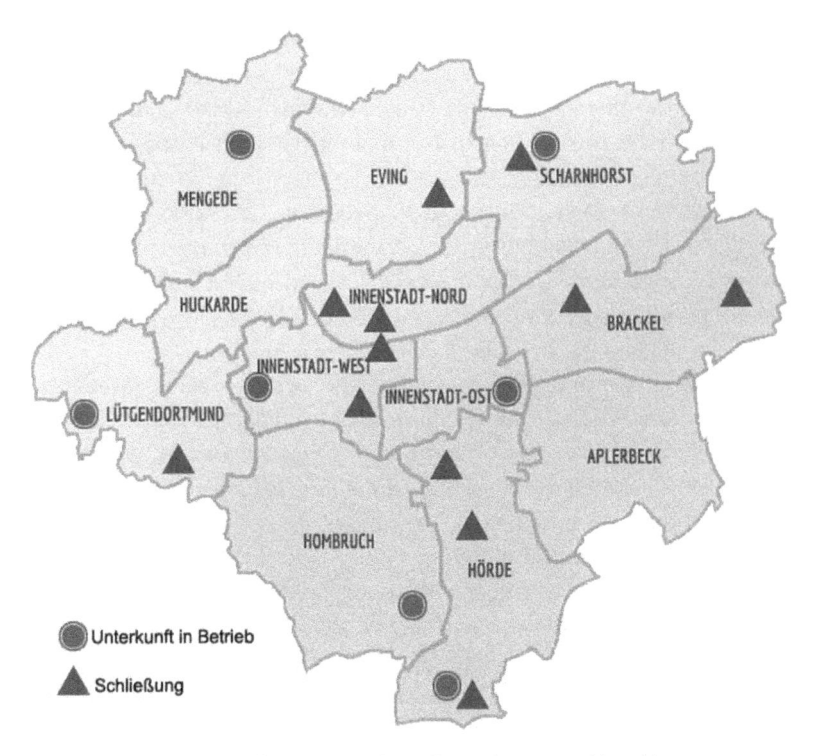

Abb. 1: Flüchtlingsunterkünfte in Dortmund, Quelle: Stadt Dortmund (2017b).

flüchteten beschlossen, die einen Betrieb von großen Erstaufnahmeeinrichtungen vorsieht. Die Folge dieser Entscheidung ist die Schließung zweier Erstaufnahmeeinrichtungen in Dortmund und damit eine vermehrte zukünftige Zuweisung kommunaler Geflüchteter.[52] Die wichtigen Handlungsfelder der Integration, Unterbringung und Wohnen sind somit abhängig von den Entscheidungen auf Landesebene, auf welche die Kommunen nur einen geringen Einfluss haben und lediglich moderierend eingreifen können.

---

52 Die Unterbringung in Erstaufnahmeeinrichtungen wird vom Land Nordrhein-Westfalen durchgeführt. Kommunen mit einer Erstaufnahmeeinrichtung im Stadtgebiet erhalten einen entsprechenden »Aufnahmevorteil«, der die Aufnahmeverpflichtung zur kommunalen Folgeunterbringung entsprechend reduziert.

Nicht nur die Unterbringung während des Asylverfahrens, sondern auch der Übergang in den regulären Wohnungsmarkt ist für die Integration Geflüchteter in Dortmund von Belang. Dabei ist Dortmunds Mietwohnungsmarkt im Segment des preisgünstigen Wohnraums bereits angespannt und erschwert damit eine zeitnahe Integration Geflüchteter in den Wohnungsmarkt. Es besteht ein Trend zu steigenden Angebotsmieten, wobei kleinräumig deutliche Unterschiede bestehen: Die mittleren Angebotsmieten reichen von etwa 4,60 Euro/m² (Scharnhorst-Ost) bis rund 8,00 Euro/m² (Tremonia). Der starke Rückgang des öffentlich geförderten Wohnungsbaus ist an dieser Stelle ein weiterer erschwerender Faktor.[53]

Bereits vor der vermehrten Zuwanderung wurde das Thema der adäquaten Wohnraumversorgung als Herausforderung in der Stadtverwaltung erkannt und die Kooperation mit kommunalen Wohnungsunternehmen und -genossenschaften aufgebaut. Seit September 2015 werden diese regelmäßigen Gespräche zwischen der Verwaltung und der Arbeitsgemeinschaft Dortmunder Wohnungsunternehmen intensiviert. Die Aktivierung des privaten Wohnungsbaus wird über Einbindung des Eigentümerverbands Haus und Grund und mithilfe verschiedener Informationsveranstaltungen vorangetrieben. Einige Wohnungsunternehmen engagieren sich darüber hinaus in der wohnräumlichen Integration von Geflüchteten und fördern soziale Maßnahmen wie zum Beispiel Quartiershausmeister/-innen oder Sozialarbeiter/-innen. Ein Großteil des Wohnungsmarktes, insbesondere die Bestände von Finanzinvestorinnen und -investoren – die rund 40.000 Wohnungen in Dortmund ausmachen –[54] und privaten Eigentümerinnen und Eigentümern, entzieht sich allerdings auch hier größtenteils der kommunalen Steuerung. Trotz der Bemühungen der Kommune kommt es zu einer Diskrepanz zwischen dem Ideal der gleichmäßigen Verteilung auf das Stadtgebiet und der Umsetzung auf dem Wohnungsmarkt.

Neben Kooperationsstrukturen mit der privaten Wohnungswirtschaft setzt die Stadtverwaltung Dortmund auf die eigenständige Akquise von Wohnungen. Im Rahmen eines Wohnraumvorhalteprogrammes wird versucht, durch die Anmietung von Belegwohnungen eine drohende Obdach-

---

53 Dymarz et al. (2016), S. 52.
54 Graniki (2016), S. 75.

losigkeit zu vermeiden. Dieses ursprünglich für andere Bedarfsgruppen wie Wohnungslose ausgelegte Programm wurde 2016 für Geflüchtete erweitert. Damit trat eine Intensivierung der Aktivitäten ein, da die Zahl an Belegwohnungen in einem Jahr durch den personellen Einsatz einer Projektgruppe zur Flüchtlingsunterbringung nahezu verdreifacht wurde. Parallel dazu erfolgt die Wohnungsvermittlung auch durch Ehrenamtliche und Vereine. Sie unterstützen Geflüchtete bei der eigenständigen Suche nach Wohnraum und übernehmen hierbei vielfach die Kommunikation mit den Wohnungseigentümerinnen und -eigentümern und tragen somit zum Überwinden von Sprachbarrieren sowie Vorurteilen bei.

Diese ehrenamtlichen Strukturen übernehmen auch weitere wichtige Aufgaben bei der Integration von Geflüchteten vor Ort. Gerade die Nachbarschaft und das Stadtquartier können als Motoren der Integration verstanden werden. Aufbauend auf bisherigen Erfahrungen mit Begegnungsstätten für Seniorinnen und Senioren hat die Stadt Dortmund das Integrationsnetzwerk »Lokal willkommen« initiiert, das sich auf die Bedarfe der dezentral in Wohnungen versorgten Geflüchteten konzentriert. Um Geflüchtete langfristig in Wohnquartieren zu integrieren, gehen Teams aus jeweils zwei Sozialfachkräften aktiv auf Geflüchtete zu, die aus den Übergangseinrichtungen in dezentrale Wohnungen gezogen sind. Sie bieten bedarfsorientierte Unterstützung bei der Alltagsgestaltung und Integration im neuen Wohnumfeld an und stehen zur Moderation bei möglichen Konflikten zur Verfügung. Die Mitarbeiterinnen und Mitarbeiter sollen darüber hinaus eine Schnittstelle zu allen Behörden der Stadt (zum Beispiel Sozialamt, Schulamt) bilden und sind für die Vermittlung von Beratungsangeboten der Wohlfahrtsverbände und der Integrationsangebote durch das Ehrenamt zuständig. Das Integrationsnetzwerk ist 2016 zunächst als Pilotprojekt für ein Jahr in zwei Stadtteilen gestartet und mit Begegnungsstätten in Form von Sprachcafés zur niedrigschwellig angelegten Integration ausgestattet worden. Im Anschluss könnte es nach entsprechender politischer Beschlussfassung auf weitere Stadtbezirke übertragen werden. Eine Ausweitung auf andere soziale Gruppen wird dabei angestrebt.

Fazit

Die Integration von Geflüchteten muss als kommunale Aufgabe immer vor dem Hintergrund lokalspezifischer Integrationspfade ausgestaltet werden. Entsprechend kann es hier nicht das Ziel sein, eine allgemeingültige Blaupause für Städte zu entwerfen. Vielmehr geht es darum, kommunale Wege zu verstehen und aus ihnen zu lernen. Das Beispiel der Stadt Dortmund zeigt, dass eine langjährige Tradition der Integrationspolitik Auswirkungen auf die Integration von Geflüchteten hat. Die Ermöglichung von Teilhabe aller Menschen an der Dortmunder Stadtgesellschaft als integrationspolitische Leitlinie hat zum einen ein gesamtstädtisches positives Verständnis von Integration geschaffen, wodurch bereits ein tragfähiges verwaltungsinternes sowie externes Netzwerk vorgehalten und Integration als allgemeine Aufgabe der Kommune gerahmt wurde. Diese Strukturen und Netzwerke konnten sinnvoll eingebunden und in dem sich überschlagenden Jahr 2015 kurzfristig aktiviert werden. Entlang dem Verständnis der Integration als gesamtstädtische Aufgabe wurden möglichst keine gesonderten Strukturen für die Integration von Geflüchteten geschaffen, sondern die bestehenden Netzwerke und Angebote den neuen Gegebenheiten angepasst. Dieses offene Integrationsverständnis bietet nicht nur ein diversitätsgeleitetes Verständnis der Stadt, welches Vielfalt positiv fasst, sondern führt in seiner konkreten Umsetzung auch zu flexiblen Strukturen innerhalb der Stadtgesellschaft: Nicht nur während der Asylzuwanderung 2015, sondern ebenfalls im Kontext unterschiedlich motivierter Zuwanderungen mit sich stetig ändernden Vorzeichen, kann durch ein dynamisches Verwaltungsnetz zügig reagiert werden. Dabei wird die Debatte um Integration weiter verstetigt und als gesamtkommunales Ziel wirkmächtig. Durch die besonderen Kompetenzen migrantischer Akteurinnen und Akteure entstehen Möglichkeiten, die Grenzen zwischen Minderheits- und Mehrheitsgesellschaft aufzubrechen und Fragen nach der Zugehörigkeit zur Stadtgesellschaft neu zu verhandeln.

Der Konsens über die Bedeutung der Integration kann diese darüber hinaus zum Steigbügelhalter für weitere Politikbereiche werden lassen. Wenn Projekte wie Lokal willkommen für die Integration von Geflüchteten mittelfristig für weitere Teile der Gesellschaft die einen Unterstützungsbedarf haben, geöffnet werden, ist dies ein positives Zeichen dafür, dass der Bereich der Sozialpolitik durch diesen diskursiven Schub der Integration zusätzlich an Bedeutung gewinnen kann. Es gilt hier genau nachzuverfolgen, wie diese diskursiven Querverstrebungen künftig weiter genutzt werden (können). Dennoch müssen auch die Grenzen der Steuerung aufgezeigt werden. Deutlich wird dies an den hohen Ansprüchen an die Unterbringung und Versorgung der Geflüchteten und die Entlastung von bereits besonders belasteten Gebieten der Dortmunder Nordstadt: Trotz der versuchten Steuerung der Kommune zieht es die meisten Geflüchteten, abseits der kommunalen Regulierungen, auf diesen besonderen Wohnungsmarkt, der geprägt ist von preisgünstigem Wohnraum. Auch hier gilt es kommunal moderierend einzugreifen, um mögliche soziale Konflikte abzufedern.

Literatur

Aumüller, Jutta/Priska Daphi/Celine Biesenkamp (2015): Die Aufnahme von Flüchtlingen in den Bundesländern und Kommunen. Behördliche Praxis und zivilgesellschaftliches Engagement, Stuttgart.

Baringhorst, Sigrid/Uwe Hunger/Karen Schönwälder (2006): Staat und Integration: Forschungsperspektiven zur politischen Intervention in Integrationsprozesse von MigrantInnen, in: Politische Steuerung von Integrationsprozessen. Intentionen und Wirkungen, hg. v. dens., Wiesbaden. S. 9-26.

Benford, Robert/David Snow (2000): Framing Processes and Social Movements. An Overview and Assessment, in: Annual Review of Sociology 26 (2000), S. 611-639.

Bommes, Michael (2011): Integration findet vor Ort statt. Über die Neugestaltung kommunaler Integrationspolitik, in: IMIS-Beiträge (2011) 38, S. 191-224.

Dymarz, Maike/Heike Hanhörster/Nils Hans et al. (2016): Gelingende Integration im Quartier, Dortmund.

Gesemann, Frank/Roland Roth (2016): Kommunale Flüchtlings- und Integrationspolitik. Ergebnisse einer Umfrage in Städten, Landkreisen und Gemeinden, hg. v. DESI – Institut für Demokratische Entwicklung und soziale Integration, Berlin.

Gesemann, Frank (2013): Von der pragmatischen Reaktion zur strategischen Steuerung – Stand und Entwicklungsperspektiven der kommunalen Integrationspolitik in Deutschland, in: Migration und Soziale Arbeit 1 (2013) 35, S. 51-58.

Graniki, Klaus (2016): Aktueller denn je: die kommunalen Wohnungsgesellschaften, in: vhw FWS (2016) 2, S. 75-78.

Hillmann, Felicitas (2016): Migration. Eine Einführung aus sozialgeographischer Perspektive, Stuttgart.

Hohage, Christoph (2013): Moschee-Konflikte. Wie überzeugungsbasierte Koalitionen lokale Integrationspolitik bestimmen, Wiesbaden.

Kosan, Ümit (2008): Potenziale und Strukturen der Migrantenselbstorganisationen in Dortmund. Ergebnisse einer Bestandsaufnahme, Dortmund.

Lanz, Stephan (2007): Berlin aufgemischt: abendländisch, multikulturell, kosmopolitisch? Die politische Konstruktion einer Einwanderungsstadt, Bielefeld.

May, David (2002): Konflikte und deren Ethnisierung in der Dortmunder Nordstadt, in: Der Umgang mit der Stadtgesellschaft. Ist die multikulturelle Stadt gescheitert oder wird sie zu einem Erfolgsmodell?, hg. v. Wolf-Dietrich Bukow/Erol Yildiz, Opladen, S. 131-144.

Pütz, Robert/Mathias Rodatz (2013): Kommunale Integrations- und Vielfaltskonzepte im Neoliberalismus. Zur strategischen Steuerung von Integration in deutschen Großstädten, in: Geographische Zeitschrift 101 (2013) 3+4, S. 166-183.
Römhild, Regina (2007): Fremdzuschreibungen – Selbstpositionierungen. Die Praxis der Ethnisierung im Alltag der Einwanderungsgesellschaft, in: Ethnizität und Migration. Einführung in Wissenschaft und Arbeitsfelder, hg. v. Brigitta Schmidt-Lauber, Berlin, S. 157-177.
Saunders, Doug (2011): Arrival City. Über alle Grenzen hinweg ziehen Millionen Menschen vom Land in die Städte. Von ihnen hängt unsere Zukunft ab, München.
Scholten, Peter (2016): Between National Models and Multi-Level Decoupling: The Pursuit of Multi-Level Governance in Dutch and UK Policies Towards Migrants Incorporation, in: Journal of International Migration and Integration 17 (2016) 4, S. 973-994.
Scholten, Peter/Elizabeth Collett/Milica Petrovic (2016): Mainstreaming Migrant Integration? A Critical Analysis of a New Trend in Integration Governance, in: International Review of Administrative Science 2016, S. 1-20.
Storz, Henning/Bernhard Wilmes (2007): Die Reform des Staatsangehörigkeitsrechts und das neue Einbürgerungsrecht. Bundeszentrale für politische Bildung (bpb), www.bpb.de.
Terkessidis, Mark (2015): Interkultur, Berlin.
Vertovec, Steven (2007): Super-Diversity and Its Implications, in: Ethnic and Racial Studies 6 (2007) 30, S. 1024-1054.
Zimmer-Hegmann, Ralf/Susanne Kubiak (2015): Arm gegen Arm? Zuwanderung aus Südosteuropa und die Herausforderungen der »permanenten« Integration, in: Nachrichten der ARL (2015) 4, S. 11-14.

Laura Wallner

Die Einführung von Diversitätsstrategien in Kommunen als Perspektive für die Integrationspolitik

Die Integration von Geflüchteten wird – insbesondere in Kommunen – derzeit als eine der größten gesellschaftlichen Herausforderungen betrachtet. Nicht nur die Unterbringung und Versorgung, sondern insbesondere nachhaltige Ansätze und Strukturen für das Zusammenleben vor Ort werden diskutiert.

Die gesellschaftlichen und wissenschaftlichen Aushandlungen um die Integration von Migrantinnen und Migranten in die westlichen Gesellschaften entspinnt sich erstmals mit der beginnenden Arbeitsmigration Ende der 1950er-Jahre und setzt sich in periodischen Auf- und Abschwüngen seitdem fort. Inzwischen werden allerdings auch Strategien und Konzepte diskutiert und implementiert, die als Weiterentwicklung und umfassendere Ansätze gelten. Strategien mit der Bezeichnung »Diversity Management« finden seit den 1990er-Jahren insbesondere in der Privatwirtschaft Verbreitung und sind dort – jedenfalls in größeren Unternehmen – inzwischen etabliert.[1] Das wachsende Inte-

---

1   Süß (2008).

resse kommunaler Akteur_innen an einer gut entwickelten und nachhaltigen Strategie, die unter anderem die Integration Geflüchteter einschließt, ist durch ihre Zuständigkeit für örtliche Hilfen und Leistungen offenbar und erklärt sich auch durch eine immer vielfältiger werdende Bevölkerung, insbesondere in Großstädten und Ballungszentren.[2] Aber auch wenn Kommunen zunehmend den Diversity-Ansatz für sich entdecken, sind kommunale Aushandlungen und entsprechende Praxen wissenschaftlich bislang nur wenig erforscht. Neben Praxisberichten und Untersuchungen einzelner Städte, verfasst als Erfahrungsberichte der jeweils für Diversität und Integration zuständigen Stellen,[3] gibt ein Onlinedossier der Heinrich-Böll-Stiftung einen ersten Überblick über die Arbeit einiger Kommunen in diesem Bereich.[4] Eine umfassende Untersuchung kommunaler Konzepte und Praxen steht jedoch noch aus.

Die Untersuchung von Diversity-Strategien als handlungsleitende Orientierung steht im Zentrum eines Diskurses um definitorische Klarheit. Auf einer ersten »allgemeinen« Ebene stehen die Implementierung des Vielfalt-Begriffs als gesellschaftswissenschaftliche Messgröße für urbanes und kommunales Leben an sich und der Wissenschaftsdiskurs über Diversity-Ansätze zur Organisierung von Zusammenleben bzw. -arbeiten in heterogenen Gruppen. Das begriffliche und ideengeschichtliche Set aus dem englisch- und deutschsprachigen Raum reicht von älteren Ansätzen inspiriert aus der Genderforschung über Ansätze der »Multi- oder Interkulturalität« von Einwanderungsgesellschaften, »migrantische und postmigrantische« Lebenswelten bis hin zu den hier analysierten Begriffen von Diversity, Diversität, Vielfalt und deren Berücksichtigung bzw. dem Streben nach größtmöglicher »Inklusion« aller Vielfaltsdimensionen. Und so finden sich auf einer ersten Analyseebene auch in den kommunalen Praxen unterschiedliche konzeptionelle Bezeichnungen und Adaptionen, die im Kern jedoch ähnliche Visionen verfolgen. Der Blick folgt hier insbesondere der Einschätzung von Gertraude Krell, dass mit Terminologien immer auch Positionierungen einhergehen (können), bei denen es um vielfältige Interessen, Herrschaftsverhältnisse oder auch Machtbeziehungen/-wirkungen geht[5] und die Diskussion der Verwendung unterschied-

---

2 Bukow (2011a).
3 Zum Beispiel Dudek (2008); Pavkovic (2012); Struppe (2008).
4 Drossou/Merx (2008).
5 Vgl. Krell (2013), S. 74.

licher Begriffe ebenso wertig ist wie konkrete Diversity-Konzeptionen und Handlungsoptionen, die es auf einer zweiten Analyseebene zu erforschen gilt. Im Folgenden werden kommunale Strategien thematisiert, die – trotz unterschiedlicher Begrifflichkeiten in der Praxis – vereinfachend unter dem Begriff des Diversitätsmanagements zusammengefasst werden.

Dabei stehen die Fragen im Fokus, inwieweit sich Antidiskriminierungs- und Gleichstellungspraxen von Kommunen aufgrund des Diskurses über die Herausforderung der Integration von Geflüchteten bzw. die tatsächliche Integrationsarbeit vor Ort verändert haben und inwieweit Konzepte wie das Diversitätsmanagement im Hinblick auf diese Veränderungen anschlussfähig sind. Diese Fragen werden im Kontext der aktuellen Integrationsdebatte und vor dem Hintergrund der zunehmenden Zahl von geflüchteten Menschen in Deutschland diskutiert. Die Grundlage dafür bildet eine qualitative Studie in elf Organisationen der Privatwirtschaft und fünf westdeutschen Kommunalverwaltungen, in denen – nach einer Onlinerecherche auf den jeweiligen Websites der Institutionen – leitfadengestützte Expert_inneninterviews durchgeführt wurden.[6] Die Auswertung der Interviews erfolgte mit der wissenssoziologischen Diskursanalyse nach Keller.[7] Das Vorgehen orientierte sich, wie auch von Keller vorgeschlagen, an der Grounded Theory.[8]

Es wird sich zeigen, dass sich – nicht nur, aber insbesondere – durch die zunehmende Zuwanderung von Geflüchteten neue Bedarfe im Hinblick auf den Umgang mit Vielfalt ergeben und sich dadurch die Frage nach neuen, innovativen Konzepten insbesondere im sogenannten Integrationsdiskurs stellt. Aufgrund der Herausforderung von Kommunen, unterschiedliche Diskriminierungs- und Ausgrenzungsrisiken zu adressieren, scheint eine umfassende Strategie, die eben diese unterschiedlichen Dimensionen und ihre Verknüpfungen in den Blick zu nehmen vermag, erfolgversprechend.

---

6   Es handelt sich hierbei um mein Promotionsprojekt am Institut für Soziologie der Pädagogischen Hochschule Freiburg, betreut von Prof. Dr. Albert Scherr.
7   Keller (2011 und 2013).
8   Die Grounded Theory wurde in den 1960er-Jahren von Barney G. Glaser und Anselm L. Strauss entwickelt, die 1967 das Werk »The Discovery of Grounded Theory« veröffentlichten. Seitdem sind zahlreiche Beiträge zu Verständnis und Anwendung der Grounded Theory veröffentlicht worden, die die Theorie sowie ein daran orientiertes methodisches Vorgehen diskutiert haben. Vgl. zum Beispiel Glaser/Strauss (1967); Glaser (1978); Strauss/Corbin (1996); Mey/Muck (2011); Strübing (2014).

Die Stadt als »Ort der Vielfalt«

Städte sind im Grunde seit ihrer Entstehung »Orte der Vielfalt«[9]. Gegenwärtig wird diese Eigenschaft aber offensichtlich besonders stark und zeitweise sogar als bedrohlich wahrgenommen und es findet eine Diskussion über Möglichkeiten des Umgangs mit dieser Vielfalt statt. Bukow stellt dazu fest: »Wir haben es in der postmodernen Stadtgesellschaft schon durch die gegenwärtige massive Globalisierung und der [sic!] neuen Kommunikations- und Mobilitätsformen mit einer qualitativ wie quantitativ neuen Vielfalt zu tun.«[10] Auch wenn nicht nur diese Entwicklung zu einer Veränderung der urbanen Lebensbedingungen geführt habe, sei die veränderte Zusammensetzung der Bevölkerung die Entwicklung, die die Menschen am stärksten verunsichere. Diese Verunsicherung liege insbesondere in der national-mitteleuropäischen Perspektive begründet, mit der auf diese neue Vielfalt geblickt werde. Statt eines gesamtgesellschaftlichen Diskurses über die Veränderungen, die eine zunehmend vielfältigere Bevölkerung mit sich bringe, sei ein Diskurs über »die Ausländer« entstanden, der die negativen Reaktionen auf die Veränderungen geprägt habe.[11] Bukow spricht außerdem davon, dass die Vielfalt selbst zunehmend komplexer werde, es quasi eine »›Vielfalt‹ an ›Vielfalt‹« gebe.[12]

Gründe für die vermehrte Beschäftigung mit dem Thema Vielfalt und die Diskussionen über den richtigen Umgang mit dieser auf kommunaler Ebene, sind sicherlich nicht zuletzt in der zunehmend auch für die Bevölkerung wahrnehmbaren Vielfalt im Alltag sowie der politisch akzeptierten »Tatsache Einwanderungsgesellschaft«[13] zu sehen. In einigen Städten wurde in den Interviews – analog zum Begriff des Einwanderungslandes – davon gesprochen, dass sich die jeweilige Stadt als »Einwanderungsstadt« oder »Migrationsstadt«[14] verstehe.

---

9   Bukow (2011a), S. 207.
10 Bukow (2011a), S. 208.
11 Bukow (2011a), S. 207.
12 Bukow (2011b), S. 36.
13 Scherr (2008), S. 71.
14 Wallner (2015b), S. 90.

In den vergangenen Jahren – spätestens seit 2015 – hat sich die öffentliche Debatte um Diversität vor allem auf die Zuwanderung geflüchteter Menschen und ihre Unterbringung und Integration vor Ort konzentriert. Dabei ist im medialen und politischen Diskurs mit der Kommune eine Verwaltungs- und Politikebene in den Blick der Öffentlichkeit gelangt, in der gesellschaftliches Zusammenleben konkret erlebt und organisiert wird und die sonst selten im Fokus des öffentlichen Interesses steht. Und nicht nur Integrationsdebatten und -maßnahmen finden vor allem vor Ort statt bzw. werden vor allem dort wirksam, sondern auch andere Formen der Auseinandersetzung mit Vielfalt; so zum Beispiel Veranstaltungen wie der Christopher-Street-Day oder auch Bündnisse gegen Rechtsextremismus, die den jeweiligen Namen der Stadt häufig im Namen tragen (»XY ist bunt«) und die Auseinandersetzung mit örtlichen Gruppierungen wie Pegida. Die häufig so bezeichnete Buntheit einer Stadt scheint im allgemeinen (gesellschafts-) politischen Diskurs – jedenfalls in Großstädten – inzwischen als etwas Positives zu gelten. Auch Meuser stellt in Bezug auf Kommunen fest: »Die Kommunalpolitik setzt in ihrem Bemühen, die Stadt sowohl als Investitions- als auch als Lebensort zu vermarkten, verstärkt auf Vielfalt als Imagefaktor.«[15] Diese Entwicklung kann als Indikator für die Wirkmächtigkeit eines öffentlichen Diskurses über Vielfalt in größeren Städten und Ballungsräumen betrachtet werden, möglicherweise aber ebenso als tatsächliche Folge einer von Steven Vertovec als »superdiversity« bezeichneten veränderten Zusammensetzung der Bevölkerung. Vertovec zeigte bereits vor einem Jahrzehnt mit Blick auf die britische Gesellschaft auf, dass die gesellschaftlichen Strukturen und die Zusammensetzung der Bevölkerung immer komplexer und damit diverser werden, und brachte diese Überlegungen schließlich auch bei der Erarbeitung des Frankfurter Diversitätskonzeptes ein. Mit dem Konzept der »superdiversity« beschreibt er nicht nur die Unterschiede zwischen Menschen unterschiedlicher Herkunftsländer und -regionen, sondern insbesondere die Heterogenität innerhalb einer Gruppe von Menschen, die zum Beispiel Herkunft und/oder Sprache teilen, sei es im Hinblick auf ihren Bildungshintergrund oder im Hinblick auf ihren rechtlichen Aufenthaltsstatus.[16] Analysen

---

15 Meuser (2013), S. 168.
16 Vertovec (2007).

wie diese legen den Schluss nahe, dass Konzepte wie die des Diversitätsmanagements für Kommunen anschlussfähig sind.

Entstehung des Diversity Managements und berücksichtigte Dimensionen

Das Konzept des Diversity Managements stammt aus den USA und wird dort bereits seit Jahrzehnten von privatwirtschaftlichen wie öffentlichen Institutionen praktiziert.[17] Zur konkreten Herkunft und Entstehung des Konzepts gibt es zwei unterschiedliche Narrative. Das eine, das sowohl in der Literatur als auch in diversity-aktiven Organisationen bemüht wird, charakterisiert Diversity Management als aus der amerikanischen Bürger_innenrechtsbewegung kommend, also mit einem starken emanzipatorischen Charakter und mit Wurzeln in der Antidiskriminierungsbewegung. Diese Linie wird als Equity-Perspektive bezeichnet. Daneben gibt es ein Narrativ, auf das sich auch viele Kritiker_innen des Konzepts berufen, die sogenannte Business-Perspektive, die Diversity Management lediglich als neoliberales Wirtschaftskonzept kennzeichnet, bei dem ausschließlich der »Business Case«, also der unternehmerische Nutzen für die praktizierende Organisation im Vordergrund steht[18]. Gertraude Krell bezeichnet den Diskurs über die Entstehungsgeschichte des Diversity Managements als Gratwanderung »zwischen dem ›Ödland der Totalkritik‹ auf der einen und dem ›neoliberalen Sumpf‹ auf der anderen Seite«[19] und wirbt für eine integrative Position. Sie argumentiert, dass »ökonomische Argumente plus betriebswirtschaftlicher Sachverstand ein ›Türöffner‹ für das Anliegen der Chancengleichheit« sein können.[20] Eine scharfe Abgrenzung der beiden Narrative sowie ihre vermeintliche Unvereinbarkeit scheinen in der Realität allerdings auch nur gelegentlich bedeutsam zu sein.

Auch in den Vorgesprächen der Untersuchung sowie in den Interviews konnten beide Narrative festgestellt werden. In den Unternehmen der Privat-

---

17 Vedder (2006).
18 Vedder (2006); Krell/Sieben (2008).
19 Krell (2013), S. 68.
20 Krell (2009), S. 145.

wirtschaft fand dabei häufig eine Verknüpfung statt, auch wenn die Notwendigkeit des Business Case stets betont wurde. In den Kommunen wurde der Fokus stärker auf die emanzipatorische, antidiskriminatorische Perspektive gelegt, was eine Verknüpfung der Strategie mit bisherigen Gleichstellungs- und Antidiskriminierungspraxen nahelegt. Auch wenn beide Narrationen sowohl in privatwirtschaftlichen als auch in öffentlichen Organisationen zu finden sind, unterscheiden sich die dort aufgelegten Konzepte hinsichtlich ihrer Schwerpunktsetzung auf die Business- oder die Equity-Perspektive, wie Vedder auch für die USA postuliert.[21]

Es gibt zahlreiche Visionen, Zielformulierungen und konzeptionelle Vorschläge, was Diversity Management erreichen kann und eine breite Diskussion darüber, welche individuellen und kollektiven Dimensionen der Vielfalt in welchem Rang Berücksichtigung finden (sollten). Hierzu ließe sich ein eigener Beitrag verfassen.

Eine gemeinsame Basis zahlreicher Organisationen bildet das Diversity-Verständnis der Charta der Vielfalt, da sie als Unternehmensinitiative das größte Netzwerk von diversity-aktiven Organisationen in Deutschland darstellt und sich auch eine zunehmende Anzahl von Kommunen auf diese stützt.

Im Zentrum des Diversity-Begriffs steht das Individuum, dessen Besonderheiten und Einzigartigkeiten mit verschiedenen Dimensionen seiner Lebenswelt in der Zusammensetzung von Gruppen gespiegelt wird.[22] Diese Gruppen bilden sich in den jeweiligen Organisationen, wie in Bildungseinrichtungen oder am Arbeitsplatz, aber auch in Lebensräumen wie dem Wohnort, innerhalb von Landesgrenzen oder in noch größeren Zusammenhängen (zum Beispiel Europa). Das Gesamtkonzept geht davon aus, dass im Sinne einer Utopie nicht das Individuum sich an die Organisation anpassen muss, sondern die Organisation so strukturiert und geführt werden muss, dass jede Dimension des Individuums ihren Platz findet und sogar im Sinne der jeweiligen Organisation genutzt werden kann.[23]

---

21 Vgl. Vedder (2006), S. 6-7.
22 Krell (2014), S. 23.
23 Cox/Blake (1991).

Die so bezeichneten »inneren Dimensionen« sind diejenigen, die als am stärksten mit der individuellen Persönlichkeit verbunden gelten. Diese Dimensionen werden von den Unterzeichner_innen der Charta mit unterschiedlicher Schwerpunktsetzung hauptsächlich bearbeitet. Die äußeren und die organisationalen Dimensionen verdeutlichen allerdings, dass es sich bei Diversity um ein sehr breites Vielfaltsverständnis handelt, das im Grunde unendlich erweiterbar ist, was in vielen Definitionen auch durch ein »etc.« am Ende der jeweiligen Aufzählung markiert wird. Dadurch soll eine konzeptionelle Offenheit dargestellt werden, die in der wissenschaftlichen Debatte immer wieder kritisch diskutiert wird. Krell stellt dazu fest: »Offenheit ist aber nicht gleichbedeutend damit, dass alle möglichen Kategorisierungen oder Differenzierungen als gleichgültig betrachtet und behandelt werden.«[24] Mit Blick auf Kommunalverwaltungen stellt sich die Frage, welche Diversitätsdimensionen bei der Implementierung von Diversitätsstrategien berücksichtigt werden, in welcher Form dies geschieht und wo an bereits vorhandene Strukturen angeknüpft werden kann. Die beschriebene konzeptionelle Offenheit lässt das Konzept für Institutionen, die eine gesamtgesellschaftliche Verantwortung tragen, besonders interessant erscheinen.

Die Einführung von Diversitätsmanagement und -politik in Kommunen

In der Gestaltung einer fortschrittlichen Kommunalverwaltung kommt den sogenannten inneren Dimensionen bislang die größte Bedeutung zu, ihre besondere Berücksichtigung ist zum Teil sogar bereits normativiert und institutionalisiert. Besonders etabliert sind die Gleichstellungsbeauftragten, deren Funktion in den meisten Bundesländern seit vielen Jahren gesetzlich vorgeschrieben ist.[25] Dies spielt bei der Frage nach kommunalen Diversitäts-

---

24 Krell (2013), S. 72.
25 In Baden-Württemberg, wo einige der hier zitierten Interviews geführt wurden, ist dies erst seit 2016 der Fall. Das »Gesetz zur Verwirklichung der Chancengleichheit von Frauen und Männern im öffentlichen Dienst in Baden-Württemberg und zur Änderung des Landeshochschulgesetzes« ist seit dem 27.2.2016 in Kraft und kann unter www.landesrecht-bw.de/jportal/ eingesehen werden.

strategien eine wesentliche Rolle, da die Gleichstellungsbeauftragten der Strategie häufig zunächst eher kritisch gegenüberstehen und den Verlust der über Jahrzehnte erkämpften und inzwischen gesetzlich verankerten Rechte befürchten. Geschlechterfragen scheinen in kommunalen Diversitätskonzepten kein Schwerpunkt zu sein. Vielmehr existieren die entsprechenden Strategien und zuständigen Stellen offenbar zunächst parallel, was einen zentralen Unterschied zur Umsetzung von Diversity Management in der Privatwirtschaft darstellt.[26] Der Fokus bisher etablierter Diversitätsstrategien liegt in Kommunen auch international eher auf dem Politikfeld der Integration, wie zum Beispiel Berichte aus Wien[27] oder Toronto[28] zeigen. 2010 hat auch die Stadt Frankfurt ein so bezeichnetes »Integrations- und Diversitätskonzept für Stadt, Politik und Verwaltung« mit dem Titel »Vielfalt bewegt Frankfurt« beschlossen,[29] das unter anderem unter Mitarbeit von Steven Vertovec entstand, dessen Konzept der Superdiversity den Fokus ebenfalls auf Menschen unterschiedlicher Herkünfte legt.[30] Die Verankerung und praktische Umsetzung von Diversitätsstrategien in deutschen Kommunen ist allerdings sehr unterschiedlich. Es gibt Konzepte, bei denen die bereits vorhandenen Stellen und Beauftragten in einem neuen Amt zusammengeführt wurden, häufiger ist allerdings die Kooperation von verschiedenen, ansonsten autonom arbeitenden Stellen in Form eines Arbeitskreises oder Runden Tisches. Auch die Terminologie ist unterschiedlich und reicht von Diversity Management über Vielfaltpolitik bis zur Chancengleichheitspolitik. Die Begriffe Integration und Inklusion tauchen in diesem Zusammenhang ebenfalls häufiger auf, Begriffe mit denen sich Kommunen bereits seit Jahren beschäftigen (müssen). Aufgrund der zahlreichen bereits vorhandenen Stellen – und mit Blick auf zusätzliche Bedarfe aufgrund einer zunehmenden »superdiversity« (siehe oben) in der Gesellschaft – könnten Diversity-Konzepte für Kommunen auch interessant sein, um eine intersektionale[31] Perspektive einzunehmen, also unter-

---

26 Zur Diskussion des Verhältnisses von Gender und Diversity vgl. unter anderem Andresen et al. (2009).
27 Struppe (2008).
28 Allahwala (2008).
29 Magistrat der Stadt Frankfurt am Main (2011).
30 Vertovec (2007).
31 Zum Konzept der Intersektionalität siehe zum Beispiel Winker/Degele (2009).

schiedlichen Formen von Diskriminierung und ihr Zusammenwirken zu berücksichtigen.

Chancen und Herausforderungen von Diversity-Konzepten für Kommunen

In der Broschüre der Charta der Vielfalt für den öffentlichen Sektor[32] wird die Einführung von Diversity Management als ein Paradigmenwechsel von Integration zu Diversity und Inklusion und einem Perspektivwechsel beschrieben, weg von einem defizitorientierten Blick hin zu einem ressourcenorientierten Blick. Auch Meuser konstatiert: »Die Problemperspektive hat der Potenzialperspektive Platz gemacht«.[33] Diese Herausforderung eines Paradigmenwechsels ist gerade für Kommunen maßgeblich, insbesondere da das Diversitätsmanagement so eng mit der Integrationspolitik verbunden ist. Die herrschende Vorstellung von Integration, wie sie aktuell in der »Leitkulturdebatte« wieder zum Tragen kommt, die also Zuwandernden die Hauptverantwortung der Integrationsleistung zukommen lässt, steht einem ganzheitlichen Diversitätsbegriff entgegen. Kommunale Diversitätsstrategien können daher nur so erfolgreich sein, wie sie es schaffen, diesen Paradigmenwechsel einzuleiten. Es ist zu diskutieren, ob der Integrationsbegriff aufgrund seines überwiegenden Verständnisses – es gibt sicherlich auch andere Definitionen – für die aktuelle Debatte noch trägt. Neben der Gefahr eines Verständnisses im Sinne von Integration durch Anpassung wird auch die Gefahr einer übermäßigen Betonung von Differenzen und einer damit einhergehenden Exotisierung von Unterschieden gesehen, wie eine der Befragten betont:

> »Also die Diversity Politik von Kommunen […] führt mehr oder weniger zu einer Exotismus-Kultur. Und das ist für mich persönlich noch ein Grund

---

32 Merx/Yazar (2014).
33 Meuser (2013), S. 167.

mehr, mich ganz behutsam zu nähern diesem Diskurs.«[34] (Gleichstellungsbeauftragte, K3[35])

Die Befragte sieht die Gefahr, dass die Diversitätsstrategien so ausgestaltet sind, dass sie Differenzen zwischen verschiedenen Bevölkerungsgruppen und Individuen betonen und dadurch (re-)produzieren.

Geflüchtete und Integration als aktueller Fokus

Die Integration von Geflüchteten wurde in allen durchgeführten Interviews als aktuell größte Herausforderung für Kommunen bezeichnet. In einigen Interviews wurde deutlich, dass es trotz des Engagements der Verwaltungsbeschäftigten auch zu Interessenkonflikten und Auseinandersetzungen im Hinblick auf die Ressourcenverteilung kommt. So sagt die Leiterin eines kommunalen Amtes, in dem verschiedene Diversitätsdimensionen sowie die zugehörigen Stellen gebündelt worden sind: »Aber natürlich ist es so, wenn wir jetzt das Thema Flüchtlinge haben, das erschlägt im Moment viel oder sozusagen das hat eine starke Dominanz und das ist gar nicht so leicht.«[36] (Amtsleiterin, K1)

Diversitätsmanagement als Querschnittsaufgabe

Der Umgang mit Geflüchteten wird jedoch gleichzeitig als eine Möglichkeit gesehen, die Notwendigkeit der Verankerung von Diversitäts- und Integrationspolitik als Querschnittsaufgabe zu verdeutlichen und innerhalb der Verwaltung durchzusetzen. Die Leiterin des Diversitätsmanagements der

---

34 Wallner, Laura (2015b): Interview mit der Gleichstellungsbeauftragten der Kommune K3 am 8.12.2015, unveröffentlichte Transkription Wallner, S. 383-387.
35 Im Folgenden werden beispielhaft einige Zitate aus den Interviews wiedergegeben. Sie werden jeweils mit der Funktion der_des Befragten sowie K1 bis K5 gekennzeichnet, um die Anonymität der Befragten zu gewährleisten.
36 Wallner, Laura (2015a): Interview mit der Amtsleiterin des Amts für Chancengleichheit der Kommune K1 am 9.11.2015, unveröffentlichte Transkription, S. 484-486.

Stadt K5 macht dies beispielsweise anhand der Wohnungspolitik deutlich, die auf den ersten Blick nichts mit Integration zu tun habe, in der aber in der aktuellen Situation eben doch offenbar werde, dass Mehrsprachigkeit und interkulturelle Kompetenz beim Verwaltungspersonal von Vorteil seien.»Also von daher wird, finde ich, in der jetzigen Situation auch nochmal klarer, dass Integration, Diversität eigentlich ein Thema ist, was tatsächlich in alle Arbeitsbereiche als Querschnitt reingehört.«[37] (Leiterin Diversitäts-Management, K5) Konkrete Herausforderungen, die sich den Beschäftigten im Verwaltungsalltag stellen, sind für die Akzeptanz und das Verständnis für die Notwendigkeit von Diversitätsstrategien also offenbar maßgeblich. Die aktuelle Situation, in der verstärkte Zuwanderung von Geflüchteten in Großstädte stattfindet, wird hierbei auch als Chance für die innerbehördliche Akzeptanz begriffen.

Berücksichtigung von Mehrfachzugehörigkeiten

Auch die Diversität innerhalb der Gruppe der Geflüchteten wird als relevanter Aspekt einer Diversitätsstrategie begriffen:

> »Trotz alledem darf man auch dann, wenn man es ganzheitlich betrachtet, auch bei den ganzen Geflüchteten z. B. den LSBTTI-Bereich nicht vergessen. Weil wenn wir 6–10 % weltweit haben, sind die dabei auch. Und die sind häufig auch aus genau den Gründen geflüchtet, weil denen dort vielleicht die Todesstrafe oder ein Gefängnis gedroht hat. […] Aber dass das eine Personengruppe ist, die besonderen Schutz braucht, das wird im Moment noch vergessen.«[38] (Leiterin Projekt Diversity, K4)

---

37 Wallner, Laura (2016a): Interview mit der Leiterin des Teams für Grundlagenarbeit, Diversitätsmanagement und Berichterstattung der Kommune K5 am 15.1.2016, unveröffentlichte Transkription, S. 152-154.
38 Wallner, Laura (2016c): Interview mit der Projektleiterin Diversity im Personal- und Organisationsamt der Stadt K4 am 29.1.2016, unveröffentlichte Transkription, S. 778-789 (zu LSBTTI siehe »Abkürzungen« im Anhang).

Diese Erkenntnis entspricht im Wesentlichen auch dem Konzept der Superdiversity (siehe oben). Die Gruppe der Zuwandernden ist heute ebenfalls deutlich heterogener als es in der Vergangenheit, beispielsweise bei der Zuwanderung der Gastarbeiter, der Fall war – auch wenn diese Gruppe in der öffentlichen Debatte ebenfalls vereinfachend homogenisiert wurde. An dieser Stelle ist auch das Konzept der Intersektionalität anschlussfähig.

Hier kann offenbar auf die Erfahrung von Gleichstellungsbeauftragten zurückgegriffen werden, die diese Frage im Hinblick auf die Kategorie Gender als eine ihrer zentralen Aufgaben beschreiben und die Notwendigkeit einer intersektionalen Betrachtung ebenfalls betonen:

»Also man muss ja schon, wenn man guckt, wenn man Migranten z. B. betrachtet, dann ist die Lage von Migrantinnen ja nochmal eine andere als die von Migranten. So dass man dieses Thema [Gender, L. W.] einfach immer durchziehen muss. Oder bei Menschen mit Behinderung macht es ja durchaus einen Unterschied, ob ich da Männer oder Frauen mit Behinderung habe usw.«[39] (Stellvertretende Gleichstellungsbeauftragte, K4)

Grenzen von Vielfalt

Auch die Frage nach Grenzen von Vielfalt wird im Zusammenhang mit der gestiegenen Zuwanderung von Geflüchteten in den Kommunen diskutiert. Herausfordernd sei dabei vor allem, die – ohnehin knappen – Ressourcen so zu verteilen, dass sich niemand benachteiligt fühlt: »Also, dass es da Probleme gibt, die Ressourcen zu verteilen, also das ist was, was ich im Moment sehe, wo man also schwer aufpassen muss, dass da nicht das Gefühl entsteht, dass Benachteiligungen gefühlt werden«[40] (Stellvertretende Gleichstellungsbeauftragte, K4). Es sei wichtig, nicht das Gefühl zu vermitteln, dass eine Zielgruppe mehr Berücksichtigung finde als eine andere. Was für die eine Zielgruppe eine Erleichterung darstellt, könne sich zudem als Be-

---

39 Wallner, Laura (2016b): Interview mit der Gleichstellungsbeauftragten der Kommune K4 am 29.1.2016, unveröffentlichte Transkription Wallner, S. 137-142.
40 Wallner (2016b), S. 594-597.

nachteiligung für eine andere Gruppe erweisen. Es wird deutlich, dass kommunales Diversitätsmanagement mit unterschiedlichen Anforderungen und Erwartungen konfrontiert ist, die es auszutarieren gilt, um Benachteiligungen zu vermeiden. Eine mehrdimensionale Strategie, die eine einseitige Betrachtung gesellschaftlicher Problemlagen vermeidet, scheint also aktuell besonders notwendig. Das Problem der knappen Ressourcen habe es auch schon vor der gestiegenen Zuwanderung von Geflüchteten gegeben, durch die zusätzlichen Aufgaben und Herausforderungen, die auch mit der Notwendigkeit, zusätzliches Personal einzustellen, einhergehen, aber noch verschärft. Knappe Ressourcen werden in den Interviews insgesamt als größtes Hemmnis von Diversitätsmanagement in Kommunen thematisiert. Vor diesem Hintergrund ist auch ein Teil der oben beschriebenen Skepsis der Gleichstellungsbeauftragten zu verstehen, die um ihre finanziellen und personellen Ressourcen fürchten bzw. bei einer Zusammenlegung der verschiedenen Diversitätsdimensionen Sorge haben, dass ihre Themen und Aktivitäten untergehen könnten.

Überlegungen für eine kommunale Diversitätspolitik

Offensichtlich bietet das Konzept des Diversitätsmanagements Ansatzpunkte für die Entwicklung einer kommunalen Diversitätsstrategie, muss dafür aber an die Gegebenheiten einer Kommune angepasst werden, weshalb der Begriff der Diversitätspolitik schlussendlich treffender erscheint. Der Begriff des (Diversity) Managements ist stark mit organisations- und/oder personalpolitischen Maßnahmen innerhalb einer Organisation verbunden. Diese sind auch in Kommunen Teil der Strategie, die sich hier allerdings auch – wenn nicht sogar überwiegend – nach außen auf die Stadtgesellschaft richtet und von den meisten Befragten gesellschaftspolitisch begründet wird. In Kommunen existiert(e) bereits eine Vielzahl von Antidiskriminierungs- und Gleichstellungsstrategien, die sich sowohl auf die Verwaltung als auch nach außen auf die Stadtgesellschaft richten. Die durch die Zuwanderung Geflüchteter vielfältiger werdende Bevölkerung erfordert nun auf der praktischen ebenso wie auf der diskurstheoretischen Ebene nach einer Neuausrichtung und stärkeren Verschränkung eben dieser Strategien. Folgende Aspekte scheinen daher für die weitere Diskussion kommunaler Diversitätsstrategien besonders relevant: das Verhältnis von Integration und Diversity. Aufgrund der bislang engen Verknüpfung der beiden Konzepte besteht Klärungsbedarf hinsichtlich des expliziten und impliziten Integrationsverständnisses und seines Verhältnisses zu neu einzuführenden Diversitätsstrategien. Dabei stellt sich insbesondere die Frage, ob die Defizitperspektive eines Integrationsverständnisses, das sich an einer »deutschen Norm« orientiert, tatsächlich abgelöst wird und einer »Potenzialperspektive« (siehe oben) Platz macht.

Zielgruppen und Dimensionen: Die Frage nach Zielgruppen und (zusätzlichen) Diversitätsdimensionen stellt sich für Kommunen, gerade im Kontext von Begriffen wie Chancengleichheit oder Teilhabe. Dabei spielt die Anknüpfungsmöglichkeit an vorhandene Strategien ebenso eine Rolle wie zum Beispiel die Frage, ob soziale Schicht und Bildungsstand oder auch Obdachlosigkeit und Langzeitarbeitslosigkeit als Dimensionen einbezogen werden sollten. Auch diese Überlegungen sind immer wieder Teil des wissenschaftlichen Diversity-Diskurses und an dieser Stelle somit anschlussfähig.

Berücksichtigung von Intersektionalität: Mehrfachzugehörigkeiten und Mehrfachdiskriminierung müssen zentraler Bestandteil eines Diversitätskonzeptes sein. Gerade in dieser intersektionellen Perspektive liegen die großen Chancen eines Ansatzes, der keine eindimensionalen Gleichstellungs- und Antidiskriminierungspolitiken verfolgt, sondern die Verschränkungen unterschiedlicher Dimensionen berücksichtigt. Erst damit wäre ein Paradigmenwechsel eingeleitet. Die verschiedenen bereits vorhandenen Strategien und zugehörigen Stellen bieten hierzu in Kommunalverwaltungen den Ansatzpunkt.

Diversitätspolitik als Querschnittsaufgabe: Eine erfolgreiche kommunale Diversitätspolitik muss in allen Bereichen der Kommunalpolitik und der kommunalen Dienstleistungen verankert werden. Sowohl das politische als auch das Verwaltungshandeln muss bei jeder Entscheidung auf die Auswirkungen auf unterschiedliche Gruppen und Individuen aus einer intersektionellen Perspektive überprüft werden.

Ausstattung mit Ressourcen: Sowohl der Verwaltungsbereich der Diversitätspolitik als auch einzelne zuständige Stellen müssen mit ausreichenden Ressourcen ausgestattet sein. Das betrifft personelle wie finanzielle Ressourcen. Konflikte entstehen gerade dann, wenn einzelne Bereiche zugunsten anderer Bereiche Ressourcen verlieren oder mit der Zusammenlegung verschiedener Bereiche Einsparungen verbunden werden.

Vermeidung von sozialen Konkurrenzen und Interessenkonflikten: Bei der Zielgruppenarbeit ist es wesentlich, dass unterschiedliche Gruppen nicht gegeneinander ausgespielt werden oder einzelne Gruppen sich gegenüber anderen Gruppen regelmäßig benachteiligt fühlen. Dieser Punkt erscheint zumal in der aktuellen Debatte über die Zuwanderung von Geflüchteten relevant, da er sich auch als Argument im gesellschaftspolitischen Diskurs wiederfindet. Sozialer Frieden und ein respektvolles Zusammenleben, das von den Befragten in den Kommunen häufig als Ziel ihrer Diversitäts- und Gleichstellungsarbeit genannt wurde, kann nur dann erreicht werden, wenn sich alle Bürger_innen gleichermaßen berücksichtigt fühlen. Ein gutes Beispiel ist auch hier die Wohnraumpolitik: Das Schaffen von neuem Wohnraum, insbesondere im Bereich des geförderten Wohnraums, ist nicht nur für Geflüchtete erforderlich. Hier verschränken sich beispielsweise die Bedarfe von Geflüchteten, Erwerbslosen, Geringverdienenden, aber auch Studierenden oder Auszubildenden. Solche Schnittpunkte bedürfen einer besonderen Aufmerksamkeit. Durch die so immer unterschiedlich zusammengesetzten Zielgruppen kommunalpolitischer Maßnahmen und Strategien könnten sogar neue Solidaritäten innerhalb der Stadtgesellschaft entstehen und dadurch der soziale Zusammenhalt insgesamt gestärkt werden.

Literatur

Allahwala, Ahmed (2008): Politics of Diversity in Toronto, in: Politics of Diversity, hg. v. Olga Drossou/Andreas Merx, Berlin, S. 6-9.
Andresen, Sünne/Mechthild Koreuber/Dorothea Lüdke (2009): Gender und Diversity. Albtraum oder Traumpaar?, Wiesbaden.
Bukow, Wolf-Dietrich (2011a): Vielfalt in der postmodernen Stadtgesellschaft – Eine Ortsbestimmung, in: Neue Vielfalt in der urbanen Stadtgesellschaft, hg. v. Wolf-Dietrich Bukow/Gerda Heck/Erika Schulze et al., Wiesbaden, S. 207-231.
Bukow, Wolf-Dietrich (2011b): Zur alltäglichen Vielfalt von Vielfalt – postmoderne Arrangements und Inszenierungen, in: Orte der Diversität, hg. v. Cristina Allemann-Ghionda/Wolf-Dietrich Bukow, Wiesbaden, S. 35-54.
Cox, Taylor/Stacey Blake (1991): Managing Cultural Diversity. Implications for Organizational Competitiveness, in: Academy of Management Executive 3 (1991) 5, S. 45-56.
Drossou, Olgaund/Andreas Merx (2008): Politics of Diversity, Berlin.

Dudek, Sonja (2008): Praxisbeispiel Berlin – Stadt der Vielfalt: Implementierung wirksamer Diversitystrategien durch die Berliner Verwaltung, in: Chancengleichheit durch Personalpolitik, hg. v. Gertraude Krell/Renate Ortlieb/Barbara Sieben, Wiesbaden, S. 193-198.
Glaser, Barney G. (1978): Theoretical Sensitivity, Mill Valley, CA.
Glaser, Barney G./Anselm L. Strauss (1967): The Discovery of Grounded Theory, Chicago.
Keller, Reiner (2011): Wissenssoziologische Diskursanalyse, Wiesbaden.
Keller, Reiner (2013): Zur Praxis der Wissenssoziologischen Diskursanalyse, in: Methodologie und Praxis der Wissenssoziologischen Diskursanalyse, hg. v. Reiner Keller/Inga Truschkat, Wiesbaden, S. 27-68.
Krell, Gertraude (2009): Gender und Diversity: Eine »Vernunftehe« – Plädoyer für vielfältige Verbindungen, in: Gender und Diversity: Albtraum oder Traumpaar?, hg. v. Sünne Andresen/Mechthild Koreuber/Dorothea Lüdke, Wiesbaden, S. 133-153.
Krell, Gertraude (2013): Vielfältige Perspektiven auf Diversity: erkunden, enthüllen, erzeugen, in: Diversity entdecken, hg. v. Saskia-Fee Bender/Marianne Schmidbaur/Anja Wolde, Weinheim/Brüssel, S. 61-78.
Krell, Gertraude (2014): Diversity: Vielfältige Verständnisse – und auch Missverständnisse, in: Aufregend bunt, vielfältig normal!, hg. v. Stefanie Nutzenberger/Eva M. Welskop-Deffaa, S. 20-31.
Krell, Gertraude/Barbara Sieben (2008): Diversity Management. Chancengleichheit für alle und auch als Wettbewerbsvorteil, in: Chancengleichheit durch Personalpolitik, hg. v. Gertraude Krell/Renate Ortlieb/Barbara Sieben, Wiesbaden, S. 155-174.
Merx, Andreas/Serdar Yazar (2014): Vielfalt, Chancengleichheit und Inklusion, Berlin.
Meuser, Michael (2013): Diversity Management – Anerkennung von Vielfalt?, in: Zusammenhalt durch Vielfalt, hg. v. Ludger Pries, Wiesbaden, S. 167-181.
Mey, Günter/Katja Mruck (2011): Grounded Theory Reader, Wiesbaden.
Pavkovic, Gari (2012): Diversität als Störung des Gewohnten. Erfahrungen aus der Landeshauptstadt Stuttgart, in: Archiv der Wissenschaft und Praxis der sozialen Arbeit 1 (2012) 43, S. 74-82.
Scherr, Albert (2008): Leitbilder in der politischen Debatte. Integration, Multikulturalismus und Diversity, in: Lokale Integrationspolitik in der Einwanderungsgesellschaft, hg. v. Frank Gesemann/Roland Roth, Wiesbaden, S. 71-88.
Strauss, Anselm L./Juliet M. Corbin (1996): Grounded Theory, Weinheim.
Strübing, Jörg (2014): Grounded Theory, Wiesbaden.
Struppe, Ursula (2008): Grundsätze der Integrations- und Diversitätspolitik der Stadt Wien, in: Politics of Diversity, hg. v. Olga Drossou/Andreas Merx, Berlin.
Süß, Stefan (2008): Diversity-Management auf dem Vormarsch: eine empirische Analyse der deutschen Unternehmenspraxis, in: Schmalenbachs Zeitschrift für betriebswirtschaftliche Forschung, ZfbF 4 (2008) 60, S. 406-430.
Vedder, Günther (2006): Die historische Entwicklung von Diversity-Management in den USA und in Deutschland, in: Diversity Management, hg. v. Gertraude Krell/Hartmut Wächter, Mering, S. 2-23.
Vertovec, Steven (2007): Super-Diversity and Its Implications, in: Ethnic and Racial Studies 6 (2007) 30, S. 1024-1054.
Winker, Gabriele/Nina Degele (2009): Intersektionalität, Bielefeld.

Martin Mertens

Die Kommune als Ort der gelebten Integration. Ein kurzer Bericht aus der Praxis in der Gemeinde Rommerskirchen

Die nordrhein-westfälische Gemeinde Rommerskirchen liegt im Süden des Rhein-Kreises Neuss zwischen den Großstädten Düsseldorf und Köln.[1] Mit rund 13.700 Einwohnern ist sie die kleinste Kommune im Umkreis. Wie im gesamten Bundesgebiet nimmt auch in Rommerskirchen seit 2014 die Zahl der geflüchteten Menschen zu. Wurden dort im Jahr 2014 noch 48 Flüchtlinge durch das Sozialamt betreut, verfünffachte sich der Wert der Geflüchteten innerhalb eines Jahres auf 263 zum 31.12.2015.[2]

Die in Rommerskirchen lebenden Flüchtlinge stammen aus den verschiedensten Teilen der Welt, so aus Eritrea, Syrien, Iran, Irak, Afghanistan, Somalia, Nigeria, Liberia, Togo, Pakistan, der Russischen Föderation, Algerien, Sri Lanka, Georgien, Türkei, Armenien, Serbien, Guinea, der Ukraine und China.

---

1 Der Praxisbericht fußt auf einer Zusammenstellung der Gemeindeverwaltung Rommerskirchen und der konzeptionellen Weiterentwicklung von Maßnahmen zur erfolgreichen Integration von Flüchtlingen des Autors in seiner Rolle als Bürgermeister.
2 Der Anteil stieg also innerhalb eines Jahres von 0,3 % auf 2 % der Bevölkerung.

Mit der stetigen Zunahme der Geflüchteten wurde es notwendig, in extrem kurzer Zeit Wohnraum zu schaffen. Standen Anfang 2015 noch sechs Unterkünfte für Geflüchtete zur Verfügung, so waren es Ende des Jahres bereits zwanzig, darunter eine kleinere Turnhalle. Durch die intensive Aufklärung der Bevölkerung, die der Bürgermeister mit seinen Mitarbeitern durch Informationsschreiben und Haustürbesuche vornahm, stieß die Unterbringung auf relativ breite Akzeptanz in der Bevölkerung – offenbar bewirkte das Gefühl, dass sich die Verwaltungsspitze um die geflüchteten Menschen kümmert, ein weites Verständnis. Zurzeit (Herbst 2017) befinden sich vier Wohncontainer und drei Häuser für Flüchtlinge im Eigentum der Gemeinde. 21 Objekte hat die Gemeinde darüber hinaus angemietet, um für die Geflüchteten Wohnraum zu schaffen – im dicht besiedelten und wohnraumknappen Rheinland durchaus eine Herausforderung. Zudem ist es erklärtes Ansinnen der Rommerskirchener Integrationspolitik, die Geflüchteten möglichst schnell in Wohnungen (anstatt in Wohncontainern) unterzubringen, die über die gesamte Gemeinde verteilt sind – dies erleichtert nicht nur die Integration, sondern steigert auch das Verständnis der Bevölkerung.

Die Organisierung der materiellen Ressourcen

Derzeit (Herbst 2017) sind in Rommerskirchen 205 geflüchtete Menschen untergebracht. Mit der Einführung der Wohnsitzauflage im Jahr 2016 sollte die Landflucht der Flüchtlinge in die großen Städte gestoppt werden – doch damit wurden zugleich die kleineren Kommunen vor eine neue Herausforderung gestellt: Bei den Flüchtlingen, die der Gemeinde Rommerskirchen gemäß der Wohnsitzauflage zugewiesen werden, handelt es sich um Geflüchtete, die bereits anerkannt sind und mindestens drei Jahre in der Gemeinde leben werden. Anders als bei den Geflüchteten, die den Kommunen gemäß dem Flüchtlingsaufnahmegesetz (FlüAG) zugewiesen und nach erfolgreicher Anerkennung durch das Bundesamt für Migration und Flüchtlinge (BAMF) auf der Basis der bundesweit geltenden Wohnsitzauflage[3] den Kom-

---

3   Die Wohnsitzauflage ist im Integrationsgesetz des Bundes geregelt. Sie ist ein Instrument für Länder und Kommunen, um eine integrationsfreundliche Verteilung zu organisieren.

munen zugeteilt werden, müssen die Städte und Gemeinden nun für ausreichenden, dauerhaften Wohnraum sorgen.[4] Dabei sind die Kommunen an bestimmte Auflagen gebunden, da die Wohnungen für anerkannte Flüchtlinge eine bestimmte Mietsumme nicht überschreiten dürfen. In Rommerskirchen darf beispielsweise eine Wohnung für eine Person maximal 50 m² Fläche besitzen und 393,00 Euro pro Monat kosten (Bruttokaltmiete).

Um eine gelingende Integrationspolitik auch weiter zu ermöglichen und den Vorgaben von Land und Bund nachzukommen, ist es inzwischen zur Daueraufgabe für die Gemeindeverwaltung geworden, Wohnraum zu generieren, etwa, indem kurzfristig Häuser und Wohnungen angeworben werden. Da Wohnraum im Großraum Köln-Düsseldorf extrem knapp ist, führt dies zu einer weiteren Reduzierung des Angebots. Deshalb hat die Gemeinde zeitgleich den Weg beschritten, Bauland zu generieren und öffentlich geförderten Wohnraum zu schaffen.

Die Organisation der Willkommenskultur

Neben diesen organisatorischen, technischen und finanziellen Aufgaben, die viel Personal binden, ist es auch Aufgabe kommunaler Integrationspolitik, die einheimischen Bürgerinnen und Bürger über die Integrationsarbeit zu informieren und sie sogar aktiv mit einzubeziehen. Das Jahr 2015 hat zwar gezeigt, dass Deutschland ein Land der gelebten Willkommenskultur geworden ist. Allerdings haben zeitgleich europaweit rechtspopulistische und sogar rechtsextreme Tendenzen zugenommen. Um Sorgen und Ängsten entgegenzutreten, haben Bürgermeister und Verwaltung intensive Anstrengungen zu Aufklärung und Dialog unternommen. Dazu gehört insbesondere, dem Thema öffentliche Sicherheit Aufmerksamkeit zu schenken: Einheimische Bürgerinnen und Bürger haben spätestens seit der »Kölner Sil-

---

Die Anwendung der Auflage obliegt den Ländern. Nordrhein-Westfalen wendet einen neu geschaffenen Integrationsschlüssel an, der neben der Bevölkerungszahl und Fläche unter anderem auch den regionalen Arbeits- und Wohnungsmarkt berücksichtigt.

4 Die Erstaufnahmeeinrichtungen werden nach dem Asylbewerberleistungsgesetz von den Bundesländern finanziert. Um die Anschlussunterbringung müssen sich die Kommunen und die Landkreise kümmern, sodass hiermit auch finanzielle Anstrengungen verbunden sind.

vesternacht« und mehreren islamistisch motivierten Attentaten zunehmend Sorgen vor Kriminalität durch Flüchtlinge, die es zu entkräften gilt.

Die Kommune als Ort der gelebten Integration muss sich deshalb intensiv mit Ängsten auseinandersetzen und den Bürgerinnen und Bürgern verdeutlichen, dass gelungene Integrationsarbeit vor terroristischen Anschlägen schützen kann. In Rommerskirchen wurde deshalb die Zivilbevölkerung aktiv an der Flüchtlingsarbeit beteiligt: Wie in vielen anderen Kommunen hat sich ein stark engagiertes Ehrenamt formiert, das sich unter anderem an der Sprachförderung der Geflüchteten beteiligt. Das Erlernen der deutschen Sprache ist der Schlüsselfaktor für eine gelingende Integration – sowohl in die Gesellschaft als auch in den Arbeitsmarkt. Neben der Vermittlung von Sprachkenntnissen ist es jedoch auch die Vermittlung »regionaler Kultur«, die zu einer erfolgreichen Integration beiträgt: Ob die Einführung in das Schützenwesen oder den rheinischen Karneval, ob in gemeinsame Kulturcafés, Sportfeste oder Grünpflege, überall wurden Flüchtlinge von den bis zu 150 aktiven Ehrenamtlichen mit- und aufgenommen. Auf diese Weise sind inzwischen viele freundschaftliche Beziehungen entstanden, von denen beide Seiten profitieren.

Um das Ehrenamt ein Stück weit zu institutionalisieren und den engen Kontakt zur Verwaltung zu halten, hat die Gemeinde das Modell der Integrationspatenschaften eingerichtet: Die Paten betreuen ihre Schützlinge in allen Angelegenheiten, sie begleiten sie beispielsweise bei Behördengängen oder zum Arzt. Außerdem geben sie privaten Deutschunterricht und bringen den Geflüchteten die deutsche Kultur näher.

Dabei bewährte sich die enge Zusammenarbeit mit der Rommerskirchener »Tafel«: Über Spendenaktionen wurden gebrauchte Fahrräder beschafft, die den Flüchtlingen zur Verfügung gestellt werden, um die Mobilität im Gemeindegebiet zu erhöhen – denn anders als in Mittel- und Großstädten ist der Öffentliche Personennahverkehr zwar in einem guten und angemessenen Umfang vorhanden, allerdings deckt dieser nicht alle Tageszeiten vollkommen ab, sodass die Flüchtlinge mit den Fahrrädern deutlich flexibler agieren können. Um den Geflüchteten einen sicheren Umgang im Straßenverkehr zu ermöglichen, wurden deshalb von Seiten der Verwaltung Vorträge der Polizei zur Verkehrserziehung organisiert.

Außerdem wurde eine Schulung zum Umgang mit Feuer und Gefahrenquellen gemeinsam mit der freiwilligen Feuerwehr durchgeführt.

Die Integration in den Arbeitsmarkt durch Kinderbetreuung und Sprachförderung

Die Wirtschaftsförderung der Gemeinde Rommerskirchen arbeitet eng mit der Bundesagentur für Arbeit zusammen, um die anerkannten Geflüchteten schnell in den Arbeitsmarkt zu integrieren. Sofern die Rommerskirchener Unternehmen freie Arbeitsplätze zur Verfügung haben, bemühen sich die Agentur für Arbeit und das Sozialamt der Gemeinde Rommerskirchen, die Flüchtlinge über ein Praktikum in den Arbeitsmarkt zu integrieren. Bis heute konnten tatsächlich mehrere Geflüchtete auf diese Weise in unbefristete Arbeitsverhältnisse vermittelt werden. Geflüchtete ohne hohe Bleibeperspektive werden in sogenannte »Flüchtlings-Integrations-Maßnahmen« vermittelt: In Rommerskirchen arbeiten deshalb immer bis zu fünf Geflüchtete auf dem kommunalen Bauhof.

Die Verwaltungsspitze in Rommerskirchen war sich jedoch schnell bewusst, dass das hervorragende ehrenamtliche Engagement der Bevölkerung durch hauptamtliche Integrationshelfer flankiert werden muss. Hier hat Rommerskirchen eine regionale Vorreiterrolle eingenommen, indem neben den Mitarbeitern des Sozialamtes der Gemeindeverwaltung Integrationshelfer eingestellt wurden, um den Geflüchteten ein niedrigschwelliges Hilfsangebot anzubieten. Diese Integrationshelfer bilden die Schnittstelle zwischen Flüchtlingen, Verwaltung und Ehrenamt. Bei den hauptamtlichen Helfern handelt es sich oftmals um Menschen, die selbst einen Migrationshintergrund aufweisen. Mit den Integrationshelfern ist die Flüchtlingsarbeit in Rommerskirchen zu einem frühen Zeitpunkt institutionalisiert worden.

Auch im Bereich der kommunalen Kita- und Schulpolitik hat die Gemeinde integrationspolitische Weichen gestellt: Stets wurde umgehend versucht, den neu eingereisten Kindern einen Platz in der Kindertagesstätte bzw. Offenen Ganztagsschule anzubieten. In Zusammenarbeit mit dem Amt für Senioren und Soziales wurde sichergestellt, dass Familien dort untergebracht worden sind, wo freie Kita- bzw. OGS-Plätze zur Verfügung standen.

Je früher die Sprachförderung beginnt, desto einfacher und erfolgreicher ist sie. In den kommunalen Kindertagesstätten wurden deshalb die Fachkraftstunden zur Förderung von Flüchtlingskindern, die sich im letzten Kitajahr befanden, aufgestockt. So wurde ihnen der Übergang in die Schule merklich erleichtert. Im Grundschul- und Offenen Ganztagsbereich wurden zusätzlich ein privates Lernzentrum und weitere Honorarkräfte zur Sprachförderung eingesetzt.

Fazit

Abschließend ist festzuhalten, dass die Gemeinde Rommerskirchen ihre Integrationspolitik in den letzten zwei Jahren auf freiwilliger Basis grundlegend ausgebaut hat. Trotz alledem steht die Integrationspolitik auch in Rommerskirchen vor neuen Herausforderungen. Um diese erfolgreich meistern zu können, sind alle Kommunen auf finanzielle Hilfen angewiesen. Es bleibt deshalb bei der zentralen Forderung der Städte und Gemeinden, dass die Kommunen in die finanzielle Lage versetzt werden müssen, die Integrationspolitik vor Ort im notwendigen Umfang gestalten zu können. Denn gelungene Integration findet auf der kommunalen Ebene statt. Deshalb bleibt es bei der Kernforderung der nordrhein-westfälischen Kommunen, dass die Integrationspauschale des Bundes vollumfänglich an die Städte und Gemeinde weitergeleitet werden muss. Leider ist dies bis heute in Nordrhein-Westfalen nicht der Fall.

Die durch das Land aufgelegten Integrationsprogramme sind zwar begrüßenswert, allerdings ist die Beantragung der Mittel mit hohem bürokratischem Aufwand verbunden. Außerdem sind die finanziellen Mittel nur in einem vorgegebenen Rahmen nutzbar. Integration gestaltet sich jedoch von Kommune zu Kommune unterschiedlich, sodass die Weiterleitung der Integrationspauschale hier das geeignete Instrument ist, um Integration erfolgreich zu gestalten.

Integration durch Teilhabe

Norbert Frieters-Reermann

Bildungsteilhabe von Geflüchteten
Herausforderung für non-formale Bildung und Soziale Arbeit

Durch die im Jahr 2015 signifikant gestiegene Anzahl von geflüchteten Menschen in Deutschland wurden vielfältige gesellschaftliche Systeme und Institutionen innerhalb kurzer Zeit extrem herausgefordert. Häufig stand dabei die Erstversorgung der Geflüchteten im Vordergrund. Auch wenn diese akute Herausforderung sich mittlerweile aus verschiedenen Gründen in ihrer Brisanz entschärft hat,[1] wird das Thema Flucht in Deutschland zahlreiche Institutionen noch auf Jahre beschäftigen. Der Bildungssektor und die Akteure der schulischen und außerschulischen Bildungs- und Sozialarbeit sind von dieser Situation besonders betroffen. Denn zum Ersten ist das Recht auf Bildung ein grundlegendes Menschenrecht, auch für Geflüchtete, das es einzulösen gilt. Zum Zweiten kann Bildung als ein Schlüsselfaktor für die

---

1 Zentrale Gründe sind die rückläufigen Zahlen von Geflüchteten, die auf eine massive Verschärfung der europäischen Flüchtlingspolitik und der deutschen Asylpolitik sowie verstärkte Abschiebungen zurückzuführen sind. Ebenfalls zur Entschärfung der Situation haben das hohe ehrenamtliche und berufliche Engagement und die damit verbundene Etablierung von fluchtbezogenen Unterstützungsmaßnahmen und -strukturen beigetragen.

umfassende gesellschaftliche Integration und Teilhabe von allen Zugewanderten bezeichnet werden. Und drittens sind Bildungsprozesse für die Identitätsentwicklung, für die Entfaltung sozialer und kommunikativer Kompetenzen, für die berufliche Qualifizierung und für die Gestaltung eines gelingenden Lebens unumgänglich.[2] Das gilt umso mehr für minderjährige Geflüchtete, die mit vielfältigen Lebensgestaltungs- und Bewältigungsaufgaben konfrontiert sind, die im Kontext von Bildungsprozessen adressiert werden können.

Allerdings führte der Diskurs über das Thema Flucht sowie der pädagogische Umgang mit Geflüchteten bislang im Kontext der deutschsprachigen bildungs- und erziehungswissenschaftlichen Theorie- und Praxisdiskurse eher ein Nischendasein. Dies hat sich seit 2015 schlagartig geändert. Zahlreiche Fachtagungen und Publikationen zum Thema bezeugen den plötzlichen Sinneswandel. Doch werden angesichts der aktuellen fluchtbezogenen Diskurse oftmals primär die Herausforderungen und Integrationsaufgaben des formalen schulischen Bildungssystems, welches zweifelsohne auch sehr wichtig ist, fokussiert. Durch die Schul- und Unterrichtsfokussierung geraten die außerschulischen und non-formalen Bildungsorte und Lernkontexte häufig aus dem Blick. Diese aber sind für die individuelle Identitätsentwicklung und Kompetenzentfaltung sowie für die gesellschaftliche Integration und Teilhabe von Geflüchteten ebenfalls von großer Bedeutung.[3] Gerade außerschulische Bildung basiert auf einem erweiterten Bildungsverständnis, das weit über berufliche Qualifizierung und Employability hinausreicht. Dabei geht es um die Ermöglichung von partizipativen, lebensweltorientierten, ganzheitlichen Lernprozessen, die auf das Empowerment, die Handlungsfähigkeit, die Selbstwirksamkeit und die Zugehörigkeit von Geflüchteten ausgerichtet sind. Diese Erfahrungen markieren einen Gegenpol zur häufig erlebten Viktimisierung, Klientisierung und Fremdbestimmtheit, denen sich geflüchtete Menschen in Deutschland ausgesetzt sehen.[4] Von daher konzentriert sich der thematische Schwerpunkt des vorliegenden Beitrags auf die Bildungsmöglichkeiten und Teilhabechancen von minder-

---

2 Vgl. Frieters-Reermann et al. (2013).
3 Vgl. Frieters-Reetmann (2015).
4 Vgl. ders. (2016).

jährigen Geflüchteten an non-formalen außerschulischen Bildungsprozessen in Deutschland. Diese sind oftmals durch indirekte Inklusions- und Zugangsbarrieren gekennzeichnet, welche die Bildungsteilhabe für Geflüchtete deutlich beeinträchtigen. Vor diesem Hintergrund sollen die außerschulischen Bildungssorte und die damit verbundenen indirekten Exklusionsdynamiken und Diskriminierungstendenzen thematisiert und eingehender analysiert werden. Dabei geht es in diesem Beitrag weniger um direkte, offene und unmittelbare Gewalt- und Rassismuserfahrungen, von denen viele Geflüchtete betroffen sind, sondern um die verdeckten, indirekten, weniger offensichtlichen Zuschreibungen und Diskriminierungen, die in den Diskursen, Strukturen und Praktiken der außerschulischen Bildungsarbeit verankert sind. Entsprechend werden nicht allgemeine Zugangsbarrieren und Teilhabebeschränkungen thematisiert, sondern verstärkt jene Prozesse, die aktive Mitgestaltung und Eigeninitiative von Geflüchteten in außerschulischen Bildungsorten erschweren.

Dazu werden zunächst vier grundlegende Arrangements der fluchtbezogenen Bildungsarbeit und Sozialarbeit dargelegt. Auf dieser Basis sollen dann einerseits erste aktuelle noch unveröffentlichte Ergebnisse aus zwei laufenden fluchtbezogenen Forschungsprojekten skizzenhaft vorgestellt und andererseits diese Befunde aus der Perspektive postkolonialer Theorien kritisch reflektiert werden.[5] Diese »postkoloniale« Reflexion kann genutzt werden, den gesamten Themenkomplex einer fluchtbezogenen Bildungs- und Sozialarbeit im Hinblick auf mögliche diskriminierende und entwerten-

---

5   Der Autor des vorliegenden Beitrages leitet beide Forschungsprojekte, die an der Katholischen Hochschule Nordrhein-Westfalen, Abteilung Aachen durchgeführt werden: Projekt 1. »Bildungsteilhabe und Bildungsgerechtigkeit für minderjährige Flüchtlinge« (Förderung durch Fritz Thyssen Stiftung – 1.4.2016–31.3.2018) und 2. »Flucht – Diversität – kulturelle Bildung« (Förderung durch das Bundesministerium für Bildung und Forschung – 15.11.2016–14.11.2019). Im Rahmen beider Forschungsprojekte werden rassistische und stigmatisierende Tendenzen in fluchtbezogenen Bildungsprozessen (Fokus außerschulische Bildung) und Bildungskonzepten/Förderanträgen für Bildungsprogramme (Fokus Kulturelle Bildung) analysiert. Erste Ergebnisse deuten darauf hin, dass junge Geflüchtete in Prozessen der außerschulischen Bildung unter anderem verschiedene klientisierende, viktimisierende, ethnorassistische Tendenzen und auf den Flüchtlingsstatus reduzierende Zuschreibungen erfahren, die aus einer postkolonialen Theorieperspektive theoretisch reflektiert und in größere gesellschaftliche, politische und bildungsbezogene Diskurse eingeordnet werden können.

de Tendenzen und Praktiken zu überprüfen. Dabei geht es primär darum, die gegenwärtige Situation geflüchteter Menschen in Deutschland nicht als aktuelle Sondersituation und isoliert zu betrachten – und damit zu dekontextualisieren –, sondern Fluchtmigration kontinuierlich mit historischen und gegenwärtigen globalen Machtstrukturen und Dominanzkulturen in Verbindung zu bringen.[6]

Bildungsarbeit und Soziale Arbeit für/mit/über/durch Geflüchtete(n)

Sehr vereinfacht lassen sich vier grundsätzliche Arrangements oder Leitperspektiven einer fluchtbezogenen Bildungs- und Sozialarbeit nachzeichnen. Bereits diese erste grobe Skizzierung der Konzeptionen mag verdeutlichen, wie eingeschränkt oftmals die Teilhabe- und Gestaltungsmöglichkeiten für Geflüchtete in diesem Kontext sind.[7] Denn die mit diesen Arrangements verbundenen Dynamiken erschweren oftmals, dass Geflüchtete in den Praxen als aktiv Handelnde wahrgenommen und dass ihnen umfassende Partizipations- und Teilhabemöglichkeiten eingeräumt werden. Dieser Umstand bezieht sich primär auf die ersten drei Leitperspektiven:

1. Bildungsarbeit und Soziale Arbeit für Geflüchtete: Hierbei geht es um gezielte Bildungs- und Unterstützungsangebote, die speziell und exklusiv für Geflüchtete konzipiert werden, um ihre Integration zu unterstützen.

2. Bildungsarbeit und Soziale Arbeit mit Geflüchteten: Hierbei geht es um die verstärkte Öffnung vorhandener Angebote und Maßnahmen für Geflüchtete, um ihre umfassende Teilhabe zu fördern, also auch um die gezielte Integration in existierende Bildungs- und Gestaltungsprozesse, mit der Idee, das gemeinsame Lernen zu stärken.

3. Bildungsarbeit und Soziale Arbeit über Geflüchtete: Hierbei geht es primär um eine inhaltliche Ebene und im weitesten Sinne um politische Bildung und Bewusstseinsbildung in der Aufnahmegesellschaft zum Themenkomplex Fluchtursachen und Fluchtmigration und allen damit verbun-

---

6 Vgl. Castro Varela (2015); Niedrig (2015) und Niedrig/Seukwa (2010).
7 Vgl. Frieters-Reermann/Sylla (2017).

denen Herausforderungen. Dabei spielen Angebote im Kontext der Gewalt- und Rassismusprävention, der sogenannten interkulturellen Pädagogik, der Demokratiepädagogik und der Konfliktbearbeitung eine zentrale Rolle. Geflüchtete sind nicht primäre Zielgruppe, können aber solche Prozesse durch ihre Präsenz sehr bereichern.

In diesen drei Arrangements erscheinen Geflüchtete primär als Zielgruppe oder als Thema, nicht aber als aktiv Handelnde. Von daher wäre es von Bedeutung eine vierte ergänzende Querschnittsperspektive verstärkt mitzudenken, die für alle drei Arrangements relevant ist:

4. Bildungsarbeit und Soziale Arbeit durch Geflüchtete: Bei dieser Perspektive geht es darum, Geflüchtete als Expertinnen und Experten für das Thema Flucht sowie für die Arbeit mit Geflüchteten anzuerkennen und einzubeziehen. Die Expertise der Geflüchteten wird nicht nur als wichtige, ergänzende und bereichernde Ressource im Prozess genutzt, sondern sie ermöglicht einen grundlegenden Rollenwechsel, bei dem Geflüchtete von Lernenden zu Lehrenden, von Unterstützten zu Unterstützenden und von Begleiteten zu Begleitenden werden.

Diese vierte Perspektive konterkariert und erweitert jede außerschulische Bildungsarbeit und Soziale Arbeit für/mit/über Geflüchtete(n) und eröffnet grundlegend neue Blickwinkel und damit verbundene Konsequenzen. Sie bildet einen zentralen Ausgangs- und Bezugspunkt für die nachfolgenden Überlegungen. Denn diese vierte Leitperspektive wirft unweigerlich die Frage auf, was die stärkere Einbindung von Geflüchteten als Handlende, Unterstützende, Begleitende und Lehrende in der fluchtbezogenen Bildungs- und Sozialarbeit verhindert und was einer partizipativen und emanzipatorischen Arbeit mit Geflüchteten im Wege steht. Die Intention dieses Beitrages ist es, eingehender zu analysieren, welche gesellschaftlichen Diskurse, Narrative, Sichtweisen und Vorstellungen über Flucht die Viktimisierung und Klientisierung von Geflüchteten im Kontext der außerschulischen Bildungsprozesse begünstigen und dadurch ihre Partizipation, Selbstermächtigung und aktive Einbindung verhindern oder erschweren.

Exklusion und Diskriminierung auf verschiedenen Ebenen

Flucht und die damit verbundenen Erlebnisse der Geflüchteten gehen oft einher mit massiver Exklusion, Marginalisierung und direkter physischer Gewalt. Diese Erlebnisse sind meistens einschneidende traumatisierende Erfahrungen, die in den Herkunftsländern ihren Anfang nehmen und sich in den Transit- und Aufnahmegesellschaften, wenn auch in anderer und abgeschwächter Form, fortsetzen. Um die Exklusions- und Gewalterfahrungen von Geflüchteten in Deutschland differenzierter zu analysieren, bietet es sich unter Rückgriff auf Ansätze der Konfliktforschung[8] und der Diskriminierungsforschung[9] an, verschiedene Analyseebenen oder -perspektiven zu unterscheiden. Im Wesentlichen wird dabei auf drei Ebenen zurückgegriffen:
1. direkte personenbezogene,
2. indirekte struktur- und institutionenbezogene sowie
3. indirekte kultur- und diskursbezogene Gewalt und Diskriminierungstendenzen.[10]

Auf der Basis eigener fluchtbezogener Forschungen des Autors können diese Ansätze im Hinblick auf die Bildungsteilhabe von Geflüchteten weiter differenziert und bis zu sechs Analyseebenen unterschieden werden. Dabei geht es primär um die Frage, auf welcher Ebene welche Dynamiken zu beobachten sind, die den Geflüchteten die aktive Teilhabe, die Eigeninitiative und die Mitgestaltung in außerschulischen Bildungsorten und -angeboten erschweren oder verhindern.

1. Die personal-individuelle Ebene bezieht sich auf die individuellen biografischen Vorerfahrungen und Persönlichkeitsmerkmale. So können rassistische Vorerfahrungen oder fluchtbedingte Traumata bereits eine persönliche Barriere markieren, welche die Offenheit und aktive Mitgestaltung von Geflüchteten in Bezug auf außerschulische Bildungsorte blockieren. Die damit verbundenen Zugangsbarrieren können von außerschulischen Bildungsakteuren kaum beeinflusst werden, aber ein sensibler Umgang mit den bio-

---
8 Vgl. Galtung (1998).
9 Vgl. Winkler/Degele (2009); Hormel/Scherr (2004).
10 Vgl. Frieters-Reermann et al. (2013).

grafischen Vorerfahrungen von Geflüchteten in Bildungsprozessen kann ihre individuellen Gestaltungsräume und ihre Bildungsteilhabe deutlich erweitern.

2. Die interaktiv-soziale Ebene umfasst alle jene Prozesse, in denen Geflüchtete in direktem Kontakt mit anderen stehen und dabei unmittelbare Diskriminierungen erfahren. Dabei lassen sich für außerschulische Bildungsorte verschiedene etikettierende, stigmatisierende und rassistische Tendenzen nachzeichnen. Diese verhindern nicht zwingend den Zugang, aber oftmals die aktive, gleichberechtigte Teilhabe und Mitgestaltung.

3. Auf einer strukturell-administrativen Ebene werden die indirekten Diskriminierungs- und Exklusionsdynamiken berücksichtigt, die durch politische Vorgaben, strukturelle Rahmenbedingungen, administrative Abläufe und gesetzliche Regelungen im Kontext des Asylverfahrens festgeschrieben werden und dadurch den Zugang zu außerschulischen Bildungsorten erschweren. Dabei entfalten die mit dem jeweiligen Aufenthaltstitel verbundenen Einschränkungen und Auflagen verschiedene Zugangs- und Teilhabebarrieren.

4. Die institutionell-organisationsbezogene Ebene bezieht sich auf Institutionen und Angebote der außerschulischen Bildungs- und Sozialarbeit, die von Geflüchteten genutzt werden. Es geht um die institutionellen Rahmenbedingungen, Regelungen, Prinzipien, Abläufe, Verfahren und Praktiken dieser Einrichtungen und mögliche damit verbundene Zugangsbarrieren, Teilhabeeinschränkungen und Exklusionstendenzen, die es Geflüchteten erschwert oder verhindert, sich aktiv an den Angeboten zu beteiligen und diese mitzugestalten.

5. Auf der symbolisch-repräsentativen Ebene geht es um öffentlich und massenmedial zugängliche Positionierungen, symbolische Handlungen, journalistische Berichterstattungen, künstlerisch-ästhetische Praktiken und andere Darstellungsformen, die spezifische Diskriminierungs- und Zuschreibungsprozesse gegenüber Geflüchteten grundieren und legitimieren. Diese indirekten symbolisch-repräsentativen Prozesse und Positionen erfolgen immer wieder sehr subtil und beinhalten verdeckte Stigmatisierungen, die weder einfach und noch eindeutig zu entschlüsseln und zu interpretieren sind. Ein Beispiel dafür ist, wie in der medialen Berichterstattung Geflüchtete und wie ehrenamtliche Unterstützende dargestellt und inszeniert werden, und welche möglichen Stereotype (ohnmächtig-mächtig, passiv-aktiv, hilfebedürftig-helfend) unbewusst dadurch reproduziert wurden.

6. Auf der diskursiv-kulturellen Ebene geht es um kollektive gesellschaftliche Werthaltungen, Normen und Sichtweisen, welche die Diskriminierung von Geflüchteten indirekt rechtfertigen und normalisieren. Es geht um die Frage, welche Formen von Stigmatisierung, Diskriminierung und Exklusion gegenüber Geflüchteten in der Mehrheitsgesellschaft kollektiv und implizit als normal und richtig oder zumindest als nachvollziehbar und verständlich interpretiert werden und weiterführend welche Platzierungen und Zuschreibungen von Akteuren der außerschulischen Bildungsarbeit gegenüber Geflüchteten als normal und handlungsleitend eingestuft werden.

Diese sechs Ebenen bedingen sich gegenseitig und lassen sich nicht eindeutig voneinander trennen. Doch die diskursiv-kulturelle Ebene ist von besonderer Bedeutung, denn auf dieser Ebene entstehen jene Diskurse und Dynamiken, welche die Exklusion und Marginalisierung auf den anderen Ebenen beeinflussen und insbesondere interaktiv-soziale, strukturell-administrative und institutionell-organisationsbezogene Diskriminierungen erst ermöglichen. In Bezug auf die Bildungsteilhabe von Geflüchteten im Kontext außerschulischer Bildungsangebote geht es dabei nicht nur um rassistische Haltungen gegenüber Menschen mit anderen nationalen, kulturellen, ethnischen oder religiösen Identitäten, sondern insgesamt um die tief in der Gesellschaft verankerten Sichtweisen und Haltungen gegenüber geflüchteten Menschen. Werden ihnen von der Mehrheitsgesellschaft überhaupt die gleichen Grundrechte, Grundbedürfnisse, Teilhabechancen und Mitgestaltungsmöglichkeiten zugestanden? Oder dominieren jene Diskurse und Sichtweisen, welche dieses Gleichbehandlungsprinzip bezweifeln und untergraben? Die kollektive diskursiv-kulturelle Sicht auf den Status, die Rechte, die Rolle und die Platzierung von Geflüchteten bestimmt dann auch den praktischen Umgang und die Interaktion mit Geflüchteten in der außerschulischen Bildungs- und Sozialarbeit. Diskursiv-kulturelle Diskriminierung ist tief im kollektiven Werte- und Normsystem von Gesellschaften verankert und bereitet daher oftmals die Grundlage, alle anderen Erscheinungsformen von Exklusion, Zuweisung und Diskriminierung in direkter oder indirekter Weise zu legitimieren und zu normalisieren.[11] Insofern ist es wichtig, diskursiv-kulturelle Diskriminierung und damit verbun-

---

11 Vgl. Frieters-Reermann et al. (2013).

dene Zuschreibungs- und Markierungsprozesse im Kontext der außerschulischen Bildungsarbeit differenzierter zu beschreiben sowie die damit verbundenen diskursiven gesellschaftlichen Tiefenstrukturen eingehender theoretisch zu analysieren.

Markierungsprozesse im Kontext der Bildungs- und Sozialarbeit

Zahlreiche Akteure der außerschulischen Bildungsarbeit und der Sozialen Arbeit sind in vielfältiger Weise mit der Thematik Flucht und mit geflüchteten Menschen beschäftigt und werden dadurch auch mit den oben angesprochenen Diskriminierungsebenen konfrontiert. Dabei ist es zunehmend erforderlich, auch die eigene Verstrickung der Akteure mit diesen Diskriminierungsebenen unter besonderer Berücksichtigung der Inklusions- und Exklusionsverhältnisse des nationalen Wohlfahrtsstaates und der europäischen Flucht- und Migrationspolitik kritisch zu analysieren.[12] Die sensible Analyse von unbewussten und indirekten Diskriminierungstendenzen durch die Institutionen der außerschulischen Bildungs- und Sozialarbeit ist somit eine wesentliche Herausforderung.

Denn oftmals erfolgen in diesen Kontexten Zuschreibungs- und Markierungsprozesse, welche die Interaktion zwischen den Geflüchteten einerseits und den Unterstützenden und Begleitenden andererseits bestimmen und die eine besonders kritisch-reflexive Analyse erfordern. Diese Prozesse können mit dem Begriff »Othering« zusammengefasst werden. Othering beschreibt einen Vorgang, in dem auf der Basis von binären Grenzziehungen oder dualistischen Abgrenzungen Identitäten konstruiert und produziert werden.[13] Dabei wird auf dominant-hierarchisierende Art und Weise durch eben diese Konstruktionen und Markierungen von Anderen (others) ein vermeintlich normales und überlegenes Selbst entworfen. Die Konstruktion des Anderen, des Fremden, des Unbekannten steht somit in engem Zusammenhang mit der Konstruktion der eigenen Identität, der eigenen

---

12 Vgl. Scherr/Yüksel (2016); Castro Varela (2015); Frieters-Reermann et al. (2013); Sulimma/Muy (2012); Niedrig/Seuwka (2010).
13 Vgl. Castro Varela (2015); Reuter/Karentzos (2012); Rodríguez (2003).

Überlegenheit als auch der Legitimierung von Exklusion und sozialer Platzierung von Anderen.[14]

Für die außerschulische Bildungs- und Sozialarbeit lassen sich unter anderem folgende Zuschreibungstendenzen nachzeichnen, die sich nicht trennscharf voneinander abgrenzen lassen, sich vielmehr wechselseitig bedingen und überlagern. Die nachfolgende Auflistung versteht sich als eine skizzenhafte Übersicht von Markierungsprozessen innerhalb der außerschulischen und Bildungs- und Sozialarbeit und nicht als eine Sammlung aller diskriminierenden und entwertenden Tendenzen, denen Geflüchtete in der Gesellschaft ausgesetzt sind:[15]

a) Etikettierung: primäre Fokussierung auf den asylrechtlichen Flüchtlings- und Aufenthaltsstatus der Geflüchteten.

b) Essenzialisierung: Verstärkte Hervorhebung der Unterschiede zwischen Geflüchteten und Nichtgeflüchteten, die mit dem Flüchtlings- und Aufenthaltsstatus der Geflüchteten und deren Rechts- und Sozialansprüchen zusammenhängen.

c) Homogenisierung: vereinheitlichende Sichtweise auf die Lebenslagen von Geflüchteten unter besonderer Rücksicht von deren Flüchtlings- und Aufenthaltsstatus und wenig differenzierte Analyse der Lebenswirklichkeiten von Geflüchteten.

d) Viktimisierung: verstärkte Fokussierung von Gewalterfahrungen, Notlagen und Problemen der Geflüchteten und geringe Aufmerksamkeit für ihre (Selbsthilfe-)Potenziale, Ressourcen und Kapazitäten, wodurch Geflüchtete vor allem als passiv, hilflos und ohnmächtig und weniger als aktiv handelnd und machtvoll wahrgenommen werden.

e) Stereotypisierung: Reduzierung auf die vermeintlich mit dem Flüchtlingsstatus verbundenen primären Bedarfe und Identitätsprozesse und wenig Offenheit und Aufmerksamkeit für andere fluchtunabhängige Bedarfe und Identitätsprozesse.

---

14 Vgl. Reuter/Karentzos (2012).
15 Diese Tendenzen lassen sich auf der Basis erster Forschungsergebnisse in den beiden oben genannten Forschungsprojekten vorsichtig zusammentragen, bedürfen aber noch einer intensiveren Ausarbeitung und Überprüfung.

f) Klientisierung: verstärkte pauschale Konstruktion von Geflüchteten als selbstverständliche Zielgruppe Sozialer Arbeit.
g) Paternalisierung: verstärktes Handeln und Entscheiden durch Unterstützende für Geflüchtete und wenig ausgeprägte Förderung des Empowerments und der Selbstorganisation der Geflüchteten.
h) Kulturalisierung: Fokussierung auf sogenannte kulturelle Unterschiede zwischen den Herkunftsländern der Geflüchteten und Deutschland und damit verbunden eine verstärkte Hervorhebung sogenannter interkultureller Integrationsherausforderungen.

Diese Markierungs- und Stigmatisierungstendenzen repräsentieren die oben dargelegte indirekte Form von diskursiv-kultureller Diskriminierung, denen Geflüchtete im Kontext der Unterstützung und Begleitung in der außerschulischen Bildungs- und Sozialarbeit ausgesetzt sind. Denn diese Form von Diskriminierung spiegelt die oftmals verdeckten Sichtweisen und unbewussten Narrative innerhalb des Systems der außerschulischen Bildungs- und Sozialarbeit wider. Dadurch werden aber eben auch andere manifeste soziale, strukturelle, administrative, institutionelle Formen der Diskriminierung normalisiert.

Um diese diskursiv-kulturell verankerten Exklusions- und Diskriminierungstendenzen in ihren Tiefenstrukturen besser analysieren und verstehen zu können, bietet es sich an auf Theorieangebote der Postcolonial Studies zurückzugreifen. Denn diese theoretische Denkrichtung beschäftigt sich intensiv mit historischen und gegenwärtigen Zuschreibungs- und Diskriminierungsprozessen und den damit verbundenen Dominanz- und Machtverhältnissen, die sich in zahlreichen gesellschaftlichen Systemen und insbesondere auch im System der außerschulischen Bildungs- und Sozialarbeit nachzeichnen lassen.

»We are here because you were there«.
Postkoloniale Erklärungsversuche

Der Satz »We are here because you were there« bringt es auf den Punkt.[16] Die gegenwärtigen globalen Fluchtmigrationsbewegungen lassen sich vom historischen Kontext des westlichen Kolonialismus und Imperialismus nicht trennen. Denn der Großteil der Geflüchteten in Deutschland kommt aus dem sogenannten Globalen Süden (Global South). Zahlreiche Herkunftsländer von Geflüchteten sind ehemalige Kolonien oder wurden und werden als Entwicklungsländer konstruiert. Aus der Sicht postkolonialer Theorien ergeben sich somit einige kritische Fragen und Reflexionsanstöße.[17] Postkoloniale Theorien beschäftigten sich mit der Herstellung von Differenz, die im engen Zusammenhang mit Machtverhältnissen, Dominanzkulturen und Exklusionsmechanismen steht. Dabei geht es um die bereits im vorherigen Kapitel beschriebene Konstruktion des Anderen (Othering) und des Fremden und den Wechselwirkungen mit der Konstruktion der eigenen Identität und der damit verbundenen Legitimierung von Exklusion und Dominanz.[18] Eines der zentralen Anliegen postkolonialer Theorien ist die Dekonstruktion eines eurozentrischen Weltbildes und die damit verbundenen Vorstellungen von Geschichte, Entwicklung und Fortschritt. Dieses eurozentrische Weltbild impliziert die Vorstellung, dass Europa als theoretisches Subjekt aller Geschichte gilt und außereuropäische Entwicklungen nur als nachholendes Durchlaufen der europäischen Epochen und Prozesse zu verstehen sei. Dabei besteht die Tendenz, alle Prozesse und Phänomene im Globalen Süden auf der Grundlage der Geschichte des Globalen Nordens zu bewerten. Koloniales Denken und Handeln basierten auf der Grundannahme, dass Geschichte, sozialer Wandel und Entwicklung in linear-kausaler Weise verlaufen. Europa wurde als dabei als Ausgangs- und Mittelpunkt jeder Ge-

---

16 Der Satz oder Slogan »We are here because you were there!« geht auf zugewanderte Aktivisten und Aktivistinnen in Großbritannien zurück, die bereits in den 1970er-Jahren damit auf den Zusammenhang von kolonialer Ausbeutung einerseits und Migration aus den ehemaligen Kolonien nach Großbritannien andererseits aufmerksam gemacht haben.
17 Vgl. Faron (1966); Hall (2004); Reuter/Karentzos (2012).
18 Vgl. Reuter/Karentzos (2012); Castro Varela (2015).

schichte und als globaler Vorreiter jeder Entwicklung konstruiert, der außereuropäische Regionen hinterherhinken würden.

Vor diesem Hintergrund lässt sich aus einer postkolonialen Perspektive nachzeichnen, wie die Kolonialisierung durch europäische Staaten sich in außereuropäischen Gesellschaften bis heute global auswirkt. Denn die damit einhergehen Macht- und Herrschafts- sowie Unterdrückungspraktiken prägten und prägen nicht nur die Menschen, Strukturen und Lebenswelten in diesen außereuropäischen Gebieten (also den ehemaligen Kolonien und den heutigen sogenannten Entwicklungsländern) nachhaltig, auch beeinflussen diese Praktiken das kollektive Unbewusste und die Dominanz- und Überlegenheitsvorstellungen der europäischen und westlichen Gesellschaften bis heute. Aus dieser Sicht ist die Ausbeutung und Entwertung des Globalen Südens keine Fußnote oder ein historisch abgeschlossenes, marginales dunkles Kapitel einer kurzen europäischen Epoche. Parallel zu den Prozessen von Aufklärung, Menschenrechtsentwicklung, Humanisierung und Demokratisierung, die als Errungenschaften für den europäischen Raum gefeiert wurden und werden, erfolgte eine repressive und menschenverachtende Kolonialisierung außerhalb des europäischen Kontinents, bei der alle diese Errungenschaften der dortigen Bevölkerung bis in die Dekolonialisierungsprozesse in der zweiten Hälfte des vergangenen Jahrhunderts hinein vorenthalten wurden. Den Menschen in den Kolonien wurden nicht nur grundlegende Menschenrechte verwehrt, sondern oftmals wurde ihnen das Menschsein an sich abgesprochen. Kolonialgeschichte ist somit integraler Bestandteil auch der jüngeren europäischen Geschichte.[19]

Denn erst in der Kolonialisierung des Anderen und des Fremden entstanden jene binären dualistischen Denkstrukturen von Zivilisation und Wildheit, Rationalität und Irrationalität, Modernität und Tradition, Fortschrittlichkeit und Rückständigkeit, Vernunft und Unvernunft, Zentrum und Peripherie, Entwicklung und Unterentwicklung, die bis heute tief im westlichen Denken verankert sind. Diese bilden den Referenzrahmen für jede Vorstellung von Entwicklung und schreiben das binäre Denken fort, zum Beispiel durch die Aufteilung zwischen aktiven Entwicklungshelfern und passiven Hilfsbedürftigen oder zwischen Geberländern und Nehmerländern. Dadurch wird der

---

19 Vgl. Reinhard (2016).

vermeintliche Entwicklungsbedarf weiter Teile der Welt behauptet, und eine globale Entwicklungsdoktrin legitimiert. Postkoloniale Theorien eröffnen somit einen kritischen Blick darauf, wie die Jahrhunderte andauernde Kolonialgeschichte Europas und die nachfolgenden Prozesse der Entwicklungshilfe zusammenarbeiten und sich auch auf die Narrative, Weltsichten, Geschichtsschreibungen, Politikpraktiken, Bildungssysteme und Lehrpläne in Europa ausgewirkt haben und immer noch auswirken. Folglich ist der gegenwärtige europäische Umgang mit Geflüchteten aus dem globalen Süden, aus ehemaligen Kolonien und aus sogenannten »Entwicklungsländern« nicht von dem historischen europäischen Umgang mit Menschen im globalen Süden zu trennen.[20] Es sind jeweils vergleichbare kollektive Narrative und Sichtweisen, die westliche Dominanz und die damit verbundene Entwertung, Exklusion und Marginalisierung von Geflüchteten normalisieren und grundlegen. Es ist an der Zeit, sich diesen komplexen Prozessen zu stellen, auch insbesondere durch die Akteurinnen und Akteure der außerschulischen Bildungsarbeit. Denn die oben beschriebenen gegenwärtigen Tendenzen von Klientisierung, Viktimisierung und Paternalisierung gegenüber Geflüchteten aus dem Globalen Süden stehen in einer Traditionslinie mit kolonialen und entwicklungspolitischen Dominanzkulturen und Überlegenheitsvorstellungen der westlich-europäischen Industrieländer.

Fazit

Die Zugangsbarrieren für geflüchtete Menschen im Hinblick auf ihre Teilhabe sowie ihre aktive Mitgestaltung im Kontext außerschulischer Bildungsprozesse sind vielfältig und vielschichtig begründet. Von daher erfordern sie sowohl eine differenzierte Analyse verschiedener Diskriminierungs- und Exklusionsebenen als auch eine tiefer gehende Analyse der historischen und gegenwärtigen Dominanzkulturen und -praktiken gegenüber Menschen aus dem Globalen Süden, welche diese Diskriminierungs- und Exklusionstendenzen begünstigen. Im Rahmen dieser Analyse wurde ersichtlich, welchen paternalisierenden, viktimisierenden und klientisierenden Zuschreibungsprozessen

---

20 Vgl. Frieters-Reermann et al. (2013).

Geflüchtete oftmals ausgesetzt sind, wodurch sie auch in der außerschulischen Bildungsarbeit und der Sozialen Arbeit auf spezifische Bedarfe, Rollen und Positionen festgelegt werden, die ihre aktive Teilhabe und Mitgestaltung deutlich erschweren oder verhindern. Um diese Zuschreibungsprozesse aufzubrechen, ist es dringend erforderlich, außerschulische Bildungsarbeit weniger als Bildung für Geflüchtete, sondern verstärkt als eine Bildung durch Geflüchtete zu denken und zu konzipieren. Dadurch können die Betroffenen noch stärker mit ihrer Stimme, ihren Geschichten und ihren Repräsentationsvorstellungen Bildungsprozesse mitgestalten und ihre Bedürfnisse, Potenziale und Kompetenzen einbringen. Dieser Paradigmenwechsel erfordert ein radikales Umdenken und eine selbstkritische Reflexion der Handelnden in der außerschulischen Bildungsarbeit in Bezug auf ihre eigenen Dominanzvorstellungen und -praktiken. Ein solches Umdenken wird Lehrende und Lernende herausfordern, und die fluchtbezogene außerschulische Bildungsarbeit nachhaltig verändern – aber eben aber auch enorm bereichern.

Literatur

Castro Varela, Maria do Mar (2015): Das Leiden »Anderer« betrachten. Flucht, Solidarität und Postkoloniale Soziale Arbeit, www.rassismuskritik-bw.de/das-leiden-anderer-betrachten v. 25.3.2017.
Degele, Nina/Gabriele Winker (2009): Intersektionalität. Zur Analyse sozialer Ungleichheiten, Bielefeld.
Fanon, Frantz (1966): Die Verdammten dieser Erde, Frankfurt a. M.
Frieters-Reermann, Norbert (2015): Für unser Leben von morgen. Das Thema Flucht und Flüchtlinge in der Erwachsenenbildung, in: EB (Erwachsenenbildung), Vierteljahreszeitschrift für Theorie und Praxis (2015) 4, E-Paper-Pdf.
Frieters-Reermann, Norbert (2016): Das kulturelle Kapital minderjähriger Flüchtlinge. Plädoyer für eine verstärkte ressourcenorientierte und partizipative Soziale Arbeit mit Geflüchteten, in: Klinische Sozialarbeit. Zeitschrift für psychosoziale Praxis und Forschung 12 (2016), S. 9-11.
Frieters-Reermann, Norbert et al. (2013): Für unser Leben von morgen. Eine kritische Analyse von Bildungsbeschränkungen und -perspektiven minderjähriger Flüchtlinge, Aachen.
Frieters-Reermann, Norbert/Nadine Sylla (2017): Kontrapunktisches Lesen von fluchtbezogenen Bildungsmaterialien. Anfragen für die Bildungsarbeit über/mit/von Geflüchtete(n) aus postkolonialer Perspektive, in: ZEP (2017) 1, S. 23-27.
Galtung, Johan (1998): Frieden mit friedlichen Mitteln. Frieden und Konflikt, Entwicklung und Kultur, Opladen.
Hormel, Ulrike/Albert Scherr (2004): Bildung für die Einwanderungsgesellschaft: Perspektiven der Auseinandersetzung mit struktureller, institutioneller und interaktioneller Diskriminierung, Wiesbaden.
Karentzos, Alexandra/Julia Reuter (2012): Schlüsselwerke der Postcolonial Studies, Wiesbaden.
Muy, Sulimma/Sebastian Muy (2012): Strukturelle Rahmenbedingungen Sozialer Arbeit im Handlungsfeld Flucht und Migration, in: Kritische Migrationsforschung. Da kann ja jedeR kommen, hg. v. Netzwerk MIRA, Onlineausgabe, S. 41-72.

Niedrig, Heike (2015): Ausländer und Flüchtlinge. Eine postkoloniale Diskursanalyse, in: I. Dirim et al. (Hg.): Impulse für die Migrationsgesellschaft. Bildung, Politik und Religion, Münster i. Westf./New York, S. 27-36.

Niedrig, Heike/Louis Henri Seukwa (2010): Die Ordnung des Diskurses in der Flüchtlingskonstruktion. Eine postkoloniale Re-Lektüre, in: Diskurs Kindheits- und Jugendforschung 5 (2010) 2, S. 181-193.

Reinhard, Wolfgang (2016): Die Unterwerfung der Welt. Globalgeschichte der europäischen Expansion 1415–2015, München.

Rodriguez, Encarnación Guiérrez (2003): Repräsentation, Subalternität und postkoloniale Kritik, in: Spricht die Subalterne deutsch? Migration und postkoloniale Kritik, hg. v. Hito Steyerl/Encarnación Guiérrez Rodriguez, Münster i. Westf., S. 17-37.

Scherr, Albert/Yüksel Göcken (2016): Flucht, Sozialstaat und Soziale Arbeit, in: Neue Praxis, Sonderheft, Lahnstein.

Jürgen Mittag

Notbehelf oder Integrationsmotor? Potenziale und Grenzen des Sports im Rahmen der Flüchtlingspolitik

Wenn im öffentlichen Raum über Sport debattiert wird, steht in der Regel der sportliche Wettkampf oder die Freizeitbeschäftigung mit dem Ziel der Verbesserung der körperlichen Fitness im Vordergrund. Dass dem Sport indes zahlreiche weitere Funktionen zukommen können und dass der Sport auch erheblichen Einfluss auf das gesellschaftliche Miteinander nehmen kann, rückt erst allmählich in das öffentliche Bewusstsein.[1] Dies gilt nicht zuletzt mit Blick auf die Frage des gesellschaftlichen Integrationspotenzials des Sports für Menschen mit Migrationshintergrund, die seit etwa drei Dekaden verstärkte Aufmerksamkeit in Öffentlichkeit und gleichermaßen der Wissenschaft erfährt.[2] Losungen wie »Sport verbindet« bezie-

---

1 Vgl. für einen Überblick zu Funktionen des Sports Balz/Kuhlmann (2009); Cachay/Thiel (2000).
2 Vgl. als Überblicke zur disparaten deutschen Forschungslandschaft die nachfolgenden, primär soziologisch ausgerichteten Arbeiten: Frogner (1984); Jütting/Ichtenauer (1995); Giess-Stüber/Blecking (2008); Blecking (2010); Braun/Nobis (2011); Stahl (2011); Bröskamp (2011); Kleindienst-Cachay/Cachay/Bahlke (2012); Mutz (2012); Seiberth (2012); Becker/Häring (2012); Burrmann/Mutz/Zender (2014); Meier/Riedl/Kukuk (2016); Schädler (2016).

hungsweise »Sport ist gelebte Integration« oder Initiativen wie das 1989 lancierte Programm »Integration durch Sport« haben dabei den Blick verstärkt auf die Rolle des Sports als Instrument gesellschaftlicher Entwicklung gelenkt.[3]

Grundsätzlich wird in diesem Zusammenhang konstatiert, dass Sport kommunikative und integrative Prozesse auslösen beziehungsweise initiieren kann, die ihrerseits zu Formen von Vergemeinschaftung führen können. Im Kontext körperlicher Aktivität treffen Individuen aufeinander, die im Alltag, im Beruf oder in der Ausbildung ansonsten kaum Berührungspunkte aufweisen. Durch den Bezugsrahmen des Sports kommt es zu interkulturellen Kontakten, zu gemeinsamen Erfahrungen im Spiel, zu Verständigungen, aber auch zu verbindenden Emotionen bei Sieg oder Niederlage. Teamgeist, Kooperation und Erfolge eröffnen soziale Interaktionen, die auch auf andere Tätigkeitsbereiche übertragbar sind und entsprechende Transferprozesse nach sich ziehen können.[4]

Wenn Aspekte der Migration im Sport behandelt wurden, stand lange Zeit vor allem der Spitzensport im Mittelpunkt. Das Paradebeispiel ist dabei der Fußball. Mittlerweile besitzt das Bild aus der Kabine der deutschen Fußballnationalmannschaft, auf dem Kanzlerin Angela Merkel im Jahr 2012 dem in Gelsenkirchen geborenen und aufgewachsenen Nationalspieler Mesut Özil mit Handschlag zum Sieg nach dem Spiel gegen die Türkei gratuliert, fast schon ikonografischen Charakter. Aber auch Spieler wie Jérôme Boateng (mit deutscher Mutter und aus Ghana stammendem Vater), wie Sami Khedira (mit deutscher Mutter und tunesischem Vater), wie der im schlesischen Gleiwitz geborene Lukas Podolski oder der in Oppeln geborene Miroslav Klose rücken ins Blickfeld, wenn es gilt, den multiethnischen Charakter der Nationalmannschaft und gleichsam die gelungene Integration der Nationalspieler hervorzuheben.[5]

Seit den 1990er-Jahren wird auch dem Breiten- und Freizeitsport im Hinblick auf das Potenzial zur Integration von Menschen mit Migrationshintergrund verstärkte öffentliche und wissenschaftliche Aufmerksamkeit ge-

---

3 Vgl. hierzu Baur (2009a und 2009b).
4 Siehe hierzu Heckmann (1998); Breuer/Wicker/Pawlowski (2008).
5 Vgl. zu diesem Ansatz insbesondere das erste Hauptkapitel bei Blecking/Dembowski (2010).

widmet. Weitgehend ausgeblendet geblieben ist bislang hingegen die Frage, inwieweit der Sport auch einen Beitrag zur Flüchtlingsarbeit leisten kann und welche Wechselwirkungen zwischen Menschen, die aufgrund äußerer Einflüsse wie Krieg, Notlagen oder Zwangsmaßnahmen ihre Heimat vorübergehend oder dauerhaft verlassen mussten, bestehen. Angesichts einer Größenordnung von circa 890.000 Flüchtlingen des Jahres 2015 sowie rund 280.000 Flüchtlingen, die 2016 nach Deutschland kamen, verdient diese Perspektive indes nähere Beachtung.

Vor diesem Hintergrund skizziert der vorliegende Beitrag überblicksartig, Berührungspunkte zwischen Sport und Flüchtlingen. Angesichts der Bandbreite und Vielschichtigkeit des Themas kann ein solcher Überblick dabei nur exemplarischen Charakter haben; eine Systematik oder gar eine repräsentative Betrachtung ist zum gegenwärtigen Zeitpunkt nicht möglich. Basierend auf einer knappen Darlegung der grundsätzlichen integrativen Potenziale des Sports werden sowohl unterschiedliche Akteure, die sich im Problemfeld der sportbezogenen Flüchtlingspolitik engagieren, als auch exemplarischen Aktivitäten dargestellt. Im Fazit werden diese empirischen Bestandsaufnahmen dann im Lichte der Frage nach den Möglichkeiten und Grenzen des Sports beleuchtet, um so letztlich erste Antworten auf die vielfach kontrovers diskutierte Frage zu geben, ob dem Sport bei der Flüchtlingspolitik eher die Rolle eines Notbehelfs oder eines Integrationsmotors zukommt.

Breitensport und Integration: Strukturen und Funktionen

Als »größte deutsche Personenvereinigung« mit mehr als 27 Millionen Mitgliedschaften übt der Deutsche Olympische Sportbund (DOSB) nach eigenen Angaben beträchtlichen Einfluss auf die sportlichen Lebenswelten der Bürgerinnen und Bürger in Deutschland aus. Rund ein Drittel der deutschen Bevölkerung treibt Sport in Vereinen. In Relation zur Gesamtbevölkerung sind Menschen mit Migrationshintergrund im organisierten Sport jedoch unterrepräsentiert. Folgt man den auf Umfragen basierenden Erhebungen der Sportentwicklungsberichte des Kölner Sportwissenschaftlers Christoph Breuer zwischen 2007 und 2010, haben von den rund 27 Millionen Mitgliedschaften, die unter dem Dach des DOSB in deutschen Vereinen Sport treiben, nur gut 10 % einen Migrationshintergrund. Diese rund drei Millionen Menschen machen wiederum nur ein Fünftel aller Zugewanderten in Deutschland aus. Den höchsten Migrantenanteil findet man in Fußballvereinen (circa 14 %) sowie in Kampfsportvereinen (17 %).[6] Diese Daten lassen sich dadurch erklären, dass der Fußball – gerade bei jungen Männern – die höchste Popularität genießt, relativ geringe Mitgliedsbeiträge fordert und es in fast jeder Stadt zumindest einen Fußballverein gibt. Der hohe Anteil im Kampfsport ist auf den Umstand zurückzuführen, dass er in bestimmten ethnischen Milieus stärker verhaftet ist und zudem oftmals als Auffangbecken für sozial schwächer gestellte Kinder fungiert.

Andere Statistiken führen höhere Organisationsgrade von Menschen mit Migrationshintergrund im deutschen Sportvereinswesen an. Die DOSB-Erhebung des Göttinger Soziologen Michael Mutz konstatiert bei Kindern und Jugendlichen mit Zuwanderungshintergrund einen Anteil von über 50 % und bei Erwachsenen von rund 30 %. Aber auch Mutz kommt zu dem Ergebnis, dass Migranten im Vereinssport unterrepräsentiert sind. Während Kinder von Migranten mit einem Anteil von 16 Prozentpunkten geringer als deutsche Kinder organisiert sind, fällt die Differenz bei Erwachsenen mit fünf Prozentpunkten deutlich geringer aus.[7] Am schwächsten sind unter Migranten im Sport jugendliche Mädchen vertreten.

Einen weiteren Anhaltspunkt für Potenziale und Grenzen der integrativen Rolle des Sports markiert das Ehrenamt in Vereinen. Menschen mit Migrationshintergrund bekleiden deutlich seltener ein Ehrenamt: Lediglich 6,8 % der Personen mit Migrationshintergrund, aber immerhin 10,8 % der Personen ohne Migrationshintergrund sind im Bereich Sport und Bewegung freiwillig tätig.[8] Allerdings wird auf Grundlage entsprechender Befragungen gleichzeitig eine grundsätzlich hohe Engagementbereitschaft bei Menschen mit Migrationshintergrund konstatiert, vor allem dann, wenn Förderangebote offeriert oder entsprechende Maßnahmen ergriffen werden.

---

6   Vgl. Breuer/Wicker/Forst (2011).
7   Mutz (2013).
8   Vgl. Braun/Nobis (2011), hier S. 15.

Der Berliner Sozialwissenschaftler Sebastian Braun betont in seinen Untersuchungen auch die sozialen Kompetenzen, die durch den Sport vermittelt, jedoch von Migranten nicht völlig ausgeschöpft werden.[9] Sport bietet den Menschen Gelegenheit, jenseits der Berufswelt Aufgaben anzugehen, Herausforderungen zu meistern und ein gesteigertes Selbstwertgefühl zu entwickeln – unabhängig von der sozialen und kulturellen Herkunft. Von besonderer Bedeutung ist in diesem Zusammenhang der Lebensabschnitt der Jugend. Eine erfolgreiche Sozialintegration hängt von einem möglichst frühen und intensiven Kontakt mit der Aufnahmegesellschaft ab. Sport kann in dieser Situation erste Schritte leisten, damit sich die Kinder und Jugendlichen in eine Gruppe integrieren, Kontakte knüpfen, Freundschaften schließen und Sprachhemmungen verlieren.

Eine der größten Hürden besteht jedoch darin, überhaupt Teil einer solchen Sportgemeinschaft zu werden. In Deutschland kommen die Kinder in erster Linie über die Eltern zum Sport. Diese wählen nach eigenen Erfahrungen oder auf Wunsch des Kindes einen passenden Verein aus oder schließen sich dem besten Freund, der besten Freundin des Kindes an und melden beide gemeinsam an. Mangelt es jedoch am Interesse der Eltern für Sport, ist die Wahrscheinlichkeit hoch, dass das Kind zunächst keinen Zugang zum Sport erhält. Studien haben gezeigt, dass Kinder und Jugendliche nur sehr selten aus eigenem Antrieb heraus einen Sportverein aufsuchen. Sie benötigen zumeist Anregungen von außerhalb. Handlungsleitende Studien betonen, dass in den Fällen, in den die Eltern keinen Bezug zum Sport haben, Angebote im näheren Umfeld entwickelt werden müssen, die für Jugendliche gut und selbstständig zu erreichen sind und zum anderen, dass seitens der Vereine direkte unmittelbare Kontakte zur Zielgruppe hergestellt werden müssen. Hat man es vermocht, eine Gruppe für das gemeinsame Sporttreiben einmal zu begeistern, raten entsprechende handlungsleitende Studien an, höchst differenziert auf die Bedürfnisse der Teilnehmenden einzugehen. Die Gruppenmitglieder sind vielfach unterschiedlicher ethnischer Herkunft und verfügen infolgedessen nicht über einheitliche Vorkenntnisse und entsprechende motorische Fertigkeiten. Von daher wird empfohlen, Kindern und Jugendlichen ein offen gestaltetes Sportprogramm anzubieten. Durch ein solches

---

9   Ebd.

Angebot schafft man es, Kinder und Jugendliche nicht nur temporär für den Sport zu begeistern, sondern auch langfristig an den Verein zu binden. Besondere Bedeutung wird in diesem Zusammenhang dem Engagement der Übungsleiter zugesprochen. Wenn es ihnen gelingt, Menschen mit Migrationshintergrund zunächst auf ihre Aktivitäten aufmerksam zu machen, um sie dann längerfristiger in diese einzubinden, besteht die höchste Wahrscheinlichkeit einer sozialen Integration in die Vereinsstrukturen und einer darüber hinausreichenden gesellschaftlichen Integration.[10]

Integrationsprojekte im Sport: Zwischen staatlicher Rahmung und verbandlicher Umsetzung

Die Aktivitäten im Bereich Sport und Migration spiegeln im Kern die allgemeine Migrationspolitik der Bundesrepublik Deutschland wider.[11] Erst vergleichsweise spät, in den 1980er-Jahren, rückten sportbezogene Überlegungen zu Migranten überhaupt ins Blickfeld von Politik und organisiertem Sport. Der Deutsche Sportbund veröffentlichte 1981 eine Grundsatzerklärung zum »Sport der ausländischen Mitbürger«; zwei Jahre später verabschiedete die Sportministerkonferenz (SMK) ein Dokument zur »Integration ausländischer Mitbürger durch Sport«. In beiden Dokumenten wurde bereits die soziale Bedeutung des Sports für Fragen der Integration hervorgehoben, aber auch eine stark an der Assimilation orientierte Sichtweise auf den Sport vertreten. Die SMK betonte das Teilnahmerecht ausländischer Sportler am Wettkampfsport, sprach sich aber auch gegen die Bildung selbstständiger türkischer Sportverbände auf Landes- und Bundesebene aus und konzedierte mit einer gewissen Ambivalenz »ausnahmsweise eigene türkische Sportgruppen und

---

10 In der Sportsoziologie wird grundlegend zwischen Integration im Sport und Integration durch Sport unterschieden. Bei entsprechenden Überlegungen wird vielfach im- oder explizit auf die integrationstheoretischen Ansätze von Hartmut Esser rekurriert. Dieser definiert Integration als »Zusammenhang von Teilen in einem systematischen Ganzen«, so Esser (2001). Esser unterscheidet dabei zwischen zwei Arten von Integration: zwischen der Sozialintegration mit spezifischen Akteuren beziehungsweise Gruppen als Bezugspunkt und der Systemintegration mit der Gesellschaft als Bezugspunkt.
11 Vgl. als Überblicke Löffler (2011); Oltmer (2016); Hans (2016).

-vereine«.[12] Erst seit Beginn des 21. Jahrhunderts widmete man sich dann seitens der Politik und des organisierten Sports eingehender den Potenzialen des Sports für Überlegungen zur vereins- und gesellschaftsbezogenen Integration von Menschen mit Migrationshintergrund und initiierte entsprechende Programmaktivitäten. Heute wird den Begriffen Fremdheit und Differenz in sportpolitischer Perspektive ebenso wie dem »Verschwinden von Unterschieden« im und durch den Sport erhebliche Aufmerksamkeit geschenkt.[13] Dabei wird konzediert, dass der Sport zwar integrativ wirken kann und dementsprechend Integrationsarbeit leisten kann; es wird aber auch konstatiert, dass es hierzu spezifischer Arrangements bedarf und hierfür vielfache Stellschrauben zu justieren sind.

Zugleich werden mittlerweile sowohl für Kinder und Jugendliche als auch für Erwachsene mit Migrationshintergrund zahlreiche sportbezogene Projekte durchgeführt, von denen im Folgenden zwei exemplarisch vorgestellt werden: »Integration durch Sport« ist ein vom Bundesministerium des Inneren (BMI) und vom Bundesamt für Migration und Flüchtlinge (BAMF) jährlich mit etwa 5,4 Millionen Euro gefördertes Programm, das von den Landessportbünden und vom Deutschen Olympischen Sportbund koordiniert und umgesetzt wird.[14] Seit dem Jahr 1989 – zunächst noch unter der Bezeichnung »Sport für alle – Sport mit Aussiedlern« und seit 2001 unter dem heutigen Titel – werden in Zusammenarbeit mit Vereinen Projekte und Initiativen entwickelt, die Integrationsprozesse in deutschen Sportvereinen vorantreiben sollen.[15] Zielgruppe sind vornehmlich Menschen mit Migrationshintergrund, im Besonderen »bislang im Sport unterrepräsentierte« Gruppen wie Frauen oder ältere Menschen. Dem DOSB obliegt die »einheitliche Orientierung« sowie die »Beratung«, »Weiterentwicklung« und »Vernetzung« im Rahmen des Programms, während die operativen Aufgaben bei den Landessportbünden und vor allem bei den Vereinen liegen. In den letzten Jahren haben rund 750 sogenannte Stützpunktvereine das Programm geprägt. Ein wichtiger Bestandteil des Programms sind darüber hinaus Netzwerke und Koordinatoren vor Ort, die als Partner fungieren und Informationen an Drit-

---

12 Siehe hierzu das Dokument: Sportministerkonferenz (2017).
13 Vgl. Mutz/Hans (2015).
14 Siehe zum Hintergrund umfassender: Deutscher Olympischer Sportbund (2006 und 2007).
15 Siehe zu den Anfängen die Dokumentationen Deutscher Sportbund (1989 und 2000).

te weitertragen. Zu diesen zählen Behörden, soziale Einrichtungen sowie Bildungseinrichtungen. Hauptmaßnahmen der Programme sind »gruppenspezifische Sport- und Bewegungsangebote«, die die Teilnehmenden in »Kommunikations-, Kooperations-, aber auch Konflikt- und Kritikfähigkeit« schulen. Zum anderen bietet das Programm zusätzlich »außersportliche Angebote und Unterstützungsleistungen« an wie zum Beispiel »gesellige Aktivitäten« oder »Lern- und Bildungsangebote«.[16] Dem Programm, das mittlerweile auch eine eingehendere wissenschaftliche Evaluation erfahren hat, liegt dabei die Annahme zugrunde, dass Sport Integration zwar erleichtern kann, dies aber kein Automatismus ist und es einer erheblichen Bandbreite von Aktivitäten bedarf.[17]

Das Projekt Spin – Sport interkulturell richtet sich an Mädchen und junge Frauen im Alter von 10–18 Jahren mit Migrationshintergrund, für die es vielfach besonders herausfordernd ist, einen Zugang zum Sport zu finden und diesen auch zu wahren. Das Projekt wird von der Stiftung Mercator und der Sportjugend im Landessportbund Nordrhein-Westfalen getragen. Durch das Bundesamt für Migration und Flüchtlinge und das Land Nordrhein-Westfalen wird es zusätzlich finanziell unterstützt. Umgesetzt wird das Projekt seit 2007 in den Städten Oberhausen, Duisburg, Essen und Gelsenkirchen. Das Projekt engagiert sich primär in drei Handlungsfeldern: erstens im Bereich Freizeit und Sport; zweitens im bürgerschaftlichen Engagement und drittens durch Qualifizierungskurse von Übungsleitern für Kinder und Jugendliche zwischen sechs und 20 Jahren.

Primäres Ziel des Projektes ist es, Mädchen für den Sport zu begeistern und für den Verein zu gewinnen. Das Programm will die »Öffnung des Sports fortsetzen und weiterentwickeln« und dabei Bildung, Sport und Integration miteinander verknüpfen. Durch die Angebote des Programms soll Mädchen Rückhalt gegeben werden, der ihnen hilft, sich leichter in andere Konstellationen und Lebenswelten (Schule, Arbeit) zu integrieren. Über Mädchen und junge Frauen hinaus werden aber auch Eltern angesprochen, die selbst von den Angeboten profitieren sollen beziehungsweise über die Aktivitäten ihrer

---

16 Vgl. zur Programmkonzeption die Broschüre DOSB (2014).
17 Siehe hierzu Deutscher Olympischer Sportbund (Geschäftsbereich Sportentwicklung, Ressort Chancengleichheit und Diversity)/Deutsche Sportjugend (Ressort Jugendarbeit im Sport) (2014).

Kinder informiert werden. Unter den im Programm angebotenen Sportaktivitäten kommt den Bereichen Fitness und Tanz, gefolgt von den Ballsportarten sowie Individual- und Kampfsportarten besonderer Stellenwert zu.[18] Insgesamt ist seit Beginn des 21. Jahrhunderts eine erhebliche Sensibilisierung vor allem des organisierten Sports und staatlicher Akteure im Themenfeld Integration auszumachen, die zu einer Fülle von Aktivitäten und Initiativen geführt hat: so etwa das Netzwerkprojekt »Bewegung und Gesundheit – mehr Migrantinnen in den Sport«, das vom Bundesministerium für Gesundheit gefördert wurde oder der vom DFB mit Unterstützung von Mercedes-Benz seit 2007 vergebene Integrationspreis für »vorbildliche Vereins-, Schul- und Projektarbeit«. Auch der 2. Integrationsgipfel, der 2007 im Bundeskanzleramt durchgeführt wurde, widmete dem Sport besondere Aufmerksamkeit.[19] Auch hier wurde dem Sport erhebliches integrationsförderndes Potenzial zugeschrieben, ohne dabei aber kritische Stimmen auszublenden. Die Ausweitung der sportbezogenen Aktivitäten hat jedoch nur begrenzt zu einer stärkeren Koordination geführt; vielmehr laufen die zahlreichen Initiativen weitgehend unkoordiniert nebeneinander.

Sport und Flüchtlinge: Von der Adaption der Integrationspolitik zur originären Flüchtlingspolitik

Als im Sommer 2015 die Flüchtlingszahlen in Deutschland binnen kurzer Zeit stark anschwellten, erreichte das Thema rasch den organisierten Sport. Zunächst vor allem im Zuge medial inszenierter politischer Willensbekundungen in den Stadien der Fußballbundesligavereine und dann auch in der Breite bei den Sportvereinen auf kommunaler Ebene wurde der Zusammenhang von Sport und Flüchtlingsfrage vielfach thematisiert. Wie überraschend und wie schnell die Entwicklung sich vollzog, dokumentiert unter anderem der Umstand, dass im 13. Sportbericht der Bundesregierung, der im Dezember 2014 veröffentlicht wurde, von Flüchtlingen noch keine Rede ist,[20] Robin

---

18 Vgl. für eine umfassende Evaluation Braun/Finke (2010).
19 Vgl. Die Bundesregierung (2007), vor allem S. 139-156 und BAMF (2007).
20 Deutscher Bundestag: Drucksache 18/3523. 18. Wahlperiode, 5. Dezember 2014. Zugeleitet mit Schreiben des Bundesministeriums des Innern vom 4. Dezember 2014 gemäß

Streppelhoff aber bereits im Jahresbericht 2015 des Bundesinstituts für Sportwissenschaft dokumentiert, wie stark das Thema Flüchtlinge in der medialen Berichterstattung zur Sportpolitik Einzug gehalten hat.[21]

Im Jahr 2015 kamen im organisierten Sport zunächst Überlegungen auf, die Erfahrungen aus den Aktivitäten für Menschen mit Migrationshintergrund auch auf eine potenzielle Flüchtlingsarbeit zu übertragen. Ebenso schnell stellte sich allerdings heraus, dass ein einfacher Transfer der bisherigen Erkenntnisse und Aktivitäten schwierig sei, da die persönliche Situation der Flüchtlinge, ihre Mentalität, ihre Erfahrungen und Kenntnisse, aber auch die Möglichkeit ihrer Ansprache stark von dem abwich, was über Menschen mit Migrationshintergrund bekannt war, die zum Teil schon seit Jahren in Deutschland lebten. Auch auf wissenschaftliche Expertisen konnte man sich zu diesem Zeitpunkt noch nicht stützen, da nur wenige Studien zum Thema vorlagen.[22] Lediglich im amerikanischen und australisch-ozeanischen Raum war überhaupt eine nennenswerte Zahl von empirischen und analytischen Studien veröffentlicht worden;[23] in Deutschland zählten hingegen konzeptionelle Aufsätze zu den wenigen Ausnahmen, so etwa ein Beitrag von Marianne Meier über Kinderflüchtlinge. Betont wurde in diesem Aufsatz, dass dem Sport unter anderem bei der Bewältigung von Traumata eine wichtige Rolle zukommen kann, da die Unbeschwertheit des Sports eine kompensatorische Wirkung auf Menschen auszuüben vermag. Durch den Sport werden Kinder in die Lage versetzt, wieder zu lachen und zu spielen sowie soziale Netzwerke aufzubauen. Dadurch, dass Flüchtlinge die psychosozialen Vorteile körperlicher Aktivität unmittelbar erleben, können sie neues Selbstvertrauen erlangen, aber auch Erfahrungen austauschen, Schmerzen verarbeiten und ein Gefühl der Normalität wiedererlangen. Sport kann in diesem Zusammenhang auch eine kontrollierte Umgebung bieten, um aufgestaute Gefühle von Frustration und Aggression zu kanalisieren. Der Sport eröffnet den Teilnehmenden die Möglichkeit, Fähigkeiten wie Teamwork, Respekt,

---

Beschluss vom 5. Mai 1971. Unterrichtung durch die Bundesregierung. 13. Sportbericht der Bundesregierung.
21 Vgl. Streppelhoff (2016).
22 Siehe etwa Esser (2007), S. 33-34.
23 Siehe Murray (2014) und Whitley/Coble/Jewell (2016). Vgl. des Weiteren Refugee Council of Australia (2010); Spaaij (2012); Block/Gibbs (2017).

Entscheidungsfindung, Führung, die von Regeln und den Umgang mit Erfolg und Misserfolg zu erlernen.

Die räumliche Perspektive wurde in Meiers Aufsatz ebenfalls hervorgehoben, da der Sportraum als Kontrast zu beengten Situationen während der Flucht oder zu prekären Unterkünften in Flüchtlingsheimen wahrgenommen werden kann.[24] Sport kann für Abwechslung und Ausgleich sorgen; es können sich neue soziale Strukturen durch den Sport bilden, die das Gemeinschaftsgefühl und die Sicherheit in Unterkünften verbessern. Und auch der Gesundheitszustand kann durch körperliche Aktivität eine Stärkung erfahren. Neben dem konstruktiven Potenzial des Sports hob Marianne Meier in ihren konzeptionellen Überlegungen auch dessen kritische Dimensionen hervor. So verwies sie auf Widerstände und gesellschaftliche Irritationen bei einzelnen sportlichen Aktivitäten von Flüchtlingen, so etwa dem Frauenschwimmen in gemischtgeschlechtlichen deutschen Schwimmbädern.

Kennzeichnend für die Aktivitäten des Jahres 2015 und für die ersten Monate des Jahres 2016 war ein hohes Maß an Bereitschaft von individuellen und kollektiven Akteuren – von Einzelpersonen, über Vereine und Verbände bis hin zu Wohlfahrtsorganisationen und staatlichen Einrichtungen reichend – sich für Flüchtlinge im Kontext des Sports beziehungsweise für Aktivitäten, die sich des Sports bedienten, einzusetzen. Die vielfach zunächst dezentral, auf lokaler Ebene, gestarteten Initiativen wurden in den ersten Monaten nur begrenzt koordiniert oder von höherer Stelle begleitet. Ausdruck der zahlreichen Initiativen war vielmehr ein regelrechter Wildwuchs, in dem entsprechend der jeweiligen Möglichkeiten, Ressourcen, Interessen und infrastrukturellen Begebenheiten Aktivitäten initiiert wurden und sich Menschen aus den unterschiedlichsten Bereichen und Motiven engagierten.[25] Ein Vorreiter des Bemühens, diese Aktivitäten stärker systematisch zu reflektieren, war der Verein »Champions ohne Grenzen e. V.«, der gemeinsam mit der Abgeordnetenfraktion von Bündnis 90/Die Grünen in Berlin bereits am 10. Oktober 2014 zum 1. Berliner Flüchtlings-Sport-Kongress einlud.[26] Kon-

---

24 Vgl. Meier (2010).
25 Vgl. grundsätzlich Daphi (2016).
26 Vgl. hierzu www.championsohnegrenzen.com/fluechtlingssportkongress.

statiert wurde unter anderem, dass »die Verbindungen zwischen Flüchtlingsheimen und Sportvereinen dringend intensiviert werden« müssten.[27]

Im Herbst und Winter 2015 kam es dann zu verstärkten Koordinationsanstrengungen. So richtete die Europäische Akademie des Sports (Westfalen) vom 11. bis zum 13. November 2015 eine Tagung im Sportcentrum Kaiserau aus, um dort mit den unterschiedlichen Akteuren die Chancen, Herausforderungen und vor allem die offenen Fragen zu diskutieren.[28] Zum Ausdruck kam hier die Notwendigkeit, das ehrenamtliche Engagement zu unterstützen, aber auch für eine stärkere Vernetzung zu sorgen, um Best-Practice-Beispiele zu verbreiten und zugleich bereits getätigte Fehler zu vermeiden.

In den nachfolgenden Ausführungen werden zunächst ausgewählte Erfahrungen des organisierten und des nicht organisierten Sports im Problemfeld skizziert. Im Anschluss wird dann eine vorsichtige Bewertung und Einordnung vorgenommen.

Die symbolischen Solidaritätsbekundungen durch Fußballfans und den Profisport

Als im Laufe des Sommers 2015 die Flüchtlingsthematik die öffentliche Debatte erreichte, waren es zunächst einzelne Fußballfans und bald darauf ganze Fanclubs, die angesichts ihrer Organisationsmacht und ihres Mobilisierungspotenzials Position bezogen. Zunehmend häufiger sah man Botschaften wie »Refugees Welcome« und »Kein Mensch ist illegal« auf Buttons und Bannern im Stadion. Von den Profivereinen wurden diese Initiativen nach einiger Zeit aufgegriffen und auf breiter Fläche unterstützt. Von der Bundesliga bis zur Kreisliga wurde seitens der Vereine für Geld- und bisweilen auch Sachspenden wie Kleider geworben; Flüchtlinge wurden zu kostenlosen Stadionbesuchen oder -führungen eingeladen; es wurden zusätzliche Spenden durch Benefizspiele erzielt und es wurde nicht zuletzt öffentlichkeitswirksam zur Solidarität mit Flüchtlingen und zu einer aktiven Willkommenskultur in Deutschland aufgerufen. Auch der Deutsche Fußballbund und

---

27 So Champions ohne Grenzen (2014), S. 3.
28 Siehe hierzu die Dokumentation von Lützenkirchen (2016).

die Deutsche Fußballliga engagierten sich. Während der DFB im März 2015 einen Spieltag noch unter das allgemeine Integrationsmotto »Mach einen Strich durch Vorurteile« stellte, unterstützte die DFL schon im August 2015 »Willkommensbündnisse für Flüchtlinge«.

Den Höhepunkt der symbolträchtigen und öffentlichkeitswirksamen Aktivitäten des Profifußballs markierte der 5. Spieltag der Bundesliga beziehungsweise der 7. Spieltag der 2. Bundesliga, als fast alle Bundesligavereine auf dem linken Trikotärmel mit dem Logo einer Aktion der »Bild«-Zeitung unter dem Motto »Wir helfen – #refugeeswelcome« antraten.[29] Dass entsprechende symbolträchtige Aktionen aber durch ambivalent gesehen wurden, verdeutlicht die Reaktion des FC St. Pauli. Der Hamburger Zweitligaverein, der traditionell für eine alternative Fußball- und Fankultur eintritt, sprach sich dagegen aus, die »Bild«-Aktion zu unterstützen und verwies auf eigene Aktivitäten. St.-Pauli-Manager Andreas Rettig erklärte hierzu: »Unser Testspiel gegen Borussia Dortmund, das private Engagement unserer Spieler sowie verschiedenste Aktionen unserer Fans und Abteilungen für die Flüchtlinge in Hamburg sind Beleg dafür. Daher sehen wir für uns nicht die Notwendigkeit, an der geplanten, für alle Clubs freiwilligen Aktion der DFL teilzunehmen«.[30] Erhebliche mediale Aufmerksamkeit rief daraufhin die Reaktion des seinerzeitigen Chefredakteurs der »Bild«-Zeitung Kai Diekmann hervor, der twitterte: »Darüber wird sich die AfD freuen: Beim FC St. Pauli sind #refugeesnotwelcome«. Zahlreiche Fußballfans und auch einige Profivereine beschweren sich über die Instrumentalisierung des Themas im Interesse der »Bild«-Zeitung, reagierten mit Kritik, und forderten ihrerseits zum Boykott der Aktion auf. Im Jahr 2016 verschwand das Flüchtlingsthema dann weitgehend aus den deutschen Stadien; dies nicht zuletzt, weil sich das öffentliche Meinungsbild zunehmend ausdifferenzierte,[31] aber auch, weil sich die Kritik mehrte, dass hier eher eine CSR-Strategie als eine politische beziehungsweise gesellschaftliche Position zum Tragen kam.

---

29 Siehe hierzu auch 11Freunde (16.9.2015).
30 Zit. n. WAZ v. 16.9.2015.
31 Vor allem in Internetforen kam es wiederholt zu massiven Auseinandersetzungen zwischen Anhängern und Gegnern der Flüchtlingspolitik und entsprechenden Diffamierungen. Erhebliches Aufsehen erregten auch die Pegida-Demonstrationen in Dresden, bei denen Fußballfans aggressiv in Erscheinung traten.

In zahlreichen Mitgliedsstaaten der Europäischen Union gab es in den Jahren 2015 und 2016 ähnliche Aktivitäten. Erhebliche mediale Aufmerksamkeit erzielte dabei die Sitzblockade von zwei Vereinen der zweiten griechischen Fußballliga. Als am 29. Januar 2016 das Spiel *AE Larissa* gegen *AO Acharnaikos* angepfiffen wurde, setzen sich die Spieler der beiden Klubs – statt den Ball zu spielen – zur Überraschung von Zuschauern und Medien für zwei Minuten schweigend auf das Spielfeld, um auf diese Weise gegen die europäische Flüchtlingspolitik zu demonstrieren und auf das Schicksal von Tausenden Menschen aufmerksam zu machen, die unter zum Teil lebensgefährlichen Umständen mit Booten von der Türkei nach Griechenland flüchten. Zum Ausdruck kam hier einmal mehr, dass der organisierte Sport, namentlich der medial inszenierte und öffentlichkeitswirksame Profifußball sich als Bühne hervorragend für jedwede Form der Einflussnahme beziehungsweise Repräsentation eignet und infolgedessen in zunehmendem Maße zu einer Projektionsfläche der unterschiedlichen Interessen wird.[32]

Das Turnhallenproblem

Die Probleme des Zusammenhangs von Sport und Flüchtlingen wurden einer breiteren Öffentlichkeit erstmals im Zuge der Inanspruchnahme von Turnhallen und des Ausfalls von Vereins- und Schulsport bewusst. Angesichts begrenzt freistehenden Wohnraumes und des schieren Ausmaßes der Flüchtlingsströme ab Sommer 2015 sahen zahlreiche Kommunen keine andere Option, als auch zahlreiche in ihrer Verfügungsgewalt stehende Turnhallen zu Flüchtlingsunterkünften umzufunktionieren. Bei der Unterbringung und Betreuung der Flüchtlinge haben die Kommunen selbst nur begrenzten Spielraum, da sie dem rechtlichen Rahmen beziehungsweise dem Flüchtlingsaufnahmegesetz (FlüAG) Rechnung tragen müssen und allen ihr zugewiesenen, asylsuchenden Personen eine Unterbringung zusichern müssen. Angesichts hoher Zuweisungsraten sahen sich zahlreiche Kommunen dabei gezwungen, von Standards abzuweichen und auf Notunterkünfte in Form von Turnhallen oder anderen Großgemeinschafts-

---

32 Vgl. grundlegend zum Thema Mittag/Nieland (2007) und dies. (2012).

unterkünften zurückzugreifen. Binnen weniger Tage mussten für mehrere Tausend Menschen mit Unterstützung von Hilfsorganisationen und Feuerwehr Unterkünfte mit einfachen Betten, oftmals auch Doppelstockbetten, errichtet werden. Nach Schätzungen des DOSB wurden in den Jahren 2015 bis 2017 rund 1.000 Turnhallen in Deutschland zu temporären Notunterkünften umfunktioniert.

Das Beispiel der Stadt Köln verdeutlicht dabei exemplarisch das Ausmaß: Im September 2015 wurden der Stadt rund 200 Flüchtlinge pro Woche zugewiesen, im Oktober 2015 rund 260 Flüchtlinge pro Woche, im November 2015 waren es dann schon 310 Flüchtlinge pro Woche und in den folgenden Monaten jeweils 350 Flüchtlinge pro Woche. Erst im März 2016 sanken mit einer Zuweisung von 225 Flüchtlingen pro Woche die Zahlen langsam wieder.[33] Insgesamt waren der Stadt Köln damit allein in sieben Monaten rund 8.200 Flüchtlinge zugewiesen worden. Von diesen – und weiteren in der Stadt angekommenen Flüchtlingen – konnten bis zum März 2016 rund 4.000 in Privatunterkünften und circa 2.800 in Hotels untergebracht werden. 3.800 Flüchtlinge fanden hingegen in insgesamt 27 Turn- und weiteren Gewerbehallen eine Notunterkunft. Seitens der Kölner Schulen und Vereine reagierte man auf die Umnutzung von 27 der insgesamt 270 Turnhallen zwar zum Teil mit Verärgerung und Irritation ob des Ausfalls von Sportunterricht und Vereinsaktivitäten;[34] es überwog aber die Akzeptanz und Bereitschaft zur Hilfe. Zwei Zitate von Verantwortlichen illustrieren diese Sichtweise: Aus dem Vereinssport hieß es: »Es war natürlich sehr kurzfristig, aber die Flüchtlinge kommen kurzfristig und man kann nicht sagen: jetzt schlaft mal zwei Wochen unter freiem Himmel und dann haben wir die Halle auch soweit und wir haben noch ein bisschen trainiert. Es geht nicht anders. Man muss es leider so hinnehmen, wie es ist.« Und mit Blick auf den Schulsport wurde zum Ausdruck gebracht: »Zunächst haben wir gesehen, dass unser Verlust, der Verlust unserer Räumlichkeiten anderen Menschen zugutekommt. Und mit solchen Verlusten kommt man immer besser zu Recht, wenn man weiß, dass das für etwas gut ist und nicht einfach nur ver-

---

33   Vgl. Stadt Köln (2017a).
34   Stadt Köln (2017b).

gebens [...] das hat die Sache dann nochmal in ein ganz anderes Licht gebracht.«[35]

Je länger sich die Umnutzung der Hallen dann jedoch hinzog, desto stärker sank die Bereitschaft, diesen Umstand zu akzeptieren. Dies galt umso mehr, weil von den Verantwortlichen zunächst nur eine kurzfristige Inanspruchnahme kommuniziert worden war. In Köln wurde erst im Juni 2017 die letzte Halle geräumt, als 200 Bewohner einer Turnhalle in Bilderstöckchen nach Ossendorf in eine neue Leichtbauhalle umzogen.[36] Mit dem Auszug der Flüchtlinge standen die Hallen jedoch dem organisierten Sport nicht unmittelbar wieder zur Verfügung. Lediglich drei von 27 beanspruchten Hallen in Köln standen im Frühsommer 2017 für Sportaktivitäten wieder zur Verfügung, zum Schuljahresbeginn waren es dann jedoch 23 Hallen. Die Hallen hatten zum Teil aufwändiger renoviert werden müssen, da die sanitären Einrichtungen überholungsbedürftig waren, Einbauten entfernt werden und Bohrlöcher beseitigt werden mussten. Vor allem die Arbeiten an Hallenböden, die durch Straßenschuhe, Betten und andere Beanspruchungen in Mitleidenschaft gezogen worden waren, erwiesen sich dabei als langwierige und kostspielige Angelegenheit. Um den Vereinen eine gewisse Kompensation zukommen zu lassen, wurde von einigen Kommunen daraufhin Gebühren reduziert oder sogar erlassen. So verzichtete die Stadt Bochum nach Wiederaufnahme des Trainingsbetriebs für ein halbes Jahr auf Nutzungsentgelte bei den betroffenen Vereinen.[37]

Staatliche und verbandliche Aktivitäten

Während die Umsetzung von Flüchtlingsaktivitäten im Kontext des Sports in der Regel auf lokaler Ebene durch Vereine und Kommunen erfolgt, wird der finanzielle und konzeptionelle Rahmen von staatlichen und verbandli-

---

35 Die zitierten Interviewaussagen basieren aus einem Projekt zum Thema im Rahmen eines Seminars an der Deutschen Sporthochschule Köln im Wintersemester 2016/17.
36 Siehe Kölnische Rundschau v. 9.6.2017.
37 Vgl. WAZ v. 20.4.2016.

chen Akteuren auf Länder- und Bundesebene geprägt.[38] Kennzeichnend ist dabei das Zusammenspiel von staatlicher und privater Seite. Bereits Ende Oktober 2015 wurde vereinbart, das im Wesentlichen staatlich finanzierte, aber durch die Verbände koordinierte Programm »Integration durch Sport« auf alle Asylbewerberinnen und -bewerber sowie Geduldete, unabhängig von ihrer Herkunft und ihrer Bleibeperspektive, auszuweiten. Finanziell wurde die Förderung von jährlich rund 5,4 Millionen Euro auf 11,4 Millionen Euro für das Jahr 2016 aufgestockt.

Neu initiiert wurde das Projekt »Willkommen im Sport – Sport und Bewegungsangebote für Flüchtlinge«.[39] Auch hier wurde auf eine Mischfinanzierung gesetzt. Beteiligt sind neben der Beauftragten der Bundesregierung für Migration, Flüchtlinge und Integration und dem Bundesamt für Migration und Flüchtlinge auf staatlicher Seite auch das Internationale Olympische Komitee (IOC) sowie der Deutsche Olympische Sportbund auf verbandlicher Seite. Das Kernziel des Programms besteht darin, Hürden bei der Kontaktaufnahme zwischen Sport und Flüchtlingen abzubauen und Letztere an den Sport und die Sportorganisationen heranzuführen. Bei diesem Projekt werden vor allem »niedrigschwellige« Sport- und Bewegungsaktivitäten angeboten, es wird unter anderem auf die Zielgruppe der geflüchteten Frauen und Mädchen gesetzt und es werden Sportarten jenseits des Fußballs wie Kricket oder Boxen angesprochen. Verbunden ist das Projekt mit der Zielsetzung, Qualifizierungsmaßnahmen anzubieten, die dazu beitragen, dass Geflüchtete dauerhaft in den Vereinen bleiben und ggf. sogar ehrenamtliche Funktionen übernehmen. Eine Vertiefung dieses Angebots stellt das Programm »Orientierung durch Sport« dar, das von der Deutschen Sportjugend (dsj) getragen wird und auf die Zielgruppe der minderjährigen Flüchtlinge ausgerichtet ist. Auch auf Länderebene sind Sportjugend und Sportbünde aktiv. So wurde im Modellprojekt »Engagement junger Geflüchteter im organisierten Sport« von der Sportjugend Hessen erprobt, ob und wie sich Flüchtlinge in Vereinen als Sportler engagieren können, unter anderem als Jugendfußballbetreuer für Geflüchtete. Weite

---

38 Erst in jüngerer Zeit sind auch verbandliche Aktivitäten auf europäischer Ebene auszumachen, so etwa das Projekt ASPIRE (Activity, Sport and Play for the Inclusion of Refugees in Europe), das von ENGSO seit Februar 2017 organisiert wird.
39 Siehe darüber hinaus aber auch das Projekt »Orientierung durch Sport«.

Verbreitung erzielte auch die Handreichung des Landessportbundes Nordrhein-Westfalen, die im Juli 2016 veröffentlicht wurde und neben konkreten Hilfestellungen auch verschiedene »Best-Practice«-Beispiele präsentiert.[40] Schließlich wurde von der DOSB-Führungsakademie eine umfassende Handreichung veröffentlicht, die den Vereinen vor allem in rechtlicher Hinsicht ein größeres Maß an praktischer Hilfe geben sollte.[41]

Seitens der Fachverbände im Sport wurden ähnliche Strategien wie beim DOSB verfolgt. Bereits im März 2015 war vom DFB, dem größten Fachsportverband der Welt mit Unterstützung der Beauftragten der Bundesregierung für Migration, Flüchtlinge und Integration das Programm »1:0 für ein Willkommen« aufgelegt worden. Auch hier wurde durch Informationsbroschüren Hilfestellung gegeben, wie Vereine die Einbindung der Flüchtlinge in den Trainingsbetrieb gestalten und mithilfe von Begegnungsfesten oder offenen Trainingsgruppen, aber auch durch Sprachförderung und Kontakte zu Ärzten, Kommunikations- und Begegnungshürden abbauen können. Im Rahmen des Programms erhielten engagierte Vereine eine Prämie von 500 Euro. Da sich allein bis Ende 2016 rund 3.000 Amateurvereine beteiligt hatten, wurden in diesem Zeitraum fast 1,5 Millionen Euro für das Programm aufgewendet. Zugleich zeigten sich die Fußballvereine sehr kooperativ hinsichtlich der Ausstellung von Spielberechtigungen. So wurden allein im Jahr 2015 rund 42.000 Spielberechtigungen an Spieler ausgestellt, die durch Flucht oder Zuwanderung nach Deutschland gekommen waren.[42]

Jenseits von DOSB und DFB haben sich zahlreiche weitere Fachverbände für Flüchtlinge eingesetzt. So hat der Deutsche Judo-Bund die Aktion »Judogi for refugees« aus der Taufe gehoben, an der sich 32 Vereine aus ganz Deutschland beteiligt haben. Auch hier wurde ein Leitfaden veröffentlicht, der vor allem die Bedeutung von Werten betonte. Entsprechend hieß es: »Grundlegend dafür ist die Vermittlung der Judo-Werte in den Vereinen, die nach außen getragen werden können. Die Judo-Werte können auf die allgemeingeltenden Werte westlicher Zivilisationen übertragen werden und

---

40 Landessportbund Nordrhein-Westfalen (2016).
41 Vgl. Wagner/Lienig (2016).
42 Siehe zu diesen Angaben und einer entsprechenden Einordnung Blaschke (2016), in: Süddeutsche Zeitung v. 28.12.2016.

sind somit wichtiger Bestandteil für die Integration von geflüchteten Menschen in unsere Gesellschaft«.[43]

Aktivitäten von Vereinen und Kommunen

Im Licht der subsidiären Strukturen des organisierten Sports in Deutschland kommt den Vereinen im Zuge der Flüchtlingspolitik eine zentrale Aufgabe zu. So sind in Köln im Jahre 2017 rund 260.000 Menschen in 774 Sportvereinen organisiert; von diesen Vereinen haben wiederum knapp 10 % sich eingehender beziehungsweise längerfristiger in der Flüchtlingspolitik engagiert.[44] Nicht repräsentative Befragungen bringen zum Ausdruck, dass die Motivation im Sport im Wesentlichen in derselben prinzipiellen Hilfsbereitschaft liegt, die es auch in anderen Bereichen als Selbstverständlichkeit erachtet, Menschen in Not spontan und unbürokratisch zu helfen.[45] Gelegentlich wird aber auch das Argument angeführt, dass die Auseinandersetzung mit rassistischen Haltungen vor Ort einen Impuls gegeben hat, sich für Flüchtlinge im Bereich des Sports einzusetzen. Die Initiative kam dabei vielfach aus den Vereinen selbst heraus, sowohl von Vorständen als auch von einzelnen Mitgliedern. Die Vereinsinteressen selbst werden dabei in der Regel hinten angestellt: Motive wie Mitgliedergewinnung oder Leistungsverbesserung im Wettbewerbssport spielen nur eine nachrangige Rolle.

Die den Flüchtlingen unterbreiteten Angebote resultieren im Wesentlichen aus den Kompetenzen der Vereine, aus den infrastrukturellen Rahmenbedingungen und aus den verfügbaren Übungsleitern und Freiwilligen. Im Umkehrschluss lässt sich das Ausbleiben entsprechender Angebote auf das Fehlen entsprechender Rahmenbedingungen erklären, wobei der Anzahl der Freiwilligen eine besondere Bedeutung zukommt. Die Größe des Vereins

---

43 Deutscher Judo-Bund (o. J.).
44 Wie stark die Zahlen hier streuen, zeigt eine Studie von Heinz Reiders an der Universität Würzburg, der 2016 zu dem Ergebnis kommt, dass sich drei von fünf bayrischen Vereinen in der Flüchtlingsarbeit engagieren. Im Sportentwicklungsbericht 2015/2016 (Breuer/Feiler 2016) wird eine Größenordnung von 29 % der Vereine angegeben, die sich für Flüchtlinge engagieren.
45 Vgl. hierzu etwa Sauerbier (2015 und 2017).

übt hingegen nur einen untergeordneten Einfluss auf das Angebot aus. Der Fußball als besonders populäre und verbreitete Sportart in Deutschland spielt eine prominente Rolle bei den Angeboten. Angesichts der hohen Anzahl männlicher Flüchtlinge, aber auch der vergleichsweise einfachen Rahmenbedingungen eines Fußballspiels in organisatorischer Hinsicht lässt sich die Dominanz des Fußballs auch mit den strukturellen Rahmenbedingungen erklären. Hinsichtlich des Erfolgs der Maßnahmen kann bislang nur ein vorsichtiges Fazit gezogen werden, da die Nachhaltigkeit vieler Aktivitäten noch nicht absehbar ist. Hier besteht ein dringender Bedarf sozial- und sportwissenschaftlicher Forschung zu einer systematischen Bestandsaufnahme und Bewertung.

Ein wesentliches Hindernis bei den Sportangeboten für Flüchtlinge stellen wegfallende oder verminderte Hallennutzungszeiten dar. Wenn keine Übungszeiten zur Verfügung stehen, können zumindest im Indoorbereich auch keine Angebote unterbreitet werden. Der Umstand, dass durch fehlende Hallenzeiten zudem auch Mitglieder oder Engagierte wegbleiben, ist mittelbar ebenfalls im Kontext der Flüchtlingsthematik zu verorten. Gerade Sportvereine sind stark an ihre Sportstätte gebunden; wenn diese wegfällt, ist ein Umzug oder ein Wechsel an eine andere Sportstätte, die möglicherweise sogar in einem anderen Stadtteil liegt, oftmals mit dem Verlust von Mitgliedern verbunden.

Die Finanzierung der Flüchtlingsaktivitäten von Sportvereinen basiert in der Regel auf einer Mischkalkulation. Von den Flüchtlingen selbst werden im Regelfall keine Gebühren verlangt, was zu nicht immer ganz spannungsfreien Reaktionen der anderen zahlenden Mitglieder führt; die anfallenden Kosten werden entweder aus dem laufenden Etat bestritten oder man bemüht sich explizit um eine Förderung von privater Seite oder von der öffentlichen Hand. Als problematisch erweist sich in rechtlicher Hinsicht aber auch der Umstand, dass für Flüchtlinge kein Versicherungsschutz besteht, da sie formal keine Vereinsmitglieder sind. Infolgedessen wird für Flüchtlinge oftmals ein gesonderter Versicherungsschutz während der aktiven Sportausübung abgeschlossen.

Von den Sportvereinen werden bei der Beantragung einer finanziellen Unterstützung immer wieder Probleme moniert. So kommt es vor, dass Zuschüsse erst relativ spät ausgezahlt werden oder dass sie bestimmten Fristen und Haushaltsjahren unterliegen. Kritisiert wird seitens der Vereine aber auch, dass es bisweilen zu Verteilungskämpfen mit anderen Anbietern, namentlich den Akteuren in der Wohlfahrtspflege kommt. Schließlich stellt auch die Kommunikation eine Herausforderung dar. So sind Vereine mit der Notwendigkeit konfrontiert, nicht nur mit privaten oder öffentlichen Stellen über Finanz- und Hallenfragen zu kommunizieren, sondern sich auch mit anderen Vereinen hinsichtlich der Angebote, Zeiten und Rahmenbedingungen zu abzusprechen. Dieser Aufwand überfordert gerade die kleineren und mittleren Vereine, die nur begrenzt auf hauptamtliches Personal zurückgreifen können, in erheblichem Maße. Neben den Vereinen treten auf kommunaler Ebene auch Kommunen als Initiatoren von sportbezogenen Flüchtlingsprojekten in Erscheinung; in diesem Zusammenhang dominiert die Kooperation mit dem organisierten Vereinssport, der ein breites Spektrum von Interaktionsformen zugrunde liegt.

Aktivitäten jenseits des organisierten Sports

Von den zahlreichen Initiativen, die in den Jahren 2015 bis 2017 im Zusammenspiel von Sport und Flüchtlingen entwickelt wurden, sind diejenigen Aktivitäten, die aus der Mitte der Gesellschaft kommen, am vielfältigsten, spontansten und oftmals auch am wenigsten dokumentiert, da sie oftmals mit nur begrenzter Förderung und zunächst auch ohne institutionelle Anbindung auskommen. Es zeigt sich allerdings auch, dass die nachhaltigeren und längerfristigen Projekte dann doch nicht ganz darauf verzichten können, Zuschüsse einzuwerben oder das institutionelle Dach einer Organisation zu suchen. So waren es engagierte Einzelpersonen, die 1996 im Zuge der Flüchtlingswelle des Jugoslawienkriegs in München die Jugendteams »Harras Bulls« und »Weigl Heroes« gründeten, die sich im Wesentlichen aus zwei Gemeinschaftsunterkünften rekrutierten. Es kamen weitere Flüchtlingsmannschaften hinzu, sodass 1998 unter der Bezeichnung »buntkicktgut« ein Ligabetrieb aufgenommen wurde, an dem sich heute allein in München rund 2.500 Teilnehmer und 250 Teams mit Aktiven aus 100 verschiedenen Ländern beteiligen. Jenseits des Kernprojekts der integrativen Straßenfußballliga bestehen vielfältige nationale und internationale Vernetzungen, die neben

Camps und Jugendbegegnungen unter anderem auch zu einer verstärkten Flüchtlingsarbeit mit Kindern und Jugendlichen aus dem arabischen Raum geführt haben.[46] Nachfolgend werden stellvertretend für die Bandbreite von Aktivitäten im Sport drei Beispiele kurz skizziert:

So wurde 2015 von sechs Studierenden in Aachen die Initiative »Starring Aachen«[47] gegründet, die sich zum Ziel gesetzt hat, Flüchtlinge zu unterstützen. Eine zentrale Rolle kommt dabei dem Sportangebot zu. Dieses wird in verschiedenen Flüchtlingsunterkünften angekündigt, zum Teil auch durch direkte Ansprache. Interessierte werden dann an den Trainings- und Spieltagen aus den Flüchtlingsunterkünften abgeholt und sie werden nach der Betreuung durch qualifizierte Übungsleiter in diese auch wieder zurückgebracht. Zum Sportangebot zählt neben Kraft- und Ausdauertraining auch der Fußball. Angesprochen werden nicht nur Studierende, sondern grundsätzlich potenziell sportinteressierte junge Frauen und Männer. Die Aktivitäten von »Starring Aachen« wurden sukzessive ausgeweitet, so etwa in den Bereichen Nachhilfe und Kultur; zudem wurden Partner einbezogen wie der Bildungs- und Integrationsverein »hêvî«, der sich um Sportbekleidungsspende kümmert. Die umfangreichen Aktivitäten von »Starring Aachen« sind auf den Webseiten und bei Facebook dokumentiert.[48]

Ebenfalls in Aachen wurde im Umfeld eines neuen Skateboardlabels beziehungsweise einer Skateschule die Initiative »Don't Wait Go Skate!« gegründet. Im Zuge dieses, sich selbst als »Crowdfunding Projekt« bezeichnenden Vorhabens, das mittlerweile als Verein organisiert hat, bekommt eine Gruppe von Flüchtlingskindern ein 20-stündiges Training durch professionelle Skateboarder mit dem Ziel, neben dem Erwerb von »soft skills« nach einer absolvierten Prüfung das bis dahin geliehene Equipment zu erhalten.[49] Ähnlich ausgerichtet ist die in Münster verankerte Initiative »skate-aid«, die neben ihren internationalen Aktivitäten für geflüchtete Kinder und Jugendliche ein Programm entwickelt hat, bei dem einerseits die Gruppenbildung und der Spracherwerb gefördert werden, andererseits aber auch Skateboard und Schutzausrüstung nach regelmäßiger und aktiver Teilhabe am Training

---

46 Vgl. zur Projektgenese www.buntkicktgut.de/historie/projektskizze.
47 Das Akronym steht für »STudents And Refugees foR Integration in Germany«.
48 Vgl. www.starringaachen.org und www.facebook.com/pg/starringaachen/.
49 Vgl. www.dontwaitgoskate.com.

»verdient« werden kann.[50] Anders als das Aachener »Starring«-Projekt haben die beiden Skate-Projekte eine stärkere institutionelle Verankerung und vor allem im zweiten Fall auch eine stärkere Finanzierungsgrundlage durch die Einwerbung von Spenden.

Das dritte hier angeführte Projekt ist mit Unterstützung des oben genannten »buntkicktgut«-Straßenfußballvorhabens aus der Taufe gehoben worden. Unter dem Namen »Köln kickt« wurde 2006, im Kontext der Fußballweltmeisterschaft, eine Initiative zur verbesserten Teilhabe von Kindern und Jugendlichen gegründet, die sich heute als gemeinnützige RheinFlanke gGmbH an zahlreichen Standorten unter anderem im Sport engagiert und dabei im Zuge des Projektes »Hope« auch verstärkt Flüchtlinge anspricht. In Köln wird mit einem umgebauten US-Schulbus das Equipment vor Ort transportiert, um so ein offenes Sportangebot zu ermöglichen. Ausgebildete Fußballtrainer leiten das Training, das bisweilen auch auf den Plätzen von etablierten Vereinen stattfindet, um den Flüchtlingen später eine Integration in diese zu eröffnen. Ziel von Rheinflanke ist es, durch das Sportprogramm grundsätzlich festere Strukturen in der Lebenswelt von Flüchtlingen zu verankern, um so auch grundlegende Deutschkenntnisse zu vermitteln, Berufsorientierungs- und -qualifizierungsmaßnahmen in die Wege zu leiten und die kulturelle Interaktion zu fördern. Als »Sozialpädagogen mit sportlichem Background« kommt den Trainer dabei eine zentrale Rolle zu. Die »Rhein-Flanke«-Initiative besitzt als Träger der freien Jugendhilfe, der an acht Standorten deutschlandweit tätig ist, den höchsten Institutionalisierungs- und wohl auch den höchsten Professionalisierungsgrad. Dass dem Projekt »köln kickt« bereits im Jahr 2008 der Integrationspreis von DFB und Mercedes-Benz zugesprochen wurde, dokumentiert die langjährige Erfahrung im Bereich der Integrationsarbeit, die auch hier in den letzten Jahren zunehmend auf das Feld der Flüchtlingsaktivitäten übertragen wurde.

---

50 Vgl. www.skate-aid.org.

Sport als Problemfeld der Flüchtlingspolitik

In öffentlichen Debatten gelten das Jahresende 2015 und die Ereignisse rund um den Kölner Hauptbahnhof in der Silvesternacht als Zäsur. Statt einer von der Breite der Bevölkerung getragenen Willkommenskultur und einer weitgehend vorbehaltlosen Unterstützung kam es zu zahlreichen kritischen Meinungsäußerungen und einer vielstimmigeren Debatte über die offizielle Flüchtlingspolitik. Für den Sport und die Bewegungskultur zeichnet sich eine ähnliche Entwicklung ab, wenngleich die sportbezogene Kritik nie das Ausmaß der allgemeinen Entwicklung angenommen hat. Bundesweite Aufmerksamkeit erregten die Ereignisse in Bornheim bei Bonn, wo zunächst ebenfalls mehrere Freizeitangebote für Flüchtlinge unterbreitet wurden, so etwa in Form von Fußballspielen oder der Teilhabe an Gemeindesportgruppen. In Bornheim wurde dann jedoch zeitweilig ein Schwimmbadverbot für Flüchtlinge ausgesprochen, da sich mehrere Besucherinnen über sexuelle Belästigungen durch Flüchtlinge aus drei umliegenden Flüchtlingsunterkünften beschwert hatten. Das mediale Echo war ungleich größer als einen Monat zuvor im rheinland-pfälzischen Hermeskeil, wo für die Bewohner eines Asylbewerberheims ein Schwimmbadpass eingeführt worden war, mit dessen Hilfe unangemessene Verhaltensweisen bei der Schwimmbadkleidung und Körperpflege vermieden werden sollten. Da in den folgenden Monaten weitere Fälle bekannt wurden, in denen es im Schwimmbadbereich zu Nachstellungen und Übergriffen, aber auch zu falschen Anschuldigungen gekommen war, trug namentlich der Schwimmbadbereich zu einer weiteren Emotionalisierung der Debatte bei.[51] Angesichts des Umstands, dass zahlreiche männliche Flüchtlinge zuvor noch nie eine Frau im Badeanzug oder Bikini gesehen hatten und auch noch mit einer Frau gemeinsam schwimmen waren, markierten Schwimmbäder einen besonders sensiblen öffentlichen Raum, der Probleme geradezu heraufbeschwört. Ab Ende 2016 ging die Presseberichterstattung über entsprechende Vorfälle jedoch merklich zurück,

---

51 Vgl. für die Bandbreite der Berichterstattung den Bayernkurier v. 5.7.2016 und Bild v. 3.7.2016 auf der einen Seite und die Artikel in der Süddeutschen Zeitung v. 8.8.2016 und im Neuen Deutschland v. 12.9.2016 auf der anderen Seite.

während andere Bereiche ins Blickfeld rückten, so etwa die Teilnahme von minderjährigen Flüchtlingen bei Käfigkämpfen.[52]

Wettbewerbsaktivitäten von Flüchtlingsteams

Zu den zahlreichen Besonderheiten und Auffälligkeiten im Verhältnis von Sport und Flüchtlingen der Jahre 2015 bis 2017 zählen auch die Aktivitäten von einzelnen Spielern oder ganzen Flüchtlingsteams im Wettbewerbssport. Neben Aktivitäten in populären deutschen Sportarten wie Fußball oder Handball haben dabei auch Wettbewerbe in solchen Sportarten Aufmerksamkeit geweckt, in denen deutsche Mannschaften ansonsten eher mäßigen Erfolg haben. Im Profifußball haben mit Ousman Manneh und Bakery Jatta zwei nach Norddeutschland geflüchtete Spieler Aufmerksamkeit geweckt, da sie in den Bundesligamannschaften von Werder Bremen und dem Hamburger SV für einige Spiele eingesetzt wurden. Wie schwierig entsprechende Karrieren indes sind, dokumentiert das Beispiel von Mohammed Jaddou, der als ehemaliger Kapitän der syrischen Jugend Nationalmannschaft mit mehreren Bundesligisten in Kontakt stand und von den Medien schon als Wunderkind bejubelt wurde, sich dann aber nicht durchsetzen konnte.[53]

Im Fußball hat der SC Germania Erftstadt-Lechenich – unterstützt von Kommune[54] und DFB – die Spiele seiner vierten Mannschaft zeitweilig ausschließlich mit einer aus Flüchtlingen zusammengesetzten Mannschaft bestritten. Dabei wurden Fußballer, die aus 17 instabilen Staaten wie Syrien, Irak und Afghanistan nach Deutschland geflüchtet waren, eingesetzt. Unter dem Titel »Refugee Eleven« sind diese Aktivitäten, gefördert von der Bundeszentrale für politische Bildung, auch von einem Filmteam dokumentiert worden. Bei den Filmaufnahmen wurden einzelne Spieler der Mannschaft mit einstmals ebenfalls geflüchteten, nunmehr aber erfolgreichen Profifuß-

---

52 Siehe hierzu Die Welt v. 31.12.2016.
53 Siehe 11Freunde v. 16.12.2015.
54 Der lokalen Integrationsbeauftragten Sandy Auert kommt in diesem Zusammenhang eine besondere Rolle zu.

ballern zusammengebracht.[55] Auch bei den Olympischen Spielen in Rio de Janeiro 2016 und bei der Leichtathletikweltmeisterschaft 2017 in London traten Flüchtlingsteams an, so etwa zehn Sportlerinnen und Sportler, die mehrheitlich aus Syrien und dem Südsudan kamen, unter olympischer Flagge in Rio als Refugee Olympic Athletes (ROA) und ein WM-Flüchtlingsteam mit fünf Sportlerinnen und Sporterlern aus Afrika in London.[56]

Aus deutscher Perspektive hat mit Blick auf den Wettbewerbssport vor allem das Beispiel Cricket beträchtliche Aufmerksamkeit geweckt. Während Cricket im Raum des englischen Commonwealth größere Popularität genießt, in manchen Ländern Asiens sogar Nationalsport ist und international einen der größten Sportfachverbände darstellt, führte die Sportart in Deutschland lange Zeit ein Schattendasein. Namentlich durch afghanische Flüchtlinge erfuhr Cricket aber einen erheblichen Zuwachs, sodass der Deutsche Cricket-Bund mit Sitz in Passau mittlerweile über 300 Vereine und circa 6.000 Aktive zählt, während es vor sechs Jahren noch lediglich 70 Vereine waren.[57] Dass damit auch eine Mitgliedschaft im DOSB in Reichweite rückt, dokumentiert, welche Auswirkungen die Flüchtlingsbewegung auch auf den Wettbewerbssport haben kann.

Insgesamt steht zu erwarten, dass nicht nur Spieler wie der Syrer Mohammed Shkir, der bereits in seiner Heimat Profibasketballer war und heute bei Alba Berlin in der dritten Mannschaft spielt, den Weg in den deutschen Wettbewerbssport finden, sondern, dass vor allem angesichts der sozialen Aufstiegsmöglichkeiten, die der Sport eröffnet, zahlreiche junge Flüchtlinge sich verstärkt im Wettbewerbssport engagieren.

---

55 Siehe www.refugee11.de. In europäischen Nachbarländern gab es ähnliche Entwicklungen. So trat in Italien das Flüchtlingsteam »Liberi Nantes« gegen eine Traditionsmannschaft des AS Rom an; der Kontext des Matchs ist ebenfalls in einer auf YouTube eingestellten Kurzdokumentation festgehalten worden.
56 Siehe hierzu Nesson/Stoloff (2016).
57 Vgl. zu den Zahlen das Interview mit dem Geschäftsführer des Deutschen Cricket-Bundes Brian Mantle in Spiegel-Online v. 21.9.2017 unter dem Titel »Flüchtlinge sorgen für Cricket-Boom in Deutschland«.

Sport und körperliche Bewegung: Türöffner, aber kein Allheilmittel der Flüchtlingspolitik

Fasst man abschließend die empirischen Beobachtungen zusammen und unternimmt den Versuch einer vorsichtigen Einordnung beziehungsweise Bewertung der zahlreichen Schnittmengen zwischen Sport und Flüchtlingspolitik, so präsentiert sich ein äußerst vielschichtiges Bild. Auffällig ist vor allem, in welchem umfassenden Maße sich Akteure im Sport im Zuge der Flüchtlingswellen seit 2015 engagiert haben. Es gibt kaum Sportarten und kaum Landstriche Deutschlands, in denen keine sportbezogenen Flüchtlingsaktivitäten auszumachen sind. Die Aktivitäten sind dabei stark »von unten« geprägt, sodass den Aktivitäten fast der Charakter einer sozialen Bewegung zu gesprochen werden kann. Dass die im vorliegenden Beitrag angeführten Beispiele überwiegend aus Köln und dem Rheinland gewählt wurden, ist in erster Linie durch Zugriffsmöglichkeiten auf Quellen und Materialien zu erklären, es ist jedoch kein Ausdruck der geografischen Verteilung der Aktivitäten. Infolgedessen stellt die Behandlung der Flüchtlingsthematik im Sport auch weiterhin ein dringendes Desiderat wissenschaftlicher Forschung dar, die sich dem Thema bislang durch vor allem Workshops, Evaluationsstudien und explorative Studien genähert hat.[58]

Im Zuge der Flüchtlingspolitik markieren subsidiäre Aktivitäten der Sportvereine das Gros des Engagements, aber auch jenseits des organisierten Sports zeigen sich Kommunen und Akteure aus der lokalen Zivilgesellschaft in hohem Maße engagiert. Auch wenn die Verbände oftmals Adressaten von Kritik sind – sei es, mit Blick auf bürokratische Regelungen oder zu geringe finanzielle Unterstützung –[59] lässt sich auch hier ein erhebliches Engagement und vor allem das Bemühen um rahmende Unterstützung und Koordinationsleistungen ausmachen. Deutlich wird beim Zusammenspiel von Sport

---

58 Siehe hierzu etwa den Workshop »Sport mit Geflüchteten – Sport im Kontext von Flucht und Migration«, der am 27.7.2017 an der Universität Bielefeld durchgeführt wurde. Stärkere Beachtung fand auch der vom Stadtsportbund Dortmund und Landessportbund Nordrhein-Westfalen gemeinsam ausgerichtete Workshop: »Weibliche Flüchtlinge im Sport – Herausforderungen und Potentiale für unsere Sportvereine«, der am 24.6.2017 in Dortmund stattfand.
59 Siehe hierzu Blaschke (2016), in: Süddeutsche Zeitung v. 28.12.2016.

und Flüchtlingsbewegung, dass es zwar vielfach zum Transfer von Erfahrungen der Integrationsarbeit aus den 1990er- und 2000er-Jahren gekommen ist, dass aber eine einfache Übertragung bisheriger Erkenntnisse nicht immer funktioniert. Vor allem die sprachlichen Hürden sind im Zuge der Flüchtlingsbewegung deutlich größer, aber auch die zu überwindenden interkulturellen Spannungen stellen eine beträchtliche Herausforderung dar. Sportbezogene Flüchtlingsarbeit agiert zudem in einem »Setting«, das vielfachen Änderungen unterworfen ist, zugleich erfordert sie aber einen langfristigen Atem, um Erfolge zu bewirken. Dem steht gegenüber, dass die sportbezogenen Aktivitäten oftmals sehr spontan in die Wege geleitet werden, dass sie in der Anlage und hinsichtlich der Qualifikationsniveaus niederschwellig sind, dass sie auf eine äußerst heterogene Bandbreite von Initiatoren und Anbietern zurückzuführen sind und dass sie oftmals nicht oder nur begrenzt auf Dauer gestellt sind.

Im Lichte der theoretischen Ansätze zu Sozialintegration kann konstatiert werden, dass Sport zur Integration von Flüchtlingen einen wichtigen Beitrag leisten kann. Sport schafft Wissen und Fertigkeiten, da auch Flüchtlinge die Möglichkeit haben, im Verein Aufgaben und Funktionen zu übernehmen. Kaum eine andere Beschäftigung fördert Kommunikation und soziale Interaktion so intensiv wie der Sport. Durch das gemeinsame Sporttreiben lässt sich Anschluss an weitere Aktivitäten finden. Im Sportverein oder in einer Gruppe sportlich aktiver Menschen können zudem auch das Leben jenseits des Spielfeldes und eine lebendige Vereins- beziehungsweise Gemeinschaftskultur erfahren werden, die wiederum eine Plattform für die Aufnahme in andere bestehende gesellschaftliche Netzwerke darstellt. Schließlich verleitet das gemeinsame Sporttreiben auch dazu, emotionale Verbindungen zwischen den Flüchtlingen und ihrer sozialen Umwelt aufzubauen.

Es muss jedoch auch auf jene Aspekte verwiesen werden, die der Sport nicht in ausreichendem Maße bedienen kann. Als elementarer Faktor der Integration von Flüchtlingen ist der Spracherwerb zu betrachten. Sprache ist als Grundvoraussetzung für jede weitere Sozialintegration zu verstehen, denn von der Beherrschung der Sprache hängen weitere grundlegende Entwicklungen wie die Integration in das Bildungssystem und den Arbeitsmarkt ab. Sport hilft hier nur bedingt, etwa die Sprache zu erlernen. Der Sport kann hier Türen öffnen, ein Universalmittel ist er aber nicht. Und Sport kann auch zu Missverständnissen und Problemen führen, wie die Turnhallenfrage und die Schwimmbadproblematik verdeutlichen.

Dennoch scheinen die Potenziale die Grenzen deutlich zu überwiegen. Dass sich in der Schnittmenge von Sport und Flüchtlingspolitik starke Partnerschaften bilden können, davon sind sowohl Politiker und Sportler als auch Fachwissenschaftler überzeugt. In vielen Fällen funktioniert die Zusammenarbeit gut, das Engagement ist zum Teil sogar herausragend. Sobald man das Augenmerk allerdings auf Standards richtet und sich nicht nur am Moment, sondern an langfristigen Entwicklungen orientiert, verlieren die Integrationsbemühungen um Flüchtlinge an Dynamik. Kommunen und Vereine sind die Orte, an denen die Projekte ausgeführt werden; ihre Ressourcen und Möglichkeiten reichen jedoch nicht immer so weit, dass sie die mit der Flüchtlingsfrage verbundenen Veränderungen und Belastungen verkraften. Infolgedessen ist es bereits zu vielfältigen Institutionalisierungs- und Professionalisierungstendenzen gekommen, aber auch zu Aktivitäten von Trägern der Jugend- und Wohlfahrtspflege[60] sowie der Kirchen, die nicht zuletzt in organisatorischer Hinsicht über weitaus größere Möglichkeiten verfügen. Die Begleitung und Steuerung dieser Aktivitäten im Sinne der Nachhaltigkeit und Professionalität erfolgt von höherer Warte, womit unweigerlich die Verbände ins Spiel kommen und insgesamt ein Trend zur Top-down-Orientierung auszumachen ist.

Die Sportvereine und zahlreiche Initiativen haben sich im Rahmen ihrer Möglichkeiten – und darüber hinaus – engagiert. Das Zusammenspiel von Sport und Flüchtlingspolitik weiter zu vertiefen, zieht das Erfordernis nach sich, neue Strukturen zu etablieren sowie neue Partner und Sponsoren zu gewinnen. Auch die Medien müssten als wichtiger Faktor des Marketings und der Vermittlung systematischer einbezogen werden. Sportbezogene Integrationsaktivitäten sind kein Selbstläufer, sondern sie müssen begleitet, gefördert und eingefordert werden. Der Sport kann mit seinem Wirken als wichtiger Bestandteil der Flüchtlingshilfe verstanden werden; er kann aber nicht sämtliche soziale Probleme lösen und es bedarf weiterhin engagierter

---

60 So wurde von DJK und Caritas das Projekt »Sportpate« aufgelegt. In diesem Rahmen nehmen die Paten Kontakt zu Flüchtlingen in Flüchtlingsheimen auf, informieren diese über das Angebot ihres lokalen Sportvereins und begleiten die Flüchtlinge zu den Sportaktivitäten, für die sich diese interessieren.

und nachhaltiger Impulse, um überhaupt erst Zugänge zum Sport zu ermöglichen. Schließlich gilt es aber auch aus der Perspektive des Sports, die sozialen Probleme, die überhaupt erst zur Flüchtlingswelle geführt haben, in den Blick zu nehmen. Vor diesem Hintergrund wird seit etwa einer Dekade dem Sport auch in der Entwicklungszusammenarbeit eine wichtigere Rolle zugeschrieben, vielfach mit ähnlichen Argumenten wie beim Zusammenspiel von Sport und Integrationspolitik.[61] In dieser Hinsicht ist jedoch ebenfalls vor unangemessenen Erwartungen zu warnen. Auch in der Entwicklungszusammenarbeit kann der Sport Türen öffnen, ein Allheilmittel ist er indes auch diesem Feld nicht.

Literatur

11Freunde (16.9.2015): Powered by Promotion.
11Freunde (16.9.2015): Vom Flüchtling zum Bundesligisten.
Balz, Eckart/Detlef Kuhlmann (Hg.) (2009): Sportentwicklung. Grundlagen und Facetten, Aachen.
Cachay, Klaus/Ansgar Thiel (2000): Soziologie des Sports. Zur Ausdifferenzierung und Entwicklungsdynamik des Sports der modernen Gesellschaft, Weinheim/München.
Baur, Jürgen (2009a): Evaluation des Programms »Integration durch Sport« (Gesamtbericht, ASS-Materialen Band 1, Nr. 35), Potsdam.
Baur, Jürgen (2009b): Evaluation des Programms »Integration durch Sport« (Gesamtbericht, ASS-Materialen Band 2, Nr. 36), Potsdam.
Bayernkurier (5.7.2016): Migranten im Schwimmbad. Deutsche Mädchen und Frauen als Freiwild?
Becker, Simone/Armando Häring (2012): Soziale Integration durch Sport? Eine empirische Analyse zum Zusammenhang von Sport und sozialer Integration, in: Sportwissenschaft 42, S. 261-270.
Bild (3.6.2016): Sex-Mob-Alarm im Schwimmbad?
Blaschke, Ronny (2016): 1:0 für ein Willkommen, in: Süddeutsche Zeitung v. 28.12.2016.
Blecking, Diethelm (2010): Sport und Zuwanderung in Deutschland, in: Politik im Sport, hg. v. Wolfgang Buss/Sven Güldenpfennig, Hildesheim, S. 96-112.
Blecking, Diethelm/Gerd Dembowski (Hg.) (2010): Der Ball ist bunt. Fußball, Migration und die Vielfalt der Identitäten in Deutschland, Frankfurt a. M.
Block, Karen/Lisa Gibbs (2017): Promoting Social Inclusion through Sport for Refugee-Background Youth in Australia. Analysing Different Participation Models, in: Social Inclusion 5/2, S. 91-100.
Braun, Sebastian/Sebastian Finke (2010): Integrationsmotor Sportverein. Ergebnisse zum Modellprojekt »spin – sport interkulturell«, Wiesbaden.

---

61 Vgl. für einen Überblick zum Thema Levermore/Budd (2004); Coalter (2013); Schulenkorf/Adair (2014).

Braun, Sebastian/Tina Nobis (2011): Migration, Integration und Sport – Zivilgesellschaft vor Ort. Zur Einführung, in: dies. (Hg.): Migration, Integration und Sport, Wiesbaden, S. 9-28.

Braun, Sebastian/Tina Nobis (Hg.) (2011): Migration, Integration und Sport. Zivilgesellschaft vor Ort, Wiesbaden.

Breuer, Christoph/Pamela Wicker/Martin Forst (2011): Integrationsspezifische Organisationsleistungen und -herausforderungen der deutschen Sportvereine, in: Sebastian Braun/Tina Nobis (Hg.): Migration, Integration und Sport, Wiesbaden, S. 45-61.

Bröskamp, Bernd (2011): Migration, Integration, interkulturelle Kompetenz, Fremdheit und Diversität: Zur Etablierung eines aktuellen Feldes der Sportforschung. Eine Sammelbesprechung, in: Sport und Gesellschaft 1, S. 85-94.

Bundesamt für Migration und Flüchtlinge (BAMF) (2007): Indikatorenliste zum Handlungsfeld »Integration durch freizeitpädagogische Angebote und Sport«, Nürnberg.

Burrmann, Ulrike/Michael Mutz/Ursula Zender (Hg.) (2014): Jugend, Migration und Sport. Kulturelle Unterschiede und die Sozialisation zum Vereinssport, Wiesbaden.

Champions ohne Grenzen (Hg.) (2014): Kongressdokumentation. »Fußball – ein Spiel ohne Grenzen?!« 1. Berliner Flüchtlings-Sport-Kongress, o. O., o. J. [Berlin 2014].

Coalter, Fred (2013): Sport for development – What games are we playing, London/New York.

Daphi, Priska (2016): Zivilgesellschaftliches Engagement für Flüchtlinge und lokale »Willkommenskultur«, in: APuZ 14 (2016) 15, S. 35-39.

Deutscher Judo-Bund (o. J.): Leitfaden zur Integration von geflüchteten Menschen durch den Judosport, o. O., o. J., www.judobund.de/fuer-aktive/integration-durch-judo/leitfaden/.

Deutscher Olympischer Sportbund (2014): Integration durch Sport – Programmkonzeption, 3. Aufl., Frankfurt a. M., www.dosb.de/fileadmin/fm-dosb/arbeitsfelder/ids/images/2014/Programmkonzeption_3_Aufl_2014.pdf.

Deutscher Olympischer Sportbund (Hg.) (2006): Programm »Integration durch Sport« – Migrantinnen im Sport, Frankfurt a. M.

Deutscher Olympischer Sportbund (Hg.) (2007): Integration durch Sport – Ein Programm des Deutschen Olympischen Sportbundes und seiner Mitgliedsorganisationen, Frankfurt a. M.

Deutscher Sportbund (2000): 10 Jahre Integrationsarbeit – Projekt »Sport mit Aussiedlern«, Frankfurt a. M.

Deutscher Sportbund (Hg.) (1989): Sport mit Aussiedlern. Expertenhearing des Deutschen Sportbundes, Frankfurt a. M.

Die Bundesregierung (2007): Der Nationale Integrationsplan – Neue Wege und neue Chancen, vor allem S. 139-156, Berlin.

Die Welt (31.12.2016): Minderjähriger Flüchtling als Käfigkämpfer eingesetzt.

Eser, Frank (2007): Turnhalle wird Treffpunkt für Flüchtlingskinder. Kirche und Sport begleiten Menschen in Notsituationen, in: Gemeinsame Kommission Kirche und Sport. Ideenheft Gemeinsam Gesellschaft gestalten. Integration durch Kirche und Sport, hg. v. Deutsche Bischofskonferenz (DBK) et al., Hannover, S. 33-34.

Esser, Hartmut (2001): Integration und ethnische Schichtung, Mannheim.

Frogner, Eli (1984): Die Bedeutung des Sports für die Eingliederung ausländischer Mitbürger, in: Sportwissenschaft 4, S. 348-361.

Giess-Stüber; Petra/ Diethelm Blecking (2008) (Hg.): Sport – Integration – Europa. Neue Horizonte für interkulturelle Bildung, Baltmannsweiler.

Hans, Silke (2016): Theorien der Integration von Migranten – Stand und Entwicklung, in: Einwanderungsgesellschaft Deutschland, hg. v. Ulrich Heinz Brinkmann/Martina Sauer, Wiesbaden, S. 24-50.

Jütting, Dieter H./Peter Ichtenauer (Hg.) (1995): Ausländer im Sport, Münster i. Westf.

Kleindienst-Cachay, Christa/Klaus Cachay/Steffen Bahlke (2012): Inklusion und Integration. Eine empirische Studie zur Integration von Migrantinnen und Migranten im organisierten Sport, Schorndorf.

Kölnische Rundschau (9.6.2017): Flüchtlingsunterbringung. Die letzte Turnhalle in Köln ist geräumt.
Landessportbund Nordrhein-Westfalen (2016): Flüchtlinge im Sportverein. Ein Wegweiser für Vereine, Essen.
Levermore, Roger/Adrian Budd (Hg.) (2004): Sport and International Relations. An emerging relationship, London/New York.
Löffler, Berthold (2011): Integration in Deutschland. Zwischen Assimilation und Multikulturalismus, München.
Lützenkirchen, H.-Georg (2016): Flüchtlinge in Europa – der Beitrag des Sports zur Integration von Flüchtlingen in die europäischen Gesellschaften. Chancen – Herausforderungen – Fragen, Kamen.
Meier, Heiko/Lars Riedl/Marc Kukuk (Hg.) (2016): Migration, Inklusion, Integration. Soziologische Beobachtungen des Sports, Baltmannsweiler.
Meier, Marianne (2010): Zum ersten Mal im Leben umarmt. Sport und Spiel als Mehrwert für Kinderflüchtlinge, in: Kinderflüchtlinge. Theoretische Grundlagen und berufliches Handeln, hg. v. Petra v. Dieckhoff, Wiesbaden, S. 169-181.
Mittag, Jürgen/Jörg-Uwe Nieland (Hg.) (2007): Das Spiel mit dem Fußball. Interessen, Projektionen und Vereinnahmungen, Essen.
Mittag, Jürgen/Jörg-Uwe Nieland (Hg.) (2012): Die globale Bühne: Sportgroßereignisse im Spannungsfeld von politischer Inszenierung und demokratischen Reformimpulsen, in: Zeitschrift für Politikwissenschaft 4, S. 623-632.
Murray, Kate (2014): Sport Across Cultures: Applications of the Human Capital Model in Refugee Communities, in: Journal of Physical Activity and Health 11, S. 1-12.
Mutz, Michael (2012): Sport als Sprungbrett in die Gesellschaft? Sportengagements von Jugendlichen mit Migrationshintergrund und ihre Wirkung, Weinheim/Basel.
Mutz, Michael (2013): DOSB. Die Partizipation von Migrantinnen und Migranten am vereinsorganisierten Sport, Frankfurt a. M.
Nesson, Michaela/Sylvie Stoloff (2016): Journey to Rio. An analysis of the success of the refugee Olympic team, in: Harvard International Review 1, S. 9-10.
Neues Deutschland (12.9.2016): Flüchtlinge sind doch keine »Sex-Gangster«.
Oltmer, Jochen (2016): Migration vom 19. bis zum 21. Jahrhundert, 3. Aufl., München.
Oltmer, Jochen (Hg.) (2016): Handbuch Staat und Migration in Deutschland seit dem 17. Jahrhundert, Berlin/Boston.
Refugee Council of Australia (2010): A bridge to a new culture. Promoting the participation of refugees in sporting activities, Sydney
Sauerbier, Hanna (2015): Bericht der wissenschaftlichen Begleitung zum Projekt »Engagement von jungen Geflüchteten im organisierten Sport« der Sportjugend Hessen, Philipps-Universität Marburg, Fachbereich Psychologie, Arbeitsgruppe Sozialpsychologie.
Sauerbier, Hanna (2017): Bericht der wissenschaftlichen Begleitung zum Landesprogramm »Sport und Flüchtlinge 2016« der Sportjugend Hessen, o. O.
Schädler, Timo (2016): Integration im Sportverein. Entwicklung eines sozialwissenschaftlich begründeten Qualitätsmanagementmodells, Saarbrücken.
Schulenkorf, Nico/Daryl Adair (Hg.) (2014): Global sport-for-development. Critical Perspectives, Basingstoke.
Seiberth, Klaus (2012): Fremdheit im Sport: Ein theoretischer Entwurf. Erscheinungsformen, Erklärungsmodelle und pädagogische Implikationen, Schorndorf.
Spaaij, Ramon (2012): Beyond the playing field. Experiences of sport, social capital, and integration among Somalis in Australia, in: Ethnic and Racial Studies 35/9, S. 1519-1538.
Sportministerkonferenz (2017): Immer in Bewegung. Beschlüsse von 1977 bis 2017, www.sportministerkonferenz.de/sites/default/files/dokumente/SMK_Beschluesse_1977_bis_2017_0.pdf, S. 45 f.
Stadt Köln (2017a): Flüchtlinge in Köln. Wie haben sich die Flüchtlingszahlen in Köln entwickelt?, Köln, www.stadt-koeln.de/leben-in-koeln/soziales/koeln-hilft-fluechtlingen/fluechtlinge-koeln.

Stadt Köln (2017b): Aktuelle Informationen zur Unterbringung und Integration von Flüchtlingen. 12. Bericht an den Ausschuss Soziales und Senioren zur Sitzung am 26.1.2017 als kompakter Zwischenbericht zu den Themen Unterbringung, Asyl- und Ausländerrecht, Finanzen, Köln, www.ratsinformation.stadt-koeln.de/getfile.asp?id=596813&type=do&.

Stahl, Silvester (2011): Selbstorganisation von Migranten im deutschen Vereinssport. Eine soziologische Annäherung, Potsdam.

Streppelhoff, Robin (2016): Sportpolitische Themen des Jahres 2015 im Spiegel der BISp-Pressedokumentation, in: Bundesinstitut für Sportwissenschaft (Hg.): BISp-Report 2015/16. Bilanz und Perspektiven, Hellenthal, S. 73-90.

Süddeutsche Zeitung (8.8.2016): Übergriffe im Freibad: Starr mich nicht an!

Wagner, Stefan/Horst Lienig (Red.) (2016): Vereinsarbeit mit Flüchtlingen und Asylbewerbern. Ein rechtlicher Leitfaden für Vereinsvorstände, Köln.

Westdeutsche Allgemeine Zeitung (16.9.2015): FC St. Pauli boykottiert »Bild«-Aktion für Flüchtlinge.

Westdeutsche Allgemeine Zeitung (20.4.2016): Sanierung der Sporthallen dauert bis 2017.

Whitley, Meredith A./Cassandra Coble/Gem S. Jewell (2016): Evaluation of a sport-based youth development programme for refugees, in: Leisure/Loisir 40/2, S. 175-199.

Diana Carolina Tobo

Alte Stolpersteine bei der politischen Teilhabe der Neuankömmlinge

Die Inklusion der in den vergangenen Jahren eingetroffenen Menschen in Deutschland in den Arbeitsmarkt ist ohne Zweifel eine Riesenaufgabe von herausragender Bedeutung für die Gesamtgesellschaft. Eine aktive Integrationspolitik einer demokratisch verfassten offenen Gesellschaft darf allerdings nicht dort aufhören. Sie muss vielmehr dem demokratischen Gleichheitsgrundsatz entsprechend eben dafür sorgen, dass aus denjenigen, deren mittel- und langfristiger Lebensmittelpunkt Deutschland wird, Bürgerinnen und Bürger werden. Zu diesem Zweck sollten bestimmte historisch gewachsene Policies und Reaktionsmuster, die hinlänglich als etabliert gelten, stärker unter kritischen Vorzeichen in den Blick genommen werden.

Im Rahmen des jahrelang dominierenden politischen Diskurses unter dem Motto und zugleich der Absichtserklärung »Deutschland ist kein Einwanderungsland« rückte die politische Gestaltung und Förderung zentraler systemischer Bedingungen für die »soziale Integration« von sogenannten Gastarbeiterinnen und Gastarbeitern sowie deren Familienangehörigen in zweiter und dritter Generation weitgehend in den Hintergrund. Insbesondere bei der Frage der politischen Teilhabe wird deutlich, dass »soziale Integration« systemische Bedingungen zur Voraussetzung hat, die sie ermöglichen. Der Begriff der »sozialen Integration« rekurriert hier auf dem des Sachverständigenrats deutscher Stiftungen für Integration und Migration (SVR), der sie als die »die Teilhabe an den zentralen Bereichen des gesellschaftlichen Lebens« definiert. Gezählt werden zu diesen zentralen Bereichen »zum Beispiel Erziehung, Bildung, Ausbildung, Arbeitsmarkt, Recht, soziale Sicherheit, die – statusunabhängige – politische Mitbestimmung u. a. m.«.[1]

Denn ob und in welchem Maße Menschen mit Migrationshintergrund an politischen Willensbildungs- und Entscheidungsprozessen sowie Einrichtungen partizipieren, hängt nicht nur von ihren individuellen Ressourcen, wie etwa von ihrem eigenen politischen Interesse, ihrer Identifikation mit der Aufnahmegesellschaft und der Übernahme geltender demokratischer Normen und Werte ab, sondern auch maßgeblich davon, ob sie volle Bürgerrechte in der Aufnahmegesellschaft genießen.[2]

Damit die »soziale Integration« der Neuankömmlinge gelingt, gilt es, zunächst aus Versäumnissen und Stolpersteinen der Vergangenheit zu lernen. Mit diesem Beitrag sollen in Deutschland vorherrschende Auslegungen, Narrative und Policies kurz historisch, rechtlich und soziologisch verortet werden, um dann alternative Konzeptionen anzubieten. Zu fragen ist vor allem nach einer postmigrantischen Perspektive für Deutschland als Einwanderungsland und nach einer Inklusion von Migrantinnen und Migranten durch politische Teilhabe im Sinne einer gleichberechtigten Inklusion.

---

1 Bade (2017), S. 321. Der Begriff der »sozialen Integration« ist nicht allein auf Menschen mit Migrationshintergrund anwendbar und setzt sich somit von der im Bereich der »Integrationspolitik« und in der öffentlichen Debatte vorherrschenden Engführung des Begriffs »Integration« ab, den postkolonialistische und poststrukturalistische Theorien als Abgrenzungskategorie verstehen und aufgrund der damit einhergehenden assimilatorischen Zumutungen und mangelnder Berücksichtigung der Hybridität migrantischer Biografien und der Differenz in modernen Gesellschaften für nicht mehr zeitgemäß halten. Linden (2014), S. 159.
2 Vgl. Martiniello (2006), S. 83-105.

Integration durch Staatsbürgerschaft in einem Einwanderungsland

Die lang ausstehende Anerkennung der Bundesrepublik Deutschland als Einwanderungsland zeichnet sich geradezu paradigmatisch an dem über Jahre restriktiven Zugang der 1955–1973 aus dem Ausland angeworbenen Menschen und deren Nachkommen zum politischen Entscheidungsprozess ab. Obwohl wider Erwarten – da das sogenannte »Gastarbeitermodell« nur einen kurzfristigen Aufenthalt vorsah – viele von ihnen dennoch langfristig blieben, wurden sie auch hinsichtlich ihrer politischen Teilhabe lange als vorübergehende Gäste behandelt. Bei nicht wenigen von ihnen war dabei eine nicht unerhebliche Mitwirkungsbereitschaft erkennbar. Sie nutzten beispielsweise ihre betrieblichen Mitbestimmungsmöglichkeiten in einem großen Ausmaß und waren bereit, sich auf der entsprechenden Führungsebene zu engagieren.[3]

Ein grundsätzlicher Stolperstein auf dem Weg der politischen Partizipation von Immigranten wurde bisher durch die Erblast eines aus einer »völkischen Ideologie« stammenden und lange nachwirkenden Konzeptes eines homogenen Staatsvolkes, verbunden durch die Elemente territorialer Geburtsort (Vaterland) und Sprache (deutsch) gelegt. Diese Auffassung wirkte lange auf das Selbstverständnis der Deutschen als Nation ein und ging mit Abwehrhaltungen gegenüber Immigranten einher, da sie grundsätzlich als Bedrohung dieser nationalen Homogenität angesehen wurden. In diesen Narrativen erschien ihr politischer Ausschluss als folgerichtig.[4]

Jene Abwehrhaltungen sollten sich in den 1990er-Jahren unter dem Eindruck des Endes der Blockkonfrontation und der Wiedervereinigung nicht grundlegend ändern. Sie wurden sogar angesichts der ansteigenden Zuwanderung unter anderen von Aussiedlern, Umsiedlern im Vereinigungsprozess, Geflüchteten aus Krieg und Bürgerkriegsgebieten und Asylsuchenden und trotz der damit einhergehenden Integrationsleistungen verstärkt.[5] Der Konsens darüber, dass die Bundesrepublik Deutschland ein Einwande-

---

3 Auch die Gastarbeiter selbst und ihre Heimatregierungen gingen damals von einer baldigen Rückkehr aus. Thränhardt (2008), S. 40.
4 Vgl. Oberndörfer (2016), S. 20 und S. 22.
5 Vgl. Bade (2017), S. 494.

rungsland ist und sich dementsprechend auf allen gesellschaftlichen Ebenen inklusiv organisieren sollte, tritt erst mit erheblicher Verzögerung hervor und kommt auf schleppende Weise voran.[6]

1979 forderte der damalige Beauftragte der Bundesregierung zur Förderung der Integration der ausländischen Arbeitnehmer und ihrer Familienangehörigen, Heinz Kühn, eine staatsbürgerliche Integration von Migranten. Der damals ausgelösten Diskussion um Reformen des Reichs- und Staatsangehörigkeitsgesetzes (RuStAG) aus dem Jahr 1913, um den Gastarbeiterinnen und Gastarbeitern eine Einbürgerung zu ermöglichen,[7] folgte das aus integrationspolitischer Perspektive auf Bundes- und Länderebene »verlorene Jahrzehnt der 1980er Jahre«. Entgegen den empirischen wissenschaftlichen Erkenntnissen wurde in der Ära Kohl und in den von CDU oder CSU geführten Bundesländern auf der Formel beharrt, dass die Bundesrepublik kein Einwanderungsland sei. Ihre stete Wiederholung konnte an der bis ins frühe 17. Jahrhundert zurückreichenden deutschen Einwanderungsgeschichte allerdings nichts ändern.[8]

Das Ausländergesetz von 1990 setzte dem Stillstand ein Ende. Zwar sah es eine sogenannte »Ermessenseinbürgerung« vor, sie blieb aber weiterhin nur auf wenige einzelne Fälle und auf die Grundlage subjektiver Ermessensspielräume der zuständigen Behörden begrenzt. Die neu eingeführten Einbürgerungserleichterungen für Ausländer mit langem Aufenthalt waren zeitlich bis zum 31. Dezember 1995 befristet. Jedoch erfolgte 1993 eine Aufhebung dieser Befristung. Erst in diesem Jahr wurde ein Rechtsanspruch auf Einbürgerung verankert.

Trotz der angekündigten Reformen der Einbürgerungsgesetzgebung seitens der schwarz-gelben Regierungskoalition auf Bundesebene kam erst unter der rot-grünen Regierung wieder Bewegung in das Staatsangehörigkeitsrecht.[9] In Deutschland geborene und aufgewachsene Kinder ausländischer Eltern konnten durch die Staatsangehörigkeitsrechtsreform aus dem Jahr 2000 die deutsche Staatsangehörigkeit erwerben. Hierfür musste aber durch einen Elternteil eine Mindestaufenthaltsdauer in Deutschland von

---

6 Vgl. Terkessidis (2010), S. 29 f. und S. 47.
7 Vgl. Hagedorn (2001b), S. 39.
8 Vgl. Bade (2017), S. 27.
9 Vgl. Thränhardt (2008), S. 8 und S. 40; Hagedorn (2001b), S. 40; Oberndörfer (2016), S. 25.

acht Jahren und eine seit mindestens drei Jahren unbefristete Aufenthaltsgenehmigung nachgewiesen werden.[10] Das Vorhaben der damaligen rot-grünen Bundesregierung, die doppelte Staatsbürgerschaft zu akzeptieren, konnte letztlich aufgrund des Widerstands der Opposition nicht realisiert werden. Der Kompromiss des Optionsmodells zwang die in Deutschland geborenen und aufgewachsenen Kinder ausländischer Eltern – die seit 1990 in Deutschland geboren waren – bis zum Ende ihres 23. Lebensjahres zur Entscheidung zwischen der deutschen Staatsangehörigkeit und der ihrer Eltern.[11]

Seit Ende 2014 entfällt die Optionspflicht nun für diejenigen, die bis zum 21. Lebensjahr mindestens acht Jahre in Deutschland gelebt oder sechs Jahre eine Schule in Deutschland besucht bzw. einen deutschen Schulabschluss oder ein Ausbildungszeugnis vorzuweisen haben. Die fortbestehenden Hürden zur Beibehaltung der alten Staatsangehörigkeit können nach wie vor als diskriminierend empfunden werden, da bei mehr als der Hälfte der Einbürgerungen eine Mehrstaatigkeit hingenommen wird.[12] Eine diskriminierende Praxis und Gesetzgebung gegenüber bestimmten ethnischen Migrantengruppen hinsichtlich migrationspolitischer Fragen konnte bislang auch in anderen modernen demokratischen Staaten festgestellt werden. So wird der Zugang zu politischen Rechten meist nicht durch die erbrachten Integrationsleistungen der Betroffenen, sondern vielmehr durch ihre Herkunft bestimmt. Es lässt sich annehmen, dass derartige Diskriminierungserfahrungen sich auf das Vertrauen der Betroffenen in das demokratische System des Aufnahmestaates negativ auswirken können.[13]

---

10 Durch diese Reform wurden Elemente des *Jus Soli* bzw. des Rechts des Bodens oder des Geburtsortsprinzips eingeführt. Vgl. Hagedorn (2001a), S. 107; Flam (2007), S. 230.
11 Vgl. Hossain (2016), S. 201.
12 Nicht zur Aufgabe ihrer bisherigen Staatsangehörigkeit verpflichtet sind neben Staatsangehörigen aus anderen EU-Mitgliedsstaaten und der Schweiz und ihre in Deutschland geborenen Kinder auch Menschen, deren Herkunftsländer eine Ausbürgerung nicht zulassen. Bei Kindern aus binationalen Familien wurde schon immer eine Mehrstaatigkeit hingenommen. Hierzu vgl. 10. Bericht (2014) und 11. Bericht (2016) der Beauftragten der Bundesregierung für Migration, Flüchtlinge und Integration über die Lage der Ausländerinnen und Ausländer in Deutschland. Berlin (2014), www.bundesregierung.de. Hier besonders Bericht der Beauftragten (2016), S. 430 f., S. 433 und S. 440 f.; Hanewinkel (2015), S. 5 f.
13 Vgl. Annicchiarico (2014). David Cook-Martín und David FitzGerald konstatierten im Rahmen ihrer 2014 veröffentlichten Studie, dass die bisherige Migrationspolitik von ihnen 22 untersuchten Staaten an dem einen oder anderen Zeitpunkt diskriminierend bzw. privilegierend

Die Einbürgerungsquote in Deutschland ist, gemäß den Angaben zur gesamten Zahl der Einbürgerungen im Jahr 2015, nicht nur gering, sondern sie gilt auch als unterdurchschnittlich innerhalb der EU.[14] Die Pflicht zur Aufgabe der bisherigen Staatsangehörigkeit stellt eines der größten Hindernisse für den Erwerb der deutschen Staatsbürgerschaft und somit der politischen Vollinklusion der Betroffenen dar. Denn sie schließt nicht selten ein aufwendiges, kostspieliges und langes Verfahren mit ein. Darüber hinaus erschweren emotionale Bindungen an das Herkunftsland oder der Verlust von dortigen Eigentums- und Erbrechten weiterhin die Aufgabe der alten Staatsbürgerschaft.[15] Laut einer Befragung empfindet rund ein Drittel der Betroffenen es als schwer, sich ausschließlich Deutschland oder dem Herkunftsland hinwenden zu müssen. Bezeichnenderweise zeigt ein Befund der vergangenen Jahre zur Frage der identifikativen Integration auf, dass eine gleichzeitige Identifikation und Verbundenheit mit beiden Ländern bzw. mit beiden Kulturen keinen negativen Effekt auf die Integration von Menschen mit Migrationshintergrund hat.[16] Die angeblichen Identitätskrisen und Loyalitätskonflikte, die mit der doppelten Staatsangehörigkeit in Verbindung stehen sollen, stellen Bade zufolge in Wahrheit in den Köpfen der Gegner der doppelten Staatsangehörigkeit bestehende Projektionen dar.[17]

Anerkannte Flüchtlinge und Asylberechtigte dürfen ebenso wie Drittstaatsangehörige – sofern sie sich seit mindestens einem Jahr im Bundesgebiet rechtmäßig aufhalten – nur »Integrationsräte bzw. Ausländerbeiräte« auf kommunaler Ebene in einigen Gemeinden wählen. Nicht wahlberechtigt bei der Wahl dieser Beratungsgremien sind Asylbewerberinnen und Asylbewerber.[18] Anerkannte Flüchtlinge und Asylberechtigte in Deutschland erhalten ein aktives und ein passives Wahlrecht bei Kommunal-, Landtags-

---

bestimmten ethnischen Migrantengruppen gegenüber gewesen war. FitzGerald/Cook-Martín (2014).
14 Vgl. Beauftragte (2016), S. 430 f., 433 und S. 440 f. und Hanewinkel (2015), S. 5 f.
15 Vgl. Groenendijk (2014), S. 8 und Beauftragte (2016), S. 432.
16 Vgl. Sauer/Halm (2009), S. 19 f. und 120.
17 Vgl. Bade (2017), S. 376.
18 Wahlberechtigt sind dabei auch EU-Ausländer. Vgl. Bukow/Poguntke (2014), S. 9. Rechtliche Grundlage der Integrationsräte in Nordrhein-Westfalen ist § 27 der Gemeindeordnung des Landes. Vgl. Landeszentrale für politische Bildung: Demokratie für mich – Werte und Normen in Deutschland (2016), www.politische-bildung.nrw.de.

oder Bundestagswahlen erst durch den Erwerb der deutschen Staatsbürgerschaft.[19] Um sich einbürgern lassen zu können, müssen anerkannte Flüchtlinge und Asylberechtigte unter anderem einen rechtmäßigen Mindestaufenthalt in der Bundesrepublik Deutschland von sechs Jahren nachweisen. Die Zeiten des Asylverfahrens werden dabei vollständig angerechnet. Eine doppelte Staatsbürgerschaft wird bei denjenigen akzeptiert, für die in ihrem Herkunftsland die Gefahr vor Verfolgung oder Bedrohung fortbesteht.[20] Als eine erhebliche Hürde zur Einbürgerung anerkannter Flüchtlinge erweist sich ferner die erforderliche Feststellung bzw. Prüfung der Identität, da einige bedingt durch die Fluchtsituation keine Identitätsdokumente mehr aus dem Herkunftsstaat besitzen. Da laut gesetzlicher Voraussetzung bei der Einbürgerung keine Verurteilung wegen einer Straftat vorliegen darf, ist dabei gerade die Identitätsprüfung von besonderer Bedeutung.[21]

Die Erfüllung der Einbürgerungsvoraussetzungen liegt allerdings für die meisten Flüchtlinge, die eine zeitlich befristete Duldung erhalten, die nur beim Bestehen einer Bedrohung in ihrem Heimatland erteilt und gewährleistet wird, ohnehin in weiter Ferne.[22]

Im Hinblick auf die Kopplung des aktiven und passiven Wahlrechts bei Kommunal-, Landtags- oder Bundestagswahlen an den Erwerb der deutschen Staatsbürgerschaft stellen die restriktiven Staatsbürgerschaftsregelungen eine gewichtige Hürde für die politische Teilhabe von Migranten dar. Partiell entkoppelt wurden die Bürgerrechte von der Staatsbürgerschaft durch die Einführung der Unionsbürgerschaft im Vertrag von Maastricht 1992. Seitdem wird EU-Ausländerinnen und -Ausländern ein aktives und passives Wahlrecht bei Kommunalwahlen und ebenso bei den Wahlen zum Europäischen Parlament gewährt. Die dadurch gewährte Gleichberechtigung der Bürger anderer EU-Mitgliedsstaaten bei diesen Wahlen beschränkt sich nicht auf den Tag der jeweiligen Wahlen, sondern sie gilt auch in der Vorbereitung der Kandidatenlisten der Parteien und sogar in dem Recht auf Gründung poli-

---

19 Vgl. Bukow/Poguntke (2014), S. 9.
20 Für alle anderen Einbürgerungsbewerber wird ein rechtmäßiger Mindestaufenthalt von acht Jahren vorausgesetzt.
21 Vgl. Beauftragte (2016), S. 434 ff.
22 Vgl. Oberndörfer (2016), S. 25.

tischer Parteien.[23] Eine weitere Entkoppelung des Kommunalwahlrechts von der Staatsbürgerschaft zur Einführung des Kommunalwahlrechts für Nicht-EU-Ausländer konnte bislang nicht vollzogen werden. Der jüngste Anlauf in Nordrhein-Westfalen im Rahmen einer angestrebten umfassenden Reform der Landesverfassung blieb ergebnislos, da CDU und FDP das Vorhaben der rot-grünen Landesregierung blockierten. Dabei hätten von der Einführung eines kommunalen Ausländerwahlrechts in Nordrhein-Westfalen 1,1 Millionen Menschen, die sich länger als fünf Jahre in Nordrhein-Westfalen aufhalten, profitieren können.[24] Um der formalrechtlichen Exklusion von Nicht-EU-Ausländern vom politischen Entscheidungsprozess ein Ende zu setzen, kann ein kommunales Ausländerwahlrecht einen ersten Schritt bilden. Mittelfristig sollte aber zwecks einer zügigen politischen Vollinklusion die Einbürgerung von Neuankömmlingen in das Staatsvolk durch die Verkürzung der Mindestaufenthaltsdauer erleichtert werden – etwa nach dem kanadischen Modell, wo bereits nach drei Jahren ein Rechtsanspruch auf Einbürgerung besteht.

Integration durch politische Inklusion

Beim Rückgriff auf Kanada als Vorbild hinsichtlich seiner erfolgreichen Integration von Menschen mit Migrationshintergrund wird oft übersehen, dass dort gleichberechtigten politischen Teilhabemöglichkeiten über die Erweiterung politischer und staatsbürgerlicher Rechte sowie Rechtsansprüche ein zentraler Stellenwert bei der Integrationspolitik eingeräumt wurde. Der Logik und Dynamik des parteipolitischen Wettbewerbs entsprechend konnten Eingewanderte ihre gesellschaftliche und politische Position stärken, indem sie ihre Interessen und Anliegen durch ihr Wahlverhalten besser artikulieren und vertreten konnten. Ihre schnelle Inklusion in den politischen Willensbildungsprozess hat dafür gesorgt, dass sie zum integralen Bestandteil der Zivilgesellschaft und der Parteienpolitik wurden. Auf diese Weise ist

---

23 Gemäß dem deutschen Parteiengesetz dürfen ausländische Staatsangehörige nicht die Mehrheit der Mitglieder oder des Vorstands einer Partei bilden. Vgl. Groenendijk (2014), S. 2.
24 Vgl. Rheinische Post-Online v. 16.3.2017.

es auch gelungen, eine populistische Vereinnahmung des Themas der Migration sowie fremdenfeindliche Mobilisierung erfolgreich abzuwehren.[25] Laut Ergebnissen empirischer Forschung wirkt sich die elektorale Partizipation bzw. die Teilnahme an Wahlen auf die nicht elektorale Partizipation bzw. das politische Engagement von Menschen mit Migrationshintergrund zum Beispiel in Gewerkschaften und anderen zivilgesellschaftlichen Organisationen, aber auch in politischen Parteien positiv aus.[26]

Menschen mit Migrationshintergrund sind mit Blick auf ihren Gesamtanteil von 21 % in der Bevölkerung sowohl in den deutschen politischen Parteien sowie in deutschen Parlamenten nach wie vor nicht ausreichend repräsentiert.[27] Der Nachholbedarf konnte an der Zusammensetzung des 18. Deutschen Bundestags eindeutig konstatiert werden. Von den 631 Abgeordneten wiesen lediglich 37 bzw. 5,9 % einen Migrationshintergrund auf. Die Parteien mit dem höchsten Anteil an Abgeordneten mit einem Migrationshintergrund – gemessen an ihrer Gesamtzahl an Sitzen im Bundestag – waren die Linksfraktion mit 12,5 % und Bündnis 90/Die Grünen mit 11,1 %. Die SPD verzeichnete einen Anteil von 6,7 %. Das Schlusslicht bildeten die Unionsparteien mit 3,1 % bei der CDU und 1,8 % bei der CSU.[28] Die Wahlbeteiligung von wahlberechtigten Menschen mit Migrationshintergrund fällt – einzelnen Studien zufolge – weiterhin gering aus. Die Datenlage dazu sowie zu ihrem Wahlverhalten und ihrer Parteienpräferenz ist nach wie vor prekär. Die künftige Einbeziehung des Migrationshintergrunds als fester Gegenstand in das Standardrepertoire der allgemeinen Wahlforschung ist hier von entscheidender Bedeutung.[29]

---

25 Der Multikulturalismus wurde dort 1971 als offizielle Politik eingeführt. Unter dem Gebot der Chancengleichheit wurden dabei auch Minderheitenrechte gestärkt. Schmidtke (2016), S. 91 ff. und 96 sowie Groenendijk (2014), S. 7 f. Mehr zur soziopolitischen Integration von Eingewanderten in Kanada siehe bei S. Schultze/Gerstenkorn (2015), S. 173 ff. und Banting/Courchene/Seidle (2007), S. 676 f.
26 Vgl. Schmidtke (2016), S. 91 ff. und S. 96 sowie Groenendijk (2014), S. 7 f. und Llanque (2015), S. 113 f.
27 Laut dem Mikrozensus 2015 beträgt die Zahl von Menschen mit Migrationshintergrund 17,1 Millionen, vgl. Beauftragte (2016), S. 18, 296 und 300.
28 Vgl. Beauftragte (2014), S. 188.
29 Vgl. Beauftragte (2016), S. 300.

Demokratie ist, so wie es Oskar Negt auf prägnante Weise einmal formulierte »die einzige politisch verfasste Gesellschaftsordnung, die gelernt werden muss«.[30] Eine allzu lange Verweigerung von Bürgerrechten für Einwanderinnen und Einwanderer steht daher den langwierigen und nie abzuschließenden Prozessen politischer Integration völlig konträr gegenüber. Alternative Repräsentationsformen können langfristig die parlamentarisch-parteipolitische Repräsentation mitnichten ersetzen.[31] Der Einbezug aller Betroffenen in die Austragung gesellschaftlicher Konflikte und die politischen Entscheidungsprozesse könnte zu einer erweiterten Repräsentation beitragen, indem es erleichtert wird, die Perspektive bzw. den Standpunkt des anderen einzunehmen, wenn dieser andere ein gleichberechtigtes Mitglied in dem politischen Gemeinwesen ist.[32] Die Zugehörigkeit zu einer politischen Gemeinschaft über die Gewährung von vollen Bürgerrechten erweist sich als Voraussetzung für die Loyalität gegenüber einer Demokratie und ihren Institutionen. Dies eröffnet mithin eine nicht unerhebliche Grundlage, auf der ein Zusammengehörigkeitsgefühl erwachsen kann.[33]

In der Vergangenheit wurden Bürgerrechte Sklaven und anderen Dienern, Frauen, in Athen dauerhaft lebenden Fremden bzw. Metöken, besitzlosen Weißen, nicht christlichen und nicht weißen Ethnien verwehrt. Meist ging der Zuteilung von Bürgerrechten ein langes Ringen voraus. Die Erwartungshaltung, mit der Rechte einhergehen, kann zum Katalysator zukünftiger Gerechtigkeit werden.[34] Während die externe Exklusivität nationalstaatlich konstruierter Demokratien zum eigenen Schutz als legitim erachtet werden kann, widerspricht eine mangelnde interne Inklusivität bzw. die langjährige Verwehrung

---

30 Negt (2011), S. 13.
31 Vgl. Linden (2014), S. 162 und 183 f.
32 Vgl. Kant (2006), S. 175 f.
33 Vgl. Benhabib (2013), S. 14 und S. 51.
34 Die griechische Demokratie war geprägt durch einen hohen Grad interner Exklusivität. Ausgeschlossen blieben neben den Sklaven vor allem sämtliche Frauen und ein nicht unerheblicher Anteil an dauerhaft in Athen lebenden Fremden (Metöken). Die Metökie war in Athen ein anerkannter Rechtsstatus, der oft schon nach einem Monat verliehen wurde. Die Gewährung war an einen festen Wohnsitz und einen Patron aus der Bürgerschaft gebunden, der den Metöken dann auch vor Gericht vertrat. Dieses Gerichtsrecht erwarb sich der Metöke auch durch seine Steuerzahlung und seine Wehrpflicht, politische Rechte blieben ihm dagegen verwehrt. Spahn (1995), S. 45 f. Die Gleichheit war auf den politischen Prozess reduziert und auf die Vollbürger beschränkt. Siehe auch Benhabib (2013), S. 75 und S. 83.

eines gleichen politischen Status bzw. gleicher politischer Rechte und Pflichten der im Zentrum eines demokratischen Systems stehenden Selbstbestimmung. Der beinahe unumstrittene Tenor der normativen politischen Theorie, nach dem in einem demokratischen Staat dauerhaft ansässigen Menschen, die sich der gesetzlichen Ordnung unterwerfen und ihre Steuern zahlen, der Zugang zum politischen Entscheidungsprozess nicht verwehrt werden sollte, ist noch lange nicht vollends verwirklicht. Im Hinblick auf das Prinzip der politischen Gleichheit in demokratischen Gemeinschaften kann beispielsweise der Politikwissenschaftlerin Seyla Benhabib zufolge nicht gerechtfertigt werden, dass Einwandererinnen und Einwanderern das Recht auf gleiche politische Beteiligungsrechte vorenthalten wird.[35] Die freie Selbstbestimmung, die in anderen integrationspolitischen Kontexten – nicht selten in vehementer Manier – zur Maxime erhoben wird, bleibt so bei der Erfüllung des Versprechens einer Demokratie, am politischen Entscheidungsprozess zu partizipieren, nach wie vor weitgehend auf der Strecke. Der langfristige Ausschluss von Eingewanderten aus dem deliberativen Prozess erscheint hinsichtlich der eigenen demokratischen Legitimierung eines Staates kontraproduktiv. Der Logik des parteipolitischen Wettbewerbs entsprechend mögen sie als Nichtwahlberechtigte zu einer vernachlässigbaren Gruppe verkommen, da die Ausrichtung der politischen Willensbildung überwiegend nach der Wählerschaft tendiert. Ihre Interessen und Anliegen können in diesem Rahmen nicht zufriedenstellend artikuliert und berücksichtigt werden. Durch die politische Ausgrenzung werden sie faktisch zu bevormundeten Objekten gemacht, die eine breite Angriffsfläche bieten und leicht als Spielball politischer Interessen missbraucht werden können. Unter solchen Bedingungen kann eine Verschiebung des öffentlichen Diskurses zu Migration und Integration auf ihrem Rücken leichter eintreten, was zu einer gesellschaftlichen Spaltung führen und einen gravierenden politischen Desintegrationsprozess der Betroffenen in Gang setzen kann.[36]

---

35 Vgl. Celikates (2015), S. 249 f. und Jörke (2014), S. 36 f.
36 Vgl. Thränhardt (2008), S. 7.

Fazit

Die Eingliederung in den Arbeitsmarkt beeinflusst durchaus positiv zentrale Integrationsbereiche und spielt zweifelsohne eine Schlüsselrolle bei der »sozialen Integration«.[37] Für den gesellschaftlichen Zusammenhalt in einem demokratischen Rechtsstaat stellt sie allerdings eine äußerst fragile Grundlage dar, die in Zeiten wirtschaftlicher Rezession zum Verhängnis werden kann. Wenn unter Integration der Partizipationsgrad von Immigranten in den verschiedenen Institutionen der Aufnahmegesellschaft – und zwar nicht nur in Bildungseinrichtungen, in den Arbeitsmarkt, sondern auch in die politischen Einrichtungen – verstanden wird, kann der Zugang zu politischen Rechten nicht erst am Ende des Integrationsprozesses stehen. Eine langjährige Vorenthaltung von Bürgerrechten wird zum integrationshemmenden Faktor, da Demokratie einen dauerhaften bzw. lebenslangen Lern- und Erziehungsprozess voraussetzt. In Anbetracht der immer noch geringen Repräsentanz von Menschen mit Migrationshintergrund sowohl in deutschen Parteien als auch in Parlamenten und ihres wachsenden Anteils an der Wohnbevölkerung sollte ihre elektorale Partizipation, welche mit der nicht elektoralen Partizipation Hand in Hand geht, zum zentralen Bestandteil der Integrationspolitik werden.

Das Vorenthalten von Bürgerrechten für einen Teil der Bevölkerung lässt sich im Hinblick auf ihre folgenreichen Konsequenzen für die Glaubwürdigkeit und Legitimierung der Demokratie wie für das Zugehörigkeitsgefühl der Betroffenen und den gesellschaftlichen Zusammenhalt kaum rechtfertigen. Sie muss nicht mehr als eine Frage einer Minderheit, sondern vielmehr der Gesamtgesellschaft betrachtet und behandelt werden. Die Integration von Neuankömmlingen sollte mit dem demokratischen System

---

37 Die kognitive Integration bzw. der Spracherwerb, die Bildung sowie die Kenntnisse über Normen; die strukturelle Integration bzw. die soziale Platzierung, die berufliche Stellung, das Einkommen und die soziale Akzeptanz; die soziale Integration oder Interaktion bzw. die Einbindung in gesellschaftliche Organisationen und die Kontakte zur einheimischen Bevölkerung sowie die identifikative Integration bzw. das Zugehörigkeitsgefühl und die Verinnerlichung von Werten und Normen bilden zentrale und einander bedingende Integrationsbereiche, anhand derer die Bedeutung der systemischen Bedingungen bei der Integration von Immigranten deutlich wird. Vgl. Sauer/Halm (2009), S. 18 f., 21 f. und 119 ff.

und seinem Versprechen einer freien Selbstbestimmung in Einklang gebracht werden.

Literatur

Annicchiarico, Francesca (2014): The Changing Face of Germany, in: Harvard Political Review-Online v. 5.3.2017.
Bade, Klaus J. (2017): Migration – Flucht – Integration. Kritische Politikbegleitung von der »Gastarbeiterfrage« bis zur »Flüchtlingskrise«. Erinnerungen und Beiträge, Karlsruhe.
Bade, Klaus J./Hans-Georg Hiesserich (Hg.) (2007): Nachholende Integrationspolitik und Gestaltungsperspektiven der Integrationspraxis. Beiträge der Akademie für Migration und Integration, Bd. 11., Göttingen.
Banting, Keith/Thomas Courchene/Leslie Seidle (2007): Conclusion: Diversity, Belonging and Shared Citizenship, in: Belonging? Diversity, Recognition and Shared Citizenship in Canada, hg. v. Keith Banting/Thomas Courchene/Leslie Seidle, Montreal, S. 647-682.
Benhabib, Seyla (2009): Die Rechte der Anderen. Ausländer, Migranten, Bürger, Bonn.
Benhabib, Seyla (2013): Gleichheit und Differenz. Die Würde des Menschen und die Souveränitätsansprüche der Völker im Spiegel der politischen Moderne, Tübingen.
Bukow, Sebastian/Thomas Poguntke (2014): Politische Partizipation in Wahlen und Parteien zwischen Nationalstaat und Zuwanderungsgesellschaft, in: Parteien, Demokratie und Staatsbürgerschaft. Politische Partizipation und Repräsentation in der Zuwanderungsgesellschaft, hg. v. Sebastian Bukow/Martin Morlok/Thomas Poguntke, Baden-Baden, S. 9-25.
Celikates, Robin (2015): Demokratische Inklusion: Bürgerschaft oder Wahlrecht?, in: Inklusion. Wege in die Teilhabegesellschaft, hg. v. d. Heinrich-Böll-Stiftung, Frankfurt a. M., S. 249-259.
FitzGerald, David/David Cook-Martín (Hg.) (2014): Culling The Masses. The Democratic Origins of Racist Immigration Policy in The Americas, Cambridge (Mass.)
Flam, Helena (Hg.) (2007): Migranten in Deutschland. Statistiken – Fakten – Diskurse, in: Wissen und Studium, Sozialwissenschaften, Konstanz.
Groenendijk, Kees (2014): Wahlrecht und politische Partizipation von Migranten in Europa. Focus Migration, in: Bundeszentrale für Politische Bildung (bpb) (Hg.), Kurzdossier 26, Bonn.
Hagedorn, Heike (2001a): Föderalismus und die deutsche Staatsangehörigkeit. Die Einbürgerungspolitik der Bundesländer, in: Integrationspolitik in föderalistischen Systemen, hg. v. Lale Akgün/Dietrich Thränhardt, Münster i. Westf., S. 91-117.
Hagedorn, Heike (2001b): Wer darf Mitglied werden? Einbürgerung in Deutschland und Frankreich im Vergleich, Opladen.
Hanewinkel, Vera/Jochen Oltmer (2015): Deutschland, in: Focus Migration: Länderprofil, Osnabrück.
Hossain, Nina/Caroline Friedhoff/Maria Funder et al. (2016): Partizipation – Migration – Gender. Eine Studie über politische Partizipation und Repräsentation von Migrant_innen in Deutschland, Baden-Baden.
Jörke, Dirk (2014): Der Fremde und die Herrschaft des Volkes. Ideengeschichtliche Etappen und gegenwärtige Kontroversen, in: Parteien, Demokratie und Staatsbürgerschaft. Politische Partizipation und Repräsentation in der Zuwanderungsgesellschaft, hg. v. Sebastian Bukow/Martin Morlok/Thomas Poguntke, Baden-Baden, S. 27-43.
Kant, Immanuel, Werksausgabe (2006): Kritik der Urteilskraft, Hamburg.
Linden, Markus (2014): Der Beitrag verschiedener Repräsentationsformen zur politischen Integration von Migranten, in: Parteien, Demokratie und Staatsbürgerschaft. Politische Partizipation und Repräsentation in der Zuwanderungsgesellschaft , hg. v. Sebastian Bukow/Martin Morlok/Thomas Poguntke, Baden-Baden, S. 159-192.

Llanque, Marcus (2015): The Concept of Citizenship Between Membership and Belonging, in: Migration, Regionalization, Citizenship. Comparing Canada and Europe, hg. v. Katja Sarkowsky/Rainer-Olaf Schultze/Sabine Schwarze, Wiesbaden, S. 101-126.

Martiniello, Marco (2006): Political Participation, Mobilisation and Representation of Immigrants and their Offsprings in Europe, in: Migration and Citizenship. Legal Status, Rights and Political Participation, hg. v. Rainer Bauböck, Amsterdam, S. 83-105.

Negt, Oskar (2011): Der politische Mensch. Demokratie als Lebensform, 2. Aufl., Göttingen.

Oberndörfer, Dieter (2016): Die Bundesrepublik Deutschland – Demokratisierung durch Zuwanderung?, in: Migration und Demokratie, hg. v. Stefan Rother, Wiesbaden, S. 17-47.

Sauer, Martina/Dirk Halm et al. (Hg.) (2009): Erfolge und Defizite der Integration türkeistämmiger Einwanderer. Entwicklung der Lebenssituation 1999 bis 2008, 1. Auf., Wiesbaden.

Schmidtke, Oliver (2016): Die Herausforderung kultureller Differenz für liberale Demokratien. Ein kanadisch-europäischer Vergleich, in: Migration und Demokratie, hg. v. Stefan Rother, Wiesbaden, S. 85-106.

Schultze, Rainer-Olaf/Nina Gerstenkorn (2015): Der kanadische Multikulturalismus. Ein Erfolgsmodell soziopolitischer Integration?, in: Migration, Regionalization, Citizenship. Comparing Canada and Europe, hg. v. Katja Sarkowsky/Rainer-Olaf Schultze/Sabine Schwarze, Wiesbaden, S. 151-180.

Spahn, Peter (1995): Fremde und Metöken in der Athenischen Demokratie, in: Mit Fremden leben. Eine Kulturgeschichte von der Antike bis zur Gegenwart, hg. v. Alexander Demandt, München, S. 37-56.

Terkessidis, Mark (2010): Interkultur, Berlin.

Thränhardt, Dietrich (2008): Einbürgerung: Rahmenbedingungen, Motive und Perspektiven des Erwerbs der deutschen Staatsangehörigkeit, in: WISO Diskurs. Expertisen und Dokumentationen zur Wirtschafts- und Sozialpolitik, Bonn.

> **Politische Bildung. Aktuelle empirische und didaktische Konzeptionen**

Inken Heldt

»Selbst Schuld«. Was Diskriminierung subjektiv plausibel macht – Ein Blick aus dem Alltag

Dieser Beitrag interessiert sich für die Übertragung der »großen Idee« der Menschenrechte auf einen konkreten Kontext: den gesellschaftlichen Alltag. Inwiefern nehmen »gewöhnliche« Bürgerinnen und Bürger in Deutschland auf menschenrechtliche Prinzipien Bezug, wenn sie über lebensweltlich situierte Themen nachdenken? Das Erkenntnisinteresse ist von der Annahme geleitet, dass sich die menschenrechtliche Qualität einer Gesellschaft nicht in Bekenntnissen zum Postulat einer abstrakten menschenrechtlichen Gleichheit entscheidet, sondern in der konkreten Haltung zu alltäglicher Verschiedenheit. Folgend werden induktiv ermittelte Denkfiguren skizziert, die Begrenzungen des Geltungsbereiches menschenrechtlicher Prinzipien auf bestimmte Gruppen zum Thema machen und somit zeigen, wie Ungleichwertigkeit von Menschen subjektiv plausibilisiert werden kann. Die vorzustellende Studie leistet einen empirischen Beitrag zu der grundlegenden Frage nach fruchtbaren Verständigungsstrategien über den zentralen Wert von Menschenrechten.

Im Diskurs zu Flucht, Asyl und Migration sind »Menschenrechte« zu einem prominenten Beobachtungs- und Vergleichsschema geworden. Als normativ gefasste Prinzipien, die sich an den Ideen der individuellen Würde, Freiheit und Gleichheit orientieren, spiegeln Menschenrechte den Selbstanspruch unserer Demokratie: Artikel 1 des Grundgesetzes nimmt auf sie »als Grundlage jeder menschlichen Gemeinschaft« Bezug. Menschenrechte sind damit auf Bürgerinnen und Bürger angewiesen, die sich der Bedeutung menschenrechtlicher Prinzipien bewusst sind und sie als Element und Maß gesellschaftlicher Ordnung beanspruchen. Überraschenderweise belegen repräsentative Studien[1] unter Bürgerinnen und Bürgern in Deutschland aber eine »weitgehend mangelhafte« Kenntnis des Inhalts und der Gestalt von Menschenrechten.[2] Damit ist eine Herausforderung für die politische Bildungsarbeit in Deutschland benannt: eine stärkere zivilgesellschaftliche Verankerung von Menschenrechten. Ein belastbares Verständnis von und für Menschenrechte bildet sich in einer Gesellschaft nicht naturwüchsig heraus. Dies lässt sich auch an Befragungen ablesen, die schulformübergreifend unter Achtklässlern im Rahmen der internationalen »IEA-Civic-Education«-Studie durchgeführt wurden.[3] Die repräsentative Studie bescheinigt deutschen Schülerinnen und Schülern ein nahezu paradoxes Menschenrechtsverständnis: Zwar halten im internationalen Vergleich überdurchschnittlich viele Jugendliche einen Einsatz für die Menschenrechte für eine wichtige demokratische Bürgertugend. Zugleich aber würden sich besonders viele Jugendliche auch dann an ein Gesetz halten, wenn dieses die Menschenrechte verletzt. Den im internationalen Vergleich letzten Platz nehmen deutsche Schülerinnen und Schüler hinsichtlich ihrer Bereitschaft ein, die rechtliche Gleichstellung von Ausländerinnen und Ausländern in der Gesellschaft zu unterstützen. Sie begrenzen den Geltungsbereich moralischer Prinzipien also überdurchschnittlich häufig auf die Eigengruppe.

---

1 Sommer/Stellmacher (2009), S. 87.
2 Der Unkenntnis ihres Inhalts zum Trotz wird die Verwirklichung von Menschenrechten als »sehr wichtig« beurteilt. Dieser prima facie erfreuliche Befund hat einen problematischen Aspekt. Eine hohe Wertschätzung von Menschenrechten bei zugleich lückenhafter Kenntnis ihres Inhalts begünstigt eine Instrumentalisierung der Menschenrechte zu bestimmten Zwecken, etwa durch eine selektive Bezugnahme auf einzelne politische und bürgerliche Rechte, vgl. Sommer/Stellmacher (2009), S. 87.
3 Oesterreich (2002).

Im Rahmen dieses Beitrags werden Menschenrechte als ein Phänomen thematisiert, das aus der sozialen Praxis »gewöhnlicher« Bürgerinnen und Bürger lebt und so gesellschaftliche Ordnungen prägt und verändern kann. Der Alltag in Deutschland wird als Ort der Reproduktion und Bewahrung von Menschenrechten in den Blick gerückt. Dieser Ansatz legt den Fokus auf das Bürgerbewusstsein, also die in der Bevölkerung vorherrschenden Alltagsvorstellungen über die sozialpolitische Wirklichkeit.[4] Von Interesse ist vor diesem Hintergrund die Art und Weise, wie Menschenrechte in den intuitiven Vorstellungen von Bürgerinnen und Bürgern in Erscheinung treten und welche Charakteristika und Widersprüche dabei zu beobachten sind.

Die im Folgenden ausschnitthaft vorgestellte Studie erlaubt einen Zugriff auf die Frage, in welcher Weise sich Bürger/-innen auf menschenrechtliche Prinzipien im lebensweltlichen Kontext beziehen:[5] Welche gesellschaftlichen Verschiedenheiten, welche sozialen Phänomene und Prozesse werden von ihnen als menschenrechtlich relevant thematisiert, für wen, warum? Welche Beschreibungen alltäglichen Erlebens sind dabei als fraglos selbstverständliche Hintergrundkategorien wirksam? Als grundlegende Herausforderung der Auseinandersetzung mit Menschenrechten wird angenommen, dass ausschließende Ideologien in demokratisch verfassten Gesellschaften nie abschließend außer Kraft gesetzt sind. Das Erkenntnisinteresse rückt damit in den Blick, dass die in verschiedenen Studien ermittelte prinzipielle Befürwortung von Menschenrechten nicht naturwüchsig mit einer reflektierten Inanspruchnahme entsprechender Prinzipien im Alltag einhergeht.[6] Beansprucht wird mit folgender Analyse, solche Denkmuster und ihre Prämissen aufzudecken, die antidemokratische und menschenfeindliche Positionen subjektiv plausibel machen, den Befragten aber als solche nicht zwangsläufig bewusst sind, sondern sich vielmehr als »natürlich« oder »selbstverständlich« gerechtfertigte Sichtweisen darstellen. Mit der Ermittlung dieser Denkfiguren werden Reflexionskategorien für die Bildungspraxis bereitgestellt, die alltäglich wirksame Begrenzungen des Geltungsbereiches menschenrechtlicher Prinzipien auf bestimmte Gruppen zum Thema machen. Das

---
4 Lange (2008).
5 Heldt (2017).
6 Ebd.; Weyers (2012); Sommer/Stellmacher (2009).

Erkenntnisinteresse ist – über ein bildungspraktisches Interesse hinaus – von der Überzeugung motiviert, dass eine Gesellschaft, die nach Gleichwertigkeit strebt, die alltäglich-unauffälligen Denkweisen erkennen können sollte, die Ungleichwertigkeit Vorschub leisten.

Die Erhebungsgruppe sind 15- bis 17-jährige Schüler/-innen aus 16 Gymnasien in der Region Hannover. Die Wahl dieses Personenkreises liegt in der bildungspraktischen Motivation der Studie begründet.[7] Die Untersuchungsgruppe ist davon unabhängig interessant, weil sie eher der »gebildeten Mitte« zugerechnet wird, denen seltener eine Affinität zu menschenrechtswidrigen Denkfiguren zugetraut wird. Der Studie liegt ein qualitatives Erhebungsdesign aus n=334 schriftlichen Befragungen und n=11 problemzentrierten Interviews zugrunde.

»Selbst Schuld«: Diskriminierungen als Sanktion

Die Befragten identifizieren zwei Gruppen, für die das Thema Menschenrechte als besonders relevant angenommen werden: »Ausländer« und »sozial Beminderte«. Für diese Gruppen wird folgend zusammenfassend der Terminus »schwache Gruppe« in Anlehnung an Heitmeyer verwendet.[8] Bezeichnet werden sollen damit solche Gruppen, denen wenig Einfluss und Macht zugeschrieben wird.

Inwiefern nehmen die Befragten eine besondere Relevanz der Menschenrechte für diese Gruppen an? Es lassen sich verschiedene alltagsweltliche Erklärungsmuster unterscheiden. Eine Variante soll im Folgenden skizziert werden. Sie geht davon aus, dass schwache Gruppen diskriminiert und abgewertet werden – dies stellt für die Schüler/-innen einen Sachverhalt dar, der das Thema Menschenrechte berührt. Doch warum werden schwache

---

[7] Die verschiedenen subjektiven Vorstellungselemente der Befragten werden interviewübergreifend entlang thematischer Zusammenhänge zu Erklärungsmustern und -varianten gruppiert und mit prototypischen Aussagen belegt. Damit wird beansprucht, überindividuelle Strukturen und typische Denkmuster über Menschenrechte für die Bildungspraxis greifbar zu machen und die Einschätzung von Schülerinnen und Schüleräußerungen im Unterricht anhand einer diagnostischen Heuristik zu erleichtern.

[8] Heitmeyer (2012).

Gruppen diskriminiert? Die hier vorgestellte Erklärungsvariante geht davon aus, dass schwache Gruppen durch ihr Verhalten eine Mitschuld an den Abwertungen tragen, die ihnen widerfahren. Zu Diskriminierungsanlässen zählt etwa, dass Ausländer/-innen »Kanakensprache sprechen« (Lukas), dass sie ihre Chancen nicht nutzen, dass sie faul, dumm, kriminell, unqualifiziert seien. Letztlich trügen sie durch die Kultivierung eines fragwürdigen Selbstverständnisses selbst eine Mitschuld an der Diskreditierung durch die Mehrheitsgesellschaft. Milan bringt dieses Erklärungsmodell über die Gründe von Diskriminierung auf den Punkt: »Wer ist schuld daran (lacht)? Sowohl als auch. Sowohl die Menschen, die verurteilen, als auch die Menschen, die den Anreiz dazu geben. Die Menschen, die Anreiz geben, sind halt mit Schuld« (Milan). In dieser Logik könnte diskriminierenden Praktiken durch ein Wohlverhalten der diskriminierten Individuen vorgebeugt werden. Doch was genau gilt für die befragten Schüler als »Anreiz« oder »Anlass«? Lukas entfaltet seine Überlegungen ex negativo und stellt klar, nach welchen Kriterien ein »Ausländer« keinen Anlass zu diskriminierenden Handlungen bietet, sich diese sogar explizit verbieten:

Mein türkischer bester Freund zum Beispiel, der lebt in einem größeren Haus als ich. Und dem würde ich jetzt nie sagen: »Du bist schlecht für unser Land.« Das wäre Blödsinn, denn der stärkt unser Bruttosozialprodukt glaube ich stärker als meine Familie. Und, na ja, deswegen. Das meine ich mit dem »dass es keinen Anlass gibt« (Lukas).

Ausschlaggebend für diese Überlegung ist also die Stärkung des Bruttosozialproduktes. Der Schüler konkretisiert das Profil von solchen Personen, die Wohlwollen und Akzeptanz verdienen, anhand der Beschreibung seines sozialen Umfeldes:

»Und ich habe halt eigentlich nur Freunde, die auf dem Gymnasium sind. […] Also ich habe halt wenig mit Leuten zu tun, die auf der Hauptschule sind […]. Also der Großteil meiner Freunde ist halt deutsch. Und ich habe halt auch ein paar Leute, die halt einen Migrationshintergrund haben. Aber die sind halt alle […] Also die Eltern arbeiten alle und haben halt auch gute Jobs, weil sie halt hergekommen sind, um wirklich was zu erreichen.« (Lukas)

Die Erwartung an Zugezogene, die deutsche Sprache zu erlernen, scheint für die Schüler/-innen nicht weiter erklärungsbedürftig. Sie wird als selbstverständliche und fraglos gerechtfertigte Forderung artikuliert. Die Feststellung, dass Personen oder Gruppen die bestehende sprachliche Ordnung unterlaufen könnten, um undurchsichtig »unter sich zu fungieren«, eignet sich zur Verdächtigung und Abwertung des Anderen. Die fremde Sprache von Eingewanderten wird als Anlass für rassistische Reaktionen der Bevölkerung interpretiert:

> »Wenn man halt schon mit dieser Kanakensprache sozusagen durch die Gegend läuft. [...] Man kann sich davon provozieren lassen. Man kann es aber halt auch sehr amüsant finden und sich darüber eher lustig machen [...]. Das ist dann mit dem ›Anlass dazu‹ gemeint.« (Lukas)

Die andere Sprache – diese Kanakensprache sozusagen – ist für den Schüler sowohl eine Kampfansage als auch ein Anlass zu Spott. Die Sprache dient der Identifikation von Ausländer/-innen. Wer sie spricht, scheint einzugestehen, keinen Integrationswillen zu haben.

Ein hoher Grad an formaler Bildung (Gymnasium statt Hauptschule) sowie das Profilmerkmal »deutsch« oder, im Falle eines Migrationshintergrundes, eine hohe Leistungsmotivation (»hergekommen, um was zu erreichen«), zusammen mit einem attraktiven Beschäftigungsverhältnis (»gute Jobs«) und der Kommunikation in deutscher Sprache sind Merkmale, die für den Schüler die Sphäre der Zugehörigkeit und Akzeptanz öffnen. Die Akzeptanz wird von den Befragten damit an das Vorhandensein bestimmter subjektiv bevorzugter oder gesellschaftlich als erstrebenswert erachteter Eigenschaften geknüpft. Den Integrationsaufforderungen der Interviewten scheint die Vorstellung einer vorherrschenden gültigen Ordnung zugrunde zu liegen, an die es sich beständig anzunähern gilt. Berger markiert, dass der Verweis auf eine dominante kulturelle Ordnung [»bei uns«] mit Macht- und Herrschaftsverhältnissen verknüpft ist:[9] Der Verweis erlaubt es, Individuen und Gruppen die Anerkennung bestimmter Lebenswerte und -stile als innerhalb der gesetzten Ordnung hinnehmbar zu verweigern und die Über-

---

9   Berger (1973), S. 59.

nahme vermeintlich »deutscher« Lebensformen zu verlangen. Durch die Anpassung an die Einstellungen und Gepflogenheiten der Mehrheitsgesellschaft könne in bessere, »diskriminierungsfreie« Statuspositionen »aufgestiegen« werden, so die implizite Grundannahme und Botschaft.

Eine weitere Erklärungsvariante rückt Kriminalität als »auslösendes Moment« von Diskriminierung in den Blick. In dieser Logik werden die Mitglieder schwacher Gruppen deshalb ausgegrenzt, weil sie eher zu kriminellem Verhalten neigen als Personen der gebildeten Schichten. Zwar gebe es wirklich viele Ausländer, die sich bemühten, jedoch gebe es unter ihnen auch solche Personen,

> »die halt hier durch Berlin ziehen durch Kreuzberg: ›Ja. Ich bin hier der Boss. Ich hab' hier mein Messer. Wenn Deutsche kommen, dann schlitz' ... dann rauben wir den aus‹. [...] Vielleicht von einhundert Leuten werden fünf kriminell, aber dann sieht es halt schnell so aus, als ob dann halt alle so wären« (Kornelius).

In der Logik dieser Argumentationen wird das Fehlverhalten der Zugezogenen zu Unrecht kollektiviert. Zugleich ist das diskriminierende Verhalten, das den Übeltätern entgegenschlägt, prinzipiell eine nachvollziehbare Reaktion auf ihre willkürliche Aggressivität. Letztlich leiten die kriminellen »Ausländer« selbst einen Prozess ein, der absehbar in Ausgrenzungspraktiken der deutschen Gesellschaft mündet.

Strategien der Responsibilisierung als Lösungsentwurf

Wie können in der Vorstellung der Befragten die von ihnen entworfenen Problemlagen von Diskriminierungshandlungen gegen schwache Gruppen verbessert werden? Welche Anstrengungen sind von wem erforderlich, worauf sollten Veränderungen zielen? Ausgehend von unterschiedlichen Problemdiagnosen lassen sich im qualitativen Material verschiedene alltagsweltliche Handlungsvorschläge finden, wovon im Folgenden einer beschrieben werden soll.

Die Grundannahme der unter dem Stichwort »Responsibilisierung« gefassten Handlungsvorschläge ist die Überzeugung, dass der Aufstieg in bessere Statuspositionen für Mitglieder schwacher Gruppen grundsätzlich möglich ist. Die Mitglieder von schwachen Gruppen haben ihr Schicksal demnach in der eigenen Hand, »es könnte jeder schaffen in Deutschland« (Kornelius). Voraussetzung ist der Wille der Betroffenen zur Verbesserung der eigenen Lebenslage, etwa durch das Erbringen eines Integrationsbeitrages oder vermehrter Bildungsanstrengungen. Die Aufforderung zur Verantwortungsübernahme ist unter anderem von Krasmann[10] als »Responsibilisierung« beschrieben worden. Gemeint ist die Mobilisierung von Individuen unter dem Motto größtmöglicher Eigenverantwortung. Das Konzept der Responsibilisierung fügt sich in die Annahmen verschiedener Befragungsteilnehmer/-innen, wonach Diskriminierung ursächlich in der Weigerung schwacher Gruppen begründet liegt, »etwas erreichen zu wollen«, also etwa individuelle Bildungsabschlüsse oder gesellschaftliche Integration.

Für die befragten Schüler/-innen prägt der Imperativ der Selbstverantwortung die Bezugnahme auf Integration: »Ich finde, der erste Schritt müsste von den Leuten wirklich kommen, die hier sozusagen zu Gast sind und hier leben wollen. [...]. Die müssen dann halt auf sich aufmerksam machen und halt sagen: ›Ich möchte was ändern‹« (Lukas). Den Erklärungsvarianten ist gemein, dass Individuen die Weigerung unterstellt wird, das eigene Leben in Übereinstimmung mit gemeinwohlorientierten Zielen (Anpassung, Arbeitsmarktintegration, formale Weiterqualifikation) zu führen. In den Schüler/-innenvorstellungen sollten die Betroffenen angehalten werden, nicht länger auf Kosten des Gemeinwohls die Lösung ihrer Probleme abzuwarten, sondern sich aktiv an deren Lösung zu beteiligen. In seinen Überlegungen zu einem ungleichheitstheoretisch fundierten Verständnis von Diskriminierung weist Scherr auf den folgenreichen Selbstanspruch moderner Gesellschaften hin, wonach im Prinzip alle Gesellschaftsmitglieder gleichberechtigt um Positionen im sozialen Gefüge konkurrieren.[11] Diese auch in den Schüler/-innenvorstellungen wirksame Überzeugung ist für ihn aber aus mindestens zwei Gründen problematisch. Erstens steht sie im Widerspruch zu den Ergebnissen

---

10 Krasmann (2000), S. 198.
11 Scherr (2010), S. 41.

sozialwissenschaftlicher Ungleichheitsforschung, die im Verweis auf sozialstrukturelle Faktoren der Existenz von Chancengleichheit empirisch und theoretisch widerspricht. Zweitens – und diese Einsicht ist für die Menschenrechtsbildung folgenreich – legt diese Logik Bedingungen fest, anhand derer über die Verteilung bestimmter Vorrechte entschieden werden kann, zum Beispiel im Verweis auf das Kriterium des individuellen Leistungserfolgs. Der Logik der Responsibilisierung folgend schlägt einer der befragten Schüler vor, die Anerkennung von Menschenrechten nach erreichtem Bildungsniveau zu graduieren:

> »Also ich würde es einfach so sehen, dass man die Menschen nach ihrem Bildungsstand einteilt. […] Leute, die auf ein Gymnasium gegangen sind, Abitur gemacht haben und studierte Menschen […] sollten dann natürlich Zugang zu Größerem haben. Dass man halt nicht mehr nur politisches Mitspracherecht hat, sondern wirklich Politik bestimmen kann […]. Und dass die eher Benachteiligten trotzdem gut leben können und so VON DEN GRUNDLEGENDEN SACHEN HER gleichbehandelt werden. Aber dass die halt in der Gesellschaft […] geringere Möglichkeiten im Aufstieg haben.« (Lukas).

Der Interviewte fordert die Übersetzung der von ihm diagnostizierten Zweiteilung der Gesellschaft in »Gebildete« und »gering Qualifizierte« in politische Konsequenzen. Argumentiert wird für die Begrenzung der Menschenrechte von Hauptschüler/-innen, konkret für die Beschneidung von Chancengleichheit und politischen Teilhaberechten, die der Interviewte beide nicht zu den »grundlegenden Sachen«, also dem Kernbereich der Menschenrechte zählt. Das Erklärungsmodell des Schülers rechtfertigt die legitime Benachteiligung von Personen(-gruppen), indem es das Leistungsprinzip als gesellschaftliches Kriterium einführt. Mit diesem rücken Fragen nach ökonomisch verwertbaren Fähigkeiten von Individuen in den Blick. Menke pointiert:[12]

> »Wer den Einzelnen zur permanenten Selbstmobilisierung verpflichtet […] produziert notwendig die Gegen- oder Unterklasse der Immobilen,

---

12 Menke (15.10.2009), S. 58.

Nichtkreativen, Unfähigen, denen ihr Scheitern als Versagen vorgehalten werden kann«.

An der Schnittstelle von Menschenrechten und schwachen Gruppen verweisen die Schüler/-innenvorstellungen umstandslos auf ökonomistische Werthaltungen, also die Bewertung von Individuen und der sozialen und gesellschaftlichen Welt nach ökonomischen Nützlichkeitskalkülen.

> »Eine Gesellschaft basiert ja darauf, dass sich jeder Teilnehmer darin einbringt [...]. Der deutsche Staat muss ja das Ziel haben, sag ich mal, dass jeder Bürger für ihn gewinnbringend ist. Dass sich halt alles lohnt irgendwie. Dass sich halt alles für ihn rentiert. Und wenn dann zum Beispiel einer dem Staat nur auf der Tasche liegt und halt dem Staat nichts einbringt...« (Kornelius)

Wer das Sozialsystem belaste, also »einer Gesellschaft nicht helfen kann«, verwirkt in der Auffassung eines befragten Schülers auch seine Daseinsberechtigung:

> »Wenn man zum Beispiel eine Gesellschaft hat und man Personen hat, die dieser Gesellschaft im Prinzip nicht helfen, kann man sie nicht einfach entfernen lassen. Ich würde sagen, objektiv betrachtet wäre es sinnvoll, manche Personen vielleicht einfach abzuschieben oder was weiß ich was damit zu machen.« (Erik)

Die von den Schüler/-innen kommunizierten Standpunkte legen Rückschlüsse auf eine weite Verbreitung und Stabilität von Forderungen nach Selbstverantwortung und permanenter Selbstoptimierung nahe, wie sie etwa in Bröcklings »unternehmerischem Selbst« (2007) entfaltet werden.[13] Die Meritokratie, die Herrschaft von Leistung, scheint als ein allgemein anerkanntes, performativ wirksames Prinzip und als Norm in den Vorstellungen vieler Schüler/-innen zu wirken.[14]

---

13 Bröckling (2007).
14 Winker/Degele (2009), S. 55.

Die Befragten argumentieren aus der Position eines steueraktiven Leistungsträgers. Ihre Vorstellungen gehen von einer finanziellen Belastung aus, welche Menschenrechte dem Staatshaushalt aufbürden und die letztlich von den Steuerzahler/-innen aufgebracht werden müssen.

> »Also die Menschenrechte sind natürlich auch von Nachteil für Menschen […] Es gibt ja glaube ich auch das Menschenrecht, dass jeder Mensch ein Recht auf Nahrung hat. Und diese Nahrung muss ja von irgendwas finanziert werden. Und das wird eben auch teilweise – wie in Deutschland – durch Steuern gemacht. Dass davon eben Hartz IV bezahlt wird zum Beispiel und man ein Grundeinkommen hat. Das ist natürlich im Prinzip schade für die Leute, die Steuern zahlen.« (Julia)

In dieser Aussage treten die Kosten in den Blick, die der Solidargemeinschaft für all jene entstehen, die nicht selbst für Ihre Versorgung aufkommen können. Mit dem Verweis auf ökonomische Kriterien werden die Grenzen der gesellschaftlichen Integrationskapazitäten betont und damit implizit Ausgrenzung und Repression gerechtfertigt.

Diskriminierungen werden als Reaktion auf die Belastung der Gesellschaft im Sinne explizit ökonomischer Kriterien plausibilisiert. Der in Schüler/-innenvorstellungen mehrfache Hinweis auf Betroffenheit der gesellschaftlichen Eigengruppe und die Belastung durch vermeintlich fremde Gruppen stellt indirekt ethische Normen der Gleichwertigkeit infrage.[15] Einer der Interviewten stellt klar,

> »dass ich versuchen würde, wenn eine Person aus dem Ausland kommt, sie einfach erst einmal nicht reinzulassen. Also das wirkt zwei Problemen halt entgegen: Einmal, diese Diskriminierung innerhalb würde aufhören und man hätte keine Belastung mehr für die Gesellschaft selber«. (Erik)

Wer nichts beisteuern kann, sollte damit rechnen, bestenfalls des Landes verwiesen zu werden. Die vorgenommene Gleichsetzung von Person und Leistung führt der Schüler weiter aus:

---

15 Zick/Lobitz/Groß (2010), S. 84.

> »Angenommen man diskriminiert jetzt Personen die aus dem Ausland kommen aber zum Beispiel hoch qualifiziert sind für irgendwelche Berufe in Deutschland, dann wäre es auf jeden Fall ein Ziel, die Diskriminierung abzuschaffen. Da es einen Vorteil bringen würde, wenn man gute Personen aus dem Ausland in Deutschland einsetzen könnte […] [da] sie eigentlich für die Gesellschaft mehr Nutzen haben als einige andere Personen, die zwar deutsche Staatsangehörigkeit haben aber keinen Beitrag zur Gesellschaft liefern«. (Erik)

Die Vorstellung von Erik lässt eine Ausgrenzungslogik erkennen, die auf dem Leistungsprinzip fußt. Ökonomische Prinzipien der Kostensenkung bestimmen die Überlegung des Schülers. Menschenrechte werden als eine »wirtschaftliche« Kategorie ins Kalkül gezogen, der Nutzen ihrer Durchsetzung am ökonomischen Mehrwert bemessen. Studien zur gruppenbezogenen Menschenfeindlichkeit problematisieren mit dem Konzept der »Ideologie der Ungleichwertigkeit« die Hierarchisierung von gesellschaftlichen Gruppen nach Maßstäben ökonomischer Nützlichkeit, kultureller Leistung und moralischer Integrität: Dieses stellt Maßstäbe der Zu- oder Aberkennung von Ansprüchen auf Menschenwürde und Gleichbehandlung bereit und wird als Kern des Syndroms gruppenbezogener Menschenfeindlichkeit beschrieben.[16]

Argumentationen zum Thema Flüchtlingsschutz, Asyl und Einwanderung haben auch in der politischen und medialen Öffentlichkeit häufig mit Bezugnahmen und Verweisungen auf »Ökonomisches« zu tun – das zeigt sich exemplarisch am »Unwort des Jahres« 2013, dem Erhebungsjahr der Interviews. In der Debatte um Einwanderungsphänomene zielt die sprachliche Suggestion des »Sozialtourismus« auf die Charakterisierung von Einwanderung als Ausnutzung des deutschen Sozialsystems.

Fazit

Haben nicht jene Schüler/-innen recht, welche die Vergabe von Menschenrechten an Bedingungen knüpfen wollen? Sollten »wir« nicht aufhören, in

---

16 Zick/Lobitz/Groß (2010), S. 74.

Deutschland all jene wie selbstverständlich mitzuversorgen, die keine Gegenleistung bringen? Worin liegen genau Vorteile darin, Minderheiten besonders zu achten und zu schützen? Müssen »wir« nicht erst einmal unsere eigenen Probleme klären, bevor wir anderen helfen? Ist das mit der Diskriminierung in Deutschland nicht ein »Jammern auf hohem Niveau«?

Diese Fragen lassen sich als unmittelbare Ableitung aus den erhobenen Schüler/-innenäußerungen verstehen. Es liegt nahe, sie als normativ unzulässig zu markieren und ihnen den Studienbefund von Klein und Zick entgegenzuhalten, nach dem alle Menschen, die die Gleichwertigkeit von Menschen infrage stellen, zur Menschenfeindlichkeit neigen.[17] Doch eine moralisierende Zurechtweisung greift zu kurz: Die Mehrzahl der »Fragenden« drückt ein vorurteilskritisches Selbstverständnis und eine klare Verbundenheit zum Prinzip der Menschenrechte aus. Die abwertenden Denkweisen sind den Schüler/-innen nicht unbedingt bewusst, sie gehören vielmehr zum Repertoire der Deutungsmuster, die in gesellschaftlichen Diskursen wirken und von den Schüler/-innen als fraglos plausibel und selbstverständlich angenommen werden. Die Einnahme einer sozialkonstruktivistischen Perspektive bedeutet, Vorstellungen über die (Un-)Gleichwertigkeit von Menschen nicht vorrangig als individuelles Phänomen zu deuten, sondern sie als einen Spiegel öffentlich wirksamer Diskurse zu begreifen. Das heißt auch, Diskriminierungsphänomene und ihre Rechtfertigungen nicht zuvorderst in den Köpfen der Lernenden zu suchen, sondern sie als ideologischen Diskurs und als machtasymmetrische Struktur transparent zu machen.

Die Jugendlichen schlussfolgern in ihren Überlegungen aus täglichen Selbstverständlichkeiten. In diesen gehören Menschen unterschiedlichen Statusgruppen an, erbringen unterschiedliche Leistungen und verfügen in Abhängigkeit davon über unterschiedliche Lebenschancen und Privilegien. Die Schüler/-innen reproduzieren in der Logik dieser alltäglichen Beobachtung gesellschaftliche Abwertungen von Menschen, etwa aufgrund eines bestimmten angenommenen Leistungserfolges. In den Interviews zeigen sich Abwertungen konkret in der Rechtfertigung negativer Stereotype über soziale Gruppen, in verächtlichen Formulierungen, in der Unterstellung unredlicher Motive oder der Betonung vermeintlich unüberwindbarer

---

17 Klein/Zick (2010).

kultureller Unterschiede. In den Schüler/-innenvorstellungen rücken Menschen, die kein Geld, keinen Verdienst und keine Bildung nachweisen können, als Benachteiligte in den Fokus, gemeinsam mit »Ausländern«. Gleichzeitig – und häufig im selben Atemzug – werden Benachteiligte als Teil von gesellschaftlichen Problemmilieus beschrieben, deren Angehörige Merkmale wie geringe Leistungsmotivation, Integrationsverweigerung, aggressive Verhaltensweisen und Kriminalitätsbereitschaft aufweisen – der benachteiligte gesellschaftliche Status und selbst sanktionierende Diskriminierungshandlungen gegen Gruppenmitglieder lassen sich in den Vorstellungen der Schüler-/innen damit plausibel begründen.

Die befragten Schüler/-innen erkennen Menschenrechte formal an, sind aber zugleich kaum in der Lage, lebensweltliche Handlungsimplikationen abzuleiten. Die Menschenrechtsbildung wäre damit gefordert, in den Mittelpunkt der Beschäftigung mit der Bedeutsamkeit der Menschenrechte die Frage nach dem wertenden Schritt zu rücken, wodurch aus wertneutraler Verschiedenheit von Menschen eine Ungleichwertigkeit im Sinne eines gesellschaftlichen »oben« und »unten« begründet wird. Die Beurteilung sozialer Gruppen an den Maßstäben ökonomischer Nützlichkeit oder Leistungsfähigkeit ist als eine wesentliche Lernprovokation für die Menschenrechtsbildung zu verstehen. Dabei muss in einen grundlegenden Dialog über die Kriterien eingestiegen werden, anhand derer die Abwertung und Diskriminierung von Menschen erkannt und kritisiert werden kann.[18]

Die global herangezogenen Menschenrechte werden von den Interviewten zwar als Anlass eines reflexhaften Bekenntnisses zum abstrakt »Wünschenswerten« verstanden. Sie sind den Schüler/-innen dabei aber nicht als Grundlage der Wahrnehmung von oder gar Kritik an alltäglich erfahrbaren Diskriminierungspraktiken verständlich. Gesellschaftlich situierte Formen von Diskriminierung werden kaum mit Menschenrechen in Verbindung gebracht. Das menschenrechtliche Postulat der Gleichheit bleibt aus Schüler/-innensicht eine abstrakte Begriffshülse, das in Isolation von ihrer konkreten Lebenswelt Geltung beansprucht, dessen Anspruch im eigenen Alltag aber undeutlich bleibt. Es kann nicht schon vorausgesetzt werden, dass menschenrechtliche Prämissen wie die der Antidiskriminierung allen Bür-

---

18 Hormel/Scherr (2004), S. 134.

gerinnen und Bürgern einsichtig und wichtig sind: Die Schüler/-innen begegnen im Alltag nie einem Menschen als solchem. Vielmehr begegnen sie anderen Menschen als konkreten Individuen, die unterschiedliche Positionen im sozialen Gefüge besetzen.

Die Ergebnisse dieser Studie verweisen damit nicht zuletzt auf die Gefahr einer statuszentrierten Betrachtungsweise der Menschenrechte, in der sich die gebildeten Gymnasiastinnen und Gymnasiasten alle moralische Vernunft und Reflexionsfähigkeit zuschreiben, während »Ausländern« oder »sozial Beminderten« humanitätsgefährdende Denk- und Verhaltensweisen zugetraut werden. Die Studienbefunde wären im Hinblick auf die Untersuchungsgruppe – Gymnasiastinnen und Gymnasiasten – daraufhin zu befragen, inwiefern sie als Ausdruck eines klassenspezifischen Habitus gedeutet werden müssen.[19] Der von den befragten Jugendlichen allgemein als hoch anerkannte Wert der Menschenrechte verliert seine Bedeutung, wenn sich einerseits fast alle Befragten positiv auf menschenrechtliche Prinzipien wie Gleichheit, Anerkennung von Anderen und Minderheitenschutz berufen, in dieser Selbstgewissheit aber gleichzeitig Mitglieder bestimmter Milieus offen ausgrenzen und abwerten.

Das Anliegen der Analyse besteht nicht darin, den Interviewpartner/-innen rassistische oder diskriminierende Handlungsvorschläge nachzuweisen, sondern die Prämissen nachzuvollziehen, die derartige Schlüsse für die Schüler/-innen plausibel machen. Petrik weist darauf hin, wie wichtig es ist, »kontrovers-provokante Positionen im Rahmen demokratischer Ordnungsvorstellungen nicht mit fachlichen Fehlern [zu] verwechseln«, auch normativ unerwünschte Vorstellungen also als notwendige Lernetappen auf dem Weg zu differenzierten Konzepten zu betrachten.[20] Angezeigt ist damit eine Erarbeitung von didaktischen Strategien, die lebensweltliche Prozesse sichtbar machen, in denen Individuen als Angehörige sozialer Gruppen kategorisiert werden – in dessen Folge den Gruppenmitgliedern bestimmte Eigenschaften (etwa Leistungsmotivation, moralische Integrität, Bildung) aberkannt und dadurch der Ausschluss aus dem Geltungsbereich bestimmter normativer Prinzipien gerechtfertigt werden kann. Beansprucht werden muss, sozial hergestellte Unterscheidungen erkennbar zu machen, zu problema-

---

19 Weiss (2013), S. 309.
20 Petrik (2011), S. 79.

tisieren und andere alternative Unterscheidungen aufzuzeigen – nicht um in erster Linie ein »effizientes Funktionieren« gesellschaftlichen Zusammenlebens (Erik) oder eine »rentable Gesellschaftsordnung« (Kornelius) zu befördern, sondern vielmehr, um Phänomenen von Ungleichheit und Unterdrückung entgegenzuwirken.

Literatur

Berger, Peter L. (1973): Zur Dialektik von Religion und Gesellschaft, Frankfurt a. M.
Bröckling, Ulrich (2007): Das unternehmerische Selbst. Soziologie einer Subjektivierungsform, Frankfurt a. M.
Heitmeyer, Wilhelm (Hg.) (2012): Deutsche Zustände. Folge 10, Berlin.
Heldt, Inken (2017): Die subjektive Dimension von Menschenrechten. Zu den Implikationen von Alltagsvorstellungen für die Politische Bildung, Wiesbaden.
Hormel, Ulrike/Albert Scherr (2004): Bildung für die Einwanderungsgesellschaft. Perspektiven der Auseinandersetzung mit struktureller, institutioneller und interaktioneller Diskriminierung, Wiesbaden.
Klein, Anna/Andreas Zick (2010): Abwertung im Namen der Gerechtigkeit, in: Wilhelm Heitmeyer (Hg.), Deutsche Zustände – Folge 9, Frankfurt a. M., S. 120-137.
Krasmann, Susanne (2000): Gouvernementalität der Oberfläche. Aggressivität (ab-)trainieren beispielsweise, in: Gouvernementalität der Gegenwart. Studien zur Ökonomisierung des Sozialen, hg. v. Ulrich Bröckling/Michel Foucault et al., Frankfurt a. M., S. 194-226.
Lange, Dirk (2008): Kernkonzepte des Bürgerbewußtseins, in: Politikkompetenz. Was Unterricht zu leisten hat, hg. v. Georg Weißeno, Bonn, S. 245-258.
Menke, Christoph: Wahrheit. Nicht Stil, in: Die Zeit v. 15.10.2009.
Oesterreich, Detlef (2002): Politische Bildung von 14-Jährigen in Deutschland. Studien aus dem Projekt Civic Education, Opladen.
Petrik, Andreas (2011): Das Politische als soziokulturelles Phänomen. Zur Notwendigkeit einer wertebezogenen, soziologischen und lernpsychologischen Modellierung politischer Basiskonzepte am Beispiel »politische Grundorientierungen«, in: Konzepte der politischen Bildung. Eine Streitschrift, hg. v. Anja Besand/Tilman Grammes/Reinhold Hedtke et al., Schwalbach a. Ts., S. 69-94.
Scherr, Albert (2010): Diskriminierung und soziale Ungleichheiten. Erfordernisse und Perspektiven einer ungleichheitsanalytischen Fundierung von Diskriminierungsforschung und Antidiskriminierungsstrategien, in: Diskriminierung. Grundlagen und Forschungsergebnisse, hg. v. Ulrike Hormel, Wiesbaden, S. 35-60.
Sommer, Gert/Jost Stellmacher (2009): Menschenrechte und Menschenrechtsbildung. Eine psychologische Bestandsaufnahme, Wiesbaden.
Weiss, Anja (2013): Rassismus wider Willen. Ein anderer Blick auf eine Struktur sozialer Ungleichheit, 2. Aufl., Wiesbaden.
Weyers, Stefan (2012): Wie verstehen Kinder und Jugendliche das Recht? Sechs Phasen der Entwicklung rechtlichen Denkens, in: Journal für Psychologie 20 (2012) 2, S. 1-31.
Winker, Gabriele/Nina Degele (2009): Intersektionalität. Zur Analyse sozialer Ungleichheiten, Bielefeld.
Zick, Andreas/Rebecca Lobitz/Eva Maria Groß (2010): Krisenbedingte Kündigung der Gleichwertigkeit, in: Deutsche Zustände. Folge 8, hg. v. Wilhelm Heitmeyer, Berlin, S. 72-86.

Clemens Stolzenberg

Politische Bildung im Social Web im Kontext von Flucht und Asyl. Zielgruppenspezifische Formatentwicklung im Praxisprojekt »Refugee Eleven«[1]

Aus dem Anstieg und Rückgang in die Bundesrepublik Deutschland geflüchteter und asylbegehrender Menschen in den Jahren 2015 und 2016 sowie ihrer dauerhaften oder temporären Aufnahme ergaben und ergeben sich humanitäre, administrative und logistische Aufgaben, die zu anhaltenden Debatten im öffentlichen und politischen Raum führen: zum einen über das Selbstverständnis Deutschlands als einer demokratischen, offenen und pluralistischen Gesellschaft, bereit und fähig zur interkulturellen Kommunikation, zum anderen über die Herausforderungen und Potenziale, die mit der Inklusion oder zumindest Integration krisen- und kriegsbedingt geflohener Migrant*innen einhergingen und einhergehen. Unter dem Einfluss rechtspopulistischer politischer und medialer Diskurse und vor dem Hintergrund eines Anstiegs gruppenbezogen menschenfeindlicher Hassreden und

---

1   Dieser Beitrag stellt keine Meinungsäußerung der Bundeszentrale für politische Bildung (bpb) dar. Für die inhaltlichen Aussagen trägt der Autor die Verantwortung.

-kommentare, insbesondere in den Kommunikationsplattformen der Sozialen-Netzwerk-Dienste des Social Web, polarisiert die Fluchtbewegung weiterhin die öffentlichen Diskurse. So konstatiert die Studie »Gespaltene Mitte – Feindselige Zustände«[2] zwar eine grundsätzlich positive Grundhaltung einer Bevölkerungsmehrheit zu der Aufnahme geflüchteter Menschen in Deutschland (56 %), zugleich aber auch einen Anstieg der Bereitschaft, Vorurteilen gegenüber asylsuchenden Menschen zuzustimmen. Eine Minderheit von 20 % der befragten Studienteilnehmer lehnt die Aufnahme geflüchteter Menschen explizit ab. In diesem Teil der Bevölkerung zeigt sich den Studienautoren zufolge auch eine deutliche Skepsis hinsichtlich der erfolgreichen Bewältigung der Aufgaben, die mit der Inklusion und Integration geflüchteter Menschen einhergehen. In einigen Facetten der gruppenbezogenen Menschenfeindlichkeit sind darüber hinaus Polarisierungseffekte nachweisbar: Im Vergleich zu der 2014 durchgeführten Studie sind unter den Befragten extreme Zustimmungs- oder Ablehnungsgrade von Vorurteilen gegenüber geflüchteten Menschen stärker ausgeprägt. Polarisierungen sind dabei insbesondere in den Bereichen der öffentlichen Debatten sichtbar, die physische, emotionale, soziale und ökonomische Sicherheitsbedürfnisse der Einzelnen und der Gesellschaft tangieren. Insbesondere sicherheitspolitische Diskussionen über die ökonomische Leistungsfähigkeit von Staat und Gesellschaft in Deutschland reaktivieren in bestimmten Bevölkerungsgruppen offenbar verbreitete Ängste und Sorgen. Ihre emotionalen Amplituden werden durch Hassreden, Gerüchte, Lügen, Falschbehauptungen und aus politischen oder kommerziellen Intentionen bewusst ge- oder verfälschten Nachrichten (»Fake News«) dann weiter diffundiert und verstärkt.

Die Viralität, mit der sich Narrative angeblicher oder als real empfundener Bedrohung und emotionaler Bedrängnis innerhalb und außerhalb des Social Web verbreiten, erschwert es Vertreter*innen einer freiheitlichen und demokratischen Grundordnung, die Art faktenbasierter Diskurse zu führen, die eine Transmission von auf Falschinformationen gegründeten Vorurteilen in autoritäre oder auch extreme Politikvorstellungen zu verhindern vermag.

---

2   November 2016, in Kooperation mit dem Institut für interdisziplinäre Konflikt- und Gewaltforschung der Universität Bielefeld im Auftrag der Friedrich-Ebert-Stiftung, vgl. Zick/Küpper/Klein (2016).

In dieser Situation aktualisieren sich mit einer gewissen Dringlichkeit die Ziele und Handlungsaufträge der politischen Bildungsarbeit, wie sie exemplarisch im Leitbild der Bundeszentrale für politische Bildung (bpb) formuliert werden.[3] Denn ein zentrales Tätigkeitsfeld der bpb ist die Initiierung von Bildungsprozessen, um innerhalb der Bevölkerung die Basis für eine auf Toleranz, Pluralismus und Friedfertigkeit gründende Gesellschaft zu schaffen und die Identifikation mit unserer freiheitlich verfassten Demokratie zu fördern. Ein wesentlicher Bestandteil in der Realisierung dieser Zielsetzung ist die Entwicklung von Bildungs- und Diskussionsangeboten und die Vermittlung von Kenntnissen über und Einblicken in die geschichtlichen und gesellschaftlichen Zusammenhänge politischer, sozialer, kultureller, ökonomischer und ökologischer Prozesse. Die Angebote der bpb sind ihrem Selbstverständnis nach wissenschaftlicher Ausgewogenheit und den Grundsätzen der Überparteilichkeit verpflichtet.

Förderung von Informations- und Diskurskompetenz im Social Web: das Praxisprojekt »Refugee Eleven«

Die inhaltliche, didaktische und mediale Konzeption von Formaten, Projekten und Angeboten der politischen Bildung im Social Web ist auch im Themenfeld Flucht und Asyl von diesem Ansatz und einer Strategie der zielgruppenspezifischen Adressatenorientierung geprägt. Das crossmediale, partizipativ orientierte Informations- und Diskussionsangebot »Refugee Eleven«[4] verfolgt entsprechend das Ziel, durch die Bereitstellung von Hintergrundinformationen Kenntnisse über die politischen, gesellschaftlichen und historischen Ursachen aktueller Fluchtbewegungen zu vermitteln und durch die Bereitstellung moderierter Diskussionsangebote einer Gewalttätigkeit, Intoleranz und Antipluralismus propagierenden Diskussionskultur sowie einer Verengung oder Schließung öffentlicher Diskursräume entgegenzuwirken. Die inhaltliche und personelle Gestaltung des Projekts wurde auf der Grundlage sozialwis-

---
3 Vgl. Leitbild der Bundeszentrale für politische Bildung, www.bpb.de/die-bpb.
4 Das Projekt »Refugee Eleven« wurde von März bis Juni 2017 durchgeführt. Eine umfassende Projektdokumentation steht unter www.refugee11.de und www.bpb.de/refugee11 zur Verfügung.

senschaftlicher Jugendstudien und auf der Basis von Fokusgruppenbefragungen[5] unter Bezugnahme und Berücksichtigung der Lebenswelten sowie der spezifischen Einstellungs- und Werteprofile der Kernzielgruppe – Jugendliche und junge Erwachsene zwischen 14 und 24 Jahren – vorgenommen.[6] Der informative Teil des Projekts konzentriert sich dabei auf eine elfteilige Webvideoserie, in der bekannte Sportler*innen der Deutschen Fußballbundesliga, deren Biografie selbst durch Fluchterfahrungen geprägt worden ist, auf junge, erst kürzlich nach Deutschland geflüchtete Fußballspieler*innen der Amateurliga treffen und sich über ihre Lebens- und Reisegeschichten austauschen. Zielsetzung dieser Gespräche war es, über die positive Klammer des in fast allen öffentlichen und privaten Räumen äußerst beliebten Spitzen- und Breitensports vertiefte Hintergrundinformationen über Fluchtursachen, Fluchterfahrungen und -biografien sowie das in Deutschland zur Anwendung kommende Asylrecht zu vermitteln.

Unter Berücksichtigung der Medien- und Mediennutzungspräferenzen sowie des spezifischen Kommunikations- und Informationsverhaltens der anvisierten Kernzielgruppen erfolgte die Kommunikation der Projektinhalte über spezifische Soziale-Netzwerk-Dienste, wobei die einzelnen Projektbestandteile durch Hashtags miteinander verlinkt wurden. Die informativen Bestandteile des Projekts dienten innerhalb moderierter, plattformübergreifender Diskursräume zugleich als Angebot und Auftakt der weiterführenden Diskussion, Positionierung und Meinungsbildung. Eine Dokumentation der Inhalte und Ergebnisse geschieht projektbegleitend über eine originäre Webseite; eine Anbindung an weitere Formate und Angebote der bpb erfolgt über eine Themenunterseite auf bpb.de. Dort stehen alle audiovisuellen Materialien auch in barrierefreier Form (Audiodeskriptionen, Gebärden-

---

5   Bei der Konzeption des Projekts wurden produktionsbegleitend Fokusgruppenbefragungen anhand qualitativer Gruppeninterviews zur Attraktivität und Akzeptanz der entwickelten Materialien mit Testgruppen aus den Bereichen der schulischen Bildung und der außerschulischen Jugendbildungsarbeit durchgeführt. Ziel der Befragungen war nicht die Abbildung statistischer Repräsentativität, sondern die Ermittlung individueller Resilienzfaktoren auf strukturelle und ästhetische Parameter des Projektdesigns.
6   Borgstedt/Calmbach (2012).

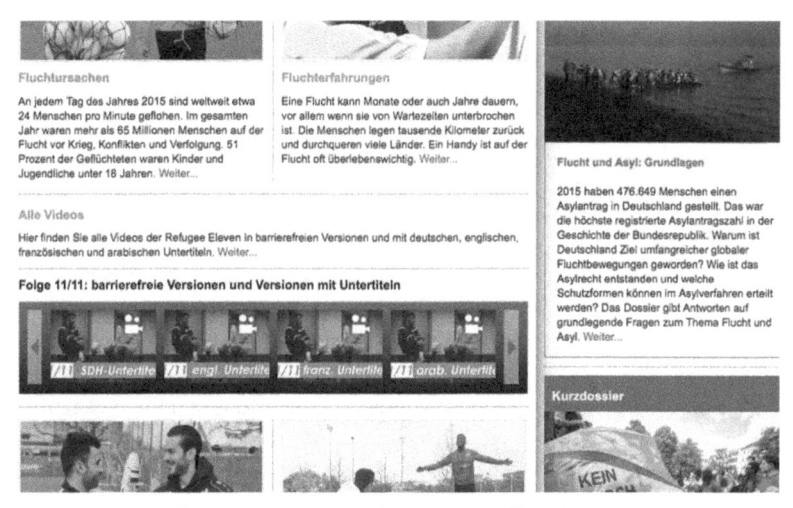

Abb. 1: Ausschnitt der Themenunterseite Refugee Eleven auf bpb.de.

sprache, Volltextbeschreibungen) sowie mit arabischen, deutschen, englischen und französischen Untertiteln zur Verfügung.[7]

Ergänzend wurden Lehr- und Lernmaterialien konzipiert,[8] die als Aktionsmaterialien in schulischen und außerschulischen Bildungskontexten angewendet werden können und online verfügbar, aber auch als Lehr- und Aktionsheft mit DVD erhältlich sind. Darin werden die Themen der Kurzfilme vertiefend behandelt und durch ergänzende Hintergrundinformationen aufbereitet. Sie regen zur Auseinandersetzung mit den Ursachen, Erfahrungen und Folgen von Flucht an und vermitteln Wissen über das geltende Asylrecht. Durch die Arbeit mit den Lehr- und Lernmaterialien sollen die Lernenden befähigt werden, die Situationen und Perspektiven von geflüchteten Menschen nachzuvollziehen, bestehende Vorurteile kritisch zu hinterfragen, Informationen zu analysieren und einzuordnen sowie eigene Positionen zu entwickeln, zu reflektieren und gegenüber ihren Mitmenschen in

---

[7] Für eine Auflistung der projektbegleitenden Kommunikationskanäle in den Sozialen Netzwerk-Diensten Facebook, Instagram, Snapchat und YouTube siehe www.refugee11.de und www.bpb.de/refugee11.

[8] Bundeszentrale für politische Bildung (bpb) (2017). Die Materialien können online über die Webseite der bpb bestellt werden.

der Schule oder im Freundeskreis zu vertreten. Die Film- und Lernmaterialien sind aufeinander abgestimmt und ermöglichen so eine konsistente Durchführung der einzelnen Lerneinheiten.

Nach Abschluss des Projekts wurde durch werkstatt.bpb.de eine Evaluation des projektbegleitenden Lehr- und Lernmaterials durch 32 Lehrende durchgeführt, die den Einsatz des multimedialen Bildungsmaterials in heterogenen schulischen und außerschulischen Lernsettings wie Gymnasien und beruflichen Schulen, Integrierten Sekundarschulen und privaten Fachhochschulen, Fußballvereinen und Verbänden, aber auch Orten der außerschulischen Jugendbildungsarbeit wie dem Stadtsportbund, der Jugendberufshilfe oder im Theater testeten.[9] Dabei gaben 85 % der Testenden an, dass die behandelten Themen und Inhalte für ihre Bildungspraxis relevant seien und das Material den Anforderungen des Lehrplans entspreche. Die Lehr- und Lernmaterialien schafften es aus Sicht der Befragten, die Themen Flucht, Asyl und Integration gut abzudecken, da »[…] sie super miteinander verknüpft (sind) und […] aus der Lebenswelt der Schüler (stammen)« und »die Themen vielfältig aufgegriffen und vertieft werden.« Der multimediale Charakter des Materials trug nach Meinung der Lehrenden zum Lernerfolg bei, weil »vor allem die Filme eine ungefilterte Beziehung zu den Fußballern sowohl als Profis, aber auch als Privatpersonen eröffnen« und »interaktive Lern- und Lehrmöglichkeiten« bestehen. 88 % der Lehrenden bestätigten, dass das Material die Lernenden befähige, die Perspektiven geflüchteter Menschen nachzuvollziehen und bestehende Vorurteile kritisch zu hinterfragen, da »das Material vor allem das persönliche Schicksal einzelner Menschen mit einbezieht und einer Information ›ein Gesicht‹ gibt«. Überwiegend gut sei das Material nach Einschätzung der Befragten dafür geeignet, Lernerfolge zu erzielen: »Die Studierenden konnten sich einige Kernpunkte der Themen Asylrecht und Asylverfahren selbstständig aneignen. Es sind aktivierende Lernmethoden zum Einsatz gekommen, die unter anderem eine Auseinandersetzung mit der eigenen Haltung gefordert haben, aber auch Herangehensweisen zur Aneignung von Wissen einüben ließen.« Im abschließenden Fazit gaben 84 % der befragten Lehrenden an, das Material

---

9 Eine Zusammenfassung der zentralen Evaluationsergebnisse findet sich in Frost/Weigand (2017).

wieder im Unterricht bzw. in ihrer Lerngruppe einsetzen zu wollen, da »es eine andere Herangehensweise wählt, die gut bei der Zielgruppe ankommt und trotzdem alle wichtigen Inhalte vermittelt. [...] Mit dem Material lässt sich gut über einen längeren Zeitraum arbeiten und (es) ist sehr anknüpfungsfähig.«[10]

In ihrer Ausspielung über das projektbegleitende Facebook-Profil erhielten die elf einzelnen Webvideos des Formats »Refugee Eleven« im Schnitt rund 55.500 Aufrufe und erreichten insgesamt rund 611.000 Aufrufe. In diesem Zusammenhang stellte sich das persönliche Engagement der projektbeteiligten Bundesligaspieler*innen als relevanter Faktor nicht nur in der Kommunikation des Projekts an sich, sondern auch in der Ansprache von Zielgruppen über die originär anvisierten Kernzielgruppen hinaus.[11] So stellte sich im Verlauf der durch werkstatt.bpb.de vorgenommenen Evaluation heraus, dass die Lern- und Lehrmaterialien auch in Bildungsprozessen mit geflüchteten Menschen fruchtbar eingesetzt werden konnten. Zudem kontaktierten in einigen Fällen geflüchtete Menschen die Projektmoderation über die Social-Media-Kanäle des Projektes und erbaten weiterführende Informationen zu sportbasierten Integrationsmaßnahmen. In den Möglichkeiten zur direkten Interaktion mit einer numerisch theoretisch unbegrenzt skalierbaren Anzahl an Partizipierenden sowie der Ansprache spezifischer Zielgruppen in den Diskursräumen des Social Web liegt denn auch das Potenzial für onlinebasierte politische Bildungsprozesse, tradierte Formen und Methoden der politischen Bildung nicht nur zu ergänzen, sondern auch dem veränderten Informations- und Meinungsbildungsverhalten insbesondere junger Bevölkerungsgruppen in Deutschland zu entsprechen.

---

10 Ebd.
11 So unterstützten die Spieler Gerald Asamoah, Eroll Zejnullahu, Neven Subotic und Mario Vrancic das Projekt durch persönliche Videobotschaften und Text-Bild-Posts, die im Vorfeld des Projektbeginns unter anderem auch über die privaten Social-Media-Profile der Spieler sowie der Vereine, bei denen die Spieler unter Vertrag standen, veröffentlicht wurden.

Die Relevanz von Medien- und Mediennutzungspräferenzen für politische Meinungsbildungsprozesse junger Bevölkerungsgruppen im Social Web

Von besonderer Relevanz für die Konzeption politischer Bildungsangebote im Social Web ist die Transformation des Mediennutzungs- und Informationsverhaltens, die in den vergangenen Jahren zunächst junge Bevölkerungsgruppen erreicht hat und der sukzessive auch die älteren Alterskohorten der in Deutschland lebenden Menschen folgen. Nutzerstudien wie die ARD/ZDF-Onlinestudie 2016[12] sowie die Auswertung der Deutschland betreffenden Umfrageergebnisse des Reuters Institute Digital News Survey 2016[13] belegen einen weiteren Anstieg der zunehmend mobilen Internetnutzung und insbesondere in den jungen Alterskohorten einen weiteren Zuwachs der Nutzung Sozialer-Netzwerk-Dienste sowie einer stetig und stark steigenden Nachrichtennutzung über Quellen aus dem Internet. In ihrer Auswertung der Umfrageergebnisse der ARD/ZDF-Onlinestudie 2016 zeigen Beate Frees und Wolfgang Koch, dass die tägliche Internetnutzung der in Deutschland lebenden Bevölkerung in allen Alterskohorten weiter ansteigt und insbesondere in der Altersgruppe der 14–19-Jährigen nahezu vollständig (91,5 %) auf einer täglichen Basis stattfindet. 95 % der 14–29-Jährigen besitzen ein Smartphone und 86 % gebrauchen es täglich zur Internetnutzung, die tägliche Nutzungsdauer beträgt dabei durchschnittlich 250 Minuten.[14] Der Vergleich zum Vorjahr zeigt zudem einen deutlichen Anstieg der Unterwegsnutzung: 65 % der 14–29-Jährigen greifen täglich über mobile Endgeräte auf das Internet zu. Mit 6,6 Nutzungstagen in der Woche ist auch die Nutzungsfrequenz dieser Altersgruppe im Vergleich zur Gesamtbevölkerung überdurchschnittlich stark ausgeprägt.

Das Kommunikationsverhalten der 14–29-Jährigen ist dabei Frees und Koch zufolge auch weiterhin von den Sozialen-Netzwerk-Diensten des Unternehmens Facebook geprägt: 84 % der Studienteilnehmer nutzen auf einer

---

12 Durchgeführt im Auftrag der ARD/ZDF-Medienkommission.
13 Umfrage des Reuters Institute for the Study of Journalism in Oxford. Die hier verwandte Auswertung der deutschlandbezogenen Umfrageergebnisse stammt vom Hans-Bredow-Institut für Medienforschung an der Universität Hamburg, vgl. Hasenbring/Hölig (2016).
14 Frees/Koch (2016).

täglichen Basis den Sozialen-Netzwerk-Dienst WhatsApp, 49 % Facebook und 25 % Instagram. Stark steigend ist die Nutzung des Sozialen-Netzwerk-Dienstes Snapchat, dieser wird von 18 % der 14–29-Jährigen auf einer täglichen Basis zur Kommunikation verwendet. Die Netzwerk-, Foto- und Videodienste Twitter (2 %), LinkedIn (1 %) sowie Xing und Tumblr (0 %) spielen im täglichen Mediennutzungsverhalten dieser Altersgruppe keine relevante Rolle.

Eine Konsequenz aus den Ergebnissen der vorgenannten Untersuchung ist die Erkenntnis, dass der »digital turn« im alltäglichen Kommunikations- und Mediennutzungsverhalten insbesondere in jungen Altersgruppen der in Deutschland lebenden Bevölkerung vollständig vollzogen wurde und sich dies zunehmend, wie die Ergebnisse der folgenden Studie zeigen, auch auf das Informationsverhalten junger Bevölkerungsgruppen auswirkt.

In ihrer Zusammenstellung[15] der nationalen Auswertungsergebnisse für Deutschland des Reuters Institute Digital News Survey 2016 verweisen Uwe Hasenbrink und Sascha Hölig auf die weitere Ausdifferenzierung technischer Geräte und Dienste zur Nutzung von online rezipierten Nachrichten bei gleichzeitiger Konvergenz verschiedener Optionen zur Nachrichtennutzung auf mobilen Endgeräten. Mit einem Zustimmungswert von 72 % weisen Hasenbrink und Hölig Fernsehen als in der Gesamtbevölkerung insgesamt nach wie vor am weitesten verbreitete Nachrichtenquelle aus. Diese dominiert vor allem in der Altersgruppe ab 35 Jahren. In der Altersgruppe der 18–24-Jährigen sinkt dieser Wert im Vergleich zur Gesamtbevölkerung ab: Etwas mehr als die Hälfte der befragten Studienteilnehmer nutzen Fernsehen als Quelle für Nachrichten, die Nutzung von Internetquellen zur Information mit Nachrichten ist unter 75 % der Befragten verbreitet. In dieser Altersgruppe stellen Soziale-Netzwerk-Dienste für 31 % der befragten Studienteilnehmer eine regelmäßige Nachrichtenquelle dar; im Vergleich zu 2015 verzeichnen Hasenbrink und Hölig einen Reichweitenzuwachs von sechs Prozentpunkten. Bei allen anderen in dieser Altersgruppe genutzten Nachrichtenquellen, das Fernsehen eingeschlossen, sanken die ermittelten Reichweitenwerte im Jahresvergleich dagegen ab.

---

15 Hasenbring/Hölig (2016).

Die Auswertung der Studienergebnisse zeigt einen weiteren Anstieg der Personen, die Nachrichten ausschließlich aus Internetquellen oder Sozialen-Netzwerk-Diensten beziehen: Im Vergleich zu der 2015 durchgeführten Umfrage stieg der Anteil der 18–24-Jährigen, die zur Nachrichtennutzung ausschließlich Internetquellen verwenden, von 14 % auf 21 %. Darunter verdoppelte sich der Anteil derjenigen, die Nachrichten ausschließlich über Soziale-Netzwerk-Dienste beziehen von 4 % auf 8 %. 27 % der befragten Studienteilnehmer verwenden den Sozialen-Netzwerk-Dienst Facebook als Informationsquelle, 12 % nutzen den Video- und Netzwerkdienst YouTube des Unternehmens Google sowie 10 % den Messenger- und Netzwerk-Dienst WhatsApp. Die Relevanz der Sozialen-Netzwerk-Dienste Facebook und YouTube ist in der Altersgruppe der 18–24-Jährigen deutlich erhöht: 39 % bzw. 22 % der Befragten nutzen diese Sozialen Netzwerke als Quelle der Nachrichtenrezeption.

Diese Ergebnisgrundlage ermöglicht sowohl die Identifikation von Kernzielgruppen der politischen Bildungsarbeit im Social Web, als auch die Priorisierung medialer Räume der zielgruppenspezifischen Ansprache und Kommunikation. Vor dem Hintergrund der beiden genannten Studien zum medialen Kommunikations- und Informationsverhalten ist es notwendig, zielgruppenspezifische Präferenzen für bestimmte Soziale-Netzwerk-Dienste sowie eine technische Optimierung dieser Angebote für mobile Endgeräte in der Entwicklung von Bildungs- und Diskussionsangeboten für die 14- bis 29-Jährigen zu berücksichtigen. Für das Projekt »Refugee Eleven« wurde auf der Grundlage dieser Erkenntnisse die Sozialen-Netzwerk-Dienste Facebook, YouTube, Instagram und Snapchat für die zielgruppenspezifische Ansprache der 14- bis 24-Jährigen bevorzugt.

Die Umfragewerte des Digital News Survey 2016 zeigen zudem eine starke Polarisierung hinsichtlich des Vertrauens, das die Altersgruppe der 18- bis 24-Jährigen Nachrichten und Journalist*innen entgegen bringt: 37 % der befragten Studienteilnehmer vertrauen dem Wahrheitsgehalt von Nachrichten und 28 % der Integrität von Journalist*innen; 25 % misstrauen jedoch Nachrichten regulärer öffentlich-rechtlicher und privater Nachrichtenanbieter und 25 % halten Journalist*innen nicht für vertrauenswürdig.

Für politische Bildner und die Entwicklung von Bildungs- und Diskussionsangeboten der politischen Bildung im Social Web sind solche Indikatoren der wachsenden Resilienz eines quantitativ relevanten Anteils der Gesamtbevölkerung gegenüber journalistischen und wissenschaftlichen Ethos verpflichteten Informationsangeboten von besonderer Bedeutung. Das technische Dispositiv Sozialer-Netzwerk-Dienste befördert die Entstehung und Existenz informationeller Parallelräume (»Echokammern«, »Filterblasen«), die Bedrohung und Schließung öffentlicher Diskursräume aufgrund menschenfeindlicher Äußerungen und Handlungen (»Hassrede«, »Hasskommentare«) sowie die Distorsion öffentlicher Debatten durch desinformationelle Manipulation (»Fake News«).[16] Erfahrungswerte mit vorangegangenen Projekten der politischen Bildung im Social Web haben gezeigt,[17] dass insbesondere in Themenfeldern, die gesellschaftlich polarisierend und kontrovers diskutiert werden, mit einem verstärkten Aufkommen von Hassreden und -kommentaren sowie Versuchen der Instrumentalisierung und Aneignung des Diskurses durch politisch radikale oder extremistische Gruppen gerechnet werden muss. Um das Risiko einer Übernahme der netzwerkdienstübergreifenden Diskursräume des Projekts »Refugee Eleven« und des damit einhergehenden Verlustes dieser Orte als Bildungsräume der friedfertigen, pluralistischen gesellschaftlichen Debatte zu minimieren, werden alle Kommunikationsräume (»Kommentarspalten«) des Projekts durch eine Moderation mit Expertise in der Durchführung von Bildungsprozessen in Sozialen Netzwerken betreut. Auf diese Weise können zum Schutz der Diskutanten

---

16 Die Rolle von Programmen zur automatisierten Distribution von Kommunikationsinhalten (»Social Bots«) ist dabei ambivalent zu betrachten, da sie sowohl zu Desinformationszwecken als auch im Rahmen öffentlich-rechtlicher Jugendinformationsangebote im Social Web (beispielsweise der »Novi«-Bot des Jungen Angebots der öffentlich-rechtlichen Fernsehsender »Funk«) oder durch Nichtregierungsorganisationen initiierte Bildungsformate (beispielsweise das Projekt »nichts-gegen-juden.de« der Amadeu Antonio Stiftung) zur Information und Restitution öffentlicher Diskursräume eingesetzt werden können. Erste Schritte der automatisierten Distribution von Informationsinhalten anlässlich der Bundestagswahl 2017 unternahm die bpb zudem mit ihrem für die Kommunikations- und Sozialen Netzwerk-Dienste WhatsApp, Telegram und Insta entwickelten Angeboten, in: Pressemitteilung v. 18.9.2017, www.bpb.de/presse/256380/taeglich-infos-zur-bundestagswahl-aufs-smartphone.

17 Beispielsweise wurde das von Oktober 2015 bis Januar 2016 durchgeführte Informationsangebot »Begriffswelten Islam« während des Projektzeitraums wiederholt Gegenstand eines situativen Auftretens menschenfeindlicher Kommentare sowie rechtspopulistisch motivierter islam- und muslimfeindlicher Hassreden. Diese wurden im Rahmen der fachwissenschaftlichen Moderationsarbeit kontextualisiert, widerlegt und sanktioniert.

menschenfeindliches Verhalten und justiziable Äußerungen sanktioniert und eine unkontrollierte Verbreitung von Hassreden und -kommentaren eingeschränkt werden.

Die Entwicklung zielgruppenspezifischer Angebote der politischen Bildung im und für das Social Web bedingt neben einer Kenntnis der vorhandenen Medien- und Mediennutzungspräferenzen auch ein Verständnis der soziologischen und psychologischen Faktoren, die prägend für die Handlungsdispositionen, Wertorientierungen und Einstellungen der anvisierten Zielgruppen sind. Im Fall des Themenfeldes Flucht und Asyl ist daher nicht nur relevant, über welche Informations- und Zugangswege junge Menschen im Social Web verfügen, sondern auch, welche psychischen Dispositionen, Einstellungen, Kenntnisse, Ängste- und Vorurteilsstrukturen mit Bezug auf das Themenfeld bestehen. Diese können sich als relevante Faktoren erweisen, um beispielsweise eine Evaluation des Risikos der Betroffenheit von Desinformation und damit einer erschwerten Meinungsbildung vorzunehmen oder aber die Bereitschaft zur affirmativen oder negierenden Partizipation an menschenfeindlichen Debatten und der damit einhergehenden Beeinflussung öffentlicher Diskursräume einzuschätzen.

Die Relevanz soziologischer und psychologischer Faktoren für die politische Bildungsarbeit mit jungen Bevölkerungsgruppen im Social Web

Die Studie »Wie ticken Jugendliche 2016? Lebenswelten von Jugendlichen im Alter von 14 bis 17 Jahren in Deutschland« untersuchte Kenntnisse,[18] Einstellungen und Vorurteile im Themenfeld Flucht und Asyl. Aufgrund ihres Studiendesigns ermöglicht die Studie die Identifikation und Beschreibung psychologischer Einflussfaktoren der befragten Studienteilnehmer wie Einstellungen, Erwartungen, Emotionen und Motive. Auf diese Weise ergänzen

---

18 Arbeitsstelle für Jugendseelsorge der Deutschen Bischofskonferenz et al. (2016). Die SINUS Jugendstudie wird im Auftrag der Arbeitsstelle für Jugendseelsorge der Deutschen Bischofskonferenz, des Bunds der Deutschen Katholischen Jugend, der Bundeszentrale für politische Bildung, der Deutschen Kinder- und Jugendstiftung und des Verbands Deutscher Verkehrsunternehmen-Akademie durch das SINUS-Institut Berlin erstellt.

die SINUS-Jugendstudien statistisch repräsentative Studien wie beispielsweise die seit 1953 erstellten Shell Jugendstudien.[19]

Die Auswertung der Umfrageergebnisse zeigt zum Zeitpunkt der Datenerhebung im Sommer 2015 eine milieuspezifisch unterschiedlich stark ausgeprägte Aufnahmebereitschaft geflüchteter Menschen. Unabhängig von ihrem lebensweltlichen Hintergrund sind die meisten Jugendlichen laut den Studienautoren jedoch der Ansicht, dass geflüchtete Menschen nur quantitativ begrenzt und unter der Bedingung aufgenommen werden sollten, dass die Ressourcen von Staat und Zivilgesellschaft durch ihre Aufnahme nicht überfordert werden.[20]

Im Kontext der politischen Bildungsarbeit ist dieses Ergebnis von besonderer Relevanz. Die Korrelation und Interdependenz sozialer Faktoren wie gesellschaftlicher Toleranz und Akzeptanz gegenüber geflüchteten und asylbegehrenden Menschen mit ökonomischen Faktoren verweisen auf die Fragilität basaler gesellschaftskonstituierender Grundlagen, wie beispielsweise einer Solidarität mit sozioökonomisch weniger privilegierten Personengruppen. Das Umfrageergebnis lässt zumindest in Teilen eher eine milieu- und lebensweltübergreifende Affinität junger Bevölkerungsgruppen für Argumentationen vermuten, die sich ökonomisch begründet gruppenbezogen menschenfeindlich gegenüber geflüchteten und asylbegehrenden Menschen geben. Aus diesem Sachzusammenhang entsteht ein Handlungsauftrag für die Entwicklung von zielgruppenspezifischen Informations- und Diskussionsangeboten der politischen Bildung auf der Grundlage einer differenzierten Betrachtung der unterschiedlichen Milieus und Lebenswelten, aus denen sich junge Bevölkerungsgruppen konstituieren.

Eine Minderheit der Jugendlichen, vor allem in den Lebenswelten der »Adaptiv-Pragmatischen«, »Prekären« und »Materialistischen Hedonisten«, äußerte in der SINUS-Studie »Wie ticken Jugendliche 2016?« gruppenbezogen menschenfeindliche, teilweise hasserfüllte Ressentiments gegenüber geflüchteten und asylbegehrenden Menschen und sprach sich prinzipiell gegen ihre Aufnahme aus. Ökonomische Gründe als Fluchtursache lehnten Jugendliche aus diesen Lebenswelten generell ab.

---

19 Die Shell Jugendstudie wird mit Finanzierung der Shell Deutschland Holding GmbH erstellt.
20 Vgl. ebd.

Insbesondere Jugendliche, deren soziales Milieu den »Prekären Lebenswelten« zugeordnet wird, sahen geflüchtete und neu zugewanderte Menschen als direkte Konkurrenten auf dem Arbeits- und Wohnungsmarkt. Sie äußerten zudem Ängste vor einem Absinken des eigenen Lebensstandards und einem Verlust von Annehmlichkeiten des täglichen Lebens.

Für Jugendliche aus edukativ und sozioökonomisch benachteiligten Milieus sind laut den Studienautoren Ängste vor »Überfremdung« und einer gravierenden Veränderung der ihnen vertrauten Strukturen und Lebensbedingungen in Deutschland kennzeichnend. Gängige Klischees und Vorurteile (»Kriminalität«, »Verfall der deutschen Sprache«, »Ordnung und Sauberkeit«, »Sozialleistungsbetrug«) werden von Jugendlichen dieser Milieus teilweise verstärkt aufgegriffen. Insbesondere in dieser Gruppe vermischen sich Vorurteile gegenüber geflüchteten und asylbegehrenden Menschen mit rassistischen und generell gruppenbezogen menschenfeindlichen Ressentiments gegenüber geflohenen, zugewanderten, neu zugewanderten und migrierten Menschen. Hassreden, Gerüchte, Lügen, Falschbehauptungen und »Fake News« finden hier einen breiteren Resonanzboden als unter Jugendlichen, die in anderen Milieus sozialisiert werden.

In der Darstellung des SINUS-Instituts wird deutlich, dass Jugendliche aus bildungsbenachteiligten und sozioökonomisch wenig privilegierten Milieus und Lebenswelten einer Vielzahl von Faktoren ausgesetzt sind, die den erfolgreichen Aufbau von Resilienzen gegen Ideologien der Ungleichwertigkeit, Abwertung und Ausgrenzung auf der Grundlage gruppenbezogen menschenfeindlicher Narrative gegen geflüchtete und asylbewerbende Menschen erschweren oder verhindern. In den Herkunftsmilieus dieser Jugendlichen verbreitete menschenfeindliche Dispositionen, Vorurteile und Stereotypen wirken sich erschwerend auf eine differenzierte individuelle Meinungsbildung aus und lassen eine erhöhte Wahrscheinlichkeit der Bereitschaft zur affirmativen Teilnahme an menschenfeindlichen Verhaltensweisen in Kommunikationsräumen Sozialer-Netzwerk-Dienste vermuten. Vor dem Hintergrund der bereits erläuterten Zielsetzung politischer Bildungsarbeit im Social Web und in Sozialen Netzwerken wurden daher Jugendliche und junge Menschen aus den nach SINUS »prekären« und »materialistisch hedonistischen« Lebenswelten als primäre Kernzielgruppen identifiziert.

Nach den Ergebnissen der SINUS-Jugendstudie tolerierten allerdings auch Jugendliche, die Milieus der gesellschaftlichen Mitte zugeordnet wurden, Migration aus Fluchtgründen nur in einem zeitlich begrenzten Ausmaß und unter der Prämisse des Vorhandenseins ausreichender Ressourcen. Von geflüchteten und asylbegehrenden Menschen erwarteten die Befragten unabhängig von den individuellen Fluchtursachen verstärkte Integrationsanstrengungen, beispielsweise ein zügiges Erlernen der deutschen Sprache und eine Integration in den Arbeitsmarkt. Nur unter dieser Voraussetzung sei eine temporäre oder dauerhafte Aufnahme geflüchteter Menschen gerechtfertigt. Dieser Befund des SINUS-Instituts legt nahe, dass in den Milieus und Lebenswelten junger Bevölkerungsgruppen der gesellschaftlichen Mitte von einer nicht durchgehend ausgeprägten Resilienz gegenüber gruppenbezogen-menschenfeindlich konnotierten Narrativen, die sich ökonomisch begründen oder einer leistungsorientierten Leistungslogik entsprechen, auszugehen ist. Jugendliche aus nach SINUS »adaptiv-pragmatischen« und »konservativ-bürgerlichen« Lebenswelten wurden daher in der Konzeption des Projekts »Refugee Eleven« als sekundäre Zielgruppen identifiziert. Mit der Zielsetzung der allgemeinen Förderung der Empathiefähigkeit mit geflüchteten und asylbegehrenden Menschen und der Stärkung von Resilienzen gegenüber sich ökonomisch begründenden menschenfeindlichen Narrativen wurde in der Konzeption des Projekts sowie im Rahmen der Diskussionsmoderation auf die lebensweltspezifischen Vorbehalte gegenüber geflüchteten und asylbegehrenden Menschen reagiert, indem ein Schwerpunkt auf die Vermittlung von Hintergrundinformationen zu den multikausalen Ursachen von Flucht sowie den Faktoren gelegt wurde, die im Prozess der Asylprüfung und -gewährung inkludierende und integrative Prozesse erschweren oder behindern.

Jugendliche aus bildungsnahen Lebenswelten mit einem überwiegend postmodernen Wertekanon, wie den »Expeditiven«, »Sozialökologischen« und »Experimentalistischen Hedonisten«, zeigten in den Befragungen der SINUS-Jugendstudie geflüchteten und asylbegehrenden Menschen gegenüber Empathie und Mitgefühl. Das Recht auf Asyl in Deutschland wurde von Jugendlichen aus diesen Herkunftsmilieus im Allgemeinen nicht infrage gestellt und Migration wird als unverschuldete und folgerichtige Konsequenz aus politischen Krisen und Kriegen verstanden.

Vor allem Jugendliche aus den Lebenswelten der »Expeditiven« und der »Experimentalistischen Hedonisten« forderten im Rahmen ihrer Befragung von Staat und der deutschen Zivilgesellschaft Toleranz und Engagement für geflüchtete und asylbegehrende Menschen ein, insbesondere bei der Unterbringung und Versorgung, der Bereitstellung ausreichender Ressourcen zur Durchführung von Inklusions- und Integrationsmaßnahmen sowie ein konsequentes Vorgehen gegen rechtspopulistisch und rechtsextrem motivierte rassistische Gewalt. Unter Jugendlichen aus »sozialökologischen« und »expeditiven« Lebenswelten konnte eigenes Engagement für geflüchtete und asylbegehrende Menschen vereinzelt nachgewiesen werden, die meisten in bildungsnahen Milieus verorteten Jugendlichen hatten jedoch keinen persönlichen Kontakt zu geflüchteten Menschen.

In der Studienauswertung des SINUS-Instituts zeigen Jugendliche aus edukativ und sozioökonomisch privilegierten Milieus eine hohe Resilienz gegenüber gruppenbezogen menschenfeindlichen Narrativen über geflüchtete und asylbegehrende Menschen sowie einen allgemein hohen und differenzierten Informationsstand der mit dem Themenfeld Flucht und Asyl verbundenen politischen Diskurse. Auf der Grundlage der in diesen Gruppen verstärkt ausgeprägten Bereitschaft zur gesellschaftlichen und politischen Partizipation besteht für politische Bildungs- und Diskussionsangebote im Social Web das Potenzial der Aktivierung dieser Zielgruppen als Initiatoren und Multiplikatoren im Rahmen von Peer-to-peer-Kontexten, wie beispielsweise der Durchführung von Projekten zur Stärkung zivilcouragierten Handelns in digitalen Kommunikationsräumen. Vor diesem Hintergrund wurden Jugendliche aus den nach SINUS »expeditiven«, »sozialökologischen« und »experimentalistisch hedonistischen« Lebenswelten als tertiäre Zielgruppe des Projekts »Refugee Eleven« definiert.[21]

---

21 Hierbei finden sich markante Unterschiede zwischen Jugendlichen aus den neuen und den alten Bundesländern hinsichtlich der von den befragten Studienteilnehmern geäußerten Akzeptanz gegenüber Migration nach Deutschland. Insgesamt konstatiert die Shell Jugendstudie 2015 unter den befragten Jugendlichen einen Anstieg der Akzeptanz gegenüber zugewanderten und migrierten Menschen. Der Grad an Ablehnung erreicht allerdings einen weiterhin hohen Wert: 37 % der befragten Jugendlichen vertreten die Ansicht, die Zuwanderung nach Deutschland sei zu begrenzen (westliche Bundesländer: 35 %, östliche Bundesländer: 49 %). Ähnliche Zustimmungs- beziehungsweise Ablehnungswerte finden sich bei der Frage, ob geflüchtete Menschen in Deutschland aufgenommen werden soll-

Diese Haltung zieht nicht notwendigerweise die Bereitschaft nach sich, gruppenbezogen menschenfeindliche Einstellungen auch aktiv gegenüber bereits in Deutschland lebenden geflüchteten und asylbegehrenden Menschen zu vertreten. Eine Korrelation der beiden Faktoren lässt jedoch vermuten, dass sich die Bereitschaft zur Akzeptanz und Affirmation gruppenbezogen menschenfeindlicher Narrative und Einstellungen gegenüber geflüchteten und asylbegehrenden Menschen signifikant erhöht. Als weiteres Item in ihrem Befragungsdesign fragte die Shell Jugendstudie 2015 nach den Ängsten und Sorgen der Studienteilnehmer. Ein signifikanter Anteil der Jugendlichen (29 %) äußerte dabei Ängste vor einer Zuwanderung durch geflüchtete und asylbegehrende Menschen. Die Ergebnisse zeigen zudem, dass milieu- und lebensweltübergreifend signifikante Anteile der jungen Bevölkerungsgruppen eine skeptische bis ablehnende Haltung gegenüber einer offenen Migrationsgesellschaft einnehmen. In diesem Zusammenhang besitzt eine Kollaboration mit sozial, ökonomisch und gesellschaftlich erfolgreichen oder als erfolgreich wahrgenommenen Personen des öffentlichen Lebens – wie im Fall von »Refugee Eleven« der Zusammenarbeit mit Sportler*innen der Fußballbundesliga – das Potenzial, bestehende Vorurteile und Stereotype zu hinterfragen und somit einen Raum für eine pluralistische und rassismussensitive Bildungsarbeit zu schaffen.

Zielgruppenspezifische Formatierung als Grundlage politischer Bildungsarbeit mit jungen Bevölkerungsgruppen im Themenfeld Flucht und Asyl

Die von den Studienautoren der Shell Jugendstudie »Jugend 2015« vorgenommene Klassifizierung der Ängste- und Sorgenstrukturen jugendlicher Lebenswelten lässt in Korrelation mit dem SINUS-Milieu-Ansatz Rückschlüsse auf Grundeinstellungen und Vorurteilsstrukturen zu, die mit hoher Wahrscheinlichkeit in bestimmten edukativen und sozioökonomischen Milieus

---

ten: 32 % der befragten Jugendlichen sprachen sich in der Umfrage der Shell Jugendstudie dafür aus, weniger Geflüchtete in Deutschland aufzunehmen (westliche Bundesländer: 30 %, östliche Bundesländer: 44 %).

unter Jugendlichen dominant sind und auf die das Projekt »Refugee Eleven« mit der Förderung eines friedfertigen, pluralistischen und von Toleranz geprägten Diskurses durch die Bereitstellung entsprechend konzipierter Informations- und Diskussionsangebote reagiert. Insbesondere die plattformübergreifende Kommunikation der multimedialen Inhalte des Projekts unter Nutzung multipler, insbesondere für die als primäre Zielgruppen definierten »prekären« und »materialistisch hedonistischen« Milieus relevanten Soziale-Netzwerke-Dienste ermöglichte eine breite zielgruppenspezifische Ansprache, auf deren Basis eine Öffnung der jeweiligen Medien- und Diskursräume für das Themenfeld Flucht und Asyl ermöglicht wurde. Durch die Setzung informativer und faktenbasierter Impulse konnten Stereotype, Vorurteile und desinformierende Narrative über geflüchtete und asylbegehrende Menschen während des Projektverlaufs zumindest situativ begegnet und hinterfragt werden.

In der Konzeption des Projekts »Refugee Eleven« zeigte sich zudem die Relevanz einer differenzierten Zielgruppenbestimmung in primäre, sekundäre und tertiäre Kernzielgruppen, für die jeweils spezifische Kommunikationsangebote und Interaktionsmöglichkeiten entwickelt wurden. Die vergleichende Untersuchung unterschiedlicher soziologischer Jugendstudien ermöglichte dabei eine genauere Definierung und Einteilung der Subzielgruppen und damit eine spezifischere Formatierung der projektbegleitenden Informations- und Diskursangebote.

Fazit

Bei dem Projekt »Refugee Eleven« handelt es sich um ein Bildungs- und Diskussionsangebot der politischen Bildung im Social Web, das auf der Grundlage aktueller Studien zum Informations- und Mediennutzungsverhalten sowie zur Soziologie junger Bevölkerungsgruppen zielgruppenspezifisch konzipierte Hintergrundinformationen zu den gesellschaftlich polarisierend diskutierten Themenfeldern Flucht und Asyl vermittelt und Meinungsbildungsprozesse in moderierten Diskursräumen ermöglicht. Dabei zeigt sich, dass aufgrund ihres Informations- und Mediennutzungsverhaltens Angebote der politischen Bildung im Social Web junge Bevölkerungsgruppen unter der Bedingung einer plattformübergreifenden Kommunikation der Angebotsinhalte sowie unter Berücksichtigung einer technischen Optimierung für präferierte Endgeräte effektiv erreichen können. Auf diese Weise können auch Zielgruppen angesprochen und in Bildungsprozesse einbezogen werden, die über analoge Methoden und Formate der politischen Bildung nicht erreichbar sind. Insbesondere junge sowie edukativ und sozioökonomisch wenig privilegierte Bevölkerungsgruppen profitieren von digitalen Zugängen zu politischen Bildungs- und Informationsangeboten, zeigen sie sich doch als besonders anfällig für menschenfeindliche Narrative. Daran anschließend greifen die Informationsangebote des Projekts »Refugee Eleven« bestehende Vorbehalte gegenüber geflüchteten und asylbegehrenden Menschen auf, widerlegen Vorurteile und Falschnachrichten und fördern auf diese Weise eine pluralistische Debatte im Social Web.

Literatur

Arbeitsstelle für Jugendseelsorge der Deutschen Bischofskonferenz et al. (2016): Wie ticken Jugendliche 2016? Lebenswelten von Jugendlichen im Alter von 14 bis 17 Jahren in Deutschland, Berlin.

Calmbach, Marc/Silke Borgstedt (2012): »Unsichtbares Politikprogramm?« Themenwelten und politisches Interesse von »bildungsfernen« Jugendlichen, in: »Unsichtbares Politikprogramm?« Themenwelten und politisches Interesse von »bildungsfernen« Jugendlichen, hg. v. Wiebke Kohl/Anne Seibring, Bonn, S. 43-80.

Bundeszentrale für politische Bildung (bpb) (Hg.) (2017): Refugee Eleven. Lehr- und Aktionsheft der Bundeszentrale für politische Bildung, Berlin.

Frees, Beate/Wolfgang Koch (2016): Dynamische Entwicklung bei mobiler Internetnutzung sowie Audios und Videos, in: Media Perspektiven 9 (2016), S. 418-437.

Zick, Andreas/Beate Küpper/Daniela Krause (Hg.) (2016): Gespaltene Mitte – Feindselige Zustände. Rechtsextreme Einstellungen in Deutschland 2016, Bonn.

Frost, Birgit/Ines Weigand (2017): Refugee Eleven im Test. »Die Protagonisten sind Identifikationsfiguren«, www.bpb.de v. 18.8.2017.

Hasenbring, Uwe/Sascha Hölig (2016): Reuters Institute Digital News Survey 2016. Ergebnisse für Deutschland, Hamburg.

Shell Deutschland Holding (Hg.) (2015): Jugend 2015. Eine pragmatische Generation im Aufbruch, Frankfurt a. M. 2015.

Anja Besand

Von Sachsen lernen.
Oder wie angemessene »Bearbeitungsstrategien« auf rechtspopulistische Bewegungen aussehen könnten

Beobachtet man die Diskussionen rund um den erstarkenden Rechtspopulismus in Deutschland, Europa und der Welt, dann fallen zwei Dinge auf. Nach einer anfänglich überaus aufgeregten Debatte wissen wir heute recht gut, was Rechtspopulismus ist und was er nicht ist – wie man ihn »bearbeitet«, bleibt in der sozialwissenschaftlichen und gesellschaftlichen Debatte allerdings weitgehend unklar. Klar scheint den Diskutanten nur eins zu sein: Die gesellschaftliche Instanz, die für die Bearbeitung der erstarkenden Rechten in Europa oder auch anderswo zuständig ist, heißt politische Bildung.

Der vorliegende Beitrag beschäftigt sich mit der Frage, wie eine angemessene Reaktion der politischen Bildung auf rechtspopulistische[1] Phäno-

---

[1] Eine Abgrenzung zum Rechtsextremismus scheint in dem Zusammenhang wenig hilfreich und didaktisch auch nicht zwingend erforderlich, weil sich die Bearbeitungsstrategien – wie wir sehen werden – durchaus ähneln.

mene aussehen könnte. Dabei ist Vor- und Umsicht geboten, um nicht den Eindruck zu erwecken, in der allgemeinen Verunsicherung über sichere Antworten zu verfügen – das ist nicht der Fall. Dieser Beitrag fußt auch auf einer teilnehmenden Beobachtung und täglicher persönlicher Erfahrung mit der gesellschaftlichen Auseinandersetzung mit den »Patriotischen Europäern gegen die Islamisierung des Abendlandes« (Pegida) in Dresden. Dies kann dem Beitrag einen Beobachtungsvorteil verschaffen, da die Fragen, die sich in diesem Zusammenhang stellen, recht klar vor Augen der Autorin stehen. Doch bevor sich dieser Beitrag den teilnehmenden Beobachtungen und der Suche nach möglichen Bearbeitungsformen widmet, gilt es, in einer sehr knappen Klärung den hier zugrunde gelegten Populismus-Begriff zu erläutern und theoretisch zu rahmen.

Das Wort Populismus wird umgangssprachlich für recht unterschiedliche Erscheinungsformen verwendet und hat sich zwischenzeitlich in der politischen Debatte zu einem profilierten Kampfbegriff entwickelt. So wird dem Populismus vorgeworfen, unsachliche oder unrealistische politische Forderungen zu stellen, eine Politik der Gefühle zu betreiben, Eliten zu kritisieren oder Sprachrohr des »einfachen Mannes« zu sein. Aber ist jede Politik, die Eliten kritisiert, populistisch? Oder: Ist es tatsächlich populistisch, sich in der Auseinandersetzung mit politischen Fragen um eine einfache und verständliche Sprache zu bemühen?

Für die politische Bildung, der Verständlichkeit am Herzen liegen muss, wäre dies eine durchaus problematische Interpretation. Könnte man nicht sogar anders gewendet denken, dass der Populismus ein nützliches Korrektiv in der liberalen Demokratie ist, weil »Populisten Probleme ansprechen, welche die Bürger wirklich beschäftigen, über die sich aber niemand zu reden traue oder die von den »etablierten Parteien« totgeschwiegen wurden«.[2] Angesichts der Zerstörungskraft populistischer Bewegungen, die sich nicht nur in Sachsen, sondern auch (und noch viel konkreter) im Kontext des Brexit-Referendums in Großbritannien oder der Präsidentschaftswahl in den Vereinigten Staaten von Amerika beobachten lässt, scheint diese Interpretation dem Phänomen allerdings auch kaum gerecht zu werden. Für den hier vorgestellten Beitrag schlage ich deshalb vor, sich bei der Kerndefinition

---

2   Müller (2016), S. 13. Vgl. auch den Beitrag von Frank Decker in diesem Band (➡ S. 410 ff.).

des Begriffs Rechtspopulismus an Jan-Werner Müller zu orientieren und den Populisten nicht ihre Popularität vorzuwerfen, sondern vielmehr ihren Antipluralismus. Nach Müller kann vor allem an Schlüsselaussage der Populisten »Wir sind das Volk!« abgelesen werden, dass »politische Kampfansagen« immer »moralische« und keine »empirischen Aussagen« sind. »Wir sind das Volk!« meine gleichzeitig, »wir und nur wir« sind Repräsentanten des Volkes. Alle anderen Akteure in den verschiedenen elektoralen politischen Arenen werden von Populisten als »illegitim« bezeichnet; auch würde dies stets mit Kritik am »Establishment« verbunden. Der Rückschluss jedoch, dass jeder Kritiker von »Eliten« auch Populist ist, ist für Müller problematisch: »Populisten sind zwangsläufig antipluralistisch; wer sich ihnen entgegenstellt und ihren moralischen Alleinvertretungsanspruch bestreitet, gehört automatisch nicht zum wahren Volk. Demokratie ist ohne Pluralität jedoch nicht zu haben.«[3]

Aus der Perspektive der politischen Bildung betrachtet hat diese Definition des Populismus-Begriffs zwei entscheidende Vorteile: Sie ist erstens geeignet, die Debatte zu versachlichen und zum Zweiten deutet sich hier eine erste Bearbeitungsperspektive an. Denn wenn Antipluralismus das zentrale Problem des Populismus ist, dann liegt es für die politische Bildung im Umkehrschluss nahe, Bildungsprozesse im Kontext rechtspopulistischer Herausforderungen so zu gestalten, dass ein besonderer Fokus auf die Vermittlung der Idee des Pluralismus gerichtet ist. Bevor wir uns allerdings der Frage zuwenden, ob diese Folgerung tatsächlich erfolgversprechend ist – und wenn ja, wie sie genau umgesetzt werden könnte – lohnt es sich noch einmal, einen tieferen Blick in die vorliegende sozialwissenschaftliche Fachliteratur zu werfen und dabei der Frage nachzugehen, welche Bearbeitungsstrategien von ausgewiesenen Populismus-Forscherinnen und -Forschern vorgeschlagen werden. Zu hoffen wäre, dass sich neben theoretischen auch empirisch fundierte oder zumindest erfahrungsgesättigte Aussagen finden ließen, mit deren Hilfe sich Thesen begründen lassen, welche Bearbeitungsstrategien tatsächlich Erfolge versprechen und welche möglicherweise eher kontraproduktiv sind. Vor diesem Hintergrund fokussiert dieser Beitrag drei sehr konkrete und aktuelle regionale Beobachtungen aus dem Raum Dres-

---

3   Müller (2016), S. 18 f.

den, aus denen sich vier Grundfragen ableiten lassen, die sich für die politische Bildung im Kontext (Rechts-)Populismus stellen und in gewissem Sinne einen Paradigmenwechsel induzieren. Wie dieser aussehen kann, wird hier im letzten Abschnitt skizziert.

Auf der Suche nach fundierten Ratschlägen

Bei der Lektüre der zwischenzeitlich durchaus umfangreichen Literatur finden sich kaum praxeologische Vorschläge, wie Politik und Bildung rechtspopulistischen Bewegungen, wie beispielsweise Pegida, entgegenwirken können.[4] Zwar beschreibt die gesamte neuere Populismus-Forschung das Phänomen in seiner internationalen Vielgesichtigkeit oder legt Studien über empirischen Ursachen, Wirkungen und Mobilisierungspotenziale vor; die Frage jedoch, welche Strategien, Konzepte und Politiken angemessen sind, um mit den populistischen Herausforderungen umzugehen, bleibt in der Forschung merkwürdig blass. Auch vonseiten der Erziehungswissenschaft, Didaktik und (Erwachsenen-)Pädagogik sind noch nicht viele Vorschläge für Bildungsangebote erarbeitet worden, die populistische Phänomene gezielt bearbeiten.[5] Und selbst da, wo sich im Rahmen von Schlussbemerkungen und Ausblicken Aussagen über mögliche Bearbeitungsstrategien finden,[6] bleiben aus der Perspektive der politischen Bildung konkrete Handlungsstrategien unterreflektiert. Zudem unterscheiden sich die Empfehlungen je nach zugrunde gelegtem Begriffsverständnis nicht unerheblich. So wird der Populismus nach einer frühen Lesart beispielsweise als notwendiges Korrektiv der Demokratie verstanden, das in periodischen Auf- und Abschwüngen stattfinde und von marginaler Bedeutung sei.[7] Dies verkennt jedoch die Gefahren für die politische Kultur und Demokratie, die insbesondere von der

---

4 Zur Struktur und Dynamik dieser Phänomene vgl. zum Beispiel Müller (2016); Decker (2004); Priester (2007). Zu Pegida vgl. Klose/Patzelt (2016); Patzelt (2015); Rehberg/Kunz/Schlinzig (2016); Rucht (2014); Heim (2016); Herold/Schäller/Vorländer (2016); Geiges/Marg/Walter (2015).
5 Vgl. Himmelmann (2003).
6 Müller (2016); Dubiel (1986); Urbinati (2014).
7 Kritisch dazu Decker (2004); Müller (2016).

»invektiven Potenz« populistischer Bewegungen ausgehen können. Auch die Hoffnung einer parlamentarischen »Entzauberung«, die – so eine weitere Vorstellung – durch einen Wechsel der Diskursarena quasi zwangsläufig dazu führt, Populisten »zu zähmen« oder sie im Zuge der Re-Parlamentarisierung durch Selbstentlarvung »unschädlich« zu machen, gleicht einer unsicheren »Wette« auf die Zukunft.[8] Dubiel, der hier etwas ausführlicher wird, unterscheidet letztlich zwischen drei grundsätzlichen Szenarien, wie die »demokratische Mehrheit« auf populistische Herausforderungen reagieren könne.[9] In einem ersten als »regressiv/reaktionär« bezeichneten Szenario sehen sich die demokratischen politischen Parteien oder Akteure aufgefordert, populistische Strategien aufzunehmen und selbst antipluralistische, sprich: ethnozentrische, chauvinistische, rassistische und autoritäre Einstellungsmuster (zumindest teilweise) zu bedienen, um Wählergruppen populistischer Parteien mit ganz ähnlichen Politikangeboten abzuwerben.[10] Kurzfristige Wahlerfolge wie auch die Schwächung offen populistischer Bewegungen und Parteien mögen so zu erreichen sein, doch nur um den Preis einer »invektiven Kaskade« und Überbietungsstrategie, die eine weitere Radikalisierung der politischen Kultur befürchten lässt, sowie einer Vertiefung jener Einstellungen und Ressentiments, die doch eigentlich geschwächt werden sollen. Die zweite, von Dubiel »liberal« genannte, Reaktionsform besteht im »Ausblenden oder Übersehen populistischer Potenziale und der damit verbundenen invektiven »Ungezogenheiten«. Der Invektivität der Populisten sollte nach dieser Lesart eine betont sachliche, entemotionalisierte, institutionalisierte Politik entgegengestellt werden. Freilich birgt eine solche Strategie die Gefahr, populistische Potenziale nicht einzuhegen, sondern ihnen weiteren Nährboden zu bieten, speist sich doch der Populismus gerade aus einer verzerrenden Gegenüberstellung von »einfachem Volk« und »korrupten, machtversessenen und besserwisserischen Eliten«. Es ist unschwer zu erkennen, dass Dubiel den Königsweg im dritten Szenario erblickt, welches er »demokratisch« nennt und das im Kern davon ausgeht, dass »die Träger politischer Willensbildung nicht nur als staatliche

---

8 Müller (2016), S. 124.
9 Dubiel (1986), S. 205 f.
10 Vgl. Patzelt (2016).

Autorität in die Gesellschaft hineinwirken, sondern in nichtstrategischer Absicht öffentliche Debatten möglich machen«.[11] Diese Strategie setzt allerdings voraus, dass sich eine vielfältige und mehrperspektivische Debatte unter Beteiligung populistischer Akteure auch tatsächlich gestalten lässt. Gleichwohl lassen sich die von Dubiel entwickelten Szenarien im Hinblick auf die Fragestellung dieses Beitrags als ein erstes, wenn auch noch sehr grobes Kategorienmodell nutzen, mit dessen Hilfe sich nicht nur politische, sondern auch pädagogische bzw. politisch bildnerische Reaktionsmuster auf die Herausforderung des Rechtspopulismus grob klassifizieren lassen. Grundsätzlich zu unterscheiden wären demnach:

A) Aufnehmend zugewandte Strategien	B) Sachlich nüchterne Strategien	C) Konfliktorientierte, agonale Strategien
... und damit Strategien, die sich der Empörung, auch wenn sie sich in rauen Ausdrucksformen artikuliert, zuwenden, die Ängste ernst nehmen, sowie Verständnis und Interesse signalisieren, um Druck abzubauen und Zugang zu ermöglichen.	... und damit Strategien, die der populistischen Erregungen eine Demonstration der Leistungs- und Funktionsfähigkeit politischer Institutionen und Verfahren gegenüberstellen.	... und damit Strategien, die sich in offenen und streitbaren Debatten mit rechtspopulistischen Vorstellungen auseinandersetzen sowie Meinungs- und Willensbildungsprozesse aktiv vorantreiben.
Populismus als soziale Pathologie und Therapiefall	Populismus als Wissensdefizit und Neuerklärungsanlass	Populismus als Irritation im öffentlichen Diskurs
– kurativ – paternalistisch	– sachorientiert – pädagogisch	– republikanisch – emanzipatorisch

Abb. 1: Eigene Darstellung.

Wie in Abbildung 1 deutlich wird, lassen sich diesen drei Strategien jeweils Grundverständnisse des Populismus zuordnen, an denen sich wiederum jeweils spezifische Bearbeitungsperspektiven festmachen. Übertragen auf die politische Bildung hieße das, es lassen sich auf der Grundlage vorliegen-

---

11 Dubiel (1986), S. 206 f.

der Überlegungen drei grundsätzlich unterschiedliche Bearbeitungsstrategien identifizieren:
1. Therapeutische Zuwendung,
2. sachlich rationale Aufklärung in Form von Institutionenkunde oder
3. debattenorientierte Formate.

Diese Strategien werden – wie sich im Bundesland Sachsen gut beobachten lässt – von pädagogischen Akteuren zum Teil auch in Mischformen verfolgt, wie der folgende Bericht aus der teilnehmenden Beobachtung zeigen will.

Drei Beobachtungen

Bevor wir uns den eigentlichen Beobachtungen zuwenden, ist folgende Vorbemerkung wichtig: Die politische Bildung stand zum Jahreswechsel 2014/15 im Bundesland Sachsen und hier ganz besonders in Dresden unter einem erheblichen Handlungsdruck. Ohne Vorwarnung wurde in der Stadt eine gewaltige und überaus zornige rechtspopulistische Bewegung sichtbar, auf die es zu reagieren galt. Gleichzeitig existierten keinerlei Handlungsvorlagen. Das mag zum einen daran liegen, dass die Bundesrepublik Deutschland im Vergleich mit anderen (europäischen) Ländern lange vor dem Erstarken rechtspopulistischer Bewegungen verschont geblieben ist und sich damit die Frage nach einer angemessenen Anschlusskommunikation/pädagogischen Reaktion zuvor kaum gestellt hat. Zum anderen liegt dies aber auch daran, dass die deutsche politische Bildung durch ihre historisch nachvollziehbare Ausrichtung an diskursethischen Überlegungen und damit an einer stark rationalen Grundfundierung von Bildungsprozessen im Umgang mit dynamischen,[12] emotionsgeladenen und populistischen Phänomenen konzeptionell wenig geübt ist.[13] Aus diesem Grund ist es bemerkenswert und beispielgebend, wie schnell manche Bildungsinstitutionen sich in ihrem Programm auf die Herausforderung eingestellt haben. Dass nicht alle Angebote ihre Ziele in geeigneter und wirkmächtiger Form umzusetzen vermochten,

---

12 Vgl. Hufer (2000); Ackermann (2005); Detjen (2013); Apel (1992).
13 Vgl. Ahlheim (2013); Besand (2004 und 2014).

wurde aber auch schnell deutlich, aber genau hier liegt die Chance, auf Grundlegendes aufzubauen und aus den Stolpersteinen und Fehlern zu lernen.

Beobachtung 1:
Bereits kurz nach dem deutlichen Sichtbarwerden der Pegida entbrannte in der Stadt Dresden eine heftige Debatte über die Frage, wie die politische Bildung (nicht nur, aber auch in Sachsen) auf diese ressentimentgeladene Bewegung reagieren könnte. Die sächsische Landeszentrale für politische Bildung (aber auch andere Institutionen und Träger) entschied(en) sich für eine aufnehmende, zugewandte Strategie (A): »Man müsse den Bürgern respektvoll zuhören, so schwierig es auch sein möge. Bei den Demonstranten sei ein tief greifender Vertrauensverlust in staatliche Institutionen festzustellen«, sagte der Direktor der sächsischen Landeszentrale für politische Bildung. »Viele Pegida-Anhänger sagten, dass sie sich nicht gehört und von oben herab behandelt fühlten [...] Aber: Das ist alles ernst zu nehmen.«[14] Populismus wird hier als soziale Pathologie und Therapiefall verstanden, der zunächst und zuvorderst ein Ventil benötigt, über das Druck abgelassen werden kann. In den konkreten Handlungssituationen führte das wiederholt dazu, dass Sympathisanten der Pegida-Bewegung von der Veranstaltungsleitung als bürgerliche, gleichzeitig aber auch als die vermeintlich schwächeren Diskursteilnehmerinnen und -teilnehmer aufgefasst wurden. Ihnen wurde breiter Raum zur Darstellung ihrer Sichtweisen eingeräumt, während Personen, die diesen Narrativen (und sei es auch nur falschen Tatsachenbehauptungen) widersprechen wollten, zur Mäßigung und Zurückhaltung aufgerufen wurden. Gegenpositionen und Positionen von geflüchteten oder zugewanderten Personen, die in Sachsen ohnehin eher marginal repräsentiert sind, wurden gleichzeitig als *nicht bürgerlich* respektive links, elitär, akademisch, moralisch überlegen, bevormundend etc. gekennzeichnet und in den Diskussionsverläufen marginalisiert. Der Graben zwischen dem liberalen demokratischen und dem rechtspopulistischen Lager konnte durch diese Angebote kaum überbrückt werden – im Gegenteil, es steht zu befürchten, dass er tiefer geworden ist.

---

14 Frank Richter (2015): Das ist alles ernst zu nehmen. Ein Interview, in: Deutschlandfunk-Online v. 6.1.2015.

Beobachtung 2:
Lehrerinnen und Lehrer für das Fach Gemeinschaftskunde (gespeist aus Politik-, Rechts- und Sozialwissenschaften) im Bundesland Sachsen verhielten sich zur gleichen Zeit eher zurückhaltend.[15] Eine Thematisierung von Pegida und den in diesem Zusammenhang aufgeworfenen Fragen und Problemen in ihrem Unterricht konnten sich viele nicht vorstellen. Begründet wurde diese Zurückhaltung in aller Regel mit zwei Argumenten: Auf der einen Seite beschrieben die Pädagogen ihre Schülerinnen und Schüler als emotional und persönlich zu stark betroffen oder gar involviert. Ein politischer Diskurs wäre zu belastend, da zu befürchten stand, dass deren Eltern montags selbst an den Pegida-Demonstrationen teilnehmen. Auf der anderen Seite verwiesen die Lehrkräfte auf den Beutelsbacher Konsens und damit auf die Notwendigkeit, sich in dieser Sache *neutral* zu verhalten. Die zentrale Bearbeitungsstrategie bestand hier in Anlehnung an Strategie (B) im Wesentlichen darin, einen sachlichen politischen Unterricht zu gestalten, der zentral auf die nüchterne Wissensvermittlung über politische Institutionen und Verfahren gerichtet war. Die Schülerinnen und Schüler blieben mit den durchaus unterschiedlichen Positionen und Fragen, die sie zum Sachverhalt hatten, mehr oder weniger alleine. Ein Austausch oder eine Debatte konnte nicht stattfinden.

Beobachtung 3:
Im Wintersemester 2015/16 fand an der TU Dresden ein Seminar mit dem Titel »Politische Bildung nach Pegida« statt. Auch hier wurde sichtbar, dass der Beutelsbacher Konsens von den Studierenden als Hindernis einer angemessenen Beschäftigung mit Pegida als Phänomen in Bildungskontexten aufgefasst wurde. Die Studierenden stellten im Seminar die Frage, ob und in welcher Weise sie zukünftig in Bildungsprozessen eigene Haltungen zum Ausdruck bringen können und wie sie mit Schülerinnen und Schülern (aber auch Onkeln und Tanten – ganz zu schweigen von Müttern und Vätern) umgehen sollten, die sich für oder gegen Pegida engagieren. In einer ersten

---
15 Vgl. dazu Landesschülerrat Sachsen (2014): Pegida-Demos zeigen Mangel und Notwendigkeit an politischer Bildung, www.lsr-sachsen.de; Pietrus, Astrid: **Pegida im Unterricht –** Debatten mit Konfliktpotenzial, Deutschlandfunk-Online v. 2.5.2016.

Sitzung, in der die Studierenden ihre Erwartungen an das Seminar formulieren sollten, beschrieb sich eine Mehrheit der Teilnehmerinnen und Teilnehmer als »erschöpft«. Nach einem Jahr voller emotionaler und häufig sehr persönlicher Debatten stand der Wunsch im Vordergrund, in der Auseinandersetzung mit diesem Thema zukünftig weniger *emotional* und stattdessen *professionell* reagieren zu können. Gleichzeitig wurde allerdings auch sichtbar, dass den Studierenden die Distanz, die mit dem Begriff der Professionalität verbunden ist, in der Auseinandersetzung mit Rechtspopulisten und ihren Sympathisanten extrem schwerzufallen schien. Im Hintergrund dieser dritten Beobachtung zeichnet sich das Bild einer agonalen, konfliktorientierten Handlungsstrategie (C) ab. Allerdings scheint diese Strategie – anders als Dubiel das vielleicht erwartet hat – nicht unmittelbar zum Erfolg zu führen und die Akteure gleichzeitig auch langfristig zu überfordern, was ihren Nutzen erheblich infrage stellt.

Alle drei Strategien erweisen sich damit in ihrer praktischen Anwendung als (mindestens) ambivalent.

Professionalität und Emotionalität. Ein progressives Fazit

Auffällig in allen drei Fällen ist die deutliche Betonung emotionaler Perspektiven im Kontext politischer Bildung. Während im ersten Fall die Konzeption von Bildungsangeboten an der *Empörung* der Pegida-Sympathisanten und ihrer *Angst* vor einer vermeintlichen »Islamisierung des Abendlandes« anknüpft und therapeutische Hoffnungen hegt, dass durch das Aussprechen und respektvolle Zuhören die Probleme überwunden werden können, scheinen sich die Studierenden und auch Lehrerinnen und Lehrer im zweiten und dritten Fall von der Emotionalität der Debatte und Akteure überfordert zu fühlen. Interessant ist weiterhin, dass man sich in der politischen Bildung in diesem Zusammenhang (zumindest im ersten und zweiten Fall) um eine wie auch immer geartete *Neutralität* gegenüber den Fragestellungen bemüht. Im ersten Fall besteht die Neutralität darin, den aufgebrachten Pegida-Sympathisanten nicht zu energisch zu widersprechen, damit diese sich angenommen fühlen können und der Kontakt mit ihnen nicht verloren geht. Da im zweiten Fall die (weltanschauliche) Homogenität der Zielgruppe nicht vorausgesetzt werden kann, scheint es den Lehrerinnen und Lehrern ratsam das Thema zu vermeiden, um einem Konflikt (oder einer zu lebhaften Diskussion) aus dem Weg zu gehen. Im dritten Fall wird weniger stark auf Neutralität verwiesen. Gleichzeitig zeigt sich allerdings auch hier, dass die Teilnehmerinnen und Teilnehmer sich im Kontext der Diskussionen der letzten Monate erschöpft haben und sich zukünftig gerne weniger persönlich als vielmehr professionell verhalten möchten. Die Herausforderungen, die sich im Zusammenhang der Debatte um eine angemessene Reaktion politischer Bildung auf rechtspopulistische Phänomene ergeben, lassen sich auf der Grundlage dieser Beobachtungen auf vier zentrale Fragen reduzieren:

Frage 1: An wen richten sich Angebote zur politischen Bildung?
Politische Bildung ist keine exklusive Veranstaltung. Sie richtet sich an alle Menschen. Aus dieser Perspektive betrachtet ist es durchaus zu begrüßen, dass die sächsische Landeszentrale für politische Bildung (und andere Institutionen) Angebote entwickelt hat, mit denen sie (ganz offensichtlich) Menschen ansprechen konnte, die von der (Flüchtlings- bzw. Einwanderungs-)Politik des Landes enttäuscht sind und die durch traditionelle Angebote offenbar nur schwer zu erreichen waren. Sie hat dabei allerdings übersehen, dass sie durch die konkrete Anlage dieser Angebote andere Gruppen ausgeschlossen und sich den Wortergreifungsstrategien von rechts schutzlos ausgeliefert hat. Wenn es der politischen Bildung im Kontext von Rechtspopulismus um die Vermittlung pluralistischer Konzepte geht, dann bleibt ihr nichts anderes übrig, als selbst pluralistischer und inklusiver zu werden.[16] Politische Bildung muss sich – nicht nur aber gerade auch im Kontext des Rechtspopulismus – an alle Menschen richten. Für Angebote, die sich – wie im vorliegenden Fall – auf Fragen zur Flüchtlings- und Einwanderungspolitik beziehen, bedeutet das allerdings auch, dass beispielsweise die Perspektiven von geflüchteten Menschen hier wesentlicher Bestandteil sein müssen. Angebote lediglich an eine Konfliktpartei zu richten und nur im Hinblick auf diese Partei für Respekt und Geduld zu werben, scheint aus dieser Perspektive nicht nur fahrlässig, sondern gefährlich einseitig.

---

16 Vgl. dazu Besand/Jugel (2015), S. 45 ff.

Frage 2: Was bedeutet der Beutelsbacher Konsens?
Der Beutelsbacher Konsens stellt eine zentrale professionstheoretische Grundlage der politischen Bildung dar. Er warnt vor parteinehmenden Angeboten und vor der Überwältigung der Bildungsteilnehmerinnen und -teilnehmer. In genau diesem Sinn mahnt der Beutelsbacher Konsens im Kern dazu, Kontroversen nicht auszuweichen, sondern ganz im Gegenteil das Kontroverse zum Mittelpunkt von Bildungsprozessen zu machen.[17] Die wohl verbreitete Interpretation dieses Grundsatzes als *Neutralitätsgebot* führt in diesem Sinn in die Irre. In der politischen Bildung geht es nicht darum, Menschen durch Zurückhalten von Gegenpositionen zu schonen, Konflikte oder Diskussionen zu vermeiden, sondern diese Diskussionen bewusst herbeizuführen. Dass dabei auch emotionale Aspekte sichtbar werden, gehört zu den Selbstverständlichkeiten politischer Bildung (über die überraschenderweise aber wenig gesprochen wird).

Frage 3: Wie ist das Verhältnis von Emotionalität und Professionalität?
Die deutsche politische Bildung ist – aus historisch guten Gründen – einer sachlichen und rationalen Auseinandersetzung mit politischen und gesellschaftlichen Fragen verpflichtet.[18] Sie übersieht dabei allerdings sehr leicht, dass die Auseinandersetzung mit politischen Fragen grundsätzlich emotional fundiert ist und dass aus diesem Grund Emotionen auch aus politischen Bildungsprozessen nicht herauszuhalten sind. Ja mehr als das: Felix Heidenreich hat in seinem hellsichtigen Buch zu »Politische Theorie der Emotionen« darauf aufmerksam gemacht, dass die Frage, »welche Gefühle wie erweckt, gepflegt, verdrängt werden und wie sie zu benennen sind, (selbst) eine hochgradig politische Frage sein kann.«[19] Ob wir die Sympathisanten der Pegida-Bewegung in diesem Sinn als Wutbürger mit den Demonstranten gegen den Stuttgarter Bahnhof gleichsetzen, ob wir sie eher als angstmotiviert oder stattdessen als hassverbreitend beschreiben, macht – was die politische und didaktische Auseinandersetzung mit dieser Gruppe angeht – einen nicht unerheblichen Unterschied. Der Zusammenhang kann an dieser Stelle leider

---

17 Vgl. dazu Autorengruppe Fachdidaktik (2015), S. 23 ff.
18 Vgl. Besand (2014), S. 373 ff.
19 Heidenreich (2012), S. 10.

nicht systematisch entwickelt werden. Fest steht allerdings: Emotionen strukturieren Zugangswege und Ausgangspunkte der Welterschließung und müssen aus diesem Grund auch im Rahmen politischer Bildung systematisch betrachtet werden. Warum aber haben wir in der politischen Bildung dann so große Probleme mit Emotionen? Durch die einseitige Fokussierung auf Rationalität fällt den Emotionen in der Debatte häufig die Rolle des Irrationalen zu. Aber:

> »Rationalität und Gefühl stehen sich nicht unvermittelt gegenüber, sondern bleiben auf komplexe Weise miteinander verflochten. Gefühle haben eine kognitive Funktion; sie sind nicht auf störende Einflüsse im Erkenntnisprozess zu reduzieren, mehr noch: zumindest als Ausgangspunkt von Erkenntnis sind sie unverzichtbar«.[20]

Im Hinblick auf das im Beutelsbacher Konsens formulierte Überwältigungsverbot scheinen Emotionen trotz allem in gewisser Hinsicht verdächtig. Denn ist es nicht leicht vorstellbar, dass durch die Stimulation bestimmter Gefühle in Bildungsprozessen die Teilnehmenden an der Gewinnung eines selbstbestimmten Urteils gehindert werden? Die Gefahr besteht zweifellos. Aber: Emotionen bzw. emotional fundierte Bildungsangebote haben dieses Potenzial nicht allein. Bildungsteilnehmerinnen und Bildungsteilnehmer können auch durch die nüchterne Präsentation statistische Daten oder Hinweise auf moralische oder ethische Perspektiven überwältigt werden. Kein Mensch mahnt aus diesem Grund, ethische oder moralische Fragen aus der politischen Bildung heraus zu halten. Das wäre auch gar nicht möglich. Genauso unmöglich ist es in diesem Zusammenhang allerdings auch, im Kontext politischer Bildung auf Emotionen zu verzichten. Der Beutelsbacher Konsens als professionspolitischer Grundkonsens ist in diesem Sinn auch nicht darauf gerichtet, Emotionen aus Bildungsprozessen zu verbannen, sondern im Kontext jeglicher Auseinandersetzung darauf zu achten, dass Kontroversen nicht glattgebügelt, sondern offen ausgetragen werden. Wenn die Studierenden, wie im vorangestellten dritten Fall beschrieben, sich in der Auseinandersetzung mit dem Phänomen Pegida *professionell* verhalten

---

20 Ebd., S. 9.

möchten, dann werden sie sich der Emotionalität, die in diesem Zusammenhang sichtbar wird, wohl stellen müssen.

Frage 4: Hat die politische Bildung (in Sachsen) versagt – oder brauchen wir eine ganz andere politische Bildung?

Auf der Grundlage der drei geschilderten Fälle und den an sie anschließenden Missverständnissen ließe sich die Frage stellen, ob Politische Bildung in Sachsen im Kontext von Pegida nicht versagt hat. Die Sächsische Landeszentrale wird in diesem Sinn für ihr Vorgehen von vielen Seiten heftig kritisiert, die Lehrerinnen und Lehrer in der Schule halten sich bislang erschreckend stark zurück und trotz einer Vielzahl von Initiativen und Projekten gegen Rechtsextremismus im Bereich der außerschulischen Jugend- und Erwachsenenbildung sind rechte Ideologien der Ungleichwertigkeit gerade in diesem Bundesland überaus sichtbar und verbreitet. Die Antwort auf diese Frage ist Ja *und* Nein. Ja, es stimmt, dass die sächsische politische Bildung das Erstarken rassistischer und menschenfeindlicher Konzepte nicht verhindern konnte. Das liegt aber nicht alleine am Unvermögen politischer Bildung, sondern am Versagen einer Vielzahl politischer und gesellschaftlicher Akteure. Aber selbst wenn wir unsere Betrachtung auf den Bereich der politischen Bildung beschränken, muss festgehalten werden: Sachsen ist (gemeinsam mit Bayern) das Bundesland, das es sich leistet, im Vergleich mit allen anderen Bundesländern der politischen Bildung in der Schule (und damit dem Ort, an dem alle Menschen zusammen lernen) die geringste Stundenzahl einzuräumen.[21] Eben das spüren auch die außerschulischen Träger, die sich von der Schule im Stich gelassen fühlen und immer wieder den Eindruck haben, »bei null« anfangen zu müssen. Politische Bildung beginnt in Sachsen zudem erst in Klassenstufe neun und damit fahrlässig spät. Die Lehrerinnen und Lehrer, die sich in diesem Bereich engagieren, haben sich überdies häufig sehr spät und nichts selten aus pragmatischen Überlegungen[22] für den Bildungsbereich entschieden und ziehen sich aus diesem Grund überdurchschnittlich oft auf eine eher faktenorientierte Vermittlung politischer

---

21 Vgl. Kalinka (2014).
22 So waren nach 1989 beispielsweise die ehemaligen Russischlehrerinnen und -lehrer motiviert, Weiterbildungsangebote für das Fach Gemeinschaftskunde zu besuchen, weil sie (zu recht) befürchtet haben, dass das Fach Russisch an Bedeutung verlieren wird.

Inhalte zurück. Diese Form politischer Bildung zu verurteilen ist übereilt. Die Forderung, politische Bildung statt als Unterrichtsfach stärker als Querschnittsaufgabe zu betrachten ist durchaus naheliegend – aber gefährlich. Denn festgehalten werden muss auch: Sachsen braucht eine Stärkung der institutionellen Strukturen politischer Bildung. Das, was politische Bildung ist (oder sein kann), nämlich die kontroverse Auseinandersetzung mit politischen und gesellschaftlichen Fragen, ist hier noch gar nicht richtig angekommen. In dieser Situation auf politische Bildung als Querschnittsaufgabe zu setzen, den Bildungsbereich anderen Akteuren zu überlassen – weil die zuständigen Akteure ihre Aufgabe nur ungenügend erfüllen können – wäre fahrlässig. Gemäß John Deweys Diktum, gegen die Schwächen der Demokratie hilft nur mehr Demokratie, wäre zum Abschluss dieses Beitrags deshalb auch für die politische Bildung zu formulieren: Gegen die Schwächen der politischen Bildung (in Sachsen) hilft nur mehr politische Bildung: eine politische Bildung für alle Menschen mit der Bereitschaft für leidenschaftliche Kontroversen und keiner Angst vor Emotionen.

Literatur

Ackermann, Paul (2005): Bürgerhandbuch, Bonn.
Ahlheim, Klaus (2013): Rechtsextremismus – Ethnozentrismus – politische Bildung, Hannover.
Apel, Karl-Otto (1992): Diskurs und Verantwortung, Frankfurt a. M.
Besand, Anja (2004): Angst vor der Oberfläche – zum Verhältnis ästhetischen und politischen Lernens im Zeitalter Neuer Medien, Schwalbach a. Ts.
Besand, Anja (2014): Gefühle über Gefühle. Emotionalität und Rationalität in der politischen Bildung, in: Zeitschrift für Politikwissenschaft (2014) 3, S. 373-383.
Besand, Anja (2016): Zum Verhältnis von Emotionalität und Professionalität in der politischen Bildung, in: Ideologien der Ungleichwertigkeit, hg. v. d. Heinrich-Böll-Stiftung, Berlin, S. 77-83.
Besand, Anja/David Jugel (2015): Inklusion und politische Bildung – gemeinsam denken, in: Didaktik der inklusiven politischen Bildung, hg. v. Christoph Donges/Wolfram Hilpert/Bettina Zurstrassen, Bonn, S. 45-59.
Decker, Frank (2004): Der neue Rechtspopulismus, 2. Aufl., Opladen.
Demuth, Christian (2016): Politische Bildung nach Pegida, www.library.fes.de.
Detjen, Joachim (2013) Politikkompetenz Urteilsfähigkeit, Schwalbach a. Ts.
Dubiel, Helmut (1986): Populismus und Aufklärung, Frankfurt a. M.
Heidenreich, Felix (2012): Versuch einer Übersicht. Politische Theorie und Emotionen, in: Politische Theorie der Emotionen, hg. v. dems./Gary Schaal, Baden-Baden, S. 10.
Heim, Tino (Hg.) (2016): Pegida als Spiegel und Projektionsfläche. Wechselwirkungen und Abgrenzungen zwischen Pegida, Politik, Medien, Zivilgesellschaft und Sozialwissenschaften, Wiesbaden.
Herlod, Maik/Steven Schäller/Hans Vorländer (2016): Entwicklungen, Zusammensetzung und Deutung einer Empörungsbewegung, Frankfurt a. M.

Himmelmann, Gerhard (2003): Demokratie lernen und Politik lernen – ein Gegensatz?, Bonn.
Hufer, Klaus-Peter (2000): Argumentationstraining gegen Stammtischparolen. Materialien und Anleitungen für Bildungsarbeit und Selbstlernen, Schwalbach a. Ts.
Kalinka, Andreas (2014): Erfolgreich politisch bilden. Faktensammlung zur politischen Bildung, Wesseling/ Eichholz.
Klose, Joachim/Werner J. Patzelt (Hg.) (2016): Pegida – Warnsignale aus Dresden, Dresden.
Kunz, Franziska/Karl-Siegbert Rehberg/Tino Schlinzig (Hg.) (2016): Pegida – Rechtspopulismus zwischen Fremdenangst und »Wende«-Enttäuschung?, Bielefeld.
Müller, Jan-Werner (2016): Was ist Populismus? Ein Essay, Berlin.
Patzelt, Werner J. (2015): Drei Monate nach dem Knall. Was wurde aus Pegida?, www.tu-dresden.de/die_tu_ dresden/fakultaeten/philosophische_fakultaet/ifpw.
Patzelt, Werner J. (2015): Was und wie denken Pegida-Demonstranten? www. tu-dresden.de/die_tu_dresden/ fakultaeten/philosophische_fakultaet/ifpw.
Priester, Karin (2007): Populismus – Historische und aktuelle Erscheinungsformen, Frankfurt a. M.
Rucht, Dieter (2014): Protestforschung am Limit. Eine soziologische Annäherung an Pegida, www.wzb.eu/ de/pressemitteilungen.
Urbinati, Nadia (2014): Democracy Disfigured – Opinion. Truth. And The People, Cambridge.

Rechtspopulistische Angstsemantiken und mögliche Begegnungsstrategien

Frank Decker

Rechtspopulismus und Rechtsextremismus als Herausforderungen der Demokratie in der Bundesrepublik

Begriffliche Abgrenzungen

Rechtsextremismus ist neben Linksextremismus und religiösem Extremismus eine der Hauptspielarten des politischen Extremismus. Dabei handelt es sich um eine Ideologie oder Gesinnung, die am besten negativ definiert wird – als Absage an die grundlegenden Werte, Verfahren und Institutionen der freiheitlichen Demokratie.[1] Konstitutiv für den rechten Extremismus ist die Negation der fundamentalen menschlichen Gleichheit. An deren Stelle tritt der Suprematie- bzw. Reinheitsanspruch bestimmter Rassen oder Kulturen, der sich in der Vorstellung des ethnisch homogenen Nationalstaats verdichtet. »Positiv« kennzeichnet den Extremismus ein absoluter, dogmatisch vertretener Wahrheits- und Exklusivitätsglaube. Träger rechtsextremen Gedankenguts können Personen, Gruppierungen oder ganze Regime sein. Gleichzeitig lassen sich intellektuelle, aktionistische oder terroristische Spiel-

---

1 Backes/Jesse (1993).

arten unterscheiden. Für die wissenschaftliche Analyse bietet sich eine Differenzierung zwischen dem Ideengut, der Strategie und der Organisation der als rechtsextrem eingestuften Phänomene an.[2] Wo die Trennlinie zwischen Extremismus und Nichtextremismus verläuft, lässt sich nicht immer exakt bestimmen. Zur Entkräftung des Extremismusverdachts nicht geeignet ist der Verzicht auf Gewaltausübung, da sich dahinter auch taktisch motivierte Verschleierungsabsichten verbergen können. Schwieriger wird es, wenn sich die Wertenegation nicht auf den demokratischen Verfassungsstaat in Gänze bezieht, sondern lediglich auf einzelne seiner Elemente. Manche Autoren versuchen dies zu berücksichtigen, indem sie zwischen harten und weichen Extremismen unterscheiden bzw. für die weiche Form andere Bezeichnungen wie Rechtsradikalismus oder Rechtspopulismus verwenden.[3]

Zumindest mit Blick auf den Rechtspopulismus erweist sich eine solche Begriffsabgrenzung allerdings als unscharf. Im Zentrum des Populismus stehen die Kritik der herrschenden Eliten und der Rekurs auf das einfache Volk.[4] Dabei handelt es sich nicht nur um eine Agitationsform oder ein politisches Stilmittel,[5] sondern auch um ein ideologisches Merkmal. Im Unterschied zum Rechtsextremismus versteht sich der Rechtspopulismus keineswegs als antidemokratisch; er beansprucht im Gegenteil die wahre Form der Demokratie zu vertreten, indem er den vermeintlichen Volkswillen gegen die Rechte von Einzelnen oder Minderheiten in Stellung bringt. Je antiliberaler und antipluralistischer er dabei auftritt, desto größer sind seine Schnittmengen zum Extremismus.[6] Dass Rechtsextremismus und Rechtspopulismus eine erfolgreiche Verbindung eingehen können, lässt sich historisch an den Beispielen des Nationalsozialismus und italienischen Faschismus belegen. Blickt man auf die heutigen Rechtsaußenparteien, gilt die Formel allerdings nur eingeschränkt. Standen Parteien wie der französische Front National oder der belgische Vlaams Blok in der Vergangenheit für eine extremistische Spielart des Rechtspopulismus, war es bei den anderen Neuankömmlingen –

---
2 Decker/Miliopoulos (2005).
3 Jesse (2009).
4 Decker (2004), S. 21 ff.
5 Mertens (2015).
6 Müller (2016).

von den skandinavischen Fortschrittsparteien über Berlusconis Forza Italia bis hin zu Wilders› Freiheitspartei in den Niederlanden – von Anfang an unstreitig, dass sie nicht als rechtsextrem gelten konnten.[7] Andererseits kann es rechtsextreme Parteien geben, denen die typischen Merkmale des Populismus fehlen. Dies gilt etwa für die bundesdeutsche NPD, deren – gemessen am Erfolg anderer Rechtsparteien in Europa – bis heute äußerst bescheidener Wählerzuspruch nicht zuletzt hierin ihren Grund hat.

Erscheinungsformen

Rechtspopulismus und Rechtsextremismus treten in der Bundesrepublik in unterschiedlicher Gestalt auf. Die wichtigste, weil potenziell folgenreichste (wirksamste) Form sind Parteien. Der Rechtspopulismus konzentriert sich in dieser Form, da die Wähleransprache, das »sich zum umworbenen Volk in Beziehung setzen«, zu seinen konstitutiven Prinzipien gehört. Für den Rechtsextremismus ist demgegenüber charakteristisch, dass er auch in anderen (intellektuellen, gewalttätigen und aktionistischen) Formen sichtbar wird/erscheint.

Sowohl rechtspopulistische als auch rechtsextremistische Parteien hatten in der Bundesrepublik bis zum Auftreten der AfD nur sporadischen Erfolg. Nach dem raschen Abebben der ersten Welle zu Beginn der 1950er- und der zweiten Welle Ende der 1960er-Jahre setzte zu Beginn der 1980er-Jahre eine dritte Welle ein, die bis heute nicht abschwingt. Bis zur Entstehung der AfD gelang jedoch keinem der rechtspopulistischen und keinem der rechtsextremen Akteure auf dieser Welle die dauerhafte parteipolitische Etablierung. Unter den gescheiterten Rechtspopulisten sind die Hamburger Statt-Partei, der Bund Freier Bürger und die ebenfalls von Hamburg aus gestartete Schill-Partei zu nennen, unter den auf regionaler Ebene gelegentlich erfolgreichen Rechtsextremisten neben der NPD vor allem die (später in der NPD aufgegangene) DVU. Die als rechtskonservative Abspaltung von der CSU entstandenen Republikaner wurden unter dem Vorsitz von Franz Schönhuber rasch zu einer rechtspopulistischen Kraft transformiert, in deren Ideologie und

---

7 Decker/Henningsen/Jakobsen (2015).

Organisation rechtsextreme Elemente zunehmend einsickerten. Nach einigen spektakulären Landtagswahlerfolgen verschwand die Partei ab Mitte der 1990er-Jahre ebenso rasch wieder in der Bedeutungslosigkeit.[8]

Eine vergleichbare Entstehungsgeschichte hat die AfD hinter sich. Auch sie ist als liberal-konservative Abspaltung im bürgerlichen Lager entstanden und hat sich dann bald dem Rechtspopulismus und Rechtsextremismus geöffnet. Die Vergleichende Politikforschung befindet schon früh, dass es in der Regel einer bestimmten gesellschaftlichen Krisenkonstellation bedarf. Der amerikanische Historiker Lawrence Goodwyn (1976) spricht von »populistischen Momenten«,[9] um neue Parteien und Bewegungen hervorzubringen. Im Falle der AfD war dies die Finanz- und Eurokrise. Sie öffnete das Gelegenheitsfenster für eine neue EU-kritische Partei, deren programmatische Kernforderungen – kontrollierte Auflösung der Währungsunion und Absage an eine weitere Vertiefung des europäischen Integrationsprozesses – geeignet waren, um daran eine breitere rechtspopulistische Plattform anzudocken.

Begünstigend wirkte sich dabei aus, dass der Neuling auf ein bereits vorhandenes Netzwerk an gesellschaftlichen und politischen Strukturen zurückgreifen konnte. Die AfD fing also bei ihrer offiziellen Gründung im April 2013 nicht bei »null« an.[10] Als Vorläufer und Sammlungsbewegungen im Vorfeld sind unter anderem zu nennen: die bereits erwähnte, im Gefolge des Maastricht-Vertrags 1993 entstandene und 2000 wieder aufgelöste europakritische Partei Bund Freier Bürger, die Hayek-Gesellschaft, die Initiative Neue Soziale Marktwirtschaft, das Bündnis Bürgerwille, die Wahlalternative 2013 und das von Beatrix von Storch initiierte fundamental-christliche Kampagnennetzwerk Zivile Koalition. Letzteres weist darauf hin, dass die Verbindung von wirtschaftlich liberalen und gesellschaftlich konservativen beziehungsweise nationalen Positionen in der politischen Stoßrichtung der AfD von Beginn an angelegt war.

Viele der AfD-Führungsfiguren stammten und stammen aus dem bürgerlichen Lager von Union und FDP, hier allerdings nur aus der »zweiten Reihe«. So kehrte beispielsweise Bernd Lucke, der bis zu seinem Austritt im

---

8   Decker (2000).
9   Goodwyn (1976).
10 Bebnowski (2015).

Juli 2015 das bekannteste Gesicht der Partei war und neben Alexander Gauland und Konrad Adam zu ihrem Gründungstrio gehörte, der CDU wegen deren Kurs in der Eurokrise den Rücken. Alexander Gauland, der für die AfD als Spitzenkandidat zur Bundestagswahl 2017 antrat und seither zusammen mit Alice Weidel den Fraktionsvorsitz bekleidet, verweist auf seine negativen Erfahrungen mit dem sogenannten »Berliner Kreis« – einem Zusammenschluss von Vertretern der Parteirechten innerhalb der CDU, der von der Vorsitzenden Angela Merkel und ihrem damaligen Generalsekretär Hermann Gröhe offen bekämpft wurde. Der frühere Industrieverbandspräsident Hans-Olaf Henkel wiederum hatte – nach einem kurzen Umweg über die Freien Wähler – von der FDP zur AfD gefunden.

Die Abspaltungstendenzen lassen sich nachvollziehen, wenn man die Entwicklung bedenkt, die CDU und FDP in den letzten eineinhalb Jahrzehnten genommen haben. Die FDP fiel als euroskeptische Stimme aus, nachdem sich die Parteibasis mit knapper Mehrheit für eine Unterstützung der Rettungspolitik ausgesprochen hatte. Auch in anderen Fragen gelang es ihr nicht, in der gemeinsamen Regierung ein Gegengewicht zur Union zu bilden und eigene Positionen (etwa in der Steuerpolitik) durchzusetzen. Die CDU hat sich wiederum unter Merkels Führung einerseits wirtschaftspolitisch »sozialdemokratisiert« und der von Merkel selbst zu Beginn noch favorisierten liberalen Reformagenda abgeschworen. Andererseits ist sie kulturell immer mehr in die Mitte gerückt, indem hergebrachte Positionen in der Familien- und Gesellschaftspolitik aufgegeben wurden – von der Anerkennung gleichgeschlechtlicher Lebenspartnerschaften über die Einführung einer gesetzlichen Frauenquote in Unternehmen bis hin zur Öffnung für ein modernes Einwanderungsrecht liegt die Partei heute ganz auf der Linie des Zeitgeistes. Beide bürgerliche Parteien haben also durch ihren programmatischen Kurs und ihr Regierungshandeln eine Nische im Parteiensystem geöffnet, in die die AfD hineinspringen konnte.

Bei der Suche nach den Ursprüngen und Erfolgsursachen darf schließlich die Debatte um Thilo Sarrazin nicht unerwähnt bleiben. Die in Buchform veröffentlichen Thesen des SPD-Politikers und früheren Bundesbankvorstands zum angeblichen Scheitern der Einwanderungs- und Integrationspolitik, die die Bundesrepublik im Sommer 2010 für mehrere Monate in Atem hielten, trugen dazu bei, den diskursiven Raum für den Rechtspopulismus zu öffnen.[11] Dies galt zumal, als Sarrazin dessen Programmformel mit Büchern zur Eurokrise und Political Correctness weiter ausbuchstabierte. Insofern könnte man ihn als eine Art Spiritus Rector der AfD bezeichnen und sich fragen, warum er nicht längst von der SPD zu den Rechtspopulisten übergewechselt ist.

Damit ist auf eine *zweite Erscheinungsform* verwiesen: den intellektuellen Rechtspopulismus und -extremismus, der in Deutschland und anderen Ländern unter dem Sammelbegriff der Neuen Rechten firmiert.[12] Dabei handelt es sich um keine zusammenhängende oder gar einheitliche Organisation, sondern um ein eher lockeres und zugleich ideologisch heterogenes Netzwerk aus Personen, politischen Projekten, Publikationen und Verlagen. Als wichtigste Vertreter sind in der Bundesrepublik zum einen das Institut für Staatspolitik mit seinem Frontmann Götz Kubitschek zu nennen, das unter anderem die Zeitschrift Sezession herausgibt, zum anderen die Wochenzeitung Junge Freiheit. Weil das IfS eine radikale und die Junge Freiheit eine gemäßigtere Ausrichtung der Neuen Rechten verficht, stehen sich beide inzwischen in deutlicher Abneigung gegenüber.[13] Ziel der Neuen Rechten ist es, auf die politische Kultur der Bundesrepublik im Sinne ihrer Ziele einzuwirken, um die Hegemonie in den Köpfen zu erringen. Ihrem Auftreten und Selbstverständnis nach verkörpert sie eine Art »Bewegungselite«. Charakteristisch für das Denken und die Ideologie der Neuen Rechten sind unter anderem folgende Merkmale: Freund-Feind-Denken im Rückgriff auf Carl Schmitt, ethnopluralistische Konzeption einer homogenen, von fremden Einflüssen freigehaltenen nationalen Gemeinschaft, autoritärer Etatismus, Wahrheitsanspruch, Vorrang des Kollektivs vor dem Individuum, Antiuniversalismus und Distanzierung von der NS-Ideologie. Laut einer viel bemühten Interpretationsfigur von Wolfgang Gessenharter bildet die Neue Rechte ein Scharnier zwischen dem demokratischen Konservatismus und dem Rechtsextremismus.[14] Dagegen fremdelt sie mit dem sich bewusst antielitär gebenden Populismus.

---

11 Sarrazin (2010).
12 Weiß (2017).
13 Kellershohn (2016).
14 Gessenharter (1994), S. 57 ff.

Die *dritte Erscheinungsform* des Rechtsextremismus ist Militanz und Gewalt. Die Aufdeckung der sich über ein Jahrzehnt erstreckenden Mordserie des Nationalsozialistischen Untergrunds (NSU) hat noch einmal ins Bewusstsein gerückt, dass darunter auch terroristische Aktionen und Strukturen fallen. So schlimm die genannten Erscheinungen einer organisierten rechtsextremen Gewaltkriminalität sind, stellen sie gegenüber den spontanen, unorganisiert auftretenden Gewalttakten mit rechtsextremem oder fremdenfeindlichem Hintergrund das geringere Problem dar. Auch diese treten in der Bundesrepublik zwar nur sporadisch in Erscheinung, doch handelt es sich um ein konstanteres und in der Fläche weiter verbreitetes Phänomen als der Rechtsterrorismus.[15]

Ihrem ersten Höhepunkt strebten die zumeist unter der Beteiligung rechtsextremer Skinheads durchgeführten Gewaltdelikte in den Jahren 1991 und 1992 zu. Die Brandanschläge auf Asylbewerberheime bzw. von Ausländern bewohnte Häuser in Hoyerswerda, Rostock, Mölln und Solingen haben sich bis heute tief in das kollektive Gedächtnis eingeprägt. Die Zahl der Gewalttaten mit fremdenfeindlichem Hintergrund stieg Anfang der 1990er-Jahre sprunghaft an und hat sich seither auf konstant hohem Niveau gehalten. Im Zuge der Flüchtlingskrise sollte sie 2015 und 2016 noch einmal neue Rekordwerte erreichen. Nach Angaben des Bundeskriminalamts wurden 2015 894 politisch motivierte, mithin extremistische Straftaten verübt, davon 153 Gewaltakte. In der Mehrzahl der Fälle handelte es sich um Brandanschläge auf Flüchtlingsunterkünfte.

Die *vierte Erscheinungsform* stellen Aktionen dar, die unterhalb der Gewaltschwelle verlaufen. Diese reichen von der herkömmlichen Demonstration bis hin zu Formen der Spaß- und Kommunikationsguerrilla, wie sie heute zum Beispiel von der Identitären Bewegung eingesetzt werden. Gemeinsam ist diesen Formen, dass sie ursprünglich eigentlich eher aus dem linken Lager stammen, und zwar sowohl aufseiten der radikalen als auch der gemäßigten Linken.[16]

Ein besonderer Blick lohnt in diesem Zusammenhang auf die Pegida-Bewegung, die in der sächsischen Landeshauptstadt Dresden seit Okto-

---
15 Miliopoulos (2015).
16 Wagner (2017).

ber 2014 Tausende von Menschen Woche für Woche zu Massendemonstrationen auf die Straße lockte. Aus einer Facebook-Gruppe hervorgegangen, bildete Pegida rasch Ableger in anderen ost- und westdeutschen und sogar europäischen Städten (Wien, Kopenhagen, Newcastle). Deren Zulauf blieb aber nicht nur deutlich hinter dem Dresdner Original, sondern auch hinter den nun geballt einsetzenden Gegendemonstrationen zurück. Letztere waren in ihrer Wirkung insofern ambivalent, als sie die mediale Aufmerksamkeit für Pegida über Gebühr verstärkten, was zugleich ein starkes wissenschaftliches Interesse an dem Phänomen nach sich zog. Tatsächlich handelte und handelt es sich bei Pegida in hohem Maße um ein regionales – ostdeutsches und sächsisches – beziehungsweise lokales – Dresdner – Phänomen.[17]

Dies zeigt sich auch daran, dass die Pegidisten in ihrer Aktionsform bewusst an die Tradition der »Montagsdemonstrationen« anknüpften, die auf die Massenproteste gegen das untergehende DDR-Regime im Herbst 1989 zurückgingen und seither auch bei anderen Anlässen aktiviert wurden (etwa bei den Protesten gegen die Arbeitsmarkt- und Sozialreformen der Schröder-Regierung im Jahre 2004). Ihren Höhepunkt erreichten die Demonstrationen in Dresden im Januar 2015, als geschätzt etwa 20.000 Teilnehmer wöchentlich auf die Straße gingen. Danach ebbte der Zulauf rasch ab, um sich – nach einem kurzen Zwischenhoch im Umfeld der Flüchtlingskrise – 2016 bei etwa 2.000 bis 3.000 Personen einzupendeln.

Wechselwirkungen

Aus sozial- und politikwissenschaftlicher Sicht drängt sich vor diesem Hintergrund die Frage auf, in welchem Verhältnis die verschiedenen Äußerungsformen zueinander stehen. Sind die Phänomene im selben Entstehungszusammenhang, etwa als Ausdruck einer gesellschaftlichen Proteststimmung zu deuten, könnten sie einerseits funktionale Äquivalente bilden, die sich in ihrem Auftreten und ihrer Wirksamkeit gegenseitig begrenzen. Ruud Koopmans (1995) hat in einer internationalen Vergleichsuntersuchung schon vor 20 Jahren Belege für eine solche Kanalisierungsfunktion beigebracht.

---

17 Patzelt/Klose (2016).

In den Ländern, in denen starke rechtspopulistische Parteien dem Protest eine Stimme verliehen wie zum Beispiel in Frankreich oder Österreich, war danach das Niveau an rechtsextremer Gewalt geringer, als dort, wo es an einer solchen Stimme fehlte. Parteien und Bewegungen wie AfD und Pegida könnten also durchaus eine nützliche Rolle spielen, wenn sie dazu beitragen, dass der Protest nicht in schlimmere, sprich: gewaltsame Bahnen oder rechtsextremes Sektierertum abgleitet. Der umgekehrte Zusammenhang erscheint aber theoretisch genauso plausibel. Machen Rechtspopulisten Stimmung gegen die Fremden und diejenigen, die das Eindringen der Fremden betreiben, erzeugen sie ein Klima, das zur Gewaltanwendung womöglich erst ermuntert.[18] Der Anstieg der rechtsextrem und fremdenfeindlich motivierten Gewalttaten, den Verfassungsschützer seit 2014 vermelden, scheint dem Recht zu geben. Die neuen Länder und hier wiederum vor allem Sachsen sind dabei überproportional vertreten. Gleichzeitig mehren sich die Hinweise, dass die Pegida-Bewegung in Ostdeutschland in dieses gewaltbereite Milieu »diffundiert« ist.

Am deutlichsten lässt sich der Verstärkereffekt an der Entwicklung der AfD ablesen. Charakteristisch für die 1990er- und 2000er-Jahre war, dass der Schwäche des parteiförmigen Rechtspopulismus in Deutschland eine hohe Kontinuität der verschiedenen Ausprägungen des Rechtsextremismus gegenüberstand. Dieser hatte spezifische Ursachen, die nur zum Teil auf das Vorliegen einer gesellschaftlichen Proteststimmung zurückgeführt werden konnten, weit in die Zeit davor zurückreichten und in die neuen Länder aus dem Westen größtenteils exportiert wurden.

Das Fortbestehen beziehungsweise Wiedererstarken des Rechtsextremismus war und bleibt vor dem Hintergrund der nationalsozialistischen Vergangenheit einerseits erstaunlich. Andererseits hat das NS-Erbe dafür gesorgt, dass die rechtsextremen Erscheinungen in der Bundesrepublik in jeglicher Hinsicht – gesellschaftlich, politisch und rechtlich – stigmatisiert sind. Gerade hier liegt die Erklärung für die starke Sogwirkung, die Parteien wie die AfD im rechtsextremen Lager entfalten. Weil sich die Rechtspopulisten einen gemäßigteren Anstrich geben, bieten sie den rechtsextremen Akteuren Gelegenheit, ihre eigene Stigmatisierung zu überwinden. Dem Schicksal, von

---

18 Backes/Mletzko/Stoye (2010).

diesen Akteuren unterwandert und in Beschlag genommen zu werden, ist bisher keine rechtspopulistische Gruppierung in der Bundesrepublik entkommen – von den Republikanern über den Bund Freier Bürger bis zur Schill-Partei. Das lag auch daran, dass diese Parteien selbst häufig der Versuchung erlagen, sich das organisatorische und elektorale Potenzial dieser Akteure zunutze zu machen.

Auch die AfD hat ihre Brücken nach ganz rechtsaußen zunehmend ausgebaut und verstärkt.[19] Das gilt nicht nur, aber besonders für Ostdeutschland, wo Teile der Partei offen rassistische und demokratiefeindliche Positionen vertreten. Wie schwierig es geworden ist, klare Trennlinien zum Rechtsextremismus zu ziehen, zeigt der Umgang mit dem Thüringer Landesvorsitzenden Björn Höcke, dessen vom Bundesvorstand im Mai 2015 eingeleitetes Ausschlussverfahren nach der Abwahl Bernd Luckes eingestellt wurde. Höcke, der Kontakte zum NPD-Umfeld der Neuen Rechten und zur Identitären Bewegung pflegt, ist mit seinen radikalen Ansichten nicht nur den gemäßigteren Teilen der Partei ein »Dorn im Auge«, sondern auch vielen nationalkonservativen Vertretern, die sich um die Reputation der AfD im bürgerlichen Lager sorgen. Bleiben deren künftige Wahlergebnisse hinter den Erwartungen zurück, was nach einem Abflauen der Proteststimmung gegen die Flüchtlings- und Migrationspolitik nicht auszuschließen ist, dürfte die Auseinandersetzung zwischen den Gemäßigten und Radikalen an Schärfe zunehmen. Die Spaltung, die die Partei 2015 zunächst deutlich zurückwarf, bevor sie durch das »Geschenk« der Flüchtlingskrise zu ihrem elektoralen Höhenflug ansetzte, muss also keineswegs die Letzte gewesen sein.

»Rosiger« sind die Aussichten der AfD, wenn der Blick weg von der Akteurs- auf die Nachfrageseite gelenkt wird. Vergegenwärtigt man sich die immensen Herausforderungen und den Veränderungsdruck, mit denen die deutsche Gesellschaft in den kommenden Jahren und Jahrzehnten durch die Zuwanderer konfrontiert sein wird, wäre es verwunderlich, wenn eine migrationskritische Partei wie die AfD daraus keinen Nutzen ziehen könnte. Die Motivlagen der AfD-Wähler lassen sich vielleicht mit dem Begriffspaar »Unsicherheit« und »Unbehagen« am besten umschreiben. Unsicherheit bezieht sich dabei mehr auf die soziale Situation, also die Sorge vor Wohl-

---
19 Häusler/Roeser (2015).

standsverlusten, während Unbehagen auf kulturelle Entfremdungsgefühle abzielt, den Verlust vertrauter Ordnungsvorstellungen und Bindungen. Beide Motive verbinden sich im Bedürfnis, die staatlichen Leistungen auf die eigene, einheimische Bevölkerung zu konzentrieren – die vermeintlich nicht zugehörigen Zuwanderer sollen ausgeschlossen bleiben (»Wohlfahrtschauvinismus«). Dass die Angst vor dem Fremden nicht dort am größten ist, wo die meisten Fremden leben, ist keine neue Erkenntnis, ebenso wenig die Verbreitung rechtsextremer Einstellungsmuster bis in die Mitte der Gesellschaft.[20] Indem sie den Protest gegen die von allen übrigen Parteien (mit Ausnahme der CSU) im Grundsatz mitgetragene Flüchtlingspolitik anfacht, bringt die AfD diese latenten Überzeugungen an die politische Oberfläche. Gleichzeitig profitiert sie von nicht extremistischen Überzeugungswählern aus dem bürgerlich-konservativen Bereich, die sich von der nach links gerückten CDU nicht mehr vertreten fühlen.

Blickt man noch einmal gesondert nach Ostdeutschland, so dürfte neben dem intellektuellen Umfeld der Neuen Rechten auch der von Pegida auf die Straße getragene Protest zum Erfolg der AfD beigetragen haben. Offizielle Solidaritätsadressen, Unterstützungsbekundungen oder eine Einladung zur Zusammenarbeit mit Pegida blieben vonseiten der Partei zwar aus, weil man Sorge hatte, mit etwaigen rechtsextremen Tendenzen sowohl in der Organisation der Protestbewegung als auch unter den Demonstrationsteilnehmern in Verbindung gebracht zu werden. Dennoch erscheint es naheliegend, Pegida als Ausdruck derselben rechtspopulistischen Grundstimmung in weiten Teilen der ostdeutschen Wählerschaft zu deuten, die der AfD dort ein in etwa doppelt so hohes Wählerpotenzial sichert wie in der alten Bundesrepublik. Ob Pegida ohne die »Vorarbeit« der AfD in dieser Form entstanden wäre und einen so großen Zulauf gehabt hätte, ist fraglich. Umgekehrt dürfte deren Etablierung im Parteiensystem, die dem Protest eine kontinuierlich vernehmbare, politisch wirksame Stimme verleiht, mit dazu beigetragen haben, dass die Demonstrationsbewegung nach ihrem Höhepunkt Anfang 2015 relativ rasch in sich zusammengefallen ist.

---

20   Zick/Küpper/Krause (2016).

Gegenmittel

Die Bundesrepublik, die auf der Landkarte des europäischen Rechtspopulismus lange Zeit ein weißer Fleck war, muss sich an die neu entstandenen Kräfteverhältnisse noch gewöhnen. Auch in den anderen europäischen Demokratien haben die populistischen Akteure die Parteiensysteme nachhaltig verändert. Ihre Bezeichnung als »Protestparteien« täuscht über die Langlebigkeit des Phänomens hinweg. Treffender erscheint es, die neu entstandenen Parteien als »Sprachrohre der Unzufriedenheit« zu betrachten, die Repräsentationslücken der etablierten Politik offenlegen und ausgleichen. In diesem Sinne und soweit sie sich im Rahmen des »Verfassungsbogens« bewegen, erfüllen die Populisten eine für die Demokratie potenziell nützliche Funktion.[21]

Die Einschränkung »potenziell« ist wichtig. Sie weist darauf hin, dass die herausgeforderten Parteien unterschiedliche Möglichkeiten haben, auf die Herausforderer zu reagieren. Dabei geht es nicht einfach um die Alternative »Anpassung oder Abgrenzung«, wie es häufig plakativ heißt. So macht es zum Beispiel einen Unterschied, ob die Formen und Stilmittel des Populismus übernommen werden oder dessen inhaltliche Positionen. Eine Abgrenzungsstrategie muss nicht ausschließen, dass man sich der unliebsamen Konkurrenz in der Substanz annähert. Umgekehrt kann eine Anpassungsstrategie von heftigen verbalen Attacken auf die populistischen Akteure begleitet sein.

Zu fragen ist weiter, worauf sich die Abgrenzung oder Anpassung genau bezieht. Wenn die etablierten Parteien sich der Probleme/Themen annehmen, die von den Herausforderern aufgebracht werden, heißt das noch lange nicht, dass sie auch die Antworten oder Lösungsvorschläge für diese Probleme teilen. Zum Wesen des Populismus gehört, dass er solche Antworten entweder gar nicht gibt. Oder die Antworten gehen an der Komplexität der Probleme vorbei. Wenn Politiker und Parteien sich gegenseitig Populismus vorwerfen, ist in der Regel genau dieses gemeint.

Die Politikunfähigkeit des Populismus muss von seinen Anhängern aber nicht unbedingt als Problem empfunden werden. Wäre das der Fall, dann könnten die populistischen Parteien ihre Glaubwürdigkeit nur in der Oppositionsrolle ausspielen bzw. bewahren. Die Realität hat diese Erwartung zum

---

21 Decker (2017).

Teil widerlegt. Während die Liste Pim Fortuyn in den Niederlanden und die FPÖ in Österreich nach ihrem Regierungseintritt einen dramatischen Absturz in der Wählergunst hinnehmen mussten, zeigt der anhaltende Erfolg der Schweizerischen Volkspartei, dass sich Widerstand gegen europäische Integration, Einwanderungsskepsis und Antiislamismus mit einer Regierungsbeteiligung sehr wohl vertragen. Auch Italien wurde lange von einer rechtspopulistischen Allianz der Forza Italia Berlusconis mit der Lega Nord regiert. Die Dänische Volkspartei ist zwar nicht direkt in Regierungsverantwortung gewesen, bestimmte aber von 2001 bis 2011 als tolerierender Partner der liberal-konservativen Regierung deren Kurs maßgeblich mit. Unter ihrem Druck wurden die Einwanderungs- und Asylgesetze drastisch verschärft sowie eine Renationalisierung der Europapolitik eingeleitet.

Auf der anderen Seite stehen Länder, die um die populistische Konkurrenz einen »Schutzgürtel« legen und ihr gegenüber strikte Distanz halten. So ist zum Beispiel in Schweden jegliche Form der Zusammenarbeit mit den Schwedendemokraten verpönt, es gibt nicht einmal Gesprächskontakte. Auch politikinhaltlich wetteiferten die etablierten Vertreter lange Zeit darum, sich von den restriktiven Positionen der rechten Herausforderer in der Einwanderungs- und Asylpolitik möglichst stark abzuheben. Falls das Ziel dieser Politik darin bestanden haben sollte, den Vormarsch der Rechtspopulisten zu stoppen, war der liberale schwedische Ansatz genauso wenig erfolgreich wie die dänische Anpassungsstrategie. Inzwischen liegen die Schwedendemokraten in den Umfragen bei über 20 %.

Neben den thematischen Gelegenheiten auf der Nachfrageseite wirkt sich auch der Wandel der politischen Kommunikationsstrukturen begünstigend für den Rechtspopulismus aus. Stellte es für die Außenseiter- oder Randparteien früher ein Problem dar, dass ihnen der Zugang zu den traditionellen Medien erschwert war oder diese ihnen überwiegend kritisch bis ablehnend begegneten, so können sie ihre Anhänger heute ohne dazwischen geschaltete Filter über die sozialen Netzwerke auf direktem Wege ansprechen. Dies gibt ihnen zugleich die Chance, die traditionellen Medien als Teil des verhassten politischen und gesellschaftlichen Establishments zu brandmarken. Am stärksten werden die sozialen Medien in der Bundesrepublik gegenwärtig von der AfD eingesetzt, die zum Beispiel auf Facebook über mehr als doppelt so viele Fans verfügt wie Union und SPD zusammen.

Welche Handlungsempfehlungen lassen sich aus diesen Erfolgsbedingungen und dem Scheitern der bisherigen, gegensätzlichen Bekämpfungsstrategien ableiten? Neben der unmittelbaren politischen Auseinandersetzung, die sich als Empfehlung von selbst versteht, erscheinen folgende vier Aufgaben(felder) wesentlich, um das »Übel bei der Wurzel« (der gesellschaftlichen und politischen Probleme) zu packen:

Erstens bedarf es auf der nationalen wie auf der europäischen Ebene einer Politik, die ökonomischen und sozialen Zusammenhalt der Gesellschaften wieder stärker in den Mittelpunkt rückt. Das Bewusstsein der Bedeutung, die der Wohlfahrtsstaat für diesen Zusammenhalt gewinnt, ist in der Vergangenheit mehr und mehr abhandengekommen. Sie zeigt sich gerade mit Blick auf den internationalen Wettbewerb: Je weiter sich die Volkswirtschaften nach außen öffnen, umso wichtiger werden Bildung und Ausbildung (um sich für den Wettbewerb zu wappnen), aber auch die Absicherung gegen die durch den Wettbewerb entstehenden Risiken im Inneren. Gelingt es der Politik nicht, eine Gesellschaft auf der Basis von Chancengleichheit und Fairness zu errichten, kann das Populismuspotenzial nicht reduziert werden.

Zweitens muss man beim Rechtspopulismus versuchen, der Konkurrenz auf deren eigenem Feld zu begegnen – der Wertepolitik. Dies stellt vor allem für die in ihrem Werteverständnis eher materialistisch geprägten Sozialdemokraten ein schwieriges Problem dar, die verloren gegangenen Kredit aber nur zurückgewinnen können, wenn sie der rechten »Gegenmodernisierung« ein eigenes, nicht regressives Modell einer guten Gesellschaft entgegenstellen, das die Bedürfnisse der Menschen nach Zugehörigkeit aufnimmt. Dies gilt vor allem für die Zuwanderungspolitik. So entschieden man der rechtspopulistischen Perfidie entgegentreten muss, soziale Konflikte in rein kulturelle oder nationale Konflikte umzudeuten, so wenig sollte man umgekehrt der Versuchung unterliegen, kulturelle Differenz (und den Umgang mit ihr) auf ein ausschließlich soziales Problem zu reduzieren.

Drittens gilt es deutlich zu machen, warum eine Politik, die die Märkte auf der europäischen und transnationalen Ebene reguliert und dazu nationale Zuständigkeiten abgibt (bzw. abzugeben bereit wäre), dennoch im nationalen Interesse ist. Diese Herausforderung stellt sich in der Auseinandersetzung mit dem rechten und linken Populismus gleichermaßen. Die zunehmend europamüden Bürger lassen sich für das Integrationsprojekt nur zurückgewinnen, wenn die sozialen und kulturellen Nebenfolgen, die sich aus dem Marktgeschehen ergeben, nicht mehr ausschließlich der nationalstaatlichen Politik aufgebürdet werden. In anderen Bereichen – etwa der Außen- und Verteidigungspolitik – wäre es geboten, dass die politischen Eliten selbst über ihren Schatten springen; hier scheitert die Überwindung des nationalen Denkens nicht an den Widerständen der Bevölkerung.

Und *viertens* müssen die Parteien sich nach außen hin gegenüber den Bürgern öffnen. Dies verlangt nach einem anderen Repräsentations- und Organisationsverständnis, das mit dem heutigen Modell der von oben gesteuerten Mitglieder- und Funktionärsparteien bricht. Überlegt werden sollte auch, ob und in welcher Form man die repräsentative Parteiendemokratie durch direktdemokratische Beteiligungsverfahren ergänzen kann – damit sich die Rechtspopulisten dieser Forderung nicht exklusiv bemächtigen. Vor allem braucht es eine neue Kultur des Zuhörens und Aufeinanderzugehens. Die in einer Demokratie unverzichtbare Volksnähe des Politikers gebietet nicht, dem Volkswillen hinterherzulaufen, sondern den Bürgern Gehör zu schenken. Dies setzt voraus, dass man die Lebenswirklichkeiten seiner Wähler kennt oder ihnen zumindest nicht ausweicht.

Literatur

Backes, Uwe/Eckhard Jesse (1993): Politischer Extremismus in der Bundesrepublik Deutschland, Bonn.
Backes, Uwe/Matthias Mletzko/Jan Stoye (2010): NPD-Wahlmobilisierung und politisch motivierte Gewalt, Köln.
Bebnowski, David (2015): Die Alternative für Deutschland. Aufstieg und gesellschaftliche Repräsentanz einer rechten populistischen Partei, Wiesbaden.
Decker, Frank (2000): Über das Scheitern des neuen Rechtspopulismus in Deutschland. Republikaner, Statt-Partei und der Bund Freier Bürger, in: Österreichische Zeitschrift für Politikwissenschaft 29 (2000) 2, S. 237-255.
Decker, Frank (2004): Der neue Rechtspopulismus, 2. Aufl., Opladen.
Decker, Frank (2017): Populismus in Westeuropa. Theoretische Einordnung und vergleichende Perspektiven, in: Populismus – Gleichheit – Differenz, hg. v. Gertraud Diendorfer/Günther Sandner/Elisabeth Turek, Schwalbach a. Ts., S. 11-28.
Decker, Frank/Bernd Henningsen/Kjetil Jakobsen (Hg.) (2015): Rechtspopulismus und Rechtsextremismus in Europa. Die Herausforderung der Zivilgesellschaft durch alte Ideologien und neue Medien, Baden-Baden.

Decker, Frank/Lazaros Miliopoulos (2005): Rechtsextremismus und Rechtspopulismus in der Bundesrepublik: Eine Bestandsaufnahme, in: Jahrbuch Öffentliche Sicherheit 2004/2005, hg. v. Martin H. W. Möllers/ Robert Chr. van Ooyen, Frankfurt a. M., S. 117-155.

Gessenharter, Wolfgang (1994): Kippt die Republik? Die Neue Rechte und ihre Unterstützung durch Politik und Medien, München.

Goodwyn, Lawrence (1976): Democratic Promise. The Populist Moment in America, New York.

Häusler, Alexander/Rainer Roeser (2015): Zwischen Euro-Kritik und rechtem Populismus: Merkmale und Dynamik des Rechtsrucks in der AfD, in: Andreas Zick/Beate Küpper: Wut – Verachtung – Abwertung, hg. f. d. Friedrich-Ebert-Stiftung v. Ralf Melzer und Dietmar Molthagen, Bonn, S. 124-145.

Kellershohn, Helmut (2016): Das Institut für Staatspolitik und das jungkonservative Hegemonieprojekt, in: Strategien der extremen Rechten, hg. v. Stephan Braun et al., 2. Aufl., Wiesbaden, S. 439-467.

Jesse, Eckhard (2009): Die NPD und die Linke. Ein Vergleich zwischen einer harten und einer weichen Form des Extremismus, in: Jahrbuch Extremismus & Demokratie, Band 21, hg. v. Uwe Backes/Alexander Gallus/dems., Baden-Baden, S. 13-31.

Mertens, Martin P. (2016): Populismus als Strategie politischer Akteure im 21. Jahrhundert, in: Der politische Mensch. Akteure gesellschaftlicher Partizipation im Übergang zum 21. Jahrhundert, hg. v. Ursula Bitzegeio/Jürgen Mittag/Lars Winterberg, Bonn. S. 143-157.

Miliopoulos, Lazaros (2015): Rechtsterrorismus in Deutschland in historisch-politischer Perspektive. Was tun?, in: Rechtspopulismus und Rechtsextremismus in Europa, hg. v. Frank Decker/Bernd Henningsen/ Kjetil Jakobsen, Baden-Baden, S. 359-377.

Müller, Jan-Werner (2016): Was ist Populismus? Ein Essay, Berlin.

Patzelt, Werner J./Joachim Klose (2016): Pegida. Warnsignale aus Dresden, Dresden.

Sarrazin, Thilo (2010): Deutschland schafft sich ab. Wie wir unser Land aufs Spiel setzen, München.

Wagner, Thomas (2017): Die Angstmacher. 1968 und die Neuen Rechten, Berlin.

Weiß, Volker (2017):Die autoritäre Revolte. Die Neue Rechte und der Untergang des Abendlandes, Stuttgart.

Zick, Andreas/Beate Küpper/Daniela Krause (2016): Gespaltene Mitte – feindselige Zustände. Rechtsextreme Einstellungen in Deutschland 2016, hg. f. d. Friedrich-Ebert-Stiftung v. Ralf Melzer, Bonn.

Volker Best

Eine Prämie wider den Populismus.
Vorschlag einer Obergrenze für populistische Politikbeeinflussung durch Reform der Verhältniswahlsysteme

In diesem Beitrag werden die jüngsten Erfolge populistischer Politikanbieter in Europa zum Anlass genommen, eine Reform der Wahlsysteme nach italienischem Vorbild vorzuschlagen. Hierzu wird zunächst ein Überblick über die Wahlresultate bzw. Umfrageergebnisse einiger wichtiger europäischer populistischer Parteien seit Beginn der aktuellen Flüchtlingskrise gegeben und erläutert, warum diese besonders für Koalitionsdemokratien eine Herausforderung darstellen. Danach werden drei gängige Gegenstrategien erörtert. Da keine von diesen als Königsweg im Umgang mit den populistischen Herausfordererparteien erscheint, wird schließlich empfohlen, eine Lösung nicht auf der Ebene des Parteienwettbewerbs selbst, sondern bei dessen institutionellen Grundlagen zu suchen, und hierzu der Vorschlag einer Wahlsystemreform nach italienischem Vorbild vorgestellt.

Populistische Erfolge. Eine Herausforderung besonders für Koalitionsdemokratien

Die aktuellen Flüchtlingsströme verstärken den schon seit einiger Zeit zu beobachtenden Höhenflug rechtspopulistischer Politikanbieter in Europa.[1] In der Bundesrepublik Deutschland hat die AfD bei den Landtagswahlen im März 2016 zwischen 12,6 % (Rheinland-Pfalz) und 24,3 % (Sachsen-Anhalt) der Stimmen erreicht, nachdem sie noch im September 2015 in Umfragen lediglich bei 3 % bis 5 % verortet worden war.[2] In Sachsen-Anhalt bedeutete dies, ebenso wie im September 2016 in Mecklenburg-Vorpommern, den zweiten Platz im Parteiensystem. Bei der Bundestagswahl 2017 erreichte sie diesen in allen ostdeutschen Flächenländern, in Sachsen schob sie sich mit 27 % sogar auf den ersten Platz knapp vor der Union.[3] In der Slowakei entschieden sich etwa drei Viertel der Wähler für im Wahlkampf mehr oder weniger xenophob auftretende Parteien.[4] In Polen gewann die national-konservativ-populistische PiS die Parlamentswahl im Oktober 2015 mit 37,6 % (+7,7 %), zudem erreichte die neue rechtspopulistische Partei Kukiz'15 aus dem Stand 8,8 %. Bei den Landtagswahlen in Oberösterreich und Wien kam die FPÖ jeweils über 30 %. Bundesweit baute sie ihren Umfragevorsprung auf die Volksparteien SPÖ und ÖVP von rund fünf auf rund zehn Prozentpunkte aus,[5] deklassierte deren Kandidaten bei der Bundespräsidentenwahl mit über 35 % für Norbert Hofer und unterlag in der zweiten Runde nur knapp dem als Parteiloser angetretenen Grünen-Politiker Alexander van der Bellen.[6] Bei der Nationalratswahl im Oktober 2017 schnitt sie zwar schlechter ab, als es die Umfragen ihr zwischenzeitlich verheißen hatten, holte mit 26,9 % aber dennoch ihr bestes Ergebnis seit 1999. Die SVP verbuchte bei den Nationalratswahlen in der Schweiz mit 29,4 % ihr bislang bestes Ergebnis und baute damit ihren Vorsprung auf über zehn Prozentpunkte aus. In den Nieder-

---

1 Für eine Definition der Begriffe Populismus und Rechtspopulismus vgl. den Beitrag von Frank Decker in diesem Band (➡ S. 410 ff.).
2 Vgl. www.wahlrecht.de/umfragen/landtage/index.
3 Vgl. SZ v. 26.9.2017.
4 Vgl. SZ v. 7.3.2016.
5 Vgl. www.neuwal.com/wahlumfragen/index.
6 Vgl. Pelinka (2016), S. 449.

landen landete Geert Wilders' PVV, die in den Umfragen lange als stärkste Partei mit bis zu einem Viertel der Sitze gehandelt wurde, bei der Wahl im März 2017 letztlich mit 13 % (+2,9 %) »nur« auf Platz Zwei. Das »Aufbauschen« der Wahl zum Sieg – gar mit gesamteuropäischer Wirkung – über den Populismus geht fehl, zumal Wilders mit einiger rechtspopulistischer Konkurrenz zu kämpfen hatte, wovon das »Forum voor Democratie« mit 1,8 % ebenfalls den Einzug ins Parlament schaffte.

Während die »Flüchtlingskrise« rechtspopulistischen Parteien Zulauf bescherte, reüssieren in den direkt von der »Eurokrise« betroffenen Staaten Südeuropas linkspopulistische Politikanbieter. Die Wahl- und Umfrageerfolge der rechten bzw. linken Populisten – in einigen Ländern wie etwa den Niederlanden, wo auch die linkspopulistische SP 9,1 % einfuhr, sogar simultan – stellen eine große Herausforderung für die politischen Systeme in Europa dar. Im Besonderen gilt dies für konsensdemokratische Systeme, die als Koalitionsdemokratien funktionieren.

Zwar haben auch mehrheitsdemokratisch organisierte politische Systeme mit populistischen Herausforderern zu kämpfen, ihre Mehrheitswahlsysteme erweisen sich aber als durchaus effektive Hindernisse. So qualifizierte sich die Parteichefin des Front National (FN), Marine Le Pen, mit nur 2,7 Prozentpunkten weniger als Emmanuel Macron im ersten Wahlgang zwar zur Stichwahl um die Präsidentschaft, die sie mit 33,9 zu 66,1 % jedoch klar verlor. Und während der Front National mit 25 % der Stimmen bei der nach den Grundsätzen der Verhältniswahl durchgeführten Europawahl 2014 fast ein Drittel der französischen Sitze in Straßburg hält, nimmt sie in der Nationalversammlung mit 13,2 % der Stimmen nur acht der 577 Sitze ein. Ähnlich sieht es bei UKIP in Großbritannien aus: Bei der Europawahl 2014 errang sie mit 27,9 % über ein Drittel der britischen Mandate, bei der Unterhauswahl 2015 nach relativem Mehrheitswahlsystem reichte ein mit 12,6 % knapp halb so gutes Abschneiden nur für einen einzigen Sitz von 650; bei den Wahlen Juni 2017 verlor sie auch diesen.

Der marginale parlamentarische Status der populistischen Herausforderer in den mehrheitsdemokratischen Systemen bedeutet keineswegs, dass diese dort ohne Einfluss auf die Politik blieben. So sollte David Camerons Initiative zum Volksentscheid über den »Brexit« zwar in erster Linie die Euroskeptiker in seiner Partei zufriedenstellen. Die Attraktivität der UKIP für die konservative Parteibasis spielte hierfür aber ebenfalls eine gewichtige Rolle.[7] Und in Frankreich versuchte der ehemalige sozialistische Präsident François Hollande Forderungen des FN zu kopieren. Terroristen mit doppelter Staatsbürgerschaft sollte die französische entzogen werden. Eine solche Strategie der Themenübernahme hatte auch schon sein gaullistischer Vorgänger Nicolas Sarkozy sehr weit vorangetrieben. Nachhaltig aufhalten können hatte er den Aufstieg des FN damit freilich nicht. Vielmehr dürfte er auf diese Weise zu dessen verbreiteter Wahrnehmung als »normale«, wählbare Partei und somit zum Erfolg der hierauf gerichteten Entdiabolisierungsstrategie Marine Le Pens nach der Übernahme des Parteivorsitzes von ihrem Vater beigetragen haben.[8]

Kein Königsweg im Umgang mit den Populisten

Der vermeintliche Lösungsweg des »Themenklaus« wird auch in Konsensdemokratien häufig beschritten. In den Niederlanden entschied der Ministerpräsident Mark Rutte von der rechtsliberalen VVD das von ihm beschworene »Viertelfinale gegen den Populismus« nicht zuletzt dadurch für sich, dass er in einem offenen Brief die Flüchtlinge dazu aufrief, sich »normal« zu verhalten oder das Land zu verlassen und indem er in den letzten Wahlkampftagen die Konfrontation mit dem türkischen Präsidenten Recep Tayyip Erdoğan suchte. Auch der Wiederaufstieg des christdemokratischen CDA kam dank einwanderungs- und europakritischer Töne zustande.[9] Gleiches lässt sich vom Sieg von Sebastian Kurz' ÖVP in Österreich sagen.[10] Dass eine solche Themenübernahme nicht unbedingt Erfolg garantiert, zeigt etwa das Beispiel der sozialdemokratischen Smer-Partei Robert Ficos in der Slowakei, die das Migrationsthema in den Fokus stellte, aber dennoch 16 Prozentpunkte einbüßte.[11] Selbst in Dänemark, wo im Wahlkampf 2015 alle Partei-

---

7   Vgl. Webb/Bale (2014).
8   Vgl. Camus (2016).
9   Vgl. SZ v. 16.3.2017.
10 Vgl. SZ v. 17.10.2017.
11 Vgl. Marušiak (2016), S. 2.

en ihren Kurs in der Einwanderungspolitik verschärften,[12] verhinderte dies nicht den Aufstieg der Dänischen Volkspartei (DF) mit 21,1 % zur zweitstärksten Kraft. In Österreich hat das Nachlaufen der beiden Volksparteien der FPÖ gar zu einer Diskursdominanz verholfen.[13] Auch das sonst oft erfolgreiche Ausspielen der »Doppelrolle« der CSU als bisweilen populistisch agierende autonome bayerische Partei einerseits und als Mitglied der staatstragenden Unions-Fraktionsgemeinschaft andererseits darf in Hinblick auf die AfD als gescheitert gelten,[14] selbst wenn Horst Seehofer hierdurch unter den AfD-Anhängern zeitweise ein größeres Vertrauen genoss als deren zunehmend umstrittene Vorsitzende Frauke Petry.[15]

Im Unterschied zu den Mehrheitsdemokratien sind die Konsensdemokratien durch den Erfolg der Populisten aber nicht nur politikinhaltlich herausgefordert, sondern aufgrund ihrer mehr oder weniger perfekt proportionalen Wahlsysteme bereits im Hinblick auf die Regierungsbildung. Hier werden zwei entgegengesetzte Problemlösungsstrategien ausprobiert: Einerseits handelt es sich um den – zum Teil freilich auch schlicht machtstrategischen Interessen der etablierten Parteien dienenden – Versuch, durch formelle oder (im Sinne eines Stütz- oder Tolerierungsmodells) informelle Machtbeteiligung der Populisten diese vor den Augen ihrer Wähler zu »entzaubern«. Letztlich handelt es sich dabei um eine extreme Variante der Themenübernahmestrategie. Andererseits kommt es zu Bildungen eines »Cordon sanitaire«, das heißt, es wird das Ziel ausgegeben, die Populisten zu isolieren und um jeden Preis, unkonventionelle Koalitionsbildungen eingeschlossen, von der Macht fernzuhalten.

Die bisherige Evidenz deutet darauf hin, dass die Entzauberung in der Regierung eher Erfolg verspricht als eine bloße Themenübernahme. Dies leuchtet auch auf der theoretischen Ebene ein, da die von Populisten propagierten einfachen Lösungen sich im Regierungsalltag leicht als praktisch nicht gangbar erweisen und die Herausforderer des Establishments in der Regel keine oder wenig Regierungserfahrung mitbringen, wodurch die Chan-

---

12 Vgl. Arndt (2016), S. 776.
13 Vgl. Tóth (2015), S. 66 f. Für policy-Anpassungen der Großen Koalition an die FPÖ vgl. SZ v. 6.3.2017.
14 Kießling (2001), S. 228 und S. 237.
15 Vgl. SZ v. 31.3.2016.

ce besteht, sie als handwerkliche Dilettanten zu enttarnen. Als Beispiele für zumindest kurzfristige Entzauberungserfolge kann etwa die Regierungsbeteiligung der FPÖ in Österreich von 2000 bis 2004 gelten, die neben massiven Stimmeinbußen der Rechtspopulisten auch zu deren Spaltung führte.[16] Von den 17,6 % der Partei »Die Finnen« blieben in den Umfragen schon nach einem Dreivierteljahr Regierungsbeteiligung trotz Flüchtlingskrise nur noch rund 10 %.[17] In den Niederlanden ist die Regierungsbeteiligung der damals freilich schon ihrer charismatischen Führungsfigur beraubten Liste Pim Fortuyn (LPF) 2002/03 zu nennen,[18] auf der deutschen Länderebene jene der »Schill-Partei« in Hamburg von 2001 bis 2004.[19] Die letzten beiden Beispiele zweier nach dem Regieren geradezu implodierender Parteien deuten darauf hin, dass die Entzauberungsstrategie umso effektiver ausfallen könnte, je früher in der Geschichte der rechtspopulistischen Partei diese erfolgt, da mit deren zunehmender Etablierung im Parteiensystem eine tendenzielle Professionalisierung einhergeht, die das Entpuppen handwerklicher Inkompetenz unwahrscheinlicher macht.

Dieser Befund wäre durchaus ein ambivalenter, da die etablierten Parteien aus Gründen der »politischen Hygiene« dazu tendieren könnten, ihre »Spiele« mit den populistischen »Schmuddelkindern« zunächst einmal unterhalb der Ebene formeller Regierungsteilhabe zu betreiben. Solche informellen Machtbeteiligungen in Form von Stützmodellen ersparen den Populisten allerdings den Vorwurf des »ideologischen Ausverkaufs« um einiger lukrativer Ministersessel willen und erlauben ihnen, sich bei Bedarf als »Opposition in der Regierung« zu gerieren. Im Falle der Stützung der VVD/CDA-Minderheitsregierung von 2010 bis 2012 nahm die PVV mit Auslandseinsätzen, Renten- und Europapolitik drei Politikfelder sogar ausdrücklich von ihrer Stützung aus – die Regierung musste sich für die hier anstehenden unpopulären Entscheidungen um Ad-hoc-Mehrheiten mit einzelnen Oppositionsparteien bemühen.[20] Dass die PVV nach dem vorzeitigen Scheitern der Regierung über fünf Prozentpunkte einbüßte, mag insofern umso mehr verwundern. Es scheint sich

---
16 Vgl. Pallaver/Gärtner (2006), S. 105 und S. 116.
17 Vgl. Jochen (2016), S. 116.
18 Vgl. Nijhuis (2013), S. 552.
19 Vgl. Blumenthal (2004).
20 Vgl. Andeweg/Irwin (2014), S. 152.

hierbei in der Tat um einen Ausnahmefall zu handeln: Die Dansk Folkeparti, die von 2001 bis 2011 eine bürgerliche Minderheitsregierung unterstützte, verlor zwar 2011 gegenüber 2006 1,6 Prozentpunkte, lag mit dem Ergebnis von 12,3 % aber immer noch über den 12,0 % von 2001.[21] Dementsprechend zog sie auch 2015 die Rolle des informellen Mehrheitsbeschaffers vor. Einen direkten Vergleich von informellen und formellen Regierungsbeteiligungen liefern die ostdeutschen Länder: Dem »Magdeburger Modell« in Sachsen-Anhalt zwischen 1994 und 2002 fiel in der ersten Legislaturperiode nicht die stützende PDS (-0,3 Prozentpunkte), sondern der grüne Koalitionspartner zum Opfer (Rausfall aus dem Parlament mit 3,2 %); in der zweiten Legislaturperiode war es dann die SPD (-15,9 Prozentpunkte), die kräftig Federn lassen musste, die PDS gewann wieder 0,8 Punkte hinzu. Die späteren formellen Regierungsbeteiligungen der PDS bzw. Linken in Mecklenburg-Vorpommern (-8 Prozentpunkte nach erster Legislaturperiode, +0,4 nach der zweiten), Berlin (-10,9 Prozentpunkte binnen zwei Legislaturperioden) und Brandenburg (-8,6 Prozentpunkte nach einer Legislaturperiode) erwiesen sich hingegen in puncto »Entzauberung« als wirkungsvoll. Freilich war es bei den Linkspopulisten vor allem die Nichtfinanzierbarkeit der geforderten sozialen Wohltaten, die sie diskreditierte.[22] Bei rechtspopulistischen Parteien sollte dieser Aspekt trotz mittlerweile auch unter diesen vorherrschender sozialstaatlicher Ausrichtung eine weniger bedeutsame Rolle spielen, da sie etwaige Wohltaten für das eigene Volk in aller Regel zulasten von Zugewanderten und Zuwanderern finanzieren zu können behaupten. So wies das Wahlprogramm der PVV zur Wahl im März 2017 Mehrausgaben von 17,2 Milliarden Euro aus, von denen allein sieben Milliarden durch die »De-Islamisierung« der Niederlande erbracht werden sollten.[23] Der Gegenbeweis ist hier oft allenfalls um den Preis zu erbringen, eine entsprechende Politik tatsächlich zu betreiben, wodurch die rechtspopulistische Partei in den Augen ihrer Anhänger wiederum erfolgreich dasteht. Generell wird das Risiko der Aufwertung der populistischen Herausforderer bei der Entzauberungsstrategie gegenüber der reinen Themenübernahmestrategie maximiert, es handelt sich mithin um

---

21 Vgl. Hopmann (2011), S. 18.
22 Vgl. Koß/Hough (2006); Oppelland/Träger (2014), S. 220 ff.
23 Vgl. pvv.nl/images/Conceptverkiezingsprogrammma.pdf.

eine Hochrisikostrategie. Selbst wenn diese verlässlich funktionieren würde, wäre es unter normativen Gesichtspunkten unerfreulich, die Schwächung eines populistischen Herausforderers nur bewerkstelligen zu können, indem man diesen in Amt und Würden setzt und ihm erheblichen Einfluss auf die politikinhaltliche Gestaltung einräumt. Es kommt hinzu, dass dies unter Umständen nicht nur einmalig erforderlich sein könnte, sondern in regelmäßigen Abständen, da etwa das Beispiel der FPÖ zeigt, dass eine populistische Partei auch nach einmal gelungener Entzauberung durchaus wieder aufsteigen kann. Außerdem scheint eine Regierungsbeteiligung einer populistischen Partei zumindest hinsichtlich ihrer Kernthemen keine ideologische Mäßigung, sondern im Gegenteil eher eine ideologische Radikalisierung nach sich zu ziehen.[24]

Was die Isolierung populistischer Parteien betrifft, so mag diese solange ein probates Mittel sein, wie eine politikinhaltlich konsistente Koalitionsbildung gelingt. Spätestens, wenn sich der »Cordon sanitaire« in eine »Coalition sanitaire« verwandelt, also lagerübergreifende Regierungsbildungen notwendig werden, klare Koalitionssignale einer »anything-goes«-Mentalität weichen, der Wählereinfluss auf die Regierungsbildung dergestalt schwindet und das für Demokratien grundlegende Alternanzprinzip[25] in Gefahr gerät, weil große Koalitionen sich gerade aufgrund ihres Schrumpfens perpetuieren und die kleinen Juniorpartner im Wartestand nur eine »Opposition mit angezogener Handbremse« betreiben, gelangen die Populisten aber in die elektoral einträgliche Rolle der einzig »echten« Alternative. So war das Agitieren gegen die verkrustete Konkordanzdemokratie ein wesentlicher Erfolgsfaktor für FPÖ, SVP und LPF.[26]

Institutionelle Lösungsansätze als Alternative

Insgesamt können alle drei Strategien des Umgangs mit den Populisten im Parteienwettbewerb (Themenübernahme, Entzauberung, Isolierung) keines-

---

24 Vgl. Akkerman/Rooduijn (2015), S. 1153.
25 Vgl. Kaiser (2004), S. 173 f.
26 Vgl. Fröhlich-Steffen (2006).

wegs als Königsweg gelten. Daher erscheint eine nähere Prüfung institutioneller Strategien ratsam. So wurde beispielsweise in der Bundesrepublik die erfolgreiche Etablierung eines rechtspopulistischen Politikanbieters auf der Bundesebene bis dato neben dem für Rechtspopulisten schwierigen historischen Ballast durch das Parteienrecht, den Föderalismus und deren Zusammenspiel verhindert: So konnten die populistischen Politikanbieter zwar des Öfteren Anfangserfolge insbesondere in den leicht zu bespielenden Wettbewerbsarenen der hanseatischen Stadtstaaten erringen, scheiterten aber an der Entfaltung einer den Vorgaben des deutschen Parteienrechts entsprechenden bundesweiten Organisationsstruktur, an der Herausbildung und dem Konflikt hierbei entstehender verschiedener Machtzentren und/oder wurden bereits im Vorfeld der folgenden Bundestagswahl durch Misserfolge in anderen Ländern entzaubert.[27] Das niederländische Parteienrecht hingegen erlaubt der PVV genau ein Mitglied zu haben, nämlich Geert Wilders, der das Parteiprogramm so maximal flexibel anpassen und Probleme mit für die Partei antretenden Wirr- oder Querköpfen sehr leicht lösen kann,[28] während die AfD jüngst etwa daran scheiterte, zur Abwendung eines Imageschadens ihren allzu weit rechts tickenden saarländischen Landesverband aufzulösen.

Im Folgenden soll es aber nicht um die Institutionen des Parteienrechts oder des Föderalismus gehen, sondern um das Wahlsystem. Vorgeschlagen werden soll hier nicht etwa eine Anhebung der Sperrklausel oder – etwa in den Niederlanden – überhaupt das Installieren einer formellen Sperrklausel. Hierdurch können Populisten allenfalls in ihren Anfängen eingehegt werden, nicht aber, wenn diese sich schon – wie in den meisten politischen Systemen in Europa – bereits etabliert haben, und zwar meist eher in einer Größenordnung von 10 bis an die 30 % als in der Knapp-über-fünf-Prozent-Region. Diese unerfreulichen Erscheinungen des Parteiensystems können durch das Wahlsystem nicht beseitigt werden, und es wäre auch unter normativen Gesichtspunkten nicht vertretbar, dies mit der institutionellen »Keule« etwa

---

27 Vgl. Decker/Hartleb (2006), S. 197. Das dem deutschen Kontext spezifische Problem rechtsextremistischer Trittbrettfahrer wird durch Föderalismus und Parteienrecht außerdem vervielfacht.
28 Vgl. Pas/Vries/Brug (2011). Allerdings verzichtet Wilders durch diese Konstruktion auf etwa zehn Millionen Euro aus der Parteienfinanzierung, was Nachteile im Wahlkampf bedeutet.

einer Zehnprozenthürde zu versuchen, da in der Bevölkerung hinreichend verbreitete politische Einstellungen und Präferenzen im Parlament repräsentiert werden müssen.

Verhältniswahl mit Mehrheitsbonus

Mithin sind die Parteiensysteme nicht in dem Sinne »populistenfest« zu machen, dass diese keine parlamentarische Vertretung mehr erlangen, sondern im Sinne einer Obergrenze für ihren politischen Einfluss. Insbesondere soll erstens das Erfordernis bzw. die Versuchung reduziert werden, Populisten an der Regierung formell oder informell zu beteiligen. Zweitens soll die Notwendigkeit getilgt werden, zu diesem Zwecke von den Wählern unvorhergesehene und von den Parteianhängern ungewollte, politikinhaltlich beliebig anmutende »letzte Aufgebote« der etablierten Parteien (wie die Kenia-Koalition in Sachsen-Anhalt) in Stellung zu bringen, durch die diese zunehmend an programmatischen Konturen verlieren und damit dem populistischen Narrativ der von einem »Kartell« der »Systemparteien« servierten »Einheitssuppe« weitere Nahrung zu geben. Erforderlich erscheint dazu eine Revitalisierung der tradierten Lagerkoalitionen (ersatzweise auch die Ermöglichung noch nicht etablierter Koalitionen innerhalb eines Lagers).

Deren Mehrheitsfähigkeit ist vielerorts prekär geworden: Wenn zehn, 20 oder gar 30 % der Stimmen auf nicht konstruktive Kräfte entfallen, ist in Verhältniswahlsystemen eine parlamentarische Mehrheit sowohl für die konstruktiven linken Parteien als auch für die konstruktiven rechten Parteien nur noch im Falle eines desolaten Abschneidens des jeweils anderen Lagers erreichbar, solange hierzu 50 % der Wählerstimmen – mehr oder weniger stark ermäßigt durch nicht im Parlament vertretene Parteien – erforderlich sind. Daher sollte dieses Quorum nach italienischem Vorbild abgesenkt werden. Der Vorschlag kombiniert Elemente des von Silvio Berlusconi 2005 eingeführten »Porcellum« mit solchen des von Matteo Renzi verabschiedeten »Italicum« sowie eigenen Anpassungen.[29] Kernstück ist eine Mehrheitsprämie, durch die der stärksten Partei oder der stärksten ge-

---

29 Vgl. Best (2015b und 2016).

meinsam zur Wahl angetretenen Parteienkoalition unter der Voraussetzung des Überschreitens der Marke von 40 % der abgegebenen Wählerstimmen eine knappe Mehrheit der Parlamentssitze zugeteilt wird. Die übrigen Sitze würden unter den anderen Parteien proportional aufgeteilt.

Die Parteien wären frei in ihrer Entscheidung, ob sie alleine oder gemeinsam mit anderen Parteien zur Wahl antreten möchten. Träten Parteien gemeinsam zur Wahl an, wären sie gleichwohl einzeln auf dem Wahlzettel anzukreuzen, der ihr Zusammenwirken bei dieser Wahl aber grafisch klar hervorheben würde. Formal läge eine Gleichbehandlung aller Parteien vor. Faktisch könnte die den Aussichten auf den Gewinn der Mehrheitsprämie förderliche Entscheidung, gemeinsam mit anderen zur Wahl anzutreten, sinnvollerweise aber nur von konstruktiven Kräften getroffen werden, die nach der Wahl auch bereit sind, mit diesen anderen Parteien tatsächlich zu regieren und die hierfür erforderlichen Kompromisse einzugehen. Eine rechts-links-populistische Mesalliance zwecks Gewinn der Mehrheitsprämie wäre zwar theoretisch denkbar, würde aber die Glaubwürdigkeit aller Beteiligten und zumindest in Westeuropa ihre auch gemeinsam geringen Chancen auf ein Überwinden der 40%-Marke massiv untergraben. Als selbst ernannte Anwälte des einfachen Volkes dürften sie sich auch schwertun, gegen eine Wahlsystemreform zu agitieren, die nicht nur einen Abwehrmechanismus gegen überbordenden Populisteneinfluss darstellt, sondern zugleich – und in der Kommunikation der Reform am besten zuvörderst – eine Demokratisierung der Regierungsbildung. Das Ankündigen der geplanten Parteienbündnisse im Vorfeld der Wahl bedeutete nämlich nicht nur die Abgabe von – in vielen politischen Systemen bisher kaum verbreiteten und in anderen zugunsten eines allgemeinen Offenhaltens der Koalitionsfrage zunehmend verschwindenden – expliziten Koalitionsaussagen, sondern auch deren verbindliches »Einloggen«. Das Problem, ob die Parteien sich nach der Wahl noch an ihre koalitionspolitischen Festlegungen vor der Wahl gebunden fühlen,[30] stellte sich hier nicht, da keinerlei Anreiz bestünde, nach der Wahl eine andere Koalition einzugehen als jene, mit der man vor die Wähler getreten ist und für die man von ihnen mit einem eindeutigen Mandat betraut worden ist. Auch der Anreiz, nach der Wahl weitere unerwartete

---

30 Vgl. Best (2015), S. 385 ff.

Koalitionspartner hinzuzunehmen und diesen Konzessionen bezüglich Politikinhalten und Ämtern zu machen, obwohl man bereits über eine Mehrheit verfügt, dürfte überschaubar bleiben. Die Wähler erhielten somit einen direkten Einfluss auf die Regierungsbildung, der heute wegen ausbleibender Mehrheiten für Lagerkoalitionen zumeist letztlich in den Händen der Parteien und deren Führungen liegt.

Die Mehrheitsprämie wäre nicht formal, aber faktisch eine Prämie auf politische Konstruktivität und Kooperationsfähigkeit. Nicht nur, dass den konstruktiven Parteien faktisch das Privileg zukäme, die Option des gemeinsamen Antretens zur Wahl tatsächlich nutzen zu können: Darüber hinaus könnten sie besser für sich und ihre Wunschbündnisse mobilisieren, wenn deren Chancen auf Mehrheitsfähigkeit reformbedingt stiegen, und viele Wähler dürften geneigt sein, ihren direkten Einfluss auf die Regierungsbildung durch eine Stimme für eine der (in der Regel zwei) aussichtsreichen Vorwahlkoalitionen abzusichern. Zur Angst vor der »wasted vote« in Bezug auf die parlamentarische Repräsentanz, die viele Wähler abschreckt, ihre Stimme einer Kleinstpartei zu geben, die mit hoher Wahrscheinlichkeit die Fünfprozenthürde verfehlt, träte die Angst vor der »wasted vote« in Bezug auf die Regierungsbildung.

Sofern die Demokratisierungswirkung der Reform deren Legitimität noch nicht hinreichend belegen sollte, so sollte dies eine unbedingt anzustrebende Festschreibung des Wahlsystems in der Verfassung leisten, wofür ein Konsens der konstruktiven Kräfte unerlässlich wäre. Dies würde die Reform wohltuend von dem hinsichtlich seiner Genese unrühmlichen Vorbild des »Porcellum« abheben, das Berlusconi unilateral und schlicht zum (letztlich verfehlten) Zwecke der Sicherung seiner eigenen Macht durchsetzte und das der zuständige Minister selbst offen als »Schweinerei« bezeichnete (daher der Name »Porcellum«).[31] Der Bildung eines solchen Konsenses dürfte zuträglich sein, dass die Mehrheitsprämie im Gegensatz etwa zur Einführung einer absoluten Mehrheitswahl oder eines Grabenwahlsystems, die beide eine einseitige Benachteiligung kleiner Parteien bedeuten würden, zugunsten der (großen und kleinen) Wahlgewinner und zulasten der (großen und kleinen) Wahlverlierer wirkt, die ihrerseits durch die Erhebung des Wahl-

---
31 Vgl. Köppl (2011), S. 111; Nohlen (2014), S. 252.

systems in den Verfassungsrang die Sicherheit erhielten, dass ihnen bei der nächsten Wahl die Chance offensteht, ihrerseits vom Mehrheitsbonus zu profitieren, und keine Rücknahme der Reform durch die Regierungsparteien zum Zweck der eigenen Machtinteressen befürchten müssten. Außerdem würden die resultierenden »Koalitionen der Willigen« allen konstruktiven Kräften eine bessere Wahrung ihrer programmatischen Markenkerne ermöglichen. Hiervon könnten sich die Parteiführungen auch eine Absicherung ihrer eigenen innerparteilichen Machtposition, einen euphorischeren Einsatz der Basis im Wahlkampf und eine Verlangsamung oder einen Stopp des vielerorts zu beobachtenden Mitgliederrückgangs, ja vielleicht hier und da sogar eine Trendumkehr versprechen. Besonders reserviert dürften jene Hinterbänkler in den Fraktionen auf den Vorschlag reagieren, die sich für den Fall, dass die andere Seite den Mehrheitsbonus erringt, darauf einstellen müssen, dem Parlament zumindest zeitweilig nicht mehr anzugehören. In ihrer Wirkkraft nicht zu unterschätzen ist auch die symbolische Abkehr von der 50-%-Schwelle, die aber durch das Scheitern kleiner Parteien an formellen oder faktischen Sperrklauseln ohnehin regelmäßig mehr oder weniger stark herabgesetzt wird, bei der Bundestagswahl 2013 etwa sogar bis auf 42,1 %. Die Hälfte der Bevölkerung hinter sich zu haben, ist ohnehin noch einmal eine ganz andere Sache: Die Nichtwähler eingepreist, basierte die 80 % der Parlamentssitze »kontrollierende« Große Koalition in der Bundesrepublik auf 47,7 % der Wählerstimmen, die vorangegangene schwarz-gelbe Koalition stützte sich auf nur 40,2 %. Für die nach den Landtagswahlen im März 2016 angebahnten Bündnisse lauten die ernüchternden Zahlen: Grün-Schwarz in Baden-Württemberg 40,3, Ampel in Rheinland-Pfalz 33,6, Kenia in Sachsen-Anhalt 27,9. Fragt man nun noch, wie viele der Wähler der jeweils beteiligten Parteien das jeweilige Notbündnis tatsächlich zum Zeitpunkt der Wahl gutgeheißen hätten, würde es endgültig ernüchternd. Eine feste 40-%-Mindestmarke, die nicht wahlpolitischen Zufälligkeiten unterliegt und eine wenigstens von einem Lager in großer Geschlossenheit unterstützte Regierung hervorbrächte, wäre letztlich auch ehrlicher als die Fixierung auf die pseudo-50-prozentige Legitimitätschimäre.

Der Vorteil des Reformvorschlags gegenüber dem Status quo liegt nicht nur in der Ermöglichung einer lagerinternen Koalition, die eine bessere Wahrung der Parteimarkenkerne erlaubt. Darüber hinaus stellt er auch eine bei der Folgewahl chancenreiche konstruktive Alternativkoalition bereit, die sich ihrer Oppositionsarbeit kraftvoll widmen kann, statt »mit angezogener Handbremse« vor allzu großen Konflikten mit der Regierung zurückzuschrecken, um eine eventuelle Zusammenarbeit mit einer oder mehreren der amtierenden Regierungsparteien nach der Folgewahl nicht aufs Spiel zu setzen. So entstünde in der Wählerschaft weniger Frustrationspotenzial der Gestalt, dass keine Partei die eigenen Interessen vertrete, die Parteien austauschbar seien und es letztlich egal sei, wer nun regiere; und für die Populisten wäre es schwieriger, dieses auf ihre Mühlen zu lenken.

Fazit

Ausgehend von den Erfolgen populistischer Parteien in Europa wurde in diesem Beitrag insbesondere auf deren politischen Einfluss in Koalitionsdemokratien abgestellt. Da auf der Ebene des Parteienwettbewerbs sich weder die Strategie der Themenübernahme noch jene der Entzauberung an der Regierung oder der Isolierung ausweislich der bisherigen Praxis als Königsweg zur Eindämmung des populistischen Einflusses anbieten, wurde auf der institutionellen Ebene eine Wahlsystemreform nach italienischem Vorbild empfohlen. Diese entfernt zwar die Populisten nicht aus dem Parlament, verhindert aber ihren Einfluss auf die Regierungsbildung, ermöglicht wieder einen funktionierenden Wettbewerb unter den konstruktiven Kräften im Parteiensystem und vermindert so auch die Mobilisierungschancen der Populisten. Eine Mehrheitsprämie nach italienischem Vorbild könnte somit eine wirksame Obergrenze für populistischen Politikeinfluss setzen. Es sollte daher sorgfältig geprüft werden, für welche europäischen Koalitionsdemokratien eine solche Reform infrage kommen könnte.

Literatur

Akkerman, Tjtske/Matthijs Rooduijn (2015): Pariah or Partners? Inclusion and Exlusion of Radical Right Parties and the Effects on Their Policy Positions, in: Political Studies 63 (2015) 5, S. 1140-1157.
Andeweg, Rudy B./Galen A. Irwin (2014): Governance and Politics of the Netherlands, 4. Aufl., Basingstoke.
Arndt, Christoph (2015): Die Wahlen zum dänischen Folketing vom 18. Juni 2015. Knapper bürgerlicher Sieg bei erdrutschartigen Wählerwanderungen, in: Zeitschrift für Parlamentsfragen 47, S. 771-782.
Best, Volker (2015a): Koalitionssignale bei Landtagswahlen. Eine empirische Analyse von 1990 bis 2012, Baden-Baden.
Best, Volker (2015b): Komplexe Koalitionen, perplexe Wähler, perforierte Parteiprofile. Eine kritische Revision jüngerer Befunde zur deutschen Koalitionsdemokratie und ein Reformvorschlag, in: Zeitschrift für Parlamentsfragen 46 (2015) 1, S. 82-99.
Best, Volker (2016): Warum das deutsche Wahlsystem eine Mehrheitsprämie braucht. Eine Entgegnung auf Joachim Behnkes Replik in H. 2 (2015) der ZParl, in: Zeitschrift für Parlamentsfragen 47 (2016) 1, S. 212-225.
Blumenthal, Julia von (2004): Die Schill-Partei und ihr Einfluss auf das Regieren in Hamburg, in: Zeitschrift für Parlamentsfragen 35 (2004) 2, S. 271-287.
Camus, Jean-Yves (2016): An der Schwelle zur Macht? Der Front National zwischen Normalisierung und Isolation, in: APuZ 66 (2016) 48, S. 24-28.
Decker, Frank/Florian Hartleb (2006): Populismus auf schwierigem Terrain. Die rechten und linken Herausfordererparteien in der Bundesrepublik, in: Populismus in Europa, hg. v. Frank Decker, Wiesbaden, S. 191-215.
Frölich-Steffen, Susanne (2006): Rechtspopulistische Herausforderer in Konkordanzdemokratien. Erfahrungen aus Österreich, der Schweiz und den Niederlanden, in: Populismus in Europa, a. a. O., S. 144-164.
Hopmann, David Nicolas (2011): The 2011 Danish National Election, in: NORDEUROPAforum 21 (2011) 2, S. 7-21.
Jochen, Sven (2016): Die Parlamentswahl 2015 in Finnland – Herausforderungen für die Verhandlungsdemokratie, in: Zeitschrift für Parlamentsfragen 47 (2016) 1, S. 102-117.
Kaiser, André (2004): Alternanz und Inklusion. Zur Repräsentation politischer Präferenzen in den westeuropäischen Demokratien, 1950–2000, in: Demokratietheorie und Demokratieentwicklung, hg. v. ders./Thomas Zittel, Wiesbaden, S. 173-196.
Kießling, Andreas (2001): Regieren auf immer? Machterhalt und Machterneuerungsstrategien der CSU, in: Aufstieg und Fall von Regierungen. Machterwerb und Machterosion in westlichen Demokratien, hg. v. Gerhard Hirscher/Karl-Rudolf Korte, München, S. 216-248.
Köppl, Stefan (2011): Politik in Italien. Vom Kartell zum Wettbewerb. Parteien – Parlament – Regierung, Baden-Baden.
Koß, Michael/Dan Hough (2006): Landesparteien in vergleichender Perspektive. Die Linkspartei PDS zwischen Regierungsverantwortung und Opposition, in: Zeitschrift für Parlamentsfragen 37 (2006) 2, S. 312-333.
Marušiak, Juraj (2016): Steht der Wahlsieger schon fest? Vor den Parlamentswahlen in der Slowakischen Republik, Berlin.
Nijhuis, Ton (2013): Regierungsbildung im hoch fragmentierten Parteiensystem der Niederlande, in: Die deutsche Koalitionsdemokratie vor der Bundestagswahl 2013. Parteiensystem und Regierungsbildung im internationalen Vergleich, hg. v. Frank Decker/Eckhard Jesse, Baden-Baden. S. 543-559.
Nohlen, Dieter (2014): Wahlrecht und Parteiensystem. Zur Theorie und Empirie der Wahlsysteme, 7. Aufl., Opladen/Toronto.
Oppelland, Torsten/Hendrik Träger (2014): Die Linke. Willensbildung in einer ideologisch zerstrittenen Partei, Baden-Baden.

Pallaver, Günther/Reinhold Gärtner (2006): Populistische Parteien an der Regierung – zum Scheitern verdammt? Italien und Österreich im Vergleich, in: Populismus in Europa, a. a. O., S. 99-119.

Pas, Daphne van der/Catherine de Vries/Wouter van der Brug (2011): A Leader Without a Party. Exploring the Relationship Between Geert Wilders' Leadership Performance in The Media and His Electoral Success, in: Party Politics 17 (2011) 3, S. 458-476.

Pelinka, Anton (2016): Österreich – Im europäischen Trend, in: Zeitschrift für Staats- und Europawissenschaften 14 (2016) 4, S. 448-454.

Tóth, Barbara (2015): Am mächtigsten in der Opposition. Die FPÖ in Österreich, in: Rechtspopulismus in Europa. Gefahr für die Demokratie?, hg. v. Ernst Hillebrand, Bonn. S. 59-67.

Webb, Paul/ Tim Bale (2014): Why Do Tories Defect to UKIP? Conservative Party Members and the Temptations of the Populist Radical Right, in: Political Studies 62 (2014) 4, S. 961-970.

Ali Can

Wie Integration gelingen kann.
Ein autobiografischer Essay aus der Praxis der »Hotline für besorgte Bürger«

Über die Sorge der besorgten Bürgerinnen und Bürger

Nichts scheint die Deutschen seit Beginn des Jahres 2015 so sehr beschäftigt zu haben wie die Thematik der geflüchteten Menschen. Die Ursachen der Flucht sind meistens Krieg, Hunger, politische Verfolgung oder das Streben nach einem besseren Leben. Fast täglich erreichen uns durch Fernsehberichte oder im Internet Bilder von bombardierten syrischen Städten oder über die Opfer von untergegangenen Flüchtlingsbooten, darunter auch Kinder. In den meisten Menschen lösen diese Nachrichten Mitgefühl und Akzeptanz für Asylsuchende aus den Kriegs- und Krisenregionen aus. Auf andere wiederum wirkt die Immigration der Geflüchteten besorgniserregend, gar bedrohlich. Wenn auf einen Schlag viele fremdkulturelle Menschen aus fernen Kontinenten nach Deutschland kommen, ist offensichtlich, dass unsere Gesellschaft vor großen Herausforderungen steht, die Ängste hervorrufen können. Oft heißt es auch, dass die Mehrheit der geflüchteten Menschen nicht in unsere Gesellschaft integriert werden könne.

Bei meiner »Hotline für besorgte Bürger«, die ich im Sommer 2017 gegründet habe, finden Menschen einen Ansprechpartner für ihre Sorgen, ihre Ängste und für ihre Skepsis in Bezug auf die Einwanderung von geflüchteten bzw. muslimischen Menschen. Dort melden sich vor allem AfD- und Pegida-Sympathisanten, die ich im Folgenden »besorgte Bürger« nenne. Für die Hotline werbe ich als »Migrant des Vertrauens« für einen vorurteilsfreien Austausch. Die meisten meiner Anrufer beschweren sich darüber, dass es anscheinend viel zu viele fremdkulturelle Menschen gäbe, die zu uns nach Deutschland kämen, und berichten, dass sie um den Erhalt der deutschen Kultur fürchten. Wenn der oder die besorgte BürgerIn im Verlauf des Gesprächs den Standpunkt konkretisiert und begründet, nennt er/sie beispielsweise ein verändertes Stadtbild, in dem viele junge Männergruppen mit Migrationshintergrund auftauchen, die schlecht in »unsere Kultur« integriert zu sein scheinen.

Doch wie sieht gelungene Integration aus? Immer wieder stelle ich diese Frage in meinen Workshops zur interkulturellen Sensibilisierung oder in den Telefongesprächen, die ich dank meiner Hotline führen darf. Oft gibt man mir die Antwort, es gehe bei der erfolgreichen Integration darum, dass die Menschen, die aus anderen Kulturräumen kommen und in Deutschland zu leben beabsichtigen, die sogenannte »Deutsche Leitkultur« annehmen. Was aber ist das, die »Deutsche Leitkultur«? Ist das, was wir darunter bezeichnen würden, so homogen, dass es sich klar definieren und von anderen Begriffen abgrenzen lässt? Frage ich meine GesprächspartnerInnen, was sie sich darunter vorstellen, unterscheiden sich ihre Antworten meist sehr stark voneinander.

Das Deutsche, der Duden und Deutsch als Fremdsprache

Mein Engagement hat mich quer durch Deutschland und in viele Ecken zwischen Flensburg und Freiburg geführt. Eine wichtige, wenngleich nicht wirklich überraschende Erkenntnis, die ich dabei gewonnen habe: Eine einheitliche Meinung über »*das* Deutsche« existiert nicht. Das fängt schon bei den regionalen Unterschieden an: Zwischen Bodensee und Wattenmeer, Schwarzwald und Zugspitze, Berlin und Sauerland, Bautzen und Köln gibt es Unterschiede. Den Schuhplattlertanz wird man wohl kaum in Kiel kennen, eher in Oberbayern. Dafür wird man in Garmisch-Partenkirchen wenig mit *Boßeln*[1] anfangen können, während in Ostfriesland diese Sportart sehr bekannt ist. Insofern wird Integration auch ein Stück weit durch den regionalen Charakter bestimmt. Natürlich haben wir alle gewisse Klischees im Kopf, die sich in den Antworten, die ich auf meine Frage nach dem »typisch Deutschen« erhalte, niederschlagen. Verallgemeinerbar ist dies aber nie. Obwohl sich die allermeisten meiner Gesprächspartner darüber einig sind, dass Deutsche in jeglicher Hinsicht Ordnung walten lassen, kennen wir alle unordentliche Bürger der Bundesrepublik Deutschland, die ja deshalb nicht weniger »deutsch« sind.

Die deutsche Vielfalt beginnt ja schon bei der deutschen Sprache, sie ist ebenso ein Mosaik verschiedener, auch ziemlich exotisch anmutender Einflüsse wie unsere deutsche Kultur insgesamt. Fragt man einen Linguisten, wird man schnell merken, dass es nicht eine einzig gültige, richtige Art gibt, deutsch zu sprechen. Zum einen gibt es Dialekte, die in geografischen Räumen gesprochen werden, zum anderen gibt es Soziolekte, also unterschiedliche Sprechweisen von sozialen Gruppen: Es gibt die sogenannte Jugendsprache, es gibt wissenschaftliche Fachsprachen und so weiter und so fort.[2] Ja, man kann das sogar noch verschärfen: Jeder Sprecher der deutschen Sprache verwendet diese jeweils anders, hat seine ganz eigene sprachliche Handschrift. Goethe verwendet andere Formulierungen als sein Zeitgenosse Schiller, obwohl die beiden sich in ähnlichen Kreisen bewegten und in Weimar lebten.

Und doch gibt es einen Unterschied zwischen der deutschen und jeder anderen Sprache, beispielsweise dem Englischen oder dem Chinesischen. Sprache kann nicht beliebig sein – und es gibt auch so etwas wie einen Duden, in dem man nachschlagen kann, wie Wörter generell geschrieben werden und was sie bedeuten. Könnte man sagen, die deutsche Leitkultur müsste in diesem Sinne so etwas sein wie ein Nachschlagewerk, das jenseits der einzelnen, individuellen Praxis regelt und erklärt, was »richtig deutsch« ist und was nicht? Wir müssen uns vor Augen halten, was der Duden eigentlich tut. Der Duden gibt keine absoluten Vorschriften, stellt keine allein

---

1 Norddeutsches Ballspiel (ähnlich Boule) im Freien.
2 Pelz, Heidrun (2007): Linguistik. Eine Einführung, Hamburg.

gültigen Regeln auf – er dient mehr als Leitfaden, als Empfehlung, und beschreibt gesellschaftliche Tendenzen. Alternative Schreibformen und neue Wörter werden in ihn aufgenommen – nicht, weil die *Gesellschaft für Deutsche Sprache* denkt, es handele sich um besonders schöne Formulierungen, die künftighin verwendet werden sollen, sondern da diese Formulierungen real auftauchen und damit einen Teil der deutschen Alltagskommunikation ausmachen. Die Sprache wandelt sich, und der Duden passt sich diesem Sprachwandel an, bildet ihn mit ab. Anglizismen gehören genauso zur deutschen Sprache dazu wie Lehnwörter aus dem Lateinischen. Dass selbst Dutzende Wörter aus dem Arabischen entlehnt worden sind, überrascht viele Deutsche. Der Vergleich zwischen Sprach- und Kulturwandel wird dann besonders deutlich, wenn wir uns vor Augen führen, dass sehr geläufige Wörter wie »Kaffee«, »Chemie« oder »Tarif« – ja, sogar »Alkohol« – vor mehreren Jahrhunderten durch arabischstämmige Menschen nach Europa gelangt sind.[3] Die deutsche Sprache ist also keinesfalls homogen und wurde von anderen Sprachen beeinflusst und geprägt. Das sinnvollste Kriterium, um eine Sprache von einer anderen abzugrenzen, scheint mir daher gegenseitige *Verstehbarkeit* zu sein. Übrigens ist »Verstehbarkeit« kein Wort, das sich im Duden findet – trotzdem haben Sie es als kompetente Sprecherin oder kompetenter Sprecher der deutschen Sprache ohne Schwierigkeiten verstanden. Man spricht eindeutig »deutsch«, selbst wenn man andere Begriffe als die im Duden angegebenen verwendet – selbst, wenn es normsprachlich falsch wäre. Wir verstehen uns und können uns im Zweifel gegenseitig erläutern, was wir mit unseren Begriffen meinen – der entscheidende Punkt dabei ist die Bereitschaft zur Kommunikation. Rechtsgesinnten Menschen, mit denen ich über meine Hotline oder bei asylkritischen Veranstaltungen spreche, erkläre ich des Öfteren, wie wichtig trotz aller berechtigter Kritik eine offene Haltung sowohl bei einheimischen als auch zugewanderten Menschen ist, nicht nur beim Spracherwerb, damit Integration gelingen kann. Freundlichkeit und Geduld sind nicht zu unterschätzen: Der Ton macht die Musik.

Genau wie fremde Sprachen können auch fremde Kulturen unverständlich sein. In Indien oder Bulgarien beispielsweise wird das Nicken mit dem Kopf als ablehnende Geste verwendet. Wenn man das als in Deutschland

---

3   Osman, Nabil (Hg.) (2010): Kleines Lexikon Deutscher Wörter Arabischer Herkunft, München.

sozialisierter Mensch nicht weiß, kann das zu Verständnisproblemen führen. Unverzichtbarer Wert unserer freiheitlich-demokratischen, deutschen Kultur ist die Emanzipation der Frau. Manche Zugewanderte mit Fluchthintergrund haben ein Frauenbild, das sich von unserem unterscheidet, obwohl sie, genau wie wir, das Gefühl haben, darin vollkommen normal und richtig zu sein. Es ist deshalb sehr wichtig, sich Gedanken über Kulturvermittlung zu machen.

Im interkulturellen Dialog stößt man früher oder später immer auf Verständigungsprobleme. Oft lassen sich solche Situationen entschärfen oder lösen, wenn man nachfragt, sich fremde Verhaltensweisen erklären lässt, und die eigenen ebenso erklärt. Durch Zuhören und Ausprobieren lernen Kinder ihre Muttersprachen – und auch Menschen, die Fremdsprachen erlernen, tun dies normalerweise nur, indem sie sie sprechen: Oft haben sie dabei Unterstützung von Menschen, die die Sprache, die sie erlernen wollen, bereits meistern. Wichtig hierfür ist vor allem die Haltung der Helfenden und Unterstützer. Wenn ich will, dass sich geflüchtete Menschen integrieren, so ist meine Haltung ihnen gegenüber wichtig – bin ich ihnen bei der Integration behilflich? Mir ist aufgefallen, dass die meisten besorgten Bürger einerseits fordern, dass geflüchtete Menschen die deutsche Sprache schleunigst lernen, aber wenn sie gefragt werden, ob sie sich ehrenamtlich engagieren, damit die Migranten der Sprache schneller mächtig werden, kommt in nahezu allen Fällen ein ebenso überzeugtes »Nein«. Das klingt paradox.

Der Regelkodex und die kulturelle Integration

Es gibt sehr wohl einen festen Regelkodex, den man in Gesellschaften befolgen muss, um als Teil einer solchen integriert zu sein: die Gesetze. Wer Steuern hinterzieht, ist nicht integer als Teil unserer Gesellschaft. Es stellt sich hier die grundlegende Frage: Muss ich mich, um in einer Gesellschaft integriert zu sein, ebenso in das kulturelle Spektrum dieser Gesellschaft integrieren wie in ihre gesellschaftliche Grundordnung? Meiner Meinung nach ist es wichtig, die Traditionen und Gepflogenheiten eines Landes kennenzulernen und sie zu respektieren. Aber muss ich mich dafür kulturellen Stereotypen unterordnen? Auch ein konfessionsloser, vegetarischer Deutscher, der generell zu Unpünktlichkeit neigt, nicht weiß, wer die deutsche Nationalhymne geschrieben hat, der lieber amerikanischen Punkrock hört als Marschmusik und dem Bier nicht schmeckt, wird kulturell verstanden und als »Kulturdeutscher« gelesen – und wenn ihm jemand unterstellte, er sei wegen dieser Eigenschaften weniger deutsch, würde er dieses Urteil als bloße Klischeevorstellung abweisen – genauso wie eine Frau ablehnen würde, als weniger weiblich bezeichnet zu werden, bloß weil sie gut einparken kann. Unsinnige Klischees und Stereotype betreffen alle Gruppen von Menschen.

Warum aber kann ein Mensch, der auf oben skizzierte Weise deutschen Klischees widerspricht, trotzdem ein »guter Deutscher« sein? Ich habe die starke Intuition, dass es daran liegt, dass solche meist oberflächlichen Merkmale wenig darüber aussagen, inwieweit ein Mensch in unsere freiheitlich-demokratische Gesellschaft integriert ist, und inwieweit er die Werte verinnerlicht hat, die dieser zugrunde liegen. Diese Werte aus dem Grundgesetz sind unser wichtigstes Kulturgut, nicht unsere Essgewohnheiten. Natürlich gibt es Menschen in Deutschland, die sich weigern, die deutsche Sprache zu lernen, oder solche, die Werte und Gesetze unserer freiheitlich-demokratischen Gesellschaft ablehnen. Das gilt nicht nur für sogenannte »Neubürger«.

Die Werte, die jemand vertritt, und die Bereitschaft, Gesetze zu befolgen, lassen sich nicht durch Hautfarbe, Nationalität oder anderweitige Gruppenzugehörigkeit überprüfen. Genauso wenig lässt es sich durch einmal abgefragtes Faktenwissen überprüfen. Ich bin daher kein großer Fan von Einbürgerungsfragen, deren korrekte Beantwortung für den Erwerb der deutschen Staatsangehörigkeit relevant sein soll. Zum einen wissen selbst nur wenige deutsche Menschen ohne Hund, in welchem Amt man in Deutschland seinen Hund anmelden muss – ja, diese Frage ist dem offiziellen Einbürgerungstest entnommen. Zum anderen kann man mit solchen Fragen keine spezifischen Grundhaltungen in Bezug auf das Wertesystem erfassen. Zwar ist gesellschaftspolitisches Wissen über Deutschland und seine Geschichte durchaus sinnvoll, aber nicht entscheidend. Das zwischenmenschliche Leben hängt nicht davon ab, ob ich weiß, welche Farben das Wappen von Hessen hat. Respekt, Toleranz und einen wertschätzenden Umgang lernt man nicht dadurch, dass man weiß, dass der 17. Juni mal ein Feiertag in der Bundesrepublik war. Wichtig ist die Grundhaltung eines Menschen, seine Integrationsbereitschaft. Wenn der Wille dazuzugehören da ist, wird er sich nach und nach die notwendigen Kenntnisse zu eigen machen. Es ist nicht zu bestreiten, dass auch die Zugewanderten aktiv gefordert sind, sich um ihre Integration zu bemühen. Doch wie ich bei meiner eigenen Sozialisation gelernt habe, ist es für einen zugewanderten Menschen auch wichtig, Angebote und Partizipationsmöglichkeiten in der Zielgesellschaft aufgezeigt zu bekommen.

Autobiografische Erzählungen als Mittel gegen Stereotypie

Da besorgte Bürger gerne betonen, dass ich in ihren Augen besonders gut integriert sei und andere Zugewanderte es genauso machen müssten, erzähle ich gerne aus meinem Leben. Ich erkläre, was mir bei meiner Integration half und wie ich ein großes Interesse an deutschen und auch christlichen Traditionen entwickelt habe. So konnte ich der deutschen Sprache vor allem deshalb mächtig werden, weil ich viele deutsche Freunde habe, die mich beispielsweise an Weihnachten, Ostern oder zu Vereinsfesten einluden. Auch die Partizipationsangebote des Stadttheaters Gießen trugen dazu bei, dass ich mich mit Literatur, deutscher Kultur und gesellschaftspolitisch relevanten Themen wie zum Beispiel dem Nationalsozialismus oder der ehemaligen DDR auseinandergesetzt habe. Es wird deutlich, dass Begegnungsstätten zwischen Zugezogenen und Alteingesessenen sehr fruchtbar sind und maßgeblich zu einer gelungenen Integration beitragen.

Die Integration in eine fremde Gesellschaft fällt trotzdem immer schwer. Ich war selbst Asylsuchender, als sich meine Familie im Jahr 1995 aus Pazarcik, einer Kleinstadt nahe der syrischen Grenze, auf den Weg nach Warendorf bei Münster machte. Gerade in der ersten Zeit stellten sich große Herausforderungen – vor allem, da man mir aufgrund meiner Herkunft das »Anders-Sein« anmerkt und ich mich deshalb oft nicht akzeptiert fühlte. Schließlich habe ich – plakativ ausgedrückt – nicht nur einen Migrationshinter-, sondern auch einen ebensolchen Vordergrund. Mit diesem fiel ich vor allem in meiner Schulzeit besonders auf, da in meiner Realschulklasse bloß drei Migranten waren. Die Aufmerksamkeit, die vielen Nachfragen und die Tatsache, dass meine Eltern nur sehr gebrochenes Deutsch sprachen, waren mir oft unangenehm. Wäre ich wie meine deutschen Freunde gewesen, wären mir wohl viele peinliche Situationen erspart geblieben. So musste ich zum Beispiel in der Grundschule mit zum Elternsprechtag, um für meinen Vater zu übersetzen. Die meisten Lehrkräfte reagierten verständnisvoll und waren geduldig, was mir in der Situation half. Einmal war ein Lehrer beim Elternsprechtag jedoch besonders ungeduldig und störte sich daran, dass ich immer erst übersetzen musste. Die Folge war, dass ich mich aus Scham in seinem Unterricht weniger einbrachte – meine Leistungen wurden schlechter. Insofern wird auch hier deutlich, wie wichtig ein wertschätzender und geduldiger Umgang bei interkulturellen Herausforderungen sind. Eine weitere sehr unangenehme Erfahrung für mich war die, als es im Biologieunterricht um das Thema Sexualkunde ging. Der Lehrer projizierte eine Folie an die Wand, auf der männliche und weibliche Genitalien abgebildet waren. Als uns der anatomische Aufbau des Penis erläutert wurde, erklärte er: »Und hier am vorderen Ende befindet sich die Eichel. Die Haut um sie herum wird auch Vorhaut genannt. Muslimische Jungs werden allerdings beschnitten, bei ihnen fehlt diese Vorhaut – nicht wahr, Ali?« Natürlich wurden danach Witze über mich gerissen und ich hatte noch mehr das Gefühl, nicht dazuzugehören.

In meinen Gesprächen mit »Asylkritikern« versuche ich auch dafür zu sensibilisieren, dass Witze über fremdkulturelle Phänomene ein für die davon Betroffenen besonders empfindliches Thema sein können, dass sich MigrantInnen dadurch oft »auf den Schlips« getreten und ausgeschlossen fühlen. Bei meinen Pegida-Besuchen versuche ich das mit einem Beispiel anschaulich zu machen: Mal angenommen, ein aus Sachsen stammender junger Mensch zieht nach Münster und in der Schule hänseln ihn seine Mitschüler aufgrund seines sächsischen Dialektes. Oft wird dann klar, dass die Gefühle von Ausgrenzung einsam machen und die Integration erschweren können. Daher appelliere ich für einen prinzipiell behutsamen, wertschätzenden Umgang miteinander, egal mit wem.

Für mich spielt also auch die Haltung der Einheimischen eine große Rolle, wenn wir von Migranten eine gute Anpassung erwarten. Die Grundwerte unserer Verfassung sind natürlich das Fundament für eine gelungene Integration und ihre Kenntnis und Befolgung muss vorausgesetzt werden können. Darüber hinaus wird Integration nur gelingen, wenn wir einander auf Augenhöhe begegnen – und das heißt vor allem, die Schubladen zu hinterfragen, in die wir Menschen stecken, die anders sind als wir.

Natürlich sind Schubladen praktisch. Wenn wir verschiedene Gegenstände aufbewahren wollen, sortieren wir diese ja auch in unterschiedliche Fächer ein, damit wir sie wiederfinden und den Überblick behalten können. Nicht anders ist es auf der Straße: Um voranzukommen und uns nicht zu verlaufen, wollen wir jede neue Situation schnell einordnen. Das lässt sich gar nicht vermeiden, denn um über alles und jeden gründlich nachzudenken, fehlt uns schlicht die Zeit, die Geduld und die Energie. Also bedienen wir uns der Einfachheit halber bestimmter Fächer und Schubladen. Selbst wenn wir unbegrenzt Zeit, Geduld und Energie hätten, würden wir Menschen automatisch in Schubladen stecken, denn sie hinterlassen in uns immer einen Eindruck, zu dem wir als Person innerlich Stellung beziehen. Jeder Mensch aber ist ein Individuum und lässt sich nur mit Gewalt in eine Schublade pressen: Wir alle haben vielseitige Persönlichkeiten, daher kann keine Schublade einem Menschen vollständig gerecht werden. Ich beispielsweise bin im Südosten der Türkei geboren, dennoch liebe ich es, in Bayern zu wandern, habe in meiner Freizeit haufenweise deutsche Literatur gelesen, während ich im Dönerimbiss meiner Eltern ausgeholfen habe. Dass wir trotzdem immer wieder in Schubladen denken, nicht selten ganz intuitiv, bleibt nicht aus, gehört unweigerlich zur menschlichen Psyche dazu. Wichtig ist nur, dass wir uns unserer Schubladen im Kopf bewusst werden, sie öffnen und entsprechend aufräumen können. Wenn wir neue Menschen kennenlernen, lohnt es sich also einen Moment lang innezuhalten und sich der Assoziationen, die wie ein Gedankenzug durch unseren Kopf fahren, bewusst zu werden und sich ihrer zu entledigen. Integration kann nur gelingen, wenn wir uns auf unbekanntes Terrain wagen, um Menschen zu beggenen. Es ist ein langer Weg der permanenten Selbstreflexion und der Bereitschaft, sich auf Unbekanntes einzulassen, bis die eigenen Schubladen aufweichen und durchlässig werden.

Polarisierungen durch Brückenfragen auflösen

Deshalb sollten wir uns – ganz unabhängig von individuellen Eigenschaften – zuallererst um Höflichkeit, Geduld und ein gerechtes Miteinander bemühen. Eine Welt ohne interkulturelle Herausforderungen ist natürlich nicht möglich – und wäre für unsere gesellschaftliche Weiterentwicklung zudem wenig nützlich, die schließlich vom Austausch lebt. Die Frage ist daher: Wie gehen wir mit den Herausforderungen um? Gelingt es uns trotz aller Schwierigkeiten, die Würde der Menschen zu achten, wie es unser Grundgesetz von uns verlangt? Ich gehe fest davon aus, dass wir die Antwort auf diese Frage selbst in der Hand haben.

Das sage ich, obwohl seit Jahren zu beobachten ist, dass sich die Gesellschaft in »linksgrünversiffte Gutmenschen« und »Rechtspopulisten« zu spalten droht, wie sich die verfeindeten Lager gegenseitig bezeichnen. Aufgrund dieser Polarisierung ist es zuletzt nicht gerade einfach geworden, einen Konsens im Umgang mit geflüchteten Menschen zu erzielen. Grundlegende Prinzipien wie Menschlichkeit, Toleranz und Hilfsbereitschaft anzustreben – auf der persönlichen wie auf der gesellschaftspolitischen Ebene – kann vor gesellschaftlicher Spaltung und Verrohung schützen. Eines Tages könnte unsere Gesellschaft über diese Brücke wieder zu einem gesamtgesellschaftlichen Wir gelangen.

Wichtig dafür ist es, eine wertschätzende Grundhaltung zu entwickeln und Gespräche auf Augenhöhe zu führen, auch und gerade mit Andersdenkenden. So manchem, dem ich von der »Hotline für besorgte Bürger« erzählte, erscheint mein Telefonangebot für rechtstendierende »Asylkritiker« als vergeudete Liebesmüh. Von an sich offenen und toleranten Menschen höre ich immer wieder, dass sie von Pegida-Protesten und AfD-Veranstaltungen angewidert sind und dafür partout kein Verständnis aufbringen können. Gespräche mit Befürwortern einer Obergrenze für Geflüchtete seien punktlos, weil »solche Menschen« ihre Standpunkte trotz einer Vielzahl von Argumenten nur selten ändern würden, scheinbar bloß beschimpfen und attackieren. Oft resultiert ein grober Ton – auf beiden Seiten wohlgemerkt – aus der Annahme, das Gegenüber sei »der Feind«, gegen den man eine verbale Schlacht führt, in der Angriff die beste Verteidigung ist. Schauen wir uns Kanzlerduelle, Podiumsdiskussionen oder Talkshows an: Oft geht es darum, als Gewinner dazustehen. Ein solcher Konkurrenzgedanke verhindert verständnis- und erkenntnisreiche Gespräche auf Augenhöhe. In einer wertschätzenden Diskussion ist sich jeder bewusst, dass er selbst falsch liegen und etwas dazulernen kann.

Wenn in einem Gespräch auf Augenhöhe erörtert werden kann, wie es zu bestimmten Standpunkten kommt und was hinter dieser oder jener

Parole steckt, können diese Parolen in den Hintergrund rücken und ehrlichen Ichbotschaften weichen. Das ist wie in einer Partnerbeziehung. Wenn ein Partner dem anderen sagt »Du hörst mir nie zu!«, ist der andere natürlich berechtigt zu sagen, dass diese Behauptung wörtlich verstanden eine unsinnige Generalisierung ist. Er kann aber auch fragen, warum sein Gegenüber diesen Eindruck überhaupt hat. Vielleicht öffnet sich der Partner und sagt: »Ich habe oft das Gefühl, dass du dich nicht wirklich für das interessierst, was ich dir von meinem Alltag erzähle. Oft kommt es nämlich vor, dass du mir sagst, du habest jetzt keine Zeit, und dir später aber auch keine dafür nimmst. Das macht mich traurig und ich fühle mich nicht wertgeschätzt.« – So kann ein wirklicher Dialog zustande kommen, obwohl anfänglich der eine Partner eine für den anderen verletzende, unangenehme Verpackung gewählt hat, um über ein eigenes Bedürfnis zu sprechen. Die Reaktion, hier zu fragen, warum dieser negative Eindruck entstanden ist, erfordert natürlich eine gehörige Portion Interesse am anderen, Vertrauen in ihn und die generelle Bereitschaft, sich auf ihn einzulassen.

Außerdem stelle ich in den Gesprächs- und Beratungssituationen lieber Fragen, als Antworten zu geben. So verringert man die Wahrscheinlichkeit, belehrend oder bevormundend zu wirken und den anderen vor den Kopf zu stoßen. Mit Fragen bewegt man das Gegenüber viel eher dazu, über sich selbst und die eigenen Standpunkte zu reflektieren. Wenn man fremde Positionen »korrigiert«, kann sich das Gegenüber persönlich angegriffen fühlen und vollständig blockieren. Gerne bin ich in meinen Gesprächen sehr persönlich, erzähle oft Anekdoten aus meinem Leben. Das schafft Vertrauen. Meistens öffnet sich das Gegenüber in einem Gespräch erst dann, wenn man sich selbst zuerst öffnet. Natürlich sind Anekdoten schlechte Argumente – wenn ich einen Hund gesehen habe, der beißt, heißt das nicht, dass jeder Hund beißt, und andersherum genauso wenig – aber um das Argumentieren geht es nicht, oder nicht in erster Linie, sondern vordergründig darum, sich gegenseitig zuzuhören und sich für die Standpunkte des jeweils anderen zu öffnen, um unbefangen über eigene Positionen reden zu können und ins Nachdenken darüber gelangen zu können, zu einem richtigen Austausch. »Besserwisserei« hat noch niemandem geholfen. Der Austausch von Erfahrungen hingegen ist viel fruchtbarer. Es ist schwierig, sich verletzlich zu machen. Daher ist es immer besonders wertvoll, dass das Gegenüber mit mir über diese empfindlichen Themen reden kann, sich mit mir gemeinsam Gedanken macht, ohne dass wir uns gegenseitig in eine bestimmte politische oder ideologische Ecke stellen. Deswegen bedanke ich mich oft auch gegen Ende eines Gespräches für die Bereitschaft, sich mit mir auszutauschen.

Das alles sind natürlich bloß grobe Richtlinien. Solche Gespräche laufen immer sehr unterschiedlich ab, denn jedes ist einzigartig. Fest steht: Wir verlieren unsere Ängste, wenn aus Fremden Bekannte werden, und können uns erst dann ein begründetes Urteil über unser Gegenüber bilden, wenn wir uns kennenlernen. Das braucht einen geeigneten Ort und vor allem Zeit. Ein Aufzug, ein Wartezimmer, die S-Bahn sind für eine Begegnung mit Menschen mit uns fremden Lebensweisen also weniger günstig als zum Beispiel ein Fest, ein Kochkurs oder eine Bergwanderung. Wir brauchen Räume des Miteinanders, in denen wir einander kennenlernen können, in denen sich kulturelle Werte im Tun und Erleben vermitteln und vermischen lassen. Warum geben wir den Neuankömmlingen nicht mehr Möglichkeiten, am gesellschaftlichen Leben zu partizipieren? Häufig sehnen sich zugewanderte Menschen danach, sich einbringen zu können, gebraucht und wertgeschätzt zu werden, genauso wie Nichtzugewanderte. Richtige Integration heißt, dass man gegenseitig füreinander einsteht und bereit ist, Verantwortung füreinander zu übernehmen – mit anderen Worten: dass wir an einem Strang ziehen. Das ist das, was ich mir für unsere Gesellschaft wünsche: gelebte Solidarität, wertschätzend und auf Augenhöhe – nicht nur zwischen Migranten und Alteingesessenen, auch zwischen West und Ost, Alt und Jung, Arm und Reich. So kann Integration gelingen.

Anhang

Abkürzungen

AA	Auswärtiges Amt
AEUV	Vertrag über die Arbeitsweise der Europäischen Union
AfD	Alternative für Deutschland
AFRICOM	United States Africa Command
ai	Amnesty International
AKP	Adalet ve Kalkınma Partisi
APuZ	Aus Politik und Zeitgeschichte
ARD	Arbeitsgemeinschaft der öffentlich-rechtlichen Rundfunkanstalten der Bundesrepublik Deutschland
ASALA	Armenian Secret Army for the Liberation of Armenia
AsylG	Asylgesetz
BAMF	Bundesamt für Migration und Flüchtlinge
BAPP	Bonner Akademie für Forschung und Lehre praktischer Politik
BBSR	Bundesinstitut für Bau-, Stadt- und Raumforschung
BIP	Bruttoinlandsprodukt
BMI	Bundesministerium des Innern
BMZ	Bundesministerium für wirtschaftliche Zusammenarbeit und Entwicklung
bpb	Bundeszentrale für Politische Bildung
Brexit	EU-Austritt des Vereinigten Königreichs
BT-Drs.	Bundesdrucksache
CDA	Christen Democratisch Appèl
CDU	Christlich Demokratische Union Deutschlands
COP	Conference of the Parties
CSU	Christlich-Soziale Union
DEval	Deutsche Evaluierungsinstitut der Entwicklungszusammenarbeit
DFB	Deutscher Fußball-Bund
DOSB	Deutscher Olympischer Sportbund
DR Congo	Demokratische Republik Kongo
DVD	Digital Video Disk
DVU	Deutsche Volksunion
EaP	Eastern Partnership

ECRE	European Council on Refugees and Exiles
EMN	Europäisches Migrationsnetzwerk
ENP	Europäische Nachbarschaftspolitik
EUBAM	European Union Border Assistance Mission to Moldova and Ukraine
EU	Europäische Union
EuGH	Europäischer Gerichtshof
EUNAVFOR MED	European Union Naval Force – Mediterranean
EURINT	European Integrated Return Management
EURODAC	European Dactyloscopy
Europol	Polizeibehörde der Europäischen Union
EUROSTAT	Statistisches Amt der Europäischen Union
FDP	Freie Demokratische Partei
FlüAG	Flüchtlingsaufnahmegesetz
FN	Front National
FPÖ	Freiheitliche Partei Österreichs
Frontex	Europäische Agentur für Grenz- und Küstenwache
G 7	Gruppe der 7. Informeller Zusammenschluss westlicher Industrienationen
GAMM	Gesamtansatz für Migration und Mobilität
GEAS	Gemeinsames Europäisches Asylsystem
GFK	Genfer Flüchtlingskonvention
GG	Grundgesetz
GIZ	Deutsche Gesellschaft für internationale Zusammenarbeit
HAMAS	Ḥarakat al-Muqāwamah al-Islāmiyyah. Islamische Widerstandsbewegung
HDP	Halkların Demokratik Partisi
IAB	Institut für Arbeitsmarkt- und Berufsforschung
IOM	Internationale Organisation für Migration
IROs	Internationale Regierungsorganisationen
IS	Islamischer Staat. Terroristische Organisation
KfW	Kreditanstalt für Wiederaufbau
Kita	Kindertagesstätte
Kukiz'15	von Pawel Kukiz gegründete politische Bewegung in Polen
LPF	Lijst Pim Fortuyn. Niederländische Partei
LSBTTI	Lesben, Schwule, Bisexuelle, Transgender, Transsexuelle und intersexuelle Menschen
MAXQDA	Software zur computergestützten qualitativen Daten- und Textanalyse
MHP	Milliyetçi Hareket Partisi
NAFTA	North American Free Trade Agreement
NATO	North Atlantic Treaty Organization
NDCs	Nationally Determined Contributions
NG/FH	Neue Gesellschaft/Frankfurter Hefte
NGO	Nonprofit-Organisations
NPD	Nationaldemokratische Partei Deutschlands
NRO	Nichtregierungsorganisationen
NRW	Nordrhein-Westfalen
ODA	Official Development Assistance
OECD	Organisation für Wirtschaftliche Zusammenarbeit und Entwicklung
OGS	Offene Ganztagesschule
PDS	Partei des Demokratischen Sozialismus
Pegida	Patriotische Europäer gegen die Islamisierung des Abendlandes
Pew Research Center	Meinungsforschungsinstitut mit Sitz in Washington D. C.
PiS	Prawo i Sprawiedliwość. Konservative Partei in Polen
PKK	Partiya Karkerên Kurdistanê

Abkürzungen

PRO	Partei Rechtsstaatlicher Offensive. Schill-Partei
PS	Parti Socialiste
PVV	Partij voor de Vrijheid. Niederländische Partei
PYD	Partiya Yekitîya Demokrat
RuStAG	Reichs- und Staatsangehörigkeitsgesetz
SDF	Syrian Democratic Forces
SOEP	Sozio-oekonomisches Panel
SP	Sozialdemokratische Partei der Schweiz
SPD	Sozialdemokratische Partei Deutschlands
SPÖ	Sozialdemokratische Partei Österreichs
SVP	Schweizerische Volkspartei
SVR	Sachverständigenrat deutscher Stiftungen für Integration und Migration
TiS	Türkisch-islamische Synthese
TU Dresden	Technische Universität Dresden
UKIP	UK Independence Party
UNFCCC	United Nations Framework Convention on Climate Change
UNFPA	United Nations Population Fund
UNHCR	United Nations High Commissioner for Refugees
USA	United States of America
VLAP	Visa-Liberalisierungs-Aktionsplan
VVD	Volkspartij voor Vrijheid en Democratie. Niederländische Partei
WBGU	Wissenschaftlicher Beirat der Bundesregierung Globale Umweltveränderungen
WFP	World Food Program
YPG/J	Yekîneyên Parastina Gel/Jin
ZDF	Zweites Deutsches Fernsehen
ÖVP	Österreichische Volkspartei

Autorinnen und Autoren

Yasemin Bekyol, M. A., ist Promovierende im Fach Politische Wissenschaft an der Friedrich-Alexander-Universität Erlangen-Nürnberg. Ihr Forschungsschwerpunkt ist die Europäische Migrations- und Flüchtlingspolitik. Im Rahmen ihrer Promotion arbeitete sie als wissenschaftliche Mitarbeiterin an einer Auftragsstudie zu den Rechten weiblicher Asylsuchender in Deutschland und Belgien für das Europäische Parlament. Zuvor studierte sie Internationale Politik an der SOAS, University of London, und Anglistik und Politische Ökonomik an der Ruprecht-Karls-Universität Heidelberg und der Loughborough University.

Prof. Dr. **Anja Besand** studierte zwischen 1991 und 1999 Lehramt an Haupt- und Realschulen für die Fächer Sozialkunde und Kunsterziehung sowie Kunstpädagogik, Politikwissenschaft und Didaktik der Gesellschaftswissenschaften an der Justus-Liebig-Universität Gießen. Von 1998 bis 2004 arbeitete sie als wissenschaftliche Mitarbeiterin an der JLU Gießen, bevor sie im Herbst 2004 als Juniorprofessorin an das Institut für Sozialwissenschaften der Pädagogischen Hochschule Ludwigsburg berufen wurde. Während des Wintersemesters 2008/09 übernahm Besand die Vertretung des Lehrstuhls für Didaktik der Sozialwissenschaften an der JLU Gießen. Im April 2009 folgte sie einem Ruf auf die Professur für Didaktik der politischen Bildung an der Technischen Universität Dresden.

Dr. **Volker Best** studierte Politikwissenschaft, Öffentliches Recht sowie Mittelalterliche und Neuere Geschichte an der Rheinischen Friedrich-Wilhelms-Universität Bonn und am Institut d'Etudes Politiques (Sciences-Po) Paris. Seit 2008 ist er Wissenschaftlicher Mitarbeiter am Institut für Politische Wissenschaft und Soziologie der Rheinischen Friedrich-Wilhelms-Universität Bonn. Seine Dissertation behandelte die Koalitionssignale auf der deutschen Länderebene zwischen 1990 und 2012. Neben Parteien, Koalitionen und Wahlkämpfen beschäftigt er sich auch mit dem Thema Demokratiereform.

Dr. **Ursula Bitzegeio** studierte Politikwissenschaft, vergleichende Religionswissenschaft, Psychologie und Romanistik in Bonn und Fribourg, ist Lehrbeauftragte am Institut für Politische Wissenschaft und Soziologie der Rheinischen Friedrich-Wilhelms-Universität Bonn und Referentin der Friedrich-Ebert-Stiftung, zuständig für die Promotionsförderung der Abteilung Studienförderung. Sie promovierte in Politikwissenschaft mit den Arbeitsschwerpunkten: Geschichte sozialer Bewegungen und Transformation moderner Arbeitsgesellschaften.

Ali Can, Buchautor und Vorsitzender des Vereins »Hotline für besorgte Bürger«, studierte Germanistik und Ethik auf Lehramt an der Universität Gießen. Can war selbst Asylsuchender, als sich seine Familie mit ihm im Jahr 1995 aus einer Kleinstadt nahe der syrischen Grenze auf den Weg nach Warendorf bei Münster machte. Dort wurde die Familie bis 2008 geduldet und zog dann mit dem ersten eingeschränkten Aufenthaltstitel nach Hessen um. Seine Publikationen und sein Engagement in verschiedenen Hilfsorganisationen gewannen im gesamten europäischen Raum mediale Aufmerksamkeit. Er setzt wichtige Akzente im deutschen Integrationsdiskurs.

Prof. Dr. **Sir Paul Collier** studierte Wirtschaftswissenschaft an der Universität Oxford. Er ist Professor für Ökonomie und Direktor des Zentrums für afrikanische Ökonomien an der Blavatnik School of Government der Universität Oxford und Fellow des St. Antony's College. Davor war er Leiter der Forschungsabteilung der Weltbank. Er gehört zu den führenden Experten für afrikanische Wirtschaft und die Ökonomien der Entwicklungsländer. Seit 2008 ist er Commander of the Order of the British Empire. 2013 erhielt

Collier den Social Science Award des Wissenschaftszentrums Berlin für Sozialforschung. 2014 wurde er in den Ritterstand erhoben und 2017 zum Mitglied der British Academy gewählt.

Prof. Dr. **Frank Decker** studierte Politikwissenschaft, Volkswirtschaftslehre, Publizistik und öffentliches Recht an den Universitäten Mainz und Hamburg. Von 1989 bis 2001 war er wissenschaftlicher Mitarbeiter, Assistent und Oberassistent am Institut für Politikwissenschaft der Helmut-Schmidt-Universität der Bundeswehr Hamburg. 1993 folgte seine Promotion, 1999 die Habilitation und seit November 2001 ist er Professor am Institut für Politische Wissenschaft und Soziologie der Universität Bonn. Von März 2002 bis Juni 2005 und erneut von 2009 bis 2011 war er geschäftsführender Direktor des Instituts. Seit 2011 ist er wissenschaftlicher Leiter der Bonner Akademie für Forschung und Lehre praktischer Politik (BAPP).

Maike Dymarz, M. Sc. Geografie, arbeitet als wissenschaftliche Referentin im Institut für Kirche und Gesellschaft der Evangelischen Kirche von Westfalen. Dabei erforscht und bestärkt sie im Projekt »Engagiert in Vielfalt« ehrenamtliche Flüchtlingsarbeit in Stadt und Land. In ihrem Promotionsvorhaben und in bisherigen Forschungsprojekten setzte und setzt sie sich mit (institutionalisierten) Integrationspolitiken in Stadtquartieren und deren Einfluss auf den individuellen Integrationsprozess Geflüchteter auseinander.

Sandra Fischer, M. A. Studium in Bonn und Ottawa (Kanada), Promotion am Institut für Politikwissenschaft der TU Chemnitz. Sie ist wissenschaftliche Mitarbeiterin am Institut für Politische Wissenschaft und Soziologie der Universität Bonn. Sie forscht und lehrt zu Fragen der Sozialpolitik und der vergleichenden Regierungslehre. In ihrer Dissertation geht sie der Frage nach, welche Auswirkungen territoriale Herrschaftsstrukturen auf das Politikfeld Ganztagskinderbetreuung in Deutschland, Kanada und Schweden haben.

Prof. Dr. **Norbert Frieters-Reermann** ist Professor für Theorien und Konzepte Sozialer Arbeit an der Katholischen Hochschule Nordrhein-Westfalen. Seit Jahren forscht er zu fluchtbezogenen und friedenswissenschaftlichen Fragestellungen. Aktuell leitet er ein zweijähriges Forschungsprojekt zum Thema Bildungsteilhabe und Bildungsgerechtigkeit für minderjährige Geflüchtete in Deutschland (gefördert durch die Fritz Thyssen Stiftung) sowie ein dreijähriges Forschungsprojekt zum Thema Diversitätssensible kulturelle Bildung mit Geflüchteten (gefördert durch das Bundesministerium für Bildung und Forschung).

Dr. **Inken Heldt**, Studium Lehramt an Gymnasien in Marburg/Lahn und Waterloo (Kanada), Promotion am Institut für Politische Wissenschaft der Leibniz Universität Hannover, ist ebendort wissenschaftliche Mitarbeiterin mit dem Schwerpunkt Politische Bildung. Interessensschwerpunkte in Forschung und Lehre liegen auf den Themen Europapolitische Bildung, Inklusion, Partizipation und Menschenrechtsbildung. Ihre Dissertation greift die Frage auf, wie »Menschenrechte« für alle Menschen verständlich werden können.

Timo Karl, M. A. ist wissenschaftlicher Mitarbeiter am Institut für Politische Wissenschaft und Soziologie der Universität Bonn. Er forscht und lehrt zur deutschen und europäischen Energie- und Klimapolitik und zum Einfluss informeller Politikformen auf demokratische Gesetzgebungsprozesse. In seiner Dissertation beschäftigt er sich mit modernen Formen von politischer Steuerung und veränderten Governance-Strukturen im Mehrebenensystem der internationalen Energie- und Klimapolitik.

Vinzenz Kratzer, M. A., Jahrgang 1985, ist Doktorand an der Europa-Universität Viadrina in Frankfurt/Oder. Nach einem Studium der Europa- und Politikwissenschaften in Bremen, Poznań und Frankfurt/Oder beschäftigt er sich in seiner Dissertation mit der staatlichen Migrationsforschung in Deutschland. Methodisch und theoretisch ist die Arbeit zwischen der Politikwissenschaft und Ethnografie angesiedelt und untersucht dabei vor allem Prozesse der Herstellung von Wissen sowie deren Einfluss auf die Politikgestaltung.

Susanne Kubiak, M. Sc., hat Geografie studiert und arbeitet als wissenschaftliche Mitarbeiterin am Institut für Landes- und Stadtentwicklungsforschung in Dortmund. Sie forscht zur städtischen Integrations- und Migrationspolitik, nationalistischen Diskursen und Ortsbindungen im Zuge arbeitsbezogener Mobilität. In ihrem Promotionsvorhaben an der Universität Münster beschäftigt sie sich mit kommunalen Integrationskonzepten und hierin entstehenden Governance-Netzwerken aus einer interpretativen Perspektive.

Dr. **Susanne Mantel** ist wissenschaftliche Mitarbeiterin an der Universität des Saarlandes. Sie studierte in Tübingen Philosophie, Neuere deutsche Literaturwissenschaft und Psychologie und forschte als Visiting Scholar an der University of California, Berkeley, USA. Ihre Schwerpunkte sind Moralphilosophie, Rationalitäts- und Handlungstheorie und politische Philosophie. Für ihre Doktorarbeit zum Handeln aus moralischen Gründen, die 2018 bei Routledge erscheint, erhielt sie den Wolfgang-Stegmüller-Preis der Gesellschaft für Analytische Philosophie und den Lauener Prize for Up and Coming Philosophers.

Dr. **Martin Mertens** studierte Kommunikationswissenschaft, Politikwissenschaft und Soziologie an der Westfälischen-Wilhelms-Universität Münster mit dem Abschluss M. A. im Jahr 2008. 2014 folgte die Promotion zum Doktor phil. mit einem Stipendium der Friedrich-Ebert-Stiftung. Von 2007 bis 2014 war er wissenschaftlicher Mitarbeiter im Deutschen Bundestag und im nordrhein-westfälischen Landtag. Seit 2014 ist er Bürgermeister der Gemeinde Rommerskirchen.

Prof. Dr. **Thomas Meyer** studierte Philosophie, Politikwissenschaft, Psychologie und Deutsche Literatur an der Universität Frankfurt am Main. Meyer ist ein bekannter Kritiker des Einflusses der modernen Medien auf Stil und Inhalte der heutigen Politik. Er ist stellvertretender Vorsitzender der Grundwertekommission beim Parteivorstand der SPD sowie Mitherausgeber und seit 2008 auch Chefredakteur der politisch-kulturellen Zeitschrift »Neue Gesellschaft/Frankfurter Hefte«. Seine wissenschaftlichen Schwerpunkte sind die Soziale Demokratie, kulturelle Grundlagen der Politik, politische Kommunikation sowie die Zivilgesellschaft und Politik.

Prof. Dr. **Jürgen Mittag** ist Professor für Sportpolitik an der Deutschen Sporthochschule Köln und Leiter des Instituts für Europäische Sportentwicklung und Freizeitforschung sowie Vertrauensdozent der Friedrich-Ebert-Stiftung.

Seine Forschungsschwerpunkte sind Sportpolitik und Sportgeschichte, vergleichende Analyse von Sportsystemen, Europäische Integration und internationale Politik, soziale Bewegungen, politische Parteien und Gewerkschaften, Tourismus und Freizeit sowie Methoden und Theorien.

Prof. Dr. **Ernst Mönnich** war bis 2014 Professor für Volkswirtschaftslehre/Finanzwissenschaften insbesondere Kommunal- und Regionalökonomie an der Hochschule Bremen und lehrte als Privatdozent an der Universität Bremen. Er studierte Volkswirtschaftslehre an der Universität Münster. Später folgten Tätigkeiten an der Universität Dortmund, der FernUniversität in Hagen, der Fachhochschule für öffentliche Verwaltung Nordrhein-Westfalen und der Hochschule für öffentliche Verwaltung Bremen.

Prof. Dr. **Julian Nida-Rümelin** gehört neben Jürgen Habermas und Peter Sloterdijk zu den renommiertesten Philosophen in Deutschland. Nida-Rümelin lehrt Philosophie und politische Theorie an der Ludwig-Maximilians-Universität in München. Er war Kulturstaatsminister im ersten Kabinett Schröder, er ist Mitglied der Berlin-Brandenburgischen Akademie der Wissenschaften und der Europäischen Akademie der Wissenschaften und Künste. Seine wissenschaftlichen Schwerpunkte liegen in der Rationalitätstheorie, der politischen Philosophie und Ethik. Er ist Autor zahlreicher Bücher und Aufsätze. Im März ist sein neuestes Buch in der Edition Körber herausgekommen: *Über Grenzen denken. Eine Ethik der Migration*.

Lisa Peyer, M. A., studierte Politikwissenschaft, neuere Geschichte und Romanistik an der Friedrich-Schiller-Universität Jena. Bis 2015 war sie wissenschaftliche Mitarbeiterin am Institut für Politikwissenschaft der Friedrich-Schiller-Universität Jena und seit 2014 promoviert sie als Stipendiatin der Friedrich-Ebert-Stiftung zum Thema »Kommunizieren in und mit Parteien – eine organisationssoziologische Analyse der internen Kommunikation der SPD«. Ihre Forschungsschwerpunkte sind Politische Kommunikation, Organisationskommunikation, Wahlkampf- und Partizipationsforschung, Parteienforschung, Sprache und Politik.

Dr. **Sybille Reinke de Buitrago** forscht am Institut für Friedensforschung und Sicherheitspolitik an der Universität Hamburg sowie am Institut für Theologie und Frieden in Hamburg. Sie beschäftigt sich mit aktuellen Herausforderungen in den Internationalen Beziehungen, insbesondere mit Fragen von Identität, Wahrnehmung, Raum, Emotionen, Diskurs und Macht. Sie hat unter anderem in Global Affairs, Journal of Terrorism Research, Journal of Strategic Security und Asian Politics & Policy veröffentlicht. Sie lehrt an der Leuphana Universität Lüneburg.

Ph. D. **Galya Ruffer** ist Gründungsdirektorin des Center for Forced Migration Studies am Buffett Institute for Global Studies der Northwestern University. Sie forscht vor allem zu Flüchtlingsrechten und -schutz. Sie erhielt bereits zahlreiche Preise für ihre Arbeit, unter anderem von der National Science Foundation und veröffentlichte zu Themen wie Asylrecht und Politik, Menschenrechtsstreite in transnationalen Gerichten und Migrant_innen-Aufnahme und Integration in Europa. Sie ist Mitglied der International Association for the Study of Forced Migration.

Hanne Schneider, M. A., studierte European Studies in Chemnitz und Breslau mit dem Schwerpunkt Ostmitteleuropa und schloss 2016 ihr Masterstudium der Migrationswissenschaften am Institut für Migrationsforschung und Interkulturelle Studien in Osnabrück ab. Anschließend arbeitete sie für die Robert-Bosch-Stiftung im Bereich Migration und Teilhabe. Seit 2017 ist sie wissenschaftliche Mitarbeiterin im Forschungszentrum Migration, Integration und Asyl des Bundesamtes für Migration und Flüchtlinge in Nürnberg. Während ihres Studiums war sie Stipendiatin der Friedrich-Ebert-Stiftung.

Clemens Stolzenberg, M. A., ist Filmwissenschaftler und Referent im Fachbereich »Zielgruppenspezifische Angebote« der Bundeszentrale für politische Bildung/bpb in Bonn. Zu seinen fachlichen Schwerpunkten zählen die digitale Gesellschaft und die Entwicklung und Leitung crossmedialer Bewegtbildangebote der politischen Bildung im Social Web.

Thorsten Stolzenberg, M. A., studierte Asienwissenschaften und Japanologie in Bonn, Heidelberg und Kumamoto. Seit 2016 ist er Promotionsstipendiat der Friedrich-Ebert-Stiftung und hielt bereits zahlreiche Vorträge, unter anderem bei der 10. NAJAKS-Konferenz in Stockholm. Seit 2016 ist er wissenschaftlicher Mitarbeiter der Friedrich-Ebert-Stiftung, Abteilung Studienförderung.

Christiane Suchanek, M. A., studierte Public Administration (Special Emphasis: European Studies) an der Westfälischen Wilhelms-Universität Münster, Abschluss B. A. und der niederländischen Universität Twente, Abschluss B. Sc., sowie Politikwissenschaft an der Rheinischen Friedrich-Wilhelms-Universität Bonn, Abschluss M. A. Seit 2017 arbeitet sie an der Universität Bonn als wissenschaftliche Mitarbeiterin am Center for Global Studies (CGS) des Instituts für Politische Wissenschaft und Soziologie. Sie beschäftigt sich vorwiegend mit Machtverschiebungen in den internationalen Beziehungen sowie State-Building als Instrument internationaler Politik.

Dr. **Diana Carolina Tobo** ist Politologin. Ihre wissenschaftlichen Schwerpunkte liegen in der Rechtsextremismus-, Migrations- und Integrationsforschung. 2017 promovierte sie an der Rheinischen Friedrich-Wilhelms-Universität Bonn über das Thema »Der Umgang mit rechtsextremistischen Parteien in Volksvertretungen«.

Mahir Tokatlı, M. A., studierte Politikwissenschaft und Soziologie dazu die Nebenfächer Geschichte wie auch Öffentliches Recht an der Rheinischen Friedrich-Wilhelms-Universität in Bonn sowie an der Università degli Studi in Florenz. Seit 2014 ist er Wissenschaftlicher Mitarbeiter am Institut für Politische Wissenschaft und Soziologie in Bonn. Des Weiteren absolvierte er 2015 eine vierwöchige Auslandsdozentur an der TED Üniversitesi in Ankara. Derzeit verfasst er seine Dissertation mit dem Titel: »Präsidentialismus alla Turca – eine Analyse des türkischen Regierungssystems«.

Laura Wallner, M. A., promoviert an der Pädagogischen Hochschule Freiburg am Institut für Soziologie zu Diversitätsstrategien in Kommunen. Sie ist Studiengangskoordinatorin und wissenschaftliche Mitarbeiterin für den Masterstudiengang »Systementwicklung Inklusion« im Fachbereich Wissenschaftliche Weiterbildung an der Evangelischen Hochschule Darmstadt und dort auch in der Lehre tätig. Außerdem arbeitet sie zu den Themen Migration, Inter-/Transkulturalität und Gender. Bis Dezember 2016 war sie Promotionsstipendiatin der Friedrich-Ebert-Stiftung.

Mona Wallraff, M. A., studierte Sozialwissenschaften an der Universität zu Köln, Abschluss B. Sc., sowie Sozialwissenschaften und Stadt- und Regionalentwicklung an der Ruhr-Universität Bochum, Abschluss M. A. Seit 2016 arbeitete sie als wissenschaftliche Mitarbeiterin im Institut für Landes- und Stadtentwicklungsforschung in der Forschungsgruppe Sozialraum Stadt. Sie beschäftigt sich vorwiegend mit Integrierter Quartiers- und Stadtentwicklung sowie der Evaluation von Förderprogrammen und dem Monitoring kleinräumiger städtischer Entwicklungen.

DER POLITISCHE MENSCH

Das Vertrauen in Kompetenz, Verantwortung und Integrität der »politischen Prominenz« in Europa gilt als beschädigt. Der »Wutbürger« nimmt die Dinge selbst in die Hand, demonstriert montags, besetzt Parks und kapert Internetseiten. Die gesellschaftlichen Proteste der letzten Zeit haben in Europa eine Diskussion über neue Varianten der Bürgerbeteiligung ausgelöst und lassen traditionelle Formen politischen Engagements in Vereinen, Verbänden, Parteien und Gewerkschaften in einem neuen Licht erscheinen.

Der Sammelband greift diese Diskussionen auf und wirft einen kritischen Blick auf die Anpassungs- und Wandlungsfähigkeit traditioneller Akteure und Formen politischer Partizipation. Gleichzeitig werden »neue« politische Beteiligungsräume und Protestpraktiken wie zum Beispiel der regionale Widerstand gegen Großprojekte, die Piratenpartei, Mobilisierung im Netz oder die digitale Bürgerbeteiligung vorgestellt und auf ihre innovativen Potenziale hin befragt.

Ursula Bitzegeio / Jürgen Mittag / Lars Winterberg (Hg.)
DER POLITISCHE MENSCH
Akteure gesellschaftlicher Partizipation im Übergang zum 21. Jahrhundert

464 Seiten
Broschur
24,90 Euro
ISBN 978-3-8012-4232-9

Verlag J.H.W. Dietz Nachf. – **www.dietz-verlag.de**

FLUCHT, MIGRATION UND DIE LINKE IN EUROPA

Wie hält es Europas Linke mit der Migration? Welche Antworten bieten progressive Parteien auf aktuelle Herausforderungen? Welche Schwierigkeiten sehen sie? Welche Rolle spielen Flucht, Migration und Integration für Wählerinnen und Wähler? Was heißt das für politische Parteien und Bewegungen? Darüber schreiben Aydan Özoğuz, Wolfgang Merkel, Ahmad Mansour, David Goodhart und viele andere mehr.

Flucht und Migration gelten spätestens seit dem Jahre 2015 als wahlentscheidende Themen.
Wie diskutiert die linke Mitte Europas über migrationspolitische Herausforderungen? Welche Rolle spielen parteitaktische Überlegungen? Welche die Moral? Was sind die Positionen und welche Trends zeichnen sich ab?

Der vorliegende Band versammelt europäische Fallstudien und bietet eine ebenso kontroverse wie realistische Bestandsaufnahme der aktuellen Debatte.

Michael Bröning/
Christoph P. Mohr (Hg.)
FLUCHT, MIGRATION
UND DIE LINKE IN EUROPA

400 Seiten
Broschur
26,00 Euro
ISBN 978-3-8012-0506-5

Verlag J.H.W. Dietz Nachf. – www.dietz-verlag.de